中国社会科学年鉴

中国教育学

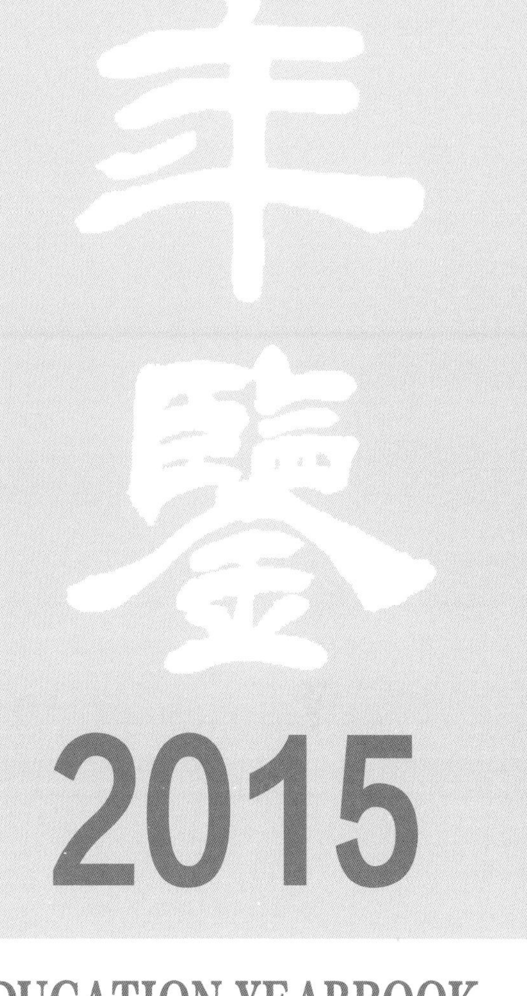

CHINESE EDUCATION YEARBOOK

北京师范大学教育学部 编

中国社会科学出版社

图书在版编目（CIP）数据

中国教育学年鉴．2015／北京师范大学教育学部编．—北京：中国社会科学出版社，2017.8

ISBN 978-7-5203-0805-2

Ⅰ．①中… Ⅱ．①北… Ⅲ．①教育学—中国—2015—年鉴 Ⅳ．①G40-54

中国版本图书馆CIP数据核字(2017)第187851号

出 版 人 赵剑英
责任编辑 彭莎莉 姜阿平
责任校对 林福国
责任印制 张雪娇

出 版 中国社会科学出版社
社 址 北京鼓楼西大街甲158号
邮 编 100720
网 址 http://www.csspw.cn
发 行 部 010-84083685
门 市 部 010-84029450
经 销 新华书店及其他书店

印刷装订 三河市东方印刷有限公司
版 次 2017年8月第1版
印 次 2017年8月第1次印刷

开 本 787×1092 1/16
印 张 33
插 页 2
字 数 845千字
定 价 218.00元

目　录

第一篇　科学研究

第二篇　队伍与平台建设

第三篇　人才培养

第四篇　国际交流与合作

第五篇　教育学基本数据

第一篇

科学研究

一、研究年度进展

（一）教育学原理专业

1. 先验的善意与教育现象学研究

康永久在《先验的社会性与家国认同》一文中，讨论了“先验的社会性”的意义。使用这个概念，作者讨论了个人的家国认同的形成机制问题。其讨论对象，在文章的第一个专题中就做了说明。

关于现象学方法在教育研究领域的应用，2014 年内还出版了不少作品。譬如，朱晓虹在《重新理解教师的境域与习惯：基于生活世界现象学的理论视域》一文中，谈论了“生活世界理论”，区分了“特殊世界”和“普遍世界”的概念。在作者看来，后者是帮助教师突破自己的“境域”局限的一种根据，是教师“被唤醒”的一种方式。这篇文章的讨论，可以理解为现象学的概念在教育领域的应用。文章的关键是对两个世界的区分。

2. 价值教育问题研究

关于价值教育问题，主要就价值教育中的教师角色、社会主义核心价值观教育、多样化的价值教育三方面进行了探讨。

价值教育中教师的价值学习方式和教学能力至关重要。吕寿伟将教师核心价值观定义为“教师群体最基本、最持久的信念，是教师在教育活动中形成价值判断的基本依据”；指出“在价值多元的现代社会，教师核心价值观形成的传统路径已不再有效，必须实现生成路径的现代转换。横向结构上，要实现从价值灌输到价值澄清的转换，让多元与核心之间进行对话；纵向结构上，要实现从底线伦理向终极价值的拓展”。

本年度关于理解和实施“社会主义核心价值观教育”的研究数量众多，在此仅列举部分视角新颖的文献，例如：洪明在《论社会主义核心价值观教育的历史演进》一文中回顾了新中国成立以来，社会主义核心价值观教育在不同历史时期的内容和发展，并将其划分为五个重要发展阶段。靳玉军分别在两篇文章中论及社会主义核心价值观教育的“实践要求”和“教学形式”。另有一批学者共同探索如何将社会主义核心价值观教育与学校日常生活相结合，发挥学生的自主性和能动性，他们认为学生社团活动是一个极好的切入点。例如：石中英强调学生社团活动作为学校完整教育环境的一部分，是中小学开展社会主义核心价值观教育的有效途径。徐瑞认为学生社团是社会主义核心价值观教育的隐性课堂，主张教育工作者积极支持学生社团开展健康有益的活动，加强对学生社团的领导和管理，健全学生社团发展的工作机制。

本年度价值教育领域的研究还关注价值的多样性，并提出相应的教育建议，例如，幸福教育、生态文明教育、社会责任感教育、包容心态教育、婚恋观及婚恋教育、成功观及对成功学的反思教育、感恩心与感恩教育等。

3. 教育公平的研究

教育公平一直是学术研究的焦点，也是人们日常生活中对教育现象评价的尺度之一。程红艳在《南京社会科学》2014 年第 11 期上发表了《教育公平与教育质量之辩》一文，指出教育公平虽然包含权利平等与机会平等两个基本理念，但由于前者倾向于民主主义，后者倾向于精英主义，所以两者之间可能存在冲突。实证路径的研究有吴岩在《教育研究》2014 年第 8 期上发表的《教育公平视角下初中阶段教育补习现状研究——以广州市为例》。作者对广州市公办普通中学与民办重点中学进行实证研究，揭示了家庭资源对学生学习机会与学习结果的影响。

保罗・威利斯（Paul Willis）则在《学做工——工人阶级子弟为何继承父业》一书中文版中认为劳工家庭出身的"家伙们"（lads）子承父业的重要原因是他们在学校复制了父辈的工厂文化，反学校，反权威，最终在学校习得了未来成为劳工阶级所应有的文化。威利斯的文化生产理论得到了我国教育社会学研究者的广泛关注。熊春文、刘慧娟（2014）在《北京大学教育评论》2014 年第 4 期上发表的《制度性自我选择与自我放弃的历程——对农民工子弟学校文化的个案研究》，对一些学者从反学校文化的视角出发开展的经验研究做出了基于个案研究的反思。父母应该如何教育子女？这是一个比"什么才是好的学校教育"更历久弥新的问题。随着新一届政府领导层对家庭教育的重视，学术界对家庭教育的研究也越来越多元，涌现了大量有价值的研究。洪岩璧、赵延东（2014）从布迪厄（Pierre Bourdieu）的文化再生产理论出发，运用资本和惯习概念，探讨中国城市地区中产阶级与底层阶级在子代的教育投入和教养理念上的差异。

另外一些研究聚焦于城市化大潮中处境不利的农民工子女及留守儿童的家庭教育问题。魏亦军、高智军（2014）通过对农民工子女心理健康状况和家庭教育状况的调查发现，家庭因素是导致农民工子女心理问题的一个重要原因。段成荣、吕利丹等（2014）在深入挖掘 2010 年第六次全国人口普查数据的基础上，结合在重庆市 31 所农村小学收集的 1.2 万名学生的调查数据以及相关资料，对农村留守儿童的教育问题展开讨论。

4. 公民身份、权利与教育

关于公民教育问题，主要就公民身份与教育、公民权利与教育、基于生活实践的公民教育模式三方面进行了探讨。

"公民教育"是一个舶来词，近年来逐渐成为我国教育研究的热门关键词。讨论公民教育，首先须界定"公民""公民身份""公民资格"等概念。金生鈜将"公民"定义为"积极参与公共实践、具有公共理性、承担公共伦理义务、促进公共福祉的道德主体"。他主张在"政治生活"与"教育生活"中培养具有公共精神的"伦理型公民"。冯建军从多元文化主义视角出发审视公民身份。他认为多元文化主义强调公民的差异性和多元文化身份，但不排斥公民的统一性和国家公民身份；以此为基础的公民教育是致力于族群平等的教育，有利于处理平等与差异、族群认同与国家认同的关系，培养"尊重和包容文化差异的多元社会公民"。

叶飞讨论学校场域中"公共权利"与"公民权利"的关系，主张构筑一种民主的学校生活和课堂生活，保障学生公民权利的优先性，倡导学校领导者、教师和学生实现对学校公共事务的共同治理。刘廷民聚焦公民的“学习权”，认为公民学习权具有主体性、平等性和发展性的特点。构建终身教育体系，建设学习型社会成为保障公民学习权的必由之路。钱春芸聚焦公民的“参与权”，主张高校学生作为高等教育的主体，而非“被管理的对象”。杨小微主张尊重每一个学生的“生存、保护、发展和参与”四大基本权利，将尊重学生权利转化为切实行动。

学校生活之外，更广泛的社会生活中的公民参与亦是实现公民教育的重要途径，例如，参与志愿服务、参与公益活动、参加国际组织等。本年度具有影响力的研究包括：中外学生志愿活动的比较研究与区域研究，大学生公益创业组织与社会公益组织中的公民参与研究，社群生活中的公民参与，以及国际组织的公民教育模式，等等。

5. 教育中的国家主义

在《国家主义与教育借鉴》一文中，郑富兴对国家主义的讨论，是放在比较教育研究的研究立场上来看的。作者区分了比较教育研究的两种立场，分别是：“普遍主义立场”和“国家主义立场”。其中，作者对于“国家主义”的定义是：“国家主义是指对国家和民族的高度忠诚，即把国家和民族的利益置于个人利益或其他团体利益之上。”作者对比较教育研究者乃至一般的教育研究者群体的国家主义观念表示担忧。

无独有偶，高地在《“慕课”：核心理念、实践反思与文化安全》一文中，也采用了类似的姿态。另外还有一些关于“国家主义”“文化安全”的讨论与研究，例如，石中英的《20 世纪教育中的国家主义：回顾与讨论》、徐晓林等人的《文化安全视野下的中国教育“走出去”战略》、徐敏的《国家主义教育中情感冲突的处理原则探究》、张永富的《费希特国家主义教育思想研究》等。为今后在这个话题上的进一步讨论做了一点铺垫。

6. 教育实践与教育研究的实践转向

李太平、刘燕楠在《教育研究的转向：从理论理性到实践理性——兼谈教育理论与教育实践的关系》一文中，做了一个二元的区分，将教育研究中的理性，区分为“理论理性”和“实践理性”。其中，教育的“实践理性”，算作是本文的一个最重要的关键词。这个概念的大意，可以用文章中的这段话来概括：

> 在教育研究中，理性的功能在于认识和建构。理论理性从事实出发，描述教育是什么，形成教育“认识”；实践理性从现象、问题出发，建构理想中的教育事实或教育活动。理论理性描述教育现象“本来如此”，实践理性说明教育“何以如此”以及“如何行动”。前者是“实然”，后者是“应然”；前者的价值在于“认识真理”，后者的价值在于理念地建构教育行动及其结果，最终指导教育实践，具有“实用功能”。

应该说，作者对于理论在实际行动中的应用状况的判断，是大致没有什么错的。文章的核心观念，可以转译为：教育理论之所以指导有差，是因为实务操作的根据比较复杂，不仅仅是理论的考虑。这种对“教育实践”的理解在金生鈜《何为教育实践》一文中得到重点批评。

余清臣在《何谓教育实践》一文中，所采用的“教育实践”概念，大致也可以归为金生鈜所倡导的定义。在这篇文章中，作者关注了“情境性、自由性的教育实践”。从这几篇文章的讨论，已经可以看到“教育实践”的内涵讨论还没有结束。在教育研究领域进行“教育实践”的相关讨论很有必要。一方面，存在金生鈜所指出的概念理解上的不同选择。没有概念的清理，会让教育实践、教育理论与实践的关系等问题的讨论，变得混杂而低效。另一方面，人们对于实践的敬重，是指向特定的理解，主要是金生鈜谈论到的与“创制”相对立的那种“实践”。因此，在各种转向“实践”的呼声当中，在理论研究与服务实务工作的各种冲突当中，明确“实践”的含义是很有必要的。

7. 关于道德教育元理论的探究

“何为道德”与“德育何为”。余维武和薛晓阳运用“道德至善论”探讨德育变革的方向。前者认为当今多元异质的开放社会，传统的、以某一特定流派为基础的“道德至善论”已经很难为所有人规定“唯一客观正确的道德至善和美好生活方式”。后者从“希望哲学”视角出发，将希望视为一种引人向善、追求至善的美好德性。刘长欣从《道德经》的视角出发阐释“道德”的本源概念，即：包括人在内的万物“合道而行”的品性。檀传宝指出学界以往对于德育概念的分析集中于“德”字——着重于德育内容，而较少涉及德育形态。德育的发展历程在不同的民族或文化中演绎出不同的轨迹。本年度德育研究注重吸收和借鉴，关注德、美、日、英等国的研究，为我国德育基本理论增添新的视角和资源。刘同舫认为当前道德教育流于形式，康德的道德哲学具有启发意义和借鉴价值。康德主张依靠理性力量建立纯粹的道德，道德教育要逐渐使人由“他律”升华为“自律”，以摆脱自然因果律的辖制而实现真正的自由。曲铭峰专访哈佛大学前校长德里克·博克，探讨其道德教育思想如何帮助美国大学重振道德教育；强调“对本科生和专业学院学生的道德教育”“校长和教授的道德表率作用的重要性”，以及“大学自身的道德榜样作用的重要性”。

8. 教育社会学研究方法论

在 2014 年 9 月吉林长春举办的中国教育学会教育社会学专业委员会第十三届年会上，来自华东师范大学教育高等研究院的周勇（2014）发表了《忧伤与愤怒：教育社会学的情感动力——以涂尔干、麦克拉伦为例》一文，文中另辟蹊径地提出了两个看似非学术化的词语：忧伤与愤怒，引发了在场全国各地教育社会学研究者热烈的讨论。保罗·弗莱雷（Paulo Freire）（2001）曾在他的《被压迫者教育学》中提到：说出一个真正的词，就意味着改造世界。每个人都知道中国人的语言与西方人有所不同，但很少有研究者从这一角度对研究方法进行深度思考。贺晓星在《北京大学教育评论》2014 年第 2 期发表了《教育中的权力—知识分析——深度访谈的中国经验》，从“言文分离”的角度对质性研究方法中的深度访谈进行了反思。

9. 教育民族志的写作

教育人类学的思索不能离开对人类学方法的讨论。2014 年一本重要的对人类学民族志写作进行反思的著作被翻译到中国，那就是詹姆斯·克利福德（James Clifford）和乔治·马库斯（George E. Marcus）（2014）所著的《写文化——民族志的诗学与政治学》。虽然这本书早已于 1986 年在美国出版，但它一直被人类学研究者熟知和讨论。詹姆斯·

克利福德在《导言：部分的真理》中写道："民族志学者越来越像北美印第安人的克里族猎人，他来到蒙特利尔的法庭上作证。他将描述他的生活方式，但在法庭宣誓的时候他犹豫了：'我不敢肯定我能说出真相。我只能说我知道的'。"之所以出现这样的危机，是因为民族志是要"写"出文化，而这种写必然要与作者的情感、动机和价值密切关联。因而民族志是"写"文化，背后隐含着政治学意味的价值倾向和文学化的描述色彩，所以"民族志的真理因此本质上部分的真理——有承诺的，不完全的。"教育人类学的民族志写作更加离不开情感与价值，那就必然会主动偏离社会科学的"价值中立"取向，走向民族志的诗学和政治学。对于教育人类学民族志写作的讨论还将继续。

（丁道勇、林可、程猛）

（二）教育政策学与教育法学专业

1. 教育政策学与教育法学的理论前沿与热点问题

综合本领域相关学者2014年度发表文章，教育政策与法律专业2014年度研究进展主要集中在依法治教、智库建设、大学章程、政策分析与教育治理等关键问题。

（1）依法治教

劳凯声认为"依法治教"是推动教育改革与发展的重要力量。根据"法治国家"的基本精神，健全的教育法治应是以一套完备的教育法律法规为核心的，包括相应的法律实践和法律文化在内的法律系统。[①] 秦惠民指出，教育领域的法治化，要求摒弃和改变非法治思维和非法治方式，通过科学立法、严格执法、公正司法和全民守法，以法治思维和法治方式推进教育的创新和发展，实现教育治理体系和治理能力的现代化。[②] 李晓燕和巫志刚在文章中指出，教育法规地位是一个关涉教育立法理论和实践的重要问题。[③] 余雅风认为，校规通常指学校制定的实施学生管理的各项制度的总称，一般涉及品德、学习、生活等各方面的行为规则、奖惩办法。学生应"遵守所在学校或者其他教育机构的管理制度"。[④]

（2）智库建设

周光礼、莫甲凤认为，高等教育综合改革的背后，专业化的高等教育智库扮演着越来越重要的角色。智库时代的高等教育研究强调跨学科和实用化。中国著名的高等教育研究机构都兼有理论创新和资政服务的双重使命，然而，这些机构的智库建设与国家的要求相比还有很大的差距，主要表现在研究成果的性质和水平以及体制机制上。推进高等教育研究机构向智库建设转型是一项系统工程，一是要从"以学科建设为中心"向"以问题研究为中心"转变。二是要从"基础研究为主"向"应用引起的基础研究为主"转变。三

---

① 劳凯声：《"依法治教"是推动教育改革与发展的重要力量》，《人民教育》2014年第21期。

② 秦惠民：《以法治思维、法治方式推进教育创新与发展》，《人民教育》2014年第24期。

③ 李晓燕、巫志刚：《教育法规地位再探》，《教育研究》2014年第5期。

④ 余雅风：《校规制定的底线与追求》，《人民教育》2014年第8期。

是要从“各自为战的科研模式”向“团队合作科研模式”转变。①

（3）大学章程

湛中乐、王春蕾在其文章中认为，核准是《高等学校章程制定暂行办法》专章规定的大学章程生效的关键一环。近期，教育部已经对第一批六所大学的章程进行了核准，这对于加快建设中国特色现代大学制度具有重要意义。但在核准的过程中，关于大学章程核准的性质还存在争议，核准的主体、程序等亟待完善。② 周光礼认为，建立公办高校法人治理结构是一项重大的制度创新。从“政事一体”走向“政事分开”是教育行政发展总体趋势，其核心是落实公办高校办学自主权。随着科层管理模式在现代大学的确立，大学内部治理的关注点从“横向分权”转向“纵向分权”，基层学术组织自治问题凸显。规制大学权力运行是大学章程的主要功用，中国大学章程主要规制学校与基层学术组织之间的关系。作为法人治理的“宪章”，大学章程具有三个特点：从形式上看，大学章程是政府与公办高校签署的行政契约；从内容上看，大学章程既是办学许可证，也是治理委员会和管理层的运行规则；从效力上看，大学章程是法律的延续，对政府、公办高校、理事、管理人员等均具有约束力。建立中国特色现代大学制度必须坚持“依法立章、依章治校”。③

（4）政策分析

刘水云、刘复兴、徐赟在文章中指出，对于教育政策的研究，欧美国家与中国在研究主题上具有明显的相似性，但研究关注点上略有差异，这与所在国家和地区教育改革与发展的阶段和背景有关。同时，研究的视角和范式上也存在较大的差异，西方的教育政策研究更加微观，重视经验性的实证研究，而中国的研究更宏观，重视思辨性的规范研究，特别缺乏经验研究基础上的理论建构。相应地，在学科建设和人才培养上也有很大的不同，西方更重视学科建设的跨学科性和人才培养的应用性。④ 薛二勇在文章中指出，国家和省级行政区教育规划纲要政策文本计量分析表明，提高教师地位待遇是我国中央和各省级行政区的基本政策问题和方向，我国教育行业平均工资水平标准偏低，而且长期低于公务员的平均水平；教育行业相对工资不高，并未反映出教师作为专业人员应该具备的地位待遇，因而缺乏职业吸引力。⑤

（5）教育治理

刘复兴在文章中指出，中国特色社会主义教育发展道路，是中国特色社会主义道路的重要组成部分，是在中国特色社会主义理论指导下形成和发展起来的一条我国教育事业科学发展之路，是一条坚持党的领导发展教育之路。⑥

周光礼在文章中指出，从“管理”走向“治理”不但是治国方略的重大转型，也是

---

① 周光礼、莫甲凤：《高等教育智库及其学术研究风格——中国著名高等教育研究机构的学术转型》，《高等工程教育研究》2014年第6期。

② 湛中乐、王春蕾：《大学章程核准中的若干问题探讨》，《国家教育行政学院学报》2014年第7期。

③ 周光礼：《从管理到治理：大学章程再定位》，《湖南师范大学教育科学学报》2014年第2期。

④ 刘水云、刘复兴、徐赟：《欧美教育政策研究与学科发展及其与中国的比较分析》，《教育学报》2014年第3期。

⑤ 薛二勇：《提高我国教师待遇的政策分析》，《北京师范大学学报》2014年第4期。

⑥ 刘复兴：《中国特色社会主义教育发展道路的几个基本问题》，《教育研究》2014年第7期。

高等教育政策的根本转变。高等教育治理的核心问题是决策权力的分配，它可以分为三个层次：系统层级的治理、大学层面的治理和基层学术组织的治理。中国高等教育治理现代化必须回答的十个问题是：政校分开、社会问责、举办体制、法人治理结构、大学董事会、大学校长遴选机制、学术权力、大学内部组织构架、基层学术组织自治和大学章程建设。高等教育治理模式变革是外部动力驱动的，它反映了环境中最强劲的行动者的利益和权力，国家在其中起着决定性的作用。培育国家制度能力对于推动中国高等教育治理现代化具有十分重要的战略意义。①

2. 教育政策学与教育法学研究的发展趋势

（1）从文化维度研究教育政策与法律

政策与法律具有深厚的文化因素，不同文化模式下，政策与法律的表达与执行截然不同，不能简单用优劣来衡量，从文化角度研究不同教育政策与法律具有重要的全局意义。有与现代法治相适应的法律文化，维护教育法所体现的价值原则，革除人治时弊，力促观念和思维方式的更新与转变，能够从根本上解决教育问题。

（2）教育政策分析

政策分析是政策研究的重要方法，能够体现教育政策的专业性，能够为促进教育政策研究的科学与规范提供相应的范式，从目前的研究成果看，采用量化方法进行教育政策的分析的成果较少，尚不能真正发挥政策分析的优势，为教育政策的科学化提供建议。为了弥补政策研究的缺憾，教育政策分析是未来研究教育政策的重要方面。

（3）教育法治研究

教育法治研究主要包括对教育立法、教育执法、立法建议、教育法律关系等方面的研究。第一，在以教育法律为主体的、较为完备的教育法律体系下，如何将法律准则转化为实践层面的实施方法是未来教育法学研究的重要方面。第二，学校法立法问题。在2015年全国“两会”上，多名人大代表的提案提出制定《学校法》。在建立现代教育制度的背景下，《学校法》的制定与实施旨在保障学校的自主权，厘清学校与政府、学校与社区、学校与校长、学校与教师、学校与学生和家长等教育法律关系，确定各自相应的权利与义务。

（茹国军）

（三）农村教育专业

城镇化的不断推进使得城乡教育面临新的挑战，破解城镇化背景下城乡教育衍生问题、探索城乡教育一体化机制与发展模式，成为近年来农村教育新的关注和研究重点。围绕城乡教育一体化主题，东北师范大学农村教育研究所启动了“城乡一体化的义务教育发展机制研究”、教育部哲学社会科学重大课题攻关项目“城镇化背景下我国义务教育改革和发展机制研究”等多项科研项目和课题，形成多篇高质量的学术论文。邬志辉教授等人探讨了城乡教育一体化背景下我国农村教育的价值选择与定位，应基于学生的自主选

① 周光礼：《中国高等教育治理现代化：现状、问题与对策》，《中国高教研究》2014年第9期。

择实现为城乡共同发展服务的农村教育价值取向；通过分析大城市郊区义务教育的空间分异，提出通过统筹制定城郊义务教育发展规划、创新郊区义务教育均衡发展机制、重点解决郊区义务教育焦点问题等相关治理思路。[①] 还有研究者主要讨论了城镇化进程中城镇教育扩容压力及治理思路、农村教育城镇化的社会代价及治理思路。[②] 在城乡教育关系方面，研究者通过回顾我国城乡教育关系类型的演变，提出未来城乡教育关系应该定位在目标一致、保障一体、结果均衡上；[③] 针对城乡教育一体化建设问题，相关研究者分析了城乡教育一体化制度建设中共识与问题、城乡教育一体化的实现逻辑、现实冲突与未来走向等。[④]

义务教育均衡发展问题是当前农村教育领域的研究主题之一。近年来，相关研究者围绕义务教育均衡发展申报了多项科研课题、发表了多篇高质量学术论文。有研究者提出通过统筹教学条件、教师配置、学校布局、校额班额等加强对农村义务教育学校支持力度，整体缩小农村学校资源配置与当地城镇学校的差距，促进义务教育均衡发展。[⑤] 相关研究关注薄弱学校、小规模学校等特殊类型学校，如有研究者通过分析薄弱学校改造的既有方式及其问题，提出在比较优势确认视角下推进薄弱学校发展的多重路径；[⑥] 针对城镇化背景下县域内城乡学校办学规模两极分化问题进行了分析，探讨城镇与边远贫困地区义务教育如何均衡发展的问题；[⑦] 通过实证探究学校规模经济效应并对其进行反思，提出我国应实施“反规模经济效应”政策，在战略定位、公用经费拨款和优质师资保障等方面为小规模学校构建“优先发展区”；强调高度重视农村小规模学校发展，并通过分析农村小规模学校的资源配置及运行机制，提出了城镇化背景下如何走出其生存困境、提升农村小规模学校政策效力、促进农村小规模学校发展的思路和对策。[⑧] 另外，相关研究对不同地区的义务教育问题进行了分析探讨，如有研究运用省级统计数据，探讨了中部地区义务教育投入塌陷问题，并提出通过加大中央对中部地区教育转移支付力度、强化中部地区省级政府教育统筹力度来扭转中部地区“教育塌陷”问题；[⑨] 有研究者关注集中连片特困地区的义务教育，在分析其典型特征的基础上从战略地位、战略改革、战略转型和战略理念等方

---

① 邬志辉：《大城市郊区义务教育的空间分异与治理机制》，《人民教育》2014 年第 6 期。

② 秦玉友：《农村教育城镇化的社会代价与治理思路》，《生活教育》2014 年第 11 期。

③ 杨卫安、邬志辉：《我国城乡教育关系类型的历史演变与发展走向》，《现代教育管理》2014 年第 11 期。

④ 张源源、刘善槐、邬志辉：《我国城乡教育一体化的实现逻辑、现实冲突与未来走向》，《现代教育管理》2014 年第 9 期。

⑤ 王定华：《以改革精神统领我国义务教育均衡发展》，《人民教育》2014 年第 2 期。

⑥ 范先佐、白正府：《比较优势确认：薄弱学校改造的重要途径》，《现代教育管理》2014 年第 7 期。

⑦ 范先佐：《城镇化背景下县域义务教育发展问题与策略——基于 4 个省（自治区）部分县市的调研》，《华中师范大学学报》（人文社会科学版）2014 年第 4 期。

⑧ 雷万鹏、谢瑶：《学校规模经济效应及其政策反思》，《全球教育展望》2013 年第 5 期。

⑨ 雷万鹏、钱佳、马红梅：《中部地区义务教育投入塌陷问题研究》，《教育与经济》2014 年第 6 期。

面提出相应的发展策略。[①] 也有研究者基于联合国开发计划署《人类发展报告》的省思对教育均衡发展的理论内涵、制度环境以及完善义务教育均衡发展指标体系的思路进行了深入分析与探讨；同时基于实地调查分析了我国城乡义务教育资源均衡发展情况，进行了研究。[②]

教师是学校教育最重要的资源。“统筹城乡义务教育资源均衡配置”就要首先改善教师配置，因此，在均衡化发展背景下，农村教师问题仍是农村教育的重点研究内容之一。2014 年，相关研究者对师资队伍建设、师资配置以及教师编制、补偿等核心问题进行了研究。有研究者通过调查分析了当前农村教师职业吸引力问题及其现状，并在此基础提出了相应地提高乡村教师职业吸引力的策略。[③] 教师政策方面，有研究者分析了更加重视教师初次配置合理性、根据学校标准化建设配置教师、逐步实行教师轮岗制度、教师身份多样化、从教师培训转向教师学习等未来中小学教师队伍建设的几个趋势问题；通过分析城乡中小学教师身份结构、学科结构、职称结构、学历结构等数据，提出农村教师队伍建设需要补偿政策；同时提出农村教师生活补助政策应该扩大实施范围并持续下去。[④] 教师队伍建设方面，研究者通过调查分析农村中小学教师队伍现状，指出义务教育均衡发展绝不能忽视农村中小学教师队伍建设，并就如何加强农村中小学教师队伍建设提出了若干对策建议；[⑤] 还有研究者则通过分析农村小学教师一专多能培训的可行性前提，探讨了城乡教师队伍建设一体化的路径问题。[⑥]

学校布局调整问题是 21 世纪以来农村教育领域的重点主题之一，随着政策的实施和实践的发展，相关研究重点也随之演变。近年来，相关研究主要集中在“后撤点并校时代”学校布局调整政策及衍生问题的探讨。例如，有研究基于全国的实证调查数据，分析了学校布局调整后我国校车、寄宿制学校等问题的现状。[⑦] 有研究者基于学校布局调整后出现的问题，探讨了学校撤并后社区、家庭、学生所承受的社会代价问题，并提出了相应的破解思路[⑧]。

学生发展相关研究关注学生负担问题，如研究者基于全国实证调查数据，分学段、城

---

① 安晓敏：《集中连片特困地区义务教育发展的战略思考》，“新城镇化背景下义务教育改革与发展机制研究”2014 年学术研讨会论文集，吉林长春，2014 年 11 月 15 日。

② 凡勇昆、邬志辉：《义务教育均衡发展的三个基本理论问题探讨——基于联合国开发计划署〈人类发展报告〉的省思》，《教育科学研究》2014 年第 1 期。

③ 邬志辉：《沙漠还是绿洲？——农村教师职业吸引力状况分析》，载邬志辉、秦玉友《中国农村教育发展报告 2013—2014》，北京师范大学出版社 2015 年版，第 259—320 页。

④ 袁桂林：《中小学教师队伍建设的几个趋势》，《当代教育科学》2014 年第 8 期。

⑤ 范先佐、曾新、郭清扬：《义务教育均衡发展与农村中小学教师队伍建设》，《教育与经济》2013 年第 6 期。

⑥ 孙颖：《城乡教师队伍建设一体化的路径探讨——兼论农村小学教师一专多能培训的可行性前提》，《教育理论与实践》2014 年第 14 期。

⑦ 邬志辉、秦玉友：《中国农村教育发展报告 2012》，北京师范大学出版社 2014 年版，第 377—452 页。

⑧ 秦玉友、曾文婧：《农村学校撤并的社会代价反思》，《教育发展研究》2014 年第 10 期。

乡和不同学习水平等维度对中小学生的课业负担状况①、非智力负担情况②进行了系统分析，并提出相应的解决策略；同时，研究还关注学生的营养、睡眠和锻炼情况，基于调查数据分析了当期中小学生的身体发展情况，并就如何有效促进身体发展提出了相应的建议。③ 另外，还有相关研究者关注城镇化背景下留守儿童、进城务工随迁子女的教育及适应等各方面的问题，并就学生发展情况进行了深入探讨。

此外，农村教育专业积极完善相关配套资源的开发与建设。2014 年东北师范大学农村教育研究所成立城镇化背景下义务教育资源配置专题数据库，收录大量的调研数据、调研图片、访谈录音、报告视频资源等，为义务教育资源配置等相关研究提供数据来源和资源支撑。

（邬志辉、袁桂林）

（四）比较教育学专业

1. 2014 年比较教育研究领域的变化（基于学术期刊栏目的研究）

我国比较教育研究涉及领域广泛，其重要的研究领域是高等教育、教师教育、教育思想与理论、基础教育、比较教育学科建设、教育改革与政策研究、教育国际化、区域教育。另外，还涉及成人与职业技术、特殊教育、课程、教材与教法。2014 年刊文量最多的研究领域前三依序为教师教育、高等教育、教育思想与理论。教师教育研究增长迅速，刊文量甚至超过了比较教育传统的重点研究领域高等教育。比较教育研究变化较为明显的几个领域是教师教育、教育国际化、区域教育研究和学前教育。

表 1　2014 年我国比较教育学术期刊主要栏目一览

刊名（总刊文量）/专栏（刊文数量）	高等教育	教师教育	教育思想与理论	基础教育	教育改革与政策	教育国际化	区域教育	比较教育学科建设	学前教育	课程、教材与教法	成人与职业教育
比较教育研究（218）	39	35	27	16	20	17	18	9	4	4	6
外国教育研究（167）	22	32	22	18	7	8	0	4	11	9	7

① 秦玉友、赵忠平：《多不多？难不难？累不累？——中小学生课业负担调查研究》，《课程・教材・教法》2014 年第 4 期。

② 秦玉友、曾文婧、赵忠平：《谁的非智力负担更重——中小学生课业不感兴趣程度、期望压力与焦虑水平调查研究》，《教育发展研究》2014 年第 24 期。

③ 赵忠平、秦玉友：《营养好不好？睡眠足不足？锻炼够不够？——我国中小学生身体发展条件调查研究》，《四川师范大学学报》（社会科学版）2014 年第 2 期。

续表

刊名（总刊文量）/专栏（刊文数量）	高等教育	教师教育	教育思想与理论	基础教育	教育改革与政策	教育国际化	区域教育	比较教育学科建设	学前教育	课程、教材与教法	成人与职业教育
总计（385）	61 15.8%	67 17.4%	49 12.7%	34 8.8%	27 7%	25 6.5%	18 4.7%	13 3.4%	15 3.9%	13 3.4%	13 3.4%

2. 2014 年比较教育研究主题的分析（基于研究论文的选题）

2014 年，比较教育学科建设的研究主题和成果主要体现为：在国际社会大变革和中国社会的转型及中国和平崛起的进程等宏观社会背景下，对比较教育的使命、发展路向和研究策略进行了研究；对比较教育学科的发展进行了研究和梳理；对比较教育的理论及方法进行了研究。

比较教育研究在高等教育领域的研究主题主要集中在以下几个方面：高等教育的国家宏观发展与改革政策；高校创业教育研究；现代大学制度研究；高等教育评估与质量保障。非常值得关注的是，2014 年比较教育高等教育的研究出现了两个比较重要的新选题：一是 MOOC 的研究，二是高校智库的研究。MOOC 的发展代表了数字化时代教育的一种未来方向，对教育，尤其是高等教育的影响意义重大而深远。

比较教育研究关于基础教育的研究主题非常丰富，其中比较集中的几个研究主题是：西方国家基础教育改革政策、课程、教材与教学、PISA、质量与评价、公民教育、各学段间的衔接问题（考试与招生）、新的办学模式等。另外，研究也广泛涉及教育财政、薄弱校改造、教育援助、媒介素养教育、中小学健康安全管理等内容。

比较教育在教育国际化的研究主要集中于这几个方面：对国际组织及其相关教育政策的研究；对高等教育排名的研究；对国际教育援助政策的研究；对跨国学生流动的研究。同时，比较教育也对美国（2012—2016）国际教育发展战略、加拿大国际教育战略的背景、行动框架及问题开展了研究。

3. 2014 年比较教育研究的研究地域分析

2014 年，《比教教育研究》《外国教育研究》《外国中小学教育》所刊发的研究论文共计为 517 篇。《比较教育研究》对单一国家教育研究的论文为 123 篇，其中研究涉及国别较多的是：美国 52 篇，英国 16 篇，日本 12 篇，德国 7 篇，印度 6 篇，韩国 6 篇，法国 5 篇，澳大利亚 5 篇。《外国教育研究》对单一国家教育研究的论文为 96 篇，其中研究涉及国别较多的是：美国 46 篇，英国 14 篇，日本 7 篇，德国 6 篇，澳大利亚 6 篇，加拿大 5 篇，韩国 4 篇，新加坡 4 篇。《外国中小学教育》对单一国家教育研究的论文为 71 篇，其中研究涉及国别较多的是：美国 37 篇，英国 13 篇，日本 9 篇，澳大利亚 4 篇，加拿大 2 篇，芬兰 2 篇，印度 2 篇。从以上三种比较教育的学术期刊统计数据可以看出，我国比较教育研究的视域中心还是美、英、日、德、澳等发达国家，而美国又是比较教育研究的绝对焦点。

2014 年，《比较教育研究》跨国教育研究的论文为 14 篇，《外国教育研究》为 3 篇，

《外国中小学教育》为14篇。区域教育研究，2014年只有《比较教育研究》刊发了7篇。

综上所述，比较教育目前的研究还是以单一国别研究为主，但跨国研究和区域研究也开始受到关注。

4. 2014年比较教育研究方法的分析

我国比较教育研究传统的方法为文献分析法，但现在有些研究也开始采用文献计量方法、访谈法、问卷法。令人欣喜的是，2014年我国比较教育在研究方法上也开始采用基于大数据分析的可视化研究、知识图谱研究。《比较教育研究》2014年第6期刊载了杨天平、段晓敏的《21世纪以来美国教育管理研究的可视化研究》，对《美国教育管理季刊》《教育评价与政策分析》《教育政策》《教育领导》《卡潘》5种学术期刊在SSCI数据库中的3482篇文献进行了计量可视化分析。

《外国教育研究》2014年第12期刊载了王圣云、吴丽江的《国外教师权力研究热点与脉络演进》。研究采用了CiteSpace Ⅲ知识图谱方法，从SSCI数据库中选取867篇文献进行了分析，就教师权力研究的时空分布、关注焦点与演进历程进行了研究。《外国教育研究》2014年第11期所刊发的王爱玲、陆海霞的《近十二年教育社会学的研究前沿演进》，以SSCI数据库2001—2012年美国《教育社会学》和英国《英国教育社会学》的922篇载文样本，对教育社会学的研究前沿——研究取向、研究内容、研究主题和研究范式，进行了可视化分析。

5. 结语

通过对以上比较教育研究领域、研究主题、研究地域和研究方法的统计及内容分析，2014年我国比较教育学科研究有如下几个特点：

（1）2014年，问题研究成为我国比较教育很明显的研究取向。比较教育研究的问题意识更加凸显，比较教育研究者对中国社会转型及发展中的教育问题、中国教育改革中的现实问题，均表现出强烈的本土关怀，比较教育的研究领域有所拓展，国际视野下的传统文化教育、民族教育政策、城镇化进程中的教育改革与发展、高校智库成为新的研究议题，开始受到关注。

（2）2014年我国比较教育的研究重点仍是高等教育、教师教育、教育思想与理论、基础教育、比较教育学科建设、教育改革与政策研究、教育国际化和区域教育。区域教育和学前教育发展迅速。

（3）2014年，PISA成为基础教育研究的热点。而且，对PISA的研究，除我国研究者的研究外，还有国外专家对上海PISA测评成就的分析，对中美、中英PISA背后文化差异以及教育信念差别的解析。在比较研究中，与“他者”观点的交流非常必要，“作为一种论坛”的比较教育本不应缺失这种对话与交流。但在过去，我国的比较教育研究者只研究国外的教育问题，这很难使中外研究者的研究视域在同一议题上交融和交汇，PISA的研究促进了中外研究者之间对同一问题的真正对话，也许它表征着中国比较教育从“译介”外国向“推介”中国的一种转型，也就是学科建设中所谈论的中国比较教育“走出去”的一种行动。

（4）在研究地域方面，美、英、日、德、澳大利亚等国的教育受到研究者的积极关注，尤其是美国更是成为研究的中心。因而，很有必要积极拓展和鼓励其他国别和区域教育的研究，丰富比较教育研究的知识。

（5）在学科建设方面，全球化进程和中国的发展对比较教育提出了新的挑战，也为比较教育的发展提供了新的空间。从作为了解国外教育的“窗口”，到促进交流与对话的“论坛”，再到被寓意了更多功能的“公共空间”，比较教育在今天迎来了新的使命，所以比较教育的发展方向、发展路径、研究的转型成为2014年中国比较教育研究者思考的中心议题。

（6）在研究方法方面，2014年比较教育也开始采用大数据分析的知识图谱法。基于证据的研究是研究的一种发展趋向，基于证据为研究结论的科学性提供了更多的说服力。比较教育研究在方法上应进行更多的创新。

（曾晓洁）

（五）教育史专业

依据2014年度出版的学术著作以及中国知网（CNKI）的学术论文等，分别收集中国教育史和外国教育史研究的信息和论文资料进行整理。据不完全统计，2014年度教育史学科发表学术论文1000余篇，出版著作60余部，形成了一批较有影响力的研究成果。下面主要从教育家及教育思想史研究、教育制度史研究、教育史学科与教育史学研究等进行述评。

1. 教育家及教育思想史研究

在本年度的中国教育史研究中，教育家及教育思想史的研究仍是重点。除了关注教育史的“熟人”外，一些“新人”也进入研究者的视野；另外，一些具有特别纪念意义的人物也成为本年度关注的热点。同时，研究者更加注重在文化与教育的结合上阐释中国教育思想发展的内在逻辑，并尝试从社会生活史的层面对教育家思想进行分析和解读。在本年度的中国教育史研究中，研究者继续对孔子、孟子、朱熹、张之洞、梁启超、蔡元培、陶行知等教育家进行研究，试图提出一些新的解释。[①]

关于中国教育史“新人”的研究，学者较多关注近现代的教育人物，如何嗣焜、岑春煊、侯鸿鉴、徐自华、林传甲、张奚若、杨亮功、李安宅、徐复观、章开沅等人。[②] 在论文研究方面，近现代教育人物的思想成为研究的重点。如论述清末著名教育家何嗣焜的

---

① 严金东：《试论“自得”为儒家教育方法论的核心》，《教育教学论坛》2014年第4期；欧阳祯人：《论孟子教育思想的社会性》，《中原文化研究》2014年第3期；乐爱国：《民国时期的朱熹教育思想研究》，《地方文化研究》2014年第2期；涂怀京：《析陶行知“生活教育”学说目的论》，《教育史研究》2014年第1期；丁念金：《陶行知生活教育思想对我国教科书的影响》，《教育科学研究》2014年第2期。

② 庞云凤、牛蒙刚、王福臣：《蒲松龄教育思想与实践研究》，山东人民出版社2014年版，第1页。

教育思想及其贡献[①]、研究清末著名总督岑春煊对清末新式教育做出的贡献[②]、探寻侯鸿鉴与中国近代教育的关系[③]、浅论近代著名教育家张奚若的教育思想与实践[④]。

在2014年度，外国教育思想研究呈现出一定增长但不平衡的态势。表现为近现代教育家思想备受青睐，古代教育家及思想的研究相对较少；就研究对象而言，杜威的教育思想较受关注；同时，一些教育家如柏拉图、洛克、裴斯泰洛齐、卢梭、蒙台梭利、埃利奥特、福禄培尔、第斯多惠、赫钦斯、科南特、怀特海、德可乐利、尼尔、维柯、雅斯贝尔斯，兰卡斯特等也成为研究的对象。

2. 教育制度史研究

在教育制度史研究方面，中国教育史比较关注的是书院教育制度、科举制、蒙学教育等正式教育制度史的研究；同时，非正式教育制度史如家族教育、女子教育和社会教化等研究也取得了一定的进展。

书院是中国传统社会极具特色的教育组织和学术机构。本年度关于书院教育的研究主要包括书院制度、书院与地方文化、书院与当代教育关系等。[⑤] 关于科举制的研究，2014年度涌现了多部相关著作和论文。在科举发展史的研究方面，沈兼士在《中国考试制度史》一书中，通过对大量史料的分析，展示了“科举制”在中国产生、发展、繁荣、衰弱、消亡的历史。[⑥] 蒙学教育研究也是中国教育史研究的重要内容之一。中华书局于2014年出版的乔天一译注的《蒙求》一书，收录了唐以前六百多条名人逸事，并将其总结成押韵的四字句，以便儿童记诵。《蒙求》一书既提供了丰富的历史知识，又为学术研究提供了资料。[⑦] 另外，作为古代蒙学教材典范的《三字经》，也是学者研究的重点。汪萍专门分析了《三字经》的教育价值取向。[⑧] 在中国教育制度史的研究中，一些非正式教育制度的内容也进入研究者的视野，包括女子教育制度、社会教化制度、家族教育制度等。关于古代女子教育的研究主要表现为以下几个方面：（1）关于唐代女子教育的研究[⑨]；（2）有关宋代宦门女子教育的研究；[⑩]（3）有关明代女教书的研究；[⑪]（4）依据小说、诗

---

① 刘平、胡亚南：《论著名教育家何嗣焜的教育思想及其贡献》，《学理论》2014年第32期。

② 谭群玉、曹天忠：《岑春煊与清末新式教育》，《学术研究》2014年第10期。

③ 于书娟、王璞：《侯鸿鉴与中国近代教育》，《教育文化论坛》2014年第6期。

④ 张兴国：《张奚若的教育思想与实践》，《教育与职业》2014年第13期。

⑤ 唐亚阳、吴增礼：《中国书院德育研究》，人民出版社2014年版，第2页；程嫩生：《中国书院文学教育研究》，中国社会科学出版社2014年版，第12页；张兢兢：《唐代书院的性质探讨：再读邓洪波〈中国书院史〉》，《教育史研究》2014年第1期。

⑥ 沈兼士：《中国考试制度史》，中国和平出版社2014年版，第5页；金滢坤：《唐五代科举的世界》，复旦大学出版社2014年版，第8页。

⑦ 乔天一译注：《蒙求》，中华书局2014年版，第8页。

⑧ 汪萍：《古代蒙学教材〈三字经〉的教育价值取向》，《课程教育研究》2014年第21期。

⑨ 郭丽：《论唐代女性教育与女性的诗歌创作》，《西北大学学报》（哲学社会科学版）2014年第5期；叶子龙：《唐代士人家庭女子教育研究》，《乾陵文化研究》2014年年刊。

⑩ 罗梦柯：《宋代宦门女子教育状况探微》，《开封大学学报》2014年第3期。

⑪ 李庆勇：《明代女教书著述研究》，《洛阳师范学院学报》2014年第1期；李庆勇：《简论明代女教书中“三从四德”思想》，《沈阳大学学报》（社会科学版）2014年第6期。

歌等文学作品探视女子教育是近年教育史研究的新尝试。① 关于近现代女子教育的研究主要表现在以下几个方面：（1）近代女子高等教育的研究；②（2）梁启超女子教育思想研究；③（3）多元化及西学视角下的近现代女子教育研究；④（4）地方区域女学研究，包括天津、奉天、广州、四川等地女学的研究；⑤（5）党领导下的女性教育研究；⑥（6）女子教科书研究；⑦（7）从女性话语和女性教育史角度做的研究。⑧ 关于社会教化制度的研究。中国自古以来就是一个注重社会教化的国家，从春秋战国时期社会教化理论形态的形成到现代社会教化的兴起，无不体现着社会教化思想的延绵不息。2014 年度也出现了一些相关的论著。⑨ 关于家族教育制度的研究，这方面也取得较多的成果。东晋南朝时期以门阀世族为主的家族教育中高门琅琊王氏和陈郡谢氏的家族教育影响较大。⑩

在 2014 年的外国教育制度史方面，高等教育史的研究依然是研究的重点，主要表现为：（1）研究问题涉及的时间跨度较大，较为重要的事件均有程度不同、数量

---

① 孙岩、宋一丹：《从〈红楼梦〉浅探明末清初的女子教育》，《黑龙江史志》2014 年第 17 期。

② 周廷勇：《中国女子高等教育》，中国传媒大学出版社 2014 年版，第 9 页。

③ 王颖：《梁启超女子教育思想探析》，《湖北函授大学学报》2014 年第 18 期。

④ 王美英：《晚清的女子教育与女性意识的觉醒》，《武汉大学学报》（哲学社会科学版）2014 年第 1 期；杜恩义：《晚清最后十年女子教育发展概况》，《黑龙江史志》2014 年第 9 期；沈瑞、刘权华：《从近代学制看中国女子教育的发展》，《现代基础教育研究》2014 年第 3 期；肖亚男、程仁桃：《〈飘香室文诗遗稿〉与清末女学》，《文史知识》2014 年第 3 期；陈文联、桂运奇：《维新语境下的兴女学思想探赜》，《长沙大学学报》2014 年第 1 期；刘芳、王岩梅：《明清平民妇女教育研究》，《白城师范学院学报》2014 年第 2 期；李心怡：《中国女子教育的近代化历程及其意义》，《科教导刊》2014 年第 4 期；付登舟：《〈女子世界〉与晚清女子教育》，《当代继续教育》2014 年第 1 期。

⑤ 秦方：《清末民初女学师生的游移经验：以天津为中心的考察》，《史林》2014 年第 1 期；张晓明：《论清末奉天地区女学》，《鞍山师范学院学报》2014 年第 5 期；夏坤：《从女学到女界：晚清广州女性群体的发展脉络》，《黑龙江史志》2014 年第 5 期；张雪莹、张兴龙：《清末四川女学的发展及原因探析》，《中学课程辅导（教学研究）》2014 年第 33 期。

⑥ 徐爱新：《中国共产党领导的女性教育主流化运动研究 1921—1956》，中国妇女出版社 2014 年版，第 5 页；赵占豪：《特殊时期的二野女子大学》，《党史纵览》2014 年第 6 期。

⑦ 吴小鸥、李想：《赋权女性：晚清民国女子教科书的启蒙诉求》，《华东师范大学学报》（教育科学版）2014 年第 1 期。

⑧ 包英华：《再创的传统："贤妻良母"与蒙古族女子教育》，《中央民族大学学报》（哲学社会科学版）2014 年第 2 期；徐芳：《自由教育与女性自主意识的唤起——从女性教育史看女性审美意识形态的变迁》，博士学位论文，湖南师范大学，2014 年。

⑨ 魏珂、王列盈：《明清时期粤西地区的社会教化》，《教育评论》2014 年第 1 期；董智然、吕仕儒：《两宋时期社会教化的新方式》，《山西大同大学学报》（社会科学版）2014 年第 4 期；吴祖鲲、王慧姝：《宗祠文化的社会教化功能和社会治理逻辑》，《吉林大学社会科学学报》2014 年第 4 期。

⑩ 胡晓明：《"簪缨不替"与"雅道相传"：东晋南朝王、谢家族教育的丰碑》，《唯实》2014 年第 6 期；赵春辉：《〈江阴夏氏宗谱〉中夏氏家学与家族教育考略》，《学术交流》2014 年第 1 期；蒋明宏：《清代无锡钱氏家族教育及其转型述论：以堠山派城中支、湖头派七房桥支为例》，《历史教学问题》2014 年第 5 期；胥文玲：《民俗文化与闽北家族教育的历史传承》，《福州大学学报》（哲学社会科学版）2014 年第 5 期；廖其发：《论中国传统家庭家族学校的兴衰、特点与启示》，《河北师范大学学报》（教育科学版）2014 年第 4 期。

不等的涉及。(2)研究涉及的国家较为广泛，除了美国、英国、日本等国外，澳大利亚、德国、比利时、俄罗斯、芬兰、加拿大、马来西亚、南非、印度等国家的高等教育研究也受到程度不同的关注①。(3)产出了一批与外国高等教育史相关的硕博论文。

3. 教育史学科与教育史学研究

2014年度，教育史学科与教育史学的研究也取得一定成果，其内容包括教育史著作出版和研究，教育史学科建设及机构研究，教育史史料及方法论研究，教育史学科的反思，以及对欧美国家教育史研究现状的论述等，成为2014年度教育史学研究的重点。

在教育史著作的出版和研究方面，(1)一些早期的教育史著作得以重印。②(2)关于教育史著作中的教育家入选标准的研究。③在教育史学科建设及机构研究方面，中国教育学会教育史分会编撰的《教育史研究与评论》第1辑的出版，总结了教育史学科建设取得的成就，力图向海内外系统展示教育史研究的前沿动态和主要成果，忠实地记录教育史学发展演变的历程。④教育史学科的自身建设及反思问题一直是教育史研究关注的热点。一些研究者针对教育史学科失去生存价值、作用微乎其微、学科地位下降的问题进行了思考。⑤关于教育史学科的反思问题，单中惠从研究价值、研究范畴以及研究方法三个

---

① 徐晓红、郭婧:《澳大利亚大学教师职称晋升政策的历史变迁与最新改革》,《复旦教育论坛》2014年第3期；俞婷婕:《澳大利亚大学校长的角色定位与个人特征——基于“八校联盟”的分析》,《复旦教育论坛》2014年第3期；刘丽平、周进:《德国学术交流中心与高等教育国际化及其对我国的启示》,《西北成人教育学院学报》2014年第2期；孙进:《德国一流大学如何选校长？——海德堡大学的个案分析》,《比较教育研究》2014年第3期；雷军、蔡永红、王迪:《比利时高等教育的管理体制、特点及其启示》,《国家教育行政学院学报》2014年第6期；李艳辉、O. A. 玛什金娜:《俄罗斯第三代高等教育国家标准：背景、框架、特点》,《高等教育研究》2014年第2期；武学超:《基于“知识三角”逻辑的欧洲大学改革与启示——以芬兰阿尔托大学为例》,《比较教育研究》2014年第2期；胡伟、邓娟:《加拿大研究生教育特点分析》,《中国电力教育》2014年第2期；邵颖:《马来西亚私立高等教育：公立高等教育的有效补充》,《东南亚研究》2014年第2期；王文礼:《南非博士生教育的现状、问题和对策》,《高教探索》2014年第1期；安双宏、王占军:《印度高等教育私营化：进退两难的战略抉择》,《比较教育研究》2014年第2期。

② 陈青之:《中国教育史 下》,生活·读书·新知三联书店2014年版，第3页；舒新城:《近代中国教育思想史》,上海三联书店2014年版，第3页；周洪宇、刘训华:《多样的世界 教育生活史研究引论》,福建教育出版社2014年版，第10页；熊贤君:《中国近代教育行政史》,人民教育出版社2014年版，第12页；翟奎凤、王强主编:《近代修身教育文献丛编》,凤凰出版社2014年版，第10页。

③ 赵浩栋:《关于教育家入选标准的定性与定量分析：基于对改革开放以来我国教育史著作的研究》,《天津市教科院学报》2014年第2期。

④ 中国教育学会教育史分会编:《教育史研究与评论》第1辑，人民教育出版社2014年版，第11页。

⑤ 王彤:《浅谈学科互涉视域下的教育史研究理论创新》,《教育教学论坛》2014年第38期；朱季康、胡金平:《对当今教育史学科危机及出路的思考》,《现代大学教育》2014年第1期；金忠明、王元义:《教育史研究的问题意识与当代视野》,《河北师范大学学报》(教育科学版)2014年第1期。

方面对西方教育史学家的观点进行了述评。① 2014 年度，教育史学研究也非常关注欧美国家教育史研究的现状，形成了较多成果。②

4. 教育史学科面临的困境及发展分析

需要指出的是，2014 年度教育史学科在取得较大进展的同时，也面临着发展的一些困境和问题，主要有以下几个方面：

第一，教育思想史的研究还不平衡。中国教育思想史的研究在对“熟人”研究的基础上，也开始关注“新人”的研究，拓展了研究的对象和空间。外国教育思想史研究除了杜威、卢梭之外，其他教育家的思想研究还不够，虽然有些零星的研究成果出现，但难以产生较大的影响，尤其是现代教育家思想的研究。

第二，在教育制度史方面，中国教育制度史研究出现了多样化的格局。如中国教育史方面不仅有传统的书院教育制度、科举制、蒙学教育等方面的研究；而且在家族教育、女子教育和社会教化等方面也取得了一定的研究进展。这种多样化的研究格局有利于多方面印证中国教育发展的历史及相互关系，但还需要有影响的研究成果。

第三，教育史学科和教育史学的研究仍然有待加强。近年来，教育史学科的生存价值遭遇严峻的挑战。教育史学科的研究虽然取得较大进展，但总体上仍有待提高。在研究中存在着部分选题重复、论文质量不高、对所研究的问题缺乏新的解释等问题，造成了人力、物力以及时间的浪费。

第四，与教育学科的其他分支学科相比，教育史学科的国际学术交流还存在很大的提升空间，教育史学科的国际交流还不够。虽然有“两岸四地”教育史研讨会，但是交流的范围还可以扩大，可以加强与欧洲教育史常设会议及国际教育史会议的沟通与联系，在扩大影响的同时，分享教育史界的学术成果，促进教育史学科的更好发展。

第五，解决教育史学科的生存问题关键是做好自己的工作。要加强学科基础建设。主要包括教材和史料建设，并加强对学科自身的反思和认识。包括对研究方法、研究范式、学科定位、学科存在的问题等各个方面进行深入的思考，提高教育史研究的理论和学术水平；同时要继续拓宽教育史的研究领域和视野，特别是加强专题史研究。尝试采用新的方法、新的视角，研究已有的或者新的问题，在已有的基础上获得新的突破。

第六，加强与其他学科的联系，积极吸取其他学科的研究成果，借鉴其他学科的理论和研究方法，形成以问题为中心的多学科交叉的综合性的和专题性的研究。在与其他学科

---

① 单中惠：《教育史是什么？——西方教育史学家观点述评》，《河北师范大学学报》（教育科学版）2014 年第 2 期；郭法奇：《教育史研究：应当增强一定的解释力——基于教育史研究一些基本问题的思考》，《首都师范大学学报》（社会科学版）2014 年第 1 期；王保星：《知识变迁与我国外国教育史学科改革的新思维》，《南京师大学报》（社会科学版）2014 年第 2 期；李先军、程世新：《当代叙事史学法对教育史学科发展的启示》，《宁波大学学报》（教育科学版）2014 年第 4 期；邬春芹：《美国城市教育史学发展历程初探》，《河北师范大学学报》（教育科学版）2014 年第 5 期。

② 孙益、李曙光：《20 世纪 70 年代以来的法国教育史研究——以法国教育史服务处〈教育史〉杂志为核心的考察》，《清华大学教育研究》2014 年第 2 期；孙益、张乐、罗小连：《20 世纪 90 年代以来的德国教育史研究——以德国教育史学会和〈教育史年刊〉为核心的考察》，《外国教育研究》2014 年第 8 期；诸园：《21 世纪以来加拿大教育史学科新发展》，《比较教育研究》2014 年第 1 期；武翠红：《全球化背景下英国教育史研究的转向》，《学术论坛》2014 年第 12 期。

交流或者合作中，吸取别的学科的长处，克服自身的不足，使教育史研究在学科交叉和合作中寻找新的生长点和发展点，更好发挥教育史学科在促进教育现代化过程中的积极作用。

（施克灿、李子江、郭法奇）

（六）教育技术学专业

近年来，教育技术学以“技术促进教育变革”“技术支持教与学的过程”为目标，不断推动技术在教育教学过程中的应用，正带动着整个教育领域的变革。影响教育技术学学科发展的理论前沿与重大热点问题具体体现在以下五个层面。

1. 信息化教育理念层面：“智慧教育”引领信息化教育发展方向①

智慧教育是当代教育信息化的新境界、新诉求。智慧教育是素质教育在信息时代、知识时代和数字时代的深化与提升，是培养面向 21 世纪创新型人才、智慧型人才、实践型人才的内在需求。当前，我国教育信息化正处于从初步应用融合阶段迈向全面融合创新的过渡阶段，无论从国家地区的宏观层面、学校组织的中观层面，还是学习者个体层面来看，教育信息化都是一个平衡多方关系、创新应用发展、追求卓越智慧的过程。

智慧教育可理解为一种智慧教育系统，其定义为“智慧教育（系统）是一种由学校、区域或国家提供的高学习体验、高内容适配性和高教学效率的教育行为（系统），它能利用现代科学技术为学生、教师和家长等提供一系列差异化的支持和按需服务，能全面采集并利用参与者群体的状态数据和教育教学过程数据来促进公平、持续改进绩效并孕育教育的卓越”。这一定义将教育技术学领域关心的问题和目前教育学领域关心的问题有机关联到了一起，并尝试从教育方针、政策、信息化的角度来解决教育公平的问题，但更多的是为了解决教育的卓越问题，即我们下一代培养的人是否卓越的问题。

2. 信息化课堂教学模式改革层面：翻转课堂受到热捧②

翻转课堂作为一种技术促进教学的典范，是对传统教学固有模式“课上教学、课下作业”的彻底“颠覆”，为处于“深水区”的课堂教学改革不断深化提供了一种新的选择。自从被引入国内以来，翻转课堂模式就受到了广大教育工作者的高度关注。上海、南京、重庆、深圳等地的一些中小学相继开展了“翻转课堂”教学试点实验。相应的一大批教育工作者开展了许多“翻转课堂”理论与教学实验的研究，形成了众多的理论研究成果。

国内翻转课堂的研究时间还不长，最早的研究开始于 2012 年。对于翻转课堂教学模

---

① 黄荣怀：《智慧教育的三重境界：从环境、模式到体制》，《现代远程教育研究》2014 年第 6 期；祝智庭：《以智慧教育引领教育信息化创新发展》，《中国教育信息化》2014 年第 9 期；祝智庭、贺斌：《智慧教育：教育信息化的新境界》，《电化教育研究》2012 年第 12 期。

② 何克抗：《从“翻转课堂”的本质，看“翻转课堂”在我国的未来发展》，《电化教育研究》2014 年第 7 期；段春雨：《国内翻转课堂研究的现状与展望》，《重庆高教研究》2014 年第 4 期。

式，海内外的学者普遍认为，翻转课堂不仅是能增加学生与教师之间的互动以及学生个性化学习时间的一种手段，它更是一种全新的“混合式学习方式”——是在以“B-Learning”为标志的教育思想指引下，对课堂教学模式实施重大变革所产生的成果。从研究主题上看，国内翻转课堂研究主要集中在对“模式化”的探讨，这主要体现两个方面：一是从理论角度对“翻转模式”内涵、特征、历史与影响作用进行解析；二是从应用角度简单效仿或照搬国外典型的翻转教学模型进行教学设计，表现为构建基于学科或课程的翻转教学模式。

3. 信息化教与学的过程分析/干预层面：学习分析技术①

学习分析是近年来教育技术领域迅速发展的新热点，它是运用先进的分析方法和工具预测学习结果、诊断学习中发生的问题、优化学习效果的一类教学技术的集合。学习分析的核心是收集、汇总、分析和呈现学习者及其相关的数据，并以提高教学和学习成效为终极目标。

学习分析的理念一经提出，就受到教育界的广泛关注。Malcolm Brown 认为学习分析是教育技术发展的第三次浪潮，其核心在于搜集和分析与学习行为相关的数据，包含数据收集、分析、学习、受益方和干预五个大要素。学习分析技术涵盖了教育过程最主要的领域，在教学、学习、管理、研究等方面都有很大的潜力。当教育信息化成为教育机构的目标，以技术促进教育改革成为教育的使命之一时，学习分析技术大有可为。

4. 信息化课程层面：慕课与微课②

MOOC 是 Massive Open Online Course 的缩写，中文意思是“大规模网络开放课程”。从理论上讲，Massive（大规模的）是指对注册人数没有限制，用户数量级过万；Open（开放的）是指任何人均可参与，并且通常是免费的；Online（在线的）是指学习活动主要发生在网上；Course（课程）是指在某研究领域中围绕一系列学习目标的结构化（Structured）内容。MOOC 译作“慕课”，其所持信念是“将世界上最优质的教育资源，送达地球最偏远角落”。在落实《国家中长期教育改革与发展规划纲要（2010—2020年）》和实施《教育信息化十年发展规划（2011—2020 年）》之际，在混合学习和移动学习日益盛行的趋势下，微课成为当前我国教育信息化资源建设的重点和研究热点。

微课的“短小精悍”很好地解决了学习者的问题，把教材内容进行碎片化、情景化、重组整合（统称为“微课化”），把复杂的教学内容制作成可融合于课堂、可移动地服务于开放教育和终身教育的视频单元，这也就是越来越多研究者探索微课融合于正规与非正规教育的原因。

5. 信息化学习平台/环境

无论是智慧教育理念、翻转课堂教学模式，还是慕课、微课等课程理念的实施，都需

---

① 李青、王涛：《学习分析技术研究与应用现状述评》，《中国电化教育》2012 年第 8 期；祝智庭、沈德梅：《学习分析学：智慧教育的科学力量》，《电化教育研究》2013 年第 5 期。

② 贺斌：《慕课：本质、现状及其展望》，《江苏教育研究》2014 年第 1 期；胡铁生、黄明燕、李民：《我国微课发展的三个阶段及其启示》，《远程教育杂志》2013 年第 4 期；胡铁生：《“微课”：区域教育信息资源发展的新趋势》，《电化教育研究》2011 年第 10 期。

要相匹配的学习平台/环境的支撑。在课堂教学整体环境搭建方面，智慧教室/未来教室代表着课堂教学环境的发展方向；在课堂辅助学习平台构建方面，BYOD（Bring Your Own Device，自带设备）理念的发展，使得电子书包成为最有效的课堂辅助学习平台/终端；另外，3D 虚拟现实教育环境等也在不断发展，能够支持虚拟实验、模拟部分教学活动等。

（武法提、李彤彤）

（七）远程教育专业

2014 年，是远程教育学科研究转型和升级的一年，研究重点主要集中在互联网模式的在线教育理论、模式和方法等内容上，成果具有极强的前沿性和创新性，涉及理论创新、战略研究、平台与工具开发、方法创新和标准研制五个方面。

1. 理论创新: 联通主义学习的教学交互规律

毕业于北京师范大学、现就职于江南大学的王志军博士的博士论文，在其导师陈丽教授早期提出的“远程学习的教学交互理论”的基础上构建了“联通主义教学交互理论”。联通主义学习的教学交互理论揭示出联通主义学习是在操作交互、寻径交互、意会交互和创生交互相互作用下的螺旋式知识创新和网络扩展与优化的过程。操作交互创造了联通主义学习发生的空间，是其他三类交互发生的前提和基础；寻径交互是联通主义学习的持续动力，是深层次交互发生的推动器；意会交互为联通主义学习提供集体智慧支持，是创新交互的孵化器；创生交互是联通主义学习持续开展的关键和四类交互的制高点。

该理论实现了远程教育教学交互理论方面的实质性创新，丰富和发展了远程教育基本理论体系，为在线教育提供了坚实的教学论基础。所揭示的规律有助于推动网络时代教育教学方式的变革和教育教学质量的提升。

2. 战略研究

（1）高等教育的 MOOCs 战略

2012 年 MOOCs 热潮席卷全球，2013 年又在中国刮起“飓风”，国内一批知名高校相继加盟三大 MOOCs 平台。2014 年是 MOOCs 研究进入冷静和反思的阶段，许多研究开始探寻中国 MOOCs 发展的本土之道。不少学者都精辟地指出 MOOCs 的本质还是在线教育，它的创新意义在于采用了互联网模式的高等教育服务方式：开放、互联互通、扁平化。这种高等教育的互联网服务模式，可以利用在线平台，允许学生享用更多优质高等教育资源，更好地满足学习者的个性需要，同时推动高等教育课程的不断优化。许多研究都强调不能所有大学都一窝蜂建设 MOOCs，面向校外学生服务。普通大学应该重点研究如何利用一流大学和社会提供 MOOCs，开展教学模式改革，建立支持机制，鼓励学生修读 MOOCs，由优质的 MOOCs 推动教师教学模式的改革与提升。同时，普通高校要特别重视借鉴互联网模式的特点，推动人才培养模式和管理模式的变革，积极探索和努力构建有利于拔尖创新人才产出的体制与机制，优化内部治理结构。

（2）中国开放大学的发展战略

2014 年是六所开放大学试点的关键年，如何切实推进六所广播电视大学向开放大学的转型升级，如何正确定位开放大学，如何构建六所开放大学与原有中国广播电视大学体系的新型关系等战略问题成为2014年度研究的热点。关于开放大学与广播电视大学体系的新型关系的认识最具有创新性的观点是：开放大学的建设必将打破原有广播电视大学系统各级电视大学之间的关系，国家应鼓励各级开放大学之间探索多种合作模式，更要鼓励开放大学主动探索与行业、普通高校等各类办学机构之间的合作模式。关于如何实现广播电视大学向开放大学转型的思路最具有共识的观点是：开放大学应该面向我国建设人力资源强国的现实要求，树立开放教育的新理念，坚持一流的办学标准，运用信息技术，借鉴互联网服务模式，通过改革，构建全新的体制与机制。

3. 平台与工具开发

（1）自主知识产权的MOOCs平台

MOOCs的快速发展对于我国高等教育产生了重要影响。在应用Coursera、edX、Udacity等国际化MOOCs平台的同时，2014年我国自主知识产权的MOOCs平台开始涌现并迅速发展，最具代表性的自主知识产权MOOCs平台包括“学堂在线”“华文慕课”“好大学在线”和“中国大学MOOC”等。

“学堂在线”是我国第一个由高校主导研发的MOOCs平台，由清华大学在edX开源平台的基础上进行研发完成，目前学堂在线有本土课程402门，引进了哈佛大学、麻省理工学院和康奈尔大学等国际知名高校的课程253门，已经打造出以《电路原理》《财务分析与决策》等为代表的一批有较大影响力的在线课程。

“华文慕课”是北京大学与阿里巴巴联手打造的MOOCs平台，于2015年2月上线。“华文慕课”平台以阿里云为依托，基于顶你学堂（TopU. com）二次开发完成。目前加盟的学校为台湾大学，未来将大量引入国内其他知名高校。“华文慕课”现有25门课程，其中绝大部分是北大制作的MOOCs。

（2）联通主义学习平台和工具

随着在线教育的快速发展，各种工具平台不断涌现。这些平台工具中的佼佼者基本上都体现了联通主义的理念，在会聚学习者、建立社会性联系的基础上，促进信息聚合、内容生成和交流协作。2014年工具平台中获得最多认可的，大多集中在在线学习的一些关键环节，包括课程学习和作业考试等，以及一些特定的学科如外语和计算机等。

“YY教育”等为代表的互动教学平台，突破了实时交流的技术瓶颈，提供高质量的音视频服务，让远程实时授课成为了可能。远程音视频实时互动也成为了高端在线课程平台的重要功能模块，如被百度收购的“智客网”就提供了直播大讲堂功能，“腾讯QQ”也在视频聊天功能的基础上提供了远程实时教学的支持。

以Fenby为代表的在线互动编程学习平台则代表了以编程操作为核心的在线学习模式。在课程内容的基础上，Fenby仿照Codecademy提供在线编程学习环境，能够自动判误，将学习与实战相结合。

以“猿题库”与“作业帮”等为代表的工具直接指向了学习者的刚性需求——作业和考试。讨论作业问题、得到解题思路和试题答案是这类工具的功能范围。基于丰富的题库、自动化组卷判卷、通过拍照查题目等功能，试题答案的获得变得非常简单。APP支持下的在线交流也让交流讨论变得非常便捷。

在技术进步的推动下，严肃游戏（Serious Gaming）在远程教育领域有了长足发展。

"英语流利说"是这类学习工具的代表，它基于语音识别技术，将勋章体系和闯关游戏合理融入碎片化学习过程中，较为成功地实现了基于移动端的游戏学习。

4. 方法创新

（1）远程教育课程体系开发方法

长期以来，我国远程高等教育机构经常省略和简化专业课程体系开发过程，导致成人继续教育的价值取向和学习需求未能体现在专业课程体系中。2014 年北京师范大学的冯晓英副教授凝练出专门针对远程教育领域的课程体系开发方法——DECDA 模式（Distance Education Curricula Development for Adults），并出版了学术专著。DECDA 模式基于能力为本的开发理念，采用了典型工作任务分析和职业发展阶段的思想，同时融入角色的概念，并结合对学习者的分析，来开发适合成人远程学习的专业课程体系。DECDA 开发方法与工具有效地解决了：①专业课程体系与实践需求对接的问题；②成人远程学习对个性化、灵活性的要求；③实践机构实施专业开发的可操作性。这种方法，既适合远程学历教育中的专业课程体系开发，同样也适用于非学历教育中的培训课程体系设计。

（2）基于大数据的学习分析方法

在线学习过程中积累的海量学习数据，为教学过程的评价、预测和个性化干预提供了新的可能。2014 年，关于学习分析的研究成果主要分布在理论研究、平台研究和应用研究三个方面。

在理论研究中，我国研究者在追踪国际研究动态的基础上，对学习分析领域的重要性和研究现状进行了评述，开始探索大数据与学习分析所带来的研究范式转变，并在学习分析基础模型构建方面展开了相关探索。在平台研究方面，两大主要方向是如何构建分析模型和分析系统。模型构建中，我国研究者分析了学习分析对象与数据结构演化过程；提出了基于电子书包数据以学习内容、活动、方式和评价个性化为分析维度的学生个性化分析模型；基于活动流和注意元数据对学习过程的描述模型；基于学习者特征识别、在线学习行为分析和学习者交互分析的 MOOCs 分析模型；基于数据与环境、相关利益者、方法和目标的分析模型等。系统构建方面，研究者提出了建立预测、反思、建议和适应四种功能引擎，以 Hadoop 为核心构建学习分析系统的构想；基于 Sakai 平台集成开发工具，建立自适应学习系统框架的构想；以及基础教育中基于学习分析实现个性化学习的思路与平台功能框架。在应用研究方面，研究者对学习分析工具进行了分析比较，系统地梳理了学习分析环节和典型学习分析类型，阐述了学习分析在评价、预测和干预等领域的应用。有研究者尝试通过学习分析对在线交互过程进行了分析，分析了各类交互行为之间的关系。

5. 标准研制：中国高等远程教育质量保证标准

构建国家层面高等远程教育质量保证体系是确保高等远程教育人才培养水平，提高高等远程教育质量声誉的客观需要。高等教育质量标准是质量保证体系的核心内容。北京师范大学远程教育研究中心在北京市教育科学规划 2012 年重点课题"我国高等远程教育质量保证模式标准研究"中借鉴国际经验，深入我国一线实践，研制了我国高等远程教育质量保证的标准。标准由 11 个维度 53 条标准项组成，11 个维度包括办学资质、组织管理、师资队伍、内部质量保证、学术研究、基础设施、课程设计与开发、专业建设、招生宣传、学习支持与学生管理、学习评价。11 个维度涉及高等远程教育实践的所有关键环节，53 条标准项针对我国高等远程教育实践的关键点和薄弱点。此套标准为构建我国高等远程教育质量保证体系提供了重要的研究基础。

（陈丽）

（八）教育管理学专业

研究者在中国知网共检索到2014 年“教育管理学”“中小学学校管理”“教育理论与教育管理”领域核心期刊的文献共 388 篇（2015 年 5 月 1 日数据）。经进一步筛选，共获得教育管理学领域内的文献 223 篇。后又在“读秀、中文学术搜索”“超星电子图书”搜到 2014 年出版的相关教材、著作 15 本。经进一步阅读，研究者对 2014 年度教育管理学领域的研究主要进展作如下梳理（见表 2）。

表 2　2014 年度教育管理学领域研究主要关键词统计

关键词	文献数量（篇/本）	排位
学校管理	48	1
校长专业发展/校长培训	34	2
校长领导力/领导	21	3
学校变革	15	4
教育治理/学校治理	11	5
教师绩效	9	6
教育评估/评价	8	7
规模学校/巨型学校/集团化办学	8	7
教师管理	7	8
现代学校制度	5	9
农村学校	5	10

1. 教育治理：深化教育管理改革的新动向

2013 年，“推进国家治理体系和治理能力现代化”在党的十八届三中全会上正式提出。2014 年，在全国教育工作会议上，教育部袁贵仁部长作了题为“深化教育领域综合改革，加快推进教育治理体系和治理能力现代化”的讲话。至此，“治理”“教育治理”成为重要的政策话语和管理话语[①]，也成为 2014 年教育管理改革的新动向。

治理（governance）指多元主体参与的共同治理，即“共治”；教育治理是指政府、社会组织、利益群体和公民个体，通过一定的制度安排进行合作互动，共同管理教育公共

① 褚宏启：《自治与共治：教育治理背景下的中小学管理改革》，《中小学管理》2014 年第 11 期。

事务的过程。[①] 教育治理发生在宏观层面和学校内部层面，相应地，学者们也从宏观层面、学校层面，以及政校关系层面探讨了现代教育治理体系建设的重心和路径。[②] 张志勇从治理主体、治理理念和治理机制三方面提出了建立现代教育治理体系的重要路径。[③] 韩菊红认为建构公众参与的教育公共治理体系与框架必须针对积极公民资格的缺失及公民社会发育迟缓等问题，为此可以从价值层面、能力层面、组织层面、制度层面进行努力。在学校中观层面，不同学者也从不同视角提出了自己的见解。李希贵以北京十一学校的实践为例，从权力的来源、分配与制约视角，提出了对学校内部治理现代化建设的经验。[④]

在寻求高教育质量的内涵发展阶段，学者们对于学校变革与发展的研究已经深入到探寻学校的内在发展动力以及可能不断激发学校生命力的变革与发展路径。此外，随着近年来各地在追求高教育质量的过程中先后出现的名校办分校、城乡学校一体化、一校多址等多种类型的规模办学形式，有关规模学校的管理也出现在了越来越多研究者的视野中。学校变革与发展的内生性动力机制指发展主体内部动力之间相互作用而形成的工作方式，来自学校系统的内部和外部。明晰学校变革发展的动力机制的功能定位、运作机理等有助于学校变革的深度推进。[⑤] 基于自身已有发展状态进行有效的学校变革与发展，是目前不少中小学校变革的路径。[⑥]

2. 学校管理研究的深化与创新

（1）学校管理：多元视角下的反思与重建

本年度的学校管理研究呈现出十分繁荣的态势，学者们在讨论相关议题时实现了实践与多元理论之间的对话，并进一步结合学科本身的发展脉络以及时代背景进行了深刻反思。房敏、傅树京基于新制度主义理论重新思考了学校组织发展：①对学校组织属性要动态合理地辨识，当学校逐渐从社会的边缘回归到社会的中心地带，它们无时无处不受外界环境的影响，并与其发生着物质、信息、能量的交换，因此需要将其视为“开放系统”；随着社会对学校教育质量问责的呼声不断地增强，社会与学校关系日渐密切，需将学校视为紧密结合系统。②制度环境学校组织在发展的不同阶段选择不同的发展策略。在学校组织发展的初期，可以采用制度环境中被证实有效或成功的组织结构，缩短动荡期。发展到成熟阶段，学校组织应采取特色发展的策略，营造有利的文化认知环境和认知图式。③获得合法性是学校持续发展的关键，要获得最深层次的合法性，就需要组织在与环境的互动中，积极地建构文化制度，从而形成能够共享的文化范畴和认知图式，影响组织成员的行

---

① 褚宏启：《自治与共治：教育治理背景下的中小学管理改革》，《中小学管理》2014 年第 11 期。

② 张建：《教育治理体系的现代化：标准、困境及路径》，《教育发展研究》2014 年第 9 期。

③ 张志勇：《管办评分离是建立现代教育治理体系的关键》，《人民教育》2014 年第 3 期。

④ 李希贵：《权力的来源、分配与制约——对学校内部治理现代化的深思》，《人民教育》2014 年第 24 期。

⑤ 韩晓霞、代建军：《谈学校变革动力机制》，《教育理论与实践》2014 年第 31 期。

⑥ 喻小琴：《初中名校变革的三种类型——基于京、津、苏三地初中校案例的分析》，《教育科学研究》2014 年第 9 期；胡晓航、杨炎轩：《学校改进的基本内容、空间次序与群体策略》，《教育科学研究》2014 年第 2 期；杨刚：《同步 · 优质 · 均衡：“一校多址”办学的实践探索》，《中小学管理》2014 年第 10 期。

为和认知。[①] 还有学者从变革型领导理论视域、复杂性范式视域对学校管理的科层制管理模式，以及管理目标、文化、评价等进行了系统反思。[②]

（2）教师管理：绩效管理继续成研究的焦点

2008 年国务院常务会议审议并通过《关于实施绩效工资的指导意见》，自 2009 年起绩效工资制度在义务教育阶段学校全面实施。几年来，有关教师绩效管理的研究日渐增多。2014 年，有关教师绩效工资政策面临的困境和问题继续成为教师管理研究的焦点。

教师绩效工资政策面临的困境和问题，既来自政策本身，也来自执行过程。洪志忠分析了教师绩效工资的政策环境以及动力来源，为更深入理解社会转型时期绩效工资政策的复杂性和困境提供了较好的政策环境和动力结构视角。[③] 宁本涛对我国西部初中教师的问卷调查和深度访谈，发现绩效工资实施具有弱激励效应。[④] 在教师层面，姜金秋、杜育红以广西壮族自治区 A 小学为个案，发现学校现存绩效工资方案存在的主要问题有：①学校采用的是基于成绩的计件工资计划，不符合义务教育教师工作特点；②绩效工资分配以"职务"岗位为重要分配依据，没有体现绩效工资本意；③真正体现绩效的工资水平和比例较低，无法调动教师积极性。[⑤]

3. 专业性：在校长研究中进一步凸显

2013 年 2 月，教育部教师工作司正式颁布了《义务教育学校校长专业标准》，意味着中国校长工作的专业性得到了正式的认定并将有专业的标准来进行规范。[⑥] "专业性" 在 2014 年度的校长研究中也被进一步凸显。

（1）校长专业发展的趋势与特征

在与世界学术研究的对话中，校长专业发展的趋势与特征是较多研究者关心的议题。于天贞在解读美国、英国、新西兰、澳大利亚、日本、中国等国家中小学校长专业标准的基础上，通过对各国在不同时期的侧重点以及异同点进行梳理，发现中小学校长专业发展存在的趋势：由"行为典范"走向"共同发展"，育人理念由"成功"走向"成人"，由以"规章制度为中心"走向"以人为中心"。[⑦] 梁亦华通过对 30 年来香港各类与校长专业发展相关的政策文件进行分析，发现 30 年来香港校长专业发展呈现出三个显著的趋势：从被动解决学校困难到协助参与者应对挑战，从系统化培训课程趋向多元化，校化专业群

① 房敏、傅树京：《新制度主义理论对学校组织发展的启示》，《教学与管理》2014 年第 18 期。

② 朱文辉、靳玉乐：《变革型领导理论视域下的中小学管理》，《现代教育管理》2014 年第 5 期；李哲：《复杂性范式视域中的学校管理》，《教学与管理》2014 年第 9 期。

③ 李根、葛新斌：《义务教育教师绩效工资政策执行困境及其突破》，《教育发展研究》2014 年第 4 期。

④ 宁本涛：《教师绩效工资实施的弱激励效应分析——以西部 Q 市 Y 区为例》，《中国教育学刊》2014 年第 4 期。

⑤ 姜金秋、杜育红：《义务教育学校绩效工资方案存在的问题、原因及对策——基于广西壮族自治区 A 小学的个案研究》，《现代中小学教育》2014 年第 12 期。

⑥ 郑玉莲、陈霜叶：《国际比较视野下的校长专业标准：为何与何为》，《全球教育展望》2014 年第 6 期。

⑦ 于天贞：《论中小学校长专业发展趋势——各国校长专业标准的启示》，《当代教育科学》2014 年第 8 期。

体逐渐取代政府主导地位。①

（2）校长培训成校长专业发展方式研究的重点

面对一线校长对高质量培训的需求，2013 年教育部颁发了《关于进一步加强中小学校长培训工作的意见》，要求“坚持以学员为主体、以问题解决为导向、以能力提升为目标”，采取多种方式，强化学员互动参与，增强培训吸引力、感染力和实效性。② 2014 年度，校长培训成了探究校长专业发展的研究重点。2013 年教育部下发了《关于实施农村校长助力工程的通知》，提出“设计安排有针对性的培训内容，其中实践性课程不少于 50%”，标志着我国校长培训的实践性取向已经显现，并成为衡量校长培训质量和水平的重要指标。从情境学习理论来看，名校长基地培养模式需要转变学习观念、重视合法的边缘性参与、构建校长实践共同体，以实现名校长基地培养的过程规范。其路径优化关键在于加强情境问题的理论指导，促使实践与理论的融通，并拓展基地培养的视域，实现本土化和国际化的融合。③

（3）校长领导力的多维探索

校长领导力主要包括教学领导力、课程领导力、道德领导力三方面。

近年来在国际性测试的影响下，各国进一步推动了核心课程的建设，而发展核心课程教学能力成为提高教育质量的应有之义。在此背景下，校长对学校教师教学能力的促进成为学界关注的热点，风靡三十余年的教学领导力仍然有较大的应用市场。④ 赵德成等采用校长教学领导力评定量表，调查我国 119 所义务教育学校的 3075 名教师对其校长表现的评价。⑤

课程领导力作为我国基础教育课程改革过程中的重要议题，校长的课程领导力集中表现为校长在领导学校课程改革中战略谋划与创新实践的意识与能力，反映着校长的主体性水平。鲍东明分析了改革开放 30 多年来我国中小学校长课程领导的实践进程，认为从校长对课程活动的认识水平和在课程领导中的自觉性程度分析，中小学校长课程领导的主体形态总体上呈现出从“自在”到“自为”的发展走向。⑥ 此外，我国中小学校长的课程领导力存在的问题以及提升策略也是 2014 年度学者关注的重点。⑦

就校长道德领导力而言，道德领导力的生成在于校长的道德威信与专业魅力，人本与人文交织下的生命尊重则是道德领导力的价值基础，为了学校走向卓越且有德行是道德领

---

① 梁亦华：《文本背后的价值取向——香港校长专业发展的延续与变革（1982—2013）》，《清华大学教育研究》2014 年第 2 期。

② 曲正伟、孟繁胜：《校长实践性培训的内涵定位与实施框架》，《教育发展研究》2014 年第 18 期。

③ 张建、程凤春：《名校长基地培养模式探析——基于情境学习理论视角》，《中国教育学刊》2014 年第 1 期。

④ 沈伟、孙岩：《教育问责背景下的校长领导力：内涵、结构与发展》，《教师教育研究》2014 年第 5 期。

⑤ 赵德成、宋洪鹏：《义务教育学校校长教学领导力调查分析》，《中国教育学刊》2014 年第 3 期。

⑥ 鲍东明：《从“自在”到“自为”：我国校长课程领导实践进展与形态研究》，《教育研究》2014 年第 7 期。

⑦ 杜晓敏：《关于中小学校长课程领导力的调查报告——以山东省潍坊市为例》，《当代教育科学》2014 年第 4 期；力昌英：《校长课程领导力的现状及应对》，《教学与管理》2014 年第 9 期。

导力的核心价值旨趣。崔振成认为学校中的“现实取向”、科层制管理、分数至上导致了中小学校长道德领导力不论是在理论上或在实践中，还是在管理价值理念上或在具体的领导风格中，均处于被边缘化的尴尬境遇。①

4. 教育评估

我国自1985年开展真正意义上的教育评估实践活动以来，在近30年的发展历程中，教育评估在督促学校工作、促进教育质量和教育管理质量提升上都取得了较大的成效，尤其是近10年来，随着义务教育发展进入到追求优质均衡阶段，教育评估备受重视。②2014年度对于教育评估的研究主要涉及教育评估理论的发展历史以及教育评估体系的完善。促进教育评估的专业发展需要加强对教育评估的元评估，也即对教育评估本身的评估。③ 黄小平、胡中锋认为，现有教育评估效度的主要问题是将教育测量的效度概念框架系统照搬至教育评价的效度概念系统。从教育评价理论发展的实际需要和国外现代效度理论发展的实际来看，需要根据教育评价本身的特点和属性来构建其概念系统。他们以构成教育评价系统的要素作为逻辑基点，分别考察评价过程中的要素特征的有效性来论述建构教育评价的效度概念体系，包括目标效度、建构效度、内容效度、评价主体效度、过程效度、功能效度。④

（林美、张新平）

（九）课程与教学论专业

2014年度课程与教学领域的研究更加关注全球化背景下的发展趋势，基于我国学校教育教学环境下的课程体系建构、数字化时代背景下的教科书编制等问题；在课堂教学实践领域中，特别强调课程与教学研究的统一，包括教育心理学、教育社会学等多学科视角下的课堂教学研究，在有效教学问题、教学质量评价、教师教学能力发展、信息技术在教学中的应用等热点问题上，追溯以往研究，总结实践智慧，聚焦理论反思。在本土话语探索、多学科融合、全球视角、方法创新和实践智慧五大领域，产生了以下具有代表性的研究。

1. 本土话语探索

经过十多年来课程与教学领域的改革，无论是研究界还是实践领域，都迫切感到单纯依靠以美国等欧美国家课程与教学理论指导，仍无法从根本上解决中国社会发展现阶段条件下，与国外教育体制、结构、评价机制和文化特征大不相同的中国学校环境中课程与教学领域的挑战。也正是在中国作为经济大国迈入世界强国行列的时代背景下，课程与教学

---

① 崔振成：《道德领导力：中小学校长学校治理卓越化的原初动力》，《教育科学研究》2014年第12期。

② 田腾飞、刘任露：《元评估——教育评估专业化发展之必需》，《外国教育研究》2014年第6期。

③ 同上。

④ 黄小平、胡中锋：《论教育评价的效度及其构建》，《高教探索》2014年第2期。

研究领域的基于理论自觉的探索成为2014年研究的一个明显亮点。

王本陆的云课程概念是2014年我国课程研究领域的创新①。他提出基于云计算（包括数字化课程资源库、电子教科书、虚拟课堂、IPV6课堂教学案例系统）这一新的课程形态概念，将包括计算机储存技术、媒介技术、通信技术、人工智能技术在内的教育技术发展，与包括基础教育、高等教育在内的国民教育体系，包括终身教育、在线学习以及资源开发、技术服务在内的文化教育产业链连接起来，作为未来教育形态的顶层设计，具有前沿性特征。刘徽的研究对本土探索中走向文化保守主义的趋势提出了批判，提出了作为一种文化自觉的当代中国本土课程论的发展不能是简单的文化复归，而是蕴含着寻求一种人类普适性价值的本土课程发展②。在“课程文化自觉”基础上构建的“课程基本学科框架”将课程视作一个生命体，不断寻求学科滋养，从而打开一个纵深而广阔的学科视野。

2. 多学科融合

2014年，课程与教学论的研究走向多学科的融合，来自教育心理学、教育社会学和学科教育等多学科融合进行的研究，从多个层面探讨了课程与教学领域中的学习概念、课堂教学概念和课程建设过程。

代建军对我国课程运作机制的研究③，较好地从课程权力配置、课程运作主体的关系以及课程运作程序的特点出发，将课程运作机制分为三种模型：政府控制—学校执行、政府监督—学校自主和政府引导—学校领导。李臣之运用“三维六类”的分析框架，对长期以来以内容为主线分析的课程思潮进行了重新反思④。2014年，校本课程研究成为学校课程探索的一个重点。与以往研究不同的是，校本课程研究更加着手于解决实践中的困难。王凯的研究⑤提出了校本课程应该基于学生独立价值重新确立课程设计的组织逻辑，着眼于学生的发展需要设计课程目标，促进课程内容关联学生生活，设计课程实施途径与方式符合学生认知规律，让课程真正回归学生，成为学生健康成长的核心载体。

3. 全球视角

大数据时代的到来会对教育领域产生全方位影响，如教育研究范式、学习方式、教学方式等将发生巨大变革。赵中建等学者的研究⑥，在追踪国际研究动态的基础上，对学习分析领域的重要性和研究现状进行了评述，并开始探索大数据与学习分析所带来的教学范式转变，并在学习分析基础模型构建方面展开了相关探索。研究者解析了美国《通过教育数据挖掘和学习分析促进教与学》报告，提出了课堂教学、教学评价、测试评价数据等大数据，为个性化教育指引实践方向、为教育决策提供科学依据、为教育评价拓展新的思路等。学习进阶（Learning Progression）研究是在国际科学教育研究影响下，我国学科

---

① 王本陆：《关于加强云课程研究的几点思考》，《课程·教材·教法》2013年第12期。

② 刘徽：《文化自觉和中国“课程的基本学科框架”的重建》，《全球教育展望》2013年第12期。

③ 代建军：《我国课程运作机制研究》，《中国教育科学》2014年第1期。

④ 李臣之：《课程思潮研究的分析框架》，《中国教育科学》2014年第1期。

⑤ 王凯：《试论学校课程设计的二度回归：哲学考量与实现路径》，《课程·教材·教法》2014年第3期。

⑥ 张燕南、赵中建：《大数据时代思维方式对教育的启示》，《教育发展研究》2013年第21期。

教学研究的新发展。2014 年度，郭玉英等学者整合了国外学习进阶在科学教育中标准设计、课程开发、课堂学业评价和教师培训等多方面的要求①。李智晔对多媒体学习过程中的浏览行为、检索行为和阅读行为进行了研究②。

4. 方法创新

在 2014 年度的课堂教学研究方面，学者安富海基于我国现阶段学校教育教学的特点，提出了“深度学习”概念③。深度学习是一种基于高阶思维发展的理解性学习，具有注重批判理解、强调内容整合、促进知识建构、着意迁移运用等特征。朱永新④、叶水涛⑤等在 2014 年进一步阐述了“卓越课程”概念，从新教育实验的经验出发，提出了在借鉴新课程的学习观、教师观、评价观等相关成果的基础上，以新教育理念和思想为指导，以多元智能、认知建构、教育目标分类三大理论为基础，以脑科学、心理学、认知学等理论为依据，发展卓越课程的理论模型和实践路径。2014 年基础教育国家级教学成果奖之一的薄弱校课堂改进研究，是以胡定荣为代表的研究者长期扎根课堂场域，不断从课堂教学实践中返身进行理论总结和提炼的典型。黄伟基于话语分析理论，对课堂对话的运用机理进行了分析⑥，有助于从社会学、语言学世界理解课堂对话。2014 年同样从社会学视角对课堂教学进行研究的另一个典型是李森等学者对课堂教学中的“边缘人”的研究⑦。

5. 实践智慧

2014 年，来自一线学校的实践智慧总结，成为课程与教学研究的一个热点。中小学在接受大学和地方教育行政机构影响下的外力型改革同时，也在不断发展出内生型的课程与教学改革，体现了学校管理者和教师的实践智慧。

清华附小以窦桂梅校长为代表的小学全方位课程整合改革是一个代表⑧。清华附小进行的“1 + X 课程”新课程改革，立足于学生的终身发展。强调学生是完整的个体，教育的对象是完整的人。清华附小推动的“1 + X 课程”改革旨在打破原有分科课程间的壁垒，有效整合国家课程，补充相应的校本课程，使之形成一套较为科学的、基于国家课程又丰富国家课程的课程体系。围绕“为聪慧与高尚的人生奠基”的使命，通过多样化、全方位的课程整合，结构化、弹性化的管理整合，构建适合学生发展的育人体系。这一来自实践，又体现了理论思考的实践探索，体现了当代中小学课程与教学改革的要求。

---

① 姚建欣、郭玉英：《学习进阶十年研究回顾及展望》，《教育学报》2014 年第 5 期。

② 李智晔：《多媒体学习过程的学习行为辨析》，《教育研究》2014 年第 11 期。

③ 安富海：《促进深度学习的课堂教学策略研究》，《课程·教材·教法》2014 年第 11 期。

④ 朱永新：《研发卓越课程充盈教育生活：新教育实验关于课程的重新审视和探索实践》，《中国教育科学》2014 年第 2 期。

⑤ 叶水涛：《卓越课程：一个社会文化的视角——新教育课程论述评》，《中国教育科学》2014 年第 2 期。

⑥ 黄伟：《课堂对话的运作机理：基于话语分析的视角》，《教育研究》2014 年第 7 期。

⑦ 李森、杜尚荣：《论课堂教学中的“边缘人”及其转化策略》，《教育研究》2014 年第 7 期。

⑧ 窦桂梅：《新课改背景下课程整合的实践探索：清华大学附属小学“1 + X 课程”育人体系建构的案例研究》，《教育研究》2014 年第 2 期。

而重庆市九龙坡区“品质课堂”建设①，则代表了2014年实践智慧在课堂教学领域的独特探索。品质课堂聚焦于“专业性、全然性、趣乐性、思辨性、践习性、化成性”六个元素，引导教师认真贯彻落实国家课程新标准、切实把握教育教学的本质要求和学生身心发展的规律，强调提高每一堂课的教学质量，力求产生优质的教学效果和长远的育人效应，起到了引领一线课堂教学改革探索的作用。

（阚维）

（十）教师教育专业

2014年，我国学者在教师教育与教师专业发展领域发表了一批有影响力的学术论文，展现了教师教育学科研究的新进展。

1. 教师教育的理论研究

教师教育作为新学科，不同学者各自依托学科研究专长和领域，从哲学、心理学、社会学、现象学、管理学等理论视角，逐步建立研究场域，形成研究成果，进而形成研究成果序列，从而为整个学科建设架构的形成奠定基础。

以朱旭东为首席的北京师范大学教师教育研究中心团队，就我国目前教师教育体系中面临急需解决的重要问题，如开放的教师教育体系呈现规范化不足，不少办学层次较低的院校加入师资培养，高水平综合大学的参与度不高，师范院校体系内部师范教育出现弱化、边缘化倾向等问题，提出了构建我国高质量、公平性、开放性、灵活性、专业性和一体化的现代教师教育体系。② 回应我国教师教育改革的政策，荀渊认为应着重于对教师教育体系、制度、结构进行重组或者重构，进一步提升教师教育开放化、专业化水平；发挥教师专业组织的价值与作用，加快教师教育制度建构的进程。③ 针对教师教育转型中出现的问题，朱旭东、李琼认为，教师教育的第二次转型取决于教师教育学科制度的建立，具体从教师教育的院校性质、专业逻辑、组织体系与结构、教育学科定位、师资、课程设置与实施等方面进行转型。④ 朱旭东教授从教师专业发展的内涵、层次、基础、机制和环境等部分构成教师专业发展的理论模型。⑤

2. 教师教育的模式与实践研究

综述2014年的相关文献，可以发现，学者就我国教师教育几种较为普遍的培养模式进行了学术研究与实践探索，其中包括“双主体”教师合作模式、“三位一体”教师教育模式、“四元多维”教师教育模式等。

---

① 陈瑜：《课堂教学的价值取向与境界追求：基于重庆市九龙坡区“品质课堂”的思考》2014年第9期。

② 朱旭东：《论我国教师教育新体系的六个特征》，《课程·教材·教法》2012年第32卷第12期。

③ 荀渊：《教师教育变革的基本逻辑与未来走向》，《教育研究》2014年第10期。

④ 朱旭东、李琼：《论我国教师教育的二次转型》，《教育学报》2014年第10卷第5期。

⑤ 朱旭东：《论教师专业发展的理论模型建构》，《教育研究》2014年第6期。

“双主体”教师教育模式包括U-S模式和U-R模式。我国U-S教师合作发展模式，旨在建立地方大学与中小学教学研合作共同体，是一种学校功能的结构性创新建设。有学者指出目前这种U-S教师合作发展模式遭遇诸多困境，例如：大学与中小学教师场域文化的冲突；师范生教育实践主体性的“边缘化”；大学教师教育的“短板效应”；合作组织管理制度及契约制度的缺失。针对该模式存在的诸多问题，有论者提出相关的解决对策。第一，建立或完善各种机制。[①]。第二，建立合作关系。作为构建U-S合作模式的前提，它强调开展实践前期的培训。第三，反思实践。这一举措有利于教师实践性知识的获得和积累。[②] 从“点对点”到“点对面”再到“点对区域”，这种大学与学校伙伴协作的趋势恰恰反映了地方政府及其教育行政部门介入渐强的态势，而这种趋势又与目前我国所处的转型时期对“强政府”的需求不无联系。

《教育规划纲要》和《国务院关于加强教师队伍建设的意见》（国发〔2012〕41号）着力强调了高等学校（U）、地方政府（G）、中小学（S）联合“三位一体”培养教师模式的改革取向。在部分省份和高校开展的教师教育模式创新实验中，由于政府、高校在不同联合共同体中的角色与职能不同，继而产生了以高校主导统筹的U-G-S和以省级政府主导统筹的G-U-S主体元素相同但具体结构不同的两种教师教育模式。“三位一体”教师教育模式是以提高教师教育质量、促进教师供需协调、实现教师教育一体化为目的，通过整合教师教育资源、共建教师教育体系、协商教师教育方案、分担教师教育责任、参与教师教育过程以及同享教师教育成果等方式进行的教师教育研究与实践。[③]

“四元多维”是一种以师范生培养为核心和本体价值的教师教育实践教学模式，同时又是一种以教师专业发展为主线，追求城乡义务教育均衡发展、教育系统内部衔接配合、教育质量与教育公平和谐推进等多元价值目标实现的综合教育改革模式。所谓“四元”是指四元主体，有两层含义：一是指四个实践主体，即实习生、高校教师、城镇中小学教师和农村中小学教师；二是指四个组织主体，即地方政府、高校、城镇中小学和农村中小学。所谓“多维”是指“四元”主体间在人员流变、场域转换及合作实践中形成的内涵丰富的多维度关系，包括四个实践主体在多次双向置换中构成互促共生的显性关系，内含“顶岗”与“指导”、“实践学习”与“援教指导”、“现场指导”和“集中培训”等显性关系。[④]

3. 农村教师队伍建设与专业发展研究

农村教师队伍建设与专业发展研究主要包括农村教师流动研究、农村教师流失研究、农村教师补充研究、农村教师的专业发展与培训研究。

---

① 朱宛霞：《U-S教师合作发展模式构建的现实困境与对策解析》，《中国教育学刊》2014年第7期。

② 杜丽娟：《构建U-S合作平台，培养反思性实践者——新乡学院教师教育专业人才培养的创新与实践》，《中国教育学刊》2014年第11期；宋萑：《大学—区域伙伴协作实现教师教育创新——以重庆江北APEx实验区为例》，《中国教师》2014年第23期。

③ 李中国：《两种“三位一体”教师教育模式比较研究》，《教育研究》2014年第8期。

④ 艾小平、董泽芳：《“四元多维”教师教育模式的理论建构与运行策略》，《教育科学》2014年第1期。

（1）农村教师流动研究

王淼通过对民族地区农村教师流动情况的调查，发现当地农村教师呈现一种不合理的单向上位流动趋势，流动教师以中青年、高职称、高学历、非少数民族教师为主，并分析了经济、学校、政策以及社会等因素对农村教师流动的影响。[①] 王安全认为农村教师的城市化流动和农村教育的城市化发展是农村教育发展趋势之一。但是由于受到经济资本和个人关系等非正式制度性因素、刚性人事编制制度以及地方保护主义的影响，农村教师城市化流动存在平等不足和效率低下等问题。[②]

（2）农村教师流失研究

郑新蓉等提出农村教师群体存在流失严重的问题。据调查统计，目前我国农村小学阶段专任教师所占的比例最大，初中和高中的专任教师呈现先增长后减少的趋势。从整体教师队伍建设上可以表达为数量充足，分布相对均衡，学历、资质合格，以及在教育学意义上的稳定、爱岗敬业、专业的不断成长与发展。围绕这些农村教师队伍建设的指标构建的教师系统支持性政策的内容，就包括教师个体的发展机会、住房福利、工资收入、婚配状况、本地与外地、稳定与流动、学历与能力、学校管理水平等若干表征。体现在政策上主要是农村教师的招聘政策、薪酬与福利政策、培训与发展政策、评价与考核政策等。[③]

（3）农村教师补充研究

王国明等认为，高校毕业生补充农村教师队伍的比例偏低以及农村教师结构化短缺，构成农村教师补充困境的因果之两面。农村教育政策在农村教师待遇提高方面缺乏力度，难以吸引大学生任教；从个体角度看，农村籍大学生是当下农村教师最主要的来源，家庭期待、个体洞察对其职业选择产生重要影响，回乡任教与政策倡导的积极道德价值观往往相去甚远，这两者是导致农村教师补充困难的主要原因[④]。王国明的另一项研究指出受结构性的社会、教育环境因素影响，文化资本难以与工作的意义和价值建立联系，这是影响教师补充困境的深层原因[⑤]。刘小强等根据对川南某县的实地考察，发现在强制性的分配制度被打破以后，诱致性的激励制度尚未建立，导致新增农村教师数量尚需增加。张德利等通过调查发现，吉林省通过实施“特岗计划”有效改善了教师队伍机构，缩小了城乡师资差距，提高了农村中小学教育教学质量，树立了农村教师队伍的良好形象，创新了教师补充机制[⑥]。

---

① 王淼：《民族地区农村教师流动特点、成因与对策研究——以湖南通道侗族自治县为例》，《民族教育研究》2014 年第 25 卷第 2 期。

② 王安全：《农村教师城市化平等效率性流动的缺乏与实现》，《教师教育理论与实践》2014 年第 34 卷第 4 期。

③ 郑新蓉、武晓伟：《我国农村教师队伍建设与支持性政策的思考》，《河北师范大学学报》（教育科学版）2014 年第 16 卷第 1 期。

④ 王国明、郑新蓉：《农村教师补充困境的政策与社会学考察》，《教师教育研究》2014 年第 26 卷第 4 期。

⑤ 王国明：《文化资本视角下的农村教师补充困境研究》，《湖南师范大学教育科学学报》2014 年第 13 卷第 5 期。

⑥ 张德利、赵准胜：《农村教师特岗计划实施成效探析——以吉林省为例》，《教育理论与实践》2014 年第 34 卷第 8 期。

（4）农村教师的专业发展与培训研究

邓泽军等通过对成渝两市农村教师专业发展问卷调查发现，成渝两市农村教师的专业知识与专业能力明显不足。具体表现为：教育理论知识不够扎实，运用成效欠佳；知识结构存在偏差，明显偏重于学科专业知识。此外，通过访谈还发现多数教师还比较缺乏留守儿童心理健康教育与辅导和较少涉及学生安全保障、城乡教育统筹等方面的理论与政策法规知识，这些方面也应纳入农村教师的知识体系，而目前这方面的知识储备还不能适应农村教育的实际需要。[①] 农村教师比较缺乏富有针对性的因材施教能力、教育科研能力普遍不强、教育技术能力普遍较弱[②]。孙德芳等对浙江、河北、四川三省教师进行问卷调查也发现，他们对自己专业知识技能的自我评价不高，教学设计能力、教学反思能力的自我评价均不高[③]。牟映雪等通过对重庆市农村教师的实证调查发现，重庆市农村教师主要存在教学能力较低、信息技术能力与教学反思能力不强等问题。[④]

基于信息技术时代要求，卓毅等在调查毕节市、金沙县、黔西县乡镇学校教师专业发展情况后，提出广大农村学校已经连通了网络，每个办公室都配备了电脑，基本上具备了用信息技术提高教师专业化发展的条件，应尝试通过计算机辅助教学“远程教育”“教育博客”、校本教研和通过网络平台扩充师资队伍来促进农村教师的专业化发展。[⑤]

（李琼）

（十一）教育经济学专业

1. 科学研究

为了直观地呈现2014年教育经济学学科进展，借助文献计量学的方法与技术透视教育经济学研究的知识网络，采用SATI 3.2文献计量软件进行数据统计，用Ucinet 6.212社会网络分析软件和SPSS 20.0对教育经济学研究发展进行关键词图谱分析。我们选用中国期刊全文数据库（CNKI）作为教育经济学中文文献数据的主要来源。教育经济学是教育学和经济学的交叉研究领域，为了保证数据收集的全面性，分别以教育经济学各个研究主题名称为条件“精确”搜索，检索并进行去重处理后得出2014年公开发表在CSSCI来源期刊上的论文共1616篇，去除各类目录、会议纪要、新闻通讯、学术会议介绍、书讯等非学术型文章和与主题相关性较弱的文献，最终筛选出有效的教育经济学术期刊论文1434篇。

---

① 邓泽军、符淼、陈磊：《成渝试验区农村教师专业发展问题分析及政策建议——以城乡教育统筹为视角》，《教师教育研究》2014年第26卷第2期。

② 同上。

③ 孙德芳、林正范：《农村教师的生存发展现状及政策建议》，《教师教育研究》2014年第26卷第6期。

④ 牟映雪、杨建平：《重庆市农村教师专业能力发展的问题及对策》，《重庆师范大学学报》（哲学社会科学版）2014年第5期。

⑤ 卓毅、夏江：《信息技术支持下农村教师专业化发展新途径》，《西南师范大学学报》（自然科学版）2014年第7期。

2. 学科核心作者与研究队伍分析

高水平的研究学者是学科发展的队伍基础。论文是教育经济学研究人员主要产出，部分研究者发表论文成果较多。经过对1434篇文献的详细统计，发现2014年共有2178位作者发表过教育经济学类文章。在这些作者中只发表1篇教育经济学文章的人数有1960人，占作者总量的89.99%；发表2篇的作者有177人，占全部作者人数的8.13%；发表3—4篇的共有34人，其中发表3篇和4篇的人数较多，分别为19人、15人，占比分别为0.87%、0.69%；发表5篇及以上的有7人，仅占作者总数的0.32%，其中发表最多的达8篇。

以2014年发表教育经济学CSSCI期刊论文数3篇为最低标准，共有41位核心作者。这些作者来自21所大学和1个研究机构。其中，来自北京师范大学的有10人，占比最高，为24.4%。2014年教育经济学专门研究队伍中核心作者组成情况及其背景如表3所示。

表3 2014年教育经济学研究核心作者（以该领域CSSCI论文数3篇为最低标准）

序号	作者	论文数	作者单位	职称	获得博士学位单位
1	胡咏梅	8	北京师范大学	教授	北京师范大学
2	邬志辉	7	东北师范大学	教授	东北师范大学
3	袁连生	7	北京师范大学	教授	北京师范大学
4	蔡文伯	5	石河子大学	教授	北京大学
5	范先佐	5	华中师范大学	教授	苏联国立莫斯科列宁师范大学
6	李祥云	5	中南财经政法大学	教授	北京师范大学
7	武毅英	5	厦门大学	教授	厦门大学
8	杜育红	4	北京师范大学	教授	北京师范大学
9	胡瑞文	4	上海市教育科学研究院	研究员	/
10	黄维海	4	南京农业大学	讲师	北京师范大学
11	姜金秋	4	首都经济贸易大学	讲师	北京师范大学
12	庞丽娟	4	北京师范大学	教授	北京师范大学
13	沈　红	4	华中科技大学	教授	华中科技大学
14	史静寰	4	清华大学	教授	北京师范大学
15	孙百才	4	西北师范大学	教授	北京师范大学
16	薛二勇	4	北京师范大学	副教授	浙江大学
17	杨　钋	4	北京大学	副教授	哥伦比亚大学
18	姚继军	4	南京师范大学	副研究员	南京师范大学
19	叶　忠	4	南京师范大学	教授	华中师范大学

续表

序号	作者	论文数	作者单位	职称	获得博士学位单位
20	张学敏	4	西南大学	教授	西南师范大学
21	郑　磊	4	北京师范大学	讲师	北京师范大学
22	周海涛	4	北京师范大学	教授	华东师范大学
23	葛新斌	3	华南师范大学	教授	北京师范大学
24	贾云鹏	3	华中师范大学	无	/
25	赖德胜	3	北京师范大学	教授	中国社会科学院
26	雷万鹏	3	华中师范大学	教授	香港中文大学
27	李　玲	3	西南大学	教授	多伦多大学安大略教育学院
28	梁文艳	3	北京师范大学	讲师	北京师范大学
29	刘　伟	3	北京大学	教授	北京大学
30	陆根书	3	西安交通大学	教授	香港中文大学
31	吕康银	3	东北师范大学	教授	东北师范大学
32	曲绍卫	3	北京科技大学	教授	北京师范大学
33	曲铁华	3	东北师范大学	教授	东北师范大学
34	孙　早	3	西安交通大学	教授	西安交通大学
35	王文静	3	东北师范大学	讲师	东北师范大学
36	魏　萍	3	中南财经政法大学	无	/
37	杨卫安	3	东北师范大学	讲师	东北师范大学
38	姚　荣	3	中国人民大学	无	/
39	张应强	3	华中科技大学	教授	厦门大学
40	张　振	3	厦门大学	无	/
41	赵春明	3	北京师范大学	教授	北京师范大学

发表 8 篇 CSSCI 教育经济学论文 1 人，发表 7 篇 2 人，发表 5 篇 4 人，发表 4 篇 15 人，发表 3 篇 19 人。胡咏梅教授在教育经济学领域发表 8 篇论文。其次为邬志辉教授、袁连生教授，2014 年发表了 7 篇教育经济学类的论文。蔡文伯、范先佐、李祥云等 4 人发表了 5 篇该领域的高水平论文，杜育红等 15 人发表了 4 篇该领域的高水平论文，葛新斌、贾云鹏、赖德胜、雷万鹏等 19 人发表了 3 篇该领域的高水平论文。

核心作者主要来自大学，来自北京师范大学的核心作者最多，约占四分之一，东北师范大学和华中师范大学紧随其后，其他前 10 位的大学、研究机构依次为北京大学、华中科技大学、南京师范大学、西安交通大学、西南大学、厦门大学、中南财经政法大学。2014 年，北京师范大学的研究人员在教育经济学专业核心作者中占据领先地位。

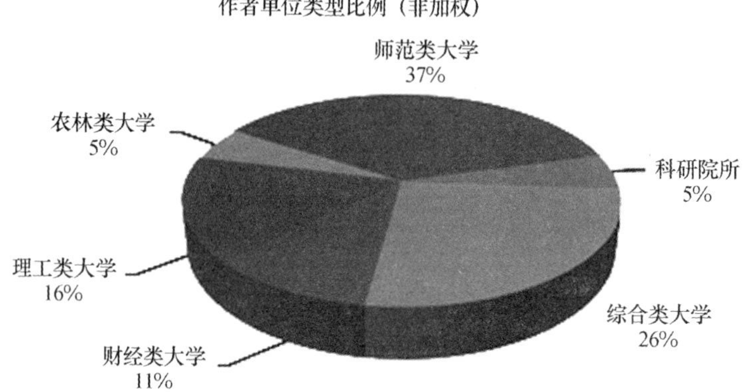

图1　2014年教育经济学核心作者来源大学（含研究所）类型比例

核心作者大部分是教授，讲师和在读博士也占了相当比例（见图2）。

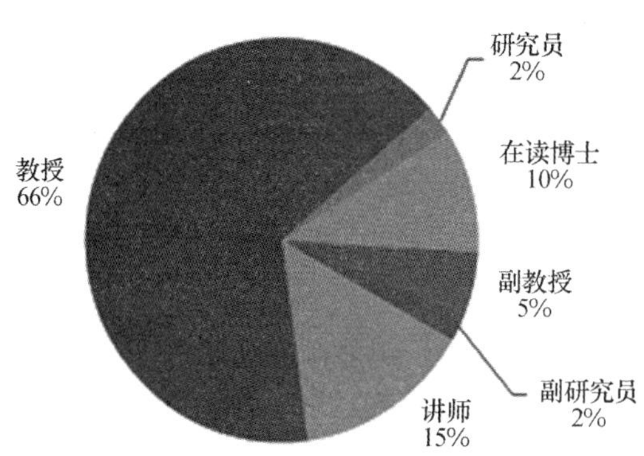

图2　2014年教育经济学核心作者职称构成

绝大部分核心作者论文发表在教育类期刊上，刘伟、孙早、赵春明等从事经济学研究的学者在非教育类期刊上发表了教育经济学研究领域关于人力资本、就业和经济发展、高校科研资金配置的有效性问题等的文章。这些学者的研究视角、研究方法对促进教育经济学的发展有着积极借鉴意义。

在所有的核心作者中，年龄最大的是上海市教育科学研究院1941年生的胡瑞文先生，虽年过七旬，仍笔耕不辍，发表的文章都是关于大学生就业市场的分析、就业市场与高等教育关系论述、各特色专业的大学生培养与就业、高等教育的课程改革、义务教育财政资源公平配置问题。涉及的主题非常广泛，而且分析深刻，研究方法规范。老骥伏枥，志在千里，胡瑞文先生2014年发表了7篇高水平的论文，其中有4篇涉及教育经济学，以自己多年独特的学术积累为中国教育经济学发展不断贡献自己的智慧。

3. 论文来源期刊分析

利用SATI 3.2文献题录信息统计软件对2014年发表在CSSCI期刊上的教育经济学研究文献进行统计，得出2014年教育经济学高质量研究载文量的期刊列表，如表4所示。表中论文数是指发表在该学术期刊上的教育经济学类论文数量。表中显示发表4篇及以上的学术期刊，将《管理世界》中教育经济学论文数量附于最后。

表4　2014教育经济学文章期刊来源（4篇及以上）

期刊名称	论文数	期刊名称	论文数	期刊名称	论文数
教育与经济	68	高等工程教育研究	10	研究生教育研究	5
教育发展研究	49	上海教育科研	9	天津大学学报（社会科学版）	5
现代教育管理	36	中国电化教育	9	人口学刊	5
教育研究	34	北京师范大学学报（社会科学版）	9	生产力研究	5
教育理论与实践	32	东北师大学报（哲学社会科学版）	8	财经科学	5
中国高教研究	32	现代大学教育	8	华东经济管理	5
比较教育研究	29	河北大学学报（哲学社会科学版）	8	财经研究	5
中国教育学刊	29	科技管理研究	8	经济学（季刊）	5
江苏高教	29	统计研究	8	教师教育研究	5
教育评论	28	湖南社会科学	8	经济体制改革	4
高教探索	27	思想教育研究	7	学位与研究生教育	4
统计与决策	23	广西社会科学	7	西南民族大学学报（人文社会科学版）	4
黑龙江高教研究	21	科技进步与对策	7	西北民族大学学报（哲学社会科学版）	4
北京大学教育评论	20	河南师范大学学报（哲学社会科学版）	7	当代经济科学	4
高等教育研究	21	民族教育研究	7	求索	4
复旦教育论坛	21	思想理论教育	7	农村经济	4
教育科学	20	体育文化导刊	7	郑州大学学报（哲学社会科学版）	4
中国高等教育	19	西北人口	7	中国农村经济	4
清华大学教育研究	18	经济科学	6	山东社会科学	4
外国教育研究	18	湖南师范大学教育科学学报	6	经济学动态	4

续表

期刊名称	论文数	期刊名称	论文数	期刊名称	论文数
高校教育管理	15	中国远程教育	6	山西财经大学学报	4
中国特殊教育	15	经济问题	6	现代远程教育研究	4
外国中小学教育	14	大学教育科学	6	课程·教材·教法	4
国家教育行政学院学报	14	经济研究	6	安徽师范大学学报（人文社会科学版）	4
教育科学研究	14	高教发展与评估	6	中国青年政治学院学报	4
全球教育展望	13	农业技术经济	6	浙江社会科学	4
经济研究参考	13	学术论坛	6	中国人口科学	4
华中师范大学学报（人文社会科学版）	11	贵州民族研究	6	现代管理科学	4
学前教育研究	11	江西社会科学	6	中央财经大学学报	4
调研世界	10	教育研究与实验	5	管理世界	2
中国青年研究	10	教育学报	5		
中国人口·资源与环境	10	湖北社会科学	5		

有关教育经济学研究的1434篇文章分散在327种期刊上。其中有133种期刊只刊登过1篇教育经济学类的文章，占到总期刊量的41.05%；刊文量2篇的期刊共有69种，占全部期刊的21.30%；刊文量3篇的期刊有29种；刊文量4篇的期刊有20种；刊文量5篇的期刊有12种；刊文量6篇的期刊有11种；刊文量7篇的期刊有8种；刊文量8篇的期刊有6种；刊文量9篇的期刊有6种；刊文量10篇的期刊有4种；刊文量在11篇及以上的有29种期刊，其中，刊登了50篇以上的教育经济学类文献的期刊有1种。

由表4可见，教育经济学论文发表在各大人文社会科学学术期刊上。教育经济学高质量的论文研究成果分布较广，这可能反映了该领域研究的学科交叉特点，但过于分散的论文发表现状不利于形成教育经济学研究的核心期刊群，也不利于学者快速掌握该领域的研究热点和前沿内容。我国教育经济学专业学术期刊只有一份《教育与经济》，没有形成教育经济学研究的核心期刊群，对提高教育经济学研究影响力有很大局限性。

将刊登教育经济学研究11篇及以上的CSSCI期刊作为教育经济学类高质量文献较多的期刊，对此类期刊的分析可以大体掌握教育经济学研究2014年情况。从表4可以得出，教育经济学研究载文量在11篇以上（不含11篇）的期刊共有27种，其中教育类期刊有24种，人文社科综合类期刊1种，统计类期刊有1种，经济类期刊仅有1种。教育经济学是教育学与经济学的交叉学科，文献几乎全部发表在教育类期刊上，说明教育经济学研究主要是利用经济学解释教育领域的现象和问题。

4. 论文来源机构分析

利用SATI 3.2文献题录信息统计软件对2014年发表在CSSCI期刊上的教育经济学研

究文献进行统计，得出2014年教育经济学高质量研究论文来源机构如表5所示。

表5　2014年教育经济学CSSCI论文来源高校（含研究院所）（前20）

序号	来源高校	论文数量	序号	来源高校	论文数量
1	北京师范大学	107	11	华中师范大学	19
2	北京大学	51	12	南京农业大学	19
3	中国人民大学	43	13	南开大学	19
4	东北师范大学	34	14	武汉大学	18
5	南京师范大学	30	15	厦门大学	18
6	华中科技大学	25	16	中国社会科学院	18
7	西南大学	24	17	西安交通大学	16
8	浙江大学	22	18	华南师范大学	16
9	中南财经政法大学	21	19	南京大学	15
10	清华大学	21	20	上海师范大学	12

论文发表数入围前20，充分说明该机构在教育经济学领域的贡献和影响较大。由表5可见2014年教育经济学论文主要是由北京师范大学、北京大学、中国人民大学等高校贡献。来自北京师范大学的教育经济学论文最多，北京师范大学贡献了超过100篇的高质量教育经济学学术论文，超过第二名北京大学和第三名中国人民大学的总和。中国社会科学院也在教育经济学领域发挥着较大学术影响。

表6　2014教育经济学CSSCI论文来源研究机构（5篇及以上）

来源机构	论文数	来源机构	论文数
北京师范大学教育学部	41	北京师范大学教育经济研究所	8
北京大学教育学院	28	清华大学教育研究院	8
北京师范大学经济与工商管理学院	22	武汉大学经济与管理学院	8
华中师范大学教育学院	21	中南财经政法大学财政税务学院	7
南京师范大学教育科学学院	20	中国人民大学劳动人事学院	7
华中科技大学教育科学研究院	16	上海师范大学教育学院	7
北京大学教育经济研究所	15	北京师范大学中国教育政策研究院	6
西南大学教育学部	14	西安交通大学经济与金融学院	6
中国人民大学教育学院	13	武汉大学教育科学学院	6
北京师范大学首都教育经济研究院	13	石河子大学师范学院	6
浙江大学教育学院	10	北京大学中国教育财政科学研究所	6
上海市教育科学研究院	10	厦门大学教育研究院	6
北京师范大学国际与比较教育研究院	9	华南师范大学教育科学学院	6
南京农业大学公共管理学院	9	厦门大学经济学院	5
东北师范大学教育学部	9	华东师范大学教育科学学院	5

表6显示，在2014年教育经济学高质量论文来源机构中，北京师范大学教育学部是贡献最多的研究机构，贡献了41篇论文；紧随其后的是北京大学教育学院，贡献了28篇高质量的教育经济学论文。排在第3位的北京师范大学经济与工商管理学院贡献了22篇相关论文。北京师范大学教育经济学研究依托教育学部教育经济研究所、经济与工商管理学院、首都教育经济研究院三个机构，学科交叉，积极开展教育经济学研究，科研成果丰硕；北京大学教育学院在教育经济学研究方面也硕果累累。

5. 从知识图谱分析研究内容

关键词作为论文搜索的主要指标，高度概括了文献的主体、内容、思路和主要研究方法，对关键词的统计可以分析出教育经济学研究的主要内容。运用SATI 3.2软件对1434篇文献进行统计，发现共有不同的关键词3997个。其中只使用1次的关键词有3259个，使用频次为2—4次的共有602个，使用频次为5—9次的有94个，使用频次为10—14次的有24个，15次及以上的有16个。在文中以出现频次大于或等于10次的40个关键词为高频关键词，其中高等教育、人力资本、经济增长、义务教育、美国、影响因素、高校、教育公平、均衡发展、大学生出现频次位居前列，分别为75次、72次、59次、39次、30次、29次、29次、29次、25次、24次。

（1）关键词共现分析

关键词共现是指两个或两个以上的关键词在同一篇文献中出现。以40个高频关键词所涵盖的文献为单元，两两统计它们在同一篇文献中出现的次数，根据共现频次，形成40×40的高频关键词共现频次矩阵，如表7所示。

表7 2014年教育经济学研究高频关键词40×40共现频次矩阵（部分） 单位：次

	高等教育	人力资本	经济增长	义务教育	美国	影响因素	高校	教育公平	均衡发展	大学生	教育	资源配置	农民工	教育均衡发展
高等教育	75	2	7	0	8	1	0	1	0	0	0	2	0	0
人力资本	2	72	12	1	0	0	0	0	0	0	2	1	3	0
经济增长	7	12	59	0	0	0	0	0	0	0	0	1	0	0
义务教育	0	1	0	39	0	0	0	0	11	0	0	2	0	2
美国	8	0	0	0	30	0	0	2	0	0	0	0	0	0
影响因素	1	0	0	0	0	29	0	0	0	3	0	0	1	0
高校	0	0	0	0	0	0	29	0	0	1	1	1	0	0
教育公平	1	0	0	0	2	0	0	29	1	0	0	1	0	1
均衡发展	0	0	0	11	0	0	0	1	25	0	0	1	0	0
大学生	0	0	0	0	0	3	1	0	0	24	0	0	0	0
教育	0	2	0	0	0	0	1	0	0	0	23	0	0	0

续表

	高等教育	人力资本	经济增长	义务教育	美国	影响因素	高校	教育公平	均衡发展	大学生	教育	资源配置	农民工	教育均衡发展
资源配置	2	1	1	2	0	0	1	1	1	0	0	20	0	1
农民工	0	3	0	0	0	1	0	0	0	0	0	0	18	0
教育均衡发展	0	0	0	2	0	0	0	1	0	0	0	1	0	15

统计关键词共现发现40个高频关键词共现词组，经济增长+人力资本、义务教育+均衡发展、高等教育+美国、高等教育+经济增长出现次数最多，分别为12次、11次、8次和7次，这在2014年一年内是很高的频次。

2014年教育经济学研究比较关注人力资本和经济增长问题，这是教育经济学传统的研究问题，也是研究的核心内容之一，历久弥新，经久不衰。自1960年舒尔茨提出人力资本理论，教育经济学就一直试图用人力资本解释经济为什么增长，为什么会存在残差。2014年有很多学者继续就这一问题展开研究，如中国科学院的刘蓉晖、赵云龙、马福玉运用C-D生产函数、卢卡斯的人力资本模型分析了劳动力、人力资本教育水平等人口因素对GDP的影响以及贡献率，探讨人力资本教育投资对中国经济的影响问题，他们得出人力资本教育投资对GDP有显著影响，且贡献率较大。于雁洁则基于1992—2011年河南省人力资本基尼系数的数据对人力资本分布不平等与地区经济增长相关性进行了有益的探讨，认为要改善优化人力资本性别分布不平等问题。类似的研究还有很多，主要是探讨某个区域人力资本对经济增长的影响，一般得出的结论都是可以促进经济增长。所用方法也是根据卢卡斯、索洛等人的研究，使用C-D等计量模型。也有不同的研究结论，如胡宏兵采用面板数据因果检验方法（Bootstrap Panel Causality Test）来实证研究教育人力资本对经济增长的促进效应。研究结果发现，在我国超过1/3的省份，经济增长实际上促进了教育人力资本水平的提高。研究结果预示着我国教育人力资本对经济增长的解释力非常有限。

关于教育与经济增长关系研究的不同结论的一个启示，即不能夸大教育人力资本对经济增长的贡献，否则可能造成错误的经济决策，也会带来过度教育、教育投资浪费等危害。准确地理解人力资本，兼顾人力资本投资的教育、培训、劳动力迁移、卫生保障等多个途径的作用，仅强调正规学校教育是片面的。而对这一问题，张林秀、易红梅、罗仁福、刘承芳、史耀疆、斯科特·罗斯高等学者作了深入的研究，探讨我国经济发展中部分地区存在的中等收入陷阱的原因，认为中国目前存在严重的人力资本不平等问题，特别是在农村贫困地区，除了结构性和体制性障碍阻止学生在学校获得将来所需的必要能力外，严重的营养和健康问题也限制了学生人力资本的提升。如果这些问题不能得到解决，就将会在中国农村贫困地区造成严重的人力资本匮乏，并使得不平等问题在未来数十年内难以解决。如果不解决这些问题，极有可能陷入中等收入陷阱。

义务教育均衡发展主要聚焦义务教育资源配置的公平性问题，部分学者谈及有效配置资源，但总体上对公平的强调大于效率。如范先佐等学者关注义务教育阶段农村学校布局与质量提升，探讨农村教育中的问题，试图在城市化不断加快的背景下寻找薄弱的农村教育优化途径与对策。也有探讨城乡教育的均衡发展问题，构建城乡教育基尼系数，试图寻找到能保证城乡教育公平的机制、评估方法。还有一部分关注城市义务教育的公平和选择问题，对就近入学政策条件下的诸多问题展开研究。

高等教育和美国问题，主要是一些学者介绍美国大学的运行制度、筹款、捐赠、财务、教师薪酬、贷款、大学扩张、公立高校拨款机制、评估保障、就业等内容，为中国大学在高等教育的发展与改革方面提供参考。

高等教育与经济增长问题则是关注高等教育培养出来的劳动力对经济增长的促进作用，部分涉及工资。大部分研究借鉴物质资本对经济增长的贡献的研究方法，探究高等教育投入对经济增长的作用，多使用横截面数据，没有考虑劳动力省际流动与国际流动、高等教育效应的滞后性等问题，研究结果的解释力有限。

从关键词共现分析可以看出，总体上 2014 年教育经济学研究内容紧扣当前教育改革发展中的热点，稳中有少许变化，方法趋于规范。

（2）高频关键词共现图谱分析

根据上述矩阵表，运用 Ucinet 6. 212 将上表以可视化图谱的形式展示出来，图 3 为高频关键词共现知识图谱。其中不同大小的节点代表频次，节点大小与频次成正比；节点越居于中心位置，代表其在整个网络中的地位越高；连接节点的线条代表节点之间的联系，线条越粗代表联系越紧密。

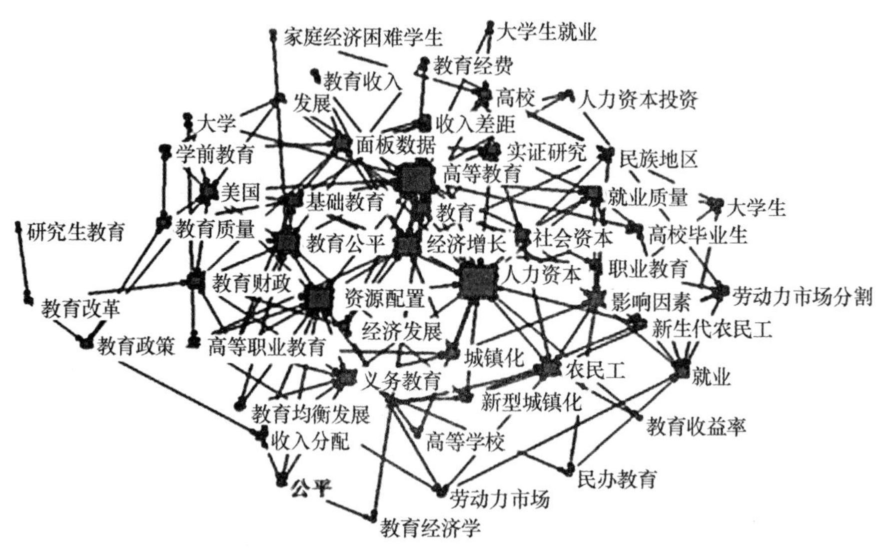

图 3 高频关键词共现知识图谱

由表 7 和图 3 所示可见：①2014 年教育经济学研究主要围绕“高等教育”“人力资本”“经济增长”“义务教育”“教育公平”“资源配置”等主题进行。从图中可以看出 2014 年研究者对高等教育在经济增长中的作用甚为关注，特别是在信息化背景下高等教育的经济价值越来越得到认可。②研究论文数量较多的研究内容是：经济增长 + 人力资本、义务教育 + 均衡发展、高等教育 + 美国、高等教育 + 经济增长等。

从高频关键词共现知识图谱可以发现，人力资本、高等教育、资源配置构成了研究的三角，中心议题是经济增长与教育公平。经济增长离不开高质量的人力资本，特别是在市场经济下对人力资本质量提出了更高的要求。经济增长也离不开高等教育的健康发展，离不开资源配置效率，如公共财政资源、劳动力资源、土地流动、资本的便利投资等。

在研究方法上，实证研究中更多地使用面板数据，大部分研究继续采用教育经济学的经典研究方法如 C-D 模型、定性响应回归模型、线性回归、DEA 模型等技术方法，也有部分学者探索使用抽样面板数据因果检验方法；数据来源途径主要是调研、公开的国内统计数据以及国外公开数据库。

（3）高频关键词的多维尺度分析

利用多维尺度（MDS）绘制主题知识图谱是分析学科知识群结构关系的重要方法。MDS 通过二维空间展示关键词之间的联系，并利用平面距离反映其密切程度，联系紧密的主题词聚集在一起，形成某一领域知识群，借助 MDS 很容易判断主题在学科领域中的位置。将高频关键词 40 × 40 矩阵导入 SPSS 20.0 软件中，进行多维尺度分析，得出教育经济学研究高频关键词多维尺度分析图，其中关键词之间的距离表明其相似程度，距离越近说明越相似。

依据图 4 中高频关键词之间的距离分布可将该研究领域内容划分为四大类，第一象限是以人力资本为背景的劳动力市场研究；第二象限是国际化背景下，以高等教育与经济增长关系为切入点的研究；第三象限是以探讨各级各类教育与社会经济发展的互动研究；第四象限是立足国情的教育改革中各级各类人才培养模式的研究。图 4 显示的结果与关键词共现分析所得结论类似。

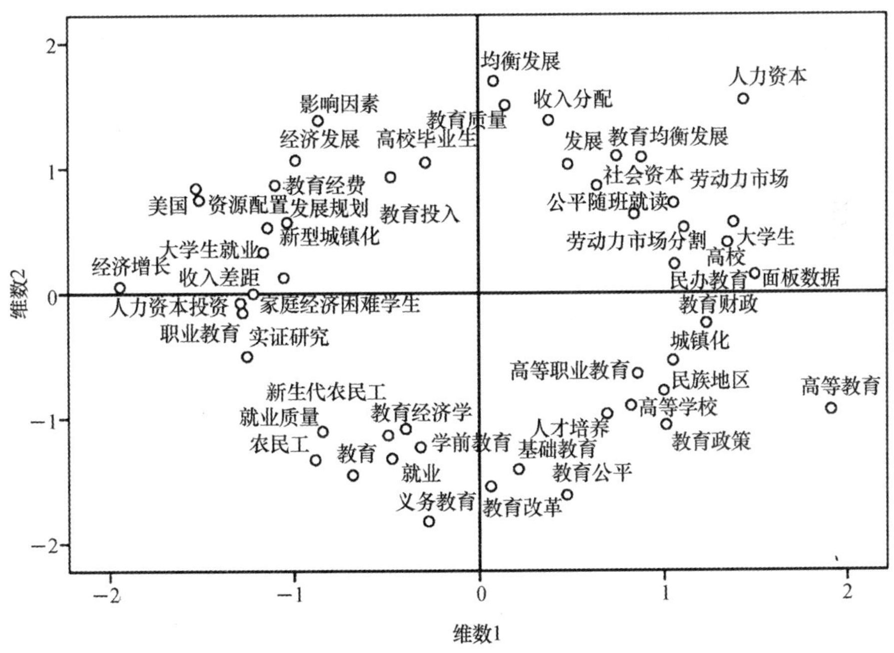

图 4　高频关键词多维尺度分析

（杜育红、杜屏、李达）

（十二）学前教育学专业

1. 学前教育政策研究

学前教育政策问题是2014年度学前教育领域研究关注的重点主题，大量文献围绕学前教育体制机制、免费学前教育、学前教育财政投入、学前教育成本分担、城乡均衡发展、教师队伍建设等重要政策问题展开了深入研究，为政府循证决策提供了有力依据。

（1）学前教育体制机制创新

长期影响和制约我国学前教育事业积极、健康发展，特别是阻碍农村、欠发达地区学前教育可持续、健康发展的深层次矛盾与问题的主要原因之一在于学前教育体制机制不顺：①管理体制不顺，管理和投入主体重心太低；②投入和运行保障机制尚未建立，绝大多数地区城乡幼儿园的教师工资和运行主要依靠收费，因此不少城里和农村幼儿园运转困难；③办园体制不顺，缺乏对普惠性民办园和企事业单位办园、集体办园等公办性质园的支持政策；④教师队伍数量短缺严重、工资待遇低、队伍不稳定的问题普遍存在，专业素质有待进一步提高。庞丽娟[①]教授指出，促进学前教育事业健康可持续发展的关键在于体制机制的创新。

第一，政府应改革与完善管理体制，在“地方负责、分级管理”的基础上，进一步明确“省级统筹、以县为主”，提升学前教育管理责任主体重心和财政保障重心，保障行政管理与领导能力，保障财政来源与投入能力。

第二，应抓紧研究与监理学前教育投入和保障机制，构建保障城乡学前教育正常有效运行的经费保障长效机制。

第三，应以“公平优先、兼顾效率”为原则，对学前教育公共服务坚持“分类治理、分层供给”的思路，优先保障学前教育基本公共服务均等化需求，适度兼顾学前教育非基本公共服务多样化需求；并依据公共服务“提供与生产相分离”的思路，科学合理设计我国学前教育公共服务“一主多元”供给机制，即“政府主导下的市场、社会多元主体合作提供与生产”。

第四，建立与完善适于我国国情的公办为主、公民办混合所有制园并举、共荣共促的办园体制。打破唯公思维，大力支持与推进普惠且具有较高质量的公办园、普惠性民办园、企事业单位办园、集体办园和混合所有制幼儿园的发展，灵活积极、有效地扩大城乡普惠性学前教育资源。

最后，下决心落实《教育法》与《教师法》，切实保障幼儿教师待遇，加强教师队伍建设。

（2）学前教育财政投入

《国务院关于当前发展学前教育的若干意见》（国发〔2010〕41号）要求各级政府要将学前教育经费列入财政预算，加大对学前教育的财政投入。财政投入是学前教育事业发展的前提基础和根本保障。庞丽娟教授指出，当前，我国学前教育财政投入还存在着严重的区域投入结构、机构投入结构和教育要素投入结构的不合理问题，不同性质的公民办幼

① 庞丽娟：《学前教育体制机制创新是关键》，《中国教育报》2014年4月6日第001版。

儿园间投入差异明显，并且存在重园舍建设轻教师队伍建设、重基础设施投入轻教师培训提高的现象。她建议加大中央财政对中西部地区学前教育的转移支付力度，并对农村、边疆、贫困、民族地区实行制度化的专项经费投入，优化并建构合理的学前教育财政投入结构十分迫切和重要。王海英的研究表明，虽然自 2010 年以后中央—省—市—县—乡（镇）五级政府开始趋向共同承担学前教育成本，但仍以县、乡政府为绝对主体，五级政府的分担结构并不合理。增量经费地区间分布与财政经费增量分配结构存在问题，建议强化中央、省、市级政府的成本分担意识，实行五级政府共同分担的财政投入机制，并注意合理规划经费配置结构，以促使财政经费投入效益的最大化。

（3）幼儿园教师队伍建设

师资队伍问题严重制约当前学前教育事业的发展，突出表现在师资数量不足、专业化程度低、工资待遇和社会地位低等方面。《国务院关于当前发展学前教育的若干意见》要求多种途径加强幼儿教师队伍建设，加快建设一支师德高尚、热爱儿童、业务精良、结构合理的幼儿教师队伍。但是，如何解决教师的编制、待遇、培养等问题仍有待于深入研究。

康永祥、庞丽娟①基于对幼儿教师行业工资形成过程以及人力资本收益实现过程的分析，认为可以从提高学前教育专业化程度来改善幼儿教师待遇。夏婧、庞丽娟②研究发现，我国基本建立了以示范院校教育为主体的多元幼师培养体系并不断提高学历要求，但在相关法律中缺乏对幼儿教师培养的专门、具体规定，并且未建立培养机构的资质认证体系且缺乏对培养质量评估的相关规定。

（4）学前一年教育纳入义务教育的体制机制保障研究

面临幼儿园入园难、入园贵问题，社会上出现将学前一年教育纳入义务教育的强烈呼声。将学前一年教育纳入义务教育需要怎样的条件保障、我国将学前一年教育纳入义务教育应遵循怎样的发展路径等问题并未解决，政府决策缺少可靠、有力的依据。刘焱③教授历时五年，深入我国东、中、西部 3 个省 9 个市 23 个县/区 39 个乡/村实地调研并获得大量一手数据，以公共产品理论、教育公平理论、质量成本理论、社会融入理论等为理论基础，研究了学前一年教育的性质和效能、学前一年教育的质量现状与问题、学前一年教育质量与成本的关系、学前一年教育纳入义务教育的经费需求、学前一年教育纳入义务教育的路径选择、农村学前一年教育纳入义务教育的条件保障等问题，提出优先发展农村的“差别化路径”把学前一年教育纳入义务教育、建立学前一年纳入义务教育的经费保障机制、优先对处境不利儿童实施免费的学前一年教育、构建 k－2 一体化教育体系等政策建议。

2. 学前儿童学习与发展研究

学前儿童学习与发展是学前教育领域一个历久弥新的研究主题。2014 年有关学前儿童学习与发展的研究在原有基础上进一步深化的同时，受《3—6 岁儿童学习与发展指南》

---

① 康永祥、庞丽娟：《解决幼儿教师待遇问题：基于行业准入与人力资本收益的制度设计》，《教育科学》2014 年第 1 期。

② 夏婧、庞丽娟：《我国幼儿教师培养政策：特点、矛盾与建议》，《教师教育研究》2014 年第 4 期。

③ 刘焱主编：《学前一年教育纳入义务教育的条件保障研究》，北京师范大学出版社 2014 年版。

颁布实施的影响，对各领域学习的关键经验的研究成为一个新的热点。

（1）学前儿童语言能力发展研究

儿童的语义发展是儿童习得第一语言和第二语言的重要因素，直接影响着儿童语言发展的质量。周兢[①]等人采用国际标准化并以汉语常模的儿童语言测试工具作为研究工具，发现双语教育中，民族儿童获得了两种语言在理解性和表达性语义方面的持续发展态势，并且表达性语义处于优势发展状态；民族儿童的汉—维双语语义习得在不同地域和不同园所存在显著的发展差异；研究结果同时发现，与部分浸入式汉语教育模式相比，全天浸入式汉语教育模式更有利于民族儿童的双语习得与发展，有关不同教育模式对民族儿童双语学习的影响值得进一步探讨。周兢、李传江[②]等以新疆学前双语幼儿园384名维吾尔族儿童为研究对象，通过国际通用儿童语言研究工具和汉语语料库研究方法，探讨新疆学前双语教育情境中民族儿童的汉语发展现状。研究发现了学前民族儿童汉语学习呈现不断递升的发展图景，在汉语理解性语义和表达性语义、叙事语言和学业语言，以及汉语平均语句长度等方面逐渐发展的态势，报告了学前民族儿童汉语入学准备的良好前景。

（2）数学学习

唐丹和周欣等人[③]探讨了认知游戏干预对数学学习困难儿童的数学能力和执行功能的影响。选取一名存在数学学习困难和执行功能的工作记忆、抑制、转换三个方面存在缺陷的6岁儿童W，运用认知游戏进行干预。以11名数学能力正常的儿童的测评得分作为对照。干预前，W在数学能力和执行功能各项任务中的得分均低于正常儿童。干预后，该儿童的数学能力得分和执行功能任务中的科斯积木任务、灵活项目转换任务、词汇倒背任务、数字倒背任务的得分均有所提高，仅“白天/黑夜”任务的得分没有变化。研究表明，认知游戏可能能够提高数学学习困难儿童的数学能力、工作记忆和转换能力，但是没有提高其抑制能力。

（3）关键经验

教育部在2012年10月发布了《3—6岁儿童学习与发展指南》，掌握、建立起《指南》中各领域关键概念体系是理解儿童、开展教育教学的前提基础。有关学前儿童各领域学习的关键经验研究成为一个热点。李倩文[④]采用质性研究方法，观察了中班幼儿水粉画集体教学活动及区域活动，对观察过程中收集到的资料进行转录、编码、归类整理和分析。结果表明，中班幼儿水粉画创作的关键经验有作品主题构思、工具材料探索、使用和艺术语言运用。葛晓穗[⑤]对幼儿园韵律活动关键概念体系进行了探讨。朱家雄[⑥]教授对关

---

① 周兢、张莉、闵兰斌、陈思：《新疆学前双语教育中两种语义习得研究》，《新疆师范大学学报》（哲学社会科学版）2014年第6期。

② 周兢、李传江、杜丽君、王飞霞、陈思、张莉：《新疆学前双语教育情境中民族儿童的汉语发展研究》，《华东师范大学学报》（教育科学版）2014年第1期。

③ 唐丹、周欣、徐晶晶、田丽丽、李正清：《数学学习困难儿童认知游戏干预的个案报告》，《中国心理卫生杂志》2014年第10期。

④ 李倩文：《中班幼儿水粉画创作关键经验研究》，《幼儿教育（教育科学）》2014年第7—8期。

⑤ 葛晓穗：《幼儿园韵律活动关键概念体系探讨——基于〈3—6岁儿童学习与发展指南〉中艺术领域的思考》，《内蒙古师范大学学报》（教育科学版）2014年第2期。

⑥ 朱家雄：《幼儿园课程中的关键经验与关键概念——玩与教的两难（十）》，《幼儿教育》2014年第34期。

键经验和关键概念进行了区分，分析了两者与幼儿园课程和教学之间的关系，强调不同课程观对关键经验和关键概念的内涵界定不同，幼儿园教师在编制和实施幼儿园课程时，应处理好游戏与教学的关系，准确地选择课程目标和教育内容。

（潘月娟）

（十三）特殊教育学专业

1. 特殊教育政策研究

针对我国特殊教育发展现状，尤其是解决特殊教育发展的瓶颈问题，2014 年 1 月，教育部、国家发展改革委、民政部、财政部、人力资源和社会保障部、卫生计生委和中国残联共同研究制定了《特殊教育提升计划（2014—2016 年）》（以下简称《提升计划》），将当前和今后一个时期特殊教育工作重点聚焦在全面提升特殊教育水平上。

《提升计划》的总体目标是：全面推进全纳教育，使每一个残疾孩子都能接受合适的教育；经过三年努力，初步建立布局合理、学段衔接、普职融通、医教结合的特殊教育体系，办学条件和教育质量进一步提升；建立财政为主、社会支持、全面覆盖、通畅便利的特殊教育服务保障机制，基本形成政府主导、部门协同、各方参与的特殊教育工作格局；到 2016 年，全国基本普及残疾儿童少年义务教育，视力、听力、智力残疾儿童少年义务教育入学率达到 90% 以上，其他残疾人受教育机会明显增加。《提升计划》颁布后，国内多位专家对该政策进行了全方位的解读。例如，顾定倩教授认为《提升计划》将“提升特殊教育质量”作为三大重点任务之一，是要解决让残疾儿童少年“上好学”的问题，要让他们享受到更加优质的教育。顾定倩教授认为提升特殊教育教学质量是发展特殊教育事业的本质要求。田志磊提出，《提升计划》提高特殊教育经费投入的一系列政策，将大大提升我国特殊教育的保障水平。①

2. 特殊教育基本理论研究

（1）特殊学校课程

特殊学校课程是 2014 年特殊教育领域关注的重点，在 2014 年国家颁发的《提升计划》里明确提出要“研究制订盲、聋和培智三类特殊教育学校课程标准”，推动课程标准的出台，为特殊学校教学提供有力指导。国内学者围绕各类特殊学校的课程标准展开了热烈探讨，其中尤以培智学校课程标准建设讨论最多。从 2014 年发表的文献来看，国内学者围绕培智学校的学科教学、生活化课程、综合实践活动课程、校本课程等展开了探讨。北京师范大学的邓猛等认为，培智学校课程应从“生活化”走向“完整生活”课程、从“功能限制”课程走向“发展探究”课程、从“单一模式”课程走向“多元模式”课程。在聋校课程建设方面，苏州市盲聋学校的金肖健的研究表明，通过微课程的形式辅导聋生自主学习，能取得较好的效果，表明现代信息技术在聋校课程的逐渐渗透。

① 顾定倩、肖非、方俊明、王雁、邓猛、田志磊：《〈特殊教育提升计划（2014—2016 年）〉专家解读》，《中国特殊教育》2014 年第 2 期。

（2）随班就读

《提升计划》明确提出“全面推进全纳教育，使每一个残疾孩子都能接受合适的教育”的目标。这个目标既表明当前我国政府推进有中国特色的全纳教育——随班就读的决心，同时还要积极探索符合中国国情的全纳教育模式，使残疾儿童少年能接受公平的教育，平等参与社会生活。

随班就读支持保障体系是提高随班就读教育质量的有力保障，但目前我国随班就读支持保障体系还比较薄弱，存在的问题包括经费无法得到保障、特殊教育教师编制无法落实、资源教室或中心数量有限且设备设施缺乏，已建成的资源教室或中心未能有效发挥其作用。因此建议完善县级随班就读支持保障体系，首先要提高县级教育行政机构特殊教育执行能力，其次要完善县级随班就读常规经费和专项经费互补的两线保障体系，也要建设数量合适、布局合理、功能明确、人员配备齐全、设备实用充足的三级支持保障体系，促进随班就读可持续发展，提高随班就读的质量。① 促进教师形成专业共同体，密切协作，共同发展；推动学校形成民主、平等、包容、尊重、共享的文化，增进学校应对多元教育需求的能力；向社会大众传达融合性文化。②

（3）特殊教育教师专业发展

提升特殊教育教师的专业化水平一直是特殊教育关注的重点。《提升计划》也明确要求，建立健全特教教师专业标准体系，不断增强特教教师专业能力，多角度、全方位地为我国特教师资队伍建设提供强有力政策支持，这将为加快推进特殊教育师资队伍建设提供新的契机，对于提升特殊教育发展水平具有里程碑式的重大意义。

北京师范大学的顾定倩等对近年来我国关于教师队伍专业化建设文件进行分析，梳理了我国特殊教育教师专业标准制定的背景，从专业理念与师德、专业知识、专业能力三方面提出了建构我国特殊教育教师专业标准的设想。陕西师范大学的石学云和高丽采用测验法对我国特殊教育教师胜任力进行了调查，发现我国特殊教育专任教师总体胜任水平较高；胜任力表现受特教教龄因素影响较大，但二者并非呈现线性增长关系；10—20 年特教教龄是特殊教育教师职业生涯发展的一个关键期。

（4）医教结合

“医教结合”的概念自提出以来，特殊教育学术界就立即展开激烈辩论，且在 2014 年持续升温。不同的学者从各自研究领域和角度出发，对“医教结合”都有自己的论点和看法。有学者提出，特殊教育的特殊在于其教学设计；特殊儿童不等于病童；学习能力受多方面的因素影响；要明确教育康复与医学康复的关系。但同时也有学者反驳，特殊教育的特殊性在于教育对象；应正视残疾的病理学根源，关注遗传对学习潜力的影响；医教结合的抓手是基于学校需求实施的教育康复。

3. 特殊儿童心理与发展研究

对各类残疾学生心理与发展问题进行探讨有利于我们了解学生心理发展水平，为教育教学提供有效参考和建议。从研究对象上看，2014 年对残疾学生心理与发展的研究主要还是聚焦于一般大家所关注的残疾类型，包括视力残疾、听力残疾、智力残疾、自闭症、

① 彭霞光：《随班就读支持保障体系建设初探》，《中国特殊教育》2014 年第 11 期。

② 申仁洪：《融合与创生：随班就读的效能实现》，《中国特殊教育》2014 年第 2 期。

多重残疾。

对视力残疾学生的研究，包括对盲校教职工、学生家长和初中及以上视力残疾学生关于盲生盲杖使用态度的调查；对盲生与明眼生使用内部表象操作的方法解决河内塔问题的实验研究。与视力残疾学生的研究相比，听力残疾学生的研究相对丰富一些，包括他们的唇读、元记忆能力、空间—数字编码联合效应、注意力和静态平衡能力。智力残疾学生的研究则包括抑制控制的发展特点、空间方位概念发展、对白谎的理解能力；对自闭症学生的研究包括睡眠问题与情绪行为问题的关系、面孔方向对自闭症儿童表情视觉搜索的影响、图片交换沟通系统在自闭症学生沟通技能发展中的作用；对多重残疾学生的研究则是利用有形符号对多重障碍盲童的沟通进行训练，取得了不错的成效。

4. 特殊儿童康复与训练研究

（1）自闭症儿童康复与训练

近年来，自闭症相关研究一直是我国特殊教育研究领域的热点，2014 年发表的有关自闭症研究的核心期刊论文多达 30 余篇，主要集中在自闭症儿童表情识别的眼动研究、神经机制研究、国外相关研究综述和儿童康复训练等方面。但总体来看，关于自闭症儿童的康复训练的研究较少，呈现出重理论轻实践的研究现状。成都学院的莫春梅等人探讨了结构化教学对自闭症儿童认知能力发展的影响，研究结果表明结构化教学能有效提高自闭症儿童的认知能力，对于该类儿童理解指令及情绪稳定尤为有效。北京师范大学的范文静、胡晓毅等人采用单一被试的跨情境跨行为多基线设计，对一名四岁重度自闭症幼儿进行图片交换沟通系统干预。研究结果表明图片交换沟通系统产生了积极效果，自闭症儿童的需求表达行为明显增加，而其攻击性行为也随之减少。

此外，国内学者出版了多部关于自闭症儿童康复与训练的书籍，其中由华东师范大学组织编写的“自闭谱系障碍儿童早期干预丛书”，分别从如何运用游戏的方式、照料能力、沟通能力、社会交往能力、感知和运动能力、认知能力培养等方面，系统地介绍了与自闭症儿童康复与训练有关的知识和技能。

（2）智力障碍儿童康复与训练

国内学者关于智力障碍儿童康复与训练方面的研究较少。上海闸北区启慧学校的严舒等人通过干预研究探讨治疗智力障碍儿童语音切换能力的综合康复方法，结果显示训练后学生的句清晰度和切换清晰度有显著提升，综合训练方法对提高语音切换能力有十分显著的效果；北京师范大学的肖非等编写的《发展迟缓儿童早期干预教学指导用书》、华东师范大学的马红英主编的《上海市辅读学校行为训练课程指南》以及华东师范大学的昝飞主编的《上海市辅读学校言语沟通训练课程指南》，为特殊教育学校智障儿童的康复与训练提供了实用性的指导。

（3）听障儿童康复与训练

2014 年，国内学者关于听障儿童的康复与训练研究主要集中在语音识别和语言表达等方面。例如，华中师范大学的雷江华等人采用非随机分配控制组前后测实验设计，探讨镜前自我模仿策略在听障儿童汉英双语唇读元音学习中的作用，结果发现，镜前练习的口形模仿策略在聋校的干预成效主要体现在听障儿童的汉语唇读元音识别中。华东师范大学的王珩超运用《学前儿童陈述句表达能力测试表》获得了该类儿童陈述句表达能力的特征，并在此基础上制定了陈述句能力训练的康复方案和训练原则。

（赵梅菊、江小英、汪斯斯）

（十四）成人教育学、职业技术教育学专业

1. 我国职业教育研究的理论前沿和重大热点问题

（1）现代职业教育体系建设

我国正处在全面深化改革的关键阶段，要促进经济社会和人的全面发展，建设具有中国特色的现代职业教育体系具有重要的战略意义，解决人才培养目标定位、体系内部衔接、考试招生制度改革、发展多种形式继续教育以及推动区域间协调发展，是亟待解决的重大问题。天津职业技术师范大学曹晔、北京师范大学教育学部刘宏杰提出现代职业教育体系应具备开放创新性、多元融合性、动态适应性、系统协调性和服务人本性等特点，认为现代职业教育体系建设要处理好五个重要的关系。① 结构欠合理是当前我国高等教育存在的突出问题，根据2014年6月国务院《关于加快发展现代职业教育的决定》，通过本科转型建立应用技术大学是高等教育多元化发展和解决大学生就业问题的重要途径。天津职业技术师范大学孟庆国在《应用技术大学办学现实性与特色分析》一文中，借鉴欧洲经验，根据国内实际对我国应用技术大学建设提出了办学定位、培养目标、入学条件、专业设置、课程体系、师资队伍、校企合作和实践教学8个方面的建议。

（2）职业教育法制化与治理研究

目前我国职业教育尚未形成协调和可持续发展的局面，法治水平低是一个重要原因，职业教育普遍存在法律意识淡薄、法律体系不完善、执法不力和法律监督体系不健全问题。职业教育法制研究是一个活跃却“年轻”的研究领域。一方面，相关工作调研和讨论很多，2014年关于《职业教育法》修改的讨论尤其热烈，如教育行政学院邢晖、北京师范大学李玉珠等；② 另一方面，这些讨论多数是实践性研讨，很少有上升到理论层面的深入研究。在职业教育研究中，相关经典学科研究人员介入的范围和深度都在加大，这对职业教育研究范式、研究方法和研究成果产生了很大影响。例如，北京大学郭建如根据管理学和社会学的理论和研究范式，考察了高职教育场域启动以培养模式改革为核心的示范校建设项目，发现组织学习是高职院校新能力生成与组织变革的重要机制。③

（3）产教融合与校企合作研究

产教融合、校企合作是职业教育的重要特点，相关研究也是职业教育研究的热点。教育部职业技术教育中心对2014年发表的2430篇核心期刊论文的统计显示，本领域研究占到了所有论文的一半。

---

① 曹晔、刘宏杰：《现代职业教育体系内涵及需处理好的重要关系》，《职业技术教育》2014年第1期。

② 邢晖、李玉珠：《职业教育法重要问题修订意见的调查》，《教育与职业》2014年第7期。

③ 郭建如：《项目制下高职场域的组织学习、能力生成与组织变革》，《北京大学教育评论》2014年第4期。

随着教育部试点项目的扩大、媒体报道和国内外研究的深入，有关现代学徒制的研究和实践探索引发了更多关注，有人认为现代学徒制是职业教育人才培养模式发展的必然趋势。上海师范大学关晶、华东师范大学石伟平在《现代学徒制之“现代性”辨析》中，对现代学徒制的“现代性”进行了理论分析，认为现代学徒制的“现代性”体现在：功能目的从重生产性到重教育性；教育性质从狭隘到广泛；制度规范从行会层面上升到国家层面；利益相关者机制从简单到复杂；教学组织从非结构化到结构化。

（4）职业教育质量评价与保障体系

职业教育质量评价和质量保障体系建设是职业教育研究的另一热点，并呈现出逐渐升温的态势，相关研究具有政策性和实操性双重特征。

建立职业教育质量保障体系是《规划纲要》确立的重要发展目标。北京师范大学赵志群在《现代职业教育质量保障体系研究：现状与展望》中认为，职业教育质量保障体系根植于教育实践的实际操作活动系统，在内部要对专业建设进行监控评价，在外部要对教育成果进行监测。浙江大学吴雪萍在《构建职业教育质量保障体系的国际经验及其启示》一文中借鉴发达国家经验，建议通过合理的职教质量指标体系、动态的职教质量监测体系和质量信息公开平台等路径，构建职业教育质量保障体系。

（5）课程、教学和教师研究

课程、教学和教师研究始终都是职成教研究的重点和热点领域。2014 年教育部国家级教学成果奖评审中，第一次把职业教育作为独立的评审类型，共评出 451 项教学成果，其中特等奖 1 项，一等奖 50 项，二等奖 450 项。这些成果反映了职业教育近年来在立德树人、专业建设和人才培养模式改革方面取得的成绩。其中，获奖数量最多的 5 省（市）分别是北京（含行业推荐）、江苏、广东、山东和浙江，这基本上反映了我国不同地区职业教育教学发展的整体水平［获奖省份（市）分布图见图 5］。

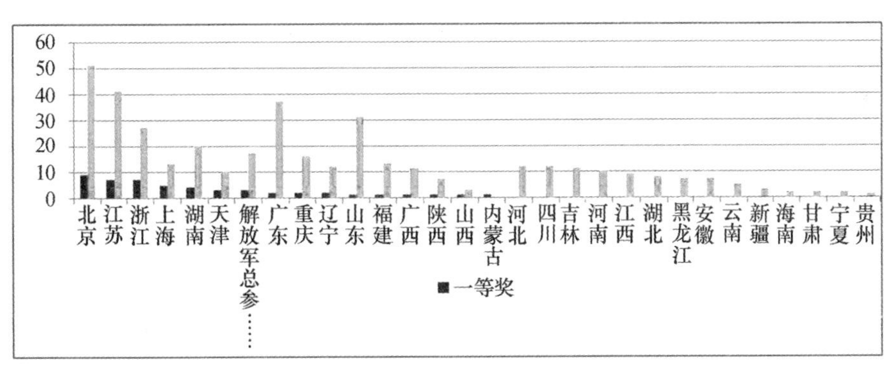

图 5　2014 年国家级职业教育教学成果分布

近年出现了对职教课程和教学改革实践的系统化反思。沈阳师范大学徐涵的《工作过程为导向的职业教育理论与实证研究》（商务印书馆 2013 年版）对以工作过程为导向的职业教育理论进行了梳理，对德国和中国相关实践进行了系统化调查和分析。与过去的类似著作相比，该书的创新点在于用同一调查方案，对差别很大的两个国家的课程改革实践进行对比实证研究，由此得出的结论更有普遍意义和推广价值。

2. 我国成人教育研究的理论前沿和重大热点问题

2014年成人教育研究更为多元化，研究领域与其他学科的交叉性、融合度进一步增强，研究成果集中在成人教育理论研究、终身教育研究、成人高等教育（高校继续教育）研究、社区教育相关研究和远程教育相关研究五个方面。

（1）成人教育理论研究

成人教育的社会功能也是学界关注点之一。宁波大学孙立新、赵翠云认为：伴随着我国经济与社会的转型，弱势群体的生存状态越来越成为学术界和政府关心的问题，其中青年失业无业群体是弱势群体中的重要组成部分，成为困扰我国经济社会发展的一个问题。成人教育应加强对这一群体的关注，通过提升文化和生活技能、提高职业技能、加强心理辅导、保障就业权利、形成社会支持网络等方式来帮助青年失业无业群体实现向上流动。[①] 广西师范大学刘雅婷通过定量研究，针对新生代农民工城市融入的现状、困境与教育需求进行了统计分析。调查结果表明新生代农民工城市融入水平为3.05，其中经济融入水平相对较低。[②] 因而，当下成人教育应通过开展技能培训、搭建社交平台、增进城市认同等方式，帮助新生代农民工从经济、社会、心理三个层面更好地融入城市生活。

（2）终身教育研究

2014年终身教育相关研究成果主要集中在体系构建、终身学习的立交桥搭建和立法推进领域。

构建终身教育体系是国家中长期教育改革与发展规划纲要提出的战略决策，学者们对此给予持续的关注。华东师范大学朱敏、高志敏认为终身教育、终身学习和学习型社会三者在理念上一直存在着内在一致性，即都以促进人的全面发展为根本目的，它们在实践运作上虽各有侧重，但又离不开相互之间的支持与协同。[③] 华东师范大学吴遵民认为我国终身教育体系经过20多年努力仍然难以构建的主因是概念界定问题、体制问题、资源整合问题、立法问题等因素，因此需要加速推动中央层面终身教育机构的改革力度，加强政府行政力量的有效推进，突破长久以来因体制机制的壁垒所形成的教育资源难以整合的困境。[④]

（3）成人高等教育（高校继续教育）研究

在我国推进全面建设小康社会的今天，经济社会转型步伐不断加快，高校继续教育传统办学模式的弊端越发显露出来，集中表现在观念滞后、体制僵化、人才培养模式单一、缺乏应有的办学特色等方面。这在很大程度上制约了其自身转型发展的进程。高校继续教育需要改革，要从千篇一律的同质化办继续教育的樊篱中解放出来，走特色化发展之路，以满足社会多样化的人才需要。

---

① 孙立新、赵翠云：《成人教育促进青年失业无业群体社会流动的使命》，《河北大学成人教育学院》2014年第1期。

② 刘雅婷：《新时代农民工城市融入及成人教育应对》，《中国成人教育》2014年第5期。

③ 朱敏、高志敏：《终身教育、终身学习与学习型社会的全球发展回溯与未来思考》，《开放教育研究》2014年第1期。

④ 吴遵民：《中国终身教育体系为何难以构建》，《现代远程教育研究》2014年第3期。

成人高等学历教育是个历久弥新的论题。北京市朝阳区职工大学李晓蕴指出，由于社会和经济发展的宏观背景，使得当前成人高等教育事业发展过程中存在着一定程度的“格雷欣法则”效应。[①] 需要在分析“格雷欣法则”效应成因的基础上，通过宏观政策层面、教育管理系统的统一规范管理和成人高校自身共同努力，消除其对成人高等教育可持续发展造成的不利影响。陕西师范大学史志谨认为高等继续教育转型，在方向上要把握真正转变观念等五大问题。[②]

（4）社区教育相关研究

联合国教科文组织（UNESCO）召开的“首届国际学习型城市大会”以及通过的《建设学习型城市北京宣言》和《学习型城市的主要特征》两项重要成果文件，勾画了学习型城市的蓝图，也进一步明确了城市社区教育的发展方向和基本定位，引发了我们对城市社区教育发展新的思考。社区学院发展定位也是关注之一。中国矿业大学刘春朝、李建春指出终身学习是社区学院发展的重要基础，社区学院是落实终身学习理念的重要载体。[③] 根据终身学习理念，社区学院必须强化为社区经济建设和社区居民终身学习服务，形成不同于普通高等教育的办学特色，努力推动和完善高等教育体系，并在发展规模、课程、师资和形象等方面加强内涵建设。

（5）远程教育相关研究

数十年来，由于远程教育的定位、突破方向不明确，实施者心里也有自卑感。浙江广播电视大学袁昱明认为通过引进“破坏性创新”即一种“商业经营模式”，有助于认识远程教育、继续教育在高等教育中的创新地位，从而厘清思路，制定策略，同时可以为创业者确立远程教育新的价值观和市场理念。[④] 国家开放大学李莹依托“远程开放教育辍学研究”项目，使用量化研究、质性研究以及国际比较研究法，深入地考察国内远程开放教育辍学现象，探究这一现象发生的原因及其规律。[⑤]

3. 职成教研究的发展取向

展望未来，职业与成人教育研究的发展应当关注以下发展：

（1）职成教研究有强烈的跨学科和多学科特征，它不但涉及多个学科和技术领域，而且涉及国家、行业和地方的教育政策和社会政策，必须通过跨领域、跨学科的合作研究才能实现其研究目标。

（2）职成教研究无法局限在教育学的传统研究范围内进行，需要将其放在行业发展、企业人力资源开发和学习型社会建设的大环境中进行全面审视，放在经济发展和人力资源开发的大视野中研究。

（3）在经济全球化和信息化时代，将国内问题放在全球化的大环境中进行分析，借

---

① 李晓蕴：《成人高等教育发展过程中的“格雷欣法则”效应及其消除》，《北京教育学院学报》2014 年第 2 期。

② 史志谨：《论高等继续教育的转型发展策略》，《当代教师教育》2014 年第 1 期。

③ 刘春朝、李建春：《终身学习视角下我国社区学院定位研究》，《职业技术教育》2014 年第 7 期。

④ 袁昱明：《远程教育的破坏性创新与教育变革——兼论远程教育的市场创新和经营发展方向》，《中国远程教育》2014 年第 1 期。

⑤ 李莹：《远程开放教育辍学研究：结论与反思》，《开放教育研究》2014 年第 3 期。

鉴发达国家技术发展、企业管理、劳动生产组织和人力资源开发以及相关职业教育培训的经验教训，避免认识的片面性和发展阶段局限性的影响。

（4）随着职业教育研究的发展，传统的以知识体系为基础的职业与成人教育学科已经不完全适应社会发展的需要，要构建能够满足解释“工作世界”和“教育世界”双重要求的理论体系以及相关的逻辑关系和规范。

（赵志群、周慧梅、杨进）

（十五）高等教育学专业

1. 高等教育发展模式研究

（毕宪顺、张峰，2014）[①] 1978 年以来，中国高等教育经历了两个以外延发展为主的跨越式发展阶段和两个以内涵发展为主的稳定发展阶段，内涵和外延两种发方式交替互动，是我国高等教育发展的历史选择，具有客观必然性。中国高等教育发展历程表明，高等教育的跨越式发展需要在借鉴世界高等教育发展经验的基础上，顺应社会与群众的根本需求，发挥政府的意志和推动力，调动地方政府办学积极性。

郝德永（2014）[②] 指出，中国高等教育需要“二次大众化”变革。突破单向度的学术理性追求，突出社会化发展的价值引领；突破一元化建设标准的窠臼，构建多元分类发展体系；突破比较劣势思维定势，强化个性化发展方式。

冯倬琳、刘念才（2014）[③] 认为，国际竞争是全球高等教育发展面临的必然挑战，国际化是高等学校提升自身实力和影响力的必由之路。来自七个国家的十所世界百强大学的国际化战略文本显示，世界一流大学国际化战略以服务学校核心职能为基础，呈现出开展世界一流的科学研究、培养未来各领域的领导者、提供世界一流的知识转化和咨询服务的内容特征，并且国际化战略管理呈现出以战略导向为管理重点、以战略伙伴为管理焦点和以战略实施为管理关键的特征。

2. 大学的理念研究

高等教育“适应论”和“超越论”在学术界的争鸣在继续。王建华（2014）[④] 指出，基于人性的两重性，高等教育兼有适应性与超越性。一方面高等教育要适应社会的需要；另一方面高等教育要保有超越性，二者之间必须维持一种平衡。过分强调高等教育的适应性，会导致高等教育发展中工具理性膨胀、价值理性衰落；过分强调高等教育的超越性，大学躲进象牙塔，远离社会需要，也会造成灾难性的后果。

围绕高等教育的理念，研究者继续审视高等教育的本质与使命。王洪才（2014）[⑤] 认为，自古以来，人们聚集在一起的根本目的是追求知识、探讨学问，是解决人类自身面临

---

① 毕宪顺、张峰：《改革开放以来中国高等教育的跨越式发展及其战略意义》，《教育研究》2014 年第 11 期。

② 郝德永：《论我国高等教育的“二次大众化”变革》，《教育研究》2014 年第 12 期。

③ 冯倬琳、刘念才：《世界一流大学建设之路与启示》，《中国高等教育》2014 年第 10 期。

④ 王建华：《高等教育适应论的省思》，《高等教育研究》2014 年第 8 期。

⑤ 王洪才：《论高等教育的本质属性及其使命》，《高等教育研究》2014 年第 6 期。

的精神困惑，换言之，也是为了认识自己，而且这个需求始终是主导性的。正是这个目的才使高等教育永远是教育的，而不是经济的或政治的。教育的目的是促进个体的成长，是个体认识自己，即认识自己究竟是谁，该干什么，往哪里去。只有高等教育才使得个体具有自我探索的能力，因为它是建立在充分占有知识的基础上的，它能够用哲学的视野来看待一切。高等教育的“高等”实质上就体现在这个方面，这是其他类型的教育无法完成的。高等教育的第一属性就是解放的功能，这种解放首先是一种自我的解放，进而达到社会的解放。这是教育活动的终极目标，也是高等教育活动的终极目标，其他一切目标都附属于它。

周作宇（2014）[①] 认为，讨论大学理论应关注大学的行动分裂，应将“创价”作为评价知识行动和整合价值的一个标准。知识是大学的核心，创造是大学的动力，价值根本上说是人的价值，服务社会乃是必须承担的责任。大学和大学的成员都可以在“知识创价”的天平上称量自身：是否在生产并且产出真正的知识，是否以对待真理的态度对待知识的传播，是否将知识的使用作为检验知识真伪的一个标准，是否在知识价值的最后实现上持有知识的视角而不是经济利益的计算？在“知识创价”的天平上，江湖术士没有位置，倒买倒卖的商贩没有位置，用行政权力和经济杠杆压迫学术的“π 型”组织和领导不可持久。在知识经济时代，知识产权可以变现，知识可以创造经济价值，知识可以转化为财富，大脑也可以直接成为生产力，但是，知识只能和知识交换。知识的度量衡只能是知识本身。

洪成文等（2014）[②] 以耶鲁大学为例，分析莱文校长的办学思路，认为他在坚守耶鲁大学核心价值观的前提下，对学校进行了全方位改革，矢志创新，追求卓越：改善大学内部环境吸引世界各地优秀人才；以募捐与基金投资为突破口，谋求大学可持续发展；承担社会责任与所处城市纽黑文实现互利共赢；借全球性大学建设之机，将国际化实践推向高端。耶鲁大学的办学理念和莱文校长的卓越领导能力将为我国建设高水平大学和提高大学校长领导能力提供良好的借鉴。

3. 大学的教学与科研

阎光才（2012）[③] 通过比较中美高校，指出研究型大学中教师的研究精力投入所占比重越来越大，甚至远远超过了本科教学。这种教师研究与教学存在明显失衡的现象，反映了高等教育系统及其组织内部存在的一种“学术棘轮”效应，它是政府的质量控制和资源配置体制、高校学术评价与晋升制度、学术共同体内部学术认可机制等多种因素共同作用的结果。缓解“学术棘轮”效应的现实路径，不能仅仅在声言上强化教师教学的伦理责任和使命感，而是需要正视它存在的客观性和必然性，并针对不同主体的需要建立起一个切实有效的利益均衡机制。

---

① 周作宇：《大学理念：知识论基础及价值选择》，《北京大学教育评论》2014 年第 1 期。

② 洪成文、伍宸：《耶鲁大学的当代辉煌与理查德·莱文校长办学思想研究》，《教育研究》2014 年第 7 期。

③ 阎光才：《研究型大学中本科教学与科学研究间关系失衡的迷局》，《高等教育研究》2012 年第 7 期。

史静寰等人（2011）① 基于2011年44所不同地区和类型高校教师的调查数据，对我国不同高校、不同职称、不同性别、不同学历教师的教学态度、教学投入、教学准备、课堂教学行为、学校的教学保障制度等教学学术状况进行调查分析。结果发现：目前我国高校教师的教学投入呈现与院校类型基本相符的角色特征，教学态度也呈现出典型的院校差异；教师对高校教师管理制度的评价不高，且现行教师培训及教学支持系统的运行效果也有待提高。

别敦荣（2015）② 认为，需要致力于发展一种教学文化。大学教学文化的传统模式贯穿着传承知识、思想的知识本位价值和重视道德、素养的人本位价值。但这一文化正在面临着越来越严峻的挑战。科研和教学的不均衡发展在研究型大学表现得非常突出。要创新大学教学文化，须确立现代教学价值观的核心地位、培育现代教学文化生长的环境、探索现代教学模式及其实现路径。

对高校人才培养质量的日益重视，让研究者反思大学的教学工作，反思大学教师的教学工作。柯伯杰等人（2014）③ 选取澳大利亚、英国和美国的四所世界一流大学的教师专业发展中心进行研究，阐释了教师专业发展在四所大学的长期实践及其对教师教学和科研水平提高的积极意义，由此总结并提出一系列提高高等教育整体质量的实践经验和关于未来研究方向的建议。

林小英、宋鑫（2014）④ 以北京大学教师教学发展现状调查为依据，将大学教学置入伦理事务的范畴，经由教师对教学进行“反思性审查”分化出来3种状态——反思性认可、反思性缺失和反思性排斥，结合行为主义动机模式的外部刺激的强弱程度，区分出大学教师各种不同的教学投入状态。大学如果认识到追求认知理性的教师同时也是学者，他们追求伦理维度的反思性认可形成独特的反思性权威并在相互尊重的原则下组成学术共同体，那么大学教学经由教师的反思性审查，可以使其在整体功能上呈现出最卓越的特征。

张俊超、刘献君（2014）⑤ 通过对50名优秀高校教师成长历程的质性调查，归纳出高校教师成长与发展的几个规律性特征：初入职的三五年是最佳成长期；在发展中获得成长；在确立发展方向中进行规划；在模仿中进行创造；在教学与科研的良性互动中递进发展。

4. 高校的人才培养

钟秉林（2013）⑥ 指出，随着我国高等教育大众化进程的推进，高等教育的主要矛盾

---

① 史静寰、许甜、李一飞：《我国高校教师教学学术现状研究——基于44所高校的调查分析》，《高等教育研究》2011年第12期。

② 别敦荣、李家新、韦莉娜：《大学教学文化：概念、模式与创新》，《高等教育研究》2015年第1期。

③ 柯伯杰、熊卫雁、叶会元：《构建高等教育教学标准：教师专业发展中心在四所世界一流大学的实践与应用》，《北京大学教育评论》2014年第2期。

④ 林小英、宋鑫：《促进大学教师的“卓越教学”：从行为主义走向反思性认可》，《北京大学教育评论》2014年第2期。

⑤ 张俊超、刘献君：《优秀高校教师成长与发展的规律性特征探究》，《高等教育研究》2014年第8期。

⑥ 钟秉林：《人才培养模式改革是高等学校内涵建设的核心》，《高等教育研究》2013年第11期。

发生转化，质量问题凸显；高等学校内涵建设任务繁重，人才培养面临新的挑战。高等学校要增强教育教学改革的紧迫感和责任感，主动顺应经济社会发展、科学技术进步和高等教育体制改革的大趋势，加强研究，系统规划，扎实推进，不断深化人才培养模式改革，稳步提高人才培养质量。

胡瑞文等人（2014）① 指出，2012 年我国高等教育在校生总人数已达到《教育规划纲要》2020 年的预期规模。2011—2020 年，我国高等教育毕业生累计总规模将达到 1 亿人，其中普通高校毕业生为 7000 万人。在 20 世纪 90 年代，普通高校毕业生数仅能满足白领岗位需求的三分之一；21 世纪前十年，普通高校毕业生数已开始大于白领岗位总需求人数；未来十年，普通高校毕业生有 40% 左右须进入蓝领岗位就业，成为知识型工人、知识型农民和知识技能型商业服务人员。即使未来十年高等教育总招生规模按年均 1.5% 低速增长，2020 年我国高等教育总规模也将突破 4000 万人，有望提前进入高等教育普及化阶段。这一形势的重大变化呼唤高等教育转型发展，要求各级各类高等学校重新科学定位与合理分工，并在科类专业结构和人才培养规格方面做出重大调整。

对于如何培养各级各类人才。王牧华等人（2014）② 比较美国拔尖人才培养模式，得出几个基本结论：通识教育和跨学科课程成为本科教育的方向，研讨式和研究型教学成为本科教学的方法，个别指导和协同培养成为本科培养的机制。“向教性”和“向学性”成为本科教学评价的指南。

邵建东（2014）③ 则对高职院校人才培养模式进行了研究。高职院校学习型教学共同体有利于促进学生学习、促进教师成长、变革教学方式以及融合学术—技术教育等。学习型教学共同体的构建借鉴了心理学理论、训练小组理论和教师专业发展理论研究。高职院校的师生可以通过选取学习主题、组建教学团队、自我建构知识、开展合作学习、尊重多样化、营造民主氛围等路径，构建高职院校学习型教学共同体。

5. 高等教育现代化

眭依凡（2014）④ 认为，高等教育现代化是以国际高等教育最高水平、最先进状态为参照的目标体系和追求，高等教育现代化的特征，不是其内部独立要素的反映，而是高等教育内部及其外部诸多具有共性的特殊关系的体现。高等教育现代化的要素包括高等教育的普及化、高等教育的高质量、高等教育的善治结构、高等教育的国际化、高等教育的信息化、高等教育的学习化社会。高等教育的改革开放尤其是高等教育的国际化是促进高等教育现代化的唯一途径。

别敦荣⑤通过对现代大学制度的历史和文献进行梳理，提出我国现代大学制度的四大基本范畴，包括独立的法人制度、服务性的行政组织制度、人性化的教育制度和自由的

---

① 胡瑞文、张海水、朱曦：《大众化阶段的人才供求态势与高等教育转型发展》，《教育研究》2014 年第 1 期。

② 王牧华、全晓洁：《美国研究型大学本科拔尖创新人才培养及启示》，《教育研究》2014 年第 12 期。

③ 邵建东：《论高职院校学习型教学共同体的构建》，《教育研究》2014 年第 2 期。

④ 眭依凡：《高等教育现代化的理性思考》，《高等教育研究》2014 年第 10 期。

⑤ 别敦荣：《论现代大学制度之现代性》，《教育研究》2014 年第 8 期。

精神。

6. 民办高等教育研究

周海涛（2014）[①] 认为，为激发民办教育新一轮发展的活力，就需要深化综合改革，突破法律法规困境、有效解决现实矛盾和问题。要加强顶层统筹，加大激励引导，强化检查监督，营造良好氛围，充分释放民办教育改革的动力。

（杜瑞军、洪成文）

（十六）教育统计与测量专业

2014 年度，在中文类教育和心理核心杂志上共发表教育统计与测量方向的学术研究报告 200 余篇，涉及经典测量理论、项目反应理论、概化理论和认知诊断理论，以下将就这四大理论分别进行介绍。

1. 经典测验理论

20 世纪前半叶迅速发展起来的并构成 20 世纪前期与中期主导地位的真分数理论，又称为经典测验理论（Classical Test Theory，CTT）。1978 年以后，国内对经典测验理论的研究主要偏重于应用研究，对心理测验量表的修订和编制、考试及人才测评等方面的研究取得了重要成果。2014 年度在核心期刊发表的本学科研究报告中，有近 2/3 的研究均为经典测验理论的应用研究，主要是问卷、量表的编制及相关信效度的验证。还有部分研究者，例如方杰、温忠麟、张敏强等对结构方程模型的中介作用的检验与应用进行了深入的探讨。[②]

2. 项目反应理论

项目反应理论（Item Response Theory，IRT）又称项目特征曲线理论或潜在特质理论，是 20 世纪 50 年代发展起来的一种新型的心理测量理论，20 世纪 60 年代后期伴随着计算机的发展，项目反应理论迅速发展成一种较为成熟的现代测量理论。项目反应理论以其科学的理论框架和强且全的应用功能受到了心理测量学者的青睐。20 世纪 80 年代中期，随着我国对外学术交流的发展，项目反应理论也被介绍和引进到我国并迅速得到发展，成为

---

① 周海涛：《以深化综合改革增强民办教育发展活力》，《教育研究》2014 年第 12 期。

② 郑文智、吴文毅：《结构方程模型拟合评鉴：整体拟合、内部拟合与复核效度检验》，《心理学探新》2014 年第 1 期；方杰、温忠麟、张敏强、孙配贞：《基于结构方程模型的多重中介效应分析》，《心理科学》2014 年第 3 期；方杰、温忠麟、张敏强、任皓：《基于结构方程模型的多层中介效应分析》，《心理科学进展》2014 年第 3 期；吴艳、温忠麟、李碧：《潜变量交互效应模型标准化估计中的检验问题》，《心理学探新》2014 年第 3 期；顾红磊、温忠麟、方杰：《双因子模型、多维构念测量的新视角》，《心理科学》，2014 年第 4 期；顾红磊、温忠麟：《项目表述效应对自陈量表信效度的影响——以核心自我评价量表为例》，《心理科学》2014 年第 5 期；温忠麟、叶宝娟：《中介效应分析：方法和模型发展》，《心理科学进展》2014 年第 5 期；温忠麟、叶宝娟：《有调节的中介模型检验方法：竞争还是替补?》，《心理学报》2014 年第 5 期；方杰、张敏强、顾红磊、梁东梅：《基于不对称区间估计的有调节的中介模型检验》，《心理科学进展》2014 年第 10 期。

我国现代测量理论中最具代表性的一种。

（1）理论研究

1985年，我国著名心理学家张厚粲先生首先将IRT引进国内，并指导她的弟子丁艺兵完成了以IRT为内容的硕士学位论文《用题目反应理论进行考试改革——变通式测验的初步尝试》[①]。1986年，漆书青撰文《一种与经典测验理论有别的方法——项目反应理论评介》[②]，系统地介绍了项目反应理论的原理、方法。90年代以后，我国学者在理解IRT精神实质的同时，在许多方面表现出了独立和创新的精神，如在将IRT与CTT相结合应用于编制测验上、在多级模型的开发上都表现出了一定的创新能力[③]。进入21世纪后，我国研究者开始关注多维度项目反应理论（Multi-dimensional IRT）、非参数项目反应理论（Non-parametric IRT）等IRT研究的新方向。[④] 2014年，仍有研究者对新兴的各类IRT模型、相应的参数估计方法进行了系统的介绍。[⑤] Tian，W.、Cai，L.、Thissen，D.和Xin，T.（2014）对Cai（2008）的EM补充算法进行改进，并就数值稳定性与精确性将它与其他数值微分方法进行比较，为EM算法的误差协方差矩阵计算提供一般的方法基础。[⑥]

（2）应用研究

与理论研究相比较而言，国内对IRT的研究较为偏重应用，而在应用研究方面又更多地集中于认知领域的研究，比较少涉及技能、情感领域，在认知领域又偏重教育领域，如对教育测验（考试）的研究，且取得了丰硕的成果。[⑦] IRT在考试中的应用研究有对测验进行的项目分析、测验编制、测验等值、题库建设、计算机自适应测验及项目功能差异分析等。在等值研究方面，1990年，漆书青、戴海崎等应用项目特征曲线法为县级干部一般知识面自适应试题库作等值研究，发现用项目特征曲线法进行等值所获得的等值系数有相当高的估计精度。[⑧] 此后，IRT等值研究的内容涉及CTT等值与IRT等值的比较研究、IRT等值效果的影响因素分析、IRT等值方法及比较研究等方面。2014年，王怡等研究者

---

① 戴海崎：《国内项目反应理论应用研究述评》，载戴海崎等《心理与教育统计测量专题研究文集（1995—2004）》，江西科学技术出版社2005年版，第12—18页。

② 漆书青：《一种与经典测验理论有别的方法——项目反应理论评介》，《江西师范大学学报》（哲学社会科学版）1986年第4期。

③ 戴海崎：《国内项目反应理论应用研究述评》，载戴海崎等《心理与教育统计测量专题研究文集（1995—2004）》，江西科学技术出版社2005年版，第12—18页。

④ 辛涛：《项目反应理论研究的新进展》，《考试研究》2005年第7期。

⑤ 王霞、谭国华、王旭、张敏强、骆聪：《混合IRT潜在模型及其应用轨迹》，《心理科学进展》2014年第3期；田伟、辛涛、康春花：《项目反应理论中潜在心理特质"填补"的参数估计方法及其演变》，《心理科学进展》2014年第6期；蔡艳、涂冬波、丁树良：《MIRT模型中多维能力及其相关矩阵估计的影响因素》，《心理学探新》2014年第5期；马文超、边玉芳、郭雯婧、谢敏：《K-means、潜在类别模型和混合Rasch模型的比较》，《心理学探新》2014年第5期。

⑥ Tian，W.，Cai，L.，Thissen，D.，& Xin，T.（2013），"Numerical Differentiation Methods for Computing Error Covariance Matrices in Item Response Theory Modeling：An Evaluation and a New Proposal"，*Educational and Psychological Measurement*，73（3），pp. 412 – 439.

⑦ 戴海崎：《国内项目反应理论应用研究述评》，载戴海崎等《心理与教育统计测量专题研究文集（1995—2004）》，江西科学技术出版社2005年版，第12—18页。

⑧ 戴海崎：《国内项目反应理论应用研究述评》，载戴海崎等《心理与教育统计测量专题研究文集（1995—2004）》，江西科学技术出版社2005年版，第12—18页。

在垂直等值中对IRT和MIRT两种方法的适应性、标定方法和参数估计方法进行了比较研究。[①] 叶萌等研究者则对垂直等值中参数标定方法及其性能进行了比较研究。[②]

3. 概化理论

概化理论（Generalizability Theory，GT），是克龙巴赫等人于1963年提出的，经过众多学者的努力，特别是随着计算机技术的发展，到20世纪80年代初，该理论开始走向成熟，并得以迅速推广。GT已经成了一种广义的测评理论，其地位在不断提高。20世纪90年代初，概化理论被引进和介绍到我国。1992年，杨志明和张厚粲运用概化理论对测量误差作了分析。[③] 1994年，胡显勇运用概化理论对作文评分误差的控制作了研究。[④] 经过几年的消化和吸收，到90年代末，特别是2000年以后，国内学者对概化理论的研究明显增多，深度和广度也明显增强。主要表现在：在理论研究方面，从对一元概化理论（UGT）的研究发展到对多元概化理论（MGT）的研究；在应用研究方面，涉足概化理论在测评信度、效度及测验设计等方面的应用研究，其研究的领域也从教育测评扩展到医学、人事等领域。另外，在著作方面，杨志明、张雷在2003年出版了《测评的概化理论及其应用》[⑤] 一书，这是我国第一本专门研究概化理论及其应用的著作。

4. 认知诊断理论

20世纪90年代末兴起的认知诊断理论（Cognitively Diagnostic Theory，CDT）被视为新一代心理测验理论的核心，是认知心理学与现代测量学相结合的产物，它被广泛地应用于学生学习状况和学习困难的鉴别与教师教学改进等方面，还被广泛应用于从试题设计到结果分析等考试的各个环节，是当前考试理论研究的重要方向。由于网络技术的发展和国际国内学术交流活动的频繁，90年代末，我国心理测量学者也开始介绍CDT，并进行了探索性的应用研究。

（1）理论研究

2005年，辛涛在《项目反应理论研究的新进展》[⑥] 一文中，指出认知诊断理论是新一代测验理论的新方向。2006年，他又多次发表论文对认知诊断的原理和方法以及在我国学业评价中的作用进行了详细的介绍。Tatsuoka和辛涛在2004年美国教育测验理事会年会上，基于已有研究，提出了属性特征曲线（ACC）的概念。属性特征曲线描述了随着能力的增长，属性掌握概率的变化趋势。刘声涛、戴海崎也对新一代测验理论——认知诊断理论的源起与特征进行了论述[⑦]。涂冬波、漆书青对认知诊断与大规模统一考试改革

---

① 王怡、唐文清、刘晶、张敏强、李明、黎光明：《IRT与MIRT在测验垂直等值中的应用》，《心理科学进展》2014年第5期。

② 叶萌、辛涛：《垂直量尺化中的参数标定方法及其性能比较》，《心理科学进展》2014年第10期。

③ 杨志明、张厚粲：《用概化理论研究测量误差初探》，《北京师范大学学报》（自然科学版）1992年第28期（增刊2）。

④ 胡显勇：《GT在作文评分误差控制中的应用研究》，《心理科学》1994年第17卷第1期。

⑤ 杨志明、张雷：《测评的概化理论及其应用》，教育科学出版社2003年版。

⑥ 辛涛：《项目反应理论研究的新进展》，《考试研究》2005年第7期。

⑦ 刘声涛、戴海崎：《（新一代测验理论）认知诊断理论的源起与特征》，《心理学探新》2006年第26卷第4期。

的关系进行了阐述[①]，并对我国开展测验诊断、推进大规模统一考试改革提出了具体建议。

（2）应用研究

在探索性的应用研究方面，Fisher 的线性逻辑斯谛克特质模型（LLTM）和 Tatsuoka 的规则空间模型（RSM）的应用研究都有涉及。1995 年，余嘉元发表的《运用规则空间模型识别解题中的认知错误》[②] 是国内最早公开发表的关于认知诊断理论的应用研究。戴海崎、张青华对规则空间模型在描述统计学习模式识别中的应用进行了研究[③]。康春花、戴海崎用 LLTM[④] 和 MLTM[⑤] 在测量与认知结合的应用研究中进行了初步探讨；2004 年，戴海崎、刘声涛发表的《瑞文测验项目认知难度因素分析及 LLTM 拟合验证》[⑥] 一文，对 LLTM 的应用作了进一步的研究。2006 年以后，丁树良及其研究生对认知诊断在 CAT 中的运用进行了研究，如《基于等级反应模型的 CAT 认知诊断研究》[⑦] 和《具有认知诊断功能的计算机化自适应测验的研究与实现》[⑧] 等。此外，戴海崎等还对认知诊断理论在测验编制中的应用进行了研究，《学生学科认知结构的测量与诊断研究——以高二生物学科为例》[⑨] 和刘声涛、戴海崎关于诊断认知策略的几何类比推理测验题的特征及其编制研究都对新一代测验理论下的测验编制进行了探索性的研究[⑩]。

5. 小结

从 1978 年到 2014 年，中国心理测量学历经 20 世纪 80 年代初的恢复时期，到 80 年代后期进入了高速发展时期，如今已经迈入 21 世纪。经过这 30 多年的发展，中国的教育统计与测量学已走向健康发展之路，取得了前所未有的突破性进展：理论越来越丰富，应用越来越多样化，方法和技术越来越现代化。纵观这 30 多年的发展历程，我们不难发现各种各样的社会需求、频繁的学术交流及其跨学科合作等都对我国教育统计与测量学的发展起到了非常大的促进作用。

（辛涛、王烨晖）

---

① 涂冬波、漆书青：《认知诊断与大规模统一考试的改革》，《教育与考试》2007 年第 1 期。

② 余嘉元：《运用规则空间模型识别解题中的认知错误》，《心理学报》1995 年第 27 卷第 2 期。

③ 戴海崎、张青华：《规则空间模型在描述统计学习模式识别中的应用研究》，载戴海崎等《心理与教育统计测量专题研究文集（1995—2004）》，江西科学技术出版社 2005 年版，第 162—167 页。

④ 康春花、戴海崎：《采用 LLTM 作测量与认知结合研究的初步探讨》，《心理科学》2001 年第 24 卷第 5 期。

⑤ 康春花：《采用 MLTM 作测量与认知结合研究的进一步探讨》，《心理科学》2003 年第 26 卷第 5 期。

⑥ 戴海崎、刘声涛：《瑞文测验项目认知难度因素分析及 LLTM 拟合验证》，载戴海崎等《心理与教育统计测量专题研究文集（1995—2004）》，江西科学技术出版社 2005 年版，第 208—212 页。

⑦ 周婕：《基于等级反应模型的 CAT 认知诊断研究》，硕士学位论文，江西师范大学，2006 年。

⑧ 林海菁、丁树良：《具有认知诊断功能的计算机化自适应测验的研究与实现》，《心理学报》2007 年第 39 卷第 4 期。

⑨ 赖燕玲：《学生学科认知结构的测量与诊断研究——以高二生物学科为例》，硕士学位论文，江西师范大学，2007 年。

⑩ 刘声涛、戴海崎：《诊断认知策略的几何类比推理测验题的特征及其编制研究》，《心理学探新》2007 年第 27 卷第 2 期。

（十七）民族教育专业

我国学者对民族教育的专门研究始于20世纪80年代中后期。近三十年来，我国民族教育研究得到了快速稳健的发展，理论基础不断夯实，体系不断健全，研究领域逐渐扩大，研究方法逐步多元化、科学化，研究层次不断深化。从2014年的文献梳理来看，我国民族教育研究有重要进展，成立了一些民族教育专业研究委员会，召开了重要学术研讨会，发表了一批有影响力的论文与论著，就民族教育重要理论与实践问题展开广泛而深入的研究。国外对大学与基础教育阶段的多元文化教育的研究有新进展。

1. 成立了一些民族教育专业研究组织

成立了中国人类学民族学研究会教育人类学专业委员会、中国少数民族数学教育专业委员会。

2. 民族教育理论与方法论研究有重要进展

顾明远在《民族教育政策国际比较研究中的几个问题》一文中不仅为民族教育政策比较研究指明了方向，而且为整个民族教育研究指明了方向，具有一般性指导意义。张诗亚的《民族地区教育优先发展研究》对民族地区教育优先发展的概念的内涵与价值作了新的解释，是民族教育理论研究的新进展。纳日碧力戈的《教育人类学：美美与共的学问》对民族教育研究的学科基础——教育人类学有重要拓展，也为民族教育研究领域的价值追求奠定了一定的理论基础。苏德等在《民族教育质性研究方法：理论、策略与实例》（教育科学出版社2014年版）中对民族教育质性研究方法的研究范式、指导理论、研究设计，以及质性研究数据的收集、整理和研究论文的写作等方面进行了详细的分析和介绍，不仅引用了国内的实地调研案例，还收入了国外教育专家所做的域外案例，这些案例的对比呈现使读者对民族教育的质性研究有具体生动的理解。曲木铁西、夏仕武的《少数民族高等教育导论》对少数民族高等教育的概念体系、少数民族高等教育与少数民族地区社会关系、少数民族高等学校的学科建设、专业设置、人才培养、课程设置、管理体制、师资队伍、招生制度、学生培养、校园文化建设、德育工作、教育绩效评价等作了系统论述，是少数民族高等教育研究的新进展。吴明海在《一核多元、中和位育：中国特色多元文化主义及其教育道路初探》一文中以费孝通先生的中华民族多元一体格局和《中庸》儒家哲学为理论基础提出了“一核多元一体”多元文化教育的结构观与“中和位育”多元文化教育功能观，是多元文化教育理论研究的新进展。主要会议有在中央民族大学召开的中国人类学民族学研究会教育人类学专业委员会首届年会暨“教育与文化：教育人类学的理论、方法与应用研究”学术研讨会。中南民族大学召开的民族教育学学科建设暨高层次人才培养学术研讨会。

3. 民族教育政策研究有较大突破

顾明远在《民族教育政策国际比较研究中的几个问题》中不仅为民族教育政策国际比较研究奠定理论基础，而且对整个民族教育政策如何研究奠定了基础、指明了方向。张诗亚的《民族地区教育优先发展研究》一书通过田野调查的方法，比较分析了大量个案，对民族地区教育所采取的各种“照顾和倾斜政策”进行了深刻的反思，从宏观与微观层面上提出我国民族地区教育优先发展的政策建议。苏德在《民族教育政策：文化思考与本土建构》一书中提出，我国民族教育政策需在目标设置、执行实施及效果评估过程中进一步体现对民族文化的关注。其他有代表性的著作有江凤娟的《民族教育政策：基层官员政策再制定行为研究》、乌云特娜的《当代民族教育发展的若干现实问题研究》等。

4. 民族地区基础教育有进展

主要为民族基础教育要适应当地经济发展，要重视少数民族学生低学业成就问题，内地民族班办学模式问题、民族地区农村留守儿童等问题。主要代表作有王枬、徐莉的《广西民族教育研究》，许丽英的《内地西藏班教学模式与成效调查研究》，谭志松、谢陈陈的《民族地区农村留守儿童教育机制研究——基于武陵民族地区S镇的调查分析》等。

5. 双语教育研究有重要进展

主要代表作有戴庆厦的《科学推进双语教育建设的几个认识问题》，王鉴、李泽林的《西北少数民族双语师资协同创新培养培训模式研究》；主要会议有云南民族大学举办的第二十次全国双语教育学术研讨会、新疆师范大学召开的“2014年新疆双语教师培训工作改革研讨会”。

6. 民族教育的历史与文化研究有新进展

王颖颖、陈立鹏在《民族团结教育20年》（《中国民族教育》2014年第3期）中对改革开放30多年来，特别是近20年来学校民族团结教育的政策进行了研究，指出党的民族团结教育政策为促进各民族学生交往交流交融，巩固和发展平等团结互助和谐的社会主义民族关系奠定了坚实基础。面对新的形势和任务，要以中国梦凝聚各族师生，立足统一多民族国家的基本国情，采取扎实有效的措施，全面深入推进学校民族团结教育。向瑞、张俊豪在《湘西苗族传统文化在家庭教育中的传承特性》（《民族教育研究》2014年第2期）一文中，结合湘西古丈县龙鼻嘴村、毛坪村两个苗寨田野调查结果，试图探讨湘西苗族传统文化在家庭教育传承中的几个特性，包括传承程度的不平衡性、传承范围的隔代性、传承内容的选择性以及对现代社会的适应性。安康、曲木铁西在《试论经济文化类型变迁中凉山彝族教育的发展方向》（《民族教育研究》2014年第1期）中根据凉山彝族地区社会的发展，把凉山彝族社会分为三个不同地理空间对应下的三种不同的经济文化类型，指出根据不同的经济文化类型实施不同的教育发展方向是凉山彝族地区教育科学发展的必然选择。

7. 少数民族理科教育研究有重要进展

主要会议有在西南大学召开的中国少数民族数学教育专业委员会成立大会暨第四届中国少数民族数学教育学术研讨会，由北京师范大学举办的“一个全球性的话题：处境不利学生理科学习面临的挑战”研讨会。主要代表作有孙晓天、贾旭杰的《当前少数民族地区数学教师对数学课程的看法——基于访谈的梳理与分析》，苏玉成、张谷令等的《民族院校大学物理教学的探索与拓展研究》。

8. 国外民族教育思想研究有进展

主要代表作有朱姝的《詹姆斯·班克斯教育思想研究》，彭亚华、滕星的《美国教育人类学研究主题的重心变化与发展》。

（吴明海、向瑞）

（十八）学校心理健康教育专业

学校心理健康教育是指各级学校通过多种心理辅导、教育教学活动，促使全体学生发展健全的人格，学会学习和生活，并帮助有需要的学生克服心理困扰、提高心理健康水平。学校心理健康教育专业研究开展有效的学校心理健康教育工作所需要的理论、方法与技术，并培养能胜任学校环境中的心理健康教育与辅导工作的专门人才。

国际上，学校心理健康教育工作和相关研究从20世纪初开始发端，已日趋成熟。在欧美国家称为School Counseling，或Guidance and Counseling；在中国台湾，被称为咨商与辅导；在中国大陆，内涵与此相近的研究方向分别被称为学校心理咨询、学校心理辅导，或学校咨询，近年来接受更为广泛的用语则是学校心理健康教育。以教育部1999年印发《关于加强中小学心理健康教育的若干意见》和2012年颁布《中小学心理健康教育指导纲要》（修订版）为分界点，我国心理健康教育的实际工作大致经历了初步酝酿、快速发展和稳步提升三个阶段，目前处于政策支持有力、学校社会重视、普及程度日增、实践探索丰富的良好态势，但作为学科则仍然处于尚在成型有待规范的初级发展阶段。其主要表现在：（1）对已开展的工作的总结反思比较丰富，但理论化的概括不足，对有效因素缺少分析提炼和实证研究支持；（2）对适合学生发展特点的辅导与教育方法研究较少，多是对心理咨询或其他学科教学的方法技术的简单套用；（3）对学生发展的实际问题和影响因素及其内在机制的基础研究比较匮乏，许多还停留在一般思辨的层面。纵观2014年度学校心理健康教育的相关研究，上述现状依然存在但有一定程度的好转。

为考察学校心理健康教育领域在本年度的研究进展，我们先在中国知网检索2014年度发表的、篇名中包含“心理健康教育”“心理辅导”“心理咨询”的期刊文章，再从其中选择出内容涉及学校（或青少年）的文章，同时剔除各种活动报道、通知宣传等非研究性文章。其结果，篇名中包含“心理健康教育”的文章1318篇，其中与学校相关的有1173篇（以下称为“学校心理健康教育的期刊文章”）。篇名中包含“心理辅导”的文章166篇，与学校相关的有130篇（以下称“学校心理辅导的期刊文章”）。篇名中包括“心理咨询”的文章317篇，与学校相关的有149篇（以下称“学校心理咨询的期刊文章”）。这表明，心理健康教育和心理辅导的概念绝大多数是运用在学校情境中，而心理咨询的研究针对学校的则不到一半；在涉及学校的合计1452篇文章中，使用心理健康教育概念的文章占大多数（80.8%），用心理辅导或心理咨询概念的文章则相对较少，可见将学校心理健康教育作为本研究领域的全局性概念已形成基本共识。

此外，专业程度更高的重要杂志如《中国心理卫生杂志》《应用心理学》《心理学报》《心理科学》《心理科学进展》《心理发展与教育》等心理学核心期刊，和《教育研究》《基础教育》《华东师范大学学报》《北京师范大学学报》《北京大学教育评论》等教育学核心期刊，并没有出现篇名包括“心理健康教育”“心理辅导”“心理咨询”的文章，这些研究文章较少笼统的论述，更侧重具体的学生心理发展机制和教育辅导方法的基础研究。我们在分析文章内容后找出和青少年心理发展与辅导密切相关的文章 149 篇（以下称“青少年心理发展与辅导的专业论文”）。

另外，中国知网的文献包括了《中小学心理健康教育》的文章，但没有将其列入“期刊”检索当中。而该杂志是目前唯一专门刊登中小学心理健康教育相关文章且具有全国性影响的刊物，有必要将其整体纳入考察范围。该刊 2014 年收录 792 篇文章，排除各类非研究性文章后，共计 550 篇（以下称“中小学心理健康教育的专刊文章”）。

基于上面的五类文章，以下从研究对象、研究内容、研究方法三个方面，考察 2014 年度学校心理健康教育的研究状况。

1. 研究对象

学校心理健康教育的研究对象主要包括小学、中学、中职或高职学校、普通高校中的学生，既包括普通学生，也包括各种类型的特殊学生，此外也有专门以教师、班主任或辅导员、家长等为研究对象。表 8 呈现了五类文章所论述的研究对象的分布情况。

在 1173 篇学校心理健康教育的期刊文章中，以论述普通高校学生的文章为主（占 50%），其次是高职或中职学校学生（15.7%），论述中小学生的只有 10.2%，其中论述中学生的有 79 篇（6.7%），小学生的 41 篇（3.5%），论述教师或辅导员的很少（占 1.9%）。此外，大部分文章描述的是针对普通学生的心理辅导，只有 47 篇文章（3.9%）论述特殊学生的心理辅导，主要包括“90 后”学生、少数民族学生、女大学生、艺术生、留守儿童、流动儿童、贫困学生、寄宿学生、学困生、单亲家庭学生、残疾学生、犯罪青少年、来华留学生等特殊学生。

在 130 篇学校心理辅导的期刊文章中，同样论述普通高校学生的文章最多，占 33.1%，论述中小学生的占到了 30.8%，其中论述中学生的有 28 篇（22%），论述小学生的有 12 篇（约占 9%）。高职或中职学校学生占 19.2%，有 1 篇文章论述的是学前儿童。以上文章同样是大部分针对普通学生的心理辅导，只有 24 篇文章（约占 19%）论述特殊学生的心理辅导，主要包括“90 后大学生”“不和谐家庭学生”“顶岗实习生”“贫困学生”“学困生”“优等生”“特长学生”“离异家庭的学生”“异地上学学生”“留守儿童”“美术女特长生”“重点中学学生”“违纪受处分学生”“涉罪未成年人”等。

在 149 篇学校心理咨询的期刊文章中，论述普通高校学生的文章占了大多数（65.8%），论述中小学生的只有 12.1%，论述高职或中职学校学生的有 14 篇（约占 9.4%）。但论述教师或辅导员的占了不少比例（11.4%）。此外，还有 2 篇文章论述留守儿童和经济困难学生的心理咨询。

在 149 篇青少年心理发展与辅导的专业论文中，明确研究对象为中学生的文章有 27 篇（占 18%），明确研究对象为小学生的文章有 14 篇（占 9.4%），有 77 篇文章（占 51%）只是笼统地提到“中小学生”“青少年”或“儿童”，综合以上三种情况，合计针对中小学生的比例约为 78.4%。另外，25 篇文章（占 16.8%）没有明确论述具体的对象。所有文章中有 29 篇（19%）论述各类特殊学生，主要包括“留守儿童”“流动儿童”“农村青少年”“农民工子女”“学习困难儿童”“听觉障碍中学生”“孤独症儿童”“超常儿童”“少数民族预科生”“生态移民青少年”等。

在550篇中小学心理健康教育的专刊文章中，绝大多数针对中小学生（81.8%），也有很少一些针对中职/高职学生的文章（0.9%），针对教师/辅导员的文章占到了9.5%。特别地，有针对家长的文章43篇（占7.8%）。以上文章针对特殊学生群体如学困生、心理与行为障碍学生、留守儿童、女生等的文章有17篇（3%）。

表8　五类文章按研究对象分类的情况一览

	学校心理健康教育的期刊文章		学校心理辅导的期刊文章		学校心理咨询的期刊文章		青少年心理发展与辅导的专业论文		中小学心理健康教育的专刊文章	
	篇数	百分比（%）	篇数	百分比（%）	篇数	百分比（%）	篇数	百分比（%）	篇数	百分比（%）
普通高校学生	587	50.0	43	33.1	98	65.8				
中/小学生	120	10.2	40	30.8	18	12.1	118	78.4	450	81.8
高职/中职学生	184	15.7	25	19.2	14	9.4			5	0.9
教师/辅导员	22	1.9			17	11.4			52	9.5
家长									43	7.8
其他及未细分	260	22.2	22	16.9	2	1.3	25	16.8		
合计	1173	100	130	100	149	100	149	100	550	100

综合看来，在一般期刊中，学校心理健康教育相关文章的研究对象主要是高校学生，针对中小学生的研究占的比例较小，它们主要集中在仅有的中小学心理健康教育的专门刊物上，而其作者也多为一线心理教师。这提示广大研究者还需要将更多精力投放在中小学校的心理健康教育上面；另外，由于不同学段的学生心理发展水平差异很大，确有必要分出不同的领域专门研究，实际上在美国大学心理咨询和中小学心理咨询的专业人士就是分属于不同学会的；我们看到，教育学与心理学核心期刊中关于青少年心理发展与辅导的具体研究是比较丰富的，这也是提高中小学心理健康教育研究的学术水平的良好基础，关键在于学术研究者与实践工作者建立良好的合作。此外，教师和家长作为学校心理健康教育整体的有机组成部分，已开始成为研究关注的对象，但还有待于进一步加强。

2. 研究内容

学校心理健康教育的研究内容主要包括教育目标和教育方式两个方面。在教育目标方面，主要指心理健康教育所指向的学生心理发展领域，一般分为认知与学业、情感与个性、人际交往、社会适应、生涯发展等领域。在教育方式方面，主要指心理健康教育的实施途径和具体方法，实施途径主要包括课程与教学、团体辅导、个体咨询、顾问服务、家庭教育、与德育或思想政治教育结合、与学科教学结合等途径；具体方法主要包括各种教学模式、辅导和咨询技术等。下面，从教育目标和教育方式两方面分析学校心理健康教育的研究文章。

（1）学生心理发展领域

在学校心理健康教育的期刊文章中，绝大部分文章都只是笼统地提到学生的心理健康教育或辅导，只有 13 篇（占 1173 篇文章的 1.1%）明确针对学生心理发展的具体领域，其中的 2 篇文章论述“认知与学业”；有 2 篇文章论述“情感与个性”；有 2 篇文章论述“人际交往”；有 2 篇文章论述“社会适应”；有 5 篇文章论述“生涯发展”（全部集中在高职或高校学生）。

在学校心理辅导的期刊文章中，大部分文章只是笼统地提到学生心理问题或心理健康状况，有 31 篇文章（占 130 篇的 23.8%）明确提到学生心理发展的具体领域。其中有论述“认知与学业”的文章 12 篇，主要包括学习能力、学习动机、学业情绪、学习方式等方面的内容；论述“情感与个性”的文章有 5 篇，主要包括自卑、抑郁、自我意识、自我和谐等方面内容；论述“人际交往”的文章有 4 篇，主要包括人际交往障碍、寝室冲突、成人依恋、早恋等内容；论述“社会适应”的文章有 2 篇，主要包括重大创伤适应不良、网络游戏等内容；论述“生涯发展”的文章有 8 篇，主要包括就业焦虑、求职心理问题、生涯发展等方面的内容。

在学校心理咨询的期刊文章中，只有 16 篇文章（占 149 篇的 10.7%）明确提到学生心理发展的具体领域。在这 16 篇文章中，论述“情感与个性”的文章有 4 篇，主要包括消极情绪、抑郁、自我改变拖延行为等内容；论述“人际交往”的文章有 4 篇，主要包括寝室人际关系、朋辈心理咨询、失恋等内容；论述“社会适应”的文章有 3 篇，主要包括学校适应、入学教育、网络成瘾等内容；论述“生涯发展”的文章有 4 篇，主要包括职业归因风格、就业辅导、职业指导等内容。没有论述“认知与学业”的文章。

在 149 篇青少年心理发展与辅导的专业论文中，则有 129 篇文章（86.6%）明确了具体的心理发展领域，其中，论述“认知与学业”的文章有 42 篇，主要包括学习能力、学习方式、学业情绪、学习评价、问题解决和创造力等方面的内容；论述“情感与个性”的文章有 46 篇，主要包括情绪的心理机制、消极情绪、积极情绪、自我意识、人格特质、问题行为等方面的内容；论述“人际交往”的文章有 16 篇，主要包括家庭关系、同伴关系两个方面的内容；论述“社会适应”的文章有 25 篇，主要包括学校适应、网络成瘾、媒体多任务行为、社交网络行为、资源获得行为、风险决策、创伤后成长、社会支持、社会融入等方面的内容。

在 550 篇中小学心理健康教育的专刊文章中，只有 101 篇文章（约占 550 篇的 18.4%）明确提到学生心理发展的具体领域。在这 101 篇文章中，论述“认知与学业”的文章有 34 篇，主要包括学习动机、学习策略、学习习惯、学习困难等方面；论述“情感与个性”的文章有 29 篇，主要包括情绪管理、自我意识、自我调节、人格发展等方面；论述“人际交往”的文章有 17 篇，主要包括人际沟通、同伴关系、亲子关系、师生关系等方面；论述“社会适应”的文章有 11 篇，主要包括道德认知、社会认同、社会性退缩行为、反社会性行为、学校适应等方面；论述“生涯发展”的文章有 11 篇，主要包括生涯规划、生涯辅导、生涯教育等方面。

综上，在一般期刊文章中，大多只是笼统地论述心理健康教育，而中小学心理健康教育的专刊文章中有近五分之一的文章具体关注学生心理发展的不同领域，教育与心理核心期刊的大多数文章则都能深入学生心理发展的具体领域开展研究。从心理发展领域的文章数量分布来看，认知与学业发展领域受到关注的程度最高，其次是情感与个性发展领域，人际交往和社会适应两个领域相对较少，生涯发展方面受到的关注较少。

表9　五类文章按学生心理发展分类的情况一览

	学校心理健康教育的期刊文章	学校心理辅导的期刊文章	学校心理咨询的期刊文章	青少年心理发展与辅导的专业论文	中小学心理健康教育的专刊文章
明确发展领域的篇数及百分比	13（1.1%）	31（23.8%）	16（10.7%）	129（86.6%）	101（18.4%）
认知与学业	2	12	0	42	34
情感与个性	2	5	4	46	29
人际交往	2	4	4	16	17
社会适应	2	2	3	25	11
生涯发展	5	8	4		11

（2）针对教育方式的研究

在学校心理健康教育的期刊文章中，约四分之一（26.1%）论述心理健康教育方式。在这306篇文章中，多达223篇文章论述心理健康教育的课程与教学，主要包括课程开发和教学实施两个方面，强调结合思想政治教育、德育、学科教育等开展心理健康教育；有18篇文章论述团体辅导，包括了游戏辅导、心理剧、艺术疗法、斯莱文QAIT模式等具体辅导方法的运用；只有7篇文章论述各种个体咨询技术和方法的应用。此外，有32篇文章针对不同的对象或途径概括性地介绍心理健康教育方法，有26篇文章探讨网络环境下的心理健康教育。

而在学校心理辅导的期刊文章中，多数都论述了心理辅导方式（71.5%）。这93篇文章中有51篇文章只是笼统地提到心理辅导方法，42篇文章介绍了开展心理辅导的各种途径，其中，论述团体辅导和个体咨询的各有15篇，论述课程与教学的有10篇文章，还有2篇文章论述顾问服务。在这些教学途径中，设计的具体心理辅导方法包括暗示技术、叙事疗法、意向对话技术、沙盘游戏疗法、校园心理剧、小组心理辅导、焦点解决短期心理咨询、课堂教学融合的心理辅导、基于网络的心理辅导、家庭心理辅导、故事阅读、同伴辅导、拓展训练等。

在学校心理咨询的期刊文章中，大部分都具体讨论心理咨询与辅导技术的运用（81.9%）。在122篇文章中有86篇文章都是论述个体咨询，主要包括焦点解决技术、绘画疗法、朋辈心理咨询、NLP疗法、人本主义技术，以及咨询师能力结构等；有10篇文章论述了团体辅导，主要涉及新生入学教育、就业辅导、积极心理、聋哑青少年心理教育等方面；有6篇文章论述心理健康教育的课程与教学。另外有20篇文章论述了心理咨询与其他教育方式的结合，主要包括德育、思想政治教育、人文教育、学科教育等方面。

在青少年心理发展与辅导的专业论文中，只有11篇文章直接探讨心理健康教育方式（8%），其中，6篇文章论述了课程与教学（媒体素养教育、价值观教育、公益教育、故事阅读等），5 篇文章论述了团体辅导（同伴辅导、留守儿童辅导等），涉及负面教育、融合教育、三级发展指导等具体的教育模式。

在中小学心理健康教育的专刊文章中，有 141 篇文章（25.6%）论述了心理健康教育的途径和方法，其中团体辅导的文章有 39 篇，主要包括对心理辅导、心理辅导课、心理活动课等形式的探讨；个体咨询的文章有 29 篇，大部分文章是对心理咨询个案的介绍，也有一些文章介绍具体的咨询方法或咨询中应注意的问题；论述课程与教学的文章有 27 篇，主要包括各种类型的心理健康教育课程开发，以及各种形式的心理课教学模式探索；论述家长教育或家校合作的文章有 15 篇，主要包括家庭教养方式、家校合作模式、家长沙龙、家庭治疗等内容；还有 31 篇文章介绍了一些综合性的辅导方法，如积极心理学模式、同伴互助、元认知干预技术等。

表 10　五类文章按心理健康教育方式分类的情况一览

	学校心理健康教育的期刊文章	学校心理辅导的期刊文章	学校心理咨询的期刊文章	青少年心理发展与辅导的专业论文	中小学心理健康教育的专刊文章
论述教育方式的篇数与百分比	306（26.1%）	93（71.5%）	122（81.9%）	11（8%）	141（25.6%）
课程与教学	223	10	6	6	27
团体辅导	18	15	10	5	39
个体咨询	7	15	86		29
顾问服务		2			
家长教育					15
其他	58	51	20		31

综上，学校心理健康教育的期刊文章更侧重研究课程与教学的方式，而学校心理咨询的期刊文章聚焦个体咨询方式，学校心理辅导的期刊文章和中小学心理健康教育的专刊文章对课程与教学、团体辅导、个体咨询三种教育方式都有适当关注，后者还对家长教育有一定的关注，但为教师和家长提供顾问服务这一间接的教育方式还很少被研究。

3. 研究方法

学校心理健康教育的期刊论文大部分都是基于经验的论述性文章，少部分是基于一手数据的实证性研究文章。在实证性研究的文章中，根据研究目的不同，又可以分为探索性研究、描述性研究、解释性研究、干预性研究四种类型。

在一般期刊中，大多数都是于经验的论述性文章，在学校心理健康教育的期刊文章中更占到 97.2%；在学校心理辅导的期刊文章和学校心理咨询的期刊文章中，各有 21.5% 和 14.8% 的探索性文章；几乎没有解释性研究文章和干预性研究文章；而青少年心理发展与辅导的专业论文都属于实证性研究，其中不到一半（46.3%）属于探索性研究文章；在中小学心理健康教育的专刊中，约 90% 都属于论述性文章，探索性的研究占 4%，干预性研究的文章达到了 4.7%。

表 11　五类文章按文章性质和研究方法分类的情况一览

	学校心理健康教育的期刊文章	学校心理辅导的期刊文章	学校心理咨询的期刊文章	青少年心理发展与辅导的专业论文	中小学心理健康教育的专刊文章
论述性文章	1140（97.2%）	100（76.9%）	121（81.2%）		492（89.5%）
探索性研究文章	15（1.3%）	28（21.5%）	22（14.8%）	69（46.3%）	22（4%）
描述性研究文章	14（1.2%）	2（1.5%）	3（2%）	26（17.4%）	6（1%）
解释性研究文章			1（0.7%）	46（30.9%）	4（0.7%）
干预性研究文章	4（0.3%）			8（5.4%）	26（4.7%）

总体来看，教育与心理核心期刊几乎不发表论述性文章，而在其他各类刊物中，关于学校心理健康教育研究的文章绝大部分为论述性文章，实证性研究的文章比较缺乏。显然，未来需要进一步加大实证研究，通过深入、系统的实证研究尤其是干预性研究支持和促进心理健康教育实践。

（王工斌、李亦菲、邓林园）

二、重要学科新名词

（一）BYOD 自带设备（Bring Your Own Device）[①]

2010 年以来，自带设备（BYOD）成为 IT 业和教育领域一个有着重要意义的新词。学生自带设备表明的是移动学习、一对一学习的发展，将在课堂学习中发挥重要作用并使课堂发生变革，真正代表了教育技术专业发展的方向。

BYOD 是 Bring your own device 的缩写，通常译为“自带设备”。BYOD 最先起源于 IT 企业，而学校情境中的 BYOD 就是让学生自带设备进入学校，并用这些自带设备参与课堂学习。学生能够使用的自带设备硬件多种多样，包括移动电话（手机）、平板电脑（iPad、iPod）、笔记本电脑、数码相机、数字录音笔、播放器（MP4 等）、移动存储器（U 盘、CF 卡、SD 卡、移动硬盘等），其中使用最多的是手机和平板电脑。

BYOD 在本质上是一种面向新型信息服务理念、信息设备与技术深入应用以及资源有效整合的综合性信息服务模式。BYOD 作为一种信息服务模式具有三个关键特征：一是用户驱动性。BYOD 用户利用他们自己偏好与常用的个人信息终端设备按照他们自己的需求主动获取、分享与应用信息，整个信息服务过程是由用户主动激发与驱动的。二是信息设备多样性。由于用户的多样性以及当前数字化、网络化信息设备产品的多样性，使得 BYOD 情境下信息设备具有多样性。三是情境整合性。由于用户能够在工作情境下整合应用自己在日常生活中使用的信息终端设备来完成自己的工作任务，因此在实质上将工作情境与生活情境进行了有机融合。

（李玉顺、李彤彤）

（二）城市郊区教育的空间分异[②]

所谓空间分异（Space Differentiation）指的是一种社会现象，即在一个连续的空间范围内，不同社会特性、收入水平和文化背景人的空间聚居，各种社会要素资源特别是社会公共资源的空间不均衡分布，从而导致人口和资源配置出现分层化、两极化、隔离化的现象。郊区作为一种特殊的社会空间，人口空间结构与教育资源分布之间就具有明显的分异特征：一是郊区人口居住空间的阶层分化。中国大城市郊区也正在出现因房地产价格差异形成的居住空间区隔，从而使郊区变成了一个“分化”“碎化”和“区隔

---

① 全丽、唐文和：《课堂学习中学生自带设备（BYOD）的运用》，《中国信息技术教育》2014 年第 17 期；李卢一、郑燕林：《美国中小学“自带设备”（BYOD）行动及启示》，《现代远程教育研究》2012 年第 6 期。

② 邬志辉：《大城市郊区义务教育的空间分异与治理机制》，《人民教育》2014 年第 6 期。

化”的社会空间。由于不同阶层之间的消费能力、欣赏趣味、子女期望各不相同，因而导致对附近可及的公共教育资源的追求欲望与行动能力的差别。二是郊区教育资源布局的空间分异。我国的郊区化并不仅仅是在城市中心区人口和产业集聚后，由于中心区地租上涨、交通拥挤等原因而出现的向郊区扩散的过程，还表现为农村进城务工人员的郊区化生存、郊区农村人口在城市扩张过程中的市民身份改变等。所以，与其说这是一个郊区化的过程，毋宁说是一个“半郊区化”的过程。所谓教育的半郊区化就是在郊区地带学校之间所呈现出的一种非同质化、混合化、马赛克化以及入学群体之间所呈现出的一种社会阶层区隔化、身份认同内卷化的状态。从郊区学校看，由于郊区化动力机制的多元化，导致郊区出现了三种不同类型的学校，分别为优质名牌学校、普通郊区学校、打工子弟学校或棚户学校。

（邬志辉）

（三）创客教育（Maker Education）①

随着“互联网+”热潮和3D打印技术、微控制器等开源硬件平台日益成熟，全球创客运动蓬勃发展，为教育的创新改革提供了新的契机。创客运动与教育的碰撞已成必然，这种结合正在慢慢改变传统的教育理念、组织、模式与方法，创客教育（Maker Education）正在掀起一股席卷全球的教育变革浪潮。

创客教育旨在为学生提供适宜的用于创造的环境、资源与机会，尤其是借助技术工具与资源让学生能够将学习过程融于创造过程，实现基于创造的学习；能够在创造过程中提升学科学习质量，尤其是提升科学、技术、工程、数学、艺术等学科学习中的自信、创造力与兴趣（Maker Education Initiative，2014）；能够全身心投入到基于创造的学习过程中，培养自己的批判性思维、创新思维与问题解决能力，实现全人发展。创造、技术与全人发展是创客教育内涵中最为核心的三个关键词。

创客教育是一种融合信息技术，秉承“开放创新、探究体验”教育理念，以“创造中学”为主要学习方式和以培养各类创新型人才为目的的新型教育模式。可以从两个角度去理解创客教育：一种是“创客的教育”，旨在培养创客人才；另一种是“创客式教育”，旨在应用创客的理念与方式去改造教育。对于“创客的教育”，可以通过开设专门的创客课程，建立创客空间，配备专业化的指导教师实施；对于“创客式教育”，则需要将创客运动倡导的“动手操作、实践体验”理念融入各学科教学过程，开展基于创造的学习。

（李彤彤）

（四）大学先修课程（the Advanced Placement Courses）②

在美国，“先修课程”（the Advanced Placement Courses）是指：在高中阶段开设

① 郑燕林、李卢一：《技术支持的基于创造的学习——美国中小学创客教育的内涵、特征与实施路径》，《开放教育研究》2014年第6期；杨现民、李冀红：《创客教育的价值潜能及其争议》，《现代远程教育研究》2015年第2期。

② 罗祖兵、陈方：《高中开设大学先修课程的困境与对策》，《课程·教材·教法》2014年第9期；杨明全：《普通高中开设大学先修课程：理念、价值及实践路径》，《课程·教材·教法》2014年第9期；刘希伟：《中国本土大学先修课程：三个关键问题》，《课程·教材·教法》2014年第2期。

的、达到大学学术标准与学业水平的课程，供高中学生选修，在大学先修课程教学结束后参加并通过全美统一组织的大学先修考试，学生便可在升入大学之前获得大学认可的学分，或获准进一步升入高级课程的学习。

可以说，大学先修课程是指为高中生开设的大学水平的基础课程。它有这样几个特征：第一，它是大学课程，达到了大学学术标准和学业水平，是大学教育的基础课程；第二，它是为高中生开设的，供学有余力的高中生修习；第三，它是选修课程，即并不是每所高中都必须开设、每个高中生都必须修习的课程。

（胡定荣）

（五）大学章程[①]

目前对“章程”及“大学章程”尚未形成一致的定义。国内的一些学者主要从大学及大学章程的基本属性出发来界定大学章程内涵，主要分成两类：

一是大学章程是大学的组织规程，制定大学章程是为了保障高校的自主管理和依法治校，依据教育法的规定而以文本的形式对大学的使命、任务及管理等重大事项做出全面规定的规范性文件。这类观点强调大学章程的地位和法律性质，认为大学章程的制定是大学设立的法定条件，强调大学章程应该按照法律法规制定调整与学校有关的教育关系。

二是把大学章程看作简述团体原则、职能及组织的文件和指导大学运行的原则，认为大学章程是保障正常运行的大学管理制度，主要规范大学的办学宗旨、任务、管理及其他基本的、重要的问题而形成的自律性的基本文件，大学章程以文本形式规定大学师生应该遵守的规范和行为准则，是政府监督管理及大学自律和自我管理的依据。这类观点主要强调大学章程是大学的规范性文件，是大学进行管理的行为准则。

（徐城北）

（六）大学智库[②]

大学智库首先在人才资源和学术资源上具有独特的优势；大学，有学术研究与人才培养相结合的优势；大学，有基础研究与应用研究相结合的优势；大学，还有国际化的优势。大学智库的独特性在于：它既有相当的独立性，同时又与政府保持着良好的关系；这使其有别于政府的智库，亦有别于民间的智库。

考察国外著名的大学智库，可以发现大学与智库之间具备以下一些特点：一是大学内部可以形成多个智库。大学智库多是在充分发挥基础研究优势的基础上不断进行知识转化和推广的基础上形成的，著名大学均有多个优势学科和优势研究领域，这些研究中心或研究所都可以生成智库，如哈佛大学贝尔弗科学与国际事务研究中心、国际发展中心、魏德海国际事务中心都是全球知名的大学智库。二是大学智库的强势研究领域与优势学科互为倚重，长期积累。大学优势学科是大学智库的深厚根基和依托，如胡佛研究所凭借其在国内

---

① 王海莹：《我国现代大学章程建设研究》，博士学位论文，西南大学，2012 年。

② 杨玉良：《大学智库的使命》，《复旦学报》（社会科学版）2012 年第 1 期；《大学加油　国家需要你的智慧——教育部社科司司长张东刚谈高校智库建设计划》，《中国教育报》2014 年 3 月 25 日；郭华桥：《研究型大学智库建设模式与困境突围——基于“学者”使命的视角》，《中国高教研究》2014 年第 5 期。

经济政策、国际事务、环境研究领域的研究而著称，胡佛研究所在这几个领域的世界排名都位于前列，而这些学科恰是斯坦福大学的优势学科。三是大学智库与大学内部其他院系之间形成“内部旋转门”。

研究型大学智库应关注问题、政策、政治源流，研究型大学智库建设应突破现实困境，改革科研评价制度、创新人事聘用制度、扩大智库发展自主权、加强智库文化建设、积极营销推广研究成果。

（方芳、李湘萍）

（七）DOCC（分布式开放协作课）①

DOCC（Distributed Open Collaborative Course）是协作学习在 MOOC 中有效体现的新型方式。MOOC 拥护者声称这将为 21 世纪高等教育的新宠。2013 年 8 月，FemTechNet（一家由研究女权主义的专家学者组成的机构）在 15 所大学开设了一门在线学习课程，名称为“Dialogues on Feminism and Technology”。该课程不局限于单一的“专家”授课，也不与某一特定机构的经济利益挂钩。专家背景多样化、分布在各大高校，强调在数字时代开展协作学习，避免学生被动学习，允许各种学习者积极参与。参与机构包括：博林格林州立大学、布朗大学、加州州立理工大学、柯尔比索耶学院、纽约市立大学麦考利荣誉学院、雷曼兄弟公司（美国）、俄亥俄州立大学、安大略艺术设计学院、宾夕法尼亚州立大学、匹兹学院、罗格斯大学、加利福尼亚大学圣地亚哥分校、伊利诺伊大学香槟分校和耶鲁大学等。在该课程中，美国和加拿大的师生共同合作研究性别、种族、文化和技术问题。学习过程是动态的、师生不断反思的教学模式。15 所大学都承认其学分，但它也如 MOOC 一样，面向社会公众开放。

（郑勤华、李爽）

（八）多元架构领导（Multi-Frame Leadership）②

学校变革与领导相生相倚，如何运用创新、灵活的领导模式引领学校变革是当前学校领导者面临的考验。相比于某种单一维度的领导模式，整合型的领导模式因为其对于学校变革的整体观照和系统思考而被认为能提供学校变革所需的权变意涵和策略选择。在整合型领导模式中，多数学者认为 Bolman 和 Deal 的多元架构领导理论是其中的典型代表。该理论主要结合结构化、人力资源、政治化与象征化四大架构，帮助领导者在面对某一特定情境时，从多元视角加以检视，从而做出立足于全方位的决策，清除变革领导的认知盲点。

结构化架构：着眼于组织工作流程、规则、政策方针，以及权威和指挥链（chains of command），传统科层体系中的依法行事、专业分工与组织控制等，此类领导者被视为组织的“社会建筑师”（social architect）。

人力资源架构：依据心理学与组织行

① 祝智庭、刘名卓：《“后 MOOC”时期的在线学习新样式》，《开放教育研究》2014 年第 6 期，Vol. 20，No. 3。

② Do，Q. N.（2011），“Reframing Organizations：Artistry，Choice，and Leadership”，*Journal of Business Studies Quarterly*，2，100，pp. 105 - 132；唐有毅、白亦方：《校长领导的多元架构理论：一种整合的观点》，《华南师范大学学报》（社会科学版）2013 年第 3 期。

为的基本假定，人力资源领导者致力于满足员工的精神与物质的各项需求，激励与尊重并行，不只强调人的重要性，也要兼顾如何发挥其潜力，此类领导者被称为“关心且贴心的挚友”（concerned and considerate friend）。

政治化架构：强调组织内围绕资源和权力的冲突与竞争都是组织的正常现象，而非组织病态，政治化领导者需用正常心看待，此类领导者常身处组织风暴中心，被称为组织的“利益调停者”（interest mediator）。

象征化架构：本架构主张将成员的信念、价值，行为模式构筑成的组织文化，以仪式、庆典、隐喻等手段象征化。象征化领导者被称为“隐喻激励者”（metaphor motivator）。

（林美、张新平）

（九）反学校文化[①]

反学校文化是一种独立自主的群体文化，也以各种自发形成的非正式群体为基本单位和抗争的基本来源，表现出种种反学校行为，如奇装异服、抽烟喝酒、顶撞老师、旷课逃课、考试抄袭、打架斗殴、看小说、说脏话、聊、上网吧，等等，其共同的特点是轻视学业成绩、无视学校秩序，但重视同伴义气、充满暴力氛围。

（摘自网页）

（十）翻转课堂[②]

FCM 是“Flipped Class Model”的简称，通常被翻译成“翻转课堂”“反转课堂”或“颠倒课堂”，或者称为“翻转课堂教学模式”。其基本思路是：把传统的学习过程翻转过来，让学习者在课外时间完成针对知识点和概念的自主学习，课堂则变成了教师与学生之间互动的场所，主要用于解答疑惑、汇报讨论，从而达到更好的教学效果。

翻转课堂作为一种具有可操作性模式的提出，与迈阿密大学的三位教师在“经济学导论”课程中采用将传统教学中学生课上学习内容与学生课下完成内容进行颠倒相关。萨尔曼·可汗（Salman Khan）拓展了线下学习资源，突破翻转课堂的发展瓶颈。在中国，翻转课堂更多的是被作为一种教学模式加以理解的，就其基本的规定性而言，主要有如下几方面：颠倒了传统课堂的教学程序，课前制作与发布教学视频、学生自定步调完成自主化学习，课堂教学过程中师生面对面进行包括测试、反馈与合作化学习等环节；以学生自主学习能力的发展为目标追求，适应不同层次学生的学习需求，学生可以自由控制其学习的进度和频次，这体现了学生对于学习进程的自主控制；以布卢姆的“掌握学习”理论为基础，重视教学中“矫正—反馈”系统的建立，注重群体教学与个别教学相结合。

（黄洛颖、邹蕊）

---

① 熊春文、刘慧娟：《制度性自我选择与自我放弃的历程——对农民工子弟学校文化的个案研究》，《北京大学教育评论》2014 年第 4 期。

② 何克抗：《从“翻转课堂”的本质，看“翻转课堂”在我国的未来发展》，《电化教育研究》2014 年第 7 期；陈凤燕：《“翻转课堂”：信息技术与教育的深度融合》，《教育评论》2014 年第 6 期；董黎明、焦宝聪：《基于翻转课堂理念的教学应用模型研究》，《电化教育研究》2014 年第 7 期；《翻转课堂颠覆了什么——论翻转课堂的价值与限度》，《课程·教材·教法》2014 年第 10 期。

（十一）干预反应模式（Response to Intervention）①

干预反应模式（Response to Intervention，RTI）是将全体儿童放在一个教育系统中，对儿童的学业进展或行为表现及时进行进展监控，根据儿童不同的教育需要提供不同程度的支持和辅助，这就有利于及早发现学生在学业、行为等方面存在的问题，及早进行干预，也能够帮助融合不同程度特殊需要的儿童在普通教室中的学习。这种模式的优点在于及时筛查学生学业、行为方面的问题，并在差距拉大之前进行干预，促进特殊儿童在正常班级中的融合。RTI 框架大致包括三个层面上的教育支持与干预，每个层面因支持与干预强度的不同而各异。在第一层干预中，首先要向全体学生实施核心教学计划，并用课程本位测量进行筛查。如果测量数据表明某些学生的成绩明显低于常模化基准，他们就被认定为“高危学生”，要进入第二层干预。在第二层干预中，若干高危学生组成目标干预小组，由一名教师统一实施补充性教学、开展根据科学依据严格制订干预计划。在第三层干预中，教师或学校心理咨询教师为学生提供更为密集的、个别化的教育计划。

（赵梅菊）

（十二）高等教育的民族传统②

高等教育的民族传统是中国传统高等教育的演化特色和价值追求。它从教化论的哲学出发，将“道”作为知识传授的具体目标，主张教师要先修明“道”才能正人，同时重视学生的自修。近代中国对高等教育民族传统的认识经历了隐而不彰、光而不耀两个阶段。

（洪成文、杜瑞军）

（十三）高等教育适应论③

对于高等教育而言，适应既是客观的又是主观的。适应的客观性是适应论得以成立的基础。适应的主观性又使适应充满不确定性。在高等教育实践中，适应是第一位的，适应论是第二位的。适应论是否具有令人信服的解释力取决于如何理解适应。对适应的正确理解又取决于我们秉持何种高等教育哲学。由于人性具有两重性，无论在事实层面还是价值层面，高等教育都兼有适应性与超越性。

高等教育“适应论”是我国所特有的一种从社会需求角度阐述和论证高等教育问题的理论。该理论的基本特点是把制约教育活动的内部和外部因素等同于“规律”，并由此概括出高等教育的两个基本规律：一是强调高等教育必须为社会政治经济服务的“外部规律”；二是要求高等

---

① 邓猛、林潇潇：《干预反应模式下学障资优生的鉴定、评估与干预》，《教育研究与实验》2014年第3期。

② 陈国峰：《高等教育的民族传统：三个维度的思考》，《高等教育研究》2014 年第 7 期。

③ 王建华：《高等教育适应论的省思》，《高等教育研究》2014 年第 8 期；展立新、陈学飞：《理性的视角走出高等教育“适应论”的历史误区》，《北京大学教育评论》2013 年第 1 期；展立新、陈学飞：《哲学的视角：高等教育“适应论”的四重误读和误构——兼答杨德广“商榷”》，《北京大学教育评论》2013 年第 4 期。

教育培养德、智、体全面发展的人的“内部规律”。它尤其强调外部规律对内部规律具有强制和制约作用，从而把高等教育领域的一系列问题都归于高等教育是否能够适应社会发展需求之类的问题。该理论一直没有严格地区分高等教育与基础教育，并且存在着把高等教育直接等同于上层建筑的错误倾向。然而，从理性分工的角度来看，高等教育本质上是一种知识再生产活动，其首先应该符合的是认知活动合理化即认知理性发展的要求。

（李奇）

（十四）宏大学（Meta-university）①

据世界大学新闻网2011年11月27日消息，印度总理辛格宣布，印度计划建立“宏大学”（Meta-university），即一个全国范围的高等教育网络，使学生能够灵活设计自己的课程，并根据自己的意愿选择相应的科目。该计划将建立一个基于网络的协作平台，使学生和教师能够访问和共享教材、学术刊物、研究成果、科研工作和虚拟实验；互联网提供通信平台，而大学将提供各学科的课程，以此来促进更多的合作和多学科的学习。“宏大学”一说并不陌生。五年多前，美国麻省理工学院的名誉校长威斯特（Charles Vest）在一次讲话中首次提到了“宏大学”。但是，如果印度的计划全面实施，则标志着建立首个国家层面的“宏大学”。印度创新理事会（National Innovation Council，NIC）主席皮特罗达（Sam Pitroda）说，作为一种工具，使用“宏大学”的目的是反思教育，学生“在参与另一所大学的某个学科前将接受能力测试，并将授予学位”。“宏大学”将利用国家知识网络，最终将连接全国各地的所有大学、研究机构、图书馆、实验室、医院和农业院校。但实际操作中仍然存在一些问题。2009年，印度政府批准连接18000所学院和419所大学，然而到目前为止，只有11600所高校有互联网连接。

（翻译　田原，校对　戴如月）

（十五）后MOOC时代②

2013年7月30日，美国EDUCAUSE学习行动计划负责人马尔科姆·布朗（Malcolm Brown）在EDUCAUSE网站发表了一篇名为《步入后MOOC时期》（*Moving into the Post-MOOC Era*）的博文。他认为几种现象表明MOOCs的发展已进入后MOOC时期（Brown，2013）：①教学法出现了新动向。教学方式/学习方式正由xMOOCs的完全自主在线学习向混合学习、翻转课堂、协作学习、研究性学习转变。如斯坦福大学提出“分布式翻转”（Distributed Flip）概念，即借助一门MOOC课程的开设形成翻转课堂的协作组织；杜克大学凯西·戴维森（Cathy Davidson）教授突破MOOCs的常规做法，将在Coursera平台开设的MOOCs与本校面对面课程进行混合教学，并与加利福尼亚（圣巴巴拉）大学克里斯托弗·纽费尔德（Christopher Newfield）教授和斯坦福大学戴维·帕伦博-刘（David Palumbo-Liu）教授的面对面课程同步进行，实现校际教师间协作授课，

---

① 《印度：“宏大学”计划以促进创新》，http://www.cdgdc.edu.cn/xwyyjsjyxx/zxns/zxzx/275024.shtml，2011年11月27日。

② 祝智庭、刘名卓：《“后MOOC”时期的在线学习新样式》，《开放教育研究》2014年第20卷第3期。

校际学生间协作学习。②平台服务出现了新动向。将MOOCs的三大主流平台Coursera、edX、Udacity和原有的网络教学平台BlackBoard、Moodle、Sakai等进行对比分析，你会发现MOOCs平台的功能相对简单，所以MOOCs平台也在根据实践需求作相应调整。如Coursera正试图建立一个内容的公平交易平台，各组织机构之间可创建、使用或者购买课程资源，Coursera扮演中介、内容经纪人或咨询师角色。③出现了学分认证与学分互认新动向。迄今，MOOCs没有授予学分，只提供结业证明和分数，但一些Coursera合作院校已开始考虑授予学分以及进行学分互认等事宜。

（郑勤华、李爽）

（十六）后4%时代

1993年《中国教育改革与发展纲要》提出国家财政性教育经费占国内生产总值比例应达到4%的目标，经过19年的努力，2012年终于实现，为中国教育改革与发展提供了财政保障。4%目标实现后面临的问题是如何巩固已有的成果，建立政府教育投入持续稳定增长的长效机制成为2014年教育经济学领域尤其关注的研究问题。

（杜育红、杜屏）

（十七）技术技能人才

人才培养目标是各级各类院校人才培养的总体要求，是学校教育类型与层次的规定性的反映，也是教育实践的行动指南，它决定着教育改革与发展的全局。近几年教育部的相关文件中，有关高职教育人才培养目标的提法频繁改变，这一方面引发了高职院校以教育部文件为准，不断调整培养目标的行为，另一方面也反映了相关部门对职业教育的培养目标还没有统一认识的事实。例如，2011年《教育部、财政部关于支持高等职业学校提升专业服务产业发展能力的通知》（教职成〔2011〕11号）提出了“高素质技能型专门人才”概念；《教育部关于推进高等职业教育改革创新引领职业教育科学发展的若干意见》（教职成〔2011〕12号）则指出：“高等职业教育以培养生产、建设、服务、管理第一线的高端技能型专门人才为主要任务。”最新的《国家教育事业发展第十二个五年规划》则指出：“高等职业教育重点培养产业转型升级和企业技术创新需要的发展型、复合型和创新型的技术技能人才。”

以上概念从不同角度对技能型人才进行界定，“高素质”是从人才素质的角度进行界定，“高端”则是从人才等级的角度进行界定，而“技术技能型人才”则是全新的提法。这些不断改变的提法为什么要改变？其内涵是什么？不同提法的改变能为高职教育发展提供什么样的指导？这些问题需要从理论和实践多方面得到解释。

（赵志群、杨进）

（十八）教育城镇化[①]

城镇化是一个综合性的概念，学术界多用人口结构、经济发展、基础设施、社会发展和生活质量等多项指标综合度量，但在国家统计中多用非农人口占总人口的比例来代表城镇化水平。而关于教育城镇化，我们拟用城镇在校生人数占总在校生人数的比例来代表教育的城

① 邬志辉、史宁中：《农村学校布局调整的十年走势与政策议题》，《教育研究》2011年第7期。

镇化水平。

教育城镇化率 =（城市在校生 + 县镇在校生）/在校生总数。教育城镇化水平可以分学段算，一般来说，教育的层级越高，教育的城镇化水平也越高。小学教育的城镇化率在一定意义上反映着村庄学校的消失状况。

（邬志辉）

（十九）教师发展非反思路径

教师发展有反思与非反思两条途径，教师发展的反思途径是教师在将教育教学活动对象化、课题化和教育认识显性化、公共化的前提下，通过理性方式谋求发展。教师发展非反思路径是教师在未将教育教学活动对象化、课题化和教育认识显性化、公共化的前提下，以非理性方式谋求发展。目前这种非反思路径易被忽视或轻视，从而导致了反思路径的“唯一性神话”，其背后则是理性主义认识论及其所建构出的教师专业发展概念。

教师发展非反思途径具体形态包括：默会怀疑、内隐学习、悟性思维和以心识心等。默会怀疑是指将默会知识不显性化，而是将其变为行动批判的对象，以默会的方式来改进非名言的知识；内隐学习则是指教师以无意识或无法表达的方式获得教育观念的发展形态；悟性思维强调基于我国传统哲学提出的强调思维过程直觉性与跳跃性的教师发展形态，要突破西方传统主客二分、对象化、现成的思维模式，建立整体直观、非对象性、非现成的思维模式；以心识心是指教师用“心”体认而非“脑”思考教育与学生的发展形态，透过与学生将心比心，来亲知学生的心灵。

（宋萑）

（二十）教师培训对象变量群

教师培训对象变量群系指在教师培训项目开发中对培训对象具有属性信息，其中涵盖三个变量群：背景变量群、发展变量群和环境变量群。其中背景变量群包括自然变量、时间变量、文化资本变量、社会资本变量和政治资本变量；发展变量群主要有等级化的职称变量、层级化的荣誉变量、科层化的职务变量和资格更新变量；环境变量群则包括学段、年级、学科等变量，以及空间、组织和行政区域等变量。教师培训对象变量群架构为各级教师培训项目设计提供了规划基础，也能进一步提高教师培训项目的针对性和服务教师主体性需求的能力。

（宋萑）

（二十一）教师教育二次转型

中国教师教育在 20 世纪 90 年代经历第一次转型，即从独立封闭的师范教育体系走向灵活开放的教师教育体系，但这次转型并没有教师培养质量的实质性提高，这种转型限度的原因正是在于教师教育学科制度的缺失。在这一背景下，教师教育二次转型的概念出现，其意指在我国师范院校向综合院校第一次转型的基础上，教师教育需要在学科基础上组织结构的实质性转型，即教师教育学科制度的建设，将教师教育学科作为教育学的二级学科来建立，设立幼儿园教师教育、小学教师教育、中学教师教育（分学科方向）、特殊教师教育、职业教师教育等专业。

教师教育二次转型在取向上具体包括八个方面：一是院校性质从师范型向综合型转型过渡到院校内部的教师教育二级学院的机构转型；二是从学科为逻辑的二级

教师教育的学院向专业为逻辑的二级教师教育的学院转型；三是教师教育体系从不均衡的金字塔形结构向均衡的二级学院结构转型；四是教师教育组织结构由学科取向向专业取向转型；五是教师教育的学院教师的身份从学科教学论教授向教师教育教授转型；六是教育学科单纯地为学科建设服务向教育领域的人才培养及其专业发展服务转型；七是教师教育课程从学科体系的课程向师范生发展和学生发展课程转型；八是教师教育课程实施要从单纯理论讲授向实践属性渗透的转型。

（宋萑）

（二十二）教师教育文化自觉

教师教育文化自觉是在教师教育场域引入费孝通的“文化自觉”的概念创新，其意指的就是特定教师教育共同体对其所处的教师教育文化场及其文化要素的属性、特质、历史、现状、趋势等有自知之明，以及对作为文化符号或文化现象的教师教育的内涵、表征、意义或价值等有自知之明。教师教育文化自觉的实质是教师教育主体对自身实践、教学实践、学习实践、研究实践、生活实践的反思性构建，是一种反思—超越的循环生命过程。其旨在通过文化自觉的方法来促成教师教育作为“培养人”的活动的展开以及构建教师教育以“人的生存与发展”为核心价值内涵的文化机制。

文化自觉从分类上，可以包括教师教育者在教育教学实践意义上的文化自觉和教师教育研究者在研究实践层面上的文化自觉。若从价值维度来分析，教师教育文化自觉又可以包括本体向度和方法论向度，前者强调经由文化自觉所要实现的文化认知、文化认同及文化传承与发展等，后者则关注文化自觉作为反思性自我超越的方法本质。

（宋萑）

（二十三）教育大数据（Educational Big Data）[①]

在教育领域中，大数据已经成为教育变革过程中的重要因素。教育大数据为教育信息化的发展带来了新的机遇，人们用它来定义信息爆炸时代产生的海量教育数据，并命名与之相关的技术发展与创新。美国科学基金会提出了教育大数据的研究目标：更好地理解人们在智慧环境下的学习；通过教学设计把创新技术和工具嵌入到学习过程中，改进学习和测验方式；设计新的技术，并将其整合到学习环境中。

与教育大数据紧密相关的另一新名词便是学习分析技术。学习分析技术是对学生生成的海量数据的解释和分析，以评估学生的学术进展，预测未来的表现，并发现潜在的问题。学习分析技术有助于发挥学习过程数据的价值，使数据成为审慎决策、过程优化的重要依据。

（何克抗、李彤彤）

（二十四）教育数据挖掘（Educational Data Mining）

数据挖掘是知识发现过程中的一个重要步骤，着眼于设计高效的算法以实现从

---

① 陈然、杨成：《量化自我：大数据时代教育领域研究新机遇——2014年地平线报告研究启示》，《现代教育技术》2014年第11期；武法提、牟智佳：《电子书包中基于大数据的学生个性化分析模型构建与实现路径》，《中国电化教育》2014年第3期；顾小清、郑隆威、简菁：《获取教育大数据：基于xAPI规范对学习经历数据的获取与共享》，《现代远程教育研究》2014年第5期。

巨量数据中发现知识的目的。随着大规模教育考试的兴起与不断发展，考试数据的规模不断扩大，搜集到的信息量迅速增长。但传统的数据分析已经无法满足当前信息挖掘的需求。与传统的数据分析采用自上而下逻辑分析模式所不同的是，数据挖掘采用从下而上的逻辑，从数据直接出发探索背后所隐含的有意义的信息。在教育考试数据中引入数据挖掘，是对传统数据分析的一个重要弥补，能够挖掘出教育数据背后更多有价值的信息，是当前亟待发展的一个重要方向。

（王烨晖）

（二十五）教育智库[①]

智库是由多学科相关领域的专家组成的研究型决策支持机构，旨在为相关决策部门和决策者（主要是政府及其相关部门）在处理经济、政治、社会、文化、教育、科技、军事、外交等方面重大战略问题时出谋划策，提供理论、思路、策略、方法等方面的支持，是在决策中发挥参谋作用，影响政府和相关部门决策，推动社会发展的重要力量。智库通常是由具有共同抱负的精英分子组成的国之重器。因此，智库的实质就是服务和影响决策。教育智库是一般智库的特殊化，是一种重要的智库类别，是主要围绕国家战略、经济社会发展与教育间关系，为国家教育领域的战略布局和重大改革发展提供决策服务的研究型、专业化的决策支持机构。

（徐城北）

（二十六）教育治理[②]

教育治理是指国家机关、社会组织、利益群体和公民个体，通过一定的制度安排进行合作互动，共同管理教育公共事务的过程。此处的国家机关是广义的，包括行政机关（政府）、立法机关、司法机关和执政党机关（党委机关）。这些机关在我国教育治理中都发挥着重要作用，但其中最直接参与教育管理与治理的是行政机关，即政府。因此，教育治理中涉及的治理主体间的关系主要是政府与社会的关系、政府与学校的关系，而不是笼统地说是国家机关与社会的关系、国家机关与学校的关系。

（徐城北）

（二十七）跨文化根基（Cross-cultural Roots）

跨文化根基是格林费尔德（Patricia M. Greenfield）、库肯（Rodney R. Cocking）著作《少数民族儿童发展的跨文化根基》（Psychology Press，2014）一书中提出来的，其意是少数民族社区的原生文化是少数民族儿童跨文化发展的根基，跨文化教育应该基于这一传统的根基。该书首次在发展心理学领域对少数民族儿童的宗族社会展开系统研究。从自观、他观的视角，对来自不同文化样本的发展和社会化进行描述，特别是对于那些处于相对不发达地区，还无法在国际社会中为自己发声的儿童的发展进行研究和描述。就所研究的少数民族，研究

① 庞丽娟：《推动中国特色新型教育智库发展创新》，《教育研究》2015 年第 4 期。

② 褚宏启、贾继娥：《教育治理与教育善治》，《热点问题研究》2014 年第 12 期。

问题集中在儿童的发展在原生文化和新社会背景下是如何通过行为表现出来的。因此，发展方面的问题，如语言与母子互动，分别在原生文化所在地非洲、新社会背景美国和移民国家法国进行了研究调查。少数民族儿童的发展和社会化可以看成是宗族文化的延续。美国，加拿大和法国的文化政治条件改变了少数民族儿童发展及社会化过程，造成其宗族文化的中断。宗族文化本身发生变化，导致来自该文化的移民儿童的发展和社会化中出现代际文化中断。这一概念无论是对少数民族儿童的移民教育还是现代化教育都是有启示价值的。

（吴明海）

（二十八）连读制学校（All-through Schools）①

所谓连读制学校（All-through Schools），就是英国一种为3—18岁年龄段学生提供从幼儿园到高中阶段教育的机构。据英国《每日电讯报》的最新报道，英国联合政府计划在今后两年内将中小学合一的“连读制”学校数量增加25%，以满足家长的需求。2009年，英国只有13所连读制学校。2010年以后在“自由学校”计划的驱动下，连读制学校以较快的速度发展起来，截止到2013年9月，英国有89所连读制学校招生，其中20所隶属于地方当局，54所是学院，15所是自由学校。连读制学校创办的宗旨，主要是避免学生升入中学后因为环境陌生而出现成绩下降的问题。英国教育技能部认为，创办连读制学校至少有如下好处：可以提高整个学校教育关键阶段的学业成就，减少成绩下滑现象，而这种情况通常发生在学生在不同阶段的学习过渡期间；通过不同阶段教师专业知识的分享，提高教学水平，为个性化学习提供更多机会；给予那些处境不利孩子更多的精神关怀，采取有效的策略应对他们的行为需求；多元机构持续地参与不同阶段学生的学习，为学生、家庭提供全方位的服务，将学校教育加以延伸，与社区保持更为紧密且长久的联系；实现资源共享，将以往单独的、分散的资源整合起来，从规模经济中受益，力求达到资源利用最大化。

（曾晓洁）

（二十九）媒体多任务行为（Media Multitasking）

青少年网络心理与行为教育部重点实验室暨华中师范大学心理学院的刘晨等在《心理科学》2014年第5期的文章《从一心一意到三心二意：青少年的媒体多任务行为》中指出：互联网时代的到来使媒体工具不再是互相独立的活动对象，而是共同在一定时间段内抢夺着个体的注意资源（Graham etal.，2005）。越来越多的网络一代选择同时使用多种媒体工具，即媒体多任务（Media Multitasking，MM）（Carrier，2009）。媒体多任务指同时对多个电子或非电子媒体任务进行处理或做出反应（O-Phir，2009）。媒体多任务具体有不同的类型：一是媒体与日常生活（如一边准备晚饭一边打电话）；二是媒体与媒体（如一边浏览网页一边打电话），三是媒体本身（如同时浏览多个网页）。在1999—2005年，青少年中媒体使用多任务率就增长了10%，达到媒体使用量总量的26%。

（李亦菲）

① 《连读制学校：英国基础教育的直通车》（http：//newsxinhuannet.com/2014－07/09/C－126729213.htm）。

（三十）超级公播课（Meta-MOOC）[①]

2014年1月27日，杜克大学凯西·戴维森教授（Davidson，2014）在Coursera开设了一门MOOC。她认为这门课已超越了一般意义的MOOC，所以她称之为“Meta-MOOC”（超MOOC）。该课程名称为History and Future of Higher Education。在设计这门课时，戴维森教授决定改变这门课的教学模式，突破MOOCs的常规做法，看看这门课程本身如何帮助他人对21世纪高等教育的形式和功能进行思考。她给HASTIC（由12000多位会员组成的热衷于学习变革的开放网络社区）组织成员发出倡议，希望正在教授该主题课程的教师能够分享他们的课堂教学、愿意在她的MOOC课程借助协作工具对相关主题进行合作探究，如学习资源的Wiki协作、教学法的变革等，没想到这一倡议得到了来自全球30多所大学的响应。这门MOOC课开设在Coursera平台上，注册学生约两万人，授课时间与戴维森教授在杜克大学面对面教学课同步，并与加利福尼亚大学圣巴巴拉分校克里斯·托弗教授和斯坦福大学戴维教授的面对面课程同步。他们同时教授这门课，共享阅读材料、利用Google Hangouts联合开展学习活动、学生之间互评作品等。戴维森教授的学生担任MOOC中的学习共同体领导者并参与合作研究，Coursera中的在线学习者也会受邀参加线上或者线下的公共活动。这样做的最大好处是使学生和教师组成了学习共同体，师生一起回顾高等教育的历史并思考其未来。正如戴维森教授所说，这不仅仅是一门MOOC，而是一场运动。

（郑勤华、李爽）

（三十一）民族地区教育优先发展

张诗亚教授在其专著《民族地区教育优先发展研究》（经济科学出版社2014年版）中重新界定民族教育优先发展的内涵和价值定位。民族教育优先发展包括两层含义：一是把民族教育事业作为全国教育事业发展的重点，优先发展；二是把民族教育作为民族地区的各项事业的重点，优先发展。民族教育优先发展要彻底改变教育优先发展就是教育投资优先发展的错误观念，树立教育优先发展是人的全面发展和经济、社会和谐发展的科学发展观，变教育投资优先论为观念、政策和法规的全面优先。其价值定位在从以物为中心转到以人为中心，从“现代教育”转移到“共生教育”，即民族地区教育优先发展应立足于民族地区自然、文化生态之上的共生教育发展，将国家外推式发展转为立足于民族地区自身文化特色、民族资源重新配置的内发力发展，转变以经济发展促进教育发展的模式为以教育发展推动民族地区经济、社会和谐发展和民族文化传承、中华文化认同的整体良性发展的模式。

（吴明海）

① 祝智庭、刘名卓：《“后MOOC”时期的在线学习新样式》，《开放教育研究》2014年第20卷第3期。

（三十二）慕课（MOOCs）①

慕课是在线开放课程模式的一种独特类型。这一术语出现于2008年，从一开始作为开放教育资源和网络学习的方式，目前正逐渐演变成一种课程的载体和开发方式。

慕课的开发程序步骤：（1）为特定受众开发一个话题；（2）找到其他背景中比较受人欢迎的助教；（3）把决定的课程内容（博客、网络文章、演讲视频）作为课程的起点；（4）设计互动空间（标签、论坛、博客、电子邮件等）；（5）设计互动（同步互动或非同步互动）；（6）在整个课程授课中总是有助教出现；（7）通过课程活动和学生反馈来组织学习上的创作；（8）推广、分享课程网站；（9）不断完善过去的课程。

尽管慕课引发了全球关注，但是，关于慕课的定义、慕课学习体验、学习质量和慕课教学方式变革等议题还存在很大的不确定性和争议。

（胡定荣）

（三十三）大众开放在线研究课（MOOR）②

MOOR（Massive Open Online Research）可翻译为大众开放在线研究课程。2013年9月加州大学圣地亚哥分校的帕维尔·佩夫兹纳（Pavel Pevzner）教授和他的研究团队在Coursera推出了一门名叫“生物信息学算法”的在线课程，该课程的第一部分第一次包含了大量的研究成分。佩夫兹纳教授这样说，“就我们所知，这是第一次不仅仅是一门普通的网上课程，而是具有大众开放在线研究课程，可称之为MOOR”（Devlin，2013）。MOOR为学生从学习到研究的平稳过渡提供了渠道。MOOR表现为：由MOOC基于内容的向MOOR基于问题解决的一系列活动转变；由MOOC侧重于知识传播与复制向MOOR基于问题解决和知识建构转变；由MOOC强调视频、作业和测试等学习活动向MOOR的强调创造、自治等转变。

（郑勤华、李爽）

（三十四）农村教师职业吸引力③

“农村教师职业吸引力”是指农村教师这一职业所具备和提供的条件使在职在岗农村教师对农村教师这一职业（主要指农村义务教育阶段农村教师岗位）的内部认同以及外部潜在人员去农村任教意愿的程度，这种程度的高低反映了农村教师职业吸引力的高低。

农村教师职业吸引力模型包括社会认可、职业提供、个人偏好、空间社会特征四个指标。社会认可指标主要反映社会对农村教师职业所能提供和具备条件以及社会贡献的总体评价；职业提供指标主要反映农村教师职业所能提供的条件，这也是农村教师职业吸引力区别于其他职业的主要方面；个人偏好指标主要反映的是个体

---

① 斯蒂芬·哈格德、王保华、何欣蕾：《慕课正在成熟》，《教育研究》2014年第5期；吴万伟：《“慕课热”的冷思考》，《复旦教育论坛》2014年第1期；刘和海、张舒予、朱丽兰：《论“慕课”本质、内涵与价值》，《现代教育技术》2014年第12期。

② 祝智庭、刘名卓：《“后MOOC”时期的在线学习新样式》，《开放教育研究》2014年第20卷第3期。

③ 邬志辉、秦玉友：《中国农村教育发展报告2013—2014》，北京师范大学出版社2014年版，第267—271页。

兴趣偏好与农村教师职业的契合度；空间社会特质指标主要反映的是农村地理空间的社会特质。

（邬志辉、秦玉友）

（三十五）认知诊断测验（Cognitive Diagnostic Assessment）

认知诊断是认知心理学与现代测量学相结合的产物，是新一代心理与教育测验理论的核心。标准化测验理论（包括经典测验理论、概化理论和项目反应理论）均将其所测查的特质视为一个尚不明确的“结构”，旨在对这个结构予以整体评估，通过报告一个笼统的测验分数或能力分数，实现安置、分配和评定等目的。而认知诊断测验，不但能够了解被试能力发展的整体水平，而且能够具体确认其已经掌握的认知技能和认知策略，即能从宏观与微观两个层面对被试的能力进行深入分析，对被试的认知能力结构和状态进行诊断。

（王烨晖）

（三十六）认知诊断计算机化自适应考试（Cognitive Diagnostic Computerized Adaptive Testing，CD-CAT）

计算机化自适应测验（Computerized Adaptive Testing，CAT）根据被试当前的能力估计水平不断地从题库或剩余题库中选择下一个最适合被试作答的项目施测被试，为每位被试构建一个最优化的、个性化的测验。相对于传统的纸笔测验，CAT可以提供更加准确和高效的能力评估，提供可靠的和连续的测验，立即呈现测验分数，提供包括视频或音频剪辑在内的新项目类型。

认知诊断计算机化自适应考试是对计算机化自适应考试的扩展，其目的是对学生在测验所测属性（比如，任务、子任务、认知过程和技能等）上的掌握水平进行分类。通过结合认知诊断和 CAT 的优点，CD-CAT 不仅可以为每个被试提供关于其优缺点的诊断反馈，还可以提高诊断测量的准确性和效率。近些年来，CD-CAT 在教育评价领域得到越来越多的关注。

（王烨晖）

（三十七）容纳性领导[①]

在全球化浪潮的推动下，人口迁移、人口流动带来的地区文化的多样态，不断增多的社会多元化差异，对于学校教育而言是莫大的挑战，对学校管理者尤其是校长提出了新的时代命题。容纳性领导是为应对充满差异的学校，引领多元化学校的发展提出的新理念，致力于促成一种容纳性的、充满正义的、民主的学校共同体。从学校领导实践来说，“容纳”意味着：（1）直面公平，要求关注正义的质性价值；（2）提出有代表性的问题，在学术对话、认知和学校环境中确定多元视角；（3）教学活动的实施需要有效应对多元化挑战，能够对学校系统乃至更广泛的社会现实中存在的主导结构（如种族、阶层、性别等）作出回应。实施容纳性领导主要有五大路径：开启与维持对话——建立容纳性共同体的关键是在管理者和学校组织成员之间开启并保持对话；树立批判性意识——建立容纳性共同体，要求多元化学校的管理者和组织成员以批判性眼光看待

① 余林茂、张新平：《容纳性领导：引领多元化学校的发展》，《中小学管理》2014 年第 7 期。

世界，需要具备审视自身信念、实践和“想当然”的能力，让学校充满批判性；实施“全学校取向”——管理者让容纳精神成为学校教育的常规要素，成为学校的一种重要“存在”；关注学生学习——学校管理者关注和强调学生的学习，主要是通过确保组织变革和管理实践，提升教师的专业技能和责任；呼吁集体参与政策制定——学校政策和决议制定的过程和结果都要体现容纳理念。

（林美、张新平）

（三十八）社会公平领导[①]

从20世纪70年代开始，教育领导理论出现“丛林”景象。在这个丛林中，社会公正领导理论在短短几年一跃成为当代教育领导三大主流综合范式之一，成为重塑21世纪教育领导专业的一个主流方向。[②] 近20年来，在西方社会，基于自由市场的经济全球化一方面促进了西方工业社会的多元化，另一方面加剧了全球竞争环境中的社会不公正状况，传统教育领导理论对于教育领导的角色、过程、任务、官僚制、决策等主题的关注，以及对于诸如种族、性别、少数群体等公正问题的边缘化等，使传统教育领导理论受到严峻挑战；20世纪80年代以后，教育管理价值论凸显，伦理和价值建构了教育领导的基本问题，对效率、问责制的关注退居其次，在构建教育领导的新图景中，社会公正、学校改进和民主社区成为重塑教育领导专业的三股重要力量。

在教育领导领域中，社会公正领导的内涵也呈现多样化的理解，主要有批判—人文主义观点，认为社会结构是具有不平等性的人类社会建构，要通过激烈的社会变革消除社会不公正状况；关注学生学业成就和社会经济利益的社会公正观点；以及从批判的社会生态公正视角，关注人类社会结构的不公正和权力关系的不平等对于环境恶化的影响。

（林美、张新平）

（三十九）社会主义核心价值观教育

社会主义核心价值观教育是立德树人的重要任务，关乎学生的全面发展和社会的全面进步。教育内容包括国家、社会和个人三个层面的社会主义核心价值观建构：富强、民主、文明、和谐是国家层面的价值要求；自由、平等、公正、法治是社会层面的价值要求；爱国、敬业、诚信、友善是公民层面的价值要求。这二十四个字实际上回答了建设什么样的国家、建设什么样的社会和培育什么样的公民的重大问题。学者们认为，社会主义核心价值观教育应该符合青少年身心发展规律和价值观教育的特点，通过日常化、具体化、形象化和生活化的形式，引导青年学生自觉认同并践行社会主义核心价值观。

（林可）

（四十）生态道德教育

生态道德教育概念由我国德育专家班华教授率先提出，对生态文明建设、培育现代生态人格，以及对促使人类道德与道

---

① Berkovich, L. (2014), “A Socio-Ecological Framework of Social Justice Leadership in Education”, *Journal of Educational Administration*, Vol. 52, Iss3, pp. 282 – 309.

② 孟卫青：《社会公正领导：当代西方教育领导研究的新重心》，《比较教育研究》2009年第9期。

德教育的飞跃和对德育学科建设具有重大意义。生态道德教育内容应包括尊重自然万物、珍爱生命、适度消费、践行生态美等内容。具体表述为：珍爱生命，保护地球环境，理解人在生物系统中的位置。怀着感恩的心，处理好人与人的关系、人与所有其他物种的关系、人与整个自然的关系。倡导生态美学，走出消费代替审美的怪圈。亟须关注我们生存的家园。生态道德教育不仅是心理—道德教育领域的专门议题，也正在向生态教育哲学层面提升。

（摘自网页）

（四十一）送教上门[①]

送教上门是中国对重度残疾儿童少年实施教育的一种特殊方式。由普通学校或特殊学校派出教师到家中提供教学和相关康复训练服务。遵循家庭自愿、定时入户、免费实施的原则。其教育对象纳入学籍管理。

（赵梅菊）

（四十二）小规模限制性在线课程（SPOC）[②]

SPOC 是英文 Small Private Online Course 的简称，按照字面意义理解为“小规模限制性在线课程”。它是哈佛大学继 MOOC 后提出的新概念，称为“后 MOOC”（Coughlan，2013）。其中，Small 和 Private 相对于 MOOC 中的 Massive 和 Open 而言。“Small”是指学生规模一般在几十人到几百人；“Private”是指对学生设置限制性准入条件，达到要求的申请者才能被纳入 SPOC 课程。SPOC 和 MOOC 一样，同样免费、开放，但是对入读人数和入读条件进行了限制。该 SPOC 项目主持人罗伯特教授认为，MOOC 学习人数过多，使学习者参与互动的机会受限。另外，它很难客观公正地确定学生的学习绩效是否满足该课程学分的认证资格；而 SPOC 的学习人数通常限定在几十人，最多几百人，不像 MOOC 有成千上万人，所以学习活动会更加灵活高效，测试更加严谨，从而也会提高证书的可信度（Lue，2013）。但是，从本质上说，SPOC 与 MOOC 属同类，是比较低调的小众在线公开课。因为 SPOC 在教学设计、教学理念上没有大的突破。

（郑勤华、李爽）

（四十三）特殊教育提升计划[③]

《特殊教育提升计划（2014—2016 年）》是由我国教育部、国家发展改革委、民政部、财政部、人力资源和社会保障部、国家卫生计生委、中国残联共同研究制定，并由国务院办公厅于 2014 年 1 月 8 日转发的政府文件。提升计划的总体目标是：全面推进全纳教育，使每一个残疾孩子都能接受合适的教育。随着提升计划一系列政策和措施的实施，将进一步保障残疾人受教育权利，推进教育公平，帮助残疾人全面发展、融入社会，对保障和改善民生、

---

① 朴永馨主编：《特殊教育辞典》（第 3 版），华夏出版社 2014 年版，第 61 页。

② 康叶钦：《在线教育的“后 MOOC 时代”——SPOC 解析》，《清华大学大学教育研究》2014 年第 2 期，Vol. 35，No. 1。

③ 《国务院办公厅关于转发教育部等部门特殊教育提升计划（2014—2016 年）的通知》（http：//www.gov.cn/xxgk/pub/govpublic/mrlm/201401/t20140118_66612.html）。

构建社会主义和谐社会发挥重要的推动作用。

（赵梅菊）

（四十四）体质量自评（Self-Classified Weight）

扬州大学教育科学学院的曹佃省等[①]在《青少年的外貌关注、外貌评价、肥胖焦虑、体质量自评与瘦身追求》中谈到，身体意象指个体对自己身体特征的一种主观性、综合性及评价性概念，由外貌关注、外貌评价、肥胖焦虑、体质量自评等不同成分组成。身体意象是自我概念发展过程中的核心因素。体质量自评作为具有自我感知评价的关键变量，在青少年积极或消极身体意象形成中具有重要作用，对自己体型体质量的非理性认知可能会影响到低自尊、人际交往或社会适应困难及非理性求瘦等心理行为问题。依据理想身高、体质量及实际身高、体质量，计算出相应的体质量指数（Body Mass Index，BMI），BMI = 体重/（身高 × 身高），依据不同性别、年龄制定 BMI 标准，划分偏瘦、正常、超重、肥胖。

（李亦菲）

（四十五）同班就读[②]

同班就读一词是北京师范大学特殊教育研究所的邓猛教授和辽宁师范大学特殊教育系教师景时在《从随班就读到同班就读：关于全纳教育本土化理论的思考》一文中正式提出的。在“同班就读”提出之前，我国常用的提法是“随班就读”。两位作者在通过分析随班就读与回归主流、全纳教育之间的理论联系，认为随班就读根据残疾的轻重和能力表现决定儿童受限制的等级的做法和回归主流如出一辙，意味着随班就读是有条件的，与其倡导的零拒绝的哲学有天然的冲突。因此，作者提出，对应西方回归主流走向全纳教育的趋势，我国特殊教育理论应该在随班就读模式的基础上走向与全纳教育理念一致的“同班就读”。同班就读由随班就读发展而来，经历了从跟随到平等、从关注入学率到关注质量提升、从初期的实用与无奈的选择到今天和谐社会背景下对教育公平理念的主动追求的复杂过程。同班就读意味着：通过多样化的、平等的社会与教育环境的构建，主动改变现有的教育体制，进行资源整合与重构，构建具有广泛通达性的（accessible）、共享的支持保障体系，促进学校整体变革与质量提升，使学校满足学生日益多样化的特征与独特的学习需求。

（赵梅菊）

（四十六）网络同一性实验（Online Identity Experiment）[③]

网络同一性实验被定义为青少年在上网时假装成另外一个人的行为。早在 1995

---

① 曹佃省、鲁媛、雷家萍、毛春梅、姚应平：《青少年的外貌关注、外貌评价、肥胖焦虑、体质量自评与瘦身追求》，《中国心理卫生杂志》2014 年第 5 期。

② 邓猛、景时：《从随班就读到同班就读：关于全纳教育本土化理论的思考》，《中国特殊教育》2013 年第 8 期。

③ 张玥、王利刚、谢东杰等：《青少年网络同一性实验量表的编制与效度，信度初步分析》，《中国心理卫生杂志》2014 年第 28 卷第 4 期。

年，就有研究者发现青少年在使用网络时会进行假装和尝试不同身份，之后这一点也被其他研究者证明，在2004年，研究者发现超过一半的青少年在上网时假装成另外一个人。国内学者柴晓运和龚少英综合了国外学者的研究，给出了更为全面和系统的定义，即青少年以互联网为媒介，通过自我表征和自我探索来构建同一性的一系列行为。张玥等人编制的网络同一性实验量表符合网络同一性实验相关理论的研究结论，包含了“积极外在”“积极内在”和“消极内在”3个维度。量表效度、信度良好，可同时对青少年同一性实验频率及其特点进行全面、准确的评估。

（李亦菲）

（四十七）微课或微课程①

微课是“微课程”（micro-lecture）这个舶来概念被引进到中国后的一种本土化称谓。微课程概念的首创源自美国“一分钟教授”戴维·彭罗斯，2008年他提出“一分钟微视频”的微课程概念，强调将教学内容和目标紧密结合，以产生一种“更加聚焦式的学习体验”。

微课程定义的描述是：把人们在实践活动中觉察的表象、收集的数据、观察的结果、获得的经验、体验的情感、学会的操作技能、掌握的解决问题方法，以及根据个体经验重组而形成的理念、概念、规则和方案等，以符合人的个性心理特征和认知规律的形式，编排成满足人的日常生活生产活动中需要的内容，用现代多媒体技术手段呈现出来的知识、技能和情感。微课程是作为正规课程的补充出现的，既可以单独讲解一个知识点，也可以是在职学习、考试培训等的辅导课程。

（胡定荣）

（四十八）物质生活史

法国年鉴学派核心人物布罗代尔物质生活史的出现，开阔了研究视野，扩大了研究对象，转换了研究范式，同时也为教育史学研究打开了一扇新的窗口，提供了新的启示。在学术视野下移的诉求下，教育史学的研究重心移向日常生活，研究对象下移民间，研究方法转向多元。在此背景下，全方位构筑主要由教师生活史和学生生活史组成的教育生活史研究体系，可以为今后教育生活史研究引介方向与开辟新域。

（李子江）

（四十九）现代化范式

20世纪80年代以降，革命史研究的传统范式被打破，继之形成以现代化为新的研究视域解释近代中国社会变迁，启发中国教育史研究形成现代化范式的教育史学实践。在对马克思有关“实践”的认识发生由革命向现代化的转向之后，教育史学者致力于对革命史范式教育史学的全面纠正与超越，而以一种现代化视域来考察近代中国教育的发展与变迁，在20世纪90年代形成有重要影响的现代化范式教育史学实践。

（李子江）

---

① 阮彩霞、王川：《微课程的概念、特点和理论基础》，《课程·教材·教法》2014年第11期；张武威、曾天山、黄宇星：《微课程与翻转课堂相结合的教学方法创新应用》，《课程·教材·教法》2014年第7期；余宏亮：《说课技能微课程设计的实施路径》，《课程·教材·教法》2014年第11期；李锋、张斌：《基于课程标准的学校微课程研发》，《课程·教材·教法》2014年第11期。

（五十）现代学徒制

“现代学徒制”是当前我国职业教育改革中的一个热门词语。在政策层面，教育部2012年至2014年连续三年将现代学徒制试点列入年度工作要点，《国务院关于加快发展现代职业教育的决定》（国发〔2014〕19号）亦将现代学徒制试点列为推进人才培养模式创新的重要举措；在实践层面，越来越多的学校和地区也正开展着各种形式的现代学徒制试点。

“现代学徒制度”是将传统的学徒培训方式与现代学校教育相结合的一种“学校与企业合作式的职业教育制度”，是对传统学徒制的发展。国际相关研究认为，现代学徒制集教育、培训和就业于一体，学习的同时即是工作，在产生教育成本的同时能够给受训者、企业和社会带来经济收益，是一种更加经济有效、实用性与针对性强的教育途径，对减少青年失业率具有明显的正向作用。从国际社会的发展看，现代学徒制是现代职业教育制度发展完善的共同趋势。我国是否要，或者建立什么样的现代学徒制？现有讨论多从教育主体、学习场所、学习内容、学徒身份的双元性等表面特征去描述现代学徒制与传统学徒制的区别，而这些表面形式上的差异还没有完全揭示现代学徒制的本质特征。实践中，现代学徒制试点项目有成功的，也有“形似却神不似”导致失败的。对现代学徒制真正含义的探究，既是职业教育研究的重要理论问题，也是影响相关职业教育改革的关键。

（赵志群）

（五十一）现代职业教育体系

2014年6月，国务院召开全国职业教育工作会议，印发《关于加快发展现代职业教育的决定》，第一次提出建立现代职业教育体系的战略性任务，明确了未来我国职业教育改革创新的方向。建设现代职业教育体系，成为我国加快发展现代职业教育的“主攻方向”。“现代职业教育体系”随即成为职业教育政策讨论和研究中最重要的概念。

按照教育部有关文件，建立“现代职业教育体系”要适应经济发展方式转变、产业结构调整和社会发展要求，加快建立体现终身教育理念，中等和高等职业教育协调发展的现代职业教育体系。在建设现代职业教育体系的过程中，应在明确内涵的基础上，发挥中等职业学校的基础作用，重点培养技能型人才；发挥高等职业学校的引领作用，重点培养高端技能型人才；探索本层次职业教育人才培养途径，重点培养复合型、应用型人才；探索高端技能型专业学位研究生的培养制度，系统提升职业教育服务经济社会发展的能力和支撑国家产业竞争力的能力。然而要明确上述内涵并找到可行的方案，在理论和实践上都是一个重大的挑战。

（赵志群）

（五十二）先验的善意

先验的善意就是我们对这个世界的自然开放和悦纳，在此我们并没有确认自己是行动的主体，同时把我们对面的人和事明确设定为教育、改造乃至加工的对象，并有意识地向他们/它们施加某种概念化影响以试图打上我们自己的烙印，而是处于一种“天人不分”“物我两忘”“天人合一”的境界。因此，先验的善意就是我们对这个世界和他人的那种无偏见的原初性的打量、走向乃至接纳，我们借此向一个非对象性的世界敞开自我，主动融入这个世界，世界也终将因此而向我呈现、与我一体。拥有这样一种善意，我们就能更好地融入这个世界①。

（摘自网页）

（五十三）写文化②

人类学家很少意识到自己的研究是最终以“写”的方式呈现的。民族志的基本问题是如何运用“撰写”让日常与历史和环境发生关系。这种撰写离不开想象和价值，也就脱离不了诗学与政治学的两种倾向。

（摘自网页）

（五十四）欣赏型领导者③

中小学校长的问题解决者角色定位，使得校长将工作重点放在了发现识别问题与诊治解决问题上。相比于将工作重点放在发现、识别问题与诊治、解决问题的层面的问题解决者，欣赏型领导者重视用欣赏、肯定、珍视的态度实施富有激情和创意的领导。（1）欣赏型领导者抱持着积极的世界观，更加主动地与组织成员沟通和协商，试图联合众人的智慧和力量来促使组织走出困境。在化解组织发展难题的过程中，具有一双发现团队成员闪光点的慧眼。（2）欣赏型领导者推崇“关系性领导”的优先性。现代社会已开始从个人领导向关系型领导转型，传统的个人英雄式领导模式，由于否定了领导乃是关系中生成的事实，具有显而易见的片面性。关系型领导产生于人们定位领导角色和开展领导活动的对话中，领导本质上是一种关系型过程，“个人无法发挥领导作用，除非联合他人参与了意义形成的过程”。（3）欣赏型领导者深信“生成性对话”的重要性。欣赏型领导者重视话语在日常工作中的作用，明白重要的是要改进提问的内容和方式，而不是简单地告知对方应该怎样工作和生活。对话一定是开放的和协商的，在对话当中，每个人都不试图把他所知道的观点或信息强加于人。

（张新平、林美）

（五十五）新生代农民工④

“新生代农民工”是“90后”一代的人群，他们虽然生长在农村，但许多“90后”新生代农民工，早早进入社会，游离于城市和乡村之间。新生代农民工基本没种过地，对农村也不像父辈那般依恋，他们渴望融入城市，努力想变得和城市里的同龄人一样，但受到经济收入、文化程度等种种因素制约，城市对于他们来说依然没有归属感。新生代农民工已大量地从农村涌入城市，活跃并流动在国内大型生产制造业的前线。中国制造大国的现状，使得新生代农民工不同于传统农民工的概念和工种，他们虽然生活在城市边缘，但内

① 康永久：《先验的社会性与家国认同——初级社会化的现象学考察》，《教育学报》2014年第3期。

② ［美］詹姆斯·克利福德、乔治·马库斯：《写文化——民族志的诗学与政治学》，商务印书馆2011年版。

③ 张新平：《校长：问题解决者与欣赏型领导者》，《教育研究》2014年第5期。

④ 《企业走向公益，社会的必然》，2014年12月25日（http://www.hb.xinhuanet.com/2014－12/25/c_1113777647.htm）。

在的文化缺失所产生的空间冲突，使得新生代农民工的群体状态成为社会主流意识矛盾的焦点。2014年在教育经济学领域，新生代农民工的子女教育、新生代农民工继续教育的需求、新生代农民工的教育与工资的关系等问题均得到较多关注。

（杜育红、杜屏）

（五十六）新文化史学

新文化史学是批判与质疑新史学而产生的史学潮流，它注重文化的解读与阐释。新文化史学的研究理路为教育史研究开辟了新的路径并提供了诸多启示。教育史学研究的转向路径为：研究对象下移到普通民众；研究领域拓展得更为广域丰富；研究方法注重跨学科采借；表达方式转为生动形象的叙事；史料来源变为多元化搜集。这些路径转向也是教育史研究摆脱自身困境的应对措施。

（李子江）

（五十七）叙事史范式

叙事史范式主张将教育研究的视野从学校空间向民间社会转移，以文化人类学的视角，关注社会性教育或教育事件，以叙事方式呈现生动、丰富的教育历史场景。叙事史范式将教育历史研究内在于文化经验或情境之中，把实践场域中的文化体验、经验感悟、事件见证带回理论场域，通过对教育经验的故事性讲述来赋予意义。

（李子江、郭法奇）

（五十八）学习通用设计①

学习通用设计是美国特殊技术应用中心根据建筑学中的通用设计（Universal Design）理念开发的课程设计新模式。该应用中心认为，学习通用设计是一种以满足学生多样化需求为基础的课程设计框架，包括课程的目标、方法、材料和评估等方面。它将数字媒体技术渗透于课程的各要素设计之中，通过提供多样化的内容呈现表达与参与方式，从教和学两个方面出发增强课程的灵活性和适应性，向学生提供适宜的、符合其需要的支持，克服在传统的“一刀切式”的僵化课程之下学生所遇到的障碍和困难，使所有有特殊需要的学生，特别是残疾学生能够像普通学生一样获得知识、技能和学习的热情。学习通用设计主要特征总结为：以通达性为目标、以大脑神经科学为理论基础、以课程设计为着眼点、与技术相结合。作为将全纳教育理想付诸实践的一种方式，学习通用设计体现了西方个人本位论的教育目的，追求“以儿童为中心”的民主教育，承认所有的儿童，无论残疾与否，都有着同等的融入课堂教学的权利，每个儿童是独立自主的个体，每个个体都有学习的潜力，教育要适应每个儿童的学习特点，并且学习通用设计对技术的运用，也顺应了数字化时代课堂教学的发展趋势。

（赵梅菊）

（五十九）学校撤并的社会代价

主要是指学校撤并后农村社区居民、

① 颜廷睿、邓猛：《全纳课堂中的学习通用设计及其反思》，《中国特殊教育》2014年第1期。

家长或孩子对学校、其他个体（群体）的情感、互动和正向价值需求满足的丧失、缺失或剥夺。主要表现在，在学校撤并后社区层面农村社区与学校疏离感增加，社区居民交流频率降低，学校的文化正向引导功能减弱；从家庭层面看，父母角色承担的机会减少，角色认识弱化，家庭的现实完整性和稳定性受到一定的影响，晚辈主导文化的反哺影响式微，家长关爱需要难以得到满足；在学生层面，学生家庭认知不良，新学校适应融入困难，参与学校社会活动的机会减少等。

（秦玉友、曾文婧）

（六十）学校后规模时期[1]

“学校后规模时期”的概念是相对于“学校大规模时期”提出的。随着社会公众对于优质教育资源需求的急剧上升，以及新城镇化的发展，扩大优质学校的办学规模成了许多地方缓解优质教育资源短缺的主要举措，使得“超大班额”“超大规模”在许多地方已成为教育重要的甚至是主导的存在形态。在“大规模时期”，相对于学校规模的快速扩张，学校组织变革的步伐较为缓慢，局限在局部的修修补补上，如改变原有机构的名称或新增一些机构等，实质性的变革相对不足，组织结构上主要表现为层级关系复杂、科层色彩浓重。大规模学校的出现，已造成城镇教育的资源短缺、质量下降、区域教育责权不对称等问题。在“学校后规模时期”，学校组织应朝着自然、开放、侧重于专业性的方向发展，进而减少层级关系，淡化科层色彩，明确层级边界。为此，学校可以通过组织层级的扁平化途径实现组织结构的变革；做好部门设计及其关联设计，也是当做的课题；稳妥的“修补”是合宜的，大胆的“重组”也值得尝试。

（林美、张新平）

（六十一）依法治校[2]

根据依法治校的语义我们知道，“依”是指根据、凭借。“法”，是指依法治校所依据的法律渊源，当今的这个“法”有广义和狭义的释义。前者“法”不仅仅涉及一些专门的教育法律，例如《教育法》《教师法》《学位法》等法，而且还含有《宪法》中关于教育方面的法律条文，此外还涉及与教育有关的法律，如《未成年人保护法》等，赞成广义的“法”的专家总结到受教育者不仅仅是学生的身份，学生也是公民，与公民有关的法律涉及民法、刑法等部门法，广义的“法”是个大概念。后者的“法”专一地指学校教育方面的法律、法规和规章。近些年来，随着社会的发展，高校不仅只担负着教书育人的任务，而且高校还与外界的社会进行相互的交往，与外界的联系越来越紧密，所以笔者认为应当把这个“法”从广义视角理解。依法治校中的“治”指管理，而不是管制，涉及管理和服务两个方面，不是通过消极的法律手段来限制学生的活动，而是要使学校在教学管理过程中主动有效地按照法律的规定教育学生，依照法律的规定对他们进行管理，甚至不应当主观地认为依法治校就是“以罚治校”，借助法律的惩罚手段对学生进行管理，法律不仅有惩罚和预防违法行为的作用，而且还有指

---

① 朱彦体：《学校后规模时期的组织机构变革》，《教学与管理》（中学版）2014 年第 10 期。

② 黄建华：《依法治校背景下高校学生管理法制化问题研究》，硕士学位论文，景德镇陶瓷学院，2014 年。

引、预测人们行为，维护合法权益，以及思想教育等作用。

从上面的阐述能够得出，依法治校，就是以达成学校管理和运行机制的制度化、规范化为发展目的，遵循法律的规定对学校的工作实施法治化和科学化的管理，稳步实现国家高等教育事业的健康稳定可持续的发展。

（徐城北）

（六十二）一核多元、中和位育①

各国文化底色不同，其多元文化及其教育的模式也不同，中国多元文化教育应该以中国传统文化为底色来建构具有中国特色的多元文化及其教育。以中国中庸哲学为理论依据，在费孝通先生的“多元一体”观以及潘光旦先生的“位育”观的基础上，提出“一核多元、中和位育”的多元文化教育观，认为，“一核多元”是多元文化教育的结构，中和位育是多元文化教育的功能，两者互为体用、不可分离。“一核多元、中和位育”的教育观是按照既讲社会正义又讲社会包容的原则，既突出重点，又兼及一般，恰如其分地配置各种文化资源，培养新时代具有正确文化理念和开阔文化视野的良好国家公民与世界公民。

（吴明海）

（六十三）应用技术类型高等学校（应用型本科）

2014 年 6 月国务院印发的《关于加快发展现代职业教育的决定》提出“采取试点推动、示范引领等方式，引导一批普通本科高等学校向应用技术类型高等学校转型，重点举办本科职业教育。”随后教育部等六部门印发的《现代职业教育体系建设规划（2014—2020 年）》明确了应用技术类型高校的地位：“应用技术类型高等学校是高等教育体系的重要组成部分，与其他普通本科学校具有平等地位”，指出要“鼓励举办应用技术类型高校，将其建设成为直接服务区域经济社会发展，以举办本科职业教育为重点，融职业教育、高等教育和继续教育于一体的新型大学”。“应用技术类型高等学校”成为高等教育和职业教育改革研究和实践的重要领域。

在实践中，2013 年 7 月成立中国应用技术大学联盟和地方高校转型发展研究中心，预示地方本科高校在转型发展的道路上已经起步。然而对“应用型本科教育”内涵大家却见仁见智，甚至有很大的不同。按照有关部门的解释，应用型本科教育就是培养高层次应用型人才的本科教育。和普通本科相比，它更强调应用性和技能性；和专科层次相比，它强调一定的基础性和后续发展。

（赵志群）

（六十四）政策分析②

“政策分析”一词是美国经济学家林德布洛姆首先提出的，他于 1958 年发表了《政策分析》一文，将定性与定量相结合的比较分析模型命名为政策分析。在政策分析理论中，“政策”和“分析”两个概

① 吴明海：《一核多元 中和位育——中国特色多元文化主义及其教育道路初探》，《民族教育研究》2014 年第 3 期。

② 武辉：《公共政策分析视角下会计准则的政策过程研究》，博士学位论文，中国海洋大学，2010 年。

念有不同的理解。政策是政治家、行政机关、政党及其他政治团体在特定时期为实现一定的社会的政治、经济和文化目标所采取的政治行为或规定的行为准则，它是一系列谋略、法令、措施、办法、方法、条例等的总称。“分析”是从它的广义上来理解，包含定性、定量的理性分析，判断、直觉的超理性思维的运用等。意味着将一项政策分解成几部分来加以考察，从问题的研究到论证，备选方案的设计与整合，到对一个问题的执行确认和效果评估。因此，政策分析是一个运用各种科学方法和技术，依据一定的判断标准，去分析问题情景，解决政策问题的过程。在这个跨学科的、应用性的研究领域中，采用各种研究论证方法，产生和转变与公共政策相关的信息，以帮助决策者或当事人发现和解决公共政策问题。政策分析所涉及的是整个政策过程，包括问题界定、目标确定、方案选择和效果评估等环节。

（徐城北）

（六十五）智慧教育[①]

智慧教育是当代教育信息化的新境界、新诉求。近年来，随着物联网、云计算、大数据、泛在网络等新一代信息技术在教育领域的应用推广，智慧教育被赋予更为丰富的内涵和特征，智慧教育主张借助信息技术的力量，创建具有一定智慧的（如感知、推理、辅助决策）学习时空环境，旨在促进学习者的智慧全面、协调和可持续发展，通过对学习和生活环境的适应、塑造和选择，以最终实现对人类的共善（对个人、他人、社会的助益）。智慧教育充分体现了“以学习者为中心”的思想，强调学习是一个充满张力和平衡的过程，揭示了“教育要为学习者的智慧发展服务”的深刻内涵。智慧教育旨在通过构建智慧学习环境（Smart Learning Environments），运用智慧教学法（Smart Pedagogy），促进学习者进行智慧学习（Smart Learning），从而提升成才期望，即培养具有高智能（High-Intelligence）和创造力（Productivity）的人，利用适当的技术智慧地参与各种实践活动并不断地创造制品和价值，实现对学习环境、生活环境和工作环境灵巧机敏的适应、塑造和选择。

（李彤彤）

（六十六）质性德育评价

德育中的“质性评价”主要是针对当前学校中德育侧重“量化评价”的现状而提出。仲建维[②]批评德育的量化考核只关注学生的行为，而不关心学生的道德认知和道德情感的发展，不免形成一种直接的、机械的道德管理手段。因此，主张基于人文主义价值取向的德育评价，即：关注学生作为人之本身的主体性，尊重其人格尊严、思想和精神特质，重视其道德智慧、道德气质和道德习性的整体发展和提升，并在教育过程中倡导平等关系。为此，德育评价不应单纯把德育对象简化为“德育分数”，进行“对与错”“优与差”的简单定性；而应该运用多元化的“质性评价”全面揭示和理解学生的道德成长特点和需要的信息，尤其要珍视那些不可测量的

① 祝智庭、贺斌：《智慧教育：教育信息化的新境界》，《电化教育研究》2012年第12期；杨现民：《信息时代智慧教育的内涵与特征》，《中国电化教育》2014年第1期；祝智庭：《以智慧教育引领教育信息化创新发展》，《中国教育信息化》2014年第9期。

② 仲建维：《德育评价应超越量化取向》，《教育研究》2014年第5期。

信息。

质性评价应当在过程中形成理解和解释框架；多用描述性和解释性的语言，少用“好坏优差”这样的诊断性语言；评价的结果应作为促进学生的进一步道德成长的起点和依据；评价主体和客体应展现一种互为主体的评价关系，在平等交流中不断构建对学生的道德特性和道德成长需要的全面深入理解；同时，应当注意“量化评价”与“质性评价”的结合。

（林可）

（六十七）职业教育治理

2014年6月国务院全国职业教育工作会议《关于加快发展现代职业教育的决定》中提出要“加大职业教育制度创新”。“职业教育治理”成为职业教育政策讨论和研究中的重要概念。

当前，社会的快速发展对职业教育提出了新的要求，传统的管理模式不能满足教育需求多样化、办学体制多样化和运行机制多样化的要求，建立和提高“治理”能力，成为管理模式改革的重要途径。治理（governance）的原意是控制、引导和操纵，它与传统的统治有很大区别。按照通常的理解，治理是一系列活动领域里的管理机制，它们虽未得到正式授权，却能有效发挥作用。治理是一种由共同目标支持的活动，其活动的主体未必是政府，也无须依靠国家的强制力量实现。人们普遍认为，将现在的“管制”模式向“治理”模式发展，是现代管理发展的必然趋势，也是公民社会的要求。目前，如何协调好政府、市场、社会的关系对职业教育进行有效治理，建立良好的治理结构和治理机制，并发展治理能力，在理论和实践上都面临着巨大的挑战。

（赵志群）

（六十八）中等收入陷阱①

“中等收入陷阱”是指当一个国家的人均收入达到中等水平后，由于不能顺利实现经济发展方式的转变，导致经济增长动力不足，最终出现经济停滞的一种状态。世界银行对东亚地区研究，2007年主题报告《东亚复兴：关于经济增长的观点》，具有针对性地首次提出关于中等收入陷阱的警示（印德尔米特·吉尔、霍米·卡拉斯等，2008）。从那以后，中等收入陷阱这个概念广为经济学界所讨论，被用来类比拉丁美洲以及若干亚洲经济体的困境，并且常常作为对中国经济前景判断的一个参照点。

按照世界银行的标准，2014年我国人均国内生产总值达到7485美元，已经进入中等收入偏上国家的行列。很多发展中国家在这一阶段由于经济快速发展中积聚的矛盾集中爆发，自身体制与机制的更新进入临界，发展战略失误或受外部冲击，经济增长回落或长期停滞，陷入所谓“中等收入陷阱”阶段。针对中国当前已经进入中等收入门槛有可能陷入“中等收入陷阱”的状况，2014年在教育经济学领域不少学者通过研究和讨论分析我国如何通过发展教育和转型来跨越“中等收入陷阱”。

（杜育红、杜屏）

---

① ［美］印德尔米特·吉尔、霍米·卡拉斯等：《东亚复兴：关于经济增长的观点》，中信出版社2008年版，第18页。

（六十九）主动反刍（Active Ruminant）

北京师范大学心理学院发展心理研究所的伍新春等在《心理科学》2014 年第 5 期的文章《青少年的感恩对创伤后成长的影响：社会支持与主动反刍的中介作用》中指出，对于创伤后的个体而言，对创伤后环境的积极思考和评价具有反复的特征，是主动反刍的一种表现。

Teceschi 和 Calloun（2004）的创伤后成长（PTG）模型认为，社会支持尤其是情感支持，可以强化个体对于创伤后环境的接受，并促进创伤者之间积极地讨论创伤事件，增加对创伤事件积极面的关注；创伤后的个体对于创伤事件及其结果的主动反刍，有助于个体积极思考创伤事件背后蕴藏的意义，重新建构对创伤后自我、他人和世界的理解，从而实现创伤后成长。

（李亦菲）

（七十）中间性评价（Interim Assessments）[①]

随着建构学业质量评价系统成为当前许多国家通行的做法，在开展学业质量分析时，如何做到"问责与教学反馈两者兼得"成为一个全球性的探索性研究课题。为了解决这一难题，美国提出了中间性评价。中间性评价指的是介乎形成性评价和总结性评价之间的评价。中间性评价的应用大致由三个环节组成：中间性评价测试的开发、基准评价试题库的建立和教师专业发展。中间性评价的突出优势表现在：中间性评价提供的诊断性信息有利于调整教学计划，更好地满足学生的学习需求；中间性评价可用于评价各种课程和教学实践的有效性；中间性评价可以预测学生在年末州级考试的表现。分析中间性评价的产生、应用及发展，对推动我国学业质量评价改革的研究具有一定的借鉴意义。

（七十一）资源获得行为（Resource Acquisition Behaviors）[②]

大量关于儿童同伴冲突的研究都表明，儿童的冲突大部分都是围绕着获得使用资源引起的。研究发现，中国儿童的求助成人和给予行为显著多于加拿大儿童；加拿大儿童的资源获得失败和为自己获得资源的频率显著高于中国儿童。果敢行为和轮流规则都是有效的资源获得方式；请求行为则是无效的。求助成人是中国男孩获得资源的一种有效方式；对加拿大儿童来说，则是无效的。

（李亦菲）

---

① 王萍、傅泽禄：《美国学业质量评价的新视点：中间性评价的产生，应用及发展》，《比较教育研究》2014 年第 3 期。

② 曹睿昕、陈会昌、陈欣银：《潜在冲突情境下 7 岁儿童的资源获得行为——对中国和加拿大儿童的比较》，《心理学报》2014 年第 46 卷第 1 期。

三、代表性论文简介

（一）教育学原理专业

【制度性自我选择与自我放弃的历程——对农民工子弟学校文化的个案研究】

熊春文　刘慧娟，《北京大学教育评论》2014 年第 4 期。

流动儿童尤其是农民工子弟的教育问题是一项重要的社会学议题。近年有学者从反学校文化的视角出发开展了颇有意义的探索，但是这些以探索“子弟们”自主性或能动性为出发点的经验研究，最终均以消解农民工子弟反学校文化的独立性和自主性为基本结论。通过对一所农民工子弟学校各个年级学生实际流动的动态考察，该文发现农民工子弟学校的反学校文化有一个逐渐生成的过程，即从“制度性自我选择”逐渐过渡到“制度性自我放弃”的洐化过程。学校往往包含着制度性自我选择与自我放弃的双重奏，而不是一种单一的文化。该文通过一个具体案例揭示了农民工子弟反学校文化的真实性及其力量，并在现有研究的基础上，对农民工子弟学校文化的社会意义进行了诠释，以更深入地理解教育—社会再生产的机制。

【先验的社会性与家国认同——初级社会化的现象学考察】

康永久，《教育学报》2014 年第 3 期。

先验的善意帮助个人在这个世界立足，也帮助他们重新认识这个世界，体味人世中平凡事件的意义。正是这种先验善意帮助我们在自我和不断后退的物自体之间建构了家、家乡和祖国。这种原初的家国认同本身不是一种深思熟虑的产物，而是对意义的直观。初级社会化过程就在有着这样一种精神氛围的初级群体中展开，其核心并不是让儿童接受世俗的知识观念与社会规范，而是建构人们的自我观念、家国观念乃至其他基础性的道德观念，并引导儿童借助先验的善意参与亲密关系共同体的再造。随着原初的主体间际的世界不断分化为一种差序结构乃至等级制的社会，或者不断分化为一种以社会分工为基础的多元化的松散体系，现实的家国认同问题日益突出。但王朝社会的家国认同经常只能在一个存在实质性善意的非常有限的圈子内进行，真正的国民只限于统治者自身及其家臣。现代教育有能力在国民之间建构某种公共的国家想象，人们凭此可以相互慰藉和取暖。但只有凭借形式理性或宪政秩序，人们才可能成为现实的民族国家的真正国民。涂尔干理论的不足，就在它不相信个人借助先验的社会性与世俗经验觉知世界的能力和社会本身的符号性质，总是片面强调道德实在、道德科学和道德教育。

【忧伤与愤怒：教育社会学的情感动力——以涂尔干、麦克拉伦为例】

周勇，《教育学术月刊》2014 年第 9 期。

反思教育社会学时，不应仅从理论

角度展开，还应关注其中的情感动力。以涂尔干的古典教育社会学为例，其中便有一种古典主义者特有的忧伤情感在起支撑作用。而在麦克拉伦的教育社会学实践中，则可以清楚看到马克思主义者对于“资本主义”及“帝国主义”体制的强烈愤怒。麦克拉伦之后的教育社会学以及当代中国教育社会学能有什么样的发展？同样也要厘清其中可能存在的情感动力。

【德育形态的历史演进与现实价值】

檀传宝，《教育研究》2014 年第 6 期。

德育的发展历程在不同的民族或文化中演绎出不同的轨迹。对德育形态的分析可以从历史与现实两个维度展开。德育的历史形态包括习俗性德育、古代学校德育与现代学校德育三个方面；德育的现实形态则可以分为直接德育、间接德育与隐性课程意义上的德育三个层面。德育形态的分析有利于德育概念的界定、德育发展方向的把握与德育实效的提高。

【德育评价应超越量化取向】

仲建维，《教育研究》2014 年第 5 期。

德育评价蕴含着巨大的教育能量，具体体现在它所具有的导向功能、强化功能、信息诊断和反馈功能等。目前对德育评价的理解和运用还存在颇多问题，其中最主要的是学校和教师依赖量化评价的强化力量，具体的评论策略就是运用“德育量化考核”这种手段。反思德育量化考核的本质，所有的量化考核都是针对学生的具体行为的，它本性上只关注学生的行为，而不关心学生的道德认知和道德情感的发展。德育评价不应把德育对象简化为“德育分数”，进行对错优差的简单定性；而应运用多元化的“质性评价”全面揭示和理解学生的道德成长特点需求，尤其要珍视那些不可测量的信息。

【社团活动与社会主义核心价值观教育】

石中英，《中国教育学刊》2014 年第 6 期。

社会主义核心价值观是中国特色社会主义的本质体现，中小学开展社会主义核心价值观教育是落实党和国家教育方针、立德树人、全面实施素质教育的必然要求。学生社团活动作为学校完整教育环境的一部分，与课堂教学一样，是中小学开展社会主义核心价值观教育的有效途径。要发挥好社团活动在社会主义核心价值观教育方面的重要作用，中小学需要从思想认识、政策制定、活动指导以及保障体系等各方面入手，全面提高社团活动的水平和质量。

【“治理”视域下公民教育的实践建构】

叶飞，《教育科学》2014 年第 1 期。

“治理”作为一种新型的管理理念和实践方式，在当前获得了人们越来越多的重视。“治理”理念倡导教师和学生对学校治理权利的共享，引导教师与学生通过协商、对话、合作以及公民伙伴关系等方式积极参与学校公共事务的管理，从而扩大和提升学校的公共利益，培育学生更为健全的公民品质。因此，学校“治理”与公民教育之间所形成的是一种有机联结的关系，学校组织的治理型建构可以为公民教育提供坚实的生活基础和制度保障，而公民教育则可以通过唤醒学生的公民意识和治理意识，提升他们的治理意愿和治理能力，从而推动学校治理的发展。基于“治理”理念而建构起来的公民教育，不再是灌输式、概念式的公民教育，而是一种主体性、实践性的公民教育，它可以更好地培育学生的公民权利与责任意识，使学生成长为治理型的公民。

【公民正义感及其超越:公民教育的双重任务】

冯建军，《教育学报》2014 年第 6 期。

古典公民建立在古典共和主义基础上，

现代意义上的公民则启蒙于自由主义，以自由主义为主导。自由主义的公民追求权力和利益的平等，因此，公民正义感以互利为核心，这是成为公民的必要条件，也是公民德行的底线要求。但互利的正义感不仅是有条件的，而且过于关注利益的分配，是有局限性的。克服其局限性，必须超越单纯的正义感的互利性，以相互善意来弥补和完善。培养公民的正义感，是公民教育的首要任务，但不能只限于正义感，还必须超越正义感，培养公民的同情心、友爱和责任感。

【跨界合作:芬兰儿童媒介素养教育述评及其启示】

孙珏，《比较教育研究》2014 年第 9 期。

芬兰作为世界媒介素养教育的开创国，在半个多世纪的探索中形成了自己的媒介素养教育模式。芬兰媒介教育模式是：将媒介素养主题正式纳入到国家核心课程体系中，利用学前教育和小学课间活动开展系统而有效的儿童与媒介计划，同时倡导学校、政府、媒介业、家庭共同营造儿童媒介素养教育的学习情境。其核心思想是：以跨媒体、跨学科的形式渗透在核心知识的学习过程中；以发展儿童认知、情感、技能和思维为目的来整合资源；公共机构和私人领域之间充分信任，积极配合。

（摘自网页）

（二）教育政策学与教育法学专业

【学校侵权责任及归责原则】

劳凯声，《中国教育法制评论》2014 年第 12 辑。

由于学校在实施教育教学活动中承担的是法定义务而非合同义务，在学生伤害事故中，侵害的是学生的人身权，所以学校因违反安全保障义务而造成损害事实时，应承担的是以赔偿损失为主的侵权责任。《侵权责任法》是对分散于不同法律、司法解释中相关规定的系统总结，在责任的归属、构成和分配中体现了其合理性和进步性。根据《侵权责任法》，我国中小学校、幼儿园及其他教育机构的侵权主要适用于过错责任原则，过错推定责任原则是其特殊表现形式，而无过错责任原则不适用于学校的侵权行为。学生伤害事故属于民事侵权性质，适用过错原则，学校可以受害人的过错作为免责事由，但考虑到受害人基本上属于无行为能力和限制行为能力人，学校应承担举证责任。

【中国特色社会主义教育发展道路的几个基本问题】

刘复兴，《教育研究》2014 年第 7 期。

中国特色社会主义教育发展道路，是中国特色社会主义道路的重要组成部分，是在中国特色社会主义理论指导下形成和发展起来的是一条我国教育事业科学发展之路，是一条坚持党的领导发展教育之路。中国特色社会主义教育制度是中国特色社会主义教育发展道路的根本制度保障。对中国特色社会主义教育发展道路进行系统科学研究，具有战略意义。

【美国学校体罚问题研究】

李晓燕，《中国教育法制评论》2014 年第 12 辑。

体罚是一种以教育为目的，施加于犯有过错的学生身体之上使之感到疼痛，以纠正其错误行为的惩戒手段。美国的一些地区和学校通过立法或者学校政策授权教育者实施体罚，这有其宗教思想根源。美国也存在废除学校体罚的呼声。在允许体罚的地方，大都对如何进行体罚作出了一些较为明确的规定。法院通过对一些体罚诉讼案件的审理，确定了某些判断体罚的合理性或者过度的标准。过度体罚可能被判承担民事或者刑事责任。

【教育法学研究的问题、范围与方法】

湛中乐，《中国高等教育》2014 年第 17 期。

教育法学作为一门独立的学科，应有属于自己学科的基本问题。不可否认的是，教育法学在很大程度上是通过借用行政法学的概念及其学术范式形成和建立起来的。但是，如果把教育法学列为一个独立的法学研究内容，那么，它理应有自己独特的话语体系，特定的概念和话语是科学地表达教育法学专业知识不可缺少的。因此，教育法学研究的基本问题，应当是教育法学所独有的，构成了教育法学学科合法性的基础。纵观 21 世纪以来教育法学领域的一系列研究，可以看出主要集中在以下几个领域：（1）教育法学学科自身建构的研究。（2）受教育权中的法学问题研究。（3）教育法治研究。对于教育法学的学科研究方法，尚未有学者进行专门研究。从学科属性来看，从属于法学、教育学以及管理学的诸多研究方法都应当并且可以成为教育法学的研究方法。

【论在家教育入法的价值目标与规范重点】

余雅风，《中国教育法制评论》2014 年第 12 辑。

在家教育是以父母可以选择更适合子女潜质、能力的教育为前设的。在家教育入法，其目的在于通过确立父母在家教育子女权利的方式来实现儿童发展。儿童发展权保护构成了在家教育立法的终极价值目标，其法律规范的构架也应以此为基准。在家教育入法要避免法律工具主义，真正以未成年人发展权为立法价值目标。法律规范则要围绕未成年人发展权从政府职责、父母职责、在家教育与现行学制的融通三个重点进行设计。

【高等教育阶段我国残疾人教育机会平等权的法律保障】

申素平，《中国教育法制评论》2014 年第 12 辑。

高等教育阶段，残疾人的受教育权主要表现为教育机会平等权。我国立法规定高等学校必须录取符合国家规定录取标准的残疾考生，国家应对残疾人参加国家升学考试提供便利条件。但与境外立法或与残疾人教育机会平等权的内涵要求相比，还存在着立法不足以及法定权利未能转化为现实权利的问题，应从转变立法理念、细化相关立法、侧重补偿以及强化程序实现权利救济等方面予以改进。

【中国大学章程内容的缘法与求新】

湛中乐　赵玄，《陕西师范大学学报》（哲学社会科学版）2014 年第 2 期。

中国大学章程制定已经进入新阶段。在建设法治国家的背景下，大学章程既要严格按照法律规范将法定内容详加规定，又须结合大学实际情况进行特殊考虑，使大学章程具备合法性和可行性。同时，紧密围绕大学治理结构和大学成员地位两大重点，对大学的权力进行合理配置，对成员的权利进行切实保障。在此基础上构筑大学章程内容的全景，以实现大学章程内容的缘法与求新。

【论“在家上学”的权利主体及其权利性质——保障适龄儿童受教育权的视角】

胡劲松　段斌斌，《教育研究与实验》2014 年第 4 期。

“在家上学”符合义务教育制度的创立精神，可以成为学校义务教育的补充。“在家上学”行为与其说是儿童少年主动行使受教育权，倒不如说是父母基于监护权代理子女做出教育选择。作为相对权利，其行使必须与儿童少年的最大利益相契合，并避免权利滥用行为、无权行为和过分行为。

【大众传媒对教育政策制定与执行的影响——以我国高等教育质量保障政策为例】

刘水云，《中国教育法制评论》2014年第12辑。

大众传媒对教育政策的影响日益凸显，然而当前对该问题的学术研究仍然不足。该文以我国在21世纪初出台的高等教育质量保障政策为例，探究大众传媒在教育政策制定与执行中的角色。研究发现，现阶段我国大众传媒对教育政策的影响主要表现在促进政策议题的确立，在政策执行过程中树立政策合法性和监督政策的有效执行，而其在构建公共讨论的平台，完善政策设计中的角色方面还有待加强。

（三）农村教育专业

【传统与现代:文化哲学视域下的农村教育研究】

武晓伟　朱志勇，《湖南师范大学教育科学学报》2014年第6期。

从文化哲学的视角看，传统与现代并非两个对立的概念，而中国农村社会与农村教育的历史变迁正是传统与现代不断交锋作战的历程体现。从晚清时期农村教育传统与现代的同质，到改革开放后农村教育的“现代化”趋势，体现了西方现代性对农村教育的全面深刻的影响。即便如此，中国传统在遭遇西方现代性的交锋时也是异常激烈的。要想解决我国农村教育的发展，首要问题是厘清文化与农村文化的发展历程与特点，从而探索出一条农村教育现代化的出路。

【城乡分殊的学校教育培养目标思考】

袁桂林，《教育与教学研究》2014年第3期。

从历史线索和发展的角度看，城乡学校教育培养目标必然应该有所区别，甚至校际都应该有所不同。培养目标的特色化不是城乡学校教育资源配置等保障条件的差距，更不应该固化现在城乡教育发展水平的差距。中国农村学校应在城乡一体化保障下，在遵循学校教育培养目标的建构规律过程中稳步发展。过去在农村实施的“绿色证书”教育应该反思。

【新城镇化背景下我国农村教师的核心问题与政策应对】

刘善槐　邬志辉，《东北师大学报》（哲学社会科学版）2014年第5期。

在新城镇化的背景下，我国农村教师问题逐渐凸显放大：教师数量相对不足与绝对过剩问题并存；农村偏远地区学校教师岗位对年轻教师的吸引力不足；农村教师队伍结构不合理及素质有待提升等。为了破解这些问题，应该深化农村地区教育综合改革：采用“基本编＋机动编”的方式来配置教师并科学核定教师编制；建立系统性的农村偏远地区教师岗位利益补偿制度；在区域内把教师从“学校人”变成“系统人”；构建教师退出与交流的长效机制等。

【我国农村学校教师编制测算模型研究】

刘善槐　邬志辉　史宁中，《教育研究》2014年第5期。

教师数量未能满足正常的教育教学需要、教师的学习提升需要及保证教师身心健康的需要，这已经成为制约我国农村教育质量提升的重要因素。为此，作者提出应推行农村教师数量保障的综合改革，在学校层面采用“基本编＋机动编”的方式来配置教师，作者成功构建了兼顾教育公平及教师资源利用效率，以课程设置、学生数量的年级和班级分布为基本参数的教师编制标准测算模型，并提出了依据轮训周期和轮训时间的机动编设置方法。基于建构的科学化教师编制测算模型，作者重新测算了当前农村教师的盈缺状况，目前农村地区180人以下的学校总量上缺教师，共缺少教师116329人，占农村教师总量的5.38%，而把机动编也计算在内的话，如果轮训周期为5年，轮训时间为3个月，那么共缺少教师165188人，占农村教师总量的7.64%，如果轮训周期缩短，轮训时间延长，那么农村地区缺少教师的比例将更大。

【城乡教育一体化的三种基本模式：生成机理与问题应对——基于琼、渝、蓉的实践分析】

范涌峰　李欣莲　宋乃庆，《教育发展研究》2014年第1期。

根据发展方式和重心的不同，可以将城乡教育一体化的模式划分为资源扩充型、机制建设型和内涵提升型三种类型，海南、成都和重庆的城乡教育一体化实践就是三种模式的典型。通过对三地城乡教育一体化模式的分析发现，资源扩充型、机制建设型和内涵提升型三种模式对于不同的教育实际具有不同程度的适切性，均衡观、教育发展水平和需要、经济社会发展水平和文化发展对于模式生成和选择具有显著影响。面对不同模式的缺陷和实践中的问题，须根据教育实际准确定位，扬长避短，科学选择和运用城乡教育一体化推进模式，建立推进城乡教育一体化发展的动力机制，共同回应城乡教育一体化发展的核心问题。

【特岗教师视角下特岗计划实施效果的调查研究——以静乐县和东乡县为例】

李跃雪　邬志辉，《教师教育研究》2014年第4期。

特岗计划的实施效果是特岗政策实施后，对特岗教师及其所在学校和学生带来的行为或态度上的变化和影响。鉴于政策效果的多主体、多层面的特点，该研究将从相对微观的视角考察政策的实施效果，将特岗教师的实施政策效果的可操作性定义为：①学生维度的效果有对学生学习成绩、学习习惯、学习方法所产生的改变和影响；②学校维度的效果表现为给学校活力、校园文化建设带来的影响及给学校学科布局带来的影响和改变；③特岗教师维度的效果，主要是特岗计划给特岗教师带来的影响和产生的变化，包括行为上和态度上的影响：对政策的认可度、对工作的满意度、政策对其工作和生活上的影响及服务期满后留任与否等问题。

对增强特岗计划的实施效果提出以下建议：一是要修订政策设计，调整特岗教师分配制度；二是要改进在岗培训，提高特岗教师教学效果；三是要融入多方资源，提高特岗教师待遇；四是要宣传政策效果，提高特岗教师岗位吸引力；五是要持续实施特岗计划，稳定提升特岗计划的影响力。

【农村学校撤并的社会代价反思】

秦玉友　曾文婧，《教育发展研究》2014年第10期。

已经完成义务教育普及的国家，基本都经历了一个从学校广泛布局、学校数量繁多到小规模学校逐渐撤并、学校减少的过程。20世纪70年代中后期，我国农村小学和初中先后达到学校数量的峰值，但到2012年，小学减少了85%，初中减少了90%。过度的农村中小学撤并导致大量农村学校急剧消失，使得学校撤并在追求教育经费使用效率等一些经济理性成绩时，也引发农村社会的多层面社会问题。文章主要从社区、家庭和学生三个层面对学校撤并带来的社会代价进行了分析，并在此基础上探讨提出有针对性的改进措施，以最大限度地减少学校撤并带来的负面影响，扩大农村学校布局调整的积极效应。

学校撤并的社会代价主要是指学校撤并后农村社区居民、家长或孩子对学校、其他个体（群体）的情感、互动和正向价值需求满足的丧失、缺失或剥夺。从社区层面看，农村社区与学校疏离感增加，学校加之于社区的仪式性存在和时间制度规训被抽离和弱化；社区居民交流频率降低，农村社区的凝聚力被削弱；学校的文化正向引导功能减弱，“场式影响”效应消失。从家庭层面看，父母角色承担的机会减少，角色认识弱化，家庭的现实完整性和稳定性受到一定的影响；晚辈主导文化的反哺影响式微，不利于家长文化知识水平的巩固提升和相应信息的更新；家长关爱需要难以得到满足，影响亲子关系和家长精神状态。从学生层面看，学生家庭认知不良，影响他们对家庭的依赖感和对家庭关爱的合理需求水平；新学校适应融入困难，易产生不良情绪和心理问题，甚至引发群体间的学生问题；参与学校社会活动的机会减少，影响被撤并学校学生参与的积极性和群体归属感。

为解决与缓解学校撤并所引发的社会问题，避免不必要的社会代价，应该建立多社区共享学校的理念和机制，提高家长、社区居民对孩子所在学校的拥有感，创造条件促使各社区居民和家长深度参与学校事务；为亲子互动创造条件，积极组织亲子交流活动，引导家长积极关注孩子成长、参与家校共育，提高亲子交流互动的质量；为学生创设“类”家庭的学校生活环境，尝试混龄分配宿舍，发挥专业生活老师的作用；把被撤并学校办成社区居民文化娱乐场所，引进优秀的文化资源，组织积极的文化活动，加强引导和规范，以最大限度地发挥文化娱乐场所的文化娱乐服务功能。

【社会转型背景下农村教育发展新走向】

凡勇昆　邬志辉，《中国教育学刊》2014 年第 5 期。

社会转型作为一个国家或地区从传统社会向现代社会转变的过程，意味着一种包含多维度内涵并经历着长时段的根本性转变。社会转型带来了前所未有的财富、资源和发展机遇，又与随时爆发的种种现代性危机相伴而行。现代化的新变化让我们难以照搬传统的思维方式来解决问题，而要立足于时代背景审视整个农村教育发展和变革的过往和现实，“农村教育学”需要激发构造一种新的乌托邦的想象力，勾勒出符合时代发展特征和教育发展规律的新型农村教育的认识框架。社会转型对教育意味着什么？这是我们首先要思考的问题。作者认为教育受到社会发展的规约和影响，有什么样的教育条件和水平就会催生什么类型的教育；社会转型促使教育发展主题产生变迁；社会转型促使教育发展方式的转变。我国政府曾经非常重视农村教育的发展，农村教育也在普及义务教育以及扫盲等工作中做出了卓著的贡献，这对于我国整体教育发展以及社会稳定都有着重要意义。然而，传统农村教育发展中存在着诸多困境：传统农村教育发展关注维度低级、教育对象单一、系统结构封闭。

传统教育的种种弱势限制着农村教育现代性的生成和现代化的质量，它已经不足以承担应对未来农村教育面临的新的挑战和选择发展战略的责任，我们需要一种新型农村教育的想象力。作者认为农村教育是一个发展性的概念，随着城镇化进程的加快和人的流动日益频繁，未来的农村将在地缘、结构、形态和功能上都有着极大差别，教育的未来也更加开放、自由和多元，它的最终目的是培养具有现代思想、态度和生活方式的现代人。农村教育的发展性所体现出的复杂性，告诉我们应该对它的内涵有着多元的理解和期待的想象，任何一种情境性化约都只是一种片面的裁剪。新型农村教育发展应该是一个更具包容性、前瞻性和复杂性特质的穿行于教育研究和实践的话语。农村教育发展是基于城乡教育一体化背景下改变传统的生存和发展方式，旨在促进系统中各个要素全方位进步和社会结构功能不断增强的教育实践活动，农村教育的最终目的是培养适应现代社会的现代人。当前我国农村教育发展至少应该包括农村教育系统自身的发展、农村教育对象和主体本身的发展以及农村学校社会服务的发展三个层次。

【工作量视角下义务教育教师编制标准研究——以农村小规模学校为例】

周兆海　邬志辉，《中国教育学刊》2014 年第 9 期。

我国长期以来实行按师生比和班师比标准配置教师的编制政策，且具有显著的城乡二元特征。现在看来，这一政策已越来越无法适应城乡教育一体化发展的价值诉求。《国家中长期教育改革和发展规划纲要（2010—2020 年）》明确提出要“逐步实行城乡统一的中小学编制标准，对农村边远地区实行倾斜政策”。那么，在实现政策的预期效果，尤其是切实解决农村学校的师资配置问题方面，除了现有的师生比和班师比标准之外，是否有更为合理的标准为义务教育阶段学校师资配置服务？而其逻辑前提又将是什么？文章以农村小规模学校师资配置问题为例进行阐释。

随着城镇化进程的快速推进，农村人口出生率持续下降，学龄人口不断向城市流动，现有义务教育教师编制标准的前提正在逐步被打破，农村小规模学校师资配置问题日益突出，一是超编与缺编问题并存，二是实质缺编导致教师工作负担重。出现上述问题的核心在于现有编制标准的取向与师资配置的实际需要相悖，一是规模取向问题。现有编制标准假定所有的学校都有一定规模，所有的班级都是按标准班额成班。只有学校达到一定班级和在校生数规模时，编制标准才具有适切的可操作性。二是向城取向问题。城乡学校规模不同，配置师资的标准城乡有别。

为切实解决农村小规模学校的教师编制问题，就必须突破传统单调的“班师比”和“师生比”配置标准。“编制”在本质上是一项依据工作量来配置人员的制度。教师编制是诸多编制的一种，是依据教育工作量来配置师资的制度性安排。因此，以教师工作量来确定教师编制才符合“编制”的本义，即教学工作量直接决定了一所学校的教师配备数额。一般而言，学校和教师每周的工作是相对固定和等同的，为了便于计算，只需统计学校一个教学周范围内的工作量即可。因此，在一个普通教师一周可承受的工作量是一定的情况下，在开足开齐国家规定课程情况下一个教学周所要完成的学校教师工作总量与学校所需配备的教师数成正比。通过数据分析得到学校配置教师数的计算公式。

【我国城乡义务教育资源均衡发展研究报告——基于东、中、西部 8 省 17 个区（市、县）的实地调查分析】

凡勇昆　邬志辉，《教育研究》2014 年第 11 期。

新农村建设对于农村教育布局调整政策的提出和实施具有重要的意义。在新农村建设背景下农村教育在更多意义上体现着功能概念的特点，它是为农村社会发展和进步服务的教育实践活动，教育的变革需要积极反映新农村建设提出的客观要求。同时，农村教育布局调整也能够在教育规模、结构以及功能等维度对农村教育进行调适和变革，为新农村建设的顺利进行保驾护航。

2005 年中共中央提出了建设社会主义新农村的历史任务，明确表示“要按照生产发展、生活宽裕、乡风文明、村容整洁、管理民主的要求，坚持从各地实际出发，尊重农民意愿，扎实稳步推进新农村建设”。新农村建设的核心指向人的现代化，这体现在作为人力资本生产能力的现代化、作为社会主体精神文明的现代化和作为政治主体公民意识的现代化三个维度，人的现代化要求教育结构形态的社会化。学校教育作为现代化进程中地位凸显的教育发展形态，无论在知识传授还是价值观培育上对于人类的进步都起着至关重要的作用，现代学校无疑是促使“传统人”向“现代人”转化的重要场所。然而，促进人的现代化并非仅仅局限于学校范围，教育发展的思维要体现基于学校并不断尝试超越学校的意识。除得到人们广泛认同的学校教育之外，工厂和农业这些社会结构同样具有现代化意义。

学校作为农村社会系统中的一个重要组成部分，是新农村建设中社会经济社会发展不可或缺的一个重要构成。在农村教育布局调整的过程中，要尽量避免那些基于政绩观的对农村普通中小学校肆意撤销、合并的现象，尤其是要警惕“要想富裕农民，必先消灭农民”观念衍生出的“要想解救农村教育，必先消灭农村教育”的行为倾向。

【义务教育学生营养改善计划实施的问题与对策】

宋乃庆　邵忠祥，《中国教育学刊》2014 年第 10 期。

营养改善计划是改善农村学生营养状况，提高农村学生健康水平，实现城乡教育均衡发展，促进教育公平的重要举措。通过对西部滇、川、渝等七省市农村义务教育营养改善计划实施状况调查发现：缺少营养专业人员指导，招聘工人难度大，食堂设施不足，学校公用经费被挤占等方面的问题比较突出。政府应为县区和片区配备营养人员，加强对营养餐的专业指导；加大投入，设立专项基金和适当提高学校公用经费标准，解决承担营养餐任务学校运行艰难的问题；加强监督管理，保证食品和经费安全；建立激励和约束机制，提高地方政府和学校的积极性，因地制宜开展营养餐工作。

（四）比较教育学专业

【试论大学的领导与管理：孰重孰轻】

王英杰，《江苏高教》2014 年第 5 期。

针对目前我国大学治理中普遍存在的管理者企业经理人化、大学成为政府的下属部门、行政权力不断挤压学术权力等弊端，在辨析大学治理特殊语境中领导与管理、领袖与管理者的差异的基础上，介绍了美国几位世界一流大学校长的办学理念与办学业绩，分析了当代中国出不了大学领袖的原因，发出了大学需要多一点领导、少一点管理的呼吁。

关于领导与管理和领袖与管理者的两个定义，本尼斯（W. Bennis）认为“管理是让人去做需要做的事，领导是让人愿意去做需要做的事”。麦克考比（E. Maccoby）认为“领袖被追随，管理者主宰支配”，“管理和领导是组织人的两种不同方式。管理者使用正式的、理性的方法，而领袖使用情感”。具体说来，领袖与管理者在很多方面存在重大差异。就职责而论，管理者是维稳，领袖是变革；在决策方面，我国大学管理者往往自己做决策，甚少有教师或学生广泛而深度地参与。

那么，世界一流大学道路上有哪些伟大的领袖？有诸多著名的大学校长在美国高等教育史上画过浓墨重彩的一笔，如哈佛大学的艾略特校长、耶鲁大学的吉亚麦蒂校长、芝加哥大学的哈珀校长以及斯坦福大学的斯特林校长，他们在各自大学面临的时代洪流中起到了中流砥柱的作用，他们都胸有大图景，能够把握时代的脉搏，确定清晰的愿景，坚持改革，把人（教师）放在中心地位，引领他们沿着精心规划的路径，向着卓越的顶峰攀登，把自己的大学带入世界一流。他们身上都凝聚着大学领袖的优秀品质。

通过上述分析反观中国大学领袖匮乏的原因，当代中国出不了大学领袖主要有三个制度因素，第一，是时代的局限。现在我们是组织文化取胜的时代，是一个大政府的时代，是一个市场价值中心的时代。第二，是中国的传统文化使然，木秀于林风必摧之，这样的文化中很难产生优秀的领袖。第三，来自高等教育制度内部，中国当代大学制度使得大学只是政府的附庸机构，大学完全以行政中心的制度构建，学术自由传统缺失，大学校长被定位为管理者。

管理与领导到底孰重孰轻很难一言以蔽之，但大学组织特性是“处于一种结构性的无政府状态”，从这一特性可见大学需要多一点领导，少一点管理。教师不是被管理出来的，是被引领出来的。“组织的成功需要在领导与管理之间建立平衡。管理者是石头，领袖是火。”

【变动时代的日本教师教育改革：背景、目标与理念】

饶从满，《比较教育研究》2014 年第 8 期。

自 20 世纪 80 年代中期全面启动历史上第三次大规模教育改革以来，改革成为日本教育发展的常态。而在常态化的教育改革中，教师教育改革又是重中之重。作为重中之重的日本教师教育改革，高举向“新时代的教师培养、录用和研修体系”转型的旗帜，根据临时教育审议会，特别是后来的教育职员养成审议会、中央教育审议会等的建言，迅速展开。历经 30 多年的改革正在日本教师教育领域引发“明治时代教师职业出现以来的最大规模变动”。那么，20 世纪 80 年代中期以来的日本教师教育变革是在什么样的背景下，基于什么样的目标，遵循什么样的理念展开的？探讨这些问题，正是该文的主要目的。社会结构的急剧变动、教育对象的深刻变化、社会对教师和教师教育信任的严重动摇和教师供求关系的转变构成 20 世纪 80 年代以来日本教师教育改革的主要背景。正是在此背景下，日本展开了一场以提高教师专业性为根本目标，以新自由主义为基本理念的教师教育改革。为了应对“社会结构的急剧变动”和“教育对象的深刻变化”，教师和教师教育被寄予了巨大期待；而由于家长和国民对教师和教师教育信任的严重动摇，教师和教师教育又成为被批判、改革的对象。在这种双重压力下展开的日本教师教育改革，把“恢复对教师的信赖”和“提高教师的专业性”作为基本追求。而日本教师教育改革所强调的教师专业性，既体现了对新时代（信息化时代）要求的积极回应（如重视终身发展、强调实践能力等），也反映了对现实课题（教育病理问题等）的无奈应对（注重教育素养、实践能力和综合人文素养），当然也免不了打上日本文化传统的烙印（重视综合人文素养）。以“提高教师的专业性”为基本目标，也就意味着是以提高教师教育质量为目标，因为教师专业性的提高有赖于教师教育质量的提升。正如各相关咨询报告反复强调的那样，教师教育改革都坚持战后一直遵循的“大学中的教师培养”和“教师培养的开放制”的基本原则。因此，可以说 20 世纪 80 年代以来日本教师教育改革所要解决的课题就是如何在坚持开放制原则的同时，确保并不断提高教师教育质量。为解决这一课题，日本遵循新自由主义的理念，将市场原理引入教师教育。为了督促各教师教育机构维持和提高教师教育质量，日本自 20 世纪 80 年代中期以来越来越注重对教师教育的过程评价和事后评价，致力于建立综合性的教师教育评价体制。评价虽然是保障和提高质量的重要手段，但却远非充分条件。

而且，评价只有以尊重被评价者的主体性为前提，才能达到保障和不断提高质量的目的。对于日本来说，要真正实现提高教师教育专业性这一目标，必须要在充分尊重并发挥中小学教师和教师教育机构（包括教师教育者）的主体性上下足功夫。

【拉丁美洲民众主义教育初探】

黄志成，《外国教育研究》2014 年第 8 期。

纵观拉丁美洲国家从 19 世纪初独立至今约 200 年的教育发展历程，可以看到推动拉美教育发展的一种强大的主导思想是具有拉美特色的民众主义教育。民众主义教育是一种教育思想，也是在拉丁美洲地区广为流行的、具有很大影响的一种教育思潮。民众主义教育的基本理念认为，教育是追求自由、民主与平等的过程，受教育是每个人都应有的权利，人不能因贫穷而被剥夺受教育的机会，教育必须为广大民众服务。因此，民众主义教育应该是与精英主义和极权主义不相融的，但在拉丁美洲的社会实践过程中，我们也可以看到，有时民众主义与精英主义相交，有时民众主义也带有威权主义味道。

拉丁美洲民众主义教育发展阶段大致可以划分三个阶段：（1）早期民众主义教育阶段（20 世纪 30 年代至 50 年代），以巴西和阿根廷最为典型，主要特点是：有民众支持基础的威权政府强调以国家和民族发展为目标，通过大力发展初等和职业技术教育，为广大民众提供更多的受教育机会。（2）激进民众主义教育阶段（20 世纪 60 年代至 90 年代），以古巴和巴西最为典型，主要特点是：确立了新的教育制度和新的教育思想，强调教育应为政治服务，教育目的为激发以工人和农民为基础的民众的觉悟和解放，如建立了完整教育理念和体系的古巴社会主义教育制度和形成了民众教育理论的巴西教育家保罗·弗莱雷提出的解放教育理论。（3）新民众主义教育阶段（20 世纪末 21 世纪初），主要特点是：以拉美国家普遍由左中翼上台执政为标志，坚持维护民主与法制，进一步实施倾向于下层民众教育发展的重点资助计划，为广大民众提供更多更好的教育，其中委内瑞拉、玻利维亚、厄瓜多尔等国是高举社会主义大旗但又以与 20 世纪的社会主义不同的新社会主义为基础来推行民众主义教育，较强调政府的干预和控制，主张引导收入流向某些特定群体；而巴西、阿根廷、智利等国具有新的国际视野和开放意识，但仍能坚持传统的民族文化，在发展政策上并不采取极端的方针政策，坚持民众主义主导思想开展稳步有序的教育改革。

尽管不同时期的拉美民众主义教育具有不同的方式，但是在促进广大民众教育普及与提高方面产生的巨大作用和影响是有目共睹的。目前，拉美民众主义教育正朝向更具国际化的方向发展，随国际教育发展的潮流而发展，而拉丁美洲的民众主义教育基本上也符合国际教育发展主潮。可以说，拉丁美洲民众主义教育的发展既具有拉美特色又能顺应国际潮流的发展。

【“专业化发展”理念下的澳大利亚教育智库建设——以澳大利亚教育研究委员会为例】

王建梁　郭万婷，《高校教育管理》2014 年第 2 期。

1930 年成立的澳大利亚教育研究委员会（ACER）是澳大利亚国家级层面最具影响力的教育智库，工作范围主要包括提供测评服务，开展教学研究，开展教育的社会基础研究，提供社会服务。该委员会的特点主要为服务水准专业化，机构运行独立化，辐射范围国际化，研究过程长期化。80 多年来，该委员会以高水准、专业化的教育研究，在全国教育改革和政策的制定中发挥了重要作用，值得我国教育智库加以借鉴。

作为独立的非营利性组织，ACER 实行法人治理，董事会为最高权力机构。分为七大部门：心理研究和测评部门、教育监测与研究部门、专业资源部门、评量部门、企业服务部门、人力资源部门及国家发展部门。ACER 在成立之初，曾受到卡内基基金会的大力资助，从 1946 年开始接受联邦政府的拨款，直到 2003 年，逐渐实现了财政独立。ACER 的资金来源主要有三种途径：出售产品，包括出版书籍、年度报告等；提供教育决策咨询服务；接受社会各界的捐赠。

ACER 的主要业务是通过专业教育研究，为社会各界提供全面而客观的教育咨询服务。其功能分为以下四部分：测量和评价、学习和教学研究、教育的社会基础研究、社会服务。

ACER 的主要特征包括：

（1）服务水准专业化。作为国家第一流的教育研究机构，ACER 秉承专业知识、创新、自主、诚信、回应、反思与改进、积极的关系、成就感八大信念为顾客提供服务，追求高标准的学术成就及品质，致力于成为世界级教育研究中心。

（2）机构运作独立化。ACER 独立于政府而存在，研究项目的开展不受政府干涉，不受教育内部系统与各个利益团体的干涉。

（3）辐射范围国际化。ACER 将自己融入不断变化发展的国际环境之中，在东南亚、中东、非洲等地建立了分支机构，与各国的教育部门和大学展开教育合作研究，并承接来自国际顾客的教育决策服务委托。

（4）研究过程长期性。ACER 强调追踪调查，并定时对公众发布研究进程，吸收合理的建议和反馈，对研究进行修正和完善。

【学习型城市建设：国际组织的理念与行动反思】

徐小洲　孟莹　张敏，《教育研究》2014 年第 11 期。

学习型城市是当代城市建设的重要趋势。学习型城市既是知识经济社会时代市民生活品质提升的重要途径，也是城市实现可持续发展的动力源泉。学习型城市建设的理念既是“终身学习”和“全民教育”的思想延伸，也是城市发展观念变革带来的必然产物。以人为本促进人与城市互动发展的学习观，则是学习型城市建设的认知基础。

为了研究与推动学习型城市发展，经济合作与发展组织（OECD）、欧盟（EU）、联合国教科文组织（UNESCO）、国际学习型城市协会（IAEC）等国际组织从终身学习、全纳教育、可持续发展等多种角度探讨学习型城市理念，并努力通过制定评价指标体系与评估活动推进全球性学习型城市建设。

（1）OECD 以“发展”为主线，将终身学习作为建设学习型城市的基本原则，从现有的教育机构、政治和经济发展趋势、文化传统、学习的可获得性、培训计划、文化机制、终身学习、社会参与八方面出发，促进城市个体、社会、文化、环境和经济全面发展，构建学习型城市建设的总体框架。（2）EU 于 1999 年起实施“迈向学习型社会（TELS）”研究计划，并研发推出学习型城市评估工具（the Learning Cities Audit Tool），从建设学习型城市的承诺、信息传播、伙伴关系和资源、领导力发展、社会融合、环境与公民、技术与网络、财富创造与就业力、市民动员参与及发展、学习活动和家庭十大维度出发，建立欧洲学习型城市建设的标准。（3）IAEC 作为促进学习型城市建设的国际协作机构，于 1990 年首次发布《学习型城市宪章》（*Charter of Educating Cities*），确立世界学习型城市建设的标准，从构建学习型城市的权利、义务和对市民的服务三方面提出建设学习型城市的基本原则。(4) UNESCO于2012年建设全球学习型城市网络，推广终身学习理念，构建政策对话平台和先进案例的信息中心，并从学习型城市建设的目标、内容和基本条件三方面搭建评估指标体系，渗透可持续发展、全民参与的教育思想。

学习型城市应成为学习型社会建设的“领头羊”与示范区。我国建设学习型城市要以学习者为本，促进复合发展、特色发展；突破传统学习观的樊篱，推动四个转向实现；关注市民素养与城市能力复合发展；以系统化思路整体谋划学习型城市建设进程；兼顾国际标准与本土需求，通过构建合理评价体系，实现以评促建的价值功能。

【Effective Teachers for Successful Schools and High Performing Students: The Case of Shanghai】

张民选、徐瑾劼、孙传，*Educational Policy Innovations: Leveling Up and Sustaining Educational Achievement*, Springer, 2014.

随着上海在PISA测试中两次获得全国第一，其优异表现引来了世界各国的关注热潮，国际上有越来越多的人士希望了解上海乃至中国基础教育发展的现状和动态，以及上海获得PISA好成绩的深层次原因。30年来上海为提升教师队伍质量进行了一系列改革。在教师入职门槛方面，上海在2001年开始落实《教师专业标准》，教师的学历水平不断提升，如今上海小学至高中的新入职教师都必须达到本科以上；非师范专业的毕业生必须学习教育学、教育心理学和学科教学知识，并通过三门课考试，才能获得教师资格证并有机会成为一名教师。在未来教师的培养方面，上海的两所师范院校华东师范大学和上海师范大学创新开发了各类培养模式，并大大增多了实践环节，同时致力于培养高学历的教师，如“3+2”模式、“4+3”模式等。在教师专业发展方面，职称制度为教师不断提升自己带来了动力；上海为各类教师开发的实习教师培训、在职“240”和“540”培训项目、学历培训项目、带教制度等为教师胜任岗位和进一步发展提供了保障。

【当前美国基础教育质量现状与改进趋势——“追求卓越”理念引领下的实践】

王正青　徐辉，《教育研究》2014年第9期。

以美国国家教育统计中心（NCES）、美国外交协会（CFR）、各州教育长官委员会（CCSSO）近年来所发布的相关报告，联邦政府近年来发起的系列教育改革计划，以及联邦和教育行政部门负责人谈话和公告为资料来源，采用文献研究和比较研究手段，分析了当前美国基础教育质量现状，以及美国各级政府改进基础教育质量的政策措施和未来趋势。

通过研究后发现，虽然联邦、州和地方政府在角色定位、权责划分以及关系整合上并不一致，提升基础教育质量却是各级政府的共同政策选择，而当前美国基础教育质量现状却低于政府与公众预期。一是学生学业水平离预期目标差距较大，在高中毕业率和大学入学教育上体现尤为明显。二是关键学科的学业成绩测试表现欠佳，不管是美国国内的NAEP测试，还是PISA等国际测评项目，阅读、数学和科学等关键学科都不甚理想。三是学生公民责任与全球意识日益淡薄，公民教育和外语教育有滑坡趋势。四是军队等国家安全部门人才储备不足。

同时，深入探讨了美国基础教育质量问题的根源。美国基础教育质量问题由来已久，既与盛行的“儿童中心论”忽视系统知识学习有关，也受美国区域间经济社会发展不平衡等因素影响。文章总结了当前影响基础教育质量的主要因素。一是分权化的管理体制致使国家宏观调控乏力，二是教师聘用政策缺陷致使高水平教师缺乏，三是教育领域创新力偏弱致使教学效率偏低，四是教育投入缺乏绩效评估致使教育产出率低。展望未来，美国各界将在“追求卓越”理念指引下，推动形成“国家课程标准”，建设高水平教师队伍，加强关键性学科教学，严格学校绩效考核制度，赋予家长更多学校选择权，强化学生学业成绩测试。

除了系统总结了当前美国的基础教育质量现状与改进趋势外，还探析了美国的政策制定者如何看待教育质量问题，将教育视为事关国家安全、国家价值和社会公平的重要基石。虽然中美两国的历史发展道路、经济发展水平、社会制度存在巨大差异，两国基础教育质量问题的表现形式与根源各不相同，采取的应对策略也形式多样，但两国对基础教育质量问题的重视却是一致的。分析美国基础教育质量现状与根源，梳理其应对措施，把握其未来走向，对我们制定基础教育质量提升政策不无裨益。

【中国农村中小学教育现状——基于城市化进程的视角】①

姜晓燕，《人民教育》（俄罗斯）2014年第7期。

21世纪初，世界人口结构中，城市人口和农村人口比例发生了显著变化，城市人口比例增加。2008年前，世界城市人口超过50%。但是，迄今为止，在世界范围内，最贫困人口仍然生活在农村地区。在中国，按照世界银行确定每人每日消费1.25美元的贫困标准，中国还有1.5亿人生活在贫困线以下，这些人口主要分布于农村地区。

教育发展是促进社会稳定发展、消除贫困的基础。20世纪最后20年，中国快速城镇化进程无疑对农村学校、农村学校结构和农村学校发展产生了很大影响。从2001年开始，国家制定并颁布了一系列文件，确定农村中小学校结构布局调整的机制、路径和方向，研究以2001—2010年国家统计局以及教育统计年鉴为依据，对农村学校结构调整以来，农村中小学教育的变化进行分析，分析显示：农村学校布局调整后，农村学校师资得到改善，对提高农村教育质量具有正面作用；在农村中小学学校和学生数量总体呈现减少趋势的同时，县镇中小学校和学生数量总体提升，县镇在教育城市化过程中发挥重要作用；学生向城镇快速集中导致县镇学校规模日渐扩大、巨型学校、大班教学现象明显、寄宿制学生年龄降低；初中和高中教育人口城镇化率高于人口城镇化率。

（姜晓燕）

【劳动力市场中美国教师职业的供求关系与社会地位分析】

程晋宽，《比较教育研究》2014年第4期。

在全球经济困境的劳动力就业市场中，

---

① 本研究为北京师范学联合国教科文组织国际农村教育研究与培训中心与俄罗斯研究型大学高等经济学校应用经济研究中心教育发展所于2010—2012年合作开展的“社会转型时期促进农村发展的职业教育教育政策的比较研究——以中国和俄罗斯为例”研究报告的组成部分。作者于2013年4月在俄罗斯高等经济学校“四月国际论坛”上发言后，文章由《人民教育》（俄罗斯，2014年第7期）收入发表。

高等教育毕业生的就业问题日益突出，中小学教师职业已经成为许多美国大学毕业生的理想职业。首先，分析了“美国中小学教师职业的工作机会”，发现美国大学毕业生对教师职业的追求日益增加，在全球经济危机的背景下，美国人对教师职业的兴趣越来越高，希望从事教师职业的教师资格认证也在全国各州推行，教师行业已经成为人们的重要工作机会，教师队伍呈现多样性特征。其次，描述了“美国教师职业的工资收入状况”，讨论了美国中小学教师工资的增长趋势、地区差异、工作经验与受教育程度对工资收入的影响。再次，分析了美国中小学教师的职业声望和社会地位。美国中小学教师之所以能在有关职业声望的调查中保持甚至提升他们的排名，原因之一是美国教师专业化运动极大地提高了中小学教师的高等教育学历层次；另一个原因是教学工作越来越具有专业性特征，需要复杂的专业技能和专业理论知识。但美国教师的职业声望和收入存在不一致性。最后，指出：美国教师职业的供求关系及其与经济收入、社会地位的关系，同样也适合解释中国高等教师教育与教师劳动力市场的关系，提出了三个基本结论。（1）中国教师职业的劳动力需求增长主要受到两种力量的推动。一是中国社会在快速从农业社会向工业化与信息化社会的跨越式转型，工业化和城镇化的过程导致教育人口的转移，许多优质学校不断拓展办学市场，需要招聘大量新教师；二是学校教师的专业化运动以及新课程改革对教师素质提出了新要求，中国教师职业的需求增长体现为对高学历获得者的推崇，在一些经济发达地区出现了小学教师本科化的趋势，以及优质学校教师研究生化的趋势。（2）中国教师职业的经济收入在近30年里得到较大幅度的提高。但相对于高消费、高房价时代，我国教师的绝对购买力存在严重不足，提高我国教师薪酬以达到发达国家教师的薪酬水平依然任重而道远。（3）中国教师的社会地位、职业声望与职业收入之间存在巨大落差。我国国民经济实力不断提升的全球化背景下，教师职业收入成了困扰教师队伍发展的关键瓶颈问题，要切实提高教师的社会地位和职业声望，就需要真正提高教师的绝对和相对收入。

【协同创新30年：粤港澳教师教育合作的回顾与前瞻】

马早明，《华南师范大学学报》（社会科学版）2014年第6期。

粤港澳教师教育合作的协同创新体现在三方面：（一）合作体制与制度的协同创新。一是20世纪80年代中后期粤港在深圳合作设立教学点，粤澳在珠海合作设立教学点，两地学生分别在深圳和珠海，接受华南师范大学等广东高校派出的教师授课，避免了广东高校教师出境香港与澳门在手续上的麻烦，和港澳两地学生北上广州上课的辛苦。二是20世纪90年代初，华南师范大学等广东高校与港澳合作单位共同努力，争取到广东省和香港、澳门有关部门的支持，对出境港澳审批制度进行了协同创新，由以往逐次审批改为每年一次集中审批。三是进入21世纪，粤港澳教师教育合作进入一个深化合作阶段，由以前广东师范院校为港澳单向培养教师，转变为粤港、粤澳双向互派教师参访学习，学生交换培养的新局面。（二）合作方式与途径的协同创新。一是与港澳普通高校合作协同办学。二是与港澳成人教育培训机构合作协同办学。三是与港澳社会团体合作协同办学。四是与港澳两地政府教育部门合作协同办学。（三）教学计划与人才培养规格的协同创新。一是删除和减少了一些在内地开设但在港澳不宜开设的公共必修课程。二是增设了一些与港澳社会和学生实际工作与生活关系较密切的课程。三是不断总结，适时改进教学计划与人才的知识结构。

随着泛珠三角洲地区社会经济一体化进程的加快，粤港澳三地紧密合作、融合发展共同打造南方教育高地，培养适合区域经济社会改革所需的各类人才，愈显必要。而打造南方教育高地必须以南方教师教育高地的建设为基础和前提，即通过南方教师教育高地的建设，进行粤港澳三地教师教育合作与创新。因此，由华南师范大学牵头，粤港澳合作，共同创建“粤港澳教师教育合作创新中心”这个平台，并借此研究三地教师教育合作创新的理论和教师教育合作的实践模式，对于建设南方教师教育高地，进而打造南方教育高地，为粤港澳经济社会的共同繁荣发展服务，就成为当务之急。

香港和澳门回归祖国，分别有17年和15年。但是，从最近发生的事态来看，港澳地区仍面临人心回归、国家认同的问题，尤其以香港为甚。近些年，随着中国综合国力的持续增强、国内经济的快速发展、国际地位的进一步提高，港澳地区人民的民族认同感与归属感日益增强。然而，由于长期被英葡占据的历史背景，意识形态的政治偏见和西方中心主义的文化偏见依然广泛存在。因而，通过加强港澳与内地文化教育合作与交流，提升和增强港澳地区教师的中华文化素养和国家、民族意识，进而影响两地青少年，来增强港澳地区的国家、民族和文化认同感，不仅是当前和今后一个时期十分紧迫而重要的政治任务，也是教育的重大使命。

（马早明）

（五）教育史专业

【教育史研究的问题意识与当代视野】

金忠明　王元义，《河北师范大学学报》（教育科学版）2014年第1期。

进入21世纪，特别是近年来教育史研究呈现出新的趋势，作者在反思和重构教育史观的过程中，总结出三个特点：形成新的教育史研究观、教育史研究的本土化思考和凸显了“小历史”式的微观研究。而近年来对欧美主要国家教育史研究的新探索也呈现出三个特点：教育史学科的自身反思、教育史研究视角的开拓和下移（研究主题的扩大和研究对象的平民化）及教育史跨学科研究更受重视。但在这些特点的背后，仍然存在教育史研究的鉴今功能不强、教育史研究队伍与史料的贫弱及教育史研究的理论和视角窄化等问题。

基于此特点与局限，作者认为“问题意识”急需进入教育史研究。只有意识到重大问题的存在，学科才能把握发展和突破的契机。作者首先对教育史研究问题意识进行界定：教育史研究问题意识是指教育史研究者针对那些未得到满足的需要和未解决的困难的一种自觉和方法。文章就“问题史”研究如何走进教育史研究及其研究意义进行阐述：因受法国年鉴学派提出的“问题史”影响，教育史研究中跨学科研究成果不断出现，研究范围几乎涉及社会各个方面，且研究视角下移。教育史研究一步步进入宏观、中观、微观并更侧重微观研究时期，并呼吁教育史研究要促进“叙述史方法”与“问题史方法”的结合，且强化问题意识，使之成为教育史研究的新视角。对于不同时期的同一个问题或主题的研究，不仅可以让不同学科背景的研究者参与进来，开展有效跨学科研究，而且对其进行长期的探索与研究后，可以从中概括出一些与教育史研究高度相关的范式或概念，从而提升教育史学科的学术水平。

作者还就当代视野下教育史研究的问题意识阐述，提出当代视野与问题意识的结合，是对重大历史主题的现实意义的考察，是基于现在向过去寻求解释依据并找到发展前景的一种尝试，是历史与现实的碰撞，是过去、现在与未来的关键承接点，可谓继往开来。最后，作者总结了当代视野下教育史研究问题意识的特点。教育史研究应开拓新的研究视野，突出强化教育史研究的问题意识，当代视野下教育史研究的问题意识应该具有直面现实生活、搭建文化“桥梁”、重构教育线索和扩展研究对象等特点，并分别进行阐述。

【抗战胜利后北平师范大学复员运动述论】

孙邦华，《北京社会科学》2014 年第 6 期。

抗战期间，北平师范大学被迫西迁陕甘，师生在异常艰苦的条件下坚持办学，他们始终注意继承其传统与精神，并抱持复员的愿望。但抗战胜利后教育部并未将其纳入回迁计划中，引发了在校师生、各地校友发动“复员”运动。这场运动包括“复校”“复大”两个阶段和四项原则：一是恢复原校址，即北平厂甸校园；二是恢复原校名，即北平师范大学；三是恢复原校长李蒸；四是在校师生无条件复员。师大师生、校友围绕学校悠久的历史和人才培养成就做足文章，阐明复员、复校、复大的理由，坚持不懈地与教育部据理力争，最终该运动历经一波三折实现了所要达到的目的。

文章利用珍贵的档案、当时的报刊文字对这场复员运动的由来、情况及其反思等进行探讨。抗战前师大险被教育部取消与抗战后其复员受阻，都与当时的教育部长朱家骅直接相关，而朱家骅为难北师大的根本原因在于，他曾留学德国并主张采用当时德国的中学师资由普通大学的文理科培养制度，不主张设置独立的师范大学制度，故想取消北平师范大学，取消不成之后则欲将其迁出北平，名义上是为了大学教育分布的合理化，实则为了减少它的影响力，直至取消。作者对此进行分析，认为朱家骅关于大学教育分布合理化的主张在思想上是正确的，在实践上也是必要的，但北平师范大学不应该是“合理化”的对象。他阐明两个理由：首先，北平市国立、私立大学尽管过分集中，但是作为一所主要培养中学师资的学校，北平师大与北京大学、清华大学在人才培养目标上完全不同，不存在所谓院系重复设置的问题；其次，作为唯一的高师，它要保持、发挥它的影响力必须在最合适的地点，即文化教育最发达的北平市。当时基础教育的发展极为落后，中学教育师资极度缺乏，“硕果仅存”的师范大学特别需要保护性发展，即放在最合适的地方办学。

悠久的办学历史是一所大学的精神财富，有历史就有传统，历史名校的后继者要善于总结、保持、发扬学校的优良传统。北平师范大学师生在动荡中抗争，始终坚守和捍卫学校的教育传统和办学精神，为中国高等师范教育的发展保存了薪火。通过这一运动需要深刻反思的是，教育最高当局应该如何对待一个历史名校，特别是当时中国“硕果仅存”的师范大学，要多些呵护和扶助，少做或不做破坏的事情，遵循有所为有所不为的法则。

【“意义—感通”之学以情意为本——以〈礼记·大学〉为中心的义理阐释】

于述胜，《北京大学教育评论》2014

年第3期。

传统教育哲学的一大特质，即以情意为本的“意义—感通”之学。作者认为中国传统思想与现代不同，它是以儒学为主干的意义之学。“天人一体”是意义之学存在的前提；“生生”，即（让）生命是其所是、成其为生命，既是天地之德，也是人生之目的，是人类生存的根本价值和意义所在；物、我“感应（通）”，则是意义生成和传达的根本机制或机理。其中的“感通”，又是以情意为本的。《礼记·大学》集中体现了这一以情意为本的“意义—感通”之学。《大学》的思想主旨可以概括为两句话：“亲亲”为意义生成之根，“修身”为意义传达之根。而“修身”与“亲亲”说到底，又都是以情意为本的。

在人的意义和价值世界的形成、发展过程中，情感、意向的作用，远比知识本位的现代教育学所予之者要大得多。亲子关系和亲子之情是建立世界认同的起点，而认同首先是一个情意问题，而非知识问题。自然而正常的亲子之情一旦缺失，人便落入自我与世界相疏离的“被抛弃”状态以及情意与理智相分裂的自我疏离状态。情意的缺失只能通过情意的重相感通来弥补，舍此不务而骋能于知识，则理智必陷于多歧而无尽的“理由”纷争之中，让人与世界更加疏远。不仅如此，意义、价值之理乃“情理”而非“物理”。“情理”需要因情见理，通情以达理，其理则充满了诗性，有情斯有理，无情必无理。此情意为本之道，亦可推之于学术研究者的文化认同。文化认同首先也是一个情意问题，是人们对于自己所处的那种文化传统的尊重、同情与承担。百余年来，文化自卑和文化功利主义使众多中国知识人走向了文化反叛之路。其等而上之者，也只是把文化认同问题变成了一个知识问题，遂有“批判地继承”“吸取其精华，剔除其糟粕”之类似是而非的理论话语。本该以“接着说”为根基并在其与“借来说”的张力关系中展开的中国现代教育学术，变成了比较单一的“借来说”。而我们所“借来说”的，恰恰又是隔离于西方人文主义思想传统的科技知识以及科技化了的社会科学理论。在双重文化隔绝情势中，师范教育日益蜕变为专业化的知识、技能训练，道德和道德教育日益变相为知识问题，也就顺理成章了。

【宋儒的义理解经与书院讲义】

朱汉民　洪银香，《中国哲学史》2014年第4期。

两宋是中国经学史演变发展的重要历史时期，这个时期形成了中国经学的重要学术形态即“宋学”，产生了一大批重要的经学家、经学著作，同时也出现了一系列新的解经体例，“讲义”就是其中之一。朱汉民与洪银香通过探讨宋儒经学讲义体例的形成、类型及其学术旨趣，重点论述宋代书院讲义的形成及其特点。

经学的形成、演变、发展，离不开历代儒者对“经”的诠释。在两千多年的经学发展史过程中，产生了许许多多解释经典的著作。而这些著作又以不同体例出现，包括传、记、章句、注、解、诂、训、集解、义疏，等等。在经学发展的不同阶段，均有经学家们创造出一些新的经解体例，以表达他们对“经”的看法和解释。作者通过探讨其中的“讲义”，尤其是“书院讲义”，以分析宋学的经学特色及书院的教学特色。经考证，“讲义”二字出现在宋以前，但最初并不是专指儒家经学体例，而是泛指讲论经义的讲学活动。然而到了两宋时期，由于儒家经学形态的转型，宋儒在建构义理之学的宋学时，创造、推广了作为经学体例的“讲义”。“讲义”作为宋代流行的经学体例，与宋代盛行的重视经学原典、阐扬经典义理的学术风尚、讲学旨趣有关。这种重视讲论经义的学术风尚，很快就导致一种新的经学体例的出现。

根据讲学的场所对象不同，宋儒的"讲义"大体可以分成三种类型：经筵讲义（给皇帝讲经的讲义），国子监、州县等各级官学的讲义和书院讲义。受到官学体制的限制，前两种讲义的学术特色、思想风格相对淡薄。就学术特色、思想风格而言，书院讲义更能够体现理学家的学术特色与精神追求，从现存的文献资料来看，到南宋后期，"书院讲义"已经成为一个较为普遍的经学体例与教学体例，故而产生了较多的书院讲义，一些方志还将这些讲义收集起来，刊印出版。

同时将南宋书院讲义与其他解经体例作比较，发现了宋儒的书院讲义之特色：义理之学的特色鲜明、为己之学与切己体认的内在精神人格追求、书院讲义中表达不同学派的学术旨趣与为学之方。

【郭秉文的通识教育理念及其现代价值】

张亚群，《高等教育研究》2014 年第 11 期。

郭秉文作为首位在哥伦比亚大学获得哲学博士（教育学）学位的华人学者，学贯中西，兼通文理，具有深厚的教育理论素养。他运用现代教育科学的方法，总结传统教育的精神特征，系统阐释了中国教育制度的变革历程、现实问题及发展趋向。该文通过郭秉文的论著及教育实践，考察和分析其通识教育思想的内涵、特征、成因及历史影响，揭示其通识教育的现实价值。

从文献教育来看，郭秉文 1914 年完成的博士论文 *The Chinese System of Public Education*（《中国教育制度沿革史》）是了解和认识其通识教育理念的最早和较完整的文本。作者将文中通识教育的思想内涵概括为三个方面：一是自由教育是"个体参与日常生活之准备"；二是经学教育"养成中国人某些优良和稳定的品质"；三是科学教育是国民进步的保障。这样一种通识教育理念具有民族性、时代性和传承性的特征。民族性在于中国通识教育源远流长，反映了民族文化特色，可与西方教育传统互补。时代性在于适应社会和时代发展的需要，通识教育应改进其内容与方法。传承性则在于在教育变革中，应弘扬古代通识教育的优良传统，融入新的教育理念。郭秉文在办学实践中，也在不断发展其通识教育理念。1918 年 10 月，他在南京高师作了《关于本校概况报告书》，系统阐明了训育（德育）、智育、体育并重的办学方针及三育的标准、方法和实施概况。

通过进一步分析郭秉文通识教育理念的成因发现，从教育因素来看，留美教育经历及文理交融的学科背景为郭秉文通识教育理念的形成奠定了自然、人文和社会科学的理论基础。就文化因素而论，郭秉文深受中国传统文化和西方文化的双重影响，会通中西文化精华，丰富其通识教育理念的内涵。

在此基础上，总结了通识教育理念的历史影响。在办学实践方面，郭秉文以自由教育理念为指导，确立办学宗旨，聘用大批归国留学生和国学人才，注重科学与人文的平衡，促进了人才培养、科学教育的发展和文化建设。此外，郭秉文的通识教育理念具有人文教育和科学教育的丰富内涵，对当今教育具有重要的借鉴意义：通识教育是学习者通向成功之路；推进通识教育需融合中西教育之长；大学教育应以人为本，实行通才教育与专业教育相结合；教学课程需保持人文与科学的平衡。

【“儿童中心”论在美国的兴起】

张斌贤　王慧敏，《北京大学教育评论》2014 年第 1 期。

在 19 世纪末 20 世纪初的美国，儿童观的转变、儿童研究运动的兴起、新的儿童教育理念的传播以及改革学校呼声的不断高涨，为“儿童中心”论在美国的兴起准备了条件。该文旨在通过对历史文献的梳理考察这一时期美国教育界的相关思潮，分析“儿童中心”论的兴起和在早期阶段的主要含义。在 19 世纪的美国，成人的儿童观在家庭生活与儿童养育、文化生活等方面发生了深刻的变化，在此过程中，卢梭、裴斯泰洛齐、福禄培尔等欧洲教育家思想的传播进一步促进了教育中新的儿童观的确立。19 世纪末 20 世纪初，在公立学校课程改革的论争中，帕克运用赫尔巴特学派“集中”的概念较早明确提出了儿童是学校中心的观点，强调对儿童自我和自主活动的关注。但帕克强调的“儿童中心”是在与赫尔巴特学派所倡导的“知识中心”的争鸣中提出的，是与知识或学科相对的，而不是如后世所理解的是与教师相对的。儿童研究运动的代表人物霍尔从另一个角度触及“儿童中心”问题，试图为教育活动提供科学的依据和赖以行事的准则。他提出了“儿童中心的”学校理想，即不应按照学校的秩序来操控儿童，相反，学校应当根据处于生长中的儿童的需要与倾向来安排其活动，以儿童的身心发展秩序为中心。而杜威则通过比较新旧教育的差异，将“儿童中心”作为新教育的基本特征，但更加注重儿童个体活动与生长的社会意义或价值。因此，在杜威那里，儿童在教育中的位置只是整个教育问题的一个方面，另一方面则是教育与社会的关系。在同样使用“儿童中心”概念的教育家的思想中，这个观念所指陈的问题不同，其含义也存在明显差异，但同时也并不是毫无关联的，它们的共同之处在于受到新的儿童观念的影响而形成的一种对待儿童的价值取向，并且“儿童中心”并不是非此即彼，即儿童处于中心，教师或者社会就沦于边缘，儿童的自由与教师的指导、个体的发展与社会的民主化是不可能割裂的，强调教育中儿童的中心地位时，突出儿童的自然倾向与兴趣，但整个教育过程仍然承载着重要的社会功能。因此，对“儿童中心”论兴起背景与过程的探讨，有助于更合理、更充分地把握这个观念的准确含义及其历史价值。

【杜威与现代教育:几个基本问题的探讨】

郭法奇，《教育研究》2014 年第 1 期。

研究现代教育中的杜威和杜威所探索的现代教育，是现代教育史研究的重要课题之一。20 世纪的现代教育是一个在各个方面致力于批判、改革、探索和创新的教育。杜威的教育思想反映了 20 世纪前期现代教育发展的进程，也反映了现代教育发展的多样性和复杂性。文章从杜威的教育思想出发，主要研究了三个方面的问题：第一，现代教育的“核心”的问题。现代教育的核心是解决“如何继承前现代教育遗产和培养现代社会新人”的问题。现代教育的形成与前现代教育联系密切，前者不可能完全脱离后者存在。杜威将重点放在了“培养新人”方面，他的实用主义教育思想体系的核心是力图建立一种与“旧教育”完全不同的“培养新人”的教育。第二，关于“新教育”和“旧教育”的关系问题。研究现代教育要处理好正确对待“传统教育”和“教育传统”的问题。把二者对立起来，对其进行彻底割裂是不恰当的。而在如何处理“传统教育”和“现代教育”关系上，杜威虽然发现了“传统教育”的问题所在，但在解决问题时可能开错了药方，轻视了“教育传统”的存在。教育传统是连接“传统教育”与“现代教育”的中介或者桥梁。第三，现代教育发展的“逻辑”问题。现代教育发展的“逻辑”是，在适应现代社会需要的基础上，处理好传统与现代、继承与创新的关系，坚持教育传统，使教育能够可持续和常态地发展。20世纪教育发展的主要特点是：前现代教育走出封闭，面向社会开放，进行多方面改革，向现代教育转型；科学主义、实验主义影响教育领域，教育研究出现科学化取向；教育多元发展，各种观念、思潮不断涌现。据此，也形成了现代教育的一些基本假设：第一，现代社会的转型和民主化进程使得现代教育成为追求民主化的教育；第二，现代社会对个体发展和教育的重视，也使得现代教育成为尊重个性和差异的“多样性”的教育。第三，在现代社会中，学校机构是实施教育“统一性”和“多样性”的重要场所之一。通过对现代教育特点和假设的分析来观察杜威与现代教育的关系可以看到，杜威教育思想在许多方面是符合现代教育发展“逻辑”的，但也在一些方面存在偏离。总体来说，杜威的实用主义教育思想体系在反映现代教育的创新方面是有突出贡献的。现代教育是在批判、继承传统教育的基础上发展的。在适应现代社会新的需要基础上，坚持教育传统，处理好传统与现代、继承与创新的关系，使教育能够持续地和常态地发展，这就是现代教育发展的“逻辑”。

【保守主义时代美国公共教育中的五类控制模式分析】

陈露茜，《教育研究》2014年第2期。

20世纪80年代是美国保守主义实现全面复兴与现代化的时代，公共学校是保守主义在全社会范围内斗争中最为成功的一个领域。依据卢克斯和加凡特的权力三维模型，在保守主义的教育政策中，有五类控制模式发挥着作用。（1）官僚控制——实现权力和权威关系的创建、稳定和规范化。官僚控制推动了教育领域等级化的知识和公共学校机制的形成，而保守主义站在这个等级制度的制高点，推动着高度层级化的知识等级和学校管理权威等级的建构与形成，彰显了官僚程序的控制力。（2）专业控制——运用教师专业支配力量、教师专业权威和劝告机制来实现控制。专业控制一方面在公共学校系统中对实现教师赋权具有积极意义，另一方面在保守主义对“授权教师”的具体化过程中，教师又不得不与官僚控制合流，实质上是另一种“官方控制”和“集权控制”。（3）政治控制——将统治阶级的价值观强加给学校。公共学校制度的建立只是为了完成统治阶级希望完成的任务。虽然保守主义曾激烈地批判现有公共学校中民主政治与科层制相勾结的现象，保守主义自身也彰显着他们所批判的政治控制力。（4）市场控制——用市场的观念来再定义与再阐释学校之中的“民主”。保守主义极力推崇的市场控制以及自由市场对知识传递方式的掌控，从本质上看，都进行着政治、经济、文化的再生产工作。在由保守主义制定的公共教育改革的政策议程中，市场控制是一个与政治化密切联系起来的过程，并服务于保守主义，彰显着保守主义所拥有的权力。（5）价值控制——通过“象征”“常识”等社会文化符号来实现控制、表达权力。它是保守主义所采用的最关键也是最根本的一种权力控制模式，在权力的三维模型中，价值控制是居于最高级和核心的地位。在全社会，乃至更广泛的领域内操纵着、支配着知识和传递知识的组织机构的价值取向。这些控制模式在20世纪80年代的教育政策中发挥着作用，并且相互矛盾和斗争着，但同时在现实中，它们之间达成了妥协，形成了互相弥补、互相制约的控制网络，在最后一个层级的价值控制层面将保守主义意识形态在精神世界的价值控制力与世俗社会的控制力——官僚控制、专业控制、政治控制和市场控制联系起来，掩盖了保守主义所拥有的不平等的权力与控制的利益，并最终实现了保守主义统治权力的合法化。

【西方大学教学方法变革考】

贺国庆，《教育研究》2014 年第 8 期。

西方大学教学方法的历史几乎和大学的历史一样久远。从中世纪大学的讲授和辩论，到近代大学的研究班、实验法和导师制教学，再到高等教育大众化时期并存的各种各样传统的及现代的教学方法，西方大学教学方法的变革反映了时代的要求，其内涵日趋完善，其作用日益受到重视。在学者看来，教学方法对大学生的影响甚至超过了教学内容。西方大学教学方法的改革体现了大学传统与变革的辩证统一，它从以教为主逐渐转向以学为主，从以知识为目标到以培养学生能力为主要目标，呈现出多样化和综合化发展趋势。而且，新的教育技术将持续影响教学方法的变革，而传统的师生面对面的教学也将长久地延续下去。

中世纪大学占主导的教学方法是讲授（lecture）和辩论（disputation）。讲授和辩论适应了中世纪经院哲学和基督教文化的要求，经院哲学崇尚权威、强调思辨的特征正是中世纪大学教学方法所致力的目标。近代大学出现了新的教学方法：研究班和实验法。研究班又称研讨班或习明纳（seminar），是指学生组成研讨小组，在教授的指导下，就某些专题展开研讨，以培养学生的分析和研究能力。实验法也称实验室教学，它是随着近代科学的发展而出现的。在实验课上，教师通过讲课并演示实验，学生通过自己动手进行实验以掌握科学知识，它成为培养科学家的摇篮。这一时期，传统教学方法也得以变革。中世纪大学的讲授是对经典文本的内容作一系列的说明和解释，而近代大学的讲授则是通过系列讲授对某门科学进行系统探索。导师制是英国大学古老的传统之一，如牛津大学 14 世纪就出现了导师制，导师负责学生在学院中的经济支出、品行和学业。19 世纪末，导师取得了学术性的职业地位，开始兼顾教学和科研。20 世纪初，英国导师制及导师制教学传入美国，最先为哈佛大学、普林斯顿大学、麻省理工学院、加州大学等多所大学所仿效，产生了良好的效果。大众化时期基本延续了近代以来的大学教学方法，与此同时，由于战后科学技术的突飞猛进，传统教学方法与现代技术的联系日益紧密；又由于战后教育民主运动的影响，大学教学方法由以“教”为主逐渐向以“学”为主转变。此外，教学方法也呈现出多样化趋势。

【美国教育学界精英形成的社会条件和内在机制】

康绍芳，《教育研究》2014 年第 10 期。

文章围绕“到底是怎样的社会文化条件造就了美国教育学界精英的崛起，美国教育学界精英是如何建构教育知识及其学术秩序的”这两个研究问题，分析了美国教育学界精英群体形成的一般社会文化条件和内在机制。

19 世纪末 20 世纪初是美国教育学界精英集中涌现的黄金时代，这一时期美国教育学界精英进行了大量开创性的研究，他们所确立的教育学术研究传统以及形成的学术秩序成为美国教育研究范式的根基。美国教育学界精英群体的崛起作为一个事件和问题，一方面折射出造就教育学界精英产生的一般社会文化条件，另一方面也反映出教育知识生产及其学术精英培养的内在机制和理智环境。

社会形势与时代氛围在造就教育界学界精英过程中存在一种根本性的因果关系。教育学界精英的产生在很大程度上依赖并取决于总的社会结构和时势。首先，是总的社会形势，教育学界精英群体的集中涌现在根本上依赖于总的社会时势，一旦在某种有利社会局势形成中崛起一大批教育学界精英，少数学科精英所创立的一系列学术研究规范及其奖励机制，将成为教育知识生产及其学术精英培养的内在机制和理智环境。其次，是总的形势产生特殊倾向与特殊才能，这些倾向与才能占据主导优势以后造就一些中心人物，最后通过制度化的奖励系统肯定中心人物的倾向与才能，形成一个相对封闭的学术共同体。可以说，美国教育学界精英的崛起也正是教育学科知识指数增长的时期，学科知识增长的黄金时期，也为知名人士将职业兴趣向教育研究领域转移提供了直接契机。同时，教育学界精英群体特殊的社会特质则在某种程度上限定了教育学科知识的增长速度和方向。一旦在某种有利社会局势形成中崛起一大批教育学界精英，少数学科精英所创立的一系列学术研究规范及其奖励机制，将成为教育知识生产及其学术精英培养的内在机制。教育学界精英在构建学术传统及其秩序中同样遵循了默顿学派研究中提出的“马太效应”，即围绕教育学界精英形成了核心圈子和学术阵地，他们控制着教育研究的话语权和大部分教育学术资源，并将其制度化，这种学术等级制度一旦结构化，就会在“马太效应”的作用下，成为一种稳定的教育学术共同体互动模式。

（施克灿、李子江）

（六）教育技术学专业

【如何实现信息技术与教育的“深度融合”】

何克抗，《课程·教材·教法》2014年第2期。

《教育信息化十年发展规划（2011—2020年）》放弃传统的“信息技术与课程整合”提法，而提出信息技术应与教育“深度融合”的全新观念，是希望找到一种新的、能实现教育信息化目标的有效途径与方法，以解决长期以来信息技术在教育领域的应用成效不显的问题，是想要真正触及教育系统结构性变革，而不是只用于改进教学手段、方法这类“渐进式修修补补”。两者的根本区别在于：“深度融合”要求实现教育系统的结构性变革，而“整合”不要求，也不关注这种变革。能否实现“信息技术与教育的深度融合”，也就是能否让信息技术对教育发展真正产生出“革命性影响”，唯一的衡量标准就是：传统的课堂教学结构改变了没有。

【智慧教育的三重境界：从环境、模式到体制】

黄荣怀，《现代远程教育研究》2014年第6期。

智慧教育作为教育信息化的高端形态，目前在全球范围内已受到越来越多的关注。虽然世界各国提出了不同的智慧教育方略，但智慧教育的愿景目标却都体现出打造智慧国家和城市、变革教学模式和培养卓越人才的主旨，因此需要从国家层面和文化境界来把握智慧教育。通过对现代教育系统的构成要素进行逻辑演绎，可以得出智慧教育系统包括智慧学习环境、新型教学模式和现代教育制度三重境界。智慧教育具有感知、适配、关爱、公平、和谐五大本质特征，通过智慧学习环境传递教育智慧，通过新型教学模式启迪学生智慧，通过现代教育制度孕育人类智慧。智慧教育的三重境界在“智慧”显现度、过程稳定性、涉及范围等方面呈现出明显的层级关系：从环境、模式到制度，“智慧”显现度呈现出从显性到隐性的特征，过程稳定性呈现出从动态到稳定的特征，涉及范围呈现出从微观到宏观的特征。

【“集聚方效应”下基础教育信息化发展：思路、模式和效果——以北京市海淀区基础教育信息化为例】

李芒　逯行，《中国电化教育》2014年第10期。

城市发展和规模扩大导致了外部资源向城市中心集聚，城市中心因而占有了更多资源，对教育的发展产生了影响。该文以典型集聚区——海淀区的基础教育信息化作为研究对象，重点探索海淀区基础教育信息化发展的思路、模式和效果。该研究对海淀区29所基础教育学校进行了实地调研和深入了解，收集并分析了大量的相关资料。研究发现，海淀区基础教育信息化在发展的过程中受到了“集聚方效应”的影响，总结归纳出了海淀区基础教育学校信息化自主发展的思路、总模式以及五种子模式，并分析了“集聚方效应”对教育信息化产生的影响以及海淀区基础教育信息化取得的成效和存在的问题。该研究以典型的资源集聚区基础教育信息化为研究对象，为了解全国其他资源集聚区的区域基础教育信息化发展提供了参考和借鉴，能够在一定程度上指导资源集聚区制定基础教育信息化发展策略。

【电子书包中基于大数据的学生个性化分析模型构建与实现路径】

武法提　牟智佳，《中国电化教育》2014年第3期。

在对大数据特征分析的基础上，对电子书包各学习系统生成大数据的缘由进行了分析，并以学生电子书包中电子学档系统所记录的结构化、半结构化以及非结构化的大数据信息为分析对象，以学生个性化学习、个性心理学和学习分析为理论依据，构建了基于电子书包大数据的学生个性化分析模型。该模型以学习内容个性化、学习活动个性化、学习方式个性化和学习评价个性化为分析维度，以相关的系统数据库支持为出发点，对系统中的学生个性化信息进行分类汇聚。在此基础上，通过对各系统要素间的语义关系进行分析，建立了学生个性化分析模型要素的关系框架，并从个性化学习资源推送、个性化学习过程监控与指导以及个性化学习社区推荐三个方向分析了学生个性化分析模型的实现路径，以期为今后开展基于大数据的学生个性化学习分析研究提供理论指导。

【教育学的出路何在：创建新教育学】

杨开城，《现代远程教育研究》2014年第6期。

“目标—手段—结果”是教育实践的整体框架。如果我们把“手段”完整地理解为教育系统，这个系统既是其他学科无法研究的对象，也隐含着对教育的整体理解。在教育系统中，任何局部的信息处理和交互都可以由心理学、社会学等学科解释，但是整个教育系统何以能够具有达到具体教育目标的功能只能由教育学系统机制来解释。研究教育系统能够发展出科学与技术知识，这些知识能提升从教者对教育的理解力和行动力。因此，教育系统是教育学的研究对象，而这种教育学不再是教育术语意义上的教育学，而是新教育学。新教育学包含教育技术学、教育现象学、教育价值学三个分支，主张践行以设计为中心的研究范式。新教育学不宣布一般的教育目的是什么，而是为制定清晰合理的教育目的和目标提供理论支撑；不关注泛泛的方法模式，而关注如何具体问题具体分析地设计教育系统以达到具体的目标；不关注有效性，而关注教育实践中的一致性；不关注人成长和社会发展的规律，而关注教育自身的规律；不关注实践的成功，而关注教育系统的缺陷。新教育学作为后发学科虽已开始，但其走向实践，转化为教育生产力的路还很长，至少需要在人员素质、实情数据以及软件工具等多方面做好准备。

【信息化教育中的逆序创新】

祝智庭　贺斌　沈德梅，《电化教育研究》2014 年第 3 期。

改革创新是教育发展的灵魂，是推动信息技术与教学融合创新的唯一出路。人类似乎正在步入“逆序创新”时代，在商业、工业和教育领域中都可见到逆序创新时代典范。“逆序创新”思想为信息化教育带来一种崭新的思考方式和洞察视角。文章结合多个信息化教育创新成功案例，详细介绍了逆序创新的具体思路与做法，期待能够对如何善用技术优势促进教育教学创新有所助益。

【大数据时代区域教育均衡发展新思路】

刘雍潜　杨现民，《电化教育研究》2014 年第 5 期。

大数据时代已经到来，大数据正在成为推动教育系统颠覆性创新与变革的科学力量。随着教育信息化的不断推进，各种教育管理与服务平台的建设完善，教育大数据将源源不断地产生。海量教育数据的汇聚为区域教育均衡发展提供了新的思路。在大数据时代背景下，区域教育均衡发展应该以数据为基础，准确把握区域教育发展动态，利用大数据技术，从教育环境均衡、教育资源均衡、教育机会均等和教育质量均衡四个方面提供科学依据，进而促进区域教育均衡发展。

【教育技术之“微”：演变、意蕴和特征】

俞树煜，《中国电化教育》2014 年第 4 期。

“微”正在以一种前所未有的思想力量和技术优势进入教育技术领域。该文从演变、意蕴和特征三个方面对教育技术领域的“微”现象进行了深入分析和全面阐释。“微”在教育技术经历了早期的思想萌芽到中期的技术引入再到现今的思想与技术融合三个演变阶段；其意蕴主要表现为蕴含在终端、内容、环境和技术之中的“微”；其特征主要表现为时代要求、单元短小、技术支持和理论支撑等。

【教育信息化对少数民族教育发展具有革命性影响】

杨改学　胡俊杰，《电化教育研究》2014 年第 9 期。

《国家中长期教育改革和发展规划纲要（2010—2020 年）》指出：信息技术对教育发展具有革命性影响。这种影响同样影响到少数民族教育的变革与发展。文章从教育信息化对民族教育发展的影响以及进一步完善和改革创新促进民族教育信息化大发展两个大的方面进行了较为全面的论述。

【网络课程类别分析——基于互联网教育传播模型的分析视角】

郭文革，《远程教育杂志》2014 年第 5 期。

美国传播学者尼尔·伯兹曼认为，课程就是一个信息传播系统，因此，可以从教育传播模型的视角分析不同网络课程之间的差异。然而，传统的教育传播四要素模型在解释网络教育时存在很多缺陷。将德国学者托马斯·赫尔斯曼提出的 ICT 框架和教育传播四要素模型相结合，构建出一个包含五个要素的互联网教育传播模型。利用互联网教育传播模型分析当下几种主要的网络课程。常见的网络课程可以分为I类、C类、I+C三种主要类型；教学活动是影响学习者参与、网络教学质量的核心要素；由于班额和教师投入的差异，C类和I+C类网络课程还可以进一步细分为一系列亚类，教学质量也有很大的差异。

【获取教育大数据：基于xAPI规范对学习经历数据的获取与共享】

顾小清 郑隆威 简菁，《现代远程教育研究》2014年第5期。

教育大数据为教育信息化的发展带来了新的机遇，而教育大数据应用的实现首先依赖于对来源广泛的教育数据的获取。在这些有待获取的海量的教育数据中，学习经历数据作为一种承载着学习者在学习过程中的学习行为、学习活动、学习进程和与之交互的学习环境等教育信息的数据，蕴含着丰富的学习分析价值。随着相关学习技术的迅速发展，学习经历的跟踪在技术层面已经得以实现，但学习经历的复杂性、多样性和数据劣构性等特点阻碍了对其广泛的应用。由美国“高级分布式学习”组织发布的Experience API（xAPI）规范为破解这一难题提供了可行途径。xAPI规范利用“活动流”来描述学习经历，通过Statement来记录学习经历，并通过语义定义将其转化为良构且易于扩展的数据，为大数据背景下学习经历数据的获取提供了指导性的框架，同时通过实现了接口规范的学习记录仓储（LRS）来共享学习经历数据，由此实现对教育大数据尤其是学习经历数据的获取和共享。

【技术支持的基于创造的学习——美国中小学创客教育的内涵、特征与实施路径】

郑燕林 李卢一，《开放教育研究》2014年第6期。

近年，技术的快速发展、制造材料的不断丰富及应用成本的逐渐降低，为人们自己动手设计、制作与创造产品提供了更多可能，也推动了美国“创客行动”的兴起与发展。自2013年以来，美国越来越多的中小学开始加入“创客行动”，实施“创客教育”，将“基于创造的学习”（Learning by Making）视作学生真正需要的学习方式。该研究通过对美国中小学实施创客教育的理论研究成果及实践案例的分析，旨在对美国中小学创客教育的内涵、特征与实施路径进行梳理与总结。通过研究发现，美国中小学“创客教育”认为“基于创造的学习”是人类最基本的学习方式，创造是学习的途径，创造的产品即学习成果；全人发展是创客教育的根本目标，主要通过学生全身心投入到独立或协同创造进程得以实现；技术支持对于创客教育不可或缺，同时技术产品又可成为创造的目标指向。教育目标、情境及资源的整合性，学习过程与教学方式的开放性，教育过程的专业化是美国中小学创客教育的三大关键特征。此外，美国中小学创客教育的实施主要依托于精心设计的创客项目，教师对学生创造过程的专业化指导，以及来自政策、资金、人力、物力等多维度的支持。

【教育信息化的宏观政策与战略研究】

焦建利 贾义敏 任改梅，《远程教育杂志》2014年第1期。

教育信息化是伴随着信息与通信技术的迅猛发展，全球化进程中教育实践的深化发展以及信息与通信技术在教育领域中的渗透与应用，而逐渐受到世界各国广泛关注的全球性热点问题之一。在过去的几十年间，世界上许多地区、国家以及国际组织都纷纷制定了各自的教育信息化宏观政策与战略，并积极推动这些宏观政策与战略的落实与实施。通过系统分析教育信息化的内涵与外延，对我国教育信息化事业的发展进行简要的回顾和对“教育信息化宏观政策与战略研究”系列文章的目的、研究对象、研究方法与过程进行介绍，进而深入分析了此项研究对于推进我国教育信息化与学习型社会建设的理论与实践工作的重要意义与价值。

（李彤彤、牟智佳）

（七）远程教育专业

【A Framework for Interaction and Cognitive Engagement in Connectivist Learning Contexts】

Wang Z. , Chen L. , Anderson T. , *The International Review of Research in Open and Distance Learning*, 2014, 15 (2).

Interaction has always been highly valued in education, especially in distance education (Moore, 1989; Anderson, 2003; Chen, 2004a; Woo & Reeves, 2007; Wang, 2013; Conrad, in press) . It has been associated with motivation (Mahle, 2011; Wen-chi, et al. , 2011), persistence (Tello, 2007; Joo, Lim & Kim, 2011), deep learning (Offir, et al. , 2008) and other components of effective learning. With the development of interactive technologies, and related connectivism learning theories (Siemens, 2005a; Downes, 2005), interaction theory has expanded to include interactions not only with human actors, but also with machines and digital artifacts. This paper explores the characteristics and principles of connectivist learning in an increasingly open and connected age. A theory building methodology is used to create a new theoretical model which we hope can be used by researchers and practitioners to examine and support multiple types of effective educational interactions. Inspired by the hierarchical model for instructional interaction (HMII) (Chen, 2004b) in distance learning, a framework for interaction and cognitive engagement in connectivist learning contexts has been constructed. Based on cognitive engagement theories, the interaction of connectivist learning is divided into four levels: operation interaction, wayfinding interaction, sensemaking interaction, and innovation interaction. Connectivist learning is thus a networking and recursive process of these four levels of interaction.

【Self-Regulated Learning Ability of Chinese Distance Learners】

Zhao H. , Chen L. , Panda S. , *British Journal of Educational Technology*, 2014, 45 (5).

This study reports on self-regulated learning (SRL) of Chinese distance learners by using a structured SRL scale. SRL of adult and lifelong learners is a well-researched area, though its application within distance education is a new area of investigation. Open and distance learning lean heavily on self-learning and self-learning resources, though interaction at designated learning centers and online learning platforms is occasionally offered. In China, there is still persistence of the age-old teacher-centric model of teaching-learning; and, within distance education offered largely by the radio and television universities, there is insistence for regular tuition classes at designated branch schools. At the backdrop of understanding and enhancing SRL of Chinese distance learners, the authors took up this research to find out the elements and levels of SRL ability among Chinese distance learners. Based on factor analysis (on 357 students for item analysis and on 600 distance learners for structural validity of the initial 117 – item scale), a standardized 54 – item Self-regulated Learning Ability Scale was finalized and administered on a random sample of 2738 undergraduate learners (1630 males and 1108 females) from the Open Distance Education Centre of Beijing Normal University, P. R. China, doing an online course during 2009 - 2010. The sample came from either senior high school (grade 12) or junior college (grade 14). Data on four dimensions of SRL—planning, control, regulating and evaluation—were analyzed using "t" test for variables of gender, level of education and age. Results indicated that all the participants had above-average levels of SRL in all the four dimensions of planning, control, regulating and evaluation. In so far as gender was concerned, male distance learners were better in SRL than female distance learners, especially in control (ie, content and resources) and all the evaluation dimensions. Though no age difference was found, students from junior colleges had better planning, regulating and evaluating abilities than those who came from senior high schools. These results have been discussed in the context of current changes in Chinese distance/online education and also in relation to the age-old Chinese culture of learning. The results will also have implications for designing distance and online learning generally.

【中国特色开放大学体系的建立和发展研究报告】

上海开放大学开放教育国际研究院课题组　翁朱华　王一兵，《开放教育研究》2014 年第 6 期。

教育部批准中央广播电视大学和北京、上海、江苏、云南、广东五所省市电大更名为开放大学迄今已两年。如何推进开放大学的建设与电大升级转型，实现国家提出的办好开放大学的战略要求，一直备受社会关注。2013 年 12 月，受教育部综合改革司委托，上海开放大学开放教育国际研究院设立专项课题“中国特色开放大学体系的建立和发展研究”进行专题研究。课题组聘请中国教育发展战略协会会长郝克明先生为顾问，联合国教科文组织原高等及远程教育专家王一兵教授为总召集人，联合国家教育发展研究中心，国家开放大学，北京、上海、江苏、云南、广东五省市开放大学，天津、重庆、广州广播电视大学，华南师范大学等多方力量组成研究团队。经过近一年的共同努力，征求多方意见包括教育部相关司局意见，形成本报告，并于 2014 年 9 月中旬正式送交教育部领导。报告针对定位、电大转型、质量、平台、体制体系五大瓶颈难题直陈洞见，材料翔实，观点鲜明，现实针对性强，很值得开放大学的决策者、实践者和研究者一读。报告送交教育部不久，袁贵仁部长就做了批示，要求相关部领导和司局参照本报告进一步修改即将出台的相关文件，提出开大电大发展的长远的、全面的意见。囿于篇幅，该刊撷取了总报告的精髓，以飨读者。我们期待，更多的人加入开放大学发展的战略思考之中，为开放大学的改革发展建言，为开放大学的未来绘制美丽蓝图。

【MOOC 热的冷思考——国际上对 MOOCs 课程教学六大问题的审思】

高地，《远程教育杂志》2014 年第 2 期。

近几年，简称为 MOOC 的大规模开放在线课程席卷世界高等教育，成为教育研究者关注的焦点问题。但遗憾的是，目前国内相关研究和报道赞扬多，批评少，较系统深入的客观反思性研究则更少见。为此，文章从“问题的视角”出发，对近年来国内外尤其是美国的学术文献、研究报告、报纸杂志和博客文章进行梳理研究，着重分析了当前 MOOC 课程完成率不高、教学模式囿于传统、难以实现个性化学习、学习体验缺失、学习效果难以评估、学习成果缺乏认证六个主要问题，以期为 MOOC 炒作降温、化激情赞扬为冷静审视，把握在线教育发展进程中理想与现实的结合点。

课程完成率不高的问题主要因为学生学习主动性不足、学习缺乏持续动力；MOOC 的教学本质上并没有创新，而且教学应当将关注点放到“学习”而不是“课堂”上；如果难以保证给每个学生足够的教师投入，以及仅依赖学生自主性和零敲碎打的学习，那么 MOOC 很难提供优质的个性化学习；到目前为止，MOOC 很难给学生提供完整的学习环境与体验，科技对于学习的支持在很大程度上仍停留在理论层面；尽管一些 MOOC 平台尝试了自动作业评分、同伴互评等具有新意的学习评价探索，但是已有技术都具有其局限，MOOC 大规模与开放性的特点使其学习效果难以评估；MOOC 颁发的证书并不是真正意义上的学习结果认定，MOOC 的学分认证目前一直面临着包括政策在内的种种障碍，因此对 MOOC 学习结果的正式认定未来不容乐观，这无疑将影响 MOOC 的推广。然而，作者在文章最后仍然耐人寻味地指出尽管 MOOC 本身不是教育的革命，但是却希望它能够带来教育革命的契机。由此可见，作者对于 MOOC 能够引发教育革命的潜质仍充满希望，他希望凭借此文警示人们对于 MOOC 不要过于乐观，冷静分析 MOOC 背后的问题与困境，深入探索 MOOC 在未来教育变革中扮演的角色。

【MOOC：特征与学习机制】

王永固　张庆，《教育研究》2014 年第 9 期。

当前，大规模开放在线课程（MOOC）的实践发展先于学界关于 MOOC 的理论研究。通过对 MOOC 进行文献分析、参与观察和案例分析，研究发现，MOOC 的内涵主要从课程形态、教育模式和知识创新三个维度诠释。根据 MOOC 的学习理论基础和教学实践形式，MOOC 的教学模式分为三种类型：基于内容的 MOOC、基于网络的 MOOC 和基于任务的 MOOC。与传统课程相比，MOOC 具有规模大、开放性、网络化、个性化和参与性等内在特征，拥有包括在线学习有效性、精细掌握学习、学伴交互协作和复杂系统自组织等核心学习机制。在线学习有效性机制揭示 MOOC 构成要素对其教学效果的效应机理，精细掌握学习机制和学伴交互协作机制阐释 MOOC 核心要素的学习机理和作用机制，复杂系统自组织机制解释 MOOC 的动态演化过程、自组织涌现现象和后现代课程特征。

【“后 MOOC 时代”终极回归开放在线教育——2008—2014 年国际文献研究特点分析与趋势思考】

申灵灵　韩锡斌　程建钢，《现代远程教育研究》2014 年第 3 期。

近年来，MOOC 成为国内外在线教育与高等教育改革的超级热点，各个学科背景的学者乃至社会工作者踊跃参与，各类文献急剧增长。从 MOOCs 述评、课程教学和教育改革三个方面，针对 2008—2014 年 649 篇各类文献的梳理发现：MOOCs 研究以述评为主，主题发散，深度不足；经历了从 cMOOC 到 xMOOC 的内涵变异、商业链的形成和调整，以及从狂热追逐和片面否定转向理性思考和实践的过程。MOOCs 的最大价值体现在向全社会彰显了技术对教育具有巨大影响的潜能，但它不是解决高等教育问题的灵丹妙药，而是推动教育与技术深度融合的催化剂。MOOCs 只是在线教育发展中的一个事件，不足以称为

"时代"，而应从整体上认识和把握在线教育的发展规律，将MOOCs回归到网络课程与在线教育的系统中，关注其最新发展，开展有针对性的研究，实现教学层面逐渐融入网络教学、办学和管理层面逐渐回归开放远程教育、教学改革层面重新关注混合教学、研究层面推进泛在式在线教育的整个体系的创新。

【在线教育的"后MOOC时代"——SPOC解析】

康叶钦，《清华大学教育研究》2014年第1期。

"MOOC元年（2012）"开启后，MOOC在全球迅速升温。与此同时，哈佛大学、加州大学伯克利分校等全球顶尖学府也在尝试一种更加精致的课程类型——SPOC，让MOOC在大学校园落地生根。该文简要回顾了MOOC的成就与问题，解析了SPOC的理念及实践，指出SPOC在四个方面的优势：既推动了大学的对外品牌效应，也提升了校内的教学质量；成本较低且能用来创收，提供了MOOC的一种可持续发展模式；重新定义了教师的作用，创新了教学模式；赋予学生完整、深入的学习体验，提高了课程的完成率。

【我国终身学习立交桥的搭建:基于国际的视野】

张伟远，《中国远程教育》2014年第6期。

建立各级各类教育互相衔接和沟通的终身学习立交桥，为全社会人士提供终身学习的机会和阶梯，是全球教育发展和改革的重心和目标。然而，建立终身学习立交桥是一项巨大的工程，机遇和挑战并存。该文基于国际上20多年来发展各级各类教育衔接和沟通的资历框架的经验和教训，对我国建立终身学习立交桥的需求、方法以及途径进行系统的阐述，并对我国建立学分银行面临的困惑进行剖析。作者提出，我国需要建立国家层面的统一的资历框架，制定统一的各级资历的标准和要求，推广和应用成效为本的教育理念，建立统一的质量保证机制和评审制度，确立先前经验认可的统一标准和评价方法，尤其重要的是，我们需要建立政府支持的、各级各类教育和培训系统认可的质量保证机制和评审机构。如果缺乏以上六项工作作为基础，我国学分银行的建设难以全面推进，学习者通过学分银行获得的资历和学分难以达到相应的水平和标准，也就难以得到正规教育机构和社会的认可，由此可能导致各级各类教育之间难以进行横向沟通和纵向衔接，最终阻碍终身学习立交桥的建立和有效实施。

【国家层面的远程教育质量保证政策体系框架研究】

沈欣忆　杨利润　陈丽，《电化教育研究》2014年第6期。

远程教育高速发展这十多年，取得了可喜而惊人的成绩，但是也遇到了一些问题，尤其是质量信誉问题。现有的教育政策在面对远程教育实践过程中错综复杂的矛盾时常常束手无策，远程教育政策中对远程高等教育体制、机制和设置方面内容的不明确，给远程教育管理带来了困难。该研究试图打破现有的质量保证工作零星且不完善的局面，构建一个系统的、完整的国家层面的远程教育质量保证政策体系框架。研究通过对质量保证政策和质量保证体系的文献的搜集和分析，以及对国外远程教育质量保证体系的研究，得出了国家层面的远程教育质量保证政策体系框架，共四层，从上位到下位分别是质量定位、学分体系、标准和指标、质量保证组织实施模式。以期能够指导远程教育质量保证的实践，并给该领域的其他专家以启示和参考。

【学习理论与远程教育成本—效益实现路径研究】

郑勤华，《开放教育研究》2014 年第 5 期。

成本—效益是远程教育可持续发展的关键。该文从远程教育发展历程中学习理论变化的视角，探讨由学习理论演变带来的远程教育成本结构的变化，进而提出现代远程教育成本—效益实现的可能路径。研究认为，远程教育学习模式背后的学习理论，从独立学习与自主学习演变到今天基于社会建构主义和联通主义的学习，社会性交互的重要性日益突出，从而使得用户而非内容成为机构的核心价值，这种基于梅特卡夫定律的价值实现决定了未来远程教育实现成本—效益的可能。因此，远程教育需要从大规模用户、基于数据挖掘的精确定制服务以及网络价值衍生的互补性服务着手，实现其市场价值。研究认为，远程教育成本—效益的实现路径，取决于经过实践证明的代表时代特殊性的远程教育学习理论。

（李爽）

（八）教育管理学专业

【自治与共治：教育治理背景下的中小学管理改革】

褚宏启，《中小学管理》2014 年第 11 期。

教育管理中的“政府失灵”和“市场失灵”，使得治理走上历史舞台，成为一种新的问题解决机制。这种机制，强调政府和市场之外的社会参与，强调运用社会和民众的力量改进管理。在教育治理的框架下，各种不同的教育利益诉求能得到充分表达，教育决策、政策与立法得到充分讨论与论证，这从政治生态上消除了人治显性或者隐性存在的可能性。教育治理是对于传统教育管理方式的超越，教育治理与教育管理并不是对立的关系，前者是后者的一种高级形态，其突出特征是多主体参与的合作管理、共同管理、共同治理。

教育治理发生和表现在区域层面和学校内部层面。在学校内部管理层面，从政校关系角度看，学校的主要角色变化是走向“自治”。“自治”是相对于过去单一主体的政府“他治”而言的。长期以来，由于受计划体制影响，学校长期依附于政府，缺乏办学自主权，学校办学活力不足。当前，学校最需要做的变革就是“从他治到自治，从依附到自主”。学校自治是指构建新型的政校关系，推进政校分开、管办分离，政府简政放权，改变直接管理学校的单一方式，减少不必要的行政干预，切实落实学校办学自主权，使学校真正成为独立的办学主体，能够自主管理、自主办学。从学校与教师、学生、家长、社区等的关系角度看，学校的角色是与其他主体一起对学校进行“共治”，要点有四个：推进多方主体共同治理，推进师生参与治理，推进家长参与治理，推进社会参与治理。参与治理的多元主体，无论从整体层面还是个体层面，都需要提升治理能力。同时，我们需要特别关注学校这一主体在整个治理体系中、在多个个体中的主导作用和“元治理”角色：通过完善治理体系，提高整体治理能力；通过加强能力建设，提高个体参与治理的能力；通过发挥学校的主导作用和“元治理”作用，提高治理能力。

【全球教育变革下的学校自主管理】

张俊华，《人民教育》2014 年第 3 期。

现代西方学校制度特别是管理制度变革具体来说有三点发展趋势：从中央集权走向地方分权；从行政外控走向学校内控；从行政高于学术走向学术高于行政。这种自上而下的转型解构了中央集权，解构了地方行政权，重构了学校的决策权和自主发展权，从根本上激活了学校自主发展的潜能。在全球教育变革下的背景下，当前西方几个发达国家的学校自主管理主要有以下模式。（1）英国模式：英国的自我管理模式是从1988年《教育改革法》之后确定下来的，基本特征包括：所有中学和大部分小学的学校财务权归于学校董事会和校长；家长可以为子女择校；允许公立学校经家长投票后脱离地方教育当局控制，选择成为直接拨款学校，由教育部直接负责拨款。这些措施背后的价值取向是“平等、效率、自由、选择”，管理体制上实质是学校董事会领导下的校长负责制。（2）美国模式：美国的教育管理是联邦宏观调控、各州统一领导和区级具体管理的分级管理模式。其校本管理源自20世纪80年代中期以来在全美掀起的教育管理制度的变革运动，主要特点就是行政分权、学校自主、管理民主、多元合力、各司其责。具体来说，就是教育行政部门主动把人事权、财务权、课程开发权等权力给予学校董事会。董事会成员由自愿参与区或乡镇教育管理的各种人员提出申请，由当地居民选举产生，职责是为学校提供支持与服务，包括向当地政府提出教育经费预算，审核招聘校长、教师等。（3）澳大利亚模式：在澳大利亚，学校同样实施的是校本管理或自我管理。学校设有校理事会，由校长、教育行政部门代表、家长代表、学生等组成，决定学校的重大事务和未来发展。各州和领地都有专门的教育管理部门，职能大体相同，但名称各异，如南澳州的教育部门被称为“南澳教育与儿童服务部”，维多利亚州的教育行政部门被称为“教育和早期教育部”，而西澳州是“教育与培训部”。学校一般在各州和领地的宏观教育政策指导下自行开设校本课程。几个西方国家学校自主管理模式都具有民主性、分权性、规范性、多元性，为了促进我国学校的自主管理，需要淡化行政权力，依法治教，同时强化学校权力，依法治校，包括共同决策、自我问责、课程多元等。

【初中名校变革的三种类型——基于京、津、苏三地初中校案例的分析】

喻小琴，《教育科学研究》2014年第9期。

相对于小学、高中教育而言，初中教育整体薄弱已成为一种普遍共识和基本判断，但在其发展过程中，也涌现出了不少初中名校。变革是初中名校发展的持续动力，从变革的前提基础、主体、内容、方式及使命定位等方面综观初中名校发展，在初中名校变革中主要形成了三种变革类型。第一种变革类型主要是针对薄弱学校改造的跨越式发展，一般是在学校存在生存困难的情况下，由某个或少数变革力量发起、针对某项内容或某个环节进行的变革，变革的成功与否直接影响到学校的生存与未来发展。第二种变革类型主要是在学校办学条件、师资队伍、学生生源较好的条件下，校长与学校其他相关者共同努力，为实现学校整体提升而进行的全方位变革。第三种变革类型即指变革已成为学校文化的一部分，渗透在教育教学、管理以及学生发展等所有方面，贯穿于学校发展的全过程，成为师生的共识，指引着学校全体成员的日常行为。文章结合北京市、天津市、江苏省三地初中名校发展实践，提炼出初中名校在发展过程中形成的突破跨越式、整体提升式、文化浸润式三种变革类型。在对六所初中名校案例进行差异性分析的同时，文章提出不同变革类型初中名校发展中蕴含的共性经验：变革是推动初中名校持续发展的不竭动力和重要法宝；校长是初中名校变革与发展过程中的最重要主体；课程课堂教学、文化特色品牌成为初中名校变革的重要内容；初中名校变革需要在理念引领下，明确思路、投入行为；初中名校变革始终是一个不断提出、不断实现新的办学使命的过程。

【超大规模学校的问题分析与改革出路】

姚继军　陈婷婷，《人民教育》2014年第4期。

所谓超大规模学校，一般是指在校学生数超过3000人，班级数高于60人的学校。长期以来，尽管人们对超大规模学校提出了诸多质疑与批评，但学校规模无限制扩张的现象非但没有收敛，反而有愈演愈烈之势。利益驱动是超大规模学校存在的根本原因，并会成为基础教育生态的破坏者。当前，地方政府在资源配置上，存在着重经济建设轻公共服务的偏好，有将资源尽可能地配置到生产部门以获得更好经济绩效的动机。受此影响，在教育发展上，地方政府往往追求“效益最大化”，通过对重点校给予政策倾斜，以“名校办民校”、公办转民营、给予信贷优惠等手段，在不增加地方财政支出的情况下，扩大名校办学规模，从而“节约”教育支出，或借家长择校行为从“教育地产”中增加财政收入。而重点学校也会在规模扩张的过程中，获取政府扶持、学费收入、社会影响等诸多利益。因此，超大规模学校成为基础教育生态的破坏者。重点校在政策支持下越办越大时，一般学校和薄弱学校的处境更加艰难，无论在生源、师资还是在经费上都陷入更严峻的生存危机。大规模、超大规模学校的大行其道，很大程度上源于政府推动，要对其进行治理，也应从理顺政府与学校关系，强化政府在发展地方教育的主导责任与监管责任入手；此外，也要从学校的内生机制层面去实现。在政府层面，作为地方教育发展的责任主体，地方政府更应侧重于非重点校和薄弱校的发展，为不同的学校营造平等竞争、共同发展的教育生态；在各项教育资源的配置上，兼顾重点学校与非重点学校的发展；在监管上，应根据当地教育实际，通过科学论证，对学校规模的上限进行限制，出台相应的办学规模标准，限制学校规模无序扩张。

【论学校文化管理中的价值重塑与流程再造】

张东娇，《教育科学》2014年第30卷第2期。

自2011年召开全国文化体制改革工作会议以后，一场文化建设运动席卷中国。这场文化建设运动对教育领域的意义更加持久和有效，因为学校本身就是文化存在。为了贯彻会议精神，政府、大学和学校（中小学）三方合作，共同促进学校文化管理与发展。

学校文化是学校全体成员共同创造和经营的文明、和谐、美的生活方式，是学校核心价值观及其主导下的全体成员的行为方式与物质形态的总和，包括精神文化、制度文化、行为文化和物质文化。学校文化管理是对精神文化、制度文化、行为文化和物质文化四个变量进行结构性设计和操作，让学校文化进步或形成优质文化的过程。价值重塑与流程再造是关键点。价值重塑是对学校核心价值体系的重新思考、塑造和表述，可运用梳理历史、挖掘假设、联合力量、话语重述的管理策略。无论何种情境，价值重塑的目的和使命都是不变的：使学校核心价值体系完整化、逻辑化、个性化，实现其引导功能，通过组织文化特质建设增加学校竞争力。完整化、逻辑化和个性化是三个递进的要求。完整是规范性要求，指学校核心价值体系完备不缺项，包括核心价值观、培养目标、办学目标、校训校歌、校徽等元素。逻辑是层次性要求，指学校核心价值体系的表述逻辑一致、内容逻辑一致、形式与内容逻辑一致，这个体系是以核心价值观为中心建立的多元和谐的体系，位置有层次不混乱，核心价值观可以包括多组价值，但须只有一种表述而不是多种说法。个性是文化性要求，指学校核心价值体系的内容和表述能够体现学校文化特征，即组织特质，在组织同形的背景下，这一意义被强调。管理流程再造是在核心价值观指导下，对学校组织设计、结构、管理制度及其执行等的反思、修正、改造或重新构造过程，包括组织结构流程再造、制度流程再造和关键事件流程再造。

【PISA 聚光灯外的变革——欧美课程与教学新发展及对学校管理的影响】

冯大鸣，《教育发展研究》2014 年第 10 期。

近年来，在 PISA 聚光灯外，欧美一些国家的课程与教学领域正在出现一些新的变革动态，主要表现为创业教育、数字素养培育以及以游戏为载体的课堂教学。这样的动态为学校管理带来了新的改变：（1）更多利益主体介入管理过程。一方面，这种由社会各方支持新课程开设的局面将有助于中小学度过最初几年的适应期，也为中小学师资的培养与储备提供了便利。但另一方面，随着校外支持力量的引入，学校管理活动中协作与协调的需求增强。尤其是当企业提供的技术人员和教学元素介入教学活动后，情形将更为复杂，由企业带入学校的工程管理、工商管理以及市场营销理念等都会对学校原有的教学和管理文化形成一定的冲击，工商企业这个新主体的利益将会渗入学校的管理系统之中。（2）创业教育、数字素养培育以及以游戏为载体的课堂教学涉及诸多跨越传统学科边界的知识，在课堂教学中，更需要教师经常采用实景学习、无缝学习、公民调查等新兴教学法。因此，未来教师的专业发展不能全凭政策指令，专业发展的方式也需要更适应教师自主、探询、体验以及做中学、边学边用的特点。对此，学校要如何调整教师的管理方式以更好地适应更倾向于自主体验的教师发展需求，是学校管理者必须思考的问题。（3）由于缺乏清晰而公认的评价标准和评估学生跨界素养发展状况的成熟检测工具，教学评估将更加困难。

【教师绩效工资政策的复杂性和动力结构分析】

洪志忠，《全球教育展望》2014 年第 43 卷第 4 期。

教师绩效工资政策镶嵌于剧烈变革的社会背景之中。欧美国家教师绩效工资政策的兴起与 20 世纪 70 年代末新自由主义主导的治理取向密不可分。该文立足于政策环境分析，剖析了我国教师绩效工资政策的动力结构，为理解其复杂性提供新的观察视角。教师绩效工资受到全能主义（totalism）的深刻影响，反映了政府部门以绩效来建立合法性的诉求，体现了事业单位改革公平与均衡的新方向。以全能主义为基础，作者进一步分析了绩效工资政策的动力结构。（1）政党—国家。在改革方向上，教师绩效工资政策是政府职能转型背景下提升公共服务质量的举措。从政策制定来看，教师绩效工资政策充分体现了全能主义模式下公共决策的特点：教师维权的群体性事件在 2008 年达到了最高峰，使得政府迅速出台了教师绩效工资政策，纾解矛盾和压力，因此在决策依据上，教师绩效工资政策具有“应激性”“倒逼式”的特征；在决策的形态方面仍然遵循集权模式，教师绩效工资政策同样过于注重一致性和统一性，很难顾及不同地域和群体的需求。在政策执行上，教师绩效工资政策的实施仍以行政推行为主。（2）新自由主义。一方面是教师绩效工资政策仍沿袭着“效率优先、兼顾公平”的路径依赖，另一方面新自由主义造成的过度市场化的行为构成了教师绩效工资政策改革的对象。（3）萌发中的公民社会。教师绩效工资政策火速出台的直接导火索是近年来各地日益频繁的罢课停教事件，这是公民社会力量的积蓄和表现。（4）新公共管理。教师绩效工资政策中绩效考核、绩效管理等核心概念都是源自公司企业的管理方式，是将私营部门的管理方式引入公共服务部门。基于“效率优先，兼顾公平”的原则，该政策仍希望通过绩效工资的方式来激发教师的积极性，鼓励争先创优，提高教育品质。与此同时，教师绩效工资政策的许多方法和程序也较多地参照了企业管理的方式。

【促进教育均衡发展的校长培训机构改革：现状与政策评估】

郑玉莲　陈霜叶，《教育研究与实验》2014 年第 6 期。

在我国，2007 年颁布的《全国教育系统干部培训“十一五”规划》中，早已将对校长培训的认识提升到促进教育均衡发展的高度，提出“把农村中小学校长培训摆在重要位置，注重面向基层、面向农村、面向薄弱学校的校长培训”。这标志着从政策层面，校长培训已被视为我国教育均衡化发展战略的重要组成部分。我国校长培训的基本架构由四级管理体系、四级培训提供体系和三个相互衔接的层级构成。四级管理体系分为国家级、省级、市级和县级。与此相应的有四级培训提供体系。其中，国家级培训机构包括国家教育行政学院、教育部中学校长培训中心和教育部小学校长培训中心；省级培训机构由省、直辖市所属教育学院、师范院校构成；地（市）级培训机构主要由地（市）级教师进修学院、师范院校承担；县级培训机构主要设在县级教师进修学校。

从 20 世纪 80 年代末以来，我国校长培训体系由从“闭环式培训”转变到“开放格局”，通过增加培训机构，引入“优胜劣汰”的市场竞争来提升培训的质量及校长接受优质培训的机会，为所有的校长提供尽可能多的培训资源以供其选择，从而增加优质培训机构与赋予消费者选择权。然而这种委托培训的发生有赖于当地的经济发展情况、教育行政部门领导的意识及社会关系资本。增加的培训机构的服务对象并没有涵盖真正弱势的、边远的、贫困地区的、农村的、薄弱学校的校长，在本质上不能惠及农村薄弱学校的校长，在某种程度上加大了贫困地区与发达地区之间的差距。郑玉莲等认为，国家在政策上需加强对地方培训机构能力建设的扶持，而不应只是简单运用有管制的市场策略进行简单的机构的优胜劣汰。国家的政策及资源配置需要鼓励国家级培训机构与地方培训机构合作培训项目，切实发挥国家级培训机构的辐射及专业引领作用，为“优质培训资源”的“在地化”提供土壤。着力提升县、市乃至省级培训机构的专业能力，推动地方培训机构利用地域的便捷性，潜心研究与了解校长所处的制度环境、校长工作的性质与范围、校长工作所需要的知识和技能。

【从“自在”到“自为”：我国校长课程领导实践进展与形态研究】

鲍东明，《教育研究》2014 年第 7 期。

校长课程领导是我国教育改革特别是基础教育课程改革过程中凸显的重要议题，集中表现为校长在领导学校课程改革中战略谋划与创新实践的意识与能力，反映着校长的主体性水平，亦即自主性、主动性和创新性程度。在改革开放 30 多年来我国中小学校长课程领导的实践进程中，校长对课程活动的认识水平和在课程领导中的自觉性程度分析，中小学校长课程领导的主体形态总体上呈现出从“自在”到“自为”的发展走向。达到显意识阶段的校长课程领导，校长对课程改革、课程领导的认识与实践有了更为鲜明的理论自觉和能动创造的特征。这既源自校长自身的一种自觉、自主、能动和创造的内在力量，也源自外在支持性因素的增长，从而促进了校长“自为自觉”课程领导水平的提升。① 具体而言，每个阶段课程领导的特征、行为方式、形成机制如表10所示。

表10　改革开放30多年来我国中小学校长课程领导的实践进程（整理自鲍东明，2014）

	课程领导的特征	课程领导的行为方式	课程领导的形成机制
潜意识阶段（惯常性、自发性的课程意识与行为）	自在	经验基础之上的消极应对	知识与权力的双重影响
意识阶段（萌动的课程变革意识与实践）	自求	立足于借鉴基础上的主动变革	外部动因＋主体胆识
显意识阶段（学校课程改革的理论自觉与能动创造）	自为	自主、能动与创造	政策支持与理论引领＋创造

【元评估——教育评估专业化发展之必需】

田腾飞　刘任露，《外国教育研究》2014年第6期。

我国自1985年开展真正意义上的教育评估实践活动以来，在近30年的发展历程中，教育评估在落实督政促学工作，促进教育质量提升，创新教育管理模式上都取得了较大的成效。但在目前教育评估实施过程中，各种过多及重复的检查、评估给学校增加了过重负担，使校长难以静下心来搞好教育教学工作，严重影响了学校正常的教学秩序。因此需要加强对教育评估的元评估，也即对教育评估本身的评估，从而促进教育评估的专业发展，并进一步修正评估结论、改进评估工作、提升评估质量、杜绝评估泛滥、实现科学决策。在借鉴国际上元评估经验的基础上，文章认为要促进我国教育元评估的发展，需要正确认识以下内容：（1）权威的标准是评判元评估成效的重要依据，需要一个获得各方公认的标准来为评估事业的有序发展提供技术保障。“标准”不仅是促进教育评估行业走向专业化发展的重要标志之一，同时也是对社会提出教育评估质疑的有力回应。（2）合理的设计模式是开展元评估的关键步骤，要根据委托人的意愿和元评估本身的特点来设计，既要遵循必要的规范性程序，同时又要有灵活性。（3）参评人员的素质是元评估质量的决定因素，他们既需要有跨学科的知识背景，同时还需具备丰富的实践经验。

（林美、张新平）

（九）课程与教学论专业

【“做中学”教学法之百年演进述评】

屠锦红　李如密，《课程·教材·教法》2014年第4期。

回顾近百年的中国教学法历史，“做

① 鲍东明：《从“自在”到“自为”：我国校长课程领导实践进展与形态研究》，《教育研究》2014年第7期。

中学”教学法是极为重要的一个范型（它一直以或明或暗的方式影响着近百年来中国教学的理论与实践）。“做中学”教学法在中国近百年的演进历程可以概括为：引介与改造——批判与异化——重估与更新。反思“做中学”教学法“一波三折”的命运，可以窥见我国教学理论与实践中存在的一些问题，审视“做中学”教学法的价值，有助于我们在学理上辨清这一教学法的可为与难为之处；而透析来自教学实践对“做中学”教学法的诸多重要诘问，则会让我们进一步认清这一教学法在教学实践中的困惑与困境。辩证地看待“做中学”教学法的价值及其限度，并于实践中审慎运用它，是我们对待这一教学法的基本态度。

中国当代的教育现状呈现出鲜活的实践色彩，虽然“做中学”的理论源自美国的杜威，但是经由陶行知等人的再认识与再创造，结合中国的教育教学实践，又焕发出新的面貌。作者在文中试图分析这样一些值得教学理论界深入探讨的问题：其一，作为一种教学理论形态的“做中学”教学法，它在向教学实践的转化过程中，会发生怎样的情况？会存在哪些困难？换言之，也就是如果运用“做中学”教学法，教学内容如何处理？其二，如果运用“做中学”教学法，教师角色如何定位？其三，如果运用“做中学”教学法，教学环境如何设置？

关于教学内容的组织问题，是课程与教学论非常核心的问题。学校的课程是丰富多样的，学生面对各式各样的课程，其“心理逻辑”到底是怎样的？基于学生的活动心理来编制教科书，这是相当困难的。毕竟，学科逻辑是显性的，而心理逻辑则更多是隐性的。基于学生活动心理来编制教科书，如若处理不好，则很可能什么“逻辑”都没有。关于教师角色的问题也值得深入讨论。作为组织者、引导者、指导者的教师，其“教”的分量与程度到底如何把握？倘若在班级授课制的境况下，在既定的教学时间里面对庞大的学生群体教师又将如何充分地进行有效的个别指导？

【中小学教师有效教学行为调查研究】

罗生全，《教育研究》2014 年第 4 期。

通过对我国不同地区的 41 所中小学校的教师有效教学行为进行调查研究发现，当前中小学教师由于受到性别、任教阶段、教龄、学历和区位等因素的制约和影响，其有效教学行为在教学准备、系统呈现教材、教学策略、教学评价和班级管理五个维度表现出差异和特点。基于此，改进中小学教师有效教学行为应确立学习者中心的教学价值信念，塑造学习共同体中心的教师文化，建构基于学习过程的教学评价体系。

从数据调查的结果来看，中小学教师的有效教学行为存在着非常显著的性别差异，女性教师的有效教学行为水平高于男性教师。针对这一结果，作者还进行了相应的社会学层面的分析，认为女性教师在教学过程中表现出较高的有效教学行为水平。除了性别的差异外，中小学教师的有效教学行为存在着显著的任教阶段差异，小学教师在除系统呈现教材以外的其他各个维度上的有效教学行为水平均高于初中教师。小学教师在选取教学材料和准备课堂教学时会更重视教学内容的丰富性和趣味性，强调教学方法的新颖性和多样性，以激发学生的学习兴趣和多元智能，并且非常重视对学生的学习表现和成绩进行过程性和多元性评价。此外，在传授文化知识和技能方面，小学教师更为注重对学生基本素质的培养，加上较小的升学压力和宽松的教学环境与氛围，这使得小学教师有更多的时间和精力去专注于更新教育观念、创新教学方法与策略、提升教学效率、有效管理班级以及建立和谐平等的师生关系等。另外，中小学教师的有效教学行为存在着极其显著的教龄差异、学历差异和区位差异等。最后，文章从确立教学价值信念、塑造教师文化和建构教学评价体系三个方面提出了可行性建议。

【关于有效教学研究的新思考】

李志厚，《课程·教材·教法》2014年第5期。

有效教学标准与教学目标相关，与其目标实现或达成的程度相连，目前有效教学最需要解决的是教学有度的问题。教学临界阈的研究是解决这一问题的有效途径，它从学习负荷量、任务日清度、知识转化度、教师影响度和学习力提升度探讨有效教学质和量度的问题。

文章从理论分析的角度，探讨了研究有效教学的必要性和重要性。文章认为，教学的有效性，是教育教学领域非常根本性的问题。从而进一步辨析了相关概念，诸如“无效”“低效”“有效”“高效”“优效”“长效”等。提出确定有效教学“效”和“度”的标准，来自五个方面：教学目标，课程内容的质量、时间的长短、结构的比例、编排的顺序和水平的难易，实现教学的条件需要环境、技术、方法、活动整个过程的策划和设计，以及教学主体和评价问题。在此过程中，需要把握几个“度”，即知识转化度、教师影响度、学习力提升度等。最后提出了对未来有效教学问题解决的途径和方式，回归教育的本源，设立因“才”而非因“材”的目标，更注重研究基于“学习为本”和“发展为本”的有效教学，而非以教材为本的教学。

【关于评价与教学过程有机结合的探索】

孔企平，《全球教育展望》2014年第12期。

构建与课堂教学有机整合的课堂学习评价方案，对提高课堂教学的质量具有重要意义。文章从以下几个方面探讨了新的课堂评价方案的基本特点：第一，把评价目标与教学目标有机结合，设计与课程标准相适应的目标多元课堂学习评价的基本构架；第二，把课堂作业的教学功能和评价功能有机结合，促进学生对基本知识的理解和掌握；第三，把教学的重点和评价的重点有机结合，考察和培养学生的高层次思维与创新能力；第四，把评价方法与教学方法有机结合，建立方法多样、定量与定性相结合的课堂学习评价体系。

【建构学习中心课堂——我国中小学课堂教学转型的取向探析】

陈佑清，《教育研究》2014年第3期。

从已有课堂教学改革的经验、相关理论研究的倡导和国家推行的教育改革的趋势三个层面来看，建构学习中心课堂应该成为我国当今课堂教学转型的基本取向。学习中心课堂是指以学生学习活动作为整个课堂教学过程的中心或本体的课堂。在学习中心课堂中，课堂教学过程的组织要尽可能让学生能动、独立的学习成为其学习的基本状态，并让学生能动、独立的学习占据主要的教学时空。在学习中心课堂中，教师的教导作用仍然是不可缺少的，但教导在教学过程中的地位和功能要进行调整，即要从课堂的本体、目的调整为引起和促进学生能动、独立和有效学习的条件或手段。

【课堂要为学生学习创造条件——变异理论运用于教学实践的探索与思考】

易进，《课程·教材·教法》2014年第6期。

变异理论是瑞典哥德堡大学马飞龙教授提出的一种关于学习和教学的理论。北京师范大学与北京市海淀区教育科学研究院合作进行课题研究，探索如何运用这种理论来改进小学课堂教学。根据此项研究的经验，变异理论的基本观点可以理解为：学习是为了获得应对新问题的能力，以及学习离不开对事物差异的感知。运用变异理论进行教学设计和实施要明确教学的目标内容及其关键属性，注重学情调研和分析，合理选用典型例证，并依据目标引导学生注意例证的关键方面。

【校本课程开发中的课程组织逻辑】

吕立杰　袁秋红，《教育研究》2014年第9期。

课程组织是课程开发中的经典步骤，校本课程组织指在开发某门课程中对课程要素的组织。课程组织要观照学科自身的逻辑，也要考虑学习者认知特征、兴趣需要以及环境中课程资源的可能性。课程组织的方式大体分为垂直组织和水平组织。教师是校本课程“组织”的主体，课程意识决定教师对课程组织的关注程度。校本课程组织需要不断校正课程目标，校本课程组织是课程要素结构不断调整与修正的过程，并需要在多元组织群落中权衡。

【培养更好的学习者——从大学先修课程看高中学业评价】

卢立涛　王志明，《教育学报》2014年第4期。

如何改变高中学业评价制度的单一化，使有需要的学生有更多的学习选择，进而培养更好的学习者是现阶段我国教育领域深化改革进程中的重中之重，也符合当前各国高中学业评价的理论转向与实践探索。在这方面，美国AP课程学生学业评价为我国建立先修课程考评体系提供了参考。而成立专门的负责机构，大学是否可以让学生免修并承认学分，建立多元评价机制，是当前我国先修课程考核体系的建设中亟待解决的三个问题。

（姚颖）

（十）教师教育专业

【教师专业发展和学习为何要走向“校本”】

陈向明　张玉荣，《清华大学教育研究》2014年第35卷第1期。

我国中小学和幼儿园教师的专业发展主要采取短期集中培训和行政要求下的教研活动两种途径。在资源短缺、人力不足的历史发展时期，这种模式对提高教师的教育教学水平做出了很大贡献。然而在改革开放30年后的今天，这种模式已经不能适应社会和教育发展的要求。该文在对我国教师专业发展的途径及其思路进行批判性分析的基础上，对校本教师专业发展和学习的理据进行了论证，结合该文作者主持的若干项研究以及国内外相关研究成果，文章指出，由于教师的学习具有整体性、缄默性和情境性等特征，校本学习对教师的专业成长具有独特作用，需要得到教育行政部门、学校领导、教师、教师教育者和研究者的高度重视。

【论教育现象学及其应用——兼论教师的教育现象学反思写作】

朱小蔓　何蓉，《教师教育研究》2014年第26卷第6期。

该文在探究现象学的实证性的基础上，论述了教育现象学在行动研究中的适用性、可能性、价值与意义，并对深入到教育现象学应用中的教育现象学写作与研究的方法、特征与意义做出了区分与描述。现象学不仅以其独特的价值与使命，为多学科、跨学科的研究方法提供营养，其实证的科学之光亦照亮了真实的人的生活之路，为教育学研究真实的人做出了重要的方法论引导。教育现象学以生活体验作为研究的出发点和归宿，在扎根于教育情境，面向实事本身，关注教育现象的意义等方面，为教育行动研究的实践性做出了重要贡献。该文在此基础上，对于进入到实践层面的教育现象学的反思以及教师自身发展中的反思性文本的写作进行了详细描述。

【论教师专业发展的理论模型建构】

朱旭东，《教育研究》2014 年第 6 期。

教师专业发展的理论模型由教师专业发展的内涵、层次、基础、机制和环境等组成部分构成。教师专业内涵包括教会学生学习、育人和服务三个维度。以“主体层次”来构建教师专业发展的层次，即“前经验主体”“经验主体”“认识主体”“价值主体”和“审美主体”。之所以用“主体”概念，是因为教师专业发展是自主的专业建构的过程，它体现出自在、自为、自觉、自控等内容。教师专业发展的基础包括教师精神、教师知识、教师能力。教师专业发展的机制就是教师运用经验、反思、证据、数据、概念和理论等条件实现教会学生学习、育人和服务等专业目标的活动过程，也是运用教师精神、教师知识、教师能力等专业基础的活动过程。机制产生作用需国家制度、学校文化、学习社群和班级互动等教师专业发展的环境建设。

【论我国教师教育的二次转型】

朱旭东　李琼，《教育学报》2014 年第 10 卷第 5 期。

我国教师教育第一次转型的限度主要表现为一流综合大学参与教师教育的数量有限，综合化后的师范院校生源质量下降，教师教育从学术制度上没有得到合法的学科支撑，从而没有带来教师培养质量的提高。教师教育的第二次转型取决于教师教育学科制度的建立，具体从教师教育的院校性质、专业逻辑、组织体系与结构、教育学科定位、师资课程设置与实施等方面进行转型。

【我国幼儿教师培养政策：特点、矛盾与建议】

夏婧　庞丽娟，《教师教育研究》2014 年第 26 卷第 4 期。

幼儿教师培养是保障并不断提高幼师队伍质量的关键手段和必然途径。当前，我国基本建立了以师范院校教育为主体的多元幼师培养体系并不断提高学历要求，但在相关法律中缺乏对幼儿教师培养的专门、具体的规定，并且未建立培养机构的资质认证体系且缺乏对培养质量评估的相关规定。在制定学前教育法及相关政策过程中，应补充和完善幼儿教师培养机构的准入标准和培养质量评估标准，因地制宜制定和完善幼儿教师学历培养体系的相关规定，进一步明确和逐步增加幼儿教师培养的经费投入等。

【论教师作为研究者的内涵：教师研究性思维的运用】

张华军，《教育学报》2014 年第 10 卷第 1 期。

教师作为研究者的内涵究竟是什么？教师作为研究者并不是让教师像专业的研究者那样去做研究、出研究成果。教师作为研究者的内涵实质在于教师研究性思维的养成和运用。实证研究和实践探究作为教师研究性思维养成的方法，都可以统一到杜威提出的科学思维方法上来，两者都需要教师在个人实践经验中产生困惑和问题，进而提出假设，进行反思、实验，更新教学观念，改进教学行为，获得教学专业发展的自主性，最终促进学生智识的发展。

【农村教师的生存发展现状及政策建议】

孙德芳　林正范，《教师教育研究》2014 年第 26 卷第 6 期。

通过对浙江、河北、四川 3 省 15 个县市的农村教师发展现状进行问卷和访谈调查，发现农村教师目前生存保障条件不足，尤其是经济压力较大，住房困难突出；农村教师工作投入，业务工作自我感觉良好，但教学任务繁重，学科结构不均衡等情况明显；农村教师在专业培训方面形式不够多样，时间不够充分，教师对政府尤其是地方政府出台与落实相关政策的期望较高。基于此，提出如下促进农村教师良性发展的政策建议：在保障性政策方面，完善农村任教津贴与奖教津贴制度，建立专业奖励性制度等，以保障教师安心在农村任教；在发展性政策方面，完善流动制度与退出补充机制，优化队伍结构，并且通过制定专项计划，引导高校定向支持培养，建立自我成长的战略机制等，促进农村教师队伍整体发展。

【Teacher Education Changes in China: 1974－2014】

Zhou J., *Journal of Education for Teaching*, 2014, 40 (5).

The Chinese Government has conducted a series of top-down reforms of teacher education over the past several decades. The reforms have established a relatively stable teacher education system, regulated teacher education programmes and curricula, and provided opportunities for in-service teachers to be trained and to upgrade their educational credentials. Teacher education institutions have been upgraded, merged and made comprehensive, and they have initiated some innovative approaches. However, the teacher education process has not changed considerably, and most problems have not been solved. These problems have influenced the quality of teacher education.

【Teacher Professionalism under the Recent Reform of Performance Pay in Mainland China】

Wang L., Lai M., Lo L. N. K., *Prospects*, 2014, 44 (3).

In 2009, a reform in teachers' pay, linking remuneration to performance, was implemented in China. The intention was to improve the quality of education by making teachers more diligent and creative and removing the inequality in pay between teachers in different schools. A review of this reform reveals that it has resolved the problem of inequality between teachers working in different schools but has created a new inequality: between teachers within the same schools. Also, the performance evaluation, based mostly on quantitative data such as student test scores, has led to teachers formalising their work and adopting an approach of "compliant professionalism". Teachers' workloads have increased, and only teachers who perform well on empirical performance indicators are given opportunities for professional development and remuneration. The findings suggest that a focus on teaching and on teachers' autonomy is needed to achieve the goal of improving the quality of education.

【Teachers' Motivation for Entering the Teaching Profession and Their Job Satisfaction: A Cross-cultural Comparison of China and Other Countries】

Liu S., Onwuegbuzie A. J., *Learning Environments Research*, 2014, 17 (1).

This study employed a partially-mixed concurrent equal-status design to investigate factors motivating Chinese teachers to enter the teaching profession and sources of teacher job satisfaction in China as opposed to those described in the international literature. The data were collected in Jilin Province of China from 510 teachers who participated in a survey. The quantitative results indicated that Chinese teachers were motivated by both intrinsic (e.g. liking to be a teacher) and extrinsic factors

(e. g. salary) to enter the teaching profession. Furthermore, (Manova) showed that teachers who were more intrinsically motivated to enter the teaching profession reported a higher level of job satisfaction. Qualitative data revealed that some job-satisfaction factors were universal across countries and some were specific to China. This study offered some implications for educational policy makers and practitioners worldwide and in China.

(周钧)

(十一) 教育经济学专业

【The Effects of Tuition Reforms on School Enrollment in Rural China】

Chyi H., Zhou B., *Economics of Education Review*, 2014, 38.

We estimate the effects of three sequential reforms undertaken between 2000 and 2006 on school enrollment for poor, rural families in China. Using difference-in-difference approaches and sample children from the China Health and Nutrition Survey 2000, 2004, and 2006 waves, we find that tuition control has had a minimal effect on primary and junior high school enrollment. Furthermore, a policy that includes tuition waivers, free textbooks, and living expense subsidies starting from 2003 had a significantly positive effect on school enrollment of rural girls, but not rural boys. This gender differential effect results from the improvement in the enrollment of girls who live in poor households. Finally, the provision for tuition waive for all rural children since 2006, although having no statistically significant effect on the overall enrollment, indeed improved the enrollment of children who were less likely to have enjoyed two-waiver-one-subsidy.

【财政教育经费暂时不宜与财政收支脱钩】

袁连生，《教育与经济》2014 年第 1 期。

中共十八届三中全会《决定》提出："清理规范重点支出同财政收支增幅或生产总值挂钩事项，一般不采取挂钩方式。"财政教育支出是否应该"清理规范"？如果清理规范，如何建立财政教育支出的长效保障机制？要回答这些问题，我们先要清楚挂钩是怎么出来的，如果取消挂钩，可能会有什么后果。

【提高中小学教师工资水平的方案设计及可行性分析】

姜金秋　杜育红，《教育研究》2014 年第 12 期。

中小学教师行业工资水平的高低将影响高素质人才是否选择从事教师职业，进而影响教师队伍的结构和质量。基于人力资本理论和国家政策法规，选取与中小学教师学历相当行业工资、公务员工资、国民经济行业中等偏上水平、物价作为参照系，分析 1990—2010 年我国教师的相对工资水平，研究发现：中小学教师工资的增长很大一部分被物价上涨所抵消；中小学教师工资低于学历相当行业劳动者；中小学教师工资在 2010 年前低于公务员工资；中小学教师工资始终未能达到国民经济行业中等偏上的水平。提出以最低标准、法定标准、市场标准、学历标准提高中小学教师工资的四种方案。

【高校毕业生求职结果及起薪的影响因素研究——基于 2013 年全国高校抽样调查数据的实证分析】

岳昌君　张恺，《教育研究》2014 年第 11 期。

基于全国 21 个省份 30 所高校的抽样调查数据，对高校毕业生的就业状况和毕业生求职结果及起薪的影响因素进行统计分析。研究发现，高校毕业生的整体“落实率”为72.0%，毕业生在东部地区、大城市就业的比例更高，企业是吸纳毕业生的最主要单位，毕业生工作的相关度和满意度较高；性别、家庭状况等背景因素是影响求职结果和起薪的重要因素；劳动力市场更加认可反映群体差异的学历、证书、学校类型层级等因素，而非反映个体差异的学习成绩和求职努力程度；就业地区、行业、单位性质等均对毕业生起薪有显著影响。建议加强政府和学校的就业指导，完善劳动力市场及监督机制，扶助弱势群体，保障就业公平，破除招聘中各种限制和歧视，提高高等教育资源配置的均衡性。

（十二）学前教育学专业

【我国学前教育研究热点知识图谱】

郭文斌　周念丽　方俊明，《学前教育研究》2014年第1期。

采用关键词共词分析法，利用Bicomb软件分析了2003—2013年这十年间有关学前教育研究的3833篇文献。结果发现：学前教育研究热点主要集中在“学前教育的现状和对策研究”“农村学前教育研究”“幼儿园游戏和家庭教育研究”“残疾儿童的早期教育研究”“学前教育专业课程设置及教学改革研究”这五个方面。提出学前教育领域的研究者今后应加大对我国国情的深入分析，进一步加强顶层设计，构建科学的学前教育评价体系和激励机制；重视跨领域的合作，尤其是与医学、脑神经科学领域研究人员的合作；加大专业人才培养力度；加强学前特殊教育的立法工作。

【基于统筹城乡发展的学前教育公共服务体制建构】

吕苹，《教育研究》2014年第7期。

公共服务是政府基于公共利益的需求，通过直接或间接的方式满足社会公众基本生存和发展需求的职责和功能。学前教育公共服务是服务型政府需要承担的职能，政府在学前教育公共服务供给和学前教育事业发展中应承担主导责任。我国学前教育公共服务不足和不均的问题首先在于学前教育公共服务供给中没有形成规范的分工和问责制；二是没有形成可持续的财政支持体制；三是城乡二元结构难以应对城市化进程；四是尚未形成配置合理的多元社会参与机制和有效的监管机制。作者借鉴国外以埃莉诺·奥斯特罗姆为代表的多中心治理理论，积极探索我国城乡统筹、普适均衡的学前教育公共服务体制的理论建构，提出要强调学前教育公共服务体制的立法保障与基本特征；要明确学前教育公共服务体制的供给主体和核心内容；要完善学前教育公共服务体制的基层组织建构等。

【学前教育政策执行偏差的归因及其矫正】

胡福贞　吴梅芬，《现代教育管理》2014年第7期。

学前教育事业的发展并非自然而然、一蹴而就的，必须依靠于国家制定的各项法规政策的合理保障。当前学前教育事业发展的现状与未来一段时间学前教育事业发展的走向取决于我国当前正在执行的各项学前教育政策的有效性。作者认为当前我国学前教育政策出现不同程度的执行偏差，主要原因是学前教育政策体系不完善，政策执行主体专业性不足，政策执行缺乏科学的评估体系，政策执行方案制定随意化，支持性政策执行环境缺失等。作者提出提升政策执行人员的专业素质，合理确定政策执行目标，有效配置学前教育政策执行资源，加强政策执行管理的科学性与规范性等措施能有效解决学前教育政策执行过程中的各方利益冲突，提升政策执行有效性。

【实施免费学前教育的可能性与路径选择】

潘月娟　杨毅　刘敏，《教育学报》2014 年第 3 期。

免费学前教育政策的核心是经费问题，要减免谁的费用、减免什么费用、投入多少等均需要科学合理的设计。目前我国一些地方实施的免费学前教育大致有“全部免费—全面补助—市县分担”“全部免费—部分补助—县级承担”“部分免费—部分补助—县级承担”三种模式。通过对 M 区三年免费学前教育政策实施情况的个案分析发现，免费学前教育政策在推行的过程中存在经费严重不足、政策措施不完善、流动儿童被排除在外等问题。建议：在推行免费学前教育的过程中，应从社会经济发展水平出发，分年龄、分群体、分项目逐步推进；提升财政投入责任主体，由中央和省级政府依据合理的办园标准和成本分担比例共同加大经费投入；切实保障流动儿童接受学前教育的权益。

【我国学前教育质量评估政策取向的实证研究——以东中西三省的示范幼儿园评估标准为例】

何善平　范铭，《上海教育科研》2014 年第 4 期。

经过 2011—2013 年三年的迅速发展，我国各地学前教育的状况已经发生了显著的改善，部分先行地区已经基本解决了幼儿园布局和数量的问题，作者认为，在此基础上契入质量意识，实现学前教育数量与质量的有机统一是为儿童提供高质量学前教育的当务之急。作者从东、中、西三个省（福建、江西和甘肃）选取省级示范园的评估标准为研究对象，建立由耐用性指标、优劣性指标、耐用性与优劣性比较指标构成的学前教育质量评估的政策取向评估框架。结果发现，自东部地区向西部地区呈现出由关注优劣性为主向关注耐用性为主的政策取向特征。作者建议学前教育质量评估的政策取向必须尊重学前教育规律、必须转向儿童发展。

【论治理幼儿教育小学化的合理路径】

严仲连　盖笑松，《东北师范大学学报》（哲学社会科学版）2014 年第 1 期。

作者从小学化的历史沿革、政策发展轨迹、小学化现象存在的合理性空间等方面分析了我国学前教育小学化的现象。作者认为治理幼儿教育小学化现象面临着标准模糊、师资水平不平衡、缺少政策支持等困境和挑战。作者提出可以从专业与政策法律两条路径来解决幼儿教育小学化的问题。专业路径可以从课程出发探索有效的幼小衔接课程模式，也可以从师资队伍入手提高教师的专业素质；政策法律路径主要指通过行政手段加快学前教育制度改革来促使幼儿教育去小学化。

【“学前教育三年行动计划”成效分析与政策建议】

郑名，《学前教育研究》2014 年第 8 期。

作者以教育部门公布的学前教育发展数据以及对甘肃省 86 个县的调查为依据，从学前教育资源、教师队伍、经费投入、体制机制建立四个方面对第一期“学前教育三年行动计划”的实施成效做了分析。提出：学前教育资源扩大，“入园难”问题的缓解是“行动计划”取得的最重要成效；随着“行动计划”的实施，学前教育经费投入有了大幅度上升，经费投入向农村贫困地区倾斜；教师队伍数量有所扩大，学历水平有所提高；中央及各级政府出台了学前教育发展政策，体制机制有所完善。尽管取得了以上成效，但学前教育仍存在资源总量不足且分布不均、经费投入与支出结构及保障机制尚待完善、教育质量亟待提高等问题。

【学前教育公共服务分类与“一主多元”供给机制设计】

庞丽娟　冯江英，《中国教育学刊》2014 年第 7 期。

作者认为我国公共服务体制机制改革明显滞后于经济社会发展进程，推进对多样化公共服务的分类管理，构建高效、公平和权责对称的公共服务模式是政府改革的重要内容。学前教育迫切需要改革旧有的供给机制，应遵循“一主多元”的设计思路，构建城乡一体化的学前教育公共服务分类体系。所谓“一主多元”即政府发挥领导、组织、协调、投入、激励、规制、监管等职能，共同发挥政府、市场与社会多元主体的合作治理和供给作用。“一主多元”的供给机制主要体现在三个方面：政府主导机制、市场竞争机制与社会参与机制。

【幼儿教师教学责任的内涵、冲突及其实现——兼论幼儿园教育“小学化”的规避】

刘智成　边霞，《教师教育研究》2014 年第 1 期。

作者认为导致幼儿园教育“小学化”的直接因素是教师，而教师责任的冲突及选择是幼儿园教育“小学化”的根源。教学责任的冲突根本上来讲是利益的冲突，社会和他人对幼儿教师角色的期待与要求实际上代表了不同的利益。比如幼儿希望在幼儿园能快乐生活、健康成长；一部分家长希望孩子在幼儿园多学些技能；社会希望教师为幼儿进入义务教育阶段打好基础。作者认为，在面临诸多利益冲突时，幼儿教师只有将幼儿的利益放在首位才是真正负责任的教师。保证教师教学责任实现的内部与外部条件包括创造自由的教学环境、提升幼儿教师的教学责任能力、增强幼儿教师的教学责任感、加强学前教育督导工作、树立科学的儿童观与教育观等。

【全美幼教协会早期教育师资培养标准变革及其基本经验】

张世义　顾荣芳，《学前教育科研》2014 年第 4 期。

全美幼教协会（NAEYC）是全美和世界上影响力最大的民间幼儿教育组织，该组织也是全美教师教育认证委员会的专业组织之一。自 20 世纪 80 年代以来，该组织逐步发布、修订了一系列早期教育师资培养标准，以对早期教育、课程和教师的“高期望”来促进教师、教育质量的提升，提出了培养卓越教师的愿景。标准制定与修订过程中坚持了“统整”和“引领”两条原则。所谓统整原则即强调核心标准在早期教育师资培养中的统领作用；所谓引领原则即立足教师面临的现实问题与挑战，通过认证、评价促进教师发展。

（十三）特殊教育学专业

【关于培智学校课程改革的思考】

邓猛　景时　李芳，《中国特殊教育》2014 年第 12 期。

我国特殊教育起步晚，长期以来的主要工作是提高残疾儿童少年入学率，对课程以及教学的研究与实践改革重视不够，培智学校的课程理论与实践体系的构建尚处于起步阶段。教学方法落后，教材缺乏和老化的问题日益突出。一些特殊教育学校甚至因为教材缺乏而出现盲目设置课程、随意开课的现象。许多培智学校还面临自闭症、多动症、脑瘫等类型残疾儿童带来的教学挑战，课程与教材问题更是突出。该文针对当前我国培智学校课程理论发展与实践的现实进行理论反思，试图为建立符合我国国情的培智教育课程体系提供新的理论视野和借鉴。需要更多地回归到课程本身来思考培智学校课程的共性与特殊性的问题。针对培智学校“生活化”课程存在着简单化、狭隘化、机械化以及庸俗化的弊端，提出培智学校课程应从“生活化”走向“完整生活课程”，从“功能限制课程”走向“发展探究课程”，从“单一模式课程”走向“多元模式课程”。

【特殊教育学校经费投入与支出状况分析及政策建议】

赵小红　王丽丽　王雁，《中国特殊教育》2014 年第 10 期。

近年来，我国特殊教育经费投入不断加大，为我国特殊教育发展提供了重要保障。在国家加大教育经费投入的同时，如何对经费进行科学合理的分配和使用是特殊教育面临的新问题。因此，研究分析我国特殊教育经费的投入和支出结构与状况，可以总结经验，发现问题，同时为国家和地方未来特殊教育经费投入提供决策参考。该文基于《中国教育经费统计年鉴》中的相关统计指标，对我国大陆地区 2001—2010 年特殊教育学校经费状况进行了分析，结果发现，在我国特殊教育学校的经费来源方面：第一，国家财政性教育经费投入逐年增长，且是特殊教育学校经费收入来源的主体；第二，特殊教育学校国家财政性教育经费投入占 GDP 的比重、占全国财政支出的比重，以及占全国各级各类教育机构教育经费合计支出的比重不稳定，2010 年均达到最高值；第三，特殊教育学校生均教育经费支出和生均预算内教育经费支出不断增长，特殊教育学校生均教育经费支出数额与我国人均国内生产总值总体接近。在我国特殊教育学校的财政性教育经费支出结构方面：第一，近两年基本建设支出比例大增，远高于事业性支出；第二，近三年公用经费增长趋势明显。在此基础上，文章提出了我国未来特殊教育学校经费投入及使用对策建议，具体包括：借鉴国际经验，继续加大财政性特殊教育经费投入力度；合理规划特殊教育经费支出结构，切实提高中部地区特殊教育经费投入；稳定特殊教育学校经费投入的同时，落实对普通学校开展特殊教育的财政性经费投入。

【汉语盲文的升级之路】

钟经华　肖航　韩萍　高旭，《中国特殊教育》2014 年第 10 期。

从“康熙盲字”到“心目克明两方字”再到“汉语拼音盲文”，汉语盲文诞生 130 多年来，走过了一条艰辛曲折的道路。目前，汉语盲文仍处在现行盲文和双拼盲文两文之争的窘境。同时同地存在两种互不兼容的盲人文字不仅给盲人教育、盲文出版造成困扰，更重要的是这种书不同文的现象会严重阻碍盲人文化的发展。该文认为现行盲文与双拼盲文两文融合是汉语盲文升级的方向，应通过升级达到两文融合，取代纷争，提升现行盲文表音准确性，进而为盲文信息无障碍打下基础。在升级的过程中，字字标调是第一步，隐性标调是第二步，简写是第三步，哑音定字是第四步。另外，文章还指出，文化传承是汉语盲文升级的前提。升级后的盲文必须遵循文字约定俗成的根本规律，不能人为地强行更替文字，不能威胁到盲文的文字安全，同时升级还要吸取双拼盲文失败的教训，最终能够在文化、教育多方面给盲人带来切身利益。文章还指出，应注重汉语盲文语料库的建设，使它在汉语盲文基础研究、规范标准制定、盲文信息化等方面发挥重要作用。

【残疾人高等教育单独招考制度的改革目标与形式选择】

黄伟　邓岳敏，《中国特殊教育》2014 年第 7 期。

残疾人单独招考制度产生于 20 世纪 80 年代中后期，沿用至今。近年来，随着残疾人高等教育的发展，这种招生模式不断受到挑战，改革的呼声越来越高。该文首先指出了我国残疾人单独招考制度目前存在的几个主要问题，表现在增加了高校的招生成本，加剧了高校之间的生源竞争，打破了高中正常的教学秩序，加重师生的负担，同时，也造成了残疾家庭负担的加重。在此基础上，文章提出了残疾人单独招考改革的新目标，即以联考为主，多元入学，统一考试科目与考试大纲。同时，文章还提出残疾人单独招考制度改革的建议，指出应该发挥政府在残疾人单独招考制度改革中的龙头作用，加强对残疾人高考制度改革研究的支持并加大对残疾人高中教育的扶持力度。

【“医教结合”争论中的学科立场——兼谈特殊教育研究的学术规约问题】

盛永进，《中国特殊教育》2014 年第 5 期。

近年来，“医教结合”所引发的争论已经成为特殊教育研究争鸣的热点之一。表面上看，这似乎是理念、观点、模式的争论，其实背后还隐藏着特殊教育学科研究的立场、态度及其方法论的问题。因此，在争论现象的背后，还需要研究者进行更深层次的思考。该文从学科建设的角度，站在教育学的立场，分析了特殊教育研究中的学科立场及其规约性问题。文章指出，作为教育学的二级学科，特殊教育学的学科属性决定了特殊教育研究必须秉持教育学的学科立场，这是特殊教育学作为学科存在的前提，也是特殊教育学研究者应有的方法论的自觉。“医教结合”的提出对宣导和推动特殊教育获得相关专业支持服务与合作方面有着积极重要的意义，但如果从学科立场来审视，基于医学的学科立场的“医教结合”存在学科立场的偏失。具体表现在：第一，“医教结合”忽视教育学立场对特殊教育研究视角的规约，存在着异化特殊教育学科基质的危险，会使人们产生这样的疑问：特殊教育到底是姓“医”，还是姓“教”？第二，“医教结合”忽视教育学立场对特殊教育概念逻辑的规约，不仅对特殊教育理论的严肃性、科学性造成了伤害，同时也往往造成理论上的混乱和实践中的无所适从。第三，“医教结合”忽视教育学立场对特殊教育语言的规约，提出后并未经过学界的充分论证，不少研究者未能从教育学的立场来比较、明晰、深入地思考“医教结合”的概念，更多的是跟风般、约定俗成地引用它，并使其固着化。第四，忽视教育学立场对特殊教育研究主体自觉的规约。基于这些判断，文章认为从事特殊教育研究者看待特殊教育问题，必须恪守教育学的学科立场，因为这不仅仅是研究意识的转向，也是知识观的转向，更是思维方式的转向。

【从政策解读我国特殊教育教师专业标准的建构】

顾定倩　杨希洁　江小英，《中国特殊教育》2014 年第 3 期。

《国家中长期教育改革和发展规划纲要（2010—2020 年）》颁布以来，我国在特殊教育教师队伍建设和管理方面提出了一系列新的政策，这些新政策对我国特殊教育师资队伍的建设产生了深远影响。顾定倩等人的文章《从政策解读我国特殊教育教师专业标准的建构》首先分析了我国建立特殊教育教师专业标准的国际和国内背景，认为建立教师专业标准是国际教育发展趋势，是国家教育行政管理的重要举措，是我国特殊教育发展的现实需求。其次，对我国特殊教育教师专业标准的现行政策进行了分析，认为《关于加强特殊教育教师队伍建设的意见》中提出的“分类规划、优先建设、突出重点、分步推进”的 16 字原则和“分两步走”的计划为未来我国特殊教育教师队伍建设的步骤和内容设定了具体目标；《国务院关于加强教师队伍建设的意见》和教育部、中央编办等部门联合发布的《关于加强特殊教育教师队伍建设的意见》将建立特殊教育教师专业标准作为国家确定的重点任务；另外，《关于加强特殊教育教师队伍建设的意见》和《特殊教育提升计划》还提出了探索建立特殊教育教师专业证书制度，逐步实行特殊教育教师持证上岗的发展规划。最后提出了构建我国特殊教育教师专业标准体系的几点设想，认为可以将特殊教育教师专业标准划分为特殊教育学校教师及随班就读教师专业标准两类，分别包括“专业理念与师德”“专业知识”“专业能力”3个维度18个领域；现有培养特殊教育教师的高等院校需要从对外扩大合作和对内改革教学过程两方面来推进特殊教育教师培养模式的改革，培养复合型知识技能的特殊教育教师和康复专业人才；将特殊教育相关内容纳入教师资格考试。

（关文军）

【听觉障碍学生唇读的fMRI研究】

雷江华　刘昌　方俊明　李建奇　王丽佳，《教育研究与实验》2014年第3期。

听觉障碍学生主要通过视觉与残余听觉来进行语言交流，唇读作为他们的一种视觉语言交流方式，具有其独特的大脑皮层加工机制。该文通过功能性核磁共振成像技术从汉语语音发音特点的角度研究了听障学生唇读的神经心理机制。该研究采取block实验设计，通过2个实验获得了如下的实验结果：两个实验中都发现了唇读激活了视觉的高级联络区——纹周区，都发现了中央前回的激活，左右侧颞中回的激活，额回的激活。说明了唇读是一种视觉认知活动，涉及动觉认知，具有视觉感知的跨通道特性，是语言认知活动。

（关文军）

【从体系之外到体系之内：我国特殊教育的百年嬗变】

李拉，《教育学术月刊》2014年第7期。

中国特殊学校出现后的百余年里，特殊教育经历着一个曲折的孕育与发展过程。其在清末与民国时期，或被拒斥于学制体系之外或长时间游离于学制体系边缘。新中国成立后，特殊教育几经改革与演变，逐步奠定了其在学制中的位置，得以融入现代学制体系之中，形成了今天的发展样式。该文在回顾这一发展历程的基础上，对我国整个特殊教育发展史进行系统总结。我国特殊学校发展至今呈现了三个基本特点：其一，特殊教育发展演变过程是特殊教育不断努力融入整个学制体系的过程，是一个由学制体系之外逐渐进入学制体系之内的过程；其二，特殊教育经历着从最初的被拒斥于学制体系之外“到努力融入近现代学制改革之中”又追求其特殊性的独立发展过程；其三，特殊教育学制的发展既是一个顺应教育与社会发展的改革过程，也是一个保持相对稳定、追求自身成熟完善的过程。

（关文军）

（十四）成人教育学、职业技术教育学专业

【温家宝职教论述对确立高职教育质量观的启迪】

马树超　郭扬，《中国高教研究》2014年第1期。

由人民教育出版社、人民出版社出版的《温家宝谈教育》一书体现了近十多年党中央、国务院在探索中国特色社会主义教育发展道路实践上取得的成果，也反映了温家宝同志对教育改革与发展的真知灼见。职业教育是温家宝特别关注的领域，他多次强调“在整个教育结构和教育布局

当中，必须把职业教育摆到更加突出、更加重要的位置”。

（1）基于高职教育的使命和目标，探索由学生发展、学校工作、政府责任、服务贡献四个维度构成的高职教育质量观。温家宝2005年在考察深圳职业技术学院时指出，我国“需要培养高技能的技术人才”；认为深圳这样一所两万人高校可以“促进深圳工业化、现代化的进程，还可以解决深圳广大城乡职工的就业问题”。学生发展是衡量高职教育质量的结果性指标；学校工作是衡量高职教育教学质量的描述性指标，在教育评价中具有重要地位；政府责任是职教督导督政的重要指标。

（2）以学生成长成才作为高职质量年报的主线，鼓励高职院校树立以学生发展为本的教育质量观。温家宝重视教育发展中“育人为本”原则，强调“职业教育是面向人人、面向整个社会的教育，根本目的是让人学会技能和本领，能够就业，成为有用之才”。首先，高职院校要为学生潜能发展做出贡献，要使学生的知识、能力和态度得到持续提升。其次，在日趋严峻的大学生就业形势下，对学生及家庭尤其是城乡中低收入阶层而言，面临着“读高职院校能不能就业”的考量。

（3）以学校改革发展作为高职教育质量的重要内容，引导高职院校加快专业建设，构建多方参与的教学质量保障机制。温家宝在2005年全国职业教育工作会议上提出：“要深化职业教育的教学内容、教学方法改革，培养目标、专业设置、课程教材、学制安排等，都要适应企业和社会需求，着眼于提高学生的就业和创业能力。”调研发现，高职院校布局正在向县域延伸，适应区域发展尤其是三线城市和县域经济需要，为高职院校毕业生发展提供了重要机会。

（4）将政府责任作为高职教育质量的保障性指标，优化高职教育发展环境，鼓励高职院校由等待政策资源转向主动争取政策资源。2006年，温家宝在中南海主持召开教育工作座谈会时指出：“大力发展职业教育，要进一步提高各级政府认识，加大对职业教育的资金投入力度。”政府推动高职教育发展的责任不仅体现在资金投入上，调研发现，地方政府在制定政策、落实规划、安排项目、布置任务、提出要求等方面重视和支持高等职业院校，是推动高等职业教育发展的重要举措。

（5）将高职院校与地方合作共赢发展作为高职教育质量的贡献性指标，服务国家和地方发展战略是高等职业院校的重要使命。2008年，温家宝在国家科技教育领导小组会议上就制定《国家中长期教育改革和发展规划纲要（2010—2020年）》发表重要讲话，提出“要把教育的改革发展放在我们正在实现工业化、城镇化的背景下和全面建设小康社会的大局中谋划，充分考虑国家现代化总体布局对人力资源开发和人才培养的需要，充分考虑国家未来人口发展和学龄人口的结构变化，使规划更好地服务于经济社会发展和创新型国家建设”。

【中国职业教育立法的百年历程及反思】

陈久奎，《现代教育管理》2014年第10期。

中国职业教育立法在百年历程中进行过数次的制度构建。清末实业教育立法为民国职业教育立法奠定基础，在效法他国模式、学习其先进经验的进程中进行本土化的实践与探索，逐渐形成了比较完备成熟的职业教育法律体系。新中国成立后，单纯照搬苏联模式，全盘否定旧中国的立法体系，加上受到政治运动的影响和干扰，职业教育的发展及其法制建设大起大落。直到改革开放后，中国职业教育立法才逐步走上正轨，并取得重大成就。中国职业教育立法的百年历程，每一个时期都有其自身鲜明特点，需要我们认真归纳、总结和反思其中成败得失，为推动中国职业教育法制建设进程尽绵薄之力。

【现代职业教育体系内涵及需处理好的重要关系】

曹晔　刘宏杰，《职业技术教育》2014 年第 1 期。

现代职业教育体系特征至少包括开放创新性、多元融合性、动态适应性、系统协调性和服务人本性五个方面。基于以上认识，建设现代职业教育体系需要正确处理好职业教育与产业、学校与企业、中职与高职、学校职业教育与职业培训、职业教育与其他教育、职业教育与人的全面发展等关系。需要在政策层面加强政府的统筹管理，推进中高职协调发展，提高职业教育与其他教育的融通性，推进校企合作。

【现代职业教育与国家资格框架构建】

姜大源，《中国职业技术教育》2014 年第 21 期。

作为一种跨界的教育，现代职业教育体系的建设必须有跨界的思考：只有跳出教育看教育，才能逐步形成“合作办学求发展、合作育人促就业”的良性机制。因此，现代职业教育体系的构建应该具有大视野，应涵盖正规教育、非正规教育和非正式教育。但是，职业教育的现状离升级版的中国经济的需要还存在很大差距，还存在两个明显的问题：一是用人的劳动制度与育人的教育制度的分离，二是职业资格证书与教育学历证书的分离，制约了现代职业教育体系的建设。借鉴国际成熟的经验，构建中国自己的“国家资格框架”，是一项有利于促进中国经济社会发展的现代职业教育的制度支撑，是有助于我国在国际竞争中占据有利制高点的长远的战略决策和重要措施。

【现代学徒制之“现代性”辨析】

关晶　石伟平，《教育研究》2014 年第 10 期。

现代学徒制的“现代性”既是职业教育研究必须追问的理论问题，也是影响相关职业教育改革成效的关键所在。现代学徒制的“现代性”体现为：功能目的从重生产性到重教育性；教育性质从狭隘到广泛；制度规范从行会层面上升到国家层面；利益相关者机制从简单到复杂；教学组织从非结构化到结构化。

中世纪，行会对学徒制进行全方位的管理，包括制定管理规范、规范契约、教学指导与监督、期满考核等。这使得学徒制从私人习惯过渡到了公共制度，往往被称为“行会学徒制”或“传统学徒制”。16—18 世纪，欧洲从封建社会向资本主义社会过渡，为缓解社会矛盾，国家开始通过立法方式介入对学徒制的管理，称为“国家干预学徒制”。在两次工业革命中，资本主义工业化浪潮颠覆了传统学徒制的生存基础，学徒制几乎崩溃，取而代之的是学校职业教育的兴起。这时学徒制往往被称为“工厂学徒制”。20 世纪 60 年代末，德国以法令形式确立了双元制职业教育的地位，即以校企合作为基础的现代学徒制。20 世纪 90 年代后，西方各国纷纷效仿德国建立学徒制，如英国 1993 年的现代学徒制改革、澳大利亚 1996 年的新学徒制改革等。“现代学徒制”成为当代世界学徒制改革的标签。

【现代职业教育质量保障体系研究：现状与展望】

赵志群，《西南大学学报》（社会科学版）2014 年第 4 期。

建立教育质量保障体系是《国家中长期教育改革和发展规划纲要（2010—2020 年）》确立的重要发展目标。职业教育质量保障体系根植于教育实践的实际操作活动系统，在内部要对专业建设进行监控评价，在外部要对教育成果进行监测。建议开展以下研究：建立质量观察和分析框架，描绘质量保障体系建设工作的现状与问题，进行相关“典型试验”和质量监测体系建设实践。需要取得进展的关键领域是：质量标准开发标准的“元研究”，质量监控与评估体系建设的实践研究，大规模职业能力测评研究。

职业教育质量保障体系建设不是纯粹的理论构建或制度安排，而是根植于教育实践的实际操作活动系统，在内部需要对职业院校的专业建设、课程开发、教学过程、教师和资源管理等进行监控和评价，在外部需要对职业教育的结果（如毕业生的职业能力发展水平）进行监测，这些活动只能在具体的教育实践中进行，需要满足经济社会发展、个人需要、质量标准和职业资格等多方面的要求。

【项目制下高职场域的组织学习、能力生成与组织变革】

郭建如　周志光，《北京大学教育评论》2014 年第 2 期。

高校毕业生的就业压力随着高等教育的扩张而增大，提升高职生的就业竞争力就需要改变其人力资本构成和人力资本积累的方式，同时也需要改变高职院校师资队伍的人力资本构成，改变并积累高职院校培养特定规格毕业生的能力。2006 年，我国高职教育场域启动以培养模式改革为核心的示范校建设项目。该文考察了示范校的建设过程，认为组织学习是高职院校新能力生成与组织变革的重要机制，但该机制的作用效果受到高职院校领导与组织管理体制、资源获得与激励机制、既有知识和可能获得的知识等因素的影响，并指出项目制虽能促进组织学习，也会产生学习陷阱，影响场域内的知识创新。

【专家视野中的职业教育校企合作长效机制设计——运用德尔菲专家咨询法进行的调查分析】

吴建新　欧阳河　黄韬　陈凯，《现代大学教育》2014 年第 5 期。

校企合作是培养技术技能人才的必要条件，由于缺乏制度保障，学生获得现场工作经验的实际效果远不如预期。在咨询权威专家意见的基础上，设计了由政策目标、内容和载体组成的长效机制框架。政策目标重点是保障校企在技术技能人才培养领域进行必要和有效的合作。政策主要内容是投资建立相对稳定的企业实习基地，建立学生实习成本分担与补偿机制，购买行业企业服务，将合作育人纳入企业社会责任评估，发展现代学徒制，鼓励企业参与混合所有制办学，将实习生摆在合作中更加突出的位置。政策载体是修订《职业教育法》，国务院出台《促进职业教育校企合作办法》，修订《工伤保险条例》等法规。

【职校生技能竞赛的心理训练及实施策略】

崔景贵　黄亮，《职业技术教育》2014 年第 20 期。

心理训练是技能竞赛训练系统的重要组成部分。职校生技能竞赛需要系统的心理训练，科学的心理训练有助于提升技能竞赛成绩。分析职校生技能竞赛心理训练常见的误区，主要表现为心理训练的缺位、偏位与失位。基于积极心理学视角，职校生技能竞赛过程中心理训练的有效策略包括建构现代理念，坚持基本原则，制定计划方案，把握系统过程，注重实用技术，突出职教特色。

【中国终身教育体系为何难以构建】

吴遵民，《现代远程教育研究》2014 年第 3 期。

构建终身教育体系是《国家中长期教育改革和发展规划纲要（2010—2020 年）》提出的战略决策。然而，历经 20 年的努力，我国终身教育体系为何仍难以构建？阻碍构建终身教育体系的现实问题与当代困惑主要有四个方面：一是终身教育体系与既有国民教育体系的概念界定仍未明晰，固有的国民教育体系的转型与整合，已经成为构建终身教育体系的重大挑战；二是“校外教育”发展面临的体制问题长期得不到解决，成人教育开始陷入发展瓶颈，没有成熟而发达的校外教育资源，终身教育体系的构建无异于一句空话；三是终身教育立交桥与各种教育资源整合的困惑，在于打通各种教育壁垒与阻隔，需促进由于历史原因和利益博弈所造成的纵向割裂、横向阻断的教育体制变革；四是国家终身教育立法难以实现，而地方性终身教育立法又往往狭隘化了终身教育的内涵，政府职能处在弱化状态，致使出现我国终身教育难以开展的困顿局面。

（赵志群、周慧梅）

（十五）高等教育学专业

【“慕课热”的冷思考】

吴万伟，《复旦教育论坛》2014 年第 1 期。

进入 2013 年，“慕课热”已经显示出降温的迹象。人们对慕课的抗拒和怀疑恰恰体现了慕课对人际关系、大学教育和社会的革命性影响。虽然如此，慕课只是人们思想观念发生变化的自然延伸而已，即对于教育工具化、知识商品化、大学的角色和功能及其开放性的新认识。慕课不大可能彻底取代传统大学，反而会与大学合作，但在此过程中也将改造大学。

【美国大学翻转课堂教学模式的启示】

何朝阳　欧玉芳　曹祁，《高等工程教育研究》2014 年第 2 期。

翻转课堂教学模式近年来在美国高校中被逐步使用。文章分析了迈阿密大学、中田纳西州立大学等进行翻转课堂教学的过程，认为翻转课堂在学生的学习自主性、团队协作精神、创新精神、课堂氛围以及知识的内化方面均比传统课堂更有优势。这为我国高等工程教育课堂教学实施翻转课堂提供了借鉴经验。

【MOOC 3.0：朝向大学本体的教学改革】

郑雅君　陆昉，《复旦教育论坛》2014 年第 1 期。

全球范围内对 MOOCs 逐渐趋于理性，该文对 MOOCs 对于发展中国家的大学的意义作了冷静的思考。MOOCs 风靡的背后有其深远的时代性需求，发展中国家的大学不应该简单对待 MOOCs，冷眼旁观与“拿来主义”都不可取，而是应当在分析研究 MOOCs 过程中认清时代使命、反思教学本然的价值、变革教学观念，顺应 MOOC 3.0 的思路，将开放教育资源与传统课堂创造性地结合起来，推进传统教学模式的革新，使相对陈旧的大学课堂真正跨入信息时代。

【建设中国特色高等教育治理体系　推进治理能力现代化】

瞿振元，《中国高教研究》2014 年第 1 期。

推进国家治理体系和治理能力现代化已成为国家战略。在治理理念下，要转变政府对高等教育的管理模式，健全高等教育内部治理结构，提升高校内部治理能力，创新高等教育评估机制，实现管办评分离，从而建设中国特色高等教育治理体系，推进治理能力的现代化。

【MOOC：高校知识资源整合与共享新模式】

杨劲松　谢双媛　朱伟文　方小楠，《高等工程教育研究》2014 年第 2 期。

大规模在线开放课程（MOOC）挑战并颠覆了传统的教育模式，同时其信息化知识共享方式也给高校知识资源整合与共享带来新的启示。该文提出一种基于 xMOOC 与 cMOOC 混合模式的知识传播与学术社交兼容的高校知识资源整合与共享模型。通过将高校的知识体系信息化内容的幕课架构一体化展示，促进知识资源的整合与共享，推动知识的协调创新，推动专业的互动和复合型人才培养，增强学校对外科技、文化辐射能力。

【应用型人才内涵及应用型本科人才培养】

吴中江　黄成亮，《高等工程教育研究》2014 年第 2 期。

应用型人才培养过程中，需要解决“是什么”和“怎么办”两个问题。作为社会分工不断细化的结果，应用型人才逐渐成为一种区别于研究型人才和技能型人才的独立人才类型，其显著特征在于学以致用，以用为本。应用型人才培养的基本模式、课程体系、教师队伍、教学方法、质量评价标准、培养途径等方面的改革与突破，是实现应用型人才培养目标的关键保障。

【“慕课”潮流对大学影响的深层解读与未来展望】

桑新民　谢阳斌　杨满福，《中国高等教育》2014 年第 Z1 期。

方兴未艾的“慕课”潮流正在世界高等教育领域引发一场前所未有的大变革。这场变革范围广大、影响深远。对慕课的深层解读，用“大学堂、大数据、大变革、大论辩”来概括不为过：“慕课”创造了一个前所未有的网络大学堂，大学课程进入到大数据时代，高等教育必然要以大数据为基础进行人才培养、学习评价、课程开发、教学模式等大变革，针对思想碰撞与观念变革进行着大论辩，比这更重要的则在于大学文化精神的博弈。

【社区教育社会评价问题探析】

王国光　宋亦芳，《教育发展研究》2014 年第 Z1 期。

近年来，为进一步推进社区教育发展、提升社区教育水平，我国开展了多项社区教育评价，如全国社区教育示范区评价、社区学校和社区教育课程评价等，这些评价基本上以政府评价为主。在社区教育中提出社会评价问题是社区教育评价的一种新尝试，有助于适应社区教育的发展要求、改进社区教育评价过程、激发社区教育办学活力。在社区教育社会评价实施过程中，需要推行多元性评价主体、强化实用性评价标准、运用综合性评价方法。同时，需要构建社区评价体系、建立社会评价制度、加强社会评价研究，进一步完善社区教育社会评价机制。

【校企协同培养应用型工程人才机制的构建与深化】

孙秋柏，《现代教育管理》2014 年第 1 期。

进一步创新应用型工程人才培养机制需认真厘清校企协同的基本意涵。当前校企协同培养工程人才存在政府制度规范缺位、企业协同意识淡薄等问题。因此，在建立协同培养应用型工程人才机制过程中需要不断完善相关政策法规，提升责任意识；建立协同联邦，实现利益共赢；行业广泛参与，突破协同瓶颈；主动服务社会，提升协同引力。

【我们需要什么样的大学】

王建华，《高等教育研究》2014 年第 2 期。

任何时代，大学之所以是大学都有赖于我们对大学共同底线的坚守。早期的大学虽是西方文明的产物，但时至今日，大学已成为整个人类共享的智慧之花。大学的理想在于实现高等教育与科学研究间的平衡，20 世纪研究型大学的兴起破坏了这种平衡，近年来创业型大学的兴起又显示出企业化可能正在突破大学的传统边界。当今时代，理性大学和文化大学已逐渐衰落，以研究型和创业型为标志的世界一流大学正成为时代的宠儿。但高等教育的历史和现实告诉我们，那些所谓的世界一流大学只是政府和企业想要（want）的大学，而非我们需要（need）的大学。我们需要的是致力于人的自由和解放事业，能够培养"好人"的"好大学"。

（杜瑞军）

（十六）教育统计与测量专业

【An Item Response Model for Likert-Type Data that Incorporates Response Time in Personality Measurements】

Xiang-Bin Meng, Jian Tao & Ning-Zhong Shi, *Journal of Statistical Computation and Simulation*, 2014, 84 (1).

计算机化考试使得记录每位考生的每个答题时间成为一种常规。充分利用记录下来的作答时间信息可以有效提高考生能力估计的精度。在带有答题时间的项目反应模型中，鉴于模型参数估计的困难，传统的建模方法通常假定项目反应与作答时间相互独立。作者构建了带有协方差结构的项目反应与答题时间的贝叶斯联合模型。该联合模型可有效地克服对项目反应与作答时间各自独立建模造成的关联信息损失，从而提高待估参数的精度。

【Application of the Geriatric Anxiety Inventory-Chinese Version (GAI-CV) to Older People in Beijing Communities】

Yan, Y., Xin, T., Wang, D. & Tang, D., *International Psychogeriatrics*, 2014, 26 (03).

近年来，焦虑和焦虑障碍已经成为中老年人主要面临的精神问题之一，对老年人的日常生活和工作有很大影响。尽管如此，相比抑郁和痴呆，对老年人焦虑的测量和研究要少得多，由于老年人与其他人群的焦虑存在差异，为了更准确地评估老年人焦虑水平，Pachana 等人在 2007 年提出了中老年焦虑评估量表（Geriatric Anxiety Inventory，GAI）。

GAI 一共有 20 道题，以自我报告的方式进行同意/不同意的两级计分。尽管 GAI 在国外研究老年人的焦虑中很流行，国内也有研究者将 GAI 应用于研究中（王岩等，2012），但到目前为止，尚且没有对中文版 GAI 在中国的适用情况分析，而且大多研究者采用经典测量理论（CTT）对 GAI 进行分析，由于 CTT 具有一定的限制，项目反应理论（IRT）应势逐渐发展，但目前用 IRT 对 GAI 进行分析的研究尚且不多。因此，本研究旨在将 GAI 中文版施用于北京城市社区老年群体中，采用 IRT 两参数逻辑斯克模型（2PLM）来分析 GAI，一方面，对 GAI 中的项目进行深入分析，提供更多的信息，提高测量的精确度和信度，对 GAI 的改进以及应用有一定的参考价值。另一方面，分析其在中国老年人群中的适用性，并考察北京市城市社区老年人焦虑的基本状况及其影响因素。

研究在北京市内选择被试，以随机取样的方式抽取 10 个社区，在每个社区中随机选择 150 名老年人，共 1500 人，去掉在受测过程中受到干扰以及作答不完整的被试，有效被试共 1350 名（男 539 名，女 811 名），被试的年龄分布为 61—96 岁（平均年龄为 71.84 岁，标准差为 7.05）。让被试按照要求完成量表。以"同意"和"不同意"的方式让被试进行回答，回答"同意"记为 1 分，回答"不同意"记为 0 分。

用 Mplus 4.2 对量表进行验证性因素分析，CFI 的值为 0.969，TLI 的值为 0.992，RMSEA 值为 0.057，小于 0.08，以上指标的结果均满足单维性的假设。通过 IRTPRO 软件对 GAI 中的项目进行 IRT 分析。两参数模型拟合较好，通过模型，对量表中项目的难度、区分度以及信息量进行参数估计。结果显示中老年焦虑评估中文版（GAI-CV）的测量信度和效度较好，所测量的被试群体焦虑水平并不很高，并且被试的焦虑水平与年龄、性别、再婚意愿以及慢性病具有显著相关，但与是否有配偶没有显著相关。通过 IRT 分析发现，GAI-CV 对于具有高焦虑水平的中老年人更为适用，测量的准确性和提供的信息量更多。对题目的具体分析也发现，量表中题目 12 和题目 18 两道具有由于焦虑而引起躯体反应的题目以及题目 2 与决策有关的题目需要进行修改，从而提高量表本身的精确度。

【Effects of Item Parameter Drift on Vertical Scaling with the Nonequivalent Groups with Anchor Test (NEAT) Design】

Ye, M. & Xin, T., *Educational and Psychological Measurement*, 2014, 74 (2).

传统上，题目参数漂移（Item Parameter Drift, IPD）指的是题目参数跨连续性测试场合的变化（Bock, Muraki & Pfeiffenberger, 1988; Goldstein, 1983）。Ye 和 Xin（2014）将 IPD 的概念从等值领域扩展到了垂直量尺化（vertical scaling）领域，在此基础上构建了一个更高阶的 IPD 框架。具体说来，他们将 IPD 的含义扩展为题目参数跨连续性测试场合或跨连续性测验水平的变化。跨连续性测试场合的变化对应于量尺保持语境，可以称为横向 IPD（horizontal IPD）；跨连续性测验水平的变化对应于垂直量尺化语境，可以称为纵向 IPD（vertical IPD）。他们指出横向 IPD 是等值和垂直量尺化领域中都会遇到的问题，纵向 IPD 则是垂直量尺化领域中特有的一个问题。接下来，他们在该概念框架内，探讨了 Rasch 模型中纵向 IPD 对带 Stocking & Lord（SL）转换的分别标定的效应。结果表明更大的 IPD 量会导致平均能力、跨年级增长和年级间效应值的估计产生更差的返真结果，且当 IPD 的量达到 0.5 logit 时，这三个参数的估计值都将产生显著的偏差。而 IPD 对参数标定结果的影响模式和产生 IPD 的测验对有着密切的关联，该关联反映了垂直量尺化的特性。

【Q 矩阵包含错误的诊断测验分类准确性比较】

喻晓锋　罗照盛　高椿雷　秦春影，《心理科学》2014 年第 6 期。

测验题目属性（Q 矩阵）定义是认知诊断评价的基础性工作。当前，题目属性的定义主要是基于专家判断来确定。实践证明，专家判断结果难免存在意见不一致。那么，如果判断结果中存在错误时，我们应该如何进行选择呢？一方面可以对存在的错误进行检验和校正；另一方面，是否有不太依赖 Q 矩阵的诊断方法可供选择呢？该研究的主要目的就是选择一种对 Q 矩阵定义不过分依赖的方法来帮助我们的诊断评价工作。

贝叶斯网分类模型在处理不确定性问题时有很强的适应能力，它的一个重要优势就是可以充分地利用先验数据，这对于心理和教育测验来说非常适用。贝叶斯网在进行认知诊断分类的过程中可以更加充分地利用作答数据中的信息，不过分依赖事先界定的 Q 矩阵，导致其对数据中存在的“噪音”信息就没有其他诊断模型那么敏感，当 Q 矩阵界定存在较大的争议或错误，在目前没有一个对 Q 矩阵进行界定和检验的有效方法时，贝叶斯网模型对于认知诊断是一个很好的补充。

通过数据模拟的方法，比较了当前使用较普遍的认知诊断模型——DINA 模型与贝叶斯网分类模型的结果，发现当 Q 矩阵不包含可达阵，包含5个以上错误项目或相本数较大时，贝叶斯网分类模型的诊断分类结果明显好于DINA模型的分类结果。

【多级评分认知诊断测验蓝图的设计——根树型结构】

丁树良　汪文义　罗芬，《江西师范大学学报》(自然科学版) 2014年第2期。

众所周知，相同题目采用多级评分比0—1评分带来更多的认知诊断信息。认知诊断测验和形成性评估结合收效更大，课堂测验是一种形成性评估。通常课堂测验题目比较少。该文使用数学的方法探索如何用最少的题目获取对被试知识状态最准确测量的认知诊断测验蓝图设计问题，发现多级评分和0—1评分优良的测验蓝图的构造很不相同。完备Q阵是使知识状态与期望反应模式一一对应，且列数最少的测验Q阵。

Leighton等人（2004）认为有4类基本属性层级：线性型、发散型、收敛型以及无结构型，其实还存在属性之间互不为先决属性的层级结构，即独立型结构，其他更复杂的层级关系可由以上5种基本层级结构进行组合。该文根据图论（Graph Theory，可参见左孝凌等人，1982），将这5类基本属性层级重新划分成3类基本属性层级：根树型（包含线型、发散型和无结构型）、独立型和菱形，该文在某种给定的评分方式下，假设属性之间没有补偿作用，研究根树型属性层级结构下多级评分认知诊断测验蓝图设计问题，丁树良、罗芬、汪文义给出了其他两类结构的结果。

对于根树结构T，设T有h片树叶和一个根结点。设测验Q阵（Qt）的列数为m，即题目数为m，下面定理表示m可以不超过h，就可使期望反应模式与知识状态一一对应。

定理：设α是知识状态，Q_t为测验Q阵，属性之间无补偿作用，又设期望反应模式等于α^T Q_t，则

（A）根树型结构对应的基本完备Q阵（记为Q_B）的列对应于根结点到各个叶结点的路径；

（B）由基本Q阵的某些列加到另外一列以后所得的仍然是完备Q阵，这里的“加”是指布尔加，并且导出的布尔矩阵的秩等于叶结点数。

定理使用扩张算法用数学归纳法进行证明。注意属性数目通常大于叶结点数目，在定理给出条件下，多级评分可以使用比属性数目少得多的题目，就可能获得比较准确的测量，这和0—1评分完全不同。

【有调节的中介模型检验方法：竞争还是替补?】

温忠麟　叶宝娟，《心理学报》2014年第5期。

在教育、心理和其他社科研究领域，经常遇到中介和调节变量。模型的变量多于3个时，可能同时包含中介和调节变量，一种常见的模型是有调节的中介模型，这种模型意味着自变量通过中介变量对因变量产生影响，而中介过程受到调节变量的调节。文献上有多种检验有调节的中介模型的方法，研究者经常受以下问题困扰：不同的有调节的中介模型需要不同的检验方法吗？不同方法之间是竞争关系、互补关系还是替补关系？

温忠麟和叶宝娟从显著性、显著性结果包含的信息、显著性结果的解释、检验的难易程度和方便性分析入手，得出依次检验、系数乘积的区间检验和中介效应差异检验方法不是竞争关系和互补关系，而是替补关系。在此基础上，总结出一个检验有调节的中介模型层次检验流程，为了说明使用层次检验流程与已有的检验方法的差别以及层

次检验的优点，不妨设想有4个研究者用同一组数据检验同一个有调节的中介模型，甲使用依次检验，乙使用系数乘积的区间检验，丙使用中介效应差异检验，而丁使用层次检验。就甲、乙、丙而言，甲的检验力最低，乙的次之，而丙的检验力最高。因此，如果甲的结果显著，则乙的结果也显著；如果乙的结果显著，则丙的结果也显著。因而，可以推知甲、乙、丙的检验结果只有4种情形，使用层次检验的丁的检验结果可以根据甲、乙、丙的检验结果而确定：

情形1：甲的结果显著，因而乙和丙的结果也显著；丁做了一步检验就停止了，和甲的结果相同。

情形2：甲的结果不显著，但乙的结果显著，因而丙的结果也显著；丁做了两步检验后停止，第一步得到甲的结果（不显著），第二步得到乙的结果（显著）。

情形3：甲、乙的结果都不显著，但丙的结果显著；丁做了三步检验，第一步得到甲的结果（不显著），第二步得到乙的结果（不显著），第三步得到丙的结果（显著）。

情形4：甲、乙、丙的结果都不显著；丁做了三步检验，第一步得到甲的结果（不显著），第二步得到乙的结果（不显著），第三步得到丙的结果（不显著）。

丁的检验力和丙的一样，高于甲和乙（情形3）；在各种情形，丁获得的信息是最多的，在情形2和3中都多于其他三人；在检验结果解释方面，丁是最强的一个，在情形1—3中，其解释都与甲、乙、丙中显著性解释最强的一个相同。

应用工作者可以根据温忠麟和叶宝娟提出的检验流程更准确地分析变量之间的有调节的中介效应，以更准确地阐释自变量如何影响因变量以及何时影响更强或更弱。

（王烨晖）

（十七）民族教育专业

【民族教育政策国际比较研究中的几个问题】

顾明远，《比较教育研究》2014年第9期。

多民族国家的民族发展和团结，关系到国家长治久安的问题，而教育是民族发展的基础，也是各民族交往、融合的桥梁。当前，民族教育政策的研究应主要包括以下三个方面的内容：少数民族教育发展政策、双语教育政策和民族理解政策。在开展民族教育政策的国际比较研究时，必须研究该国的主流文化及各少数民族的文化。我们可采用田野研究、文献研究等方法，深入理解他国民族教育政策出台的历史文化背景以及政策出台的意义，并详细了解该项政策执行的情况和效果，切莫就事论事，妄下结论。

【科学推进双语教育建设的几个认识问题】

戴庆厦，《双语教育研究》2014年第1期。

双语问题，是国家发展、民族进步中的一个重要问题。根据我国的国情和双语教育发展现状，文章提出科学推进双语教育建设必须注意的四个主要问题：双语是当今多民族多语言社会语言生活的重要模式，推动了人类社会的发展和进步；中国的国情决定了做好双语教育的重要性和必要性，少数民族安居乐业、发展繁荣、不断适应社会的变化迫切需要学习国家通用语言文字；深入认识中国少数民族双语教育具有普遍性和不平衡性两大特点；做好双语教育工作要讲科学性和理性。

【教育人类学:美美与共的学问】

纳日碧力戈，《民族教育研究》2014年第4期。

教育人类学是一门美美与共的学问。

它对弱势群体持有人文关怀，以语言和文化的中层相对主义呼应国家治理和市场运行的高层普遍主义，能够以形、气、神通观的立场，沟通国家治理和社群需要之间的利益诉求，达到“致中和”的效果。教育人类学要研究民族教育中“爱民族”和“爱国家”如何互补共存，如何协调一致。教育人类学通过民族教育的田野工作和理论升华，能够以不可替代的独特视角，为建设公平正义和人道美德的现代文明国家提供学术支持。

【民族院校大学物理教学的探索与拓展研究】

苏玉成　张谷令　朱民　邹斌　陈笑，《民族教育研究》2014 年第 4 期。

民族院校的理工科学生之间存在着较大的背景差异。在大学物理教学中，这种差异体现在学生对物理概念理解的差异性和物理实验技能的差异性。作者在大学物理教学中，通过入学后的摸底考试和问卷调查、师生访谈、概念题检测以及分小组互助教学等方法来研究学生的差异性，为有的放矢的大学物理教学奠定了基础，效果明显。在拓展研究方面，作者通过问卷设计、调研组织、问卷回收、数据录入和数据分析等工作，调研了民族院校学生的高中物理实验背景及大学物理的理论与实验教学现状，与中央民族大学的相应环节进行了对比分析，并且提出了对策与建议。

【西北少数民族双语师资协同创新培养培训模式研究】

王鉴　李泽林，《双语教育研究》2014 年第 1 期。

文章分析了西北少数民族双语师资培养培训中存在的主要问题，论证了成立西北少数民族双语师资培养培训协同创新中心的必要性、可行性与迫切性，分析了双语师资培养培训国内外现状及发展趋势，提出构建当前双语师资培养培训的有效模式，即以教育部西北少数民族师资培训中心为基础，联合西北地区相关高校，打破省区界限，发挥政府间的协调作用，统整双语师资的培养培训机构，以先进的理念、科学的统筹方法、合理的体制机制联合培养高质量的双语师资。

【当前少数民族地区数学教师对数学课程的看法——基于访谈的梳理与分析】

孙晓天　贾旭杰，《民族教育研究》2014 年第 1 期。

通过对西北三省区少数民族聚居地区四百多位数学教师的逐一访谈，梳理出民族地区数学教师对当前数学课程的大致看法，其中包括数学教学、数学教材、数学教学用语、数学课程难度、民族地区双语教师培训策略等问题。应对教师的困难和要求应给予足够的重视，在适度倾斜的政策引导下，通过专项研究给出令人满意的解决办法。

【论〈福乐智慧〉蕴含的教育思想】

吐尔逊娜依·赛买提　唐伟，《民族教育研究》2014 年第 1 期。

《福乐智慧》是 11 世纪我国西域喀拉汗朝巴拉萨衮人著名哲学家、思想家、诗人优素甫用回鹘文写成的一部理性思考的哲理长诗。它的内涵极为丰富，尤其是蕴含了诸多重要的教育思想，如人通过教育才能掌握“知识和智慧”，有了“知识和智慧”才能达到“道德品质高尚”的境界，而“道德品质高尚”的境界是每个人“应有的德性”，通过掌握知识改变命运及改变社会等，是一部以人的生活哲学“或人的教育学说”为主题的作品，堪称维吾尔族教育史上百科全书式的经典道德教育著作。

【美国教育人类学研究主题的重心变化与发展】

彭亚华　滕星，《民族教育研究》2014 年第 4 期。

通过对美国《人类学与教育季刊》1970 年至 2012 年所载学术论文研究主题的分类、统计和分析，总结出美国教育人类学研究主题的两大重心变化：从“学科本位”到“问题本位”，从“人类学与教育”到“教育人类学”。重视教育人类学研究主题重心的变化是教育人类学理论和实践发展的需要，对教育人类学未来的发展趋势具有重要的参考意义。

【民族地区农村留守儿童教育机制研究——基于武陵民族地区 S 镇的调查分析】

谭志松　谢陈陈，《民族教育研究》2014 年第 3 期。

该文基于对武陵民族地区 S 镇留守儿童教育问题的调查分析，总结了目前存在的三种留守儿童教育管理形式：学校教育、托管教育和家族兼管式教育，并从教育机制视角分析了当前民族地区农村留守儿童教育在教育体系、教育方式、教育内容和教育目标上存在的诸多问题，在此基础上提出了解决民族地区农村留守儿童教育问题的一些有益建议。

【一核多元　中和位育——中国特色多元文化主义及其教育道路初探】

吴明海，《民族教育研究》2014 年第 3 期。

多元文化的“元”与“元”之间的关系是多种多样的，这就决定了多元文化的结构是多种多样的，决定了多元文化观及其教育观是多种多样的。作者以中国中庸哲学为理论依据，在费孝通先生的“多元一体”观以及潘光旦先生的“位育”观的的基础上，提出“一核多元、中和位育”的文化观，其具体要点是：多元一体，体中有核；一核多元，多元一核，相互生成，永不枯竭；多元互动，中和位育，相互尊重，相互制约，美美与共，良性和谐。其文化结构模式就如太阳系，“一核”如太阳居于中央，“多元”如行星环绕太阳，各自有各自的位置、运行轨道及亚系统。“一核多元、中和位育”的教育观是按照既讲社会正义又讲社会包容的原则，既突出重点，又兼及一般，恰如其分地配置各种文化资源，培养新时代具有正确文化理念和开阔文化视野的良好国家公民与世界公民。“一核多元、中和位育”观点有利于我们分析与处理民族问题以及民族教育问题。加强以儒家文化为核心的传统文化的修复，可以促进整个中华民族的文化生态系统的改善。中国的民族教育，核心与终极目的都是培养国家公民，其具体目标是多元的；在课程体系建设中，国家课程是核心，地方课程、校本课程是多元；在多语教育中，国家通用语言文字是核心，各民族语言文字、各地方言以及外国语言文字是多元；在校园文化中，中华民族整体文化观是核心，族群、地域乃至国际等文化特色是多元。

（吴明海、葛晓冲）

（十八）学校心理健康教育专业

【“解释法”样例对小学生学习新运算规则的促进】

张奇　郑伟　万莹，《心理发展与教育》2014 年第 2 期。

为证实“解释法”样例设计的促进作用，实验考察了 4 年级小学生学习普通样例、“解释”样例和“解释—标记”样例的迁移效果。结果表明：（1）用“解释”样例学习分数加减运算规则的近迁移成绩明显优于普通样例，但远迁移成绩无显著差异；（2）用“解释—标记”样例学习分数乘除法运算规则的远迁移成绩明显优于“解释”样例和普通样例，但近迁移成绩差异不显著，学习“解释”样例的远迁移效果均明显优于普通样例；（3）学习“解释法”设计的比例运算样例，其远、近迁移成绩均明显优于普通样例的迁移成绩，并受被试先备知识的影响。

【高中生认识论信念及其与创造力倾向的关系研究】

徐钏　刘文令，《基础教育》2014年第6期。

以483名高中阶段的学生为被试，通过量表测查，考察了不同类型学校、不同年级和性别的高中生认识论信念的现状，以及认识论信念与学生的创造力倾向的关系。结果显示：（1）高中阶段学生的认识论在“整合—建构信念”和“离散—接受信念”方面存在显著的学校类型和年级差异；在“离散—接受信念”方面，女生的认识水平明显比男生更成熟；（2）高中阶段学生的认识论信念与创造力倾向呈显著正相关，认识论信念的“整合—建构信念”和“离散—接受信念”均对创造力倾向产生直接影响；（3）学校、年级、性别等因素对学生的创造力倾向既具有直接影响，也可以通过认识论信念对创造力倾向产生间接影响。

【初中生感知教师自主支持对学业倦怠的影响：基本心理需要、自主动机的中介作用】

罗云　赵鸣　王振宏，《心理发展与教育》2014年第3期。

以自我决定理论为基础，使用修订的学习氛围量表、基本心理需要量表、学业调节问卷和学业倦怠问卷对613名初中生进行施测，探讨了初中生感知的教师自主支持、基本心理需要、自主动机和学业倦怠之间的关系。研究发现：（1）学生感知的教师自主支持与基本心理需要、自主动机呈显著正相关，基本心理需要、自主动机与学业倦怠水平呈显著负相关；（2）基本心理需要、自主动机可以单独作为中介变量在学生感知教师自主支持与学业倦怠之间起中介作用，基本心理需要—自主动机也可以形成中介链在学生感知教师自主支持与学业倦怠之间起中介作用。

【攻击性初中生的类别转变：潜在转变分析】

吴鹏　刘华山　陈京军　谢继红，《心理科学》2014年第5期。

研究采用潜在转变分析探讨了攻击性初中生的类别转变。276名初中生参加了为期一年的短期纵向追踪研究，在一年中分两次报告了自己的攻击行为。用潜在类别模型分析了初二到初三时青少年的攻击类别，结果表明初中生有三种攻击模式。研究以潜在转变分析进一步探究了这三种攻击模式的变化，结果发现两种模式具有很强的稳定性，不同模式之间也有一定程度的转变。最后，研究探讨了攻击类别转变的影响因素，结果表明性别与友谊质量可以起到显著作用。针对实际意义，文章最后进行了讨论和总结。

【公益组织课外辅导对流动儿童领悟社会支持的影响】

曹乐溪　朱莉琪，《应用心理学》2014年第2期。

通过对选自北京市打工子弟小学的159名流动儿童进行问卷调查，探讨公益组织的社会干预对流动儿童领悟社会支持能力及情绪情感的影响。结果表明：（1）在公益组织实施课外团体辅导后，干预组流动儿童领悟社会支持得分与积极情感得分均显著高于对照组流动儿童。

（2）在消极情感得分上，干预组与对照组不存在显著差异。（3）领悟社会支持与积极情感存在显著正相关，与消极情感存在负相关。这表明，通过公益组织实施课外辅导方式进行的社会干预能够有效提高流动儿童的领悟社会支持水平。

【数学学习困难儿童认知游戏干预的个案报告】

康丹　周欣　徐晶晶　田丽丽　李正清，《中国心理卫生杂志》2014 年第 10 期。

该文探讨了认知游戏干预对数学学习困难儿童的数学能力和执行功能的影响。选取存在数学学习困难和在执行功能的工作记忆、抑制、转换三个方面均存在缺陷的儿童 W（男性，6 岁 5 个月），运用认知游戏进行干预，每周干预 2 次，每次 30 分钟，持续 6 个月。以 11 名数学能力正常的儿童的测评得分作为对照。干预前，W 在数学能力和执行功能各项任务中的得分均低于正常儿童。干预后，W 的数学能力得分和执行功能任务中的科斯积木任务、灵活项目转换任务、词语倒背任务、数字倒背任务的得分均有所提高，仅“白天/黑夜”任务的得分没有变化。研究提示认知游戏可能能够提高 W 的数学能力、工作记忆和转换能力，但是没有提高其抑制能力。

【中学生的同伴依恋类型与社交网络行为】

颜晓敏　吉阳　熊朋迪　祝卓宏，《中国心理卫生杂志》2014 年第 6 期。

为探讨不同同伴依恋类型的中学生在社交网站的网络行为差异，选取 12—18 岁中学生 522 人（男 214 人，女 308 人；高中生 358 人，初中生 164 人），采用儿童依恋调查表（AQ-C）和自编中学生社交网络行为调查表分别调查中学生同伴依恋类型及使用社交网络（人人网）情况。发现中学生社交网络行为包括工具行为、社交行为和隐私行为 3 个维度。非安全型中学生隐私行为维度得分高于安全型［（11.7 ± 3.5）vs.（10.8 ±3.4），P < 0.05］。非安全型初中生“允许访问主页”（26.5% vs. 19.2%，P < 0.05）得高分的比例高于安全型；非安全型高中生“公开个人资料”（61.5% vs. 42.2%，P < 0.05）和“公开日志和相册”（58.5% vs. 42.2%，P < 0.05）得高分的比例高于安全型；高中女生群体中，非安全型学生在“公开个人资料”（62.2% vs. 37.5%，P < 0.05）、“允许看留言板”51.4% vs. 37.5%，P < 0.05）、“公开日志和相册”（59.5% vs. 36.9%，P < 0.05）上得高分的比例高于安全型。结果显示：不同依恋类型中学生社交网络上的隐私行为表现差异明显，非安全型中学生比安全型更愿意在社交网络上公开自己的隐私信息。

【青少年的学校适应问题：家庭亲密度、家庭道德情绪和责任感的作用】

刘世宏　李丹　刘晓洁　陈欣银，《心理科学》2014 年第 3 期。

随机选取某市三所普通中小学 4、6、8、10 年级 755 名青少年为被试，使用自评和他评问卷探讨家庭亲密度、家庭道德情绪和责任感与青少年学校适应之间的关系。结果显示：（1）青少年家庭亲密度、责任感与学校适应问题存在性别差异，女生家庭亲密度和责任感高于男生，外化和学业问题少于男生；家庭亲密度、道德情绪和责任感随年龄增长呈下降趋势。（2）家庭亲密度正向预测道德情绪和责任感，直接和间接负向预测青少年学校适应问题。（3）责任感负向预测学校适应问题，并在家庭亲密度和学校适应问题之间起部分中介作用；结构方程模型各指标的拟合效果较好。家庭亲密度、责任感是学校适应问题的良好预测指标。

【学校氛围与青少年学校适应：一项追踪研究】

张光珍　梁宗保　邓慧华　陆祖宏，《心理发展与教育》2014 年第 4 期。

通过对 709 名青少年进行追踪研究，分别以青少年自我报告与教师评价的方式测查了学校氛围与学校适应，主要探讨学校氛围与青少年学校适应的长期预测关系，以及性别在二者间的调节效应。结果表明：（1）青少年第一年感知到的学校氛围能预测其第二年、第三年的适应问题和适应能力，第二年感知到的学校氛围能预测其第三年的适应能力和学业成绩；（2）青少年感知到的自主机会对其学校适应有负面作用；（3）教师支持和同学支持对青少年学校适应具有积极作用，但同学支持的作用会随着在校时间的增加而发生逆转，即第一年的同学支持负向预测第二年的学习问题和第三年的学业成绩，正向预测第三年的适应能力，而第二年的同学支持则对第三年的适应能力和学业成绩均有负向预测作用；（4）女生的学校适应普遍好于男生，性别对学校氛围与青少年学校适应之间的关系具有部分调节作用。

（李亦菲）

四、代表性著作简介

（一）教育学原理专业

【教育能够改变社会吗?】

［美］阿普尔，王占魁译，华东师范大学出版社2014年版。

简介：对于教育在生产不平等方面的作用，左派和右派之间存在巨大分歧。然而，不论是主张让教育重建正在消逝的一切，还是强调让教育彻底改变现行社会的一切，能够为双方都认同的一点是：教育能够并且应当对社会发挥重要作用。1932年，激进派教育家乔治·康茨以最简洁的形式提出“学校敢于建立一种新的社会秩序吗?”这样一个问题，它对当时所有参与和实际领导社会重建运动的教育家提出了质疑。70年后，通过把这一问题与少数群体中具有同样影响力的作品相比较，著名的教育家、作家和活动家迈克尔·阿普尔重温了康茨的《学校敢于建立一种新的社会秩序吗?》，再次提出了这个看似简单的有关教育是否真的有能力改变社会的问题。

【我的教师之路:中日中小学教师口述史】

魏曼华　郑新蓉，教育科学出版社2014年版。

简介：《我的教师之路：中日中小学教师口述史》是北京师范大学民族教育与多元文化研究中心与日本早稻田大学教育学研究科的合作产物，两校各自选出有代表性的教师做口述史研究。书中有十一位教师的口述故事，其中中国六位，日本五位。该书没有聚焦于学术巨擘，而是将关注点放在这些普通的教师身上，他们并非历史风云变幻的主导者，但却是其亲历者和见证者。或许他们的故事没有那么惊天动地，甚至于有些教师由于年龄的缘故，故事的细节可能会出现些许偏差，但我们仍旧能够看到，历史风云变幻与个人命运的关联性，以及作为个体的教师在教育场域中的被动性与能动性。《我的教师之路：中日中小学教师口述史》中的口述者讲述的教育之路，包括受教育和教育他人，每个人有自己独特的人生轨迹。表面看来，没有相似之处，但是，当我们把这些人的经历都晾晒出来，却总能发现有些东西是共有的。我们发现，即使最普通、平凡的教师，讲的都是社会、人生和教育的“事”与“理”，故事的当事人天然地把人生、教育和历史结构及脉络连接成一个整体民族和时代的画卷。从《我的教师之路：中日中小学教师口述史》中可以看到，中日教师有许多有意思的共同点和区别。

【仪式中的教育过程:云南文山蓝靛瑶“度戒”仪式的教育人类学分析】

邓桦，人民出版社2014年版。

简介：从教育学、社会学、人类学、民族学等方面综合研究云南蓝靛瑶“度戒”仪式这一特有的教育过程。历史上的瑶族，是一个迁移不断的民族，没有自己的文字。然而，这个颠沛流离的民族却依靠自己独特的教育方式“度戒”，在民族历史进程中没有因为不断的迁居而解体，反而保持了自身鲜明的民族特色，维系了强烈的民族认同感。该书从云南蓝靛瑶“度戒”仪式入手，从哲学解释学的视角审视以民族仪式为教育场域的教育过程运行，用结构功能论为理论支撑透析仪式中的教育过程及其要素的深层内涵及其关系意义。在借鉴已有研究的基础上，该研究试图突破以往研究的局限性，以“关系性思维”作为研究的方法论，以现象学教育学“还原事物本身”以及哲学解释学、符号学研究视角和写作工具，即从“回到教育本身”的出发点去考察存在于人类社会中的特殊的教育形式及其教育过程的运行机制，把研究的基点深深植入教育现实中，进而反思学校教育过程现实中存在的问题。对“度戒”仪式教育过程的研究，不仅有民族学、人类学的意义，对现今学校教育过程的研究也有借鉴意义。

【学校德育问题诊断的策略】

班建武，华东师范大学出版社 2014 年版。

简介：如果问“德育重要吗?”大概没有人会给出否定答案。但为什么很重要的德育，多年来中小学总做不好呢?德育在教育中的重要性不言自明，从某种意义上说，教育是以文化“化”人的过程，那么，德育低效甚至无效，一定与学校文化有着极大的关系，但是在现实的学校教育中，德育往往处于“说起来重要，做起来次要，忙起来不要”的尴尬地位。德育课程的知识化、边缘化，德育管理的强控制，课堂教学的考点化，德育活动时间和空间的窄化等，都与应试教育有着直接或间接的联系。应试教育对于学校德育，乃至整个教育的危害主要不在于它的考试取向，而在于它扭曲了教育的本质，削减了学生的学习兴趣，导致了教育与教学的断裂甚至对立。要想改变这一状况，离不开对德育的科学诊断。该书从德育管理、德育活动、德育课程、德育主体和对象、学校文化等方面，提供了全面把脉学校德育问题的诊断策略，为学校推动德育的内在变革指明了可行之路。

【德育主任新方略〈中小学德育主任工作指导手册〉修订版】

丁如许，中国轻工业出版社 2014 年版。

简介：德育主任是中小学的重要管理岗位，工作辛苦，责任重大。“万千教育”特邀全国著名德育专家、有着丰富德育主任工作经验的丁如许老师，撰写国内第一本指导中小学德育主任有效开展工作的著作《中小学德育主任工作指导手册》。该书是其修订版，共 12 个专题，涵盖了德育主任的主要工作，凝聚了作者多年潜心研究的丰硕成果，也吸纳了各地德育主任的成功经验，颇具指导意义和借鉴价值。该书为中小学德育主任案头书，同时也适合教育行政部门主管科室、教师进修院校研修科室、中小学校长、班主任及师范院校学生阅读。

【中国书院德育研究】

唐亚阳　吴增礼，人民出版社 2014 年版。

简介：运用教育史、社会史和文化史等研究方法，将书院置于社会文化的大背景中，全面而系统地梳理了从书院的发展历程和功能、办学宗旨、人才培养模式到德育课程体系和内容、德育实施系统、德育考评等，系统地考察了书院德育的全过程，深入挖掘了书院德育为先的育人理念及其现代价值，并就书院德育为先、以德育人的教育理念的历史根源、主要特点以及内化为受教育者的内在德性的条件进行了全面的阐发。有利于当代社会理解书院德育活动、制度建制所体现的文化内涵和社会功能，认识书院德育文化在当时社会中所扮演的角色。

【反思与超越:学分制下我国高校德育问题的多维透视】

储德峰，上海社会科学院出版社 2014 年版。

简介：当前我国高校普遍采用的学分制教育管理体制，一些德育研究者仅视为教学管理方式的变革，而对这种教学管理方式的变革之于高校德育的意义没有充分的自觉。该书将当前我国高校德育问题研究置于当前我国高校正在全面推进的学分制教学管理体制改革的背景之中，从学分制教学管理体制的历史演变、我国高校从传统学年制向学分制体制转变的历史沿革、我国学分制教学管理体制改革的人文困境出发，揭示学分制教学管理体制改革给我国高校德育带来的机遇和挑战、我国高校学分教学管理体制改革所应具有的人文向度以及用人文精神观照我国学分制改革的超越路径。

【媒介素养与媒介德育创新:大中学生如何应对色情与暴力信息】

覃川　李海霞　戚天雷，清华大学出版社 2014 年版。

简介：作者在新媒体等社会媒介发展迅猛、媒介中不良信息泛滥、青少年在社会化过程中受媒介影响日益重要等背景下，通过在全国部分高校和中学中进行问卷调查和访谈，以此为基础，结合德育、传播学、社会学、心理学等学科知识，以及最新的媒体融合、媒介素养教育、素质教育、青少年犯罪等方面的研究成果，深入开展有关应对媒介中色情与暴力信息的分析和研究，并提出媒介德育的创新理念和有效策略。

（二）教育政策学与教育法学专业

【中国教育发展指数】

刘复兴　薛二勇，北京师范大学出版社 2014 年版。

简介：根据我国的教育政策评估需求与现实状况，参照国际组织与有关国家的教育发展指标体系，以简约、量化、可操作性为原则，确定教育发展指数的指标体系。指标力求科学、合理、实用、管用，有较强的可操作性，具有鲜明特色与个性特点。全书针对国家和省级行政区教育发展的规模、质量、效益、公平、创新情况，以“十一五”时期教育发展的宏观数据为基础进行评估，分别形成规模指数、质量指数、效益指数、公平指数、创新指数，最后加权形成教育发展指数。并进行了相应分析。该书为推进《国家中长期教育改革和发展规划纲要（2010—2020 年）》《国家教育事业发展第十二个五年规划》等国家重大教育政策的贯彻和落实，解决“深化教育领域综合改革”阶段的教育难题，提供了阶段性追踪与检测的方法、手段和模型。

（薛二勇）

（三）农村教育专业

【经济变革与教育发展:教育资源配置研究】

王善迈，北京师范大学出版社 2014 年版。

简介：概论凝练出“经济变革与教育发展：教育资源配置研究”这一主题，并根据这一主题按照教育资源配置和教育市场化、公共教育经费、公共教育财政制度、教育均衡发展与教育公平、教育管理体制几个方面分类编选，选择与这一主题关系最为紧密的50多篇论文，主要收录了教育投资在国民经济中合理比例的客观标志、教育投资必须保证受教育者生均教育投资逐步增长、我国教育投资在国民经济中比例的历史分析、50个国家三级教育投资结构变动分析、我国教育经费面临的问题和对策等内容。并按照教育经济的学科逻辑结构进行编排，较为全面地呈现了作者在教育资源配置这一研究领域的贡献。

【双重强制——乡村留守中的性别排斥与不平等】

叶敬忠　潘璐　贺聪志，社会科学文献出版社2014年版。

简介：随着农村劳动力乡城流动的不断深化，整个农村人口都在以不同形式经历着“流动—留守”拆分下的生存困境，究其根源是中国城市偏向和乡村攫取型的现代化发展模式，它给所有农村人口带来了强制商品化的无声压力。而留守农村的女性群体，源于性别分工规范、父权制和从夫居的文化实践以及家庭中心主义的约束，在流动与留守过程中承受着显著的性别排斥，从而处于更为弱势的处境。与男性相比，这是农村女性承受的额外的有声强制力。在这双重强制下，农村女性经历了更为严重的性别不平等。面对沉重的农村留守人口问题，在我们的发展政策、思维意识和日常生活中，应该思考的最根本问题是，农村居民真正想要的是怎样的生活？国家的发展又该还以他们一个怎样的乡村？对农村留守人口进行社会保护和政策干预的核心是尊重以互惠为文化根基的乡村共同体、以农业为生活方式的农民和以退却方案为保障的乡村生产安排，是在乡村之中为以农民为主体的农业和农村生活创造更多的空间。

【中国农村教育发展报告2012】

邬志辉　秦玉友，（教育部哲学社会科学系列发展报告第二部），北京师范大学出版社2014年版。

简介：《中国农村教育发展报告2011》出版后，东北师范大学农村教育研究所在北京召开了新闻发布会，取得了良好的社会反响。会上，学界专家对书中确立的关注农村教育发展进程中的重大问题，服务国家重大农村教育决策，把自主调研数据与国家统计数据相结合、年度发展报告与政策咨询报告相结合、长期定点跟踪与数据库建设相结合的报告发展思路给予了充分肯定，认为总分结合的模式既能全面展现中国农村教育发展的整体状况，又能深入剖析当前中国农村教育发展进程中的重点、难点和热点问题，结构非常合理。为了能更立体式地反映中国农村教育的时代发展，专家们建议在报告中增加中国农村教育改革与发展的成功个案，以记录社会转型和教育变迁过程中的基层经验和民间创造。鉴于此，《中国农村教育发展报告2012》在继承传统结构的基础上对报告布局进行了调整，整体上由“年度进展报告”“专题研究报告”“经典个案报告”三部分构成。

在编撰的过程中，紧紧围绕《国家中长期教育改革和发展规划纲要（2010—2020年）》和十八大报告提出的农村教育发展目标开展研究工作，同时回应2012年度的农村教育热点问题。在年度进展报告方面，作者重点关注了2011年11月至2012年12月一年多时间里农村学前教育、义务教育、普通高中教育和职业教育在事业发展、政策发展、学术发展和实践发展四个维度的主要进展，客观地分析了农村教育发展的成就与问题，并以分主题的方式按照事件的逻辑整理了农村教育的大事记。在专题研究报告方面，作者紧紧把握由“普及”向“提高”、由“初步均衡”

向“基本均衡”战略转型这一大趋势，围绕能深度反映农村教育质量和城乡教育公平的教师、学生、学校等主题，运用自主开发的调研工具对天津、辽宁、山东、浙江、吉林、内蒙古、山西、湖北、河南、湖南、江西、安徽、四川、重庆、宁夏、甘肃、贵州等17省（直辖市、自治区）开展专题调研，并委托宁夏大学、贵州大学、渤海大学、鲁东大学等科研机构开展合作调研，共享调研数据。在这些研究中，科研团队着力形成自己的分析框架，彰显自己的学术立场，真实反映农村学前教育、义务教育、高中阶段教育发展的成就及在发展进程中出现的问题，并提出问题的解决思路。

在典型个案报告方面，东北师范大学农村教育研究所选择了四川省成都市蒲江县实施的“现代田园教育”。作为国家教育发展研究中心与蒲江县政府共建的“农村基础教育改革试验区”，蒲江县在成都市的20个区县中，经济处于三圈层，但教育却处于一圈层，他们设计了“产城一体、两化互动、现代田园”整体发展思路，真正实现了信息化和工业化深度融合、工业化和城镇化良性互动、城镇化和农业现代化相互协调，工业化、信息化、城镇化、农业现代化同步发展，形成了现代田园的农村发展道路，而教育作为社会有机体的重要一元则主动与现代田园社会相契合，也探索出了与现代农村产业结构、社会结构整合一体的新型中国农村教育的发展道路。

【中国农村教育发展报告2013—2014】

邬志辉　秦玉友，（教育部哲学社会科学系列发展报告第三部），北京师范大学出版社2014年版。

简介：《中国农村教育发展报告2013—2014》继承了上一年度的结构设计，即由“年度进展报告”“专题研究报告”“经典个案报告”三部分构成。唯一不同的是，该报告的年度跨度为2013—2014年。该书紧紧围绕《国家中长期教育改革和发展规划纲要（2010—2020年）》和《中共中央关于全面深化改革若干重大问题的决定》关于农村教育改革与发展重大政策目标开展研究工作，同时回应2013—2014年度的农村教育热点问题。

2013—2014年是《国家中长期教育改革和发展规划纲要（2010—2020年）》实施的第三个和第四个年头。为了贯彻落实《国家中长期教育改革和发展规划纲要（2010—2020年）》精神，这两年国家出台了系列重大政策。在年度进展报告方面，作者重点关注了2013年1月至2014年8月一年多时间里农村学前教育、义务教育、普通高中教育和职业教育在事业发展、政策发展、学术发展和实践发展四个维度的主要进展，客观地分析了农村教育发展的成就与问题，整理了农村教育大事记。在专题研究报告方面，围绕第30个教师节这一重要时间节点，组织了“农村教师职业吸引力”“农村教师流动”和“寄宿制学校生活教师”三个教师专题板块；同时，紧扣农村教育热点问题，开展了“县域内义务教育资源配置均衡”“农村学生身体发展条件”和“农村寄宿制学校营养改善计划”三个专题研究。整个调查涉及全国10多个省市。在典型个案报告方面，东北师范大学农村教育研究所选择了吉林省长春市宽城区实施的“现代学校制度”改革。宽城区作为郊区和城乡接合部地带，有较多的外来务工人口，同时还有一定比例的纯粹农村学校。宽城教育人通过一系列开创性的制度创新，激发了从教育局到学校，从学校到社区，从校长、教师到家长、专家的自主能动办教育的积极性，走出了一条城乡学校一体化高位均衡发展的新路子。

【农村学校布局调整决策的科学化、民主化与道义化研究】

刘善槐，教育科学出版社 2014 年版。

简介：当前我国农村的学校布局调整取得了一定的成就，但也产生了一系列的问题，主要体现为：部分群体利益受损，学生的身心健康、农民的经济利益以及教师的个人权益未能得到保障；布局调整的风险逐渐显现，某些地方安全事故频发，辍学率有所反弹，群体冲突现象有所显现；预期成效不显著，布局调整在提升教育质量、降低办学成本、促进教育公平上的作用受到质疑。为此，作者把该问题放在公共决策的视域下研究，把“如何进行布局调整决策”作为研究的核心。作者通过理性分析提出，学校布局调整决策应该有科学化、民主化和道义化的价值观照。科学化解决了“效用最优”的问题，但是无法回答“谁的效用”；民主化以“满意度最大”的方式解决了“谁的效用”的问题，但无法兼顾少部分弱势群体的利益；道义化以“底线公平”的方式弥补了民主化的不足，保护了弱势群体的根本利益。基于科学化、民主化和道义化三重价值观照互相协调与融合，作者成功构建了完备化的农村学校布局调整决策模型。

（袁桂林）

（四）比较教育学专业

【传统教育的现代命运——近代东亚教育转型比较研究】

高益民，山西人民出版社 2014 年版。

简介：《传统教育的现代命运——近代东亚教育转型比较研究》是对 19 世纪晚期至 20 世纪中期中国、日本和朝鲜等东亚三国的教育现代化进程进行的宏观比较研究。全书由“现代化的视野”“传统中的张力”“近代的大变局”“为民族而国家”“由技术到科学”“先平等后自由”“未完成的转型”等章构成，共约 20 万字。

该书借鉴了历史学和社会学的相关研究成果，在对现代化理论进行梳理和反思的基础上，重点从马克思的社会发展三大形态理论出发，紧紧围绕民族国家的形成、产业革命的爆发和人权革命的诞生这三大现代化的根本特征，探索东亚三国教育如何在服务于上述革命性的社会剧变中进行了自我变革并获得现代性的过程。从一方面肯定了东亚传统教育中存在的有利于现代化的重要因素，但同时指出这些因素始终受制于传统教育的总体格局，虽借西学东渐这一外力而有所发展，但终未成为推动社会变革的力量。该书重点对东亚教育早期现代化进行了比较性考察，对近代东亚教育转型的不彻底性进行了概括，如民族意识的彰显为近代教育改革提供了强大的动力，但与现代国家相适应的教育体制却未能建立；技术教育得到迅速发展，而科学教育却相对滞后，科学精神仍未深入人心；教育的平等权有所实现，而教育自由权的保障却始终困难重重。与此同时，该书充分肯定东亚教育的近代转型是历史的巨大进步，是传统教育向现代教育的质的飞跃，甚至有些成就今天也未必被超越。教育思想上的百花齐放、教育制度上的推陈出新、教育实践上的不屈探索，都是这一时期的重要特征。一大批近代启蒙思想巨匠对教育的关注，创造了近代东亚教育的思想宝库，而且在整个世界树立了伟大的丰碑。东亚教育以其自身社会历史条件能在那样的严峻时刻完成“半个”现代化，已可算是人类的壮举。从近代的经验出发，当今东亚的教育现代化仍须注意不断促进独立自主下的教育对外开放、不断促进健全社会中的个人发展、不断提升现代视野下的文化自觉。

【高等教育质量保证体系比较研究】

马健生，北京师范大学出版社 2014 年版。

简介：自高等教育活动作为人类社会活动出现之后，质量问题便相伴而生。随着高等教育大众化、市场化与国际化的发展，跨境高等教育服务竞争日趋激烈，在高等教育体制改革、高等教育服务质量意识以及全面质量管理思想的推动下，世界各国都十分重视高等教育质量保证体系的建立与完善。

高等教育质量保证是在高等教育管理中提供证据证明高等教育产品质量的活动，核心功能在于质量改进、教育问责、信息发布以及政策咨询。高等教育质量保证体系则是为了使政府、社会、学生等高等教育消费者对高等教育机构在人才培养、科学研究、社会服务等方面的质量感到确有保证，而运用系统原理建构起来的组织与程序系统，主要由组织机构、质量标准和运行机制三部分构成。

该项研究把比较教育学科中的国别研究和专题研究方法运用到高等教育质量保证体系的研究之中，确保研究具有国际的视角。通过对美、英、法、德、日、荷、澳等世界发达国家高等教育质量保证体系的产生背景、组织机构、质量标准以及运行机制等方面的梳理，从而在宏观层面把握各国质量保证体系的主要特征和发展趋势；与此同时，通过对各国高等教育质量保证体系做专题研究和深入剖析，并对各国质量保证体系的组织机构、运行机制、学生参与以及高等教育中的教师教育标准和高等学校专业评估制度等进行比较，从而在微观层面把握各国质量保证体系的具体情况。

该项研究全面分析了美、英、法、德、日、荷、澳等世界发达国家高等教育质量保证的经验，即机构的独立与自治，确保评估的公正有效；高校的自我评估，增强管理内在动力；中介机构的监控，实现质量保证组织协调；内外部机制的互通，确保质量保证良性循环；质量标准的建设，推动高教质量稳步提升；法律的建立健全，确保质量保证有序运行等。在此基础上，系统地梳理并厘清了中国高等教育质量保证体系的产生背景、历史沿革、主要特点以及所面临的挑战，继而外观世界发达国家高等教育质量保证的经验，提出了构建中国高等教育质量保证体系的基本原则，即科学的质量观、坚持以人为本、全面系统协调以及加强制度体系建设等。与此同时，提出了构建中国高等教育质量保证体系的框架，即政府层面需扩大高校办学自主权、完善组织机构建设、加强质量标准建设、完善法律保证体系等；社会层面需充分发挥行业和社会中介机构作用等；高校层面需建立自我评估机制等。以此积极构建、健全与完善既有国际化特点又具中国特色的高等教育质量保证体系，切实提升高等教育质量，增强国际竞争力，促进中国高等教育健康、科学而可持续地发展，满足社会发展与人民群众的需要。

【苏霍姆林斯基教育智慧格言】

肖甦，人民教育出版社 2014 年版。

简介：《苏霍姆林斯基教育智慧格言》是“十一五”国家重点图书出版规划项目。该书由北京师范大学教育学部肖甦教授主持编译。这是一本篇幅浓缩的、以苏霍姆林斯基的精练语句表达深刻教育含义的格言读本，也是比较教育学专业苏俄教育研究方向近年来又一重要的代表性著作。

苏霍姆林斯基是世界著名的教育实践家和教育理论家，他的教育思想对我国中小学教师产生了巨大影响。他的书被称为“活的教育学”“学校生活的百科全书”。作为教育实践者，他带领自己的教师团队打造了闻名世界的帕夫雷什乡村学校。作为教育研究者，他写就了 50 多部教育专著、600多篇论文、1500多篇寓言故事，其中绝大多数已经被翻译成中文出版，包括《把整个心灵献给孩子》《帕夫雷什中学》《给教师的一百条建议》《爱情的教育》《要相信孩子》《做人的故事》《和青年校长的谈话》等已被中国教育工作者所熟知的著作。

苏霍姆林斯基的教育著作语言通俗易懂又赋有深刻的哲理，其中许多简洁精辟的教育感悟或教育判断——诸如"让学校的墙壁也能说话""不能用一把尺子衡量学生" "每个学生都有自己的闪光点"等——已经作为著名的教育格言被我国教育工作者广泛推崇和运用。为了让广大教师更直接、更便捷地从苏霍姆林斯基如此卷帙浩繁的教育著作中品味精髓、把握真谛，并能更具创造性地生成具有鲜明时代感和本土特点的个体教育智慧，我们迫切需要针对当今存在的教育现实问题，系统分类整理苏氏著作的专题文集和文选读本。

本着这样的信念，该书的编译团队用了6年多时间，从苏霍姆林斯基的俄文版著作中，甄选出数千条作者笔下格言式的教育论断，斟酌字义译成中文，并以"教育真谛""教师""校长""学生""家长"五个关键词为横坐标，各个关键词之下再分不同专题构成纵坐标，最终归类整合为该书。为给读者留下充足的预设创新空间，该书力图保持原著的语言和本意，不加任何个人解读，编译者的意图只体现在逻辑框架和内容取舍中。因此从某种意义上看，该书几乎可以成为苏氏全部著作的精华本。

该书被人民教育出版社列入该社传统品牌"汉译世界教育经典丛书"，成为该系列最新的成员，这足以彰显该书在教育学科领域的重要价值。在2014年10月由人民教育出版社与北京师范大学联合召开的新书首发式上，专程到会的苏霍姆林斯的女儿、乌克兰教育科学院院士O. B. 苏霍姆林斯卡娅教授对该书予以高度认可和评价；同时，该书也得到了与会的来自国内教育理论界及一线教育管理者、中小学校长、教师的一致肯定。

【高等教育问责制度国际比较研究】

陈欣，中央编译出版社2014年版。

简介：与国内语境的"责任追究、过失惩治"不同，问责在英美等西方社会是一种植根于民主社会权责理念与制度的社会治理机制，通常指问责对象向资源供给者与利益相关者阐明其使命达成与职责履行状况，并接受后者的监督与质询。自20世纪七八十年代以来，问责成为诸多国家高等教育改革的热点问题。政府和社会希望高等教育以更合理、更负责、更有效的方式利用政府和社会为其提供的各种资源，并要求高等教育机构向各利益相关者说明、解释其绩效与责任。问责成为西方发达国家高等教育治理的一个重要机制，其高等教育进入"问责时代"。我国高等教育正处于大改革、大发展时期，机遇与挑战、成就与问题并存，政府与公众既对高等教育寄以厚望又不乏批评和质疑。作为我国社会公共服务体系的重要组成部分，在高等教育中建立一个合理、公正、公平和有效的问责制度已是当务之急。

该书选取英国、美国、澳大利亚、荷兰和韩国五个较早对高等教育问责制度展开学术探究和实践尝试的国家为对象国，旨在通过阐述高等教育问责的制度理念和实施机制，分析其高等教育问责制度的主要特征与问题。绪论部分主要阐释了高等教育问责的内涵与外延，分析了高等教育问责制度形成的背景与条件，探讨了高等教育问责制度的功能和价值。从第一章到第五章分别从高等教育制度概况、高等教育问责制度的形成和演进、高等教育内部问责和外部问责的实施机制以及高等教育问责制度的特点和问题等不同侧面对前述五国的高等教育问责制度进行了较为详细的剖析。结语部分结合高等教育问责制度的国际经验，从现状、困境和制度建构三个方面探讨了中国高等教育问责制度建设问题。该书指出建立完善有效的问责制度是中国高等教育发展的当务之急，但高等教育问责制度建设尚处于探索阶段，在法律保障、思想观念、体制障碍等方面存在诸多困境，应着重从法律体系、问责文化、高校管理制度等方面培育高等教育问责制度的基础，并尝试建立兼具普世原则与中国特色的高等教育问责制度。

【重构教育辉煌——欧盟终身学习计划研究】

高耀明，上海教育出版社2014年版。

简介：《重构教育辉煌——欧盟终身学习计划研究》是上海市高校一流学科建设项目、上海市智库建设项目和全国教育科学“十一五”规划2010年度国家一般课题（BDA10026）的研究成果，是上海师范大学国际与比较研究院院长张民选教授主编的《国际组织与教育发展》丛书之一。

随着全球化时代的来临、全球性问题的增多和全球治理需求的出现，国际组织已经悄然走进人类生活，并开始影响人类的政治、经济、社会和文化活动。在教育领域中，国际组织也发挥着越来越大的作用。如1997年教科文组织的“学会生存”倡议，2008年教科文组织和国际教育局（IBE）提出的“全纳教育”等都深刻地影响了全世界的教育理念和实践。

欧盟作为一个重要的国际组织，在当今世界上发挥着举足轻重的作用，其政治、经济、教育政策也是人民关注的对象。其中“欧盟终身学习计划”（Lifelong Learning Programme，LLP）是一个联系欧洲各国的重要的教育政策，旨在通过欧盟超国家层面的教育与培训合作，在满足欧洲一体化和欧盟“知识型社会”建设需要的同时，实现重铸欧盟教育辉煌的雄心壮志：“使欧盟的教育与培训系统质量成为世界的范本（a world quality reference），并使欧盟成为世界其他地区学生、学者和研究人员最向往的留学目的地。”

终身学习计划提供了跨国界、跨领域、跨部门的教育与培训合作范例，对促进欧盟国家质检教育和培训系统的合作，贯彻终身学习理念以应对学习社会的来临，建立教育与培训系统质量的世界范本，具有重要意义。而我国目前正处于经济转型和全面建设小康社会的关键时期，有许多现实社会问题急需解决，如促进就业、提高国民素质、建立学习型社会等。该书分析了欧盟教育与培训合作计划的历史背景，剖析了其社会作用，追踪了其发展态势，分析了其面临的挑战和机遇，为中国教育改革和发展的理论和实践带来了启示。

【美国基础教育阶段的择校政策：公平、效率、自由选择】

周琴，人民出版社2014年版。

简介：《美国基础教育阶段的择校政策：公平、效率、自由选择》一书运用政策分析的理论框架，沿“择校分析→择校政策分析→择校政策的价值分析”这一逻辑主线，对美国基础教育阶段择校政策的事实、价值与规范进行了探讨。

书的绪论部分对研究的目的和意义进行了阐释，并对“教育选择、学校选择、家长选择”“政策、公共政策、教育政策”等相关概念进行了界定。

正文第一章对美国择校的历史与现状进行了梳理。首先追溯了美国择校由殖民地时期发展至今的历史嬗变过程，揭示其由自发性的个体行为向制度化的教育政策演变的历史逻辑。进而对美国现行择校政策中最具代表性的开放入学、特许学校、教育券、教育税减免、家庭学校教育作了概括性介绍，指出围绕择校尚存在诸如

“公立学校传统”“分化”“自由选择”“绩效责任”等多方面的争议。

正文第二章、第三章、第四章运用政策分析的理论框架，分别对私立学校选择中的教育券政策、公立学校选择中的特许学校政策和开放入学政策进行了深入探讨。鉴于美国各州制定的择校政策大不相同，第二、三、四章分别选取了密尔沃基市家长选择方案、加州特许学校法令以及明尼苏达州开放入学法令为典型案例进行了政策分析，具体透视了择校政策制定的理论基础、政策背景、方案设计和实施情况。在事实分析的基础上，着重从合法性与合理性两个层面探讨了案例政策的形式价值，从自由选择、公平和效率三个维度分析了案例政策的实质价值。在案例分析的基础上，第二、三、四章最后回归我国教育实践，对“长兴县教育券试验”“公立学校改制”和“就近入学”等相关问题进行了比较研究和理论探讨。

正文第五章从经济学、政治学、社会学、法学等多学科的视角重新审视了择校政策的价值基础，指出效率、公平、自由选择是其三大核心。择校政策制定与实施的过程实际上是不同利益集团展开博弈，诉求自身利益最大化的过程。不同政策主体基于不同的利益诉求，往往形成不同的价值选择或价值取向，因此现实中的价值冲突必然存在。择校政策的制定与实施首要考虑的问题即如何协调和平衡不同主体的价值选择和利益诉求，从而把政策代价和利益摩擦减至最小。从美国择校政策的价值选择来看，以人为本、公平优先、效益优化是三项最基本的原则。

【*Politiche e Legislazione Della Scuola in Cina*】

Xiaozhou Xu, Weihui Mei, LAS: ROMA, 2014.

简介：2009 年 8 月，徐小洲教授、Carlo Socol 教授担任总主编的 *Educational in China Series*（英文版，共五册）由浙江大学出版社和 Homas & Sekey Books Press 联合出版。该丛书包括：*Educational Policies and Legislation in China*, *Technical and Vocational Education in China*, *Basic Education in China*, *Higher Education in China*, *Educational System in China* 五部著作。

2013—2014 年，在中方和意方教授的共同努力下，这五部著作相继翻译成意大利文出版。其中，徐小洲教授和梅伟惠副教授等撰写的 *Politiche e Legislazione Della Scuola in Cina* 共分为八章。

第一章从教育定位、教育质量和教育公平角度分析了中国教育政策制定的价值选择。中国从古至今都非常重视教育，将教育视为改变命运的重要途径。中国通过出台多种政策不断提升教育质量和落实教育公平。

第二章阐述了中国教育法律系统的主要历史和框架。中国教育法律系统主要经历了初建、修订、深度发展这 3 个阶段；主要分为宪法中的教育条款、教育法条、教育管理法规、地方教育法规、自治区教育法规、教育法规、国际教育法案这 7 块。

第三章详细介绍了中国教育发展规划。主要包括 6 块内容：中国教育当下面临的境况和挑战；教育发展的目标、策略和引导政策；教育系统改革；教育政策完善和教育质量的全面提高；师资队伍建设；教育经费。

第四章至第七章分别介绍了中国教育国际化政策、民办教育政策、终身学习政策以及教师教育政策。第四章涉及中外合作办学政策、海外留学政策以及中国高等教育国际化政策等内容。第五章阐述了中国民办教育的由来，中国民办教育当前的发展状况，中国民办教育的法律法规，以及对一些典型的中国民办学校进行了实例分析。第六章分析了中国终身教育的由来、内容和政策；中国继续教育的意义、发展、现状政策和特点。第七章介绍了中国教师教育系统的历史、现状和现有政策中存在的问题；中国教师法的概况、内容和问题等。

第八章分析了中国教育政策与法规的特点。中国教育政策与法规的特点包括：与社会、经济发展并行；修订和补充的内容更加开放；价值观念从国家本位过渡到个人本位。中国教育政策与法规改革的趋势包括：把教育发展放在优先地位；在义务教育方面，努力减小教育差异，提高教育质量；在高等教育方面，努力创建几所世界一流大学；追求教育的多元化、终身化和国际化。

【塞内加尔高等教育研究】

楼世洲，浙江出版联合集团、浙江人民出版社2014年版。

简介：塞内加尔是西非经济共同体的成员，历史上是法国非洲殖民地的政治、经济和文化中心。在经济全球化和教育国际化的背景下，构建具有民族性和本土化的高等教育体系，是塞内加尔进入21世纪后提出的高等教育发展目标和改革计划的基本宗旨。在讨论塞内加尔的高等教育发展时，不可避免地会涉及非洲高等教育面临的国际化和本土化问题。因此，该书在对塞内加尔进行三个月的实地调研基础上，力图从非洲国家高等教育发展的整体视角看塞内加尔高等教育发展的历史和现状，使得研究更为深入和全面。

该书的写作框架主要分三个部分，试图从整体上全面勾勒塞内加尔高等教育发展的脉络。第一部分（前三章）讨论塞内加尔高等教育发展的背景和历史。塞内加尔的高等教育发展历经三个阶段，早在1904年法国就在塞内加尔建立了高等教育机构；20世纪50年代到20世纪70年代快速发展，但70年代后受经济萧条影响速度放缓；1990年至今稳步前进。但总体来说，塞内加尔的高等教育总体水平还处在国际上的低层次。包括塞内加尔在内的整个西非地区，其教育的发展更多地依赖国际组织的援助，也不得不受国际发展机构的控制，尤其是世界银行。

第二部分（第四章到第十一章）在广阔的国际背景中考察塞内加尔的高等教育发展情况，在此基础上讨论相应主题下整个非洲的发展情况，这些主题包括管理体制、公私立高等教育、教师教育体系、职业与技术体系、财政体制、国际合作和科学研究。从整体上来看，塞内加尔的高等教育体系传统上深受法国的影响，与新时期的教育改革共同构成了塞内加尔高等教育的当代面貌。具体来说，其教师教育体系、职业与技术体系有了较大的改革，但仍然与既定的目标和巨大的需求不匹配；高等教育财政吃力，导致对国际援助的严重依赖，高等教育的国际合作日益多元化，高等教育科研体系有所创新但充满挑战。虽然塞内加尔面对的问题很多，但是，塞内加尔的政府和民众高度重视高等教育的发展，给予了大学很高的社会地位和经济支持，把发展高等教育作为建设国家人力资源的基本策略，这对塞内加尔来说是其高等教育发展的强大内驱力。而塞内加尔的发展又是整个非洲的一个缩影。

第三部分（第十二章）从非洲高等教育国际化与本土化的角度，在整体上讨论了非洲高等教育区域化发展，讨论了全球化非洲高等教育发展的路径选择，作为对全书的一个升华和总结。

【首都高等教育国际化发展现状研究】

马万华　李岩松，北京大学出版社2014年版。

简介：受北京市教育委员会（以下简称“北京市教委”）的委托，从2012年开始，北京大学国际高等教育研究中心对

“首都高等教育国际化发展现状”展开了深入的研究，该书是其课题研究系列学术成果之一。

该书首先从理论层面上系统地梳理了现有国内外的相关理论研究，制定了一个描述性的国际化评价指标体系，根据这一指标体系，从院校国际化实践入手展开调查和研究。首都高等教育院校包括“985”工程高校、“211”项目高校、市属市管高校和职业院校不同类型的高校。因此，该研究根据研究对象的不同特点采取了不同方法和研究策略。

具体来说，该研究在现有的国内外较成熟的国际化评价指标体系基础上进行综合、整合、制定一套完整的指标体系，并且通过外事管理部门的行政人员和专家咨询对国际化指标体系进行修订，获得了新的兼具评价和指导功能的国际化指标体系。该体系对于指导我国国际化评估和发展水平应该具有一定的指导意义。通过对首都高等教育国际化的发展现状研究，作者也认识到国际化的指标体系应该是动态的和变化的，高等教育国际化进程本身也在不断增加新的内容，也面临着新的挑战。

该书共十四章，第一至第六章主要论述了首都世界城市建设、高等教育的规模和国际化的关系，从理论层面上建构了国际化指标体系，然后以首都高等教育国际化的数据采集、问卷调查、案例院校国际化访谈研究判断首都各类高校的国际化发展水平。在这几章中，读者可以发现首都高等教育由不同类型的大学构成。由于受到资源、办学定位和相关政策的制约，首都高校国际化展现出明显的层次性特征。第七至第十章，通过案例形式探讨首都高校学生的国际化能力、中外合作办学的经验和成就，同时揭示院校国际合作科学研究发展的新趋势。在这几章中，读者可以看到，虽然目前首都高等院校中常规的本科生出国交流机会不多，但是在中外合作办学项目中学生的出国机会很多。即使出国留学，一些出国留学的学生毕业后，仍选择回国。这一“人才回流”现象与我国在世界上处于强势的工业领域有关。在科学研究的国际合作中，首都高校也在利用自身优势和国家的各项政策，将自身的科研成果推出国门，使其走向世界。该书的第十二和第十三章，阐述了澳大利亚和英国的高等教育国际化的政策和策略。澳大利亚和英国在高等教育在“走向全球”（Going Global）的意识引导下，都采取了同样的竞争策略：把高等教育国际化看成是增强经济实力的重要手段工具，为了吸引国际学生和输出教育资源放宽签证和技术移民政策，并在保证高等教育质量方面下功夫。第十四章，对首都高等教育国际化面临的挑战进行了一个粗线条的分析，并以政府和院校两个主体对首都高等教育国际化提出了较细致的发展建议。书中强调并不是要求政府和院校在推进国际化过程中面面俱到，而是根据其优先发展战略进行选择。该书对于了解目前高等教育国际化的发展理论和指标体系建设、了解首都高等教育国际化发展现状和面临的挑战都有重要的参考价值。

【全球教育发展新趋势】

吴坚，人民出版社2014年版。

简介：《全球教育发展新趋势》一书是关于国际教育发展的一本学术专著，反映了20世纪以来影响世界各国教育改革实践、引领世界教育发展的国际教育新理念。

国际教育起源较早，但其黄金发展是在第二次世界大战后。这时，世界政治格局重构、经济全球化与新技术革命三个因素交织，使得世界发生翻天覆地的改变，步入一个全新的信息化、多元化、国际化的社会。同样，这三个因素引起教育中的激烈变革。国家的竞争转变为人才的竞争，最终体现为教育的竞争。教育被提到前所未有的战略高度。人们对教育的强烈诉求使得国际教育的需求日益增加；经济全球化改变了人们的观念，全球化渗透到人类生活的方方面面，也包括教育；新技术为国际教育交流提供了便利的途径和手段。国际教育因此迅速繁荣、发展起来。

20世纪，世界教育得到前所未有的发展，发达国家的初等教育、中等教育普及，高等教育大众化，发展中国家的教育也从极端落后向普及教育迈进。与此同时，人类开始面临愈加突出的全球性问题，这些问题具有全球普遍性、整体性、深刻性、复杂性和严重性等特点，开始威胁到人类的生存。全球危机给教育带来了巨大的挑战，国际教育组织发挥越来越重要的作用，国际教育新理念不断涌现。终身教育、全民教育、全纳教育、世界女童教育、多元文化教育、科学教育以及国际理解教育成为新时代的国际教育思潮。

该书试图全面介绍这些近来备受国际社会关注、引领国际教育思潮的新理念，因为国际社会新的教育思潮的发展，其内在蕴含的是国际教育发展的经验和规律。全书共九章，第一章讲述了国际教育发展的时代背景和发展现状；第二章论述了终身教育理念的思想渊源、历史演变、基本理论和实践，附录《欧洲大学终身学习宪章》；第三章论述了全民教育理念的产生与发展、基本理论与实践及其问题思考与未来的展望，附录《世界全民教育宣言——满足基本学习需要》；第四章论述全纳教育理念的产生与发展、基本理论，以及其在美国、澳大利亚、西班牙和葡萄牙的实践，附录《萨拉曼卡宣言》；第五章论述世界女童教育理念的发展演变、价值和理论分析及其在印度的实践，附录《消除妇女歧视宣言》；第六章论述科学教育发展动因、历史、基本理论、美国的实践及对我国的启示，附录《世界科学与技术教育帕斯宣言》；第七章论述国际理解教育的发展演变、国际理解教育的成因、国际理解教育的基本理论，对国际理解教育的实践进行探讨；第八章论述多元文化教育的概念、发展背景与阶段、基本理论，以及其在美国、加拿大、澳大利亚和中国的实践，附录《世界文化多样性宣言》；第九章对国际教育发展进行展望。

该书全面探讨了备受国际社会关注、引领国际教育发展趋势的教育新理念，就终身教育、全民教育、全纳教育、世界女童教育、科学教育、国际理解教育、多元文化教育，从理论到实践都做了较为深入的探讨。该书的出版对于了解国际教育发展的规律和最新动态，对于教育改革和发展的借鉴和启示都有重要的参考价值。

（吴坚）

（五）教育史专业

【制度变迁与知识生产：北京师范大学教育史学科发展研究（1949—2001）】

王俊明，中国社会科学出版社2014年版。

简介：该书以教育史教研机构的发展与变迁为基本依据，以制度变迁与知识生产的关系为视角，对新中国成立后到2001年的北京师范大学教育史学科发展历程进行历史考察。

1952年院系调整之后，一批教育史方面的专家会集到北京师范大学，建立教育史教学研究组织，从而奠定了教育史学科发展的人才与制度基础。同时苏联专家也对北师大教育史学科的发展产生了直接影响。20世纪50年代，在“学苏批美”的氛围中，教育史课程与研究都带有明显的时代批判痕迹，学术研究与政治批判相互缠绕，教育史在一定程度上变成了“政治批判史”。1960年以后，我国高等教育进入了一个以调整为中心的发展时期。随着文科教材《中国古代教育史》《中国近代教育史》的编写和中国教育史研究班的举办，北师大教育史学科获得了一个新的发展机遇，这也对后来的教育史学科发展产生了深远的影响。“文化大革命”时期，北师大教育史学科遭到破坏，教研室取消。编写与教育史有关的政治批判材料，是这一时期教育史和现实结合的一种方式。在“文化大革命”结束以后，北师大教育史教研室得以恢复。重新评价以孔子和杜威为代表的教育思想开始了教育史学科“拨乱反正”的历程。以北京师范大学教育系教育史课程的开设以及教育史专业研究生的培养为标志，教育史教学与学术研究走上了正常发展的轨道。为满足教育史教学的需要，人民教育出版社出版了北师大在20世纪60年代编写的《中国古代教育史》《中国近代教育史》教材，同时北师大教育史教研室也开始编写新的教育史教材。20世纪80年代的教育史学术研究主题主要是教育思想与教育制度方面的主流问题。到了20世纪90年代，在主流教育思想与制度研究之外，学术研究主题还呈现出深化、细化与非主流化的趋势。这一趋势也在教育史专业学位论文中反映出来。到了2001年，北师大教育史教研室改名为教育历史与文化研究所，教育史学科进入了一个新的发展阶段。北师大教育史学科的发展与社会政治制度、教育体制、学术制度的变迁紧密相连。新中国成立后，北师大教育史学科一直是在“为现实服务”的主流话语中发展的。不同的是，新中国成立到“文化大革命”结束前的一段时间是“为政治（阶级斗争）服务”，而“文化大革命”结束后，尤其是改革开放以后，则是“为现代化（经济）建设服务”。

回顾北师大教育史学科的发展历程，作者发现，学术传统的继承与创新的关系、学术研究中求真与致用的关系以及北师大的特殊地位等都是影响其教育史学科发展的重要因素。全面地把握和正确地处理上述关系，充分发挥北师大特殊地位对教育史学科的积极作用并尽量避免其消极的影响，对促进教育史学科的发展具有十分重要的意义。

【抗战时期区域教育研究——以山西为个案】

中国昌，社会科学文献出版社2014年版。

简介：抗战时期由于日本对我国发动侵略战争并建立了各级伪政权，同时大肆推行奴化教育，我国区域教育出现复杂化格局。而山西又是呈现这种复杂化格局的典型代表，主要教育类型有共产党领导下的根据地教育、阎锡山退守中的晋西教育、日伪统治下的奴化教育。三种教育在交锋与博弈过程中，分别依据自身的优势来扩大影响。因而，区域教育出现了各种教育之间相互交锋与彼此博弈的复杂格局。

作者在书中试图运用美国政治社会学家丹尼斯·朗（Dennis H. Wrong）关于权力与权威的相关理论、约翰·纳什（John Nash）的非合作博弈理论、格若赫姆·罗珀（Graham Romp）的动态博弈和重复博弈理论，来分析抗战时期山西教育格局复杂化的综合动因。三种教育的主办者均是为了在广大民众中获取自己的权力，只是日本侵略者运用的手段是强制性权威，阎锡山使用的是诱导性权威，而共产党采用的是合法性权威，因此，革命根据地教育注定是要最终取胜的。另外，作者还从地形地貌的多样化和复杂性、民国早期的教育基础、日本对原有教育的破坏、权力的博弈与军事争战在教育中的反映等角度，分析抗战时期区域教育格局复杂化的综合动因。

该书采用了史料分析法、口述史学法、计量史学法、比较分析法等史学研究方法，对抗战时期出现在山西境内的三种教育的办学实况进行生动真实的展现。一是共产党领导下的根据地教育，主要以晋绥、晋察冀根据地的初等教育、中等教育、高等教育、教师教育、干部教育、社会教育等为研究对象，通过大量的第一手资料来生动再现20世纪三四十年代共产党领导下山西农村教育的发展情况，并总结根据地教育的主要特点。二是阎锡山退守中的晋西教育，重点研究太原沦陷后，阎锡山退守晋西，苦苦经营晋西这块贫瘠山地，力求通过人为的努力，来改变其穷途末路的命运。三是日伪统治下沦陷区的奴化教育，从日伪奴化教育的本质、奴化教育政策、奴化教育内容、师资来源、课程设置以及日伪基础教育、高等教育、教师教育、职业教育、社会教育、留学教育的实施情况进行初步探究，力求达到对当时教育的"原生态"研究，进而从中总结出日伪奴化教育的性质、特点以及对山西社会的负面影响。

最后，该书总结了抗战时期区域教育格局复杂化的特点及其影响。研究的重点是抗战时期共产党领导下的根据地教育、国统区教育、日伪统治下的奴化教育。并运用博弈论和复杂学理论去分析三种教育的复杂关系，抛开政治因素仅从教育内部找出根据地教育富有生命力的内在机理，进而从中探索适合当今中西部农村教育发展的现实路径。

【明代的科举家族：以宁波杨氏为中心的考察】

钱茂伟，中华书局2014年版。

简介：同姓家族群体在传统中国乡村广泛存在，近世家族由许多核心家庭、主干家庭或共祖家庭组成，其核心是科举家族，宁波镜川杨氏正是这么一个经典案例，就所出进士的总量、密集度、绵远度来说，杨氏可称为明朝第一科举家族。作者以杨氏家族为中心，考察明代的科举家族。该书提出：科举家族与文化家族结合的近世家族是比较理想的家族，维系近世家族的四大要素是族谱、族长、族祭和族产。镜川杨氏具备这四大要素，是一个典型的近世家族。作者以镜川杨氏家族的宗谱和诗文集为基本文献，重点谈该家族的嬗变历程及其学术贡献，体现了家族与学术主线。

在家族方面，经作者考证，宁波杨氏初兴于宋，进入元朝以后，因不愿与元政府合作，晦迹于元。明初，又因富户而受打压，故明初杨氏诸族人多隐居不仕。进入永乐以后，这个家族靠自己的勤劳，积极劳动向上层流动。景泰二年（1451），杨守陈中进士，其成功带动了家族其他成员，镜川杨氏集中出了六位进士。据作者统计，杨氏五世之中，出过四开府、三翰林、两台谏、四监司，守牧以下更不用说。如此快速的增长，迅速将之推为官宦世家，引起了世人的注目。作者由此总结杨氏成功的经验：一是进士的出现，是需要一定家族文化积累的；二是遗传基因与榜样作用。作者发现，杨氏的发达，还带动了相关的联姻家族陆氏与李氏，这是科举家族对地方的影响。作为一个科举家族，镜川杨氏重视宗谱编纂。与西方的宗教相比，中国是一个祖宗崇拜的民族，据考证，镜川杨氏最为重视的活动就是祖宗祭祀活动。另外，作者还对杨氏的学校进行研究，发现杨氏的学校主要有两类，一类是部门族人设立的收费学馆，一类是聘请塾师上门教学的义塾。此外，还有族员到外面的私塾学习。

在学术方面，作者选择了杨氏家族中杨守陈和杨德周的学术思想进行研究，并对杨氏家族的诗文进行研究。作者发现，杨守陈在经学上研究颇深，并逐渐形成较为系统的经学思想，并做出兼注九籍的疑经实践，为后人所称道。杨德周在科举奋斗之路上不断努力，在62岁时方得知州，真正入仕做官的时间只有12年，因此他只能做一些诗文创作，不可能从事更为专业的学术研究。镜川杨氏诗文传家，族中子弟大多能诗善文。经过杨浩卿、杨范、杨自惩三代的积累，到第四代杨守陈兄弟时，杨氏诗歌创作终于出了名。杨守陈兄弟的诗文，须用政治与道德眼光来观察。宋明提倡纲常与道德，于是道统文学流行。杨氏兄弟时任官员，所以又有时政色彩。作者发现，他们当时不追求纯艺术，诗文风格既是台阁体的延续，又是向复古派转型的开始。

【中国近代教育行政史】

熊贤君，人民教育出版社2014年版。

简介：教育行政是国家各级政府对教育事业的领导和管理。中国教育行政史是研究国家各级教育行政组织及其职能行使的历史。作者综合各学者对“教育行政”的认识，将其定义为国家各级政府从事贯彻教育宗旨、方针，推行教育政策及法令，拟定各级各类学校及行政机构自身的规章制度，编制教育计划，审核教育经费，任用教育管理官员及各级各类学校教师，视察、指导、考核所属机关、学校的官员及教师，实现教育事业的组织、计划、决策、指导和协调等职能活动。基于该定义，作者先后论述了清末教育行政、中华民国教育行政和中国共产党建立的革命根据地教育行政。并在附录中论述了日伪政权的教育行政。该书中每一部分所论述的内容大致分为五大板块，即中央教育行政、省级教育行政、市县教育行政、教育行政首脑任内的建树，以及上述三级教育行政职能的践履。值得一提的是，作者在书中开辟教育行政首脑任内建树这一板块，使推动教育发展的行政首脑流芳百世。

传统中国的教育行政系统是礼部之下设置国子监，由国子监主管中央数所国学；地方行省设置学政分管全省各府、州、县教育，而府、州、县设置教授、教谕诸职管理一地教育事业并亲行执掌教鞭。自唐代以降，从中央到地方的教育行政组织的职能主要是掌理科举考试。所谓教育行政，几乎就可以说将科举考试当作学校教育工作的全部。1840年以来，亡国灭种的危机一直威胁着千年古国，在中华民族危难之际，一代民族精英觉醒。他们兴办新型学校，向东西洋派出留学生，进行教育行政体制改革。

19世纪末20世纪初的中国，新型教育、新型学校呼唤新型教育行政组织机构。1905年，中国近代第一个新型教育行政管理机构——学部在腥风血雨中宣告成立，结束了两千余年的传统教育行政体制。学部成立时不同寻常的历史背景，赋予了学部特殊的历史使命，要求学部引领中国人民救亡图存，培养救国救民堪当大任的人才。清廷寿终正寝后，学部随之成为历史名词，代之而起的中华民国教育部，虽然名称不同，教育行政职能有所更易，职官有很大变化，但是其历史使命并没有发生任何变化。

作者总结道，一部近代中国教育行政史，就是一部近代中国人民救亡图存史，就是一部教育救国理想的践履史，就是一部在救亡图存背景下教育行政组织及其职能改革、转型、振衰起微、发愤图强的历史。

【战后美国教育史】

贺国庆　何振海，上海交通大学出版社2014年版。

简介：美国教育史是国内学界重点关注的研究领域之一，二战后的美国教育史研究相对来说显得较为薄弱。因此，从历史的角度梳理战后美国教育的发展与改革历程，对于丰富和拓展美国教育史研究，无疑具有重要的理论价值。《战后美国教育史》采取了纵向脉络梳理和横向专题分析相结合的写作方式，从历史角度考察了自20世纪50年代以来美国先后进行的六次大规模的基础教育改革运动，全面反映战后美国教育发展与变革历程，总结其成功经验及失败教训。

全书分为上下两编。上编以时间为线索，考察了二战以来美国联邦政府的教育政策及各阶段教育整体发展情况，分为以下发展时期：20世纪五六十年代，美国推进教育改革适应时代发展的需求，体现了联邦政府的意志；70年代的美国教育主要体现在对教育平等和回归生活的追求上，同时高等教育在精英教育和大众教育之间取得了平衡；80年代的美国教育专注于“质量”，改革成效显著；90年代美国教育呈现多元发展格局；进入21世纪，美国教育质量有了明显提升。概括起来战后美国教育发展包括课程改革运动、民权运动与社会弱势群体的教育公平、基础教育改革以及大学本科教育改革等方面的问题，充分体现了美国教育发展的多样化特征与走向。下编以专题形式对美国教育发展中的热点问题进行分析，分别探讨了美国教育哲学与教育思想、教师教育、少数族裔教育、女子教育、职业教育五个方面的问题，梳理了现代美国教育的哲学基础——实用主义和当代美国主要的教育哲学流派的发展和演变，介绍了教育思想家科南特、斯金纳和布鲁纳的教育思想和实践，同时考察了二战后美国教师教育改革以及少数族裔教育、女子教育、职业教育的发展情况，战后美国教师教育改革始终与基础教育改革相伴，少数族裔教育和女子教育得到了进步和发展，但仍未实现真正意义上的平等；职业教育逐步走向学术教育与职业教育、中学与中学后职业教育、学校与工作相融合的道路。

【19世纪中后期英国女子教育研究】

姚琳，人民出版社2014年版。

简介：19世纪中后期英国女子教育发展对英国女性甚至整个英国社会产生了深远的影响。作者运用宏观与微观、断代史与问题史相结合的方法，对19世纪中后期英国女子教育发展历程进行了研究，回顾了19世纪中后期英国女子教育变革的背景，考察了英国初等女子教育、中等女子教育的发展以及改革，揭示19世纪中后期女子教育变革的特点和社会历史原因，以及女子教育变革对英国女性社会地位的影响。

19世纪中后期工业革命促使第一批经济独立的女性开始步入历史的舞台，由于受到文化启蒙思想与其他社会思潮的影响，加之人口性别结构的变化以及女权主义者等方面的因素，女性争取平等的经济权、就业权、选举权等女性意识高涨。在这些因素的推动下，女子在初等教育、中等教育、高等教育领以及成人教育等领域中的受教育权得到了发展，保障了女子受教育权利。到19世纪末英国女性社会形象也从传统的贤妻良母、完美女士等形象转向新女性，女性获得了参政权利，进一步推进了英国社会民主化进程。女子教育变革对女性社会地位产生的重要影响主要体现在女子受教育权利和工作权利的扩大；离婚权与监护权的争取；财产权的独立；选举权的获得以及女性社会形象的转变。

作者指出，19世纪中后期英国女子教育变革具有明显的中产阶级色彩和不彻底性等特点，究其原因在于英国还奉行“男尊女卑”的宗教传统、中产阶级的“家庭”观念、“女性劣于男性”的生物学谬论以及女性依赖于男性等不平等观念。19世纪末女子教育发展实际上是社会综合因素共同作用的结果，女性自我意识的觉醒是女子教育发展的关键。阶级和性别对女子教育有较大影响，女子教育应注重性别公平。

【西方教育史学百年史论】

史静寰　延建林，人民教育出版社2014年版。

简介：该书考察了西方教育史学研究的百年历程，分析了西方教育史学理论的社会背景、思想基础、丰富内涵和机理特点。全书分为国别研究、人物研究、专题研究、比较研究、启示探索研究几大部分。国别研究部分以美国和法国为对象，系统分析了20世纪以美国和法国为代表的教育史学研究向以德国为代表的传统教育史学提出挑战并成功引领西方教育史学变革的历程。具体内容包括美国教育史学的创立和对美国传统教育史学的修正；法国新教育史学的出现，年鉴派对法国教育史学的影响以及当代法国教育史研究的特点。人物研究部分主要分析了美国的劳伦斯·克雷明、乔伊斯·斯普林以及英国的布莱恩·西蒙三位教育史学家代表性观点的形成背景、过程及其在西方20世纪教育史研究中的影响。介绍了克雷明的生态学视野、修正的“和谐史观”以及美国教育史学模式等史学思想。研究者指出，斯普林的教育观在于批判地思考历史，并且将斯普林的教育观和教育史观总结为“意识形态操纵”。西蒙对二战后的英国教育史学的贡献在于“阐释一种批判的教育史”“寻找一种社会史的方向”。专题研究部分对国民教育史研究和女性主义教育史学两个主题进行了重点分析，使读者能更好地理解西方教育史学研究的变革与创新。比较研究部分以美国和英国为案例，通过分析美、英在20世纪西方教育史学变革中所表现出的趋同性特征和差异性特质，进一步揭示了西方20世纪教育史学研究的走势与特点。启示探索研究部分以中国教育史学研究为立足和着眼点，全面回顾了20世纪中国学者进行的外国教育史研究，揭示了西方教育史学研究传统及变革对中国的启示与借鉴，对我国教育史研究和学科建设具有参考价值和现实意义。

【美国高等教育史】

［美］约翰·塞林，孙益　林伟　刘冬青译，北京大学出版社2014年版。

简介：该书运用历史叙事的方式，借鉴了伯顿·克拉克（Burton Clark）的组织理论，从纵向和横向两个维度上对美国高等教育的发展进行历史的分析与解读，剖析和重新检视了美国学院与大学在不同历史时期的教育目标与制度变革的历史。在史料的采用方面，广泛应用了诸如政府和社会组织的统计报告、回忆录、小说、照片、电影等一些能够反映大学历史形态的历史材料，突破了传统高等教育史学重视大学档案的局限。

该书共分为九个章节，即按照美国高等教育发展的时间逻辑将其分为九个阶段。第一个阶段为早期殖民地时期的学院。第二个阶段为1785—1860年，创制高等教育的“美国方式”——学院建构。第三个阶段为1860—1890年，多样与困境——美国高等教育的张力。第四个阶段为1880—1910年，工业巨头与学术巨子——大学创建者。第五个阶段为1890—1920年，母校——美国人涌入大学。第六个阶段为1920—1945年，成功与过剩——高等教育的扩张与改革。第七个阶段为1945—1970年，高等教育的“黄金时代”。第八个阶段为1970—2000年，美国高等教育的成年——陷入麻烦的巨人。第九个阶段为21世纪以后，重构21世纪的美国高等教育——新生命的开始。

由于作者注重借鉴20世纪70年代以来美国高等教育史学界的最新研究成果，采用了不同于传统教育史研究的史料选择方法，注重从社会史与文化史的角度探讨诸如学生校园生活、校际体育运动、女性及少数族裔群体的高等教育经历等传统教育史学研究较少关注的问题，使得该书在内容和形式上更加鲜活，在历史的解释力上也更加深入。

【杜威教育思想的形成】

涂诗万，浙江教育出版社2014年版。

简介：杜威的教育思想研究是学术研究的重点领域，但是对杜威教育思想进行“断代”研究，特别是对哥伦比亚大学时期（1905—1939）杜威教育思想的研究，尚是一个有待深入开拓的领域。当前学术界一致认为，哥伦比亚大学是杜威工作时间最长的大学，哥伦比亚大学时期杜威的教育思想在他的整体教育思想中占有重要地位。该书以安东尼·吉登斯的结构化理论为指导，从日常行动入手，致力于从杜威的社会背景和个人行动的互动关系中，深入解读杜威教育思想在哥伦比亚大学时期的形成过程，探讨杜威教育思想发生的变化以及原因。

该书把杜威在哥伦比亚大学的经历分为四个时期。第一个时期为1904—1917年，这一时期是杜威教育体系化的时期，杜威教育思想体系的内核是民主与教育的双向转化。民主与教育的双向转化集中表现为把民主作为生活方式。第二个时期为1917—1929年，这一时期，杜威的教育思想集中在用新个人主义改造民主主义教育。从教育手段上说，应该通过自由的地方民主伦理共同体生活进行教育，从教育目的上说，应该培养民主开放的新人。第三个时期是1929—1935年，这个时期是杜威教育思想趋于成熟的时期。杜威把教育目的设定为建设一个更公正、更人道的社会。第四个时期是1935—1939年，本阶段杜威教育思想是他以前教育思想的重申，重申的重点是把民主作为生活方式。不同于1916年杜威从改进和提升民主主义教育的角度论述，在本阶段中，杜威主要从反对极权主义、捍卫民主主义教育的角度论述。

作者认为，杜威教育思想的形成过程，也是杜威的民主主义教育理想不断重建的过程，是他在不断改善社会的行动中反思的结果。杜威的教育思想具有以下几个特征：重视个人，重视社会，重视生活，重视改造。把民主作为生活方式是杜威教育思想的核心。

（施克灿、李子江）

（六）教育技术学专业

【信息化学习方式案例教学】

李芒　蒋科蔚　李师，北京师范大学出版社2014年版。

简介：该书以案例教学环节为叙述的基本框架，即章、节、目的结构编排是按照案例教学步骤设计的。这样可以将案例教学的基本思想有效地贯穿在整个教材之中，使该书真正能够体现出案例教学的理念，使读者在阅读时可以亲身体会案例教学的方法。将信息化学习以案例教学的方式，通过一个个教学活动组织起来，突出问题性、实用性、指导性、生动性和操作性。充分重视读者的主体地位，不仅为读者提供知识，还为读者安排了活动，提供了思考和研究的机会。该书针对中小学在职教师的需求和特征，采用案例教学的方式，讨论各种信息化学习方式，以及教师如何教的教授方式。全书设计了上下篇，上篇是“走进案例教学”，下篇是“信息化学习方式”的案例研究。

【媒体与学习的双重变奏:教育技术学的生成发展与国际比较研究】

桑新民，南京大学出版社2014年版。

简介：该书包括上下两篇，共九章，结构体系如下：上篇标题为“历史与逻辑”，前五章分别探讨了教育技术的历史与教育技术学的历史；以媒体派与学习派的双重变奏为主线，考察了美国教育技术学的历史与逻辑；挖掘了中国早期电化教育的历史资源；试图在历史与现实的对话，尤其是中美两国教育技术学发展历史的比较中，把握本学科发展之历史必然性、规律性。下篇标题为“理论与趋势”，第六至九章分别探讨了教育技术学的学科性质和研究对象；教育技术学的理论基础与基础理论；教育技术学的前沿进展和主要发展趋势。通过深化对本学科重大理论和方法论的探究，试图寻求学科建设中的突破，使我国教育技术学的研究更快地走向世界。

【双轨教学论:数字化环境下的教学创新研究】

杨宗凯，高等教育出版社2014年版。

简介：该书全面系统地阐述了双轨教学论的理论与方法。全书共六章，第一章双轨教学概论，介绍了教学主客体关系认知的历史演进、双轨教学的概念及其动力学分析、双轨教学的空间环境及设计；第二章双轨教学的心理学基础，包括双轨教学的认知神经科学基础、双轨教学与认知主义学习理论、双轨教学与建构主义学习理论；第三章双轨教学环境设计，讨论了空间物理环境与社会交互环境的设计；第四章双轨教学的模式与方法，聚焦于双轨教学的模式与实现、方法与实施；第五章双轨教学实验，包括盘古课堂教学平台介绍、学生应答系统原理、双轨教学资源的展示、教学资源内的知识关联；第六章双轨教学绩效评价，包括双轨教学评价的基本框架、策略方法和教学空间环境的评价。作者提出，信息技术带来了学习的革命，应该重新审视教与学、师与生的关系与行为，重新审视教学系统。该书可作为教育学专业教学论课程的辅助教材，亦可作为师范院校教育学公共选修课教材，还可供关注教学论、教学法研究的教研人员、中小学教师阅读参考。

【移动学习:让学习无处不在】

李青，中央广播电视大学出版社2014年版。

简介：近十年来，信息技术对各行各业的渗透达到了人类历史上前所未有的程度，移动设备和移动互联网正在迅速改变着整个社会生活的面貌。如今，手机、平板电脑是如此普及。人人有手机，平板电脑也随处可见。有的人甚至同时拥有若干台移动设备，种类不同，屏幕大小各异，以至于出门要像挑选首饰一样，根据场景和目的决定到底带上哪个。无论在步行、等车、乘车、喝咖啡时，还是窝在沙发里、躺在床上时，只要你愿意，都可以随时随地利用这些设备来娱乐或学习。然而，在十多年前，我们的学习还受到各种限制，需要在教室里，需要依靠课本和参考书，如今这种便利的学习方式，在当时还是对于未来的遐想，颇有点科幻片的味道。

这种通过移动设备和移动互联网进行的随时随地的学习就是移动学习。移动学习不仅是一种时尚或潮流，更是学习技术发展过程中的一次显著变革，它承接自网络学习和在线学习，将数字化的学习资源通过移动媒介和无线通信技术随时递送到每个角落，并且为未来的泛在学习奠定技术基础并探索新的教学模式。移动学习和现有的学习技术之间更多的是补偿关系，移动学习可用于解决现有技术在移动场合或是非传统场合中不能使用或效果不好的问题。移动学习作为一种时尚、便捷的学习方式，已经悄悄地进入了我们的学习和生活。它是学习技术的一次重大飞跃，真正满足了无处不在、随时随地的学习需求。什么是移动学习？为什么要在教和学中应用移动学习？如何策划移动学习的项目？如何选择合适的移动学习技术？移动学习资源的开发过程是怎样的？如何评价移动学习资源？移动学习未来会向哪些方向发展？《移动学习：让学习无处不在》将带领大家了解和探讨这些关于移动学习的关键问题。

【超越优质——智慧教育的原理与应用】

李泽亚　刘光余，教育科学出版社2014年版。

简介：智慧教育是在哲学、心理学和教育学等理论指导下形成的教育观点和方法，有着“为了智慧的教育”“智慧地进行教育”和“形成教育的智慧”等基本内涵。成都市青羊区以“智慧教育”为价值取向，优化了智慧管理、智慧课程、智慧教学三大结构，建立了智慧社区、智慧学校、智慧课堂三层智慧教育组织空间，选择了基于区域特点的智慧教育发展路径，促进了学生主体性发展。成都市青羊区的教育正向着“人的现代化”这一教育现代化发展目标迈进。

【在线协作学习中的互动分析：基于社会网络分析的视角】

王永固，科学出版社2014年版。

简介：该书从社会网络分析的视角，以互动网络结构为切入点，系统、深入地研究了在线协作学习中的互动分析，从分析、设计和实现三个层次介绍了互动网络结构分析的理论基础，提出了一个完整的在线协作学习中互动网络结构分析的理论框架。该书以一套在线协作学习支持、平台研发和应用为实证，系统介绍了互动网络结构分析的关键技术和实现过程，并以两个教学实验为例总结了在线协作学习中参与度和互动水平分析的方法、过程和注意事项。该书可供政府舆情管理部门、企业e-Learning部门、从事网络学习环境建构和数字化学习资源管理的研究部门使用，也可供高等院校教育技术专业和计算机科学技术专业的研究生和本科生参考。

【计算机支持的协作学习：策略与工具】

任剑锋，首都师范大学出版社2014年版。

简介：计算机支持的协作学习是协作学习与计算机教育应用相结合的产物。随着人们对教育和学习内涵的深入理解，协作学习越来越受到广泛重视。通过小组协作的形式，发挥学习者之间的协同效应，最大化个人和小组的学习绩效，成为学习方法研究的新热点。与此同时，迅速发展的计算机及网络技术在教育中的应用也在不断深入。关于计算机在教育中的应用，人们的视野也开始从对基于计算机的个别化教学的研究，特别是通过对人—机交互的关注来提高计算机教学系统效能的角度，逐渐转到对通过计算机及计算机网络所进行的人—人交互的关注。

【教育信息化理论与应用研究】

刘凤娟，西南交通大学出版社2014年版。

简介：教育信息化充分发挥了现代媒体技术的优势，注重信息技术与教育的深度融合，在促进教育公平、加快教育均衡发展、推动教育理念变革和培养创新人才等方面提供了不可或缺的动力与支撑。该书从教育信息化基本理论、教育信息化与学校教育、教育信息化与教育均衡发展、教育信息化与教学实践、教育信息化与学生素质培养、教育信息化与教师专业发展、教育资源与平台、教育信息化应用八个方面探寻了信息化环境下教育的改革与发展，涉及的内容较广泛，希望能为教育信息化相关研究提供一定的理论与应用的参考。

【教育信息化系统规划理论与实践】

谢同祥，科学出版社2014年版。

简介：该书侧重对教育信息化系统规

划的内容与支持工具进行分析，并给出可行的指导框架，这样的研究内容选择，一是结合自身研究力量的现实，二是切合当前系统规划的需要。该书作者认为，当前迫切需要解决的问题是系统规划的内容，没有科学的、合理的系统规划，就谈不上执行、评价、比较等后续问题。该书也只是给出系统规划的框架性指南，只是一个导向性说明，并不带有模板化意味。必须指出的是，系统规划不应该有统一不变的模板，因为那不仅是一种形式束缚，更是一种思想禁锢，让教育信息化在顶层处失去指导作用。该书以科学发展观为指导，对教育信息化系统规划开展了初步研究，尤其对系统规划的重要性、内容、方法、工具进行了较为深入的分析，这种分析，既有理论层面，也有实践层面的，希望该研究对教育信息化实践者、教育规划与教育技术研究人员有所启示，对我国教育信息化理论与实践的发展能产生积极的推动作用。

【信息化教育：理念、环境、资源与应用】

王继新　左明章　郑旭东，华中师范大学出版社2014年版。

简介：该书详细阐述了教育信息化与信息化教育的概念内涵、历史演进、理论基础等特征，分析了两者的区别与联系，并在此基础上，对信息时代的教师能力结构和教师能力发展、信息化学习环境、数字化学习资源、信息化环境下的教学与教学设计、信息化环境下的教学评价、信息化教育教学的研究方法等方面进行了系统、深入的分析。该书介绍了信息化教育的理念、环境、资源与应用这几个方面的内容，主要包括教育信息化与信息化教育、信息时代的教师专业发展、信息化学习环境、数字化学习资源、信息化环境下的教学与教学设计、信息化环境下的教学评价以及信息化教育教学的研究方法。该书适合作为普通高等院校教育技术专业教学的教材，还可作为其他相关教育专业的参考教材，也可作为教育实践者了解教育信息化的自学教材。

【在连接我们的网络世界里共同学习——网络校际协作学习与协作教研的理论和方法】

徐晓东，科学出版社2014年版。

简介：该书全面介绍了在我国首次开展的基于网络校际协作学习和协作教研的理论和实践。该书展示了如何利用校际协作学习的原理、方法及策略设计一个有效的校际协作学习和协作教研环境，以培养面向21世纪复杂环境和发展变化社会所需能力的学习者及教师。该书也是一部指南，为教育学、教育心理学、教育技术学领域的学者和研究生开展研究指明了方向，也为教育主管部门负责人以及中小学校长和教师，在致力于利用信息技术缩小校际差距、促进教育均衡发展、使用网络校际协作学习和教研来进行变革方面提供了具体的途径。

【幼儿教育软件评价研究】

蔡建东，中国社会科学出版社2014年版。

简介：该书主要目的在于通过对幼儿教育软件评价的系统研究，以及国外相关思想的引介，以丰富我国幼儿教育软件评价的理论成果，推动我国幼儿教育软件评价机制建设，为幼儿园与家长选择幼儿软件提供参考。

【可视化教师隐性知识之知识地图辅助评量系统（英文版）】

苏建元，浙江大学出版社2014年版。

简介：长期以来，计算机或信息科技扮演着辅助教师处理试卷出题工作的重要角色，教师可以使用教材出版商所附之题库光盘或在线题库协助其进行教育试题的编制，然而，在教师出题的过程中，常发生教师忽略掉重要的课程概念或出题比重难以拿捏的问题。该书提出一个新的方法，利用知识地图赋予概念权重的方式，实作出一个能辅助小学教师进行出题的评量系统，当教师进行出题时，能确保并建构一个适当的概念与试题间的权重比例，作为教师的出题参考，首先借由分析课程的内容架构，得出概念之间的重要关系，并且透过可视化的知识地图进行呈现，接着教师除了能先行汇入所设计的电子试题来了解试题概念的比例分配之外，陆续收集来的相关电子试题，将提供系统进行自动试题分类与学习概念的萃取，使教师能进一步借由所设定之施测范围来取得试题，形成学习概念节点的知识地图，让教师依照知识地图所呈现的学习概念比重以及概念间的关联权重来判别并挑选出适合学习者的试题内容。该系统透过评估学习概念萃取的正确性以及利用问卷方式取得教师对系统使用的满意度进行调查，结果证明该系统确能有效地帮助教师进行出题，此外，借由形成性评估的方式能有效且持续地改善系统的运作与执行，而该研究所提之运作方法与出题系统的设计皆能有效且弹性地移转与应用到其他的试题内容之中。

（牟智佳　张琪）

（七）远程教育专业

【中国网络教育政策变迁——从现代远程教育试点到 MOOC】

郭文革，北京大学出版社 2014 年版。

简介：2012 年，MOOC 出现了，人们不断追问，什么是 MOOC？怎么做 MOOC？这些问题一下子把我们带回到了 13 年前，中国现代远程教育试点起步的时候。那时候，人们也在不断地问：什么是网络教育？怎么做网络教育？从现代远程教育试点到 MOOC，中国网络教育试点积累了哪些经验和教训？技术与教育之间到底存在一种怎样的影响逻辑？该书上篇分析了中国网络教育政策变迁的脉络，以及公共服务体系、网院治理和网络课程等三方面的“有效实践”。下篇从教育的“技术”发展史、互联网影响社会变革的理论基础和互联网影响下知识产业链的变革等三方面，对互联网引起的这一场教育变革进行了全景式的分析。研究表明，每一种媒介技术都营造出一种全新的信息“集 + 散”平台。这个信息“集 + 散”平台不仅是“社会合作的技术基础”，还是“人类的社会认知工具”。在互联网的影响下，知识生产将进入基于“大数据”的模式 2 阶段；新的表达要素和知识“装配”结构，将带来新的知识分工和专业分工；全球高等教育机构之间的横向布局，高等教育与企业等实践机构之间的纵向关系，将发生一系列的调整。

【远程教育教师职业能力发展丛书：简明远程教材编写指南】

陈丽　［英］邓肯·西德韦尔，廖夏萌译，中央广播电视大学出版社 2014 年版。

简介：远程教育中教学与学习通常发生在不同的时间和空间，这个本质特征决定了远程教育中的学习资源，特别是文字教材，除了呈现学习内容外，还要替代课堂上教师的教学行为，实现对学生自主学习的有效引导。与传统教材相比，远程教育教材更像是学材。远程教育教材的编写过程，不仅是教学内容的选择过程，也是教师进行虚拟教学的过程。对于大多数没有远程教育经验的教师，在教材开发编写过程中，容易只注重内容呈现功能，而忽略教学功能。即使是知晓远程教育教材特殊要求的教师，也常常苦于不知道怎样才能实现高质量的虚拟教学。为此，高水平的远程教育机构都将培训一线教师学会编写高质量的远程教育教材作为教师专业发展的重要主题之一。

远程教育教材编写方法的研究与探索，长期以来一直被远程教育领域从业者所关注。中央广播电视大学出版社曾于2011年与北京师范大学远程教育研究中心合作，共同研发了远程教育印刷教材编写模板，并在国家开放大学多门远程教育课程开发实践中应用，取得了显著成效。英国开放大学在远程教材开发方面积累了丰富的经验，其远程教材开发水平一直处于世界领先地位。在中央广播电视大学出版社的力邀之下，作者将长期积淀的学识和经验，转化为指导远程教育印刷教材编写的方法，用最通俗易懂的表述方法为一线教师量身定做了这本指南。

【转型升级与体系建设——中国广播电视大学系统调研报告】

杨志坚，中央广播电视大学出版社2014年版。

简介：该书基于教育部委托国家开放大学于2013年所做的广播电视大学系统现状调研，对中国广播电视大学系统发展现状、存在的问题与挑战、可行的政策建议等予以分析。报告分为三个篇章。第一篇章为电大系统总报告，第二篇章为省级电大调研报告，第三篇章为调研纪实。其中，省级电大包括地方开放大学、不同片区代表省级电大、副部级城市电大三类。

在目前国家要求在电大基础上办好开放大学，参与构建终身教育体系和学习型社会的背景下，促进电大系统的转型升级，做好开放大学的体系建设，面临着一系列问题与挑战。在系统外部，体现为对开放大学的定位、作用认识不到位，政策、法规和经费保障不足，基层电大边缘化，成人高等教育市场无序竞争，以及电大系统转型升级方向和路径不明确等政策与环境问题。在系统内部，体现为系统松散，平台落后，师资力量薄弱，人才培养目标、课程体系与普通高等教育院校趋同，教学、管理与服务模式不适应需求等内涵建设问题。

立足电大系统的现状、问题与挑战，凝聚集体智慧，按照可行性、可操作性原则，该书提出五项建议：一是提高认识，完善政策法规，营造良好的市场环境。强调以立法形式明确开放大学的定位、作用，明确各级政府对开放大学的责任与职责，建立多元化的经费保障制度，营造公平竞争、规范有序的市场环境。二是加快推进电大系统向开放大学的转型升级。提出39所省级电大分期分批更名和集体更名两种方案，并建议培育、建设中国开放大学联盟。三是加大对基层电大的投入与支持力度，强调从教育部、地方政府、上级电大等多个层面给予地方电大相应的政策、经费和项目等支持，提升基层电大的办学能力与服务水平。四是强化国家开放大学体系建设，强调发挥国家开放大学在整个开放大学联盟中的龙头地位和引领作用，根据国家开放大学改革发展的需要，加强宏观管理与协调。五是将国家开放大学建设作为惠民工程，加大政策倾斜，扶持国家开放大学更好地提供优质教育服务，促进全民终身学习以及教育公平的实现。

【搭建终身学习立交桥:国际的发展和比较】

张伟远　段承贵　傅璇卿，中央广播电视大学出版社2014年版。

简介：该书详细介绍了最具代表性的新西兰、南非、澳大利亚、英国四个国家资历框架和学分互认系统。基于全球化视野，描述和分析了欧盟36个国家、东盟10个国家以及英联邦32个小国为促进人才跨国家、跨地区流动所做的积极探索，介绍了其他16个国家或地区终身学习立交桥灵活而富有弹性的突出特色，提示了国际视野下我国终身学习立交桥搭建面临的突出难题，提出了搭建终身学习立交桥、逐步建立和完善学分互认制度的有效途径。

该书介绍了不同国家及地区的实践成果，为促进我国各级各类教育纵向衔接、横向沟通提供了可借鉴的实施路径，也为终身教育的实践探索提供了思维引领。同时分析了国际视野下我国终身学习立交桥搭建面临的对过往学习的认可、学分转换与累积及教育体制改革等许多复杂而带有根本性的问题和难题，力图将教育培训资历问题与国际行业企业用人标准进行对接，提出建立和完善学分互认制度的对策性建议。

该书阐述了政府、教育机构、行业、企业等参与的多元运行机制，为学习成果认证、积累与转化奠定了基础，为我国教育体制的深化改革、行业企业用人机制的创新提供了切入点，破解了继续教育无序发展的难题，有利于促进优质教育资源的共享和教育公平的实现，符合国际终身教育发展的大趋势。

【远程与开放教育质量保证研究丛书：国际远程开放教育质量标准比较研究】

郭青春，中央广播电视大学出版社2014年版。

简介：探索开放大学建设模式的一项重要内容，是如何构建开放大学教学质量标准及质量保证体系。国家开放大学在建设试点过程中，着力研究、构建国家开放大学教学质量标准和质量保证体系，这不仅能够助力我国的开放大学建设，而且能够为世界各国开放大学的质量保证提供中国案例，丰富国际范本。

该书从国际范围选取了部分具有代表性的质量标准范例，介绍了英国高等教育质量保证署、欧洲远程教育大学联盟、亚洲开放大学协会、英联邦学习共同体四类国际组织所研制的质量标准的产生背景、具体内容，通过对上述四类质量标准框架及其标准内容的比较研究，力图准确把握远程教育质量要素及其标准内涵；对比分析了以上四种质量标准框架、具体的指标与标准内容；结合我国开放大学建设提出的思考与启示，以及构建开放大学质量标准框架与标准的建议，对构建我国开放大学科学完备的质量标准体系、切实推进我国开放大学建设具有重要意义。

【国际视野下的大规模开放与在线课程（MOOC）：全球高等教育改革新日程】

［挪］嘉德·泰斯托泰，杨志坚　杨永博译，中央广播电视大学出版社2014年版。

简介：该书从高等教育及终身学习的需求、资金、技术与技术成熟、开放教育及开放教育资源、学生等角度，分析了开放教育及其变革的动力和深度发展趋势；展示了美国、中国、法国以及非洲联盟和欧盟应对MOOC来袭在政策及其他宏观层面提出的具体行动计划；具体梳理了MOOC引发“海啸”的前因后果、世界范围内参与MOOC运动的高等教育机构、MOOC在相关国家及地区的发展概况；比较了在线教育与MOOC的异同，描述了最常见的cMOOC和xMOOC两大类型以及三大平台供应商——edX、Udacity和Coursera的运作情况，分析了MOOC的发展趋势以及学生、教师、高层管理人员面对MOOC的不同心态及其行动；重点剖析了开放教育、开放教育资源（OER）、开放课件（OCW）、开放课程、MOOC的发展轨迹以及北欧OER、挪威数字化学习平台等开放教育资源可资借鉴的可持续发展模式；2013年北京研讨会上关于MOOCs的相关思考；目前学术界有关MOOC的一些重要议题。该书还提供了知识共享—许可（Creative Commons，CC）的六种主要类型，有助于使用者合理使用和最大限度地共享相关的图书、图片、音乐、视频等形式的作品。

【远程教育中的专业课程体系开发】

冯晓英，国防工业出版社 2014 年版。

简介：该书详细介绍了专门针对远程教育领域、面向成人学习者的一套完整的课程体系开发方法——DECDA 开发模式。DECDA 开发模式基于能力为本的开发思想，通过分析专业所对应职业群的核心角色的职业发展阶段、不同角色在不同职业发展阶段的典型工作任务，同时结合对学习者的分析，来构建适合成人远程学习的专业课程体系。该书介绍了“能力为本”课程体系开发的方法、远程教育领域专业课程体系的开发理念，重点介绍了 DECDA 开发的完整流程、具体方法和案例。全书介绍了 DECDA 模式的提出背景，分析了专业课程体系开发的重要性，相关领域中已有开发模式及其优缺点，描述了 DECDA 模式针对远程高等教育领域的特点所采用的开发价值取向、开发理念、理论基础以及开发过程。探讨了课程体系开发项目启动前的准备工作，包括如何做出是否启动课程体系开发的决策，如何启动开发工作。着重讨论了专业课程体系开发的关键环节或要素：职业分析、学习者分析、实践能力需求分析、课程目标与内容规划、灵活的课程组织结构设计、评价与修订。该书为指导中国远程教育办学实践中的专业课程体系开发提供了重要参考。

【网络课程的建设与教学运行】

冯立国，中央广播电视大学出版社 2014 年版。

简介：该书在吸收远程教育理论的基础上，结合中国远程教育的实践，尤其是国家开放大学（是在中央广播电视大学和地方广播电视大学的基础上组建的新型大学）多年的工作经验，研究、总结成稿，旨在为远程教育机构（特别是远程学历教育机构）提供组织网络教学的借鉴材料，为网络教育教师设计开发网络课程、实施网上教学过程提供可实践操作的参考资料，为网上教学的管理人员提供网上教学管理的流程和质量保证及评价的策略方法，从而保证和提高课程网上教学质量。全书结合国家开放大学网络课程的案例，从工作实际出发，详细阐述了远程教育网络课程的设计、开发、教学实施和管理，具体包括网络课程概述、网络课程及教学整体设计、学习单元设计、网络课程开发、网上教学实施、网络课程的管理与评价六个方面。本着简要、实用的原则，该书将实践工作经验与相关理论研究结合到一起，对远程教育教师的网上教学、管理人员的网上教学管理、技术人员的课程开发进行指导和帮助，是远程教育教师、管理人员和技术人员开展课程建设和网上教学工作的指南。

【远程教育辅导教师教学指南】

匡贵秋 冯立国，中央广播电视大学出版社 2014 年版。

简介：该书借鉴了远程教育理论，分析了中国远程教育的实践，尤其是国家开放大学多年的工作经验，研究总结成稿，希望能帮助远程教育机构（特别是远程学历教育机构）规范辅导教师服务行为，指导辅导教师开展具体的课程教学工作，从而保证远程教育课程教学的服务质量，提高学生的满意度和社会对远程教育的认可度。全书结合了大量的开放大学远程教育辅导教师的工作实践和案例，从工作实际出发，结合中国远程教育的实际情况，详细阐述了远程教育辅导教师承担的职责和应具备的能力。从远程开放教育基本知识、辅导教师的职责、教学设计、面授辅导、网上教学、学生评价、实践教学（毕业论文指导）七个方面介绍了远程开放教育辅导教师的相关工作，对辅导教师的课程教学和服务进行指导和帮助，是远程教育辅导教师开展远程教学服务工作的指南。

【农村中小学现代远程教育环境下教师专业发展优秀案例】

洪文秋，中央广播电视大学出版社 2014 年版。

简介：该书是全国社科基金教育学国家一般课题“农村中小学现代远程教育环境下的教学应用模式和案例研究”的成果之一，书中遴选了 10 个有典型性的农远环境下教师专业发展的案例，记载了农远工程实施以来，广大农村教师践行应用、课题研究、理性探索的一个缩影。有的从纵向角度讲述自己初识农远、小试成功、遇到困惑、创新探索、取得成果、产生影响的成长故事；有的从横向层面总结了如何运用农远资源与学科教学相整合，形成新的教学模式，促进学科教学变革的经验和做法。有助于读者了解我国农村中小学现代远程教育工程给参与其中的广大教师和学生带来的巨大变化，可以作为未来农村教育信息化的典型范例，指导和推进农村远程教育环境下的教学应用及教师专业发展，从而引领农村信息技术的应用。

（郑勤华）

（八）教育管理学专业

【陶行知的教育管理思想与实践】

张新平　陈学军，上海教育出版社 2014 年版。

简介：以总论与分述相结合的方式，着重从“教育领导”“学校管理”和“领域教育管理”三个层面，阐述了陶行知的校长领导、道德领导、学校民主法治、学生自治、教学管理、经费管理、物资管理、乡村学校管理、师范教育管理等思想与实践。第一章整体性地介绍了陶行知教育管理思想的各种品性及其在教育实践中体现出的“教育共同体”和力行“道德领导”两条主线。第二章重温和探讨了陶行知特色鲜明的教育学意蕴浓郁的校长领导思想，以及在办学治校中体现的独具教育含义的校长领导之道。第三章介绍陶行知在长期的教育生涯与管理实践中形成的一套完备的道德领导说：尊师爱生，爱满天下；民主办学，提倡师生自由平等；以人为本，服务创新；坚持公德私德兼备，培养真善美人才；知行合一，以身示范。第四章聚焦在陶行知的学校民主、法治思想与实践。陶行知之所以要在其治校实践中贯彻民主与法治，是因为他想在真正的民主生活和民主组织中，培养能够参与未来民主政治的共和国公民。由此，他管理学校的立意也远远超出了维持校内的教学秩序和生活秩序，而更着眼于营造民主政治和法治环境，让儿童体会民主精髓、涵养民主精神，进而培育其参与民主政治的能力。第五章探讨了陶行知的学生自治思想与实践。他的学生自治思想不仅是他民主管理思想和平等学生观的反映，也是他生活教育理论体系的重要组成部分。第六章介绍了陶行知生活教育理论中的教学管理思想，包括民主自治的教学组织管理思想、“教学做合一”的教学过程管理思想、生活化的教学常规管理思想、着眼于“用”的教科书管理思想、物尽其用的教学设施设备管理思想等。第七章回顾和总结了陶行知在学校办学经费方面的经验，可对现代学校制度和学校领导者管理能力的提升带去启迪。第八章以育才学校为例，探讨陶行知的学校物资管理思想与实践。育才学校在固定资产的筹备、配制、保管、使用等方面作出了富有创造性的探索，对今天的学校可持续性发展具有重要参考价值。

从教育管理学的角度，重新识读和领会陶行知的教育思想，以此强调陶行知不仅是中国教育史上伟大的教育思想家，也是杰出的教育领导者和教育管理思想家。

在内容上，该书通过对教育领导、学校管理、乡村学校管理、师范教育管理等内容的讨论，展现了陶行知教育管理思想与实践所具有的大教育管理的特征。在性质上，该书通过深入分析陶行知的教育思想与其教育管理思想的高度渗透和融合，论证了陶行知教育管理思想与实践所坚持的教育学立场。此外，该书还认为，陶行知是知行合一的典范，他的教育管理思想与实践具有高度的统一性和互动性。他的思想是行动的思想，他的行动是思想的行动；他不仅力倡民主的和道德的学校管理，而且本身就是一个受人尊敬的民主的教育管理者和道德的教育领导者。所有这些，对于当下的教育管理研究与实践都有着重要的启迪。

【教育管理学(第5版)】

［美］托马斯　J. 瑟吉奥万尼等，黄崴等译，中国人民大学出版社2014年版。

简介：该书采用问题导向视角来探讨教育管理者会面临的问题，提出了学校“治理”这种新的思路。第1章和第2章主要考察美国学校的生存环境。需求、限制和选择一直决定着教育管理决策的特点。只是在不同的时代，需求、限制和选择的内容有所不同。作者把公平、效率、选择、卓越等这些永恒的公共价值，作为影响学校政策的主要因素进行历史和现实分析。尽管这些价值在不同的时代被赋予不同的意义，但这些价值本身具有持久性和稳定性。作者把这些价值置于正影响着管理实践的几种问题情境来考察：学校自治与政府控制；州立法知识对作为专业教学的影响；民主和专业权威之间的平衡；对不同变革理论的理解。第3章到第7章把读者带入作为一种专业和研究领域的教育管理学，为读者提供不同的视角审视教育管理学科的出现及教育管理学科的专业知识基础。同时这几章也为读者介绍了教育管理的实践层面。从理论到实践的视角，重点强调对教育管理理论和对教育管理实践洞察方法的理解。第8章到第10章主要考查学生、教师、校长、学监在当今学校中发挥的作用以及彼此的依存关系。特别关注的是校长和学监的作用从过去150年中是如何演进和改变的，如何影响学校、学校目标和学校效能。第11章到第14章向读者介绍了教育治理的结构和问题。这些章节讨论了地方学区、州、联邦影响教育的政策制定以及美国的广义学校政策制定结构。第15章到第17章基于法律和财政方面的考量来关注学校的运作。不仅探讨了最高法院和联邦体制标准及州层面的法律，也对其对公共学校管理产生的影响进行了评估，并把学校教育及学校财政等方面的平等、效率、选择及优质等公共价值置于法律背景下进行重新考察。

自初版以来，众多研究从文化的视角理解学校，在州的层面提供新的和丰富的见解用于研制更好的学校政策，在地方学区层面提供更多的有效管理实践。把学校作为学习、关怀、探究共同体日益受到关注，也有助于促进人们重新界定学校的组织和领导方式。第5版继续把所面临的困难，以及教育管理中出现的兴奋点载入其中，即把教育管理作为人们乐于献身的教学、学习、建立良好学校和创造良好社会的一种职业。

【现代教育管理学】

曾天山　褚宏启，教育科学出版社2014年版。

简介：教育管理学是研究教育管理过程及其规律的科学，研究在什么积极条件下，采用什么方法能够激发教育中的激励因素和改变制约因素，提高教育效率。该书是一部综合介绍教育行政和学校管理的教材，系统地介绍了教育管理中的组织结构、组织文化，教育行政管理的体制，学校财务和人力资源发展，学校的课程与教学工作，以及教育领域从业人员的专业成长问题。该书具有五个特点。第一，教育行政与学校管理相结合，努力反映教育管理的全貌，涉及教育体系、管理体制、政策法律、行政管理、学校管理、战略规划、课程教学管理、学生事务管理、科研管理、教师管理、干部管理、财务管理、信息管理、督导评估、管理现代化等方面，增强教育管理的整体性。第二，理论与实践相结合，引入如领导力、治理理论、管理模型、知识管理等管理新理论，及时反映教育管理实践的新鲜经验和创新案例，启发学生思考、分析和解答教育实际问题，增强教育管理的针对性。研究与学科相结合，以学科建设为基础，渗透研究成果，跟踪教育管理前沿，丰富学科知识，增强教育管理的学理性。问题与学术相结合，以教育改革发展中的现实问题为中心，以学术为主线，运用逻辑理性，思考和解决现实问题，推动学术创新，增强教育管理的实效性。第三，现实与未来相结合，以当代为中心，紧扣《国家中长期教育改革和发展规划纲要（2010—2020 年）》精神，回顾历史，谋划未来，展现现代教育管理的发展动态和基本趋势，增强教育管理的前瞻性。第四，教育内外相结合，以教育管理为主线，吸收公共管理理论，借鉴行政管理、公共管理、企业管理经验，强化理论基础和实践基础，使作为经验之学的教育管理建立在科学事实的基础上，增强教育管理的全局性。第五，国内外相结合，以中国为中心，立足中国实际，面向世界，站在中国看世界和站在世界看中国相结合，本土化和国际化相结合，为我所用，增强教育管理的国际性。第六，学与教相结合，以学习者为中心，展现知识逻辑和教学逻辑的高度统一，体现学科知识积累，体现教材特点，明确教学目标、区分层次、指引路径、增强教育管理的教学性。

【教育督导学:一种发展性视角(第六版)】

［美］卡尔·D. 格利克曼　乔维塔·M. 罗斯—戈登　斯蒂芬·P. 戈登，黄崴主译，中国人民大学出版社 2014 年版。

简介：该书自 1985 年出版后再版 5 次，在美国的研究生教材市场上一直占有较大的份额。该书将构造民主、宽松的学校治理环境这一理念贯穿全书，强调教育督导是合作性的，而非传统等级式的，重视督导行为的连续性并提供了四种人际关系督导方法和督导技能，比较了不同模式的师生互动、教师与教育督导者互动，为民主和良性的教育制度培养领导者提出了系统性的方案。

该书是对学校、教育和民主理想的新思考、新探索和实践总结。它倡导一种新的教育督导模式，即教育督导是合作的、诊断的、发展的，而非传统监督的、等级式的、终结性评价的。传统教育督导强调的是学校的服从和对教师的控制，而合作性教育督导强调的是促进学校发展和教师成长。成功的教育督导人员和学校领导者往往不常使用“督导”概念，而更多地将“指导”“合作”“团队”“诤友”“道德领导”等概念融入工作中。该书为从事教学、管理与研究的专家学者及教育学专业学生，提供了一种更广阔的研究视角。

【中小学校管理评价】

袁贵仁，人民教育出版社 2014 年版。

简介：《中小学校管理评价》由时任教育部部长的袁贵仁担任主编并作序，教育部督导办组织专家学者合作编写，并授权人民教育出版社独家出版。《中小学校管理评价》坚持立足现实，面向未来，致力于贯彻落实十八大和十八届三中全会精神，全面深化中小学校管理评价改革，大力推动中小学校治理体系和治理能力现代化，以培养德智体美全面发展的社会主义建设者和接班人。《中小学校管理评价》

以《国家中长期教育改革和发展规划纲要(2010—2020年)》为指导，提供了中小学办学与管理的重要方略、基本途径和案例，涉及中小学校教育教学和行政后勤等各个方面，旨在引导中小学进一步规范教育行为，更好地完成新时期所赋予的全面提高教育教学质量的任务。该书遵循学校办学的规律及学生成长和教师发展的规律，围绕走进学校“评什么”和“如何评”这两条线索，梳理出观察与评价学校的关键因素和要点，帮助评价者获得观察与评价学校的标准、方法和技术。

该书包括六章。第一章讨论了学校的治理结构。学校是社会大系统的组成部分，现代学校制度建设要求中小学既要规范自身办学行为，帮助社会形成正确的教育观念，也要拓宽视野、主动开放，为社区、家庭参与学校管理和监督创造条件，通过融入社区来服务社会。在这些方面，中小学面临诸多挑战：随着家长期望的不断提高、社会环境的快速变化，学校的基本办学行为有待规范和完善；在推进民主管理改革、创造教职工参与管理条件方面需要做新的探索；按照建设现代学校制度的要求，在支持家庭和社区有序参与、主动利用社会资源方面，要进一步加大实践探索和制度建设的力度。本章从依法办学、自主管理、民主监督、社会参与四方面对学校治理结构进行了探讨。第二章聚焦于学生管理。中小学教育的最终目标是学生的全面发展，为他们的终身发展奠定基础。学生管理的目标就是贯彻党的教育方针，全面落实国家提出的教育要求，切实保证下一代的健康成长和全面发展。学校在学生管理方面可以概括为四个方面：加强学生的品德教育，促进学生的体质健康发展，加强学生心理健康教育，加强学生学业状况管理。第三章包括课程管理和教学管理：课程管理包括课程规划、课程开发、课程实施和课程评价，教学管理包括教学常规管理、课堂教学改革、教育教学研究和教学质量评价。第四章结合国家重要法律法规和中小学实际，着重考察了教师职业道德、教师专业发展、教师绩效考核和教师权益保障。第五章主要对物力资源和财力资源管理的各个环节进行分析，包括教育资源的配置、教育资源的管理使用、教育资源的开发、教育经费的管理使用。最后一章讨论了学校安全管理的五个方面：学校安全管理的长效机制、规章制度、常规安全教育、学校常规安全管理和学生安全事故处理。

对广大教育行政干部、教育督导人员和中小学校长、教师而言，该书既是学校评价的工作指南，又是学校管理者进行自我约束、自我发展和自我评价的操作手册。

【中小学教师队伍质量建设研究】

管培俊　朱旭东，北京师范大学出版社2014年版。

简介：该书研究的总体思路是以提高教师队伍质量为核心，深入研究教师队伍质量的现状、问题及原因分析和对策建议；统筹城乡，特别关注农村教师队伍质量的提高；统筹教师队伍建设的各个方面，突出培养、培训及其相关政策等影响教师质量的关键环节；把专题研究和综合研究、总体研究和区域研究相结合。第一章从阶段比较和城乡比较的维度来展现我国教师队伍质量的现状。在阶段比较维度下，具体对中小学幼各阶段教师队伍的规模、教师队伍的年龄组成、教师队伍的学历水平以及教师队伍的职称状况进行考察，并总结归纳出各阶段教师队伍质量中存在的主要问题；同时，在城乡比较维度下，又从七个方面分别对城市教师队伍状况和农村教师队伍状况加以对比说明，包括：队伍规模、年龄结构、性别比例、职称结构、学历水平、工资待遇、工作压力。第二章对我国教师队伍质量现状进行了较为详细的描述与分析。在教师培养上，从教师培养的总体状况、培养目标、学科专业体系、培养课程、培养模式、培养机构等方面进行了整体而细致的分析。在教师培训上，发现目前教师培训的目标存在过于重视学历培训和知识传授，忽视能力培养；过于重视学科水平基础，脱离培训对象专业发展的实际等问题；在培训模式上存在不同培训模式未能形成合力、模式有待创新、形式单一等问题；在培训内容上存在课程不成体系、内容陈旧、与实际脱节等问题；在培训机构上存在机构层级化与不均衡、资质参差不齐等问题。在教师管理方面，从法律和政策层面、制度与标准层面、经费投入层面、学校内部管理层面探究教师队伍建设与教师管理的关系。第三章介绍了中小学教师队伍的国际比较研究。研究发现，系统来看，主要发达国家的教育改革在教师培养培训与相关管理上进行卓有成效的实践与创新，具体体现在：教师培养培训目标多样化而全面化，注重学术性、实践性和可操作性；教师培养培训趋于综合大学化，力图把教师作为专门职业使之得到加强；贯彻终生学习理念，整合教师的职前培养和在职培训，重视教师在专业发展各个阶段的素质的提高，并依托教师资格制度，对教师的学历和实际能力进行严格的要求；建立健全相关政策制度，积极采取有效的政策措施使学习型社会的终身学习理念得到有效的贯彻和落实；重视教师教育的法制化和制度化建设，全面加强教师教育全过程的监管，以切实保障教师队伍的质量；建构教师教育标准体系，建立健全教师专业标准、教师教育课程标准、教师教育机构资质标准和教师教育质量评估标准。第四章结合建设创新型国家、人力资源强国的时代背景，并借鉴世界上其他国家在教师教育政策上的举措，提出了提高我国教师队伍质量的建议：逐步构建开放化的教师队伍建设体系；完善教师教育标准体系，走教师专业化之路；建立规范的教师培训和进修机制；建立健全教师教育的财政投入机制；建立科学、合理的教师教育管理的质量保障体系。

【校长职级制改革的政策与实践——广东省中山市的探索】

刘传沛　褚宏启，北京师范大学出版社 2014 年版。

简介：《国家中长期教育改革和发展规划纲要（2010—2020 年）》明确要求“推行校长职级制”，教育部把上海市和广东省中山市作为校长职级制改革的试验区，该书是中山市试验成果的总结。校长职级制改革是综合性的校长人事管理制度改革，涉及校长任职资格、职级设定、职级评定与晋升、校长薪酬、校长培训等方面。从建设人力资源强国来看，校长队伍是实施科教兴国和人才强国战略的生力军，从振兴教育事业的角度看，校长是推进素质教育的关键人物。科学的校长管理制度具有激励与约束的双重功能，能够规范校长的领导与管理行为，促进校长专业发展。我国的校长管理制度改革走过了统一的人事管理制度、倒挂式管理制度、双轨制管理制度，正走向校长职级制的探索。该书第一章从国家宏观层面对我国校长职级制改革的背景、意义、进展进行了论述。第二章主要介绍中山市校长职级制的“二次改革”，即始于 2010 年的改革，并兼顾对四年改革的回顾与反思，更好呈现此次校长职级制改革的前因与后果、目标与过程、内容与经验，为他地提供富有指导性与操作性的经验。第三章主要讨论校长职级制设定与职级津贴。激励功能是决策者赋予校长职级制的重要使命。校长职级制的激励功能体现为，通过多元激励手段的运用对校长利益进行重新分配，规范校长的行为方式；通过提倡与奖励，调动校长工作积极性，鼓励其专业发展行为。校长职级制的激励功能主要依托职级阶梯、职级晋升和职级津贴等制度得以实现。第四章探讨了校长职级评定与年度考核。校长职级的评定是职级制实施的关键环节，职级评定指标体系的构建与评定程序的设计更是重中之重。在此基础上形成的校长年度考核评价方案，将校长职级制的理念渗透于对校长的常规评价之中，对校长的专业发展起着导向、激励作用。本章进一步介绍了中山市在这些方面进行的积极探索。第五章根据《中山市中小学校长聘任与交流办法》等文件，介绍了中山市校长选拔任用的资格、方式和程序；实行常规晋升、破格晋升和降低等级等职级动态调整制度；通过加强市级政府统筹力度，鼓励校长跨镇区交流，促进学校间的均衡发展等内容。最后一章聚焦于校长培训。校长职级制确定了校长专业发展的方向与路径，但只有不断改进校长培训工作，才能形成校长专业发展的长效支持机制。校长培训体系建设，关键是形成明确的培训目标，选择合理的培训内容，确定有效的培训模式，并从课程、组织、师资与经费等方面形成有力的保障。

【中国现代教育体系研究】

褚宏启，北京师范大学出版社 2014 年版。

简介：该书是在《国家中长期教育改革与发展规划纲要》子课题关于《中国现代教育体系建构研究》的专题研究报告基础上修改、完善而成。全书从现代教育体系的理论设计入手，在深入的理论分析和全面的国际比较基础上，立足我国现实，对在终身教育理念指导下，构建适应我国国情的现代教育体系进行了详细而深入的探讨。第一章首先介绍了教育体系的本质、构成要素，现代教育体系的特征，影响教育体系变革的因素等。第二章介绍了国外及我国的古代教育体系演进、现代教育体系演进，并进一步探讨了中国现代教育体系的建构。教育体系的演进呈现了教育发展的路径，从其演进过程可以看到教育是如何从等级性的、综合性的、割裂性的、封闭性的形式逐步向民主化、国家化、整体性、开放性的方向发展，从而最终建立起基本适应人性发展和社会需求的现代教育体系。第三章聚焦于建构现代基础教育体系。首先从理论角度对基础教育的性质、特征和基础教育体系的构成进行分析，然后介绍国外的学前、初等和中等教育体系基本情况，比较研究相关国家和地区基础教育体系构建的经验，再进一步研究我国基础教育体系的演进与现状，整体研判我国基础教育的层级结构、类型结构、课程结构等方面的现状，从政府层面积极探索建构层级合理、布局均衡、类别多样、课程体系完善、管理体制有效的现代基础教育体系。第四章讨论了现代职业教育体系的构建。目前在国家政策的引导和扶持下，各地初步建立起具有中国特色的现代职业教育体系，但仍有诸多问题需要解决。我国需要在终身教育思想引导下，以《国家教育标准分类(2011)》为参照，建构满足社会人员终生学习需求的开放、多元、融通、灵活的现代职业教育体系。第五章在充分研究发达国家高等教育体系的特点及其调整经验的基础上，分析我国高等教育体系的不足，并力图探索我国高等教育体系的改革路径。最后一章从继续教育体系入手，分析了继续教育的内涵、性质以及继续教育与成人教育的区别，并在此基础上阐明了继续教育体系的特征、标准及其组成、继而，详细描述了英国、美国、德国、澳大利亚等继续教育相对完善、具有较强借鉴意义的西方发达国家的继续教育体系，并深入讨论了国外继续教育的发展对我国开展继续教育的启示意义。最后分析了我国继续教育体系的历史与演进、现存的问题与原因，提出了建构我国现代继续教育体系的措施。

【资源分配公平视角下的教育管理】

罗泽意，湘潭大学出版社2014年版。

简介：该书一共分为十章，前两章主要讨论教育管理的基本概念、学科性质及教育管理与教育资源分配的内涵与关系。教育资源的分配公平主要涉及教育资源的分配对象、分配结构以及分配形式，而教育行政体制、教育行政主体安排、教育政策与法规、教育财政及学校管理中的组织管理、教师管理、学生管理等都与教育管理权力的分配结构、方式密切相关，并进一步影响教育资源分配。第三章在介绍了教育行政体制的类型、主体、结构、行政职能后，讨论了教育资源分配公平视角下的教育行政体制创新。第四章聚焦于教育行政组织，包括驾驭行政组织的机构设置、职权与运行、内部管理，以及教育行政组织的创新。第五章分析了教育政策与法规，包括教育政策与政策系统、教育政策过程、教育法与教育法体系，以及教育资源分配公平导向的教育政策与法规建设。第六章讨论了教育财政，包括教育财政体制、教育经费筹措、教育经费分配以及财政制度的完善。第七章至第九章主要是讨论和介绍学校管理的相关内容。第七章从社会系统中的学校组织、学校组织结构、学校组织规范以及资源分配公平导向下的学校组织建设来分析学校组织管理；第八章从教师在学校发展中的地位、教师薪酬与教师发展、教师人事管理与教师发展以及教师的管理与发展，讨论学校中的教师；第九章聚焦于学生管理与发展，涉及学生与学校发展、学生管理观念、学生管理组织与学生管理方法，以及学生管理队伍建设。第十章主要对教育资源分配公平视角下的教育管理进行一个归旨性的研究和讨论。教育资源分配视角下教育行政和学校管理都可以看到以人为本的身影。以人为本的教育管理价值观是教育资源分配公平视角下的教育管理的价值内核，渗透在教育资源分配公平视角下的教育管理的各个方面。该章对整个教育资源分配公平视角下的教育管理的思想内核做了基本的探讨。

【“利益博弈”中的变革力量：学校变革动力研究】

孙翠香，南开大学出版社2014年版。

简介：在一个动态、变化、充满挑战和机遇的社会里，变革已成为学校的一种生存常态。作为一种复杂的、动态的变革过程，学校变革的发生与维持必然起始于并受制于多种力量，学校变革动力即是指引起、推动或维持学校变革的某种力量或力量的集合。该书采用多种研究方法，对学校变革动力进行了系统的研究，对于丰富我国学校变革理论、指导学校变革实践具有一定的理论和实践价值。

学校变革的中心是“人”，学校变革的最终依归也是以“人”的变革为落脚点。基于此，该书提出“每个学校变革情境中的‘人’都是变革的动力”这一前提性假设。围绕这一假设进一步研究发现：学校变革动力是由多维动力构成的复杂动力系统，包括校长、教师、学生和政府等多维动力，多维学校变革动力之间存在着复杂、立体、动态的交互作用。首先，个体的认知、需要、目标、信念以及利益五个关键因素是分析每一维动力类型的基本分析框架。影响学校变革实践中“人”的行为的因素有哪些？明晰这一问题是研究学校变革力的前提和基础。研究发现，决定学校变革中“人”的行为的因素是复杂的，其中，具有“内在个人特质”特征的因素主要有个体的认知、需要、目标以及信念。除此之外，还有一个关键因素——利益。正是这些因素决定了个体在学校变革中的引领、参与、投入，抑或阻抗等行为，而这五个因素也作为该书分析每一维动力类型时的基本分析框架。其次，在分析每一维动力类型时，该书基本遵循如下的分析脉络：每一维动力（校长、教师、学生、政府）成为学校变革动力的学理分析、现状分析、条件分析、动力类型分析、限度分析以及变革利益分析。研究发现，每一主体都具有成为学校变革动力的逻辑可能性和必要性。该书认为，“利益”是决定校长、教师、学生以及政府成为学校变革动力的最根本的因素，不同主体之间的“利益冲突”成为钳制学校变革过程及绩效的“紧箍咒”，学校变革的发生与否及动力能否维持是不同主体之间“利益博弈”的结果，实现“利益共享”是激发、维持每一维学校变革动力的最佳选择。

最后，在对多维学校变革动力分析的基础上，该书提出了学校变革动力的激发和维持策略：第一，学校变革权“委托—代理”关系的再设计，是学校变革动力激发和维持的制度保障；第二，进行“利益补偿”，实现学校变革参与主体各方利益的“帕累托均衡”，是学校变革动力激发的关键。除上述两点之外，对于多维学校变革动力来说，该书聚焦于不同的激发和维持策略：对于校长而言，要真正促使其成为学校变革动力，有两点非常重要，即精神性因素——校长的愿景形成，实质性因素——校长的“联结”能力发展；对于教师而言，要使教师能引领、参与、投入学校变革实践，必须从根源上激发教师的学习意识，培养教师学习能力；对于学生而言，“以学生利益为中心”的变革政策再设计，以及学生变革能力发展是促使学生成为学校变革动力的重要策略；而对政府而言，政府的“权力让渡”与“内动力激发”是重要的策略选择。

（林美、张新平）

（九）课程与教学论专业

【现代学习与教学论：性质、关系和研究】（第1、2、3卷）

黄显华　霍秉坤　徐慧璇，人民教育出版社2014年版。

简介：该书是一部系统研究现代学习与教学理论的学术专著，全面、透彻地论述了国内外学习与教学理论研究的现状、问题及路向。视野广阔，架构恢宏，内容丰富。该书以实证研究为基础，致力于弥补理论与实践的间隙，融综合的学术与应用的学术之特点，从教师可以理解和应用的概念出发，来说明学习和教学的性质，所探讨的概念可运用于实际教学过程的不同阶段。从内容来看，该书提炼并解读了学习与教学领域最重要的核心概念，共分为四编二十八章：第一编从多个不同角度阐释了学习的性质；第二编探究了教学的性质和教师的作用；第三编分析了教学、评估、课程和学习之间的关系；第四编为总结。

该书具有以下鲜明特色[①]：

（1）学术性与应用性兼具

该书拥有海量的参考文献且绝大多数都来自英文学报，具有很高的学术借鉴价值，丰富了对学习与教学及其相互关系还有与之相关的其他议题的理论认识，为协助改进学生学习和教师教学实践提供了重要参考。该书呈现给读者的

① 王振华：《〈现代学习与教学论：性质、关系和研究〉一书的评介》，《课程·教材·教法》2015年第1期。

不仅是研究结果，更是研究框架、方法与过程的呈现，并且每一章的研究都是从问题出发，致力于厘清问题、分析问题，进而基于实证研究提出解决问题的建议，学术理性贯彻如一。以该书作者执教的课程为例用该书中之概念分析其课程大纲和每一节的教学方案，呈现教师如何将有关课程的知识转化为学生的学习历程。该书从教师可以理解和应用的概念出发来开展研究，亦凸显了它的应用取向。

（2）原创性与引领性同行

该书全面地考察了中外学习和教学理论与实践中重大关切的议题，并进行了详尽的分析与归纳。通过研究“学习概念”和“教学概念”之间的关系，来说明“理解”这一概念和其他学习概念、教学概念和教师间的关系最为密切。这一研究思路和方式的原创性使该书中各个概念间的关系清晰且易于领会。该书与《国家中长期教育改革和发展规划纲要（2010—2020年）》相呼应，深入地分析与研究了“创新人才培养需注重学思结合，倡导启发式、探究式、讨论式、参与式教学，帮助学生学会学习”等议题，引领学术研究关注现实需要。

（3）创新性与前瞻性叠合

该书用了大量篇幅来分别说明“学习”和“教学”的性质包括教师的作用，提供了一个“学习与教学”已有研究全景式的再现。聚焦学习和教学之间的关系来探讨教学问题，是对教学研究的重大突破。同时，该书着重强调教育改革和课程改革的核心问题是“改变对学习的观念”。该书着意回答了：学习是什么？学习是如何发生的？如何理解学习、教学、评估之间的关系？如何设计与实施恰当的教学和评估以促进学生学习？该书秉持的理念和研究发现具有鲜明的前瞻性，为制定教育改革和发展战略提供了重要的依据。这对未来的教育工作变革都极具启示意义。

【新课程教学设计原理与方法】

李松林　巴登尼玛，人民教育出版社2014年版。

简介：该书根据《国家中长期教育改革和发展规划纲要（2010—2020年）》关于加强教师职业道德建设的精神，力图揭示教学过程中学生学习与发展的机制，探寻新课程教学设计的基本原理与方法；全面深入地论述了新课程之新，重新抓住“学科与知识”“智力与能力”“活动与发展”三个重要问题。确立了新课程教学设计的框架、思路和技术；试图努力突破“观念与行为”的两极思维方式，沿着“道”（哲理与观念）、“学”（规律与原理）和“技”（技术与方法）三个层面渐次展开对新课程教学设计的讨论，兼具思想性、针对性和实用性；该书不仅贴近中小学教师课堂教学设计的实际，同时兼顾各类读者群的阅读需求，可以作为师范院校的教材和中小学教师的培训用书，也可供教育行政人员、教育研究工作者、教育专业研究生参考。

从书的主要内容来看，全书可以分为上中下三篇。上篇关于新课程之“新”在何处，主要从如下几个方面进行论述：一是思维方式之新即平衡协调的思维方式。主要体现在物本与人本、选择与中庸、过程与结果的统一。二是三维一体的课程目标（课程目标之新）。该部分从基础教育课程教学的突出问题入手，引出新课程改革的基本目标的必要性，进一步论证了新课程的三维目标创新性。三是多元综合的课程内容（课程内容之新）。作者从课程资源的拓展、课程内容的更新、课程结构的优化对其进行了论述。四是强调过程的课程实施（课程实施之新）。主要体现在课程与教学的整合、教学认识的突破、学习方式的转变。五是基于发展的课程评价

（课程评价之新）。主要体现在促进发展的评价理念、多元综合的评价系统、丰富多样的评价方式。

中篇主要论述了新课程下教学设计问题，主要探讨了如下几个问题：首先，从对学科结构和知识的性质的理解出发来探讨教学设计问题。具体主要体现在学科的三重结构、知识的二重性质、基于知识二重性的教学设计、基于学科思想方法的整合性教学、基于学科核心问题的探究性教学、基于引案的表现性教学这几个方面。其次，通过探讨智力和能力的性质、智力与能力的关系来解释教学目的即为何而教的问题，提出为创造力而教、为学习能力而教、为智力而教、为实践能力而教。接着，探讨了教学活动与学生发展的关系，通过解释教学活动的发展任务和学生发展的活动机制来总结活动与发展的基本规律。最后，讨论了学习的本质、性质、类型、过程、机制和教学的原理。

下篇主要讨论新课程教学设计的框架与方法问题。主要集中在教学目标的分析与确定、教学内容的理解与处理、教学内容的人文内涵、教学情境的分析与创设、教学活动的分析与设计、教学策略的选择与运用、教学成果的诊断与评估这几个方面的论证。

最后对“如何突破教学改革向纵深推进的瓶颈”问题提出了建议。

【混沌、复杂性、课程与文化：一场对话】

［美］小威廉·E. 多尔　M. 杰恩·弗利纳　唐娜·楚伊特　约翰·圣·朱利恩，余洁译，教育科学出版社 2014 年版。

简介：从该书研究的背景来看，百年以来，教育不断“科学化”的过程一定程度上也是被日益“简单化”的过程：相信教育中存在亘古不变、普世有效的“客观规律”，一经掌握即可随心所欲地控制教育，一如驾驭动物或控制机器。教育日趋“简单化”的过程即是教育被技术理性不断扭曲和异化的过程。教育的整体性、丰富性、艺术性、人文性不见了，因而日渐机械、僵化、苍白而贫困。让教育理论和实践告别“简单化”，恢复其原有的“复杂性精神”和“连续性精神”，这是教育重生的希望。“混沌学与复杂理论不仅是一种新兴的科学理论，更为教育界提供了一种与众不同的看待教育问题的新视角。作为出现于 20 世纪二三十年代的所谓新科学中的两个分支，混沌学与复杂理论对于中国的教育界还是两个比较陌生的新名词”①。

从书的主要内容来看，这本书的结构为持续对话的叠代模式。第一叠检视了方法的历史潮流（多尔）、逻辑（圣·朱利恩）和诗性与创造性之间的对话（楚伊特）。第二叠对新科学的混沌与复杂理论进行了探究。在课程领战（戴维斯卡史密瑟曼）中，混沌与复杂理论历史性（斯坦利）地通过对话（卡恩）改变了对话与文化的愿景，动摇了观察世界与自我及两者间互动的传统方式，而不仅仅为我们提供了新的隐喻。第三叠则把复杂动态学引入社会领域，并把对话继续进行下去，“交叉性”关系（肖特）与核心矛盾（罗尹）强调了交流作为社会动态学的重要性。在课堂上，这些意义系统通过传统文本领域中的语言游戏及动态而得到彰显（里德）。社会系统理论（拉斯马森）使我们可以把意义系统视为复杂的对话，而这种复杂性却为建构主义理论家所忽略。第四叠同时拥抱了回归性认识论（雷诺兹）中的诗性与创造性、美学（王红字）与文化（朱伊特），在这一叠中，混沌数学的隐喻、分形几何学与生态学系统

① ［美］小威廉·多尔、M. 杰恩·弗利纳、康娜·梦伊特、约翰·圣·朱利恩主编：《混沌、复杂性、课程与文化：一场对话》，余洁译，教育科学出版社 2014 年版，第 6 页。

论这些模式相互联系，与该书的其余对话相应和，形成一种回归性与自相似性。为了形成集中的对话，该书的编辑在这些不同的章节中穿插入自己对这些文本的评论与见解，他们不想进行“编辑”，而是希望能够邀请读者与文本进行对话，混沌、复杂性、课程与文本性从而能在这些展开的回归性生活中交织起来。①

【课堂传授的逻辑】

顾云虎，北京师范大学出版社 2014 年版。

简介：该书集中围绕课堂传授问题展开历史与理论的分析，分析了课堂传授的内在逻辑结构，探讨了课堂传授的目标、层次、途径及方法的适切性，并从审美与伦理的角度重新分析了课堂教学的逻辑建构。

从书的主要内容来看，导言集中地重提课堂传授问题的必要性与教学论意义，主要介绍了传统课堂教学改造的问题、问题阐释与研究方法、全书的思路和结构。

正文有八章。第一、二章首先是在导言的基础上关于课堂传授的历史考察与现状述评，属于文献综述的性质，主要选择介绍三个代表性经典作家对课堂传授的教学论依据的探索以及课堂传授基本内涵的演变。第一章主要涉及历史考察与现状述评，包括经典作家对课堂传授的教学论依据的探索、课堂传授基本内涵的演变、历史的启发。第二章主要讲述了作为常规教学的课堂传授和问题，包括什么是常规教学、作为常规教学的课堂传授、课堂传授的问题：僵化和灌输。第三、四、五章是从逻辑和经验的角度，论述课堂传授的内部结构、内在适应力、实现的维度三个问题。第三章主要阐述课堂传授的逻辑结构，主要包括课堂传授的形式因素（知识、教授、主体）、课堂传授的过程机制（意义、领会、教化）、僵化灌输原发的结构性原因与反僵化反灌输的准备。第四章主要探讨课堂传授的内在适应力：层次，包括课堂传授层次的存在、课堂传授层次的建构：分层、层次蕴含的反僵化反灌输之理论可能性：因层施教。第五章主要讲了课堂传授实现的两个维度：讲授维度、对话维度。第六章是论述教学目标在课堂传授中的运用策略，揭示目标的教学真相是合适性及其包括的问题。第七章教材使用的两类问题和解决，主要论述教教材和用教材教两种教材使用模式各自的依据和问题。第八章课堂传授的审美与伦理问题，指出反僵化、灌输的另两种力量来源——教学美和教学伦理。

【小学数学互动式教学】

张春莉，北京师范大学出版社 2014 年版。

简介：该书是全国教育科学“十一五”规划教育部重点课题（GOA107005）《读懂中小学数学学习过程的方法研究》课题成果（由“胡梦玉基金会”资助）。

互动式教学是一种教学模式，或者说是一种课堂教学的方法，它是随课程教学的改革创新而产生并得到推崇的，它与案例教学、项目教学、情景模拟教学等创新型教学形式相似，其创新思维的本原目标是要改变传统的课堂教学模式，改变只注重基本理论的讲解和推演，将教与学的关系由单向传授和接受关系向双向交流互动的关系转化。从这个意义上说，案例教学、项目教学、情景模拟教学等是教学形式的创新，而互动式教学则是教学方法的创新。该书在互动式教学的大背景下，对数学学科能力发展进行探讨，是教育管理和教育

① ［美］小威廉·多尔、M. 杰恩·弗利纳、康娜·梦伊特、约翰·圣·朱利恩主编：《混沌、复杂性、课程与文化：一场对话》，余洁译，教育科学出版社 2014 年版，第 29 页。

的一种创新。该书适合作为教师培训用书。

从全书的内容来看，该书第一章探讨什么是互动式教学；第二章主要讨论了互动式教学情境的创设问题；第三章主要论述了互动式教学的目标即预设与生成；第四章数学综合实践活动的相关问题；第五章主要讨论互动式教学的评价问题即基于数学能力的课堂教学评价。通过案例及分析、话题讨论、拓展阅读、行动与反思这几个环节来进行论述。

【课程变革实施过程的研究:学校组织的视角】

夏雪梅，上海教育出版社 2014 年版。

简介：从成书的背景来看，该研究的问题源于各国大规模的课程改革中一种非常普遍的现象：课程变革的意图与实施之间往往存在巨大的距离。在近年来全球波澜起伏的课程改革中，这一现象变得越来越明显与普遍。很长一段时间以来，课程变革实施的问题在我国很少有人论及。该书主要关注如下三个关键问题：（1）我国的学校有怎样的组织体系？（2）我国的学校组织如何实施自上而下的课程变革？（3）课程变革与学校组织在实施过程中怎样相互作用？

从成书的目的来看，该书旨在联结宏观的国家课程变革与微观的学校变革，从学校这一变革实际发生的场所，自下而上地研究课程变革的实施过程。该研究的目的主要在于联系宏观的课程变革与微观的学校实践，理解课程变革与学校变革之间互动的过程，并促进学校教育体系的改进。具体来说体现在：联结宏观的国家课程变革和微观的学校变革、弥补课程变革实施知识基础的不足、剖析当代中国学校的组织状态。

从书的内容来看，提出了我国学校运作和课程变革的层级模型，考察了学校的组织、制度、管理、技术四个层面的变革实施过程，打破理论的疆界，弥补了课程变革实践知识的不足。全书共八章，讨论了如何从组织的视角看待课程变革的实施过程、学校组织的分析模型、组织域实施变革的过程等问题，具有一定的学术价值。

从该书的意义和价值来看，分析当代我国学校的组织状态，有助于学校的深刻自省，而在我国组织的框架下分析课程变革实施的策略，将有助于厘清我国学校课程变革的方法论，促进学校的自我发展，为政策制定者和研究者对课程变革过程实施干预提供研究基础。

【“六要素”教学的理论与实践】

王定铜，北京师范大学出版社 2014 年版。

简介：该书属于全国教育科学“十二五”规划课题研究成果（FHB120474）。该书介绍了“六要素”教学的内容，并列举了相关案例，具体包括：“六要素”教学概述、学科教学思维方式、学科教学行为方式、学科“六要素”教学案例分析等。该书分三部分：（1）从理论上介绍什么是“六要素”教学；（2）从学科教学的角度，对中小学语文、数学、英语等 20 个学科如何开展六要素教学进行具体论述；（3）以案例的形式，具体说明如何在学科教学中开展六要素教学。

从全书的主要内容来看，第一章主要是“六要素”教学概述，主要包括教学思维方式、教学行为方式；第二章主要介绍了学科教学思维方式，包括中学语文学科教学思维方式，作者分析了中学数学、中学英语、中学政治、中学历史、中学地理、中学物理、中学化学、中学生物、小学语文、小学数学、小学英语、小学品德、小学科学、中小学体育、中小学音乐、中小学美术、中小学信息技术学科教学思维方式。第四章主要介绍了学科“六要素”教学案例。

【基于标准的课程纲要和教案】

崔允漷　周文胜　周文叶，华东师范大学出版社 2014 年版。

简介：作者认为，教师是专业人员，专业性体现在哪里？除了精熟的教学技术或艺术，还有更重要的是设计与评价两个领域。一个完整的专业活动需要经历设计、实施与评价的过程，建筑如此，治疗也是如此。就国家课程而言，有了课程标准之后，教师的专业活动方案是怎样的？以前写的教学进度表与教案是不是专业的？基于标准的课程纲要与教学方案为什么比原先的设计更专业？国家课程如何校本化？教师如何开展基于课程标准的教学？有哪些具体的路径？等等。一系列问题都等待我们去探索、去实现。否则，新课程的“两张皮”问题是无法解决的。基于标准的“课程纲要”和“教案”就是国家课程校本化实施、教师开展基于课程标准的教学的专业活动方案。“课程纲要”是以提纲的形式一致性地呈现一门课程的目标、内容、实施和评价这四个基本要素。它有利于教师形成学科观或课程意识，思考从“一节课”走向“一门课程”；有利于教师审视满足某门课程实施的所有条件；有利于学生明确某门课程的全貌或相关政策；有利于学校开展课程纲要的审议与质量管理。基于标准的教案提倡老师们进行逆向设计，即根据课标，结合教材和学情等要素确定目标之后，先来设计评价任务，再来设计教学活动。这样的设计，首先关注的是目标，而不是教材内容；更关注内容、方法与目标的一致性，而不是方法的新奇与否；更关注学生有无明白，而不是教师到底要告诉学生多少内容；更关注基于目标的学生表现的提升，而不是练习的多寡。①

该书第一部分是基于标准的课程教学方案评议要点。学科样例为义务教育阶段。第二部分主要讲述的学科样例是普通高中。基于标准的“课程纲要”和“教案”就是国家课程校本化实施、教师开展基于课程标准的教学的专业活动方案。

（黄华）

（十）教师教育专业

【现代中国社会中的乡村教育：浙江省嘉兴地区乡村小学教师研究】

丰箫，上海大学出版社 2014 年版。

简介：该书以 1949—1959 年浙江省嘉兴地区乡村小学教师为中心，分析乡村小学教育得到社会认同和价值实现的方式及存在的问题，进而认识小学教育发展的特征以及存在的问题。该书分别探讨国家建设与乡村教育、乡村建设与乡村小学、乡村建设与乡村教师、乡村社会生活与乡村教师、国家理念与教师价值五大主题，通过详尽的资料和深入的分析来解构国家建设、乡村建设与乡村教育的关系，尤其关注乡村社会结构和社会发展与乡村教师的相互作用。

【中小学教师队伍质量建设研究】

管培俊　朱旭东　宋永刚　宋萑，北京师范大学出版社 2014 年版。

简介：该书研究的总体思路是以提高教师队伍质量为核心，深入研究教师队伍质量的现状、问题及原因分析和对策建议；统筹城乡，特别关注农村教师队伍质量的提高；统筹教师队伍建设的各个方面，突出培养、培训及其相关政策等影响教师质量的关键环节；把专题研究和综合研究、

① 崔允漷、周文胜、周文叶主编：《基于标准的课程纲要和教案》（*Standards - Based Course Outline and Lesson Plan*），华东师范大学出版社 2014 年版，第 2 页。

总体研究和区域研究相结合。最终在子课题研究基础上提炼出具有实践性和创新性的政策建议。该书及其子项目以实地调查研究为主要研究方法，并结合文献研究、二次分析、案例研究、比较研究等多种研究手段，从而以事实为依据，以数据为基础，来保障研究既具基础性、战略性、前瞻性，又具有针对性、实用性和可操作性。

【教师知识分子角色研究】

吕红日著，吴刚平编，北京师范大学出版社 2014 年版。

简介：该书将教师“知识分子”角色分为专业性和公共性两个维度，它们不是二元对立、非此即彼的关系，并认为两者统合才能保持“知识分子”角色内涵的完整，背弃或弱化其中任何方面都会使教师角色陷入困境。该书以专业性和公共性为视角，通过构建教师“知识分子”角色“双椎模型”分析框架，认为教师“知识分子”角色是以“反思性实践者”为基面构成的相互转化的角色群。并由此提出当前需要重点关注教师“知识分子”角色中具有公共性质的教师人文关怀、教师启蒙和教师批判，围绕教材、学生、环境等课程要素重建教师“知识分子”形象，并提出了相应的教师教育建议。该书特色在于：（1）立足课程实践，着力解决课改难题；（2）研究有所突破，建立角色分析模型；（3）基于课堂教学，聚焦中小学教师。基于现代公共领域理论和儒家文化传统以及现实国情，教师“知识分子”角色转化的基本策略可分为外部条件与内原动力。建立宽容的课堂教学环境，变革教师教育的培养范式，分层次分重点地进行转换是行之有效的办法。

【教师身份认同研究】

李茂森，北京师范大学出版社 2014 年版。

简介：该书将作为“教师”的人和作为“人”的教师有机统一起来，促使教师成为自觉、能动的变革行动者，在建构身份认同的过程中实现积极真实的教师自我。从制度、他者和本体三个向度来展开。其中，在制度与教师个人互动的框架中，主要探讨了宏观/外在的制度与微观/内在的制度是如何作用于教师自我的问题；从他者的视阈出发，主要探讨了在人际互动的情境中教师对自己身份是如何认同、协商与建构的问题；从本体价值实现的角度来看，主要探讨了基于教师鲜活的生活经验来诠释和提升教师生命意义的问题。

【教师蝶化发展论:基于文化身份的考量】

伍叶琴，教育科学出版社 2014 年版。

简介：当前，教师教育及其研究已被推至我国教育改革和发展的前沿，迫切需要发展新的理论来支持。该书主动承担起这一职责，将教师发展根植于成人学习视域中，大胆而富有想象地提出了教师蝶化发展理论。该书在对教师蝶化式发展、质变学习、文化身份等核心概念梳理的基础上，把教师发展问题置于后殖民理论的视野中，在幸福哲学和生命发展的“聚光灯”下进行了审视。该书对传统的教师发展观、教师学习观以及教师教育方式进行了逻辑清理，用不同的方法加以透析，提出了用后殖民的思维看待教师的文化身份、用成人质变学习完善教师教育、用教师蝶化式发展代替专业发展等一系列观点。

【教师专业标准的国际经验】

熊建辉，北京师范大学出版社 2014 年版。

简介：以教师专业道德、专业知识和专业技能为核心内容的教师专业标准，是确立和提升教师专业地位的重要前提，是评价教师教学质量的必要依据，也是建立教师教育标准体系的核心内容。建立客观、科学的教师专业标准是教学成为一门专业的基本标志。因此，教师专业标准的研究与开发自20世纪80年代以来备受国际社会的广泛关注，成为近30年来世界教师教育改革与教师专业发展的热点。该书主要介绍了来自美国、英国、澳大利亚、越南、菲律宾等国的教师专业标准。

【城乡教育一体化视域下农村新教师入职培养研究】

徐莉莉，浙江大学出版社2014年版。

简介：该书基于城乡教育一体化发展背景和视角，充分吸收和运用教育公平、教育均衡发展、教师专业发展等基本理论，在对城乡教育、学校、教师可持续发展等一系列问题进行综合分析的基础上，探索构建了城乡互动、开放、交融培养的农村新教师入职培养新模式。

【教师教育改革政策的国际比较研究】

谌启标，法律出版社2014年版。

简介：21世纪以来，我国在教师教育领域进行了一系列改革，凸显了国家对于教师教育的高度重视。教师是课程改革的主力军，教师质量是基础教育走向卓越的关键因素，教师教育政策是决定教师教育质量的重要保障。因此，进一步实践并完善教师教育改革政策具有重要意义，而教师教育模式改革政策、教师教育标准改革政策、教师绩效评价改革政策是教师教育改革政策的重要组成部分。

该书针对教师教育改革政策中存在的问题，将教师教育改革政策作为一个独立、完整的体系加以研究。从国际视角出发，选取典型国家作为比较研究对象，运用比较研究的方法，探讨教师教育改革政策的共性与个性，展望国际教师教育改革政策走向，以期为本国教师教育改革政策提供有效的借鉴和启示。

【中国现代教师教育体系构建研究】

朱旭东　宋萑　李琼，北京师范大学出版社2014年版。

简介：该书系教育部普通高校人文社会科学重点研究基地北京师范大学教师教育研究中心承担的，教育部教师工作司委托的《构建我国现代教师教育体系研究》成果。通过理论探索、国际比较、历史研究和现状调查研究，多方位探讨了现代教师教育体系建设的理论和实践，提出了建构我国现代教师教育体系的方向与路径。《中国现代教师教育体系构建研究》内容细分为：第一章现代教师教育体系的理论研究；第二章现代教师教育体系的历史研究；第三章现代教师教育体系的国际比较研究；第四章现代教师教育体系的现状调查研究；第五章构建中国现代教师教育体系的对策研究；第六章结语。

【教师的哲学】

［英］尼格尔·塔布斯，王红艳　杨帆　沈文　觉舫　王世旭译，山东教育出版社2014年版。

简介：该书从哲学角度对教师角色进行研究，并从各种哲学的、社会的、宗教的和政治的视角入手审视教师职业，以及教师在其工作中经常遭遇的矛盾经历，为探寻身处理论与实践之间困顿关系之中的教师的角色意义提供了深刻的哲学分析。该书论点均建基于教师的日常经历，讨论素材亦均围绕教师经历审慎组织，可为未来教师和在职教师提供一种探索和理解其工作本质意义的哲学路径，亦为旨在发展学术研究的教育理论和教育哲学学者以及欧陆哲学社会理论学者提供了深入的哲学洞察。

（叶菊艳）

（十一）教育经济学专业

【经济变革与教育发展——教育资源配置研究】（当代中国教育学家文库）

王善迈，北京师范大学出版社2014年版。

简介：该书分为上下篇，主要收录了社会主义市场经济条件下的教育资源配置方式、关于教育产业化的讨论、教育投资在国民经济中合理比例的客观标志、教育投资必须保证受教育者生均教育投资逐步增长、我国教育投资在国民经济中比例的历史分析、50个国家三级教育投资结构变动分析、我国教育经费面临的问题和对策、中国高等教育经费在学校内部的分配、中国基础教育发展的不平衡和资源配置、义务教育中择校寻租主体的行为分析等内容。

【2014中国劳动力市场发展报告:迈向高收入国家进程中的工作时间】

赖德胜　孟大虎　李长安　王琦，北京师范大学出版社2014年版。

简介：该书主要内容分为三篇：第一篇我国劳动者工作时间与政策选择，第二篇典型群体工作时间问题研究，第三篇工作时间专题研究。内容包括：第一章经济发展与劳动者工作时间的国际经验，第二章我国劳动者工作时间特征，第三章实现体面工作时间的政策选择，第四章北京市CBD知识员工过劳状况调查研究，第五章青年白领加班现象研究：以北京市为例，第六章新生代农民工工作时间及其影响因素，第七章建筑和房地产业管理者加班情况调查，第八章大学教师工作时间影响因素的实证研究，第九章工作时间与收入水平，第十章过度劳动与意外自然死亡，第十一章城市对劳动时间价值的溢价影响：理论及中国的经验，第十二章基于时间配置理论的我国居民无酬劳动影响因素及价值分析，第十三章过度劳动的国际比较。

（杜育红、杜屏）

（十二）学前教育学专业

【学前一年教育纳入义务教育的条件保障研究】

刘焱，北京师范大学出版社2014年版。

简介：该书以学前一年教育纳入义务教育的条件保障研究课题组的调研数据为依据，从我国学前一年教育的现状和问题出发，系统地分析了在我国东、中、西部地区把学前一年教育纳入义务教育的可行性（包括现有条件、困难与挑战、需要进行的改革和体制创新、切实可行的对策等）和所需条件保障（包括经费、课程、师资、办学条件等）。其中，经费问题是把学前一年教育纳入义务教育的根本条件。生均成本是测算经费投入规模的基本单位。该书以学前一年教育的生均成本为核心概念，着重探讨和研究学前一年生均成本的构成及相关影响因素，建构预测学前一年教育生均成本和投入规模的理论和数学模型。该书是目前国内较为系统地论述学前一年教育的专著，分为五个部分。第一部分论述了学前一年教育的性质、意义和质量现状。学前一年教育作为入学准备阶段，对于巩固中小学阶段的教育成果、缩小不同阶层儿童发展的差距并促进教育公平具有重要意义。而该课题组的研究发现目前我国学前一年教育质量总体质量水平偏低，城乡差异显著。第二部分从经费投入、师资配置、课程与教学、管理体制等方面分析了学前一年教育纳入义务教育的条件保障。第三部分阐述了特殊地区和人群（农村地区、少数民族地区以及流动儿童）学前一年教育纳入义务教育的条件保障。第四部分的研究对浙江省安吉县、山东省广饶县、内蒙古自治区扎鲁特旗和河南省开封县进行了实地调研，论述了以县为主将学前一年教育纳入义务教育的可行性。第五部分总结了该课题的主要研究结论，普及学前一年教育应以质量为前提，义务教育化是保障学前一年教育质量的条件，并提出将学前一年教育纳入义务教育的条件保障的政策建议。

【中国乡村学前教育发展研究】

宋农村，人民出版社2014年版。

简介：乡村学前教育主要是指县镇以下服务于自然村的幼儿园或办园点为学龄前儿童提供的教育。乡村学前教育在国民教育体系中居重要地位，其健康发展对我国教育战略目标的实现具有举足轻重的作用。目前，乡村学前教育仍是当前基础教育发展"短板"中的"短板"，尤其在经济欠发达地区表现突出。促进乡村学前教育发展，县级政府负有主要责任，乡镇、街道（村）也负有不可推卸的责任。该书以国家实施学前教育三年行动计划为时代背景，以科学发展观为指导，以乡村学前教育发展问题为主线，从政府治理的视角、教育比较的视角，综合运用学前教育的各种理论，借助历史分析、问卷调查、个案分析、专家咨询、无结构访谈等方法，对当前乡村学前教育的现状及成因进行了全面的调查和分析，并在此基础上就乡村学前教育的投入机制、管理体制、监管体系、师资建设、课程改革等提出了一系列可行性建议。该书的出版对该领域有很强的指导意义。

【幼儿园玩教具:配备、设计制作与应用】

郭力平　谢萌，中国轻工业出版社2014年版。

简介：我国是玩教具生产大国，但我国一亿多学龄前儿童能够享有的适合其个性化发展、支持其快乐游戏的玩教具很少，尤其是凝聚中国本土创意与思想的玩教具相对匮乏。基于这一现实，该书作者精心撰写了这部充满本土创意与智慧的、以幼儿发展为本的、致力于研究幼儿园玩教具创新设计与有效应用的著作。

书中全面系统地介绍了幼儿园玩教具的配备、设计制作、投放和使用，以大量实例来帮助读者理解和掌握相关知识。它是一部可读性和实践指导性俱佳的著作。

该书既可以作为幼儿园管理人员及教师深入了解玩教具设计与应用的指导书，也可以作为玩教具设计专业、学前教育专业师生的教学参考书。

【混龄日记中的教育启示】

徐刚　华爱华，华东师范大学出版社2014年版。

简介：该书以上海的一所民办幼儿园中混龄教育日常生活点滴记录为素材，经过教育专家的分析和剖析，揭示幼儿发展的特点及教师教育的重点，这本书的读者对象是从事幼儿教育的工作人员，通过阅读这本书，可以了解教师如何才能关注到每个儿童，并充分给予每一个儿童发展的机会和空间。

该书共有两册，册1《混龄日记中的教育启示》收录了18篇精选混龄日记，日记后不仅附上带班教师对事件发生前因后果的补充叙述以及自己的感悟思考，还有华东师范大学学前系华爱华教授对此篇日记所做的深度解读，将蕴含在现象之后的教育原理进行解读，这样可以加深理解、快速领悟并付诸实践。册2《我的教育笔记》收录了"走进混龄家庭""走进混龄教育""混龄环境中的成长"三个单元共计72篇日记，身临其境，一窥混龄真貌，也设计了空白书页让读者记录自己的教育感悟和真实案例。

（李晓巍）

（十三）特殊教育学专业

【*Sui Ban Jiu Du: An Approach Toward Inclusive Education in China*】

刘春玲　苏雪云，SAGE Publications Ltd，2014.

简介：该书主要包括四部分内容。第一部分为随班就读概述，重点介绍随班就读概念以及中国推行随班就读的历史背景；第二部分主要介绍中国传统文化对融合教育的影响以及随班就读面临的社会、经济以及人口等方面的挑战；第三部分阐述随班就读的实践进程及问题与挑战，重点阐述自20世纪80年代开始的中国随班就读的实践进程，随班就读实践中面临的规模、质量以及支持保障体系等问题；第四部分论述随班就读取得的成效。该书全面回顾中国随班就读的历史进程，分析随班就读实践面临的挑战，为随班就读研究提供有借鉴价值的观点与资源。

【特殊教育辞典（第3版）】

朴永馨主编，华夏出版社2014年版。

简介：时代在前进、学科在发展，反映事业和学科的工具书也要与时俱进，及时修订和补充，以适应读者的需要和反映事业和学科的发展。为了使《特殊教育辞典》能够跟上时代的要求，朴永馨教授组织来自北京、上海、武汉等地15所院校的五十多位教师和研究生参加了辞典修订工作。辞典在修订过程中新增近两百个词条，删去了少量不常用的词汇，更正了一些过去不准确的内容，补充了一些词汇的外文。最后收录与特殊教育学科和工作相关的词目2397条，覆盖中外特殊教育的各个领域，涉及教育、心理、医学、康复、法律、语言、历史等不同学科。其中，以反映中国特殊教育情况的词目为主。另外，该辞典附录收录了少数机构、院校、组织、期刊的网域名称，以体现通过网络获取信息、进行学习的时代特点。

【智力落后儿童语用干预研究】

李欢，科学出版社2014年版。

简介：智力障碍儿童语言发展迟缓，干预难度大。作者以其特有的医学和特殊教育学的背景，结合一线特殊教育学校的工作实际，以大量调查数据为依据，对智力落后儿童语用发展的理论和实践问题，以及智力落后儿童语用干预方法进行了系统的研究，建构了一套适合于智力落后儿童语用训练的FSC主题互动游戏，并通过实证研究的方法分析了该游戏的干预效果，丰富了我国特殊教育在语用学研究方面的成果。该书共五章，第一章为导论，主要介绍了该书的研究背景、价值和行文脉络；第二章介绍了语用学的理论背景；第三章研究了不同年龄段、不同语境下智力落后儿童的语用特点；第四章探讨了FSC主题互动游戏对智障儿童语用能力的干预效果；第五章就如何有效地对智力落后儿童的语用能力进行训练给出了建议。

【中国特殊教育教师专业发展状况调查与政策分析报告】

杨广学　杨福义，华东师范大学出版社2014年版。

简介：该书包括两部分，第一部分为总体报告，主要对研究设计及一般信息进行了介绍；第二部分为专题报告，包括中国特殊教育教师专业发展状况调查与政策分析总报告、特殊教育学校教师的教学情况、特殊教育学校教师的培训与专业发展状况、特殊教育学校教师对特殊教育与特殊儿童的态度、特殊教育学校教师的职业状况、特殊教育学校的科研状况、特殊教育学校的生活状况七个主题，全面反映我国特殊教育教师的专业发展状况，并基于数据得出了研究结论和给出了相应的政策建议。为了客观反映中国特殊教育教师专业发展的状况，作者领衔的研究团队基于自己开发的调查工具，对来自9个省级行政区120余所师范院校，共计3000余名教师进行了调查。

（赵梅菊）

【中国残疾儿童福利研究】

高圆圆，中国劳动社会保障出版社2014年版。

简介：该书对中国残疾儿童福利制度的历史沿革进行了梳理，对残疾儿童康复福利和教育福利建设进行了理论探讨，并对当前残疾儿童接受康复和教育服务的现状进行了实证分析。提出了以有效的康复福利和个性化的教育福利为主要内容来构建残疾儿童福利制度框架，围绕能力开发完善残疾儿童福利服务体系，建立以政府主导、家庭和社会组织积极参与服务的多元化格局，进行管理体制改革、运行机制创新以及法律、财税、人才队伍建设和提供辅助器具开发等配套改革等重要结论。

（赵梅菊）

【西南少数民族特殊儿童社会适应性研究】

申仁洪，重庆大学出版社2014年版。

简介：该书是在国内外特殊教育理论发展和特殊教育实践改革中逐步成型的，有着深刻的社会背景、学术研究背景和教育实践背景。试图以跨文化的视角，通过综合比较不同民族和文化背景下特殊儿童社会适应性的数据和影响因子，尝试将“生活质量”“社会角色”“社会认同”“社会性别”“社会制度”“社会支持”“社会责任”“自我调节”纳入研究之中，在继承总结和比较借鉴古今中外相关成果基础上，归纳提炼出“生活质量导向的西南少数民族特殊儿童社会适应性发展理论体系”，从而有利于揭示我国西南少数民族地区特殊儿童社会适应性的变化规律及其文化特性。

（赵梅菊）

【特殊儿童的问题行为干预——实例与解析】

昝飞　张琴，中国轻工业出版社2014年版。

简介：该书主要分析如何运用行为矫正的原理与技术，有效应对特殊儿童常见的十种问题行为，包括：注意力分散行为、课堂扰乱行为、发脾气行为、不顺从行为、冲动行为、自我伤害行为、重复刻板行为、攻击行为、与进食有关的问题行为、青春期问题行为。作者不但全面剖析了这些问题行为的表现、原因和应对措施，而且分享了许多鲜活的教育案例，便于特殊教育教师、家长以及心理学与特殊教育学的学生理解与操作。

（赵梅菊）

【如何发展自闭谱系障碍儿童的感知和运动能力】

苏雪云等，北京大学出版社2014年版。

简介：“自闭谱系障碍儿童早期干预丛书”是一套基于国内外自闭谱系障碍儿童早期干预的理论和实践，结合我国教师和家长的需求来编写的注重科学性和操作性的丛书。《如何发展自闭谱系障碍儿童的感知和运动能力》一书欲为家长、老师提供发展自闭症谱系障碍儿童感知运动能力的实用方法，共分三个部分。第一部分是关于感知运动能力的简单基本理论，为家长选取游戏和自行设计游戏提供理论指导；第二部分是自闭症儿童感知运动能力发展里程碑，为家长了解儿童感知和运动能力的发展水平，选取适当的游戏提供参考；第三部分是“抛砖引玉”，依照儿童感知运动发展顺序设计了88个游戏活动，家长既可开展这些活动，也可继续进行新游戏的开发。

【孤独症儿童早期发现】

贾美香，华夏出版社2014年版。

简介：儿童孤独症至今病因不明，也无有效的药物治疗手段，唯有早期发现、早期诊断及早期干预才可能极大限度地开发他们的潜能。《孤独症儿童早期发现》参照0—6岁普通儿童的发展规律，以简明易懂的语言，通过对照和实例，将孤独症儿童0—6岁的表现呈现给读者，从而便于家长及相关的专业人员正确认识和早期发现孤独症。该书按儿童年龄顺序来编排，以儿童为主体，将从初生婴儿到学龄早期这一阶段的各个发育里程碑作为每一节，详细描述儿童在该年龄段的心理发育特点、可能出现的问题以及解决的提示。一方面便于读者查阅，另一方面也让读者对婴幼儿的整体发育有了充分了解和认识。该书积累了大量临床案例，并从中整理出20个比较有代表性的典型案例，参照诊断标准逐个对其进行症状分析，这是该书的精髓和核心，尤其是一些婴幼儿的案例，是极为珍贵的临床资料。

（赵梅菊）

（十四）成人教育学、职业技术教育学专业

【中国职业教育发展报告(2013)】

王继平主编，高等教育出版社2014年版。

简介：教育部职业技术教育中心研究所王继平主编的《中国职业教育发展报告(2013)》（以下简称《报告》）是该所多年来持续向社会发布的年度性职业教育发展报告之一。2013年度《报告》在继承和发展以往《报告》的基础上，对编写体例、编写内容和编写队伍进行了改革，更加注重对数据和事件的深入分析。《报告》以2011年和2012年数据为主，分领域、按章节撰写，主要包括职业教育发展概况、职业培训、体制改革、德育与学生发展、专业教学标准建设、师资队伍建设、科研进展情况、国际交流与合作（共十二章）以及主要政策和大事记（附录）等内容。每章包括这个领域发展的基本情况、重大进展、发展评述和分析预测四部分。《报告》以专业视角、翔实数据和丰富事实，对我国职业教育改革发展问题进行剖析，并结合国际相关领域的情况进行比较分析，为政府决策提供咨询，为科学研究提供依据，为战线提供实践指导，为国际社会了解中国职业教育提供窗口。

在国际上，《职业教育报告》被认为是能够全面提供一个国家职业教育发展现状和未来预期信息的系统性工具，其中最有影响的是德国从1977年以来由联邦政府公布的《职业教育年度报告》。1994年，教育部职业技术教育中心研究所开始启动《职业教育报告》的研究和编制工作，并出版了多种形式的职业教育报告（如年度报告、双年度报告和阶段发展报告等）。

【外国职业教育通史】（上、下卷）

贺国庆　朱文富，人民教育出版社2014年版。

简介：该书是我国第一部外国职业教育通史类学术专著。该书从学徒制出现开始，描述了近代学校职业教育取代学徒制以及现代职业教育体系的创建与演进过程，内容涉及古代西欧学徒制和近现代英、法、德、美、日、俄等国的职业教育，并兼及

加拿大、澳大利亚、印度、巴西、韩国、新加坡以及北欧地区等在职业教育发展方面具有独特之处的国家，还将不同时期、不同国家职业教育制度、职业教育思想等的描述融会于历史问题的阐述之中。该书弥补了以往外国职业教育史领域宏观研究成果的不足，为人们整体把握世界职业教育发展的脉络提供了有益的参照。

该书是一部研究范围很广泛的职业教育通史，它力避以往通史研究经常出现的泛化和浅薄化现象，不仅梳理了以上诸国现象层面的职业教育发展历程，而且还试图将职业教育的发展放置在各国政治、经济、科技、文化传统变化发展的宏大背景中，探究各国职业教育之所以呈现如此状态的原因，从而使读者达到知其然而知其所以然。为了使读者对国外职业教育发展的历史规律有整体的把握，该书在文末对各国职业教育发展的经验、趋势以及对我国职业教育发展的启示进行了学理的概括、总结和提升。特别是其所揭示的未来职业教育发展的高等化、终身化、国际化等趋势，概括了职业教育发展的历史规律，有助于深化人们对于世界职业教育发展问题的理解。

世界各国职业教育发展的历程不仅有历史的共性也有其自身独特的个性。以这一历史共性来对照以上诸国职业教育发展的历程可以看到：由于各国政治制度、法律法规、社团与民众心态等多种因素的影响，即便是在相同的历史阶段、类似的国际背景中，各国职业教育发展的速度、规模和发展程度依然会呈现出不同的特色。由于职业教育与国家实力、国计民生、国内民主息息相关，为了保持国际竞争的优势、推动国内经济和民主事业的平稳发展，各国政府所采取的不同的推动职业教育发展的做法的利弊得失如何？实际效果如何？该书将不同国别的职业教育发展放置在相对统一的历史时空中进行描述，为我们把握某一国家职业教育在世界职业教育发展中的位置，发现真正制约或推动某一国家职业教育发展的内外力量，以史为鉴、取他山之石以攻玉提供了良好的平台。

【***The Areas of Vocational Education Research***】

Zhiqun Zhao，Felix Rauner，Springer，2014.

简介：北京师范大学赵志群和德国不来梅大学 F. Rauner 主编的英文著作 *The Areas of Vocational Education Research*（《职业教育的研究领域》）是教育部建设世界一流教育学院试点项目中北京师范大学与国际著名学术出版社合作的成果。这是首部由我国职教研究者与国际著名职业专家合作主编，按照中国人对职业教育研究的理解，组织国际职业教育研究者针对国际读者编著的英文专著。作者认为，面对工作世界变化带来的挑战，职业教育的管理者、研究者和教师都应了解现代职业教育的内容、形式和结构，包括宏观、中观和微观层面的问题。该书试图全面描述职业教育研究特别是在基础研究领域的问题、研究方法进展和取得的新成果，为高校相关专业的研究和教学提供基础知识和重要的文献来源，拓展职教研究的国际视野。全书由中、德、荷、韩、美、以等国的研究者撰写的 12 章组成。

该书的核心是对职教研究的概括性总结。德国德累斯顿大学 J. –P. Pahl 在《职业教育研究：职业教育学、职业学和职业教学论》中分析了教育学研究与职业研究的关系，梳理了职业教育学、职业学和职业教学论研究的领域、范围和方法。不来梅大学 F. Rauner 在《职业研究：对研究方法发展的影响》一文中指出，“与内容相关的”研究方法对职教研究具有重要性，急需建立职业教育研究的独立范式和理念。该文对职业研究的重要领域，如资格研究、课程开发、专业教学论、职业开发、职业教育与企业组织发展，以及产业文化和技术迁移等进行了梳理。卡尔斯鲁厄理工学院 M. Fischer 等在《职业教育研究方法》中全面阐述了职教研究面临的困难。针对研究内容对研究方法提出的新挑战，作者归纳了几类研究方法的在职业教育研究中的应用特点，包括案例研究、工作分析、实验和设计开发等。他也强调“领域相关性”对职教研究的重要意义。荷兰国家职教研究所 A. Westerhuis 的《处于政策、规划和实践中的职业教育研究》一文回顾了 20 世纪后期以来荷兰职教管理、规划和实践研究的发展，特别是教育研究和实践间的巨大鸿沟，提出了“让研究团体在确定创新需求时起领导作用”“加强教育项目中研究者和实践者的合作”等策略性建议。

【社会转型与中国农村职业教育发展道路的选择】

马建富，知识产权出版社 2014 年版。

简介：该书基于中国经济社会转型的大背景，围绕新农村建设、新型城镇化推进以及产业结构转型升级等对农村职业教育改革与发展的要求，对我国农村职业教育发展面临的发展机遇、存在的问题进行了解析。在此基础上，对农村职业教育的“应然定位”进行了理性反思，对农村职业教育发展模式进行了探索，提出了城乡职业教育统筹发展的新思路，并指出制度配置与政策创新是农村职业教育发展的动力。基于对未来农村职业教育发展的新环境，作出成人教育培训是农村职业教育发展的新增长点的判断，强调要积极拓展农村成人职业教育培训市场，加强对培训市场的规范管理。重点探讨了新型城镇化过程中农民工市民化、留守农民、新生代农民工人力资本积累的紧迫性、影响因素以及提升他们人力资本的职业教育培训问题；最后，分地区对欧洲、美洲、亚洲等国家和地区的农村职业教育发展经验进行了总结，并提出了我国农村职业教育发展可资借鉴的若干方面。

该书在宏观和微观两个层面有两条研究主线：首先是宏观问题引领：中国农村社会转型的基本态势是什么？顺应社会转型的农村职业教育改革趋向是什么？农村职业教育发展的阻力何在？城乡二元结构下城乡职业教育如何统筹？如何以政策创新推动农村职业教育发展？其次，微观层面重点研究当前阻滞农村职业教育发展的热点问题，如成人培训，特别是新生代农民工和留守农民培训问题。

该书在理论预设、研究内容、国际视野等方面均有所创新：第一，理论预设。作者综合运用多学科理论观点，以此来预设城乡职业教育统筹发展路径，进一步丰富了农村职业教育基础理论。第二，热点突出。作者对当前农村职业教育的热点问题作出积极回应，如农民工市民化的困境及突破；新生代农民工的困惑及诉求；留守农民的培训路径等。第三，视野开阔。作者较好地做到了几个层面的有机结合：理论研究与实践探索相结合，宏观研究与微观研究相结合，国际比较与本土特色相结合。

作者从多角度探讨适应农村发展的职业教育办学模式，并提出了具有现实针对性和创见性的发展战略。尽管有些观点尚待商榷，但更多理念却可以为教育同仁对未来农村职业教育与培训的研究拓展思路，对于深化农村教育问题的认识和促进农村职业教育学研究均具有重要意义。

【职业教育管理学】

周明星，高等教育出版社 2014 年版。

简介：该书是教师教育国家级精品资源共享课课程建设项目成果，它配有配套的数字化教学资源，与传统的教材相比，在编写理念、内容构成、体例构架等方面均有所创新。

在当前我国的社会转型期，职业教育发展呼唤管理体制的深层变革，急需建立适应发展方式转变和经济结构调整要求、体现终身教育理念、中等和高等职业教育协调发展的现代职业教育体系。该书从这些方面进行了理论探索。全书分为十一章：一、职业教育管理学；二、职业教育管理价值；三、职业院校文化生态；四、职业教育管理体制；五、职业教育校企协同；六、职业教育专业治理；七、职业教育课程领导；八、职业院校人力资源管理；九、职业院校学生发展；十、面向农村的职业教育服务；十一、职业教育管理发展。其中，有关“文化生态”“职业教育专业治理”和“职业教育课程领导”等的讨论都是比较新颖的。

（赵志群、周慧梅）

（十五）高等教育学专业

【*Survival of the Fittest*：*The Shifting-Contours of Higher Education in China and the United States*】

Qi Li，Cynthia Gerstl-Pepin，Springer，2014.

简介：该书由北京师范大学李奇教授和美国佛蒙特大学葛瑟教授共同编著。全书汇集了中美两国高等教育知名学者的最新研究成果，主要内容分为三部分：（1）市场、竞争与高等教育战略变革；（2）核心问题破解战略；（3）未来发展方向与可能性。

全书剖析了中美两国高校在创新人才培养、经济发展、入学机会和科研成果转化等方面的战略变革，并把这些变革与高校内部的教学评估、质量保障、学术治理、冲突化解机制等战略结合起来进行研究，深层阐释了“适者生存”法则在中美两国高等教育领域的表现形态，阐明了“适者生存”法则理性与非理性的双重属性，强调大学在促进社会经济发展的同时，还应该兼顾其社会责任，通过加强大学校长的专业发展，强化大学软实力的影响，完善战略规划，平衡高等教育私有物品和公共物品双重属性的战略调整，更好地诠释“适者生存”的法则。

【当代高等教育研究前沿论丛】

章建石　李庆丰　张红伟著，周作宇主编，北京师范大学出版社2014年版。

简介：《当代高等教育研究前沿论丛》系统梳理和介绍了学者对我国高等教育领域前沿和热点问题的思考和经验总结，为相关研究和实践夯实了基础。迄今，这套论丛已经出版8本，其中2014年共出版三本，具体为：

《基于学生增值发展的教学质量评价与保障研究》，章建石著，周作宇主编。该书立足于我国高校第一轮本科教学水平评估工作的现实，分析了当前高校内外部教学质量评估与保障存在的问题，提出了基于学生增值评价的教学质量的内涵及其实施的可能性，并通过对增值评价的实证研究，揭示了高校教学质量生成的基本特征和影响模式，为进一步完善我国内外部高校教学质量的评估与保障工作提出了若干建议。

《大学课程知识选择的实践逻辑研究》，李庆丰著，周作宇主编。该书以社会学领域的场域理论和经济学领域的利益相关者理论为基础，以影响大学课程知识选择活动过程及其结果的三个核心因素为主线，对课程知识选择的实践逻辑展开了理论探讨和分析，还着力介绍了国内外大学课程知识选择实践逻辑的历史演变过程，并对知讯时代中国大学课程知识选择的实践走向进行了探析。

《中国高等教育评估管理机制研究》，

张红伟著，周作宇主编。该书陈述并分析了我国高等教育评估政策的产生和发展过程，概括分析了我国高等教育评估的管理模式，并运用公共管理的最新治理理论建构了我国高等教育评估管理机制改革的方向。

【本科教育:质量与评价(2009—2011)】

史静寰　罗燕　赵琳　文雯，教育科学出版社2014年版。

简介：该书是我国本科教学质量评估的阶段性成果，它基于NSSE-China问卷调查分析了全国高校本科教学情况，着重探讨了研究型大学学生学习性投入对学习收获的影响机制、研究型大学创新人才的培养、高校教师学术职业分化中的生师互动等影响高等教育质量的几个核心问题。

全书由全国学情研究、院校学情研究、学情专题研究、调研工具研究四编构成，其中第一编“全国学情研究”是基于“中国大学生学习与发展追踪研究”课题组的“中国大学生学习性投入调查”问卷数据撰写而成；第二编“院校学情研究”，覆盖了参与该课题的12所院校撰写的《院校学情研究报告》；第三编“学情专题研究”，收录了大学生学习性投入对学习收获的影响机制、自主招生学生群体的学习性投入特点、大学本科教育生师互动模式等专题研究；第四编“调研工具研究”，集中对“中国大学生学习性投入调查”（NSSE-China）的生成过程、工具的信效度水平进行了测量学研究。

【研究型大学国际化研究】

陈昌贵　曾满超　文东茅，世界图书出版广东有限公司2014年版。

简介：该书是美国岭南基金会和教育部社科司资助课题“中国研究型大学国际化发展研究”的主要研究成果，它描述了我国研究型大学国际化的现状，总结了我国研究型大学国际化过程中的经验和教训，提出了研究型大学国际化的评估指标体系及促进我国研究型大学国际化发展的思考和建议。

全书主要内容包括：国际化：中国研究型大学发展的重要选择；我国26所研究型大学国际化的现状调查与分析；北京大学国际化个案研究；清华大学国际化个案研究；上海交通大学国际化个案研究；中山大学国际化个案研究；美、英、澳高等教育国际化发展掠影；中美研究型大学国际化比较分析；加快我国研究型大学国际化发展的对策思考。

【高考改革研究丛书:高考评价研究】

李雄鹰著，刘海峰编，华中师范大学出版社2014年版。

简介：该书采用定量与定性相结合的研究方法，对高考评价的历史脉络进行了梳理，对国外与我国台湾地区高校招生考试评价进行了经验总结，对我国高考评价中存在的问题及相关利益群体的改革诉求进行了分析，同时借助教育测量与评价、多元智力、教育公平等理论系统剖析了我国高考评价的理念、目标、体系、内容与形式等问题，并提出了高考评价改革的内容和实现路径。全书共包括：绪论；高考评价的历史变迁；国外及我国台湾地区高考评价研究；高考评价的理论研究；高考评价的实证研究；高考评价改革研究六部分内容。

【世界经济变化中的教育发展——质量、公平与效率】

闵维方，北京大学出版社2014年版。

简介：2012年，教育经济学高层国际论坛（2012北京论坛教育分论坛）暨2012年中国教育经济学年会在北京会议中心举行，会议以“世界经济变化中的教育发展：质量、公平与效率”为主题，讨论了高等教育财政、公平与效率、教育管理与政策等当前中国教育乃至全球教育所面临的核心问题。该书是此届国际高层论坛会议论文汇编，是国际知名学者在教育经济领域的研究成果。

全书的主要内容包括：教育、劳动力市场与经济增长；高等教育财政；教育质量；教育发展和责任；教育管理与政策。该书的出版将有利于传播国际最新的教育经济研究方法、研究成果以及发展趋势，推动中国和世界的教育经济发展。

【后现代大学来临?】

［英］安东尼·史密斯（Anthony Smith） 弗兰克·韦伯斯特（Frank Webster），侯定凯、赵叶珠译，北京大学出版社 2014 年版。

简介：该书围绕近几十年来高等教育性质变化的问题展开了讨论，针对大学从精英主义、寄宿制、封闭的英国模式，向更开放、与社会关系更密切的美国、欧陆模式转变的历程，探讨了下列问题：当前大学的变化，是否适合贴上“后现代”的标签？是否应该以欢迎的姿态迎接这一变化及其所带来的多元性和差异性，并由此颠覆“理性”“非功利性”“普遍性知识信念”等现代大学特征？书中还探讨了现代知识分子的性质、大学参与公共政策、大学与雇主的关系等一系列当前大学面临的关键问题。

该书包括如下章节：变化中的大学理念；大学：历史、现状和差异性；场所的必要性；后现代大学？非功利性与现代大学；知识分子：大学内外二元分类；大学与公共政策；大学与雇主：理想与现实；结论：一簇充满希望的火焰。

（方芳）

【我的大学文化观】

王冀生，天津大学出版社 2014 年版。

简介：大学文化的科学内涵是什么？承载了什么样的价值内核？具有怎样的地位和意义？这一系列问题引发了王冀生对大学文化观及其形成和发展的过程全面而深刻的思考。该书涵盖八个章节：深刻转变中的中国高等教育；现代大学教育理念和使命；现代大学文化学的基本框架；大学文化是一种独特的社会文化形态；一种崭新的大学文化哲学观；大学文化是大学的文脉；大学文化是大学人的精神家园；当代中国大学的重大文化使命。

（十六）民族教育专业

【民族地区教育优先发展研究】

张诗亚等，经济科学出版社 2014 年版。

简介：长期以来人们的教育观念是以经济推进教育，不是以教育推进经济。现在我们发现，教育的问题不是经济完全能够解决的，不是政府财政支持下对教育设施的改善就能解决的，教育优先发展也不仅仅是拨钱的问题。民族教育的问题在于民族社会内在机制和外在机制上的不协调，即民族社会自然生态、人文、个体发展与教育政策的不协调，造成现在民族地区教育的滞后发展，也造成了民族地区的欠发展或落后。从一些个案，我们可以看出，民族地区必须要走经教育推进经济之路。教育优先发展问题的研究就是要制定出一个适合于民族地区教育发展的指标体系，通过合理的指标体系发展教育，通过教育带动民族地区的发展——从恶性到良性的发展模式的扭转。张诗亚等编著的《民族地区教育优先发展研究》立足于民族地区地域广、差距大、类型多样和文化多元的实际情况，综合运用社会学、经济学、教育学的方法，通过大规模的田野考察，理论与实际相结合，以理论框架为轴辅以大量的个案研究，一方面通过个案研究，分析民族地区教育发展中存在的问题，从个案中找到共性的东西，构建民族地区教育优先发展促进民族地区整体良性发展的理论模式；另一方面，从历史角度梳理国家长期以来发展民族地区教育所采取的各种“照顾和倾斜政策”，深刻反思这些政策背后的价值定位在多大程度上与民族地区实际情况相符合，总结经验教训；借鉴国外尤其是发达国家教育优先发展的政策与经验，从宏观与微观层面上提出我国民族地区教育优先发展的政策建议。

【民族教育政策:文化思考与本土建构】

苏德，教育科学出版社 2014 年版。

简介：一项具体的民族教育政策，如何在目标设置、执行实施以及效果评估等政策过程之中，体现其对民族文化的关注是必须面对的问题。该书结合文化与教育的关系，以及 1949 年以来我国民族教育政策的内涵演变，对“民族民间文化进校园”“双语教育”“布局调整”“两免一补”多项民族教育政策的实施效果进行了反思和分析，探索了民族教育政策之民族文化关注的理论与实践，并尝试对政策执行人员的能力建设路径进行了研究。

【广西民族教育研究】

王枬　徐莉，广西师范大学出版社 2014 年版。

简介：广西民族地区多姿多彩的民族文化构成了民族教育发展的坚实基础，而当下跨文化语境中的文化交融与文化碰撞在为民族教育带来巨大发展空间的同时，也将民族教育未来的走向置于多重选择的十字路口。《广西民族教育研究》便是对广西壮族自治区境内所有少数民族地区，特别是少数民族自治县、自治乡及民族学校学生进行基础教育尤其是学校教育研究的研究成果。该研究从文化到教育，又从教育反观文化，最后在文化与教育的整合中考察广西少数民族地区基础教育的变革，提出了广西民族教育发展的对策。

（吴明海）

【当代民族教育发展的若干现实问题研究】

乌云特娜，中国社会科学出版社 2014 年版。

简介：我国是个多民族国家，研究各民族的教育、心理、精神风貌及其变化发展规律，是做好民族工作、落实民族政策、保持民族团结、开发民族心智的科学基础。该书共分为九个章节，从宏观到微观，从个体到群体，分别对学前教育、基础教育、高等教育、特殊群体教育、特色教育中的民族教育、当代民族教育的改革与发展和当代民族教育的民族化与现代化等进行系统论述。这样的布局和安排表明全书的写作指导思想明确，重视紧密联系我国民族实际，突出政策调整中的民族教育实践，内容尽可能丰富完备，涉及民族教育的方方面面，既有一定现实性、应用性，又有一定新颖性、理论性。

（吴明海）

【西藏自治区双语教育研究】

刘全国，社会科学文献出版社 2014 年版。

简介：西藏自治区是我国实施少数民族双语教育的重要地区之一，在双语教育方面有着丰富的经验。该书论述了西藏自治区藏汉双语教育的历史嬗变、共时比较及其语言文化生态、师生双语态度与双语能力、双语教育模式分析及实施建议等问题，对全面了解西藏自治区藏汉双语教育的历史、现状和未来具有重要的理论价值和实践意义，也为其他少数民族地区双语教育的规划和实施提供了可资借鉴的范例和模式。

（吴明海）

【内地西藏班教学模式与成效调查研究】

许丽英，社会科学文献出版社2014年版。

简介：内地西藏班作为我国民族教育政策的一项特别举措，对加速西藏人才培养、促进民族交流与民族团结、保障国家稳定与和谐发展起着重要作用。经过了近三十年的实践探索，内地西藏班已经由规模扩张的外延式发展模式转变为追求教育质量与效益并重的内涵式发展模式，提高教育教学质量已经成为内地西藏班面临的首要任务。该书在实地调查基础上，对大量的第一手资料进行了挖掘和提炼，提出了内地西藏班教学改革与发展的新路径。

（吴明海）

【民族教育政策:基层官员政策再制定行为研究】

江凤娟，教育科学出版社2014年版。

简介：该书以农村中小学布局调整政策为例，以县级及县级以下的政策执行为分析单位，采用过程—事件的分析策略深入描述了学校撤并过程中的生动故事，揭示了基层官员在政策执行过程中既面临着各种决策困境，同时也在某种程度上存在对政策进行重新解释和界定的行为。正是这种“政策再制定”的客观存在，调整或改变了教育政策的影响和效果。《民族教育政策：基层官员政策再制定行为研究》对教育政策执行中基层官员的个体行动给予了价值中立的解释，从内部规则和外部规则的冲突方面分析了个体行动的行为逻辑，最后将政策置于“社会秩序规则”的范畴之中进行了深入的反思和讨论。

（吴明海）

【詹姆斯·班克斯教育思想研究】

朱姝，民族出版社2014年版。

简介：詹姆斯·班克斯（James A. Banks）教授被美国教育界及社会学界视为“多元文化教育”的重要创始人，他的研究很大程度上定义并影响了多元文化教育在美国的发展。该书指出班克斯的多元文化教育理论是建立在他自博士研究起就持有的一种对社会发展的道德追求上的，也就是如何更好地追求正义与实践民主的问题，这一理想贯穿了他四十余年的教育研究。民权运动、革新性学者的成就及女权主义者的努力加深了班克斯对少数群体改变主流价值观和制度之能力的认识。在早期的黑人教育研究中，班克斯提出了以社会科课程的概念性及跨学科性来教授黑人历史的方法。随着出国考察及与不同族群学者的合作，他的教育研究由最初的黑人教育研究的一元拓展到多元，并开始探讨如何提升少数群体做决定及参与社会行动的技能。班克斯对多元文化教育进行的整体性构建，系统化了美国的多元文化教育理论。革新性知识分类与知识建构理论奠定了班克斯多元文化教育的知识基础。通过探寻美国多元文化教育的历史，班克斯确立了多元文化教育的概念及目标，构建出多元文化教育所必须具备的五个维度，并分析了多元文化教育的不同范式，以说明族群发展与学业成就差距的问题。多元文化教育课程改革的途径理论为学校的整体性改革提供了直接的规范性引导。此外，该书还分析了多元文化教育与美国民主原则价值核心的共性，并提出通过班克斯所一直强调的多元文化教育革新社会的功能，可以促进社会公正与教育平等。班克斯的公民理论是他的多元文化教育理念在国家共同文化层面上的发展与应用。在公民教育中，班克斯试图解决“一元”和“多元”的关系，通过所有成员共享的“美国信条”，使“多元”融入“一元”。该研究分析了多元文化教育与美国民主传统的一致性，并阐述了班克斯如何在公民教育中处理统一性和多样性教育、国内多元文化和世界多元文化的问题。班克斯扩充了Marshall公民身份的概念，从而强调了公民的文化权利。近年来，班克斯对公民教育的研究表明他的研究重心从美国的少数族群扩展到美国的整体文化。当前，他与不同国家的学者合作，进而寻求不同多民族国家的多元文化公民教育之出路。此书还探究了班克斯多元文化教育理论的哲学基础及转变，并提出他的教育研究具有整体性取向，同时具有如下特征：直指实践、更新课程文化、注重规范性及强调经验性。多元文化教育理论以追求社会公正的时代性特征与我国正在努力建构的以民生为取向的社会政策和教育政策具有可契合之处。

（吴明海、胡敏）

（十七）学校心理健康教育专业

【怎样做学校心理咨询】

马志国，教育科学出版社2014年版。

简介：《怎样做学校心理咨询》一书系统介绍了学校心理咨询的历史、特点、原则、学校心理咨询的工作内容、基本过程和常规技术、特殊技术等。该书讲解细致、通俗易懂，实用性强。教师一册在手，对学校心理咨询有比较全面的了解。该书包括基础知识篇、基本技能篇、常规技术篇、特殊技术篇、心理疗法篇五大板块。该书具有适用面广，可操作性强、可读性强等特点。适合学校心理教师培训使用，也适合学校心理咨询师、中小学班主任和一般教师。

【学校心理健康教育课程原理与操作】

王道阳，安徽师范大学出版社2014年版。

简介：该书系统归纳了心理健康教育的教学理论依据，并根据教学理论阐述了心理健康教育实践中具体课程设计、教学策略、教学方法、操作要点以及心理健康教育课程实施的保障等。该书坚持理论与实践相结合，基础性与应用性相结合，融学术性和操作性为一体。全书分为：心理健康教育课程概述、学校心理健康教育课程教学的理论依据、学校心理健康教育课程的历史、现状与展望、学校心理健康教育课程的教学目标与内容、学校心理健康教育课程的教学设计、学校心理健康教育课程的教学过程、学校心理健康教育课程的教学策略、学校心理健康教育课程实施的原则和技术、学校心理健康教育课程的教学评价、学校心理健康教育课程的教学保障。

【学校心理与教育研究行动、反思、叙事】

施铁如，暨南大学出版社2014年版。

简介：该书通过大量的案例和实际问题分析系统地介绍了对学校教育研究的基本方法，包括量的方法和质的方法。该书详细地阐述了学校教育研究的意义、课题的选择、研究计划的制订以及课题实施的基本过程和技术性环节，具有较高参考价值。

【现代学校心理健康教育原理与应用】

陈方　李小光，中国水利水电出版社2014年版。

简介：该书分为理论篇、方法篇、实践篇与专题篇四个部分。主要内容包括：

心理健康与学校心理健康教育、学校心理健康教育的理论基础等。理论篇包括第一章到第三章，主要概述和分析了学校心理健康教育的相关理论，如心理健康与学校心理健康教育、学校心理健康教育的理论基础、学校心理健康教育的组织管理等；方法篇包括第四章到第七章，分析了学校心理健康教育所采用的方法，如学校心理健康教育课程、学校心理咨询与辅导、学校心理健康测验、学校心理健康教育的协同等；实践篇包括第八章到第十章，分别从小学生、中学生、大学生的心理发展特点研究了其相关的心理健康教育问题；专题篇包括第十一章到第十三章，分别对农村留守儿童的心理健康教育、城市流动儿童的心理健康教育以及家庭经济困难大学生的心理健康教育进行了深入的分析与研究。

【社会学视域下的学校心理健康教育】

李国强，湘潭大学出版社 2014 年版。

简介：该书主要基于社会学理论视角，在相关学科对心理健康教育问题的研究成果基础上，结合实证调查、教育实践，系统分析了心理健康教育的社会环境、心理健康教育的社会功能与个体社会化功能、心理健康教育中的社会角色、心理健康教育课程及其实施、心理健康教育课程管理、心理健康教育政策制度、事业发展等理论与实践问题，力图在理论和实践上将心理健康教育置于复杂的学校内外的社会脉络之中理解，防止学校心理健康教育工作“负功能”。《社会学视域下的学校心理健康教育》首先分析了学校心理健康教育宏观、中观、微观社会环境。其次，分析了学校心理健康教育社会功能、与个体社会化的关系、学校心理健康教育中的社会角色。再次，分别对学校心理健康教育课程系统、课程实施、政策、制度与事业发展进行社会学分析。

【西部少数民族地区中小学生心理健康教育体系研究】

廖全明，西南交通大学出版社 2014 年版。

简介：该书共八章，收录了西部少数民族地区中小学生心理健康变迁与教育资源评估、中小学生心理健康教育体系现状与研究方案、西部少数民族地区中小学生心理健康教育工作现状的研究、西部少数民族地区中小学生心理健康教育管理体系现状及对策研究、西部少数民族地区中小学生心理健康教育队伍现状及对策研究等内容。

【视障学生心理健康教育与辅导】

张蕾　薛梅　葛玉萍，天津教育出版社 2014 年版。

简介：这是一部有关视障学生心理健康的著述。由于视障学生视觉功能的缺损，获取社会信息和感知客观世界都受到一定影响，因而衍生的心理障碍要比明眼学生严重得多，因此视障学生的心理健康教育尤显重要。该书通过八个章节论述了对视障学生进行心理健康教育的必要性及相关的教育经验，对特教工作者及视障学生家长很具指导及借鉴价值。主要内容包括：营造有利于视障学生心理健康的环境、课堂教学中的心理健康教育、教育活动中的心理关注等。

【故事咨询师心理辅导的隐喻操作】

李永强　郝琦，清华大学出版社 2014 年版。

简介：书中详细地介绍了故事的影响力、隐喻故事的语法、故事的心理分析、三个脚本的故事旅程、隐喻故事九格创作法、交互说故事、作者故事培训的历程以及辅导过的案例等。此外，还专门介绍隐喻心理辅导信札、地震后的故事辅导等危机干预内容。该书特色如下：一是视角独特：该书为心理治疗提供了一种新的方法——隐喻故事，通过讲故事，走进人们的内心，达到治愈心灵的神奇效果。二是实用性强：该书案例丰富，通过诸多案例展示，见证隐喻故事的奇妙力量。内容翔实，可操作性强。三是亲子互动：该书教会家长如何给孩子编讲故事，打开孩子的心灵之门，让家长成为真正的故事高手。该书适用于以儿童、成人及家庭为对象的心理咨询师，家长，孩子，教师，大中专心理学专业学生等。

（李亦菲）

五、全国性学术会议综述

（一）教育学原理专业

1.“教育均衡——西部教育崛起的构想与展望”理论研讨会

为进一步贯彻落实党的十八大以及十八届三中全会精神，促进改革开放和教育事业发展。2014 年 3 月 18 日，由黔西南州教育局主办的“中国美丽乡村 · 万峰林峰会”教育板块“教育均衡——西部教育崛起的构想与展望”理论研讨会在黔山酒店召开，全州各县、市、新区教育局局长代表、校长代表、幼儿园园长代表、教师代表、峰会论文评选获奖作者代表参会。

上午，主题峰会由黔西南州州长杨永英主持，黔西南州州委书记张震致欢迎词，教育部中国教育科学研究员、教育政策研究中心主任吴霓作题为“西部教育崛起的现实困境与发展建设”的专题报告。

下午，在三个分会场分别进行实施教育“9 +3”计划与未来教育走向、个性化教育与教育质量提升、教育信息化与智能化校园建设三个主题研讨交流会。

2.“教育与文化：教育人类学的理论、方法与应用研究”学术研讨会

2014 年 3 月 29 日至 30 日，中国人类学民族学研究会教育人类学专业委员会首届年会暨“教育与文化：教育人类学的理论、方法与应用研究”学术研讨会在北京召开。

会议主要研讨教育人类学理论、方法与应用研究等方面的学术成果，旨在促进各学科领域专家学者对教育人类学研究的对话和交流，提高我国民族教育研究的水平。西南大学西南民族教育与心理研究中心主任张诗亚、北京师范大学教育学部中国民族教育与多元文化研究中心负责人郑新蓉、中国人民大学人类学研究所所长赵旭东、北京大学教育学院教授陈向明、广西民族大学党委书记钟海青、北京大学社会学系教授钱民辉、中国社会科学院社会发展战略研究院研究员沈红、台湾慈济大学人类发展学系教授周德祯等，分别作了大会主题发言，深入探讨了教育人类学学科反思、民族接触、民族志方法、乡村教师、民族教育与意识、西部民族乡村变迁、民族地区学前双语教育、学校教育等方面的重要问题。

会议期间，与会学者还就人类学视野中的教育研究、教育人类学的本体论与学科史、教育人类学的理论与学术前沿、教育人类学的研究方法与技术、教育人类学的本土研究与田野工作等议题，进行了充分的交流与研讨。

据了解，中国人类学民族学研究会教育人类学专业委员会于 2013 年 6 月 19 日登记成立，由中央民族大学教育学院教授滕星担任主任。年会期间还成立了教育人类学专业委员会理事会，选举产生了理事长、秘书长等，聘请了一批专家作为委员会顾问。

3. 中国社会学会教育社会学研究会 2014 学术研讨会

2014 年 5 月 24 日至 25 日，中国社会学会教育社会学研究会 2014 学术研讨会在北

京召开。会议收到论文40多篇，有来自全国各地的70余位学者参加了会议。会议对教育与社会的关系、社会变革中的教育热点问题以及教育社会学学科建设等问题进行了研讨。教育与社会的关系问题是教育社会学重要研究领域。教育公平问题是当代中国教育改革中的热点问题，与会者从多角度对教育公平问题进行了探讨。如教育公平、教育平等、教育机会均等概念的界定；基础教育质量的社会阶层分析；高等教育机会获得与家庭资本的相关性分析；高校学生学业成绩的家庭与社会影响因素分析。还有学者讨论了社区移动学习在缩小社区间数字鸿沟与社区内阶层的差异方面所起的作用，提出社区移动学习是促进教育机会均等的新途径的观点。此外，会议还讨论了学前教育公平、流浪儿童教育公平问题等。与会者还在教育与社会相互作用的大视角下探讨了多方面的教育热点问题。如分析了目前教育综合改革的难题：部门之间协调不力，政府在改革中角色不清，没有走出“放放收收”的怪圈，自上而下与自下而上不能有效结合，以及多数地方、学校和教师的观望态度等。有学者认为，要推进教育领域综合改革，必须建立与中国特色现代教育体系相适应的管、办、评分离的教育治理体系，其核心是正确处理好政府、学校、社会的关系，关键是转变政府职能，根本保障是依法治教。此外，会议还讨论了社区教育与校外教育、大学生就业市场秩序、校企供需失衡、高校社会捐赠、大学社会服务职能拓展等。如有学者用“斯坦福大学有限公司”的案例，探讨了大学与企业联系的边界，以及大学与企业联系所带来的学术价值和利润价值的兼容与冲突问题，提出了“创业型大学”和“学术资本主义”的概念，引发与会专家学者的热烈讨论。

4. 北京2014教育督导与评价研讨会

如何深入推进教育治理体系变革，进一步简政放权，并加强监督监管？如何进一步完善督政、督学、监测三位一体的教育督导体系，推进教育治理能力现代化？2014年6月18日，由国务院教育督导委员会办公室、北京市人民政府教育督导室、北京市教育委员会主办，北京市国际教育交流中心、北京工业大学高等教育研究所承办的“北京2014教育督导与评价研讨会”在京召开。此次研讨会以“现代教育治理与教育督导改革”为主题，围绕着当前各省市在教育治理与教育督导改革领域内的重点、热点话题，进行交流研讨。

教育部副部长刘利民、北京市副市长杨晓超、国家教育咨询委员会委员陶西平、国务院教育督导委员会办公室主任何秀超、教育部教育发展战略研究中心主任张力，北京市教委主任线联平、北京市人民政府教育督导室主任唐立军等出席会议。来自全国30个省市人民政府教育督导部门领导、督学，部分教育专家等二百余人参加了会议。

十八届三中全会《决定》明确提出，全面深化改革的总目标是完善和发展中国特色社会主义制度，推进国家治理体系和治理能力现代化。在2014年全国教育工作会议上，时任教育部部长的袁贵仁强调，推进教育治理体系和治理能力现代化，既要简政放权，也要加强监督监管。教育督导是政府加强教育监督监管的基本手段，也是决策、执行、监督三者相互协调中不可或缺的重要环节。要进一步完善督政、督学、监测三位一体的教育督导体系。在此背景下，研讨会聚焦于“现代教育治理与教育督导改革”，有着重要的指导和示范意义。

国务院教育督导委员会办公室主任何秀超在讲话中指出，深化教育督导改革是转变教育管理职能的重要抓手，是落实《教育督导条例》的必然要求，也是解决“入园难”“择校”等教育热点难点问题的迫切需要。他从督政、督学、评估监测三个领域，阐释了深化教育督导改革的总体思路和工作目标，指出深化教育督导改革的主要任务和工作重点是加强督政工作以促进教育公平，加强督学工作以规范办学行为和开展评估监测以提高教育质量。

会上，北京市委教育工委副书记、市政府教育督导室主任唐立军作了题为“深化教育督导改革，推进教育治理体系和治理能力现代化”的主旨报告，详解了北京市在现代教育治理与教育督导改革方面的认识与实践。唐立军指出，要创新教育督导改革思路，确立教育督导改革目标任务。依照“政府主导、统筹协调、多元参与、开放和谐”的工作思路，坚持立德树人的基本导向，坚持教育决策、执行、监督既相互分离、又相互协调、统筹有力的原则，加强教育督导的法制化、专业化和社会化建设，深入推进管办评分离。同时，要健全和完善政府依法履行教育职责的督政制度、学校自主办学督学制度、教育发展状况和教育质量监测评估制度。

研讨会上，针对教育督导在教育治理中的重要地位和作用、教育督导管理体制机制的完善、现代教育督导体系的建设、教育督导队伍的专业化建设等重点问题，国家教育督导部门领导及来自北京、上海、天津、重庆、江苏、湖南、陕西等地教育督导部门代表齐聚一堂，分享教育督导的理论研究、政策举措和实践探索，部分教育督导研究专家进行了深入剖析和对策建言。

此次教育督导与评价研讨会的召开，不仅为各省市搭建了深入理解教育治理政策导向的平台，交流各省市教育督导与评价的最新改革成果，同时，对于进一步从现代教育治理的高度理解和定位教育督导的功能和内涵，推进现代教育督导改革起到积极的推动作用。

5. 第八届两岸四地“伙伴协作与学校改进”学术研讨会

江花红胜火，江水绿如蓝。紧张筹备近一年的第八届两岸四地“伙伴协作与学校改进”学术研讨会，于2014 年9 月在江南名城——杭州揭开帷幕。这次会议由华东师范大学主办，香港田家炳基金会协办，杭州市江干区教育局和杭州凯旋教育集团联合承办，来自澳大利亚以及中国港澳台地区、中国大陆的34 个团队共计329 名专家学者参加了此次盛会。该论坛自2006 年由香港中文大学首创以来，各相关大学精诚协力，持续接力，就大学与中小学合作改进学校的价值取向、协同模式、策略与路径及其背后的深层次问题展开研讨，产出了较为丰厚的研讨成果。据悉，两岸四地“伙伴协作与学校改进”学术研讨会由叶澜教授和卢乃桂教授发起，已成功举办八届，下一届会议将由香港中文大学主办。

6. 中国教育学会教育社会学专业委员会第十三届年会

2014 年9 月19 日至20 日，由中国教育学会教育社会学专业委员会主办、东北师范大学教育学部承办的中国教育学会教育社会学专业委员会第十三届年会在东北师范大学召开。中国教育学会教育社会学专业委员会年会是全国教育社会学研究者进行学术交流和研讨的高层次平台，这是东北师范大学首次承办的全国性教育社会学学术会议。来自北京大学、南京大学、浙江大学、北京师范大学、台湾师范大学、南台科技大学等36 所大学和科研院所的近百名代表参加了年会。该届年会的会议主题为“教育社会学的想象力”和“困境中的学校”，旨在梳理教育社会学学科之眼并以更深刻的理论洞察力透视学校教育。会上，贺晓星、邬志辉、李新乡以及东北师范大学教育学部于伟教授、安徽师范大学周元宽副教授、台湾师范大学卯静儒教授、南京师范大学高水红副教授、北京大学刘云杉教授、华中师范大学王珺教授、河北大学傅松涛教授、北京师范大学康永久教授、湖北大学明庆华教授、辽宁师范大学李德显教授、广西师范大学王彦教授分别就年会主题作了相关主题报告。与会人员还围绕教育世界的社会流动、乡村经济、社会分层、社会流动、教育效率、教师信念、教师发展等问题进行了深入研讨。

7. “公民道德与社会主义核心价值观”学术研讨会

由教育部人文社会科学重点研究基地郑州大学公民教育研究中心主办的“公民道德与社会主义核心价值观”学术研讨会于2014年11月1日至2日在郑州大学召开。

此次会议主题为：公民道德与社会主义核心价值观。包含以下五个主要议题：

（1）目前我国公民道德建设的总体状况与面临的难点、焦点问题；

（2）全面提高公民道德素质的根本要求、主要内容和基本路径；

（3）公民道德与社会主义核心价值观的内在契合性与良性互动；

（4）培育践行社会主义核心价值观在全面提高公民道德素质中的地位和作用；

（5）与会议主题相关的其他问题。

来自武汉大学、北京师范大学、中山大学、电子科技大学、华东师范大学、黑龙江大学、湘潭大学、北京理工大学、苏州大学、华中科技大学、四川师范大学、中国海洋大学、南京师范大学、天津师范大学、中国地质大学、上海大学和天津社会科学院等30多所高校和科研机构的60多位专家学者参加了此次会议，共提交学术论文55篇。

8. 两岸四地大学教学文化与教师发展学术研讨会

11月16—19日，由厦门大学高等教育发展研究中心、厦门大学教师发展中心、高等教育质量建设协同创新中心和福建省高校教师发展中心联盟联合举办的2014年“两岸四地大学教学文化与教师发展学术研讨会”在厦门大学召开。我国高等教育学科奠基人、厦门大学文科资深教授潘懋元，台湾逢甲大学副校长邱创乾，香港理工大学总监何淑冰等200余名海峡两岸及香港、澳门的专家学者齐聚厦门，共同探讨大学教学文化与教师发展的热点议题，促进海峡两岸及香港、澳门大学在教师发展方面的合作与交流，促进大学教育教学质量的提高。

厦门大学副校长邬大光在17日上午的开幕式上代表学校欢迎各位来宾，他回顾了自己对“教学文化”和“教师发展中心”这两个概念的认识和熟悉过程，指出，这两个概念属于“外来概念”，但是却对今天高等教育质量的提升有着十分重要的意义，希望各位参会嘉宾积极畅所欲言，共同推进海峡两岸及香港、澳门教学文化变革与教师发展的研究和实践。

厦门大学潘懋元做主旨演讲。他表示，如何提高大学教学质量是个全球性课题，当前，高等教育已从量的增加转变为质的提高，高等教育质量的提高，与社会进步发展是相辅相成、互相促进的。教学改革创新是提高高等教育质量的核心，大学教师发展则是高等教育质量提升的基础。“教学文化”和“教师发展中心”是新概念，一定要把传统的教学理念与当前教育发展提出的新理念相互融合，共同促进现代大学建设。

研讨会在11月17日上午和18日下午举办两场大会，11月17日下午和18日上午开设四个平行论坛，其中，第一论坛主题为大学教学文化研究；第二论坛主题为大学教师发展；第三论坛主题为大学教学研究；第四论坛主题为大学教师发展比较研究。

（摘自网页）

（二）教育政策与教育法学专业

1. 教师权益保护研讨会

2014年5月10日，教师权利及其法律保障学术研讨会在北京大学凯原楼报告厅隆重举行，来自全国40余家政府机关和科研院校的领导、专家学者共80余人出席会议。此次研讨会以教师权利及其法律保障为主题，围绕教师权利的基本理论、教师参与学校治理、教师人事管理制度和教师权利救济制度四大议题展开讨论。

首先，就教师权利的基本理论进行了探讨。北京师范大学余雅风教授主张把教育权还给教师，教师教育权兼有权利的属性和职责的内涵。教师的教学、科研等自由是有边界的，应受到一定限制。内蒙古科技大学李永林教授指出，章程应着重体现教师作为大学主人的地位，以上位法为依据将教师权利实在化、具体化，丰富各项权利的内涵，发展并明确新的权利形态，如教师人格尊严保障、职位保障以及社会服务等权利。中央民族大学郑毅博士以《中央和国家机关差旅费管理办法》第25条为例，探讨科研经费管制与教师学术自由之间的关系。提出应取消经费的统一管理模式，针对来源不同实现管理制度的多元化，充分利用间接费用，并为纵向经费松绑，同时发挥教师在民主治校中的推动作用。

其次，就教师参与学校治理进行了讨论。中央民族大学熊文钊教授探讨了教授委员会在我国的历史以及当下的发展，指出教授委员会在蔡元培时期的北京大学就已存在，教授委员会的设置初衷是让教授集体分享学术决策权力。华南师范大学胡劲松教授以《学校教职工代表大会规定》中的条款为例，认为高校教代会在参与人事管理与监督中是以制度形态而非组织形态存在的，主要发挥的是信息交流和意见沟通的平台作用。西南政法大学朱玉苗博士认为对教师学术自由的侵犯主要来自同行，需要规范和落实同行评议制度，应让教师参与大学治理、教师治校而非校长治校，以及推行学术组织民主。

再次，就教师人事管理制度进行了探讨。武汉大学法学院江国华教授认为当下中国高校教师聘用制度存在畸形。高校应成立代表教师利益与学校谈判的组织，应解决好集体合同与个性合同的关系，解约条件应事先明确规定，以自动续约为原则。中国人民大学杨建顺教授认为上述观点值得肯定，矫正畸形的聘用制度须厘清聘用合同与劳动合同，重新审视大学教师权利与大学使命。清华大学于安教授认为终身教职制度选题较好，契合当前高等教育改革中人事制度改革的重任。北京市社会科学院成协中研究员从程序正义着眼，探讨了大学教师职称评审的程序问题。北京大学张冉教授以一次模拟法庭为例，阐述了高校教师聘任中的法律问题。

最后，就教师权利救济制度进行了探讨。教育部法制办公室王大泉主任阐述了建立教师申诉制度的必要性和可行性。教师申诉属于行政监督机制，对因教师特定权利产生的纠纷处理，公办与民办学校的教师在适用上应有所区别。台湾高雄大学张永明教授介绍了台湾教师权利保障及司法实务情况，指出大学教师有学术自由，中小学教师有讲学自由。北京市高级人民法院行政审判庭程琥庭长结合司法实践，对教师工伤保险权利作了报告。中国青年政治学院伏创宇博士评议时认为，将教师工伤纳入《工伤保险条例》可能存在问题，以工作原因作为认定工伤的主因有失偏颇。

2. 中国教育学会教育政策与法律研究分会年会

2014年10月31日—11月2日，中国教育学会教育政策与法律研究分会论坛在浙江召开。会议围绕“积极推进国家教育治理体系建设：约束与创新”的主题进行理论研讨和实践考察。10月31日，来自全国该领域的专家学者齐聚浙江大学会场，共同探讨在教育领域全面推进国家治理体系和治理能力现代化的重大政策主题。11月1—2日，论坛移师温州考察民办教育综合改革试点情况。

推进依法治教，以法治引领改革方向。目前我国教育法律框架虽已基本形成，但依法治教并未成为教育行政部门普遍的行为规范，政府在履行管理职能时不作为和乱作为，在部分领域违法行政，仍是较为常见的现象。产生这一现象的原因，既有部分教育法律法规规定较为模糊，罚则缺乏或罚则不具体难于操作的问题，也有政府法治意识淡漠，缺乏法律常识的问题，以致有法不依、执法不严、违法不究成为教育法治建设的痼疾，教育治理体系建设已经滞后于当前政治体制改革和依法治国的进程。与会者提出了现阶段推进教育法律治理体系建设的主要内容。首先，要完善教育法律体系，不仅要实现教育法律与宪法的衔接，还要根据《教育规划纲要》提出的六修五立要求加快法律制定与修订。在立法上，要加强和完善立法制度建设，深入推进科学立法、民主立法和立法公开，对部门间争议较大的重要立法事项由决策机关引入第三方评估。其次，政府要增强教育法治观念，制定明确的权力清单，严格依法分配教育资源，从行政干预走向执法监督，提高执法水平。最后，以权力监督与非权力监督的结合实现违法必究。

改革治理模式，提升教育治理能力。以构建政府、学校、社会新型关系为核心，以推进管办评分离为基本要求，以转变政府职能为突破口，建立系统完备、科学规范、运行有效的制度体系，形成政府宏观管理、学校自主办学、社会广泛参与的格局，这是推进教育治理体系和治理能力现代化的核心内容。对此，与会代表就如何改革治理模式、提升治理能力，从理论和实践视角出发提出了各自的观点。

以民办教育综合改革为中心的实践考察。温州是全国民办教育综合改革试点进程中“改革的力度最大，推进的速度最快，试点的成效最显著”①的地区，初步形成了营利性和非营利性民办学校分类管理政策体系，改革创新涉及法人属性、产权制度、办学体制、财政资助、投融资体制、教师队伍建设、现代学校制度建设等方面。国家法律法规层面一直将民办教育界定为公益性事业，而将边界模糊的民办教育全部界定为公益性导致了学界的争论。结合温州民办教育综合改革的制度创新实践，与会者围绕着民办教育的公益性问题展开探讨。与会者的主要观点如下：（1）教育是培养人的活动，不以营利为目的，无论公办教育还是民办教育都应具有公益性。（2）公益性指向教育具有正的外部性，无论营利性还是非营利性，教育都具有公益性，营利性并不贬损教育的公益性。（3）目前关于公益性的争论主要是会计准则层面的，强调的是公益组织的性质，指组织的结余不向举办者分配，是一种分配的公益性。（4）对《教育法》第二十五条关于不得以营利为目的的规定应加以辩证理解。只要办学是以育人为目的，通过改善办学条件，提升办学质量，产生办学效益可视作非营利，而以牺牲办学质量、缩减办学成本获取盈余则是营利行为。

3.“大学治理与制度创新”高层论坛会议

2014年12月28日，“大学治理与制度创新”高层论坛在北京师范大学召开。与会者围绕大学治理与制度创新这一主题展开了热烈的研讨。

关于大学治理问题，来自沈阳师范大

---

① 2013年10月，教育部向全国各省（自治区、直辖市）推介温州民办教育改革经验，鲁昕副部长在推介信中用“改革的力度最大，推进的速度最快，试点的成效最显著，改革试点的经验值得借鉴”评价温州市的改革工作。

学的孙绵涛教授从大学治理的概念出发，探讨了要为大学治理建立一个分析框架和理论体系，主要包括三个要素：谁治理、治理的内容和怎样治理。治理的主体要从内外两方面考虑：外部主体是大学、政府和社会；内部主体是大学的各个利益主体在外部所表现的组织形态。治理的内容包括协调大学、政府与社会的关系，协调大学内部的组织、工作与人员的关系。大学治理要协调好大学内外部主体的权力关系，主要是围绕行政权力、学术权力和民主权利三个方面来进行。

关于大学制度创新问题，来自“国立”台北教育大学的周志宏教授发表了关于台湾公立大学法人化的谈话。关于公立大学是否应该法人化在台湾一直是备受关注的问题，主要有三个方面：大学是否应该法人化；成为何种法人；如何保障大学自治。周教授指出法人化是公立大学发展的必然趋势。华南师范大学的谢少华教授认为，讨论大学管理制度创新，十分重要的前提是必须厘清或确定与高等教育有关的两个层面的关系：高等教育在整个社会中的地位和作用；大学内部的各个层次和各种类型组织机构之间的关系。界定高等教育在社会中的地位和作用首先要明确大学特别是公立大学的法人属性，指出要想达到大学内部几个主体之间的关系平衡和平等，应坚持统而不死、活而不乱、话语平等的基本原则。认为作为大学创造性活动主体的学生，其平等话语权尚未得到充分保障，并未完全纳入大学内部治理框架中去。

关于大学的改革与发展问题劳凯声教授指出了五点我国高校近年来出现的值得关注的新动向：一是清华大学和北京大学的综合改革方案的批准意味着在我国已经延续了近30年的（1985年以来）教育体制改革在高等学校领域可能会出现新的变化。二是关于大学章程，劳凯声教授认为大学章程有可能提高中国大学的社会地位，有可能实现中国大学的自治与自主。三是学术权力的概念得到了重视，出现在近两年教育部制定的几部重要规章中。四是治理一词的提出。五是学术自由得到了重视。他指出中国的高等学校发展处于转折期，存在若干制约因素。

（谢蓉蓉）

（三）农村教育专业

1. 农村教育区域创新与特色发展暨首届“现代田园教育”研讨会

2014年9月24—26日，由教育部教育发展研究中心、教育部人文社会科学重点研究基地东北师范大学农村教育研究所、中国人民大学教育学院、统筹城乡教育研究中心联合主办，四川省蒲江县教育局承办的“农村教育区域创新与特色发展暨首届‘现代田园教育’研讨会”在蒲江县顺利召开。

教育部基础教育一司、四川省教育厅、成都市教育局以及蒲江县的相关领导出席会议并讲话，来自东北师范大学、清华大学、中国人民大学、北京师范大学、西南大学等十余所高校和研究机构的教育专家以及北京市，吉林省长春市，云南省保山市，四川省乐山市、眉山市等基础教育实践一线的教育行政人员、校长和教师共计100余人齐聚蒲江，他们以蒲江现代田园教育的发展特色为基础，着重在农村教育的功能与价值、农村教育的制度与模式等议题上进行了深入的研讨。作为此次会议的主办方，东北师范大学农村教育研究所全体教师参加了此次会议。

此次会议是在城镇化迅速发展并给予农村学校强烈冲击的背景下召开的，一些地区的农村学校面临着发展的困境和挑战，农村教育在时代剧变和社会转型中显得准备不足，也有诸如成都市蒲江县、长春市宽城区等地区在积极思考中闯出了一片新的天地，为当地农村教育发展寻求了新的出路，为其他地区的教育改革提供了有价值的启示。此次会议的召开，是东北师范大学农村教育研究所一贯坚持的“研究农村教育，服务农村教育，促进农村发展”宗旨的体现，它将为农村教育的区域创新和特色发展提供新的契机。

2. 全国中小学劳动与技术教育研讨会

为了深入贯彻党的十八大和十八届三中全会精神，特别要学习贯彻十八大报告提出的把“立德树人”作为教育的根本任务，以及十八届三中全会进一步提出的要“坚持立德树人”的指示精神；学习山西李寨中学劳动技术教育的先进经验。由中国教育学会《中小学地方课程建设研究》总课题组、教育部人文社会科学重点研究基地东北师范大学农村教育研究所主办的“全国中小学劳动与技术教育研讨会”于2014年10月23日在山西晋城召开。

参加此次会议的有教育部原副总督学、中国教育学会原常务副会长、《中小学地方课程教材建设研究》课题总课题组组长郭振有，国家教委原专职委员、清华大学教授、中国教育学会副会长林炎志，中国教育学会农村教育分会负责人韩清林以及部分省市教育部门负责人和教育领域专家等30余人。东北师范大学农村教育研究所李伯玲教授作为主办方代表出席了本次会议。

劳动技术教育关系着国家的长远发展，把劳动技术教育重新纳入中小学教育课程体系中是当务之急。劳动技术教育是马克思主义人的全面发展理论的重要构成，是社会和经济发展的时代呼唤，是国际社会长期以来汇聚的基本共识，而且在历史上经历了从重视到忽视的转变，因此劳动技术教育回归课程教学的应有地位很有必要。会议期间，与会人员还深入山西省泽州县李寨中学，就该校综合实践活动开展情况进行了实地观摩。

经过专家主题发言和集中研讨，参会人员一致建议要回归和还原劳动技术教育的学科地位；建立劳动技术教育课程标准，实行国家课程，地方教材制度；加强劳动技术教育课的师资队伍建设；加强国家对劳动技术教育的管理和投入，做好基地和设施设备建设。此次会议的举办对我国劳动技术教育学科的发展和地方教材的编撰制度等多个方面有着深远的影响。

3. 新城镇化背景下义务教育改革与发展机制研究学术研讨会

2014年11月15—16日，由教育部人文社会科学重点研究基地东北师范大学农村教育研究所主办，盐城师范学院承办的学术研讨会在江苏盐城顺利召开，此次会议的主题是“新城镇化背景下义务教育改革与发展机制研究”。参加此次会议的有来自东北师范大学、北京师范大学、西南大学、南京师范大学、首都师范大学、河海大学、鲁东大学、盐城师范学院、牡丹江师范学院、黄冈师范学院、潍坊学院、临沂大学等高校以及吉林省教育科学院等科研机构的专家学者，还有来自《探索与争鸣》等期刊的媒体人士，盐城市教育局和盐城师范学院的领导出席会议并讲话。

参与人员来源分布全国各地，发言主题涉及城乡教育布局、新城镇化背景下的城乡教师流动、随迁子女入学教育、教育经费管理体制等，既有对城镇化进程中基本问题和基本理论的思考，又有针对具体问题提出政策解决的思路和建议，是一次有结构、有层次、有思想的学术研讨会。通过此次会议的召开，农村教育研究所不仅分享和获得了关于城镇化背景下义务教育改革和发展机制的学术成果和实践智慧，更重要的是让“城镇化”与“教育”的关系成为更多主体思考的议题，达到集思广益的目的，使得更多的人为我国当前义务教育改革和发展中的机制困境提供更大范围、更加深入的智力支持。

（齐海鹏）

（四）比较教育学专业

1. 华东师范大学国际与比较教育研究所50周年庆典暨全球教育改革趋势高峰论坛

2014年10月16日，“华东师范大学国际与比较教育研究所50周年庆典暨全球教育改革趋势高峰论坛”在华东师范大学召开。来自北京师范大学、东北师范大学、南京师范大学、华南师范大学、西南大学、浙江大学、辽宁师范大学以及华东师范大学的专家学者齐聚一堂，在庆贺华东师范大学国际与比较教育研究成立50周年的同时，共同探讨了我国当前比较教育发展的状况、全球化背景下世界各国的教育理论与改革实践，以及我国教育事业从中应当汲取的经验和未来的发展道路。

北京师范大学的王英杰教授提到了当前比较教育学科发展所遭遇的三个关键问题：（1）学科界限模糊；（2）没有自己独特的研究范式；（3）教育各个分支学科都在做比较教育研究，比较教育正在失去自己的领域。西南大学的陈时见教授则是从对于比较教育学科一些基本理论的反思入手，提出了学科概念和知识体系的重建问题。东北师范大学的张桂春教授联系华东师大比较所50年的历史谈论了比较教育学的使命。在此次论坛中，不少学者就全世界范围内为提高教育质量、提升国际竞争力而进行的各级各类教育改革实践进行了介绍，为我国更好地应对新自由主义等思潮影响下的教育变革提供了宝贵的经验。

2. 全军第二届比较军事教育学术研讨会

中国应培养怎样的军事人才？如何培养军事人才？如何根据现代战争的特点，深入探讨军事人才培养规律？这既是军事教育面临的重要实践课题，也是军事教育理论研究的题中应有之义。历史经验证明，所有国家在面临军事建设和军事改革的问题时，都是从学习外国先进经验开始的。借鉴外国军事教育经验，推动我国军事教育的改革发展，是比较军事教育的历史使命所在。2014年10月16—17日，由中国军事教育学会主办、空军预警学院承办的“全军第二届比较军事教育学术研讨会”在空军预警学院隆重举行。

此次比较军事教育学术研讨会的召开，恰逢全军体制编制调整改革论证的关键之年，中国军事教育改革发展已经站在一个新的历史起点，面临着一些新的挑战需要去研究、去探索。世界新军事变革与中国现代化军队建设，使得中国军校必须有国际视野并参与国际竞争，推进比较军事教育的进一步深化发展，是时代对广大军事教育研究者提出的迫切需求，也是我军军事教育改革与发展的必然要求。研讨会以“比较军事教育：探索、拓展、深化”为主题，围绕比较军事教育建设与发展、军事人才培养、中外军队院校教育改革、研究生教育、士官培训、教员队伍建设等当前军事教育改革与发展中的重点热点问题展开了深入研讨。

3. 中国教育学会比较教育分会第17届年会

2014年12月20—21日，由中国教育学会比较教育分会主办、华南师范大学教育科学学院与中山大学教育学院共同承办的中国教育学会比较教育分会第17届年会在广州华南师范大学隆重召开。来自全国各地的专家学者、研究生代表共300余人参加了此次会议。此届会议主题为“全球视野下的教育治理”，分设了比较教育学科建设、教育理论与思想、教育全球化与国际化研究、高等教育治理研究、教育改革与发展研究、美国高等教育治理研究等16个议题作了116场报告，与会代表提交论文186篇。此届年会主题集中、内容丰富、讨论热烈，取得了圆满成功。

国务院学位委员会教育学科评审组召集人、中国教育学会比较教育分会会长王英杰教授在开幕词中对当前我国比较教育学科的发展进行了全面回顾和深刻点评。他指出，当前比较教育学科正处于重要的发展关键时期，这与我国在全球化进程中从消极、被动的地位向积极主动的姿态转变密切相关。他鼓励我国比较教育研究者尤其是青年学者树立坚定的学科自信，要有所作为。中国教育学会名誉会长顾明远先生专程从北京前来致祝贺词，他回顾了比较教育产生及发展历程，指出当前国际形势正在发生变化，世界各国越来越关注中国的教育，比较教育学者要有使命感，将中国教育改革发展的经验向世界传播。顾先生指出，比较教育工作者肩负着非常重要和特殊的使命，就是要关注国际教育组织的发展，参与国际教育组织的工作。顾先生还对年轻学者寄予厚望，相信随着越来越多的青年学者参与比较教育研究，比较教育学科一定会取得更大的成就！

大会还特别邀请了国家教育咨询委员会委员、联合国教科文组织协会世界联合会副主席陶西平教授和中国教育学会教育学分会副理事长、华南师范大学教育科学学院扈中平教授分别作了大会主题发言。大会就比较教育学科建设与发展、教育全球化与教育治理研究、国别教育改革与中外教育比较、教师教育发展与比较教育研究进行了探讨。

（潘武玲、程平）

（五）教育史专业

1. 第八届两岸四地教育史研究论坛

2014年11月29—30日，由澳门大学与澳门特别行政区教育暨青年局共同举办的“第八届两岸四地教育史研究论坛”在澳门大学隆重召开，来自大陆和港澳台的70多位专家、学者、教师和学生参加了此次会议。两岸四地教育史论坛始于2007年，至今已连续召开八届，成为海峡两岸及香港、澳门教育史研究同行的重要学术交流平台，且一直保持着小规模高水准的特点。11月29日上午，该届论坛举行了简洁而又隆重的开幕式，澳门特别行政区政府教育暨青年局梁励局长，澳门大学教育学院范息涛院长等领导出席了开幕式。该届论坛的主题是“通古今之变——教育·叙事·研究”，与会的专家学者就教师教育、教育史研究、课程与教学、教育政策、教育叙事五个议题发表了研究成果，分享了教育史研究的新趋势。厦门大学的刘海峰教授作了题为“闱姓赌博：清代广东与澳门的科举习俗”的大会报告，此外还有浙江大学教育学院田正平教授对南京国民政府初期教育厅长群体的研究，华东师范大学教育高等研究院丁钢教授对以村童与塾师为主题的风俗画的教育诠释，台湾师范大学教育系周愚文教授对吴汝纶的日本教育考察与晚清学制之间关系的探讨，北京师范大学教育学部李子江教授对哈佛大学章程的溯源等。与会人员通过讲座交流、经验分享等环节，深入研讨了教育史研究的理论与现实问题，积极为提高教育的研究与教学提供理论指导和育人良策，推动了教育事业的发展。同时，海峡两岸及香港、澳门的专家学者、研究生共聚一堂，共同探究教育史研究的新趋势，一起交流观摩，增进了各地学者之间的友谊。此次研讨会的召开对促进澳门乃至全国文化教育事业的发展、教育史研究水平的提高将产生积极影响。

2. 中国教育学会传统文化教育中心成立大会暨第一次学术会议

2014年12月13—14日，中国教育学会传统文化教育中心成立大会暨第一次学术会议在山东济南召开，来自全国各地近400所传统文化特色学校的校长、教师以及传统文化教育与研究方面的专家学者出席此次会议。北京师范大学徐勇教授受聘担任中心主任委员。上午9时，中国教育学会秘书长杨念鲁宣布传统文化教育中心成立，并宣读中国教育学会传统文化教育中心第一届委员会批复意见，以及委员、主任、副主任名单。随后，中国教育学会学术委员会副主任委员郭振有教授和北京师范大学博士生导师徐勇教授分别作了题为“中国传统文化与立德树人”“传统文化教育为什么是现在”的学术报告，将大会推向高潮，引起了与会者的共鸣。此次大会的召开标志着一个新的起点，标志着在传统文化教育方面会有更多的志同道合者精诚团结，引导中国传统文化教育实现健康、持久的发展。为期一天半的会议取得了多方面的成果，与会者经过交流和讨论，明确了今后工作的方向，进行了富有启发的学术探讨，为从事传统文化教育的研究者和学校建立了更加紧密的联系。

3. 教育史分会第十五届年会

2014年12月20—21日，由中国教育学会教育史分会主办，浙江师范大学教师教育学院承办的中国教育学会教育史分会第十五届年会在浙江金华隆重召开。中国教育学会教育史分会名誉理事长浙江大学田正平教授、理事长北京师范大学张斌贤教授、副理事长华东师范大学杜成宪教授、华中师范大学周洪宇教授、宁波大学贺国庆教授、国际教育史专家埃克哈特·福斯（Eckhardt Fuchs）教授以及来自全国各地的教育史学专家学者、研究生代表420多人参加了会议。中国教育学会教育史分会秘书长、北京师范大学徐勇教授主持会议，浙江师范大学副校长楼世洲教授代表学校致辞，对与会代表来校表示欢迎，并介绍了学校的办学历史和办学特色，期待大会能增进了解、促进交流、加强合作，并希望与会学者能对校相关学科建设提出意见和建议。中国教育学会教育史分会理事长张斌贤教授作大会主旨发言，充分肯定了教育史学科的良好发展及研究成果。开幕式结束后，田正平教授、王保星教授、胡铁球教授、Eckhardt Fuchs 教授分别作了题为“修身、读书、治家——《曾国藩日记》阅读札记”“从‘课程开发’到‘课程理解’：20世纪美国课程范式变迁的历史解析”“江南契约文书的搜集与教育文献”、*ISCHE and the Field of History of Education：History，Current Status，Perspectives* 的大会主旨发言，以新颖的视角给参会代表留下了深刻印象，并引发了热烈讨论和思考。

（施克灿、李子江）

（六）教育技术学专业

1. 第四届全国中小学数字化校园建设学术交流暨技术发展展示大会①

2014年4月25—28日，由北京师范大学教育技术学院策划，北京师范大学南山附属学校承办的第四届全国中小学数字化校园建设学术交流暨技术发展展示大会（The 4th National Conference of Digital Schools for K12，NCDS-K12）在深圳南山区召开。会议代表分别来自新加坡、中国台湾、中国大陆等，中国大陆代表包括北京、广东、上海、天津、湖北、陕西、福建等13个省市区，参会代表不仅包括知名教育技术专家，也包括中小学信息化建设的学校管理者、一线教师、区域教育信息化推进相关部门，以及为中小学信息化建设提供技术支持的知名企业。教育部政策

① 第四届全国中小学数字化校园建设学术交流暨技术发展展示大会（http：//fe. bnu. edu. cn/html/002/1/201405/12055. shtml）。

规划司副司长柯春晖先生出席了此次会议开幕式，并就信息技术对教育教学的革命性影响进行了高度阐释。

此次大会的主题为“教与学的方式重构——21 世纪的学习革命”，为此大会专门邀请了多位知名教育技术专家作特邀报告，从不同视角对当前中小学数字校园建设中的核心问题加以诠释。北京师范大学教育学部副部长余胜泉教授作了题为“从数字教育到智慧教育”的主题报告，余教授首先指出了信息社会技术发展的生态化大趋势，随后，介绍了智慧教育的内涵以及近年来国际上不同国家在智慧教育的构架与实践，最后，余教授指出智慧教育并不单单是一个词的概念，更重要的是它带来了教育的转型，从数字教育到智慧教育的理念、教学、学习、管理以及评价的转型。

上海师范大学教育技术学系黎加厚教授的报告主题为“微课程教学法与教与学意义下的教学方式重构”，黎教授首先介绍了“翻转课堂”“可汗学院”“微课程”产生的时代背景以及在实践中的现状和困惑，进而提出在中国实践中的“微课程教学法”，强调微课程结构、教学组织方式、微课程视频资源、教学评价等各个方面的系统设计，在报告中黎教授特别介绍了微课程视频设计，正确把握微课程教与学的意义。

南京大学网络化学习研究所桑新民教授的报告主题为“中小学课堂向何处去——太极学堂的理念与实践设计”，桑教授首先介绍了教育信息化的新阶段标志，由 MOOCs 为代表的实践突破尝试，进而提出中小学课堂的创新和教室突破，设计与创造 21 世纪中国特色的高效课堂，引入“太极学堂之绿色学习理念”的构架。

台湾科技大学蔡今中教授作了题为“教育技术研究新趋势”的主题报告，从“行动学习”“游戏化学习”“TPACK”“增强现实”等几个当前教育研究热点介绍了技术融入教学的国际研究与实践。

此次会议还邀请了当前国内在数字校园实践过程中在建设、应用、评价等方面具有突出特色的区域和学校作分享报告，区域报告覆盖了北京教育网络和信息中心、广州天河区教研室、深圳南山区教育信息中心、上海闵行区教育学院等；学校报告主要来自北师大二附中、江苏扬州文津中学、北京丰台二中、广东碧桂园学校、珠海四中等。

这届会议在 NCDS-K12 前三届会议（前两届在北京，第三届在南京召开）的形式基础上新增设了公开课（平板电脑应用于中学语文、数学两个主学科）、技术沙龙等开放、深入的交流环节，促进了专家和一线代表的零距离接触和经验分享。

2. 第五届全国数字校园建设与创新发展高峰论坛①

2014 年 5 月 17—18 日，第五届全国数字校园建设与创新发展高峰论坛在华中师范大学举办。国内外教育技术界权威专家学者和研究人员，各省市各级各类学校主抓数字校园建设的学校领导、技术骨干，

① 《第五届全国数字校园建设与创新发展高峰论坛将于 2014 年 5 月在华中师范大学举行》，《电化教育研究》2014 年第 5 期；《第五届全国数字校园建设与创新发展高峰论坛在华中师范大学举行》，《电化教育研究》2014 年第 6 期；《“智慧时代：大数据技术与教育变革”——第五届全国数字校园建设与创新发展高峰论坛于 5 月召开》，《现代教育技术》2014 年第 3 期；《“智慧时代：大数据技术与教育变革”——第五届全国数字校园建设与创新发展高峰论坛于 5 月召开》，《现代教育技术》2014 年第 4 期；宋述强：《第五届全国数字校园建设与创新发展高峰论坛在华中师范大学举行》，《现代教育技术》2014 年第 6 期；教技：《第五届全国数字校园建设与创新发展高峰论坛在华中师范大学举行》，《远程教育杂志》2014 年第 4 期；http：//www. ccnu. com. cn/news/dangzhengxinwen/2014/0519/9365. html。

国内外教育信息化行业领军企业的负责人、技术总监等200多名代表参加。此届论坛的主题为“智慧时代：大数据技术与教育变革”。论坛在解读和总结前一阶段我国教育信息化与数字校园建设领域运行情况与热点问题的基础上，探讨教育信息化理论与教学应用的前沿问题，就数字校园的发展趋势及技术走向展开讨论与交流。与会专家探讨了教育信息化政策解读与体制机制研究、智慧校园标准研究与应用、信息化时代的教学环境、大数据技术与应用发展、MOOC课程开发与建设、翻转课堂教学模式应用研究等前沿课题。

清华大学电教中心主任、继续教育学院副院长吴庚生教授主持开幕式。湖北省教育厅副厅长黄俭、国家开放大学副校长张少刚、教育部教育信息化技术标准委员会主任祝智庭先后致辞。华中师范大学杨宗凯校长作了题为“智慧时代的教育变革”的报告，他从“技术与教育的融合变革”这一视角深入地阐释了未来教室、未来教师和未来教育的发展趋势。

自2010年开始，全国数字校园建设与创新发展高峰论坛每年举办一届，得到了教育部主管教育信息化工作的领导，国内外教育技术界权威专家学者，各省市各级各类学校主抓数字校园建设的学校领导、技术骨干，国内外教育信息化行业领军企业的负责人、技术总监等各方面的积极参与和大力支持。与会的领导和专家代表观点碰撞、深入交流，对总结前期经验、促进我国教育信息化建设和数字校园创新发展都产生了积极影响。

3. 开放教育资源与教学改革国际研讨会①

开放教育资源的开发与利用是近年来世界各国教育信息化进程中的一个新关注点，开放教育资源的建设对各级各类教育教学改革都带来了巨大的机遇与挑战。2014年5月23—25日，开放教育资源与教学改革国际研讨会暨浙江大学第五届教育信息化论坛在浙江大学紫金港校区举办。此次论坛由国际华人教育技术学会亚太分会、浙江大学教育学院主办，教育学院现代教育技术中心承办。来自纽约州立大学、印第安纳州立大学、香港大学、清华大学、北京大学、华东师范大学等80余所海内外高校与相关教育机构教育技术领域的专家学者310余人出席。论坛主题为“开放教育资源与信息化环境促进教学变革”，旨在组织海内外教育研究者和实践者就开放资源建设应用的前沿、热点问题展开讨论，分享有关教学资源与教学环境建设的研究成果与实践经验，以推动数字化学习进程，有效提升我国教育信息化水平。大会收到

① 《“开放教育资源与教学改革国际研讨会暨浙江大学第五届教育信息化论坛”在浙江大学举行》，《电化教育研究》2014年第8期；《开放教育资源与教学改革国际研讨会将于5月在浙江大学召开》，《中国电化教育》2014年第4期；《“开放教育资源与教学改革国际研讨会暨浙江大学第五届教育信息化论坛”在浙江大学召开》，《中国电化教育》2014年第7期；本刊讯：《开放教育资源与教学改革国际研讨会五月在浙江大学召开》，《开放教育研究》2014年第2期；沈丽燕：《“开放教育资源与教学改革国际研讨会暨浙江大学第五届教育信息化论坛”在浙江大学召开》，《现代教育技术》2014年第6期；沈丽燕：《“开放教育资源与教学改革国际研讨会暨浙江大学第五届教育信息化论坛”在杭州召开》，《现代远程教育研究》2014年第4期；《今年5月浙江大学召开开放教育资源与教学改革国际研讨会》，《现代远程教育研究》2014年第2期；紫金：《开放教育资源与教学改革国际研讨会5月在浙江大学召开》，《远程教育杂志》2014年第2期；丽燕：《“开放教育资源与教学改革国际研讨会暨浙江大学第五届教育信息化论坛”在浙江大学召开》，《远程教育杂志》2014年第4期；http：//www. ced. zju. edu. cn/chinese/redir. php？catalog_id = 11&object_id = 87831。

了国内外各高校的30余篇报告论文，内容涉及虚拟学习社区、社交网络学习、MOOCS、开放教育资源建设与应用、微学习等多个领域。多位国内知名学者先后作报告，华东师范大学祝智庭教授的“教育变革中的技术力量”、清华大学程建钢教授的“OERs与基于资源的自适应学习研究”、香港大学张伟远教授的“开放教育资源的发展和走向”、浙江大学陆国栋教授的“信息技术环境下研究型大学教学模式的创新与实践”、南京师范大学李艺教授的“于模板匹配的硬笔汉字书写与在线评价系统的研发与应用”、浙江大学张剑平教授的“虚实融合环境下的非正式学习问题研究”等报告为大会带来了理念、技术、应用之间的交流和碰撞。

为期两天的论坛中，各专家学者通过多种形式对开放教育发展对教育变革的重大影响、开放教育资源建设发展的宏观预期到具体开放教育资源的开发建设进行了梳理，提供了对开放教育研究的诸多前瞻性建议。

4. 第十届全国教育技术学博士生论坛①

全国教育技术学博士生论坛是我国技术学博士生交流研究成果、提升创新能力的重要平台。2014年5月27日，第十届全国教育技术学博士生论坛在华东师范大学（中北校区）举办。论坛由华东师范大学教育科学学院教育信息技术学系主办。本次论坛以教育技术前沿热点“智慧教育”为主题，以“促进学术交流、探索学术前沿、激励学术创新”为宗旨。论坛通过我国著名教育技术专家作大会报告，博士生分会场论坛以及专家“一对一”点评的形式为广大教育技术学博士生提供一个探求真知、相互启迪、激发创新的学术交流平台。

论坛主要议题包括：学习科学、计算机辅助合作学习、人工智能教育应用；数字化教室、行动与无所不在学习；游戏化学习与社会；科技与高等教育、成人学习与人力绩效；科技增强语言学习；教师专业发展、政策及学习评量；数字科技，创新与教育；智慧教育与未来教室。

5. 中国教育技术协会信息技术教育专业委员会第十届学术年会②

2014年7月29日至30日，中国教育技术协会信息技术教育专业委员会第十届学术年会在贵州师范大学召开。此次会议由中国教育技术协会信息技术教育专业委员会主办、贵州师范大学承办，主题为“信息技术教育与学习创新”，旨在研讨新时代背景下信息技术教育与学习创新与发展。开幕式上，专委会主任委员、东北师范大学解月光教授发表了讲话，她介绍道，中国教育技术协会信息技术教育专业委员会是经民政部正式批准的学术组织，成立于2005年，至今会龄已经10年。

为期两天的会议中进行了2个特邀报告、12个大会报告、分会场专题研讨、几十篇论文发表等学术活动。南京师范大学李艺教授，东北师范大学董玉琦教授，西北师范大学杨改学教授，北京大学贾积有教授，东北师范大学解月光教授，浙江师范大学张剑平教授，南京师范大学张义兵教授，浙江师范大学张立新教授，沈阳师

---

① 《第十届全国教育技术学博士生论坛（2004）在华东师范大学圆满落幕》（http：//www. deit. ecnu. edu. cn/s/371/t/988/eo/d2/inf0123090. htm）。

② 《中国教育技术协会信息技术教育专业委员会第十届学术年会在贵州师范大学举行》，《电化教育研究》2014年第9期；《中国教育技术协会信息技术教育专业委员会第十届学术年会》（http：//se. snnu. edu. cn/show. aspx？id＝2036&cid＝45）；http：//news. gznu. edu. cn/info/1002/29439. htm。

范大学颜士刚教授，西华师范大学陈仕品教授，福建师范大学杨宁教授，陕西省碑林教师进修学校信息部主任孙波分别作了题为“基于模板匹配的手写汉字正确性与工整性评价系统”“CTCL：教育技术学研究新范式——基本设想与初步尝试”“‘十二五’教育技术发展的新起点、新任务”“MOOC 学习行为及效果的大数据分析——以北大 6 门 MOOC 为例”“高阶思维培养与建构型学习环境设计研究”“后 MOOC 时期高校教学模式的变革与我们的实践”“网络支持下的知识创新学习——兼谈中小学如何开展数字化学习项目研究”“生态化学习——信息时代的学习属性”“技术哲学视野下教育信息化推进过程中的问题”“论高校信息化建设的治理结构”“面向实践性知识发展的师范生教育技术共同课设计与实施”“信息技术教师专业发展：问题与路径”的大会报告。他们深入浅出地围绕研究主题进行了精彩的分享，其中不乏很多实践应用的案例，引发了在场各位专家、学者的共鸣与思考。

分会场讨论于 29 日下午、30 日上午在田家炳教育书院举行，讨论围绕“信息技术教育与学习创新”主题，涵盖了信息技术课程创新、ICT 支持的知识创新学习、智慧学习环境的建设与应用、MOOC 与信息技术教育、基于大数据的学习分析及其应用等 15 个方面。讨论过程中，各位专家、学者针对自己的研究或论文作了精彩报告，报告完毕后与其他聆听人员进行了充分交流。

6. 第十六届 CBE 学会学术年会①

2014 年 8 月 11—13 日，由中国人工智能学会计算机辅助教育专业委员会主办，浙江工业大学教育科学与技术学院承办的第十六届全国计算机辅助教育（CBE）学术年会在浙江工业大学屏峰校区隆重召开，该届年会主题为“计算机与教育：实践、创新、未来”，旨在推动教育技术领域对信息通信技术研究的使用性、创新性、未来发展的关注和重视，促进新技术和新媒体的教育应用的有效性，从而进一步推进我国计算机辅助教育领域的发展。

大会特别邀请了美国斯坦福大学 Bebo White 教授、香港城市大学叶豪盛教授、华东师范大学任友群教授三位专家在该届年会上分别就 *Is ‘MOOC-Mania’ Over*、*A Kinet-affective Learning Model for Experiential Learning in Smart Ambience* 和“谁影响了谁：CSCL 与上海高中老师”主题作了精彩报告，重点分享他们 MOOCs 现在与未来、互动媒体与虚拟现实技术、混合学习的现状与未来等学术观点。

大会共有 8 个主题报告，与会者分别就慕课视域下的高校转型、mCSCL 环境下学习伙伴模型及其数据化表征、个性化学习、未来课堂、混合学习模式教学、网络考试评分、在线协作学习以及网络平台设计等主题进行了相关思考与研究的报告。

大会共设有 8 个分会场专题报告。从与会代表专题报告中发现，该届年会的论文交流充分展现了“计算机与教育”的最新发展，凸显了新技术、新媒体、新设计、新理念下的教育应用前沿，新技术、新媒体与学科教学的整合，技术课堂教学实践应用案例、效果评价等会议议题。

---

① 《全国计算机辅助教育学会第十六届学术年会将于 8 月在杭州召开》，《现代教育技术》2014 年第 5 期；晓华：《全国计算机辅助教育学会第十六届学术年会 8 月在杭州举行》，《远程教育杂志》2014 年第 4 期；第十六届 CBE 学会学术年会（http：//www.accbe.com/news/xinwen.asp? ttype = cbe&no = 52）。

7. 第二届全国网络校际协作发展论坛

2014 年 9 月 22—23 日，由教育部教育管理信息中心主办，北京师范大学、“十二五”教育科研规划重点课题“网络条件下区域间校际协作与互动的策略研究”课题组承办的第二届全国网络校际协作发展论坛在北京举办。来自全国 13 个省份的近 200 位代表参加了此次论坛。论坛以“生态化视角下的教育信息化融合实践创新”为主题，旨在探索推进区域教育信息化应用与发展的模式和策略，倡导网络校际协作学习，加强区域间校际协作与互动，促进信息技术与教学的深度融合，提高信息化教学水平；逐步普及专家引领的网络教研，提高教师网络学习的针对性和有效性，促进教师专业化发展，深入挖掘信息技术与教育教学融合的典型案例，总结交流“十二五”教育科研规划重点课题“网络条件下区域间校际协作与互动策略的研究”阶段性成果。论坛从国际化视野下的教育信息化发展趋势、信息技术与教育融合展示、区域和学校教育信息化创新实践案例分享、教育信息化与现代学校发展——校长眼中的教育信息化四个方面进行深入研讨和交流。邀请了来自美国及我国台湾地区的专家分享来自不同地域的前瞻性研究与实践，包括美国著名 K12 教育专家 Bernie Trilling 先生介绍了其最新的 21 世纪能力模型，台湾台南大学林奇贤教授讲授了虚拟学习和学习社群模式和架构以及这种学习方式对学生 5c 技能培养的实证研究，美国 FactorX 公司的联合创始人毕凯莉女士对美国最为知名的高科技中学办学特色及信息化领导进行了介绍。

8. 第十三届教育技术国际论坛（IFET 2014）①

2014 年 10 月 18—19 日，第十三届教育技术国际论坛（IFET 2014）在江苏省无锡市江南大学举办。该届论坛由教育部全国高校教育技术专业教学指导分委员会主办，江南大学人文学院、田家炳教育科学学院承办，清华大学教育研究院协办。来自加拿大、日本、印度、中国大陆和中国台湾等多个国家及地区的 500 多名专家学者、师生代表前来参会。

会议期间，全球知名的网络教育专家、加拿大阿萨巴斯卡大学原副校长、阿尔伯塔大学教授 Margaret Haughey 女士，国际知名的网络教育专家、加拿大阿萨巴斯卡大学 Kinshuk 教授，日本教育工学会会长、福山大学山西润一教授，台湾“中央”大学杨镇华教授相继作大会主题报告。华东师范大学终身教授祝智庭先生、北京大学资深教授俞士汶先生、清华大学程建钢教授、华东师范大学副校长任友群教授、江南大学副校长田备教授、江南大学陈明选教授、南京师范大学李艺教授、华中师范大学杨九民教授也分别围绕当前教育技术领域的核心和热点问题先后作大会报告。

该届论坛的主题为“技术支持的教育创新与协同发展”，共征集到论文 304 篇，经过专家评审和遴选，其中 65 篇论文受邀作分论坛报告和宣讲，内容涉及教育技术

---

① 《第十三届教育技术国际论坛在江南大学召开》，《电化教育研究》2014 年第 11 期；《2014 年教育技术国际论坛（IFET 2014）将于 2014 年 10 月 17—19 日在中国·江苏·无锡召开》，《电化教育研究》2014 年第 7 期；《第 13 届教育技术国际论坛（IFET 2014）将于 10 月在无锡召开》，《现代教育技术》2014 年第 7 期；《第十三届教育技术国际论坛在无锡召开》，《现代教育技术》2014 年第 11 期；马志强：《第 13 届教育技术国际论坛将在无锡召开》，《现代远程教育研究》2014 年第 5 期；http://photo.jiangnan.edu.cn/2014/1022/2857_1.html。

学科与专业发展，教育信息化新技术、新媒体、新理论，数字化学习资源与环境，教学系统设计的理论与实践（信息化学习环境下教学设计理论与模式研究），教育传播与远程教育，信息化环境下教师专业发展与基础教育实践六个专题。会议上还对遴选出的93篇优秀论文进行了获奖表彰。学者们对于会议举办给予好评，一致认为该届论坛突出体现了5大特点，即论坛层次高、会议水平高、人员参与度高、组织质量高、办会效果好。

（李彤彤、黄洛颖）

（七）远程教育专业

1. 中国教育高峰论坛①

2014年5月22日，由中国经济网主办，圈课网协办的中国教育高峰论坛在京举行，会议会聚了中国在线教育界知名学者、专家和教育机构人士，共同讨论在线教育的发展，在业界产生了积极影响，在一定程度上推动了我国在线教育的发展。此次大会以“在线教育 中国之道”为主题，中国经济网副总编辑胡晓晶，教育部教育发展研究中心主任、研究员张力，清华大学研究院教授委员会副主任、国际华人教育技术学会会长程建钢；国家开放大学学术委员会主任、中国教育技术协会副会长张少刚，中国人民大学附属中学校长助理王军，韩国HUNET（修耐）CEO曹永卓等业内知名学者专家围绕该主题作大会发言，从国家政策、道路探索和未来挑战几个方面展开讨论，共同探讨中国在线教育发展趋势，讨论中国在线教育的自主创新之道。

2. 中国E-learning行业大会②

2014年6月5—6日“2014中国E-learning行业大会”在京隆重召开。该届大会是《中国远程教育》杂志社历经十余年行业积累、影响和沉淀，继2013年成功举办第一届中国企业E-learning领域的年度盛会之后的第二届会议。大会以“企业MOOCs与E-learning行业发展”为主题，邀请了全球500强企业、国内大中型企业HR、培训部门以及E-learning行业服务商参加。会议深入交流与研讨企业MOOC创新应用趋势、互联网思维与E-learning运营等热门话题，众专家学者和与会者分享了在行业领域内的丰富实战经验与卓有成效的探索。此次会议促进了行业最前沿理念、趋势、技术、观点的交汇和融合，并为E-learning服务商及企业培训机构展示其最新产品、技术及服务提供了平台。大会同期还进行了“2014中国E-learning行业卓越应用奖评选”和“2014中国E-learning行业品牌产品奖评选”。有11家企业脱颖而出，分别获得2014“中国E-learning行业卓越实施奖”“中国E-learning行业应用创新奖”两项殊荣；有8家企业获得“中国E-learning行业品牌产品奖”。此次会议是2014年中国E-learning行业最具权威和影响力的顶级盛会。

3. 中国企业学习与人才发展大会③

2014年9月3日，由《中国远程教育》杂志社、中国成人教育协会人力资源教育专委会、中国企业大学联席会、《中国培训》杂志社、大学与企业继续教育联盟、亚洲企业大学联合会、国家发改委、中国人力资源开发研究会、北京大学民营

---

① http://edu.ce.cn/zt/zgzd/.

② E-learning世界（http：//www.ourelearning.com）。

③ http://www.zhongjiaomedia.com/.

经济研究院联合主办的“2014 中国企业学习与人才发展大会暨（第三届）中国企业大学年会”在京顺利开幕。

此次大会以“超越培训 创造新价值”为主题，会聚了多位国内外知名专家、特邀企业总裁、知名企业大学校长、HR 部门领导、培训中心高管及经理，各行精英跨界齐聚盛会，展开激烈的思想碰撞，豪华的演讲阵容和鲜明的研讨主题吸引了 300 余人参会。此次大会内容丰富而紧贴实践，涉及企业大学发展政策研究、企业大学的创新与转型、领导力开发与提升以及企业培训与人才发展等企业大学发展中的问题，掀起了企业学习与人才发展领域的新风暴！

在大会开幕式上，中国企业学习与人才发展大会起航仪式隆重举行，《中国远程教育》杂志社联合中国成人教育协会人力资源教育专委会、中国企业大学联席会、《中国培训》杂志社、大学与企业继续教育联盟、亚洲企业大学联合会、国家发改委、中国人力资源开发研究会和北京大学民营经济研究院共计八家权威机构，作为大会的联合主办单位共同开启大会的序幕，携手为中国企业的发展贡献力量！

大会同期进行了“2014 年度中国标杆企业大学奖”“2014 中国企业学习与人才发展奖”“2014 中国企业学习与人才发展贡献奖”盛大颁奖典礼，表彰了那些在中国企业学习与人才发展领域有着卓越贡献和标杆影响大型企业，以及在企业学习与创新中进行卓有成效探索和最佳实务的中小企业。获奖单位悉数亮相，并现场展示了十大标杆企业大学优秀经验案例集，成为此次大会的一大亮点。

4. 第五届中国在线学习大会①

2014 年 10 月 20—21 日，由在线教育资讯网主办的第六届中国在线学习大会（China E-Learning Forum & Exhibition，以下简称“CEFE”）在北京国家会议中心隆重举行。CEFE 2014 是探讨和研究最新学习技术、学习模式与学习理念的年度盛会。该届会议主题是“移动改变绩效、互联助力学习”，大会以云计算与大数据时代背景下学习模式的变迁为前提，深入探讨移动互联技术、社会化软件、仿真模拟技术、人工智能技术在教育培训领域的深化应用，展示最新的学习技术产品，分享成功的实践经验。参会人员近 2000 人，均为企业培训部和人力资源部的负责人。中国成人教育协会常务副会长张昭文、北京大学企业教育研究中心主任吴峰、北京师范大学教育学部副部长余胜泉分别作了大会主题报告。另外，大会还发起每年一度的“博奥奖评选”，博奥奖作为国内信息化学习领域的最高奖项，共设优秀学习技术应用奖、优秀课件奖、优秀产品与解决方案奖、学习应用奖、项目创新奖五大类。通过对参评案例、方案、课件的评选实现最佳实践的传递，发掘、表彰那些将新学习技术和学习方法应用于学习的企业和团队，以榜样的力量推进行业的健康、快速、有序发展。2014 年博奥奖共有几百家企业申报，评选出 50 家优秀企业入围，10 家企业获得最佳表彰。同时，在线教育资讯将获奖企业的案例精编成集，并全面推进发行，2014 年《博奥奖案例集》共发行了五万册。

5. 高校继续教育改革发展研讨会②

2014 年 10 月 22 日，由全国高等学校现代远程教育协作组发起的“高校继续教育改革发展研讨会”在山东青岛中国石油大学华东校区隆重召开。教育部职成司远

---

① 第五届中国在线学习大会（http：//online-edu. org/CEEFE/2014/index. html）。

② 知今教育官方微博。

程与继续教育处处长刘英，全国高校现代远程教育协作组秘书长严继昌、副秘书长李德芳、侯建军以及来自全国68所院校网络教育学院的领导及专家学者出席了此次大会。此外，中央财经大学、中国政法大学等5所一直以信息技术推动继续教育的非试点高校派的代表也参加了此次会议。

此次研讨会旨在贯彻《中共中央关于全面深化改革若干重大问题的决定》关于推进继续教育改革发展的要求，推动《国家中长期教育改革和发展规划纲要(2010—2020年)》关于加快发展继续教育战略部署的深入实施，推进高校继续教育改革创新，尤其是现代远程教育转型发展，提升高校继续教育服务社会能力和水平。

会上，刘英处长就此次研讨会的初衷和意义发表了专题报告，清华大学继续教育学院党委书记刁庆军和全国高校现代远程教育协作组常务副秘书长侯建军教授分别就大学与企业联盟和资源开放联盟下一步的工作安排进行了阐述，全国高校远程教育协作组秘书长严继昌教授宣读了在线教育联盟的共同宣言，并详细介绍了在线教育联盟建设的初步方案。会后，受邀参与此次研讨会的专家学者结合教育部领导的发言对相关文件进行了分组讨论，收集和汇总了一些来自不同高校的建设性建议。同时，此次研讨会针对当前高校继续教育改革发展面临的新形式、新任务和新挑战提出了新的发展思路和重点举措，与会高校代表一致表示要紧随国家政策走向和科技发展浪潮，利用现代化信息化手段，积极改进教研教学方式方法，为创建学习型社会，培养更多的实用性人才，秉承社会责任，贡献高校的智慧和力量。

6. 2014开放学习国际论坛①

2014年10月26日，由北京开放大学承办的“2014开放学习国际论坛”在国家会议中心成功举办。论坛以“开放学习：重塑教育的机会、质量和成本”为主题，针对开放学习的趋势、理念和实践，开放学习的课程开发、技术应用和教学服务，以及开放学习的成本效益和可持续发展等专题，邀请了世界银行、新媒体联盟，以及中国、美国、澳大利亚等国家的教育领导者、学者与学习者分享他们的精彩观点与实践案例。

北京开放大学校长胡晓松、新媒体联盟总裁Larry、北京师范大学校长助理陈丽、佐治亚理工学院计算机学院院长Zvi Galil、世界银行eLearning主管Sheila、教育部科技发展中心主任李志民、斯威本科技大学副校长Janet Gregory分别作了主题发言。最后一个环节，Quantcast公司建模工程师黄天晓以自己亲身学习慕课的经历和感悟，北京交通大学远程与继续教育学院研发部主任徐琤以学习英国开放大学在线课程的体验，交流了在线学习者对在线学习的认识。

在论坛召开前一天，2014年10月25日，北京开放大学与北京大学图书馆、清华大学图书馆、《现代教育技术》杂志社联合举办了《地平线报告(2014年图书馆版)》中文版发布会。发布会由北京开放大学张纪勇副校长主持，北京开放大学胡晓松校长为本次发布会致欢迎词。北京开放大学张铁道副校长受美国新媒体联盟首席执行官Larry Johnson博士委托作了专题报告，标志着《地平线报告(2014年图书馆版)》在全球中文首次发布。北京大学图书馆萧群书记、清华大学图书馆王媛副主任、《现代教育技术》杂志社宋述强主任高度评价国际图书馆报告的重大意义，表达了愿意开展合作的想法。北京地区多

① 《北京开放大学简报》。

家高校图书馆及中学校长与教师参与了此次发布会。论坛期间，北京开放大学向与会人员发放了经美国新媒体联盟授权翻译出版的《2014 地平线报告》（包括高等教育版、基础教育版、博物馆版），受到了与会人员的好评。

7. 中国基础教育信息化论坛[①]

2014 年 10 月 28—29 日，由中国教育学会高中教育专业委员会主办，北京四中网校承办的“信息化推动中国教育改革与创新——中国基础教育信息化论坛”在北京四中房山校区举行。来自全国各地的近 900 名校长、骨干教师参加了此次大会。参会领导和嘉宾有：教育部中央电教馆馆长王珠珠、北京市房山区教委副主任武玉章、中国教育协会高中专业委员会名誉理事长王本中、北京四中房山校区书记吕宝新、北京四中房山校区副校长黄春、北京四中网校校长黄向伟等。

此次大会内容丰富，既有专家们高屋建瓴的理论阐述，又有一线教师践行信息化教学的鲜活案例；同时大会采用了新颖直观的 PAD 课堂演示形式，并提供了丰富的数字校园的体验活动，让与会者深刻感受了信息化对传统教学方式的冲击。

大会中，教育部中央电教馆馆长王珠珠作了主题为“新时期教育信息化的新思路”的报告，从宏观上分析讲解了教育部在教育信息化方面的定位。中国教育协会高中专业委员会名誉理事长王本中作了主题为“基础教育信息化路径的探索”的报告，其从教育信息化的历史轨迹说起，结合现实总结了教育信息化在应用方面存在的问题，指出了“网络信息环境建设，数字化教育资源建设，课程整合建设”三位一体的教育信息化新路径。北京师范大学李玉顺教授作了主题为“信息技术与教育教学融合的实践现状与前景”的报告，其用大量的实践和案例来阐述微课与翻转课堂的应用，并指出资源建设已由面向教的资源向面向学的资源转变。

此次大会还有一项重要活动——“名校数字化联盟”启动。名校数字化联盟是由北京四中网校发起、以学校为单位、中国基础教育领域内名校数字化建设方面的联盟体系。该联盟依托北京四中的远程在线教学平台，利用先进的移动互联网技术，构建云端教学资源体系，其主旨在于共享优质教学资源、创新课堂教学模式、提高各地学校办学水平、加强校际互动以及师生互动，使联盟体系内的学校、教师、学生和家长获益。参会学校均可免费申请加入“名校数字联盟”，通过信息化手段，共享优质资源、实现课堂改革、助推家校互动。

8. 第五届“终身学习”论坛[②]

2014 年 11 月 14 日，由上海市终身教育研究会主办的第五届“终身学习”论坛在上海开放大学举行。此次论坛是上海市社联第八届学会学术活动月的重要活动，来自研究会的 60 多名理事及会员代表参加论坛。

上海市教委终身教育处处长庄俭和上海市终身教育研究院执行副院长黄健分别作了主题报告。庄俭处长的报告题目为“关于社区教育实验项目的思考”，他分析了历年来社区教育实验项目取得的经验，提出社区教育目前面临的形势、发展趋势和发展重点，打开了大家进一步开展社区教育实验项目的思路。黄健副院长的报告题目为“如何做好成人教育科研”，她指出目前开展终身教育研究的分类、特征和

---

① 四中网校提供资料。

② 上海开放大学（http：//www. shou. org. cn/web/newsShow. aspx？ id = VmdmVQw5%2BSE%3D）。

不同要求，希望大家关注市终身教育研究院的网站，指出一线的工作同志可以关注案例研究，做好工作层面经验的研究，通过理论提升，促进工作开展。

在论坛上，教育部社区教育专家组成员叶忠海结合近期颁布的《关于推进学习型城市建设的意见》，论述了学习型城市建设的基本模式和路径；上海市终身教育学分银行管理中心常务副主任孙耀庭根据上海学分银行建设的具体实践，总结了终身教育立交桥建设的经验，并指出了其中存在的不足。

9. 2014 年国家开放大学系统科研工作会①

2014 年 12 月 12—13 日，2014 年国家开放大学系统科研工作会在广东惠州召开。此次会议的主题是"互联网时代的教育变革"。来自国家开放大学 42 所分部的近 100 位代表共聚一堂，交流、研讨基于网络推进科研和科研管理工作的经验及思考。

国家开放大学校长杨志坚发表题为"互联网时代的教育变革"的主旨报告。杨志坚强调，科学研究是大学的重要职能，体现了大学的本质特征，在广播电视大学向开放大学转型的过程中，必须扎实推进科研工作，尤其要研究技术与教育的深度融合。党委副书记张少刚从制度建设、教学科研的二维思维、科研投入、培训提升、科研活动等方面总结了 2014 年科研工作的总体情况。国家开放大学科研管理处副处长陈守刚作了题为"基于网络推进开放大学科研工作"的工作报告。黑龙江电大校长孙先民、江苏开放大学副校长金丽霞分别以"多措并举，形成合力，努力提升开放大学科研质量""构建基于网络的科研及管理模式的几点思考"为题作了专题报告；上海开放大学李娟老师、重庆电大朱肖川老师分享了基于网络教与学的思考。国家开放大学数字化学习技术集成与应用工程研究中心副主任魏顺平在北京通过远程视频系统作了题为"基于网络工程研究模式探索——以 i－3d 打印实验室建设与应用为例"的远程报告，并利用视频会议系统带领惠州会场的与会人员远程参观了位于北京中关村的 i－3d 打印实验室。

会议表彰了国家开放大学系统第六届优秀科研成果获奖者。甘肃电大张玉花老师、萧山电大黄美初老师作为获奖代表发言，分享了在科学研究中"合作、创造、共享"的经验和感想。此次会议还进行了微信直播，国家开放大学系统的科研工作者通过微信"亲临"了会议。

（赵宏）

（八）教育管理学专业

1. 第三届教育监测与评估国际研讨会②

2014 年 10 月 22—23 日，由中国基础教育质量监测协同创新中心、教育部基础教育质量监测中心、北京师范大学与法国学校教育系统评估委员会联合举办的第三届教育监测与评估国际研讨会在北京师范大学召开。来自法国、美国、英国、加拿大、荷兰、丹麦、比利时、瑞士、巴西等国的 40 多名国际专家和代表，与国内外 150 余名专家和代表一道就"学生学业成就的影响因素分析：从课堂实践到教育政

---

① 国家开放大学（http://www.ouchn.edu.cn/news/ArticleDetail.aspx?ArticleType＝2&ArticleId＝92a42d5b－245d－4512－9aea－097b83f6b9c6）。

② 李勉、金一翔：《学生学业成就的影响因素分析：从课堂实践到教育政策——第三届教育监测与评估国际研讨会采撷》，《中国教师》2014 年第 23 期。

策”这一主题展开研讨。

如何更好地依据监测结果推进教育改革，这是我们一直不断努力的方向。荷兰屯特大学 Jaap Scheerens 教授基于 PISA 数据结果以及相关研究成果，对影响学生发展的多层面因素进行系统分析，指出对教学效果影响最大的因素是课程与学生的学习机会，其次是评价与问责制度，再次是教育教学条件与氛围，最后是政府和学校的管理。此外还有多位国内外的代表就知识经济时代的“学习”，中国学校教育实践中的教育监测与评价等议题发表了自己的观点。

通过学生个体监测发现学生的学业成就与学习时间、助教、复读等因素的关系是不少与会代表关心的议题。北京教育科学研究院副院长、北京师范大学教授褚宏启的研究指出，学得更多不意味着学得更好，活动必须要有严格的控制。针对 20 世纪 90 年代法国出现的大量复读现象，法国教育部国民教育总督察员 Claude Bisson Vaivre 博士指出社会的不平等和学习的不平等是法国政治系统和教育系统面临的重大挑战，为此，他进一步指出，学生的个体化帮助需要基于小学教师、中学学校的自主管理权而开展。此外还有来自不少国内外的专家就如何衡量课堂教学实践中教师评估的价值，评价学生应对复杂任务，针对基础教育阶段学生学业成绩整体情况进行评价发表了自己的观点。

（林美、张新平）

2. 全国教育管理学科专业委员会第 13 届学术年会①

2014 年 11 月 14—16 日，由全国教育管理学科学术委员会主办、湖南师范大学教育科学学院承办的“全国教育管理学科学术委员会第 13 届学术年会”在湖南长沙召开，近 200 名来自全国各地的教育管理学科领域的专家学者、中小学校长及研究生围绕“教育治理体系与教育治理能力的现代化”的会议主题，进行了卓有成效的研究与讨论。

全国教育管理学科学术委员会理事长、北京教育科学研究院副院长褚宏启教授认为，完善教育治理体系是推进教育治理的关键，其核心是通过分权和集权两种方式，调整、优化共治主体的责权关系，解决当前我国教育管理中出现的社会参与不够、学校办学自主权不够、政府宏观管理能力不足、学校内部治理结构不完善等突出问题。建设现代教育治理体系的直接目标是善治，即“好治理”；最终目标是“好教育”，即建立高效、公平、自由、有序的教育新格局，本质上是要捍卫教育的公共性与公益性，解决教育中的公共利益被蚕食等现实问题。

沈阳师范大学孙绵涛教授全面论述了构成教育治理有机整体的三类要素：治理主体、治理内容和治理路径。治理主体为参与现代教育治理的政府、学校和社会三方。政府、学校和社会关系的协调，是整个治理内容的主轴。各级各类教育关系的协调属于宏观的教育治理：教育活动、教育体制、教育机制和教育观念关系的协调，属于中观的教育治理：教育活动、教育体制、教育机制和教育观念中各子要素关系的协调，则属于微观的教育治理。

① 陈牛则、邱露：《推进教育治理体系与治理能力的现代化——“全国教育管理学科学术委员会第 13 届学术年会”综述》，《中小学管理》2015 年第 2 期。

3. 中国教育学会教育管理 2014 年年会暨第三届两岸四地教育领导者论坛①

2014 年 12 月 5—6 日，300 余名来自香港、澳门、台湾、北京、上海、浙江、江苏、广东、陕西、湖北、福建、辽宁、江西等地的知名教授、专家学者、一线校长齐聚华东师范大学，参加以“迈向‘教育治理’时代——教育管理现代化的新征程”为主题的中国教育学会教育管理分会 2014 年年会暨第三届两岸四地教育领导者论坛，共话教育治理发展战略。此次论坛共设五个分会场，与会专家学者围绕“教育治理体系建设研究”“政府、学区与学校的关系”“学校内部治理”“教育治理中的教师发展”“教育治理与学生领导力教育”“教育治理中的高教改革”“教育治理中的能力建设”等主题展开了重点研讨，对教育治理等议题展开全方位的对话和交流。

上海市教委副主任贾炜指出，教育治理要凝聚治理的目标，形成治理的路径，搭建治理的平台。广东省教育研究院副院长黄崴探讨了我国教育现代化的历史方位以及发展方向。黄崴指出，现代化是国家发展的一个非常重要的过程，也是人类历史的一个潮流，这个潮流代表了一种进步和趋势，这种进步和趋势，实际上就是现代化的一个表现。北京教育科学研究院副院长褚宏启论述了教育治理、以民主求善治的话题。华东师范大学教育管理学系魏志春教授对“管办评分离”的教育体制改革提出了思考。另外，澳门科技大学协理副校长孙建荣，上海理工大学党委副书记王凌宇，陕西师范大学党委副书记司晓宏，上海市徐汇区教育局局长庄小凤，台湾嘉义大学教育学院院长丁志权，华东师范大学教育管理学系系主任李伟胜、教育经济研究所李明华教授，北京教育学院陈丽教授，香港大学吴浩明教授，沈阳师范大学孙绵涛教授，华南师范大学赵敏教授等教育领域的知名专家，均在会上发表了主题演讲，共同研讨时代大背景下教育治理的国际发展趋势、我国教育治理的未来走向以及我国教育治理背景下学校管理的变革。

（九）课程与教学论专业

1. 学习科学与教育创新国际论坛（学习科学国际大会）②

学习科学与教育创新国际论坛（学习科学国际大会）于 2014 年 3 月 1—6 日在华东师范大学召开。来自美国国家科学基金会下设的六大学习科学中心以及哈佛大学、牛津大学、香港大学、华东师范大学、里约热内卢联邦大学的学习科学专家分享了目前这一领域的最新研究成果，并就学习科学的进一步发展及如何推动教育政策和实践变革进行了广泛交流和深入对话。此次会议的主题是：（1）学习科学的研究进展：基础、理论和方法；（2）学习科学与教育实践变革；（3）学习科学与教育政策；（4）学习科学与教师教育变革。

2. 第一届上海课程圆桌论坛③

第一届上海课程圆桌论坛于 2014 年 4 月 1—4 日在华东师范大学召开。此次会议

---

① 《中国教育学会教育管理年会暨第三届两岸四地教育领导者论坛召开》，2014 年 12 月 19 日（http://news.ecnu.edu.cn/d5/87/c1833a54663/page.htm）。

② 学术会议在线（http：//www.meeting.edu.cn/meeting/notice/meeting Action－43930！detail.action）。

③ 华东师范大学课程与教学研究所网站（http：//www.kcs.ecnu.edu.cn/CN/show.aspx？info_lb＝8&info_id＝2211&flag＝132）。

的主题是“课程社会学”，来自全国高校的10多位权威的课程社会学研究领域专家对课程理论和课程改革实践进行了深度的分析和研讨。香港中文大学教育学院曾荣光教授以他对如下四个话题的理解，拉开了学术会议序幕：（1）20世纪课程社会学的回顾：阶级、国家、知识与课程；（2）21世纪脉络下阶级、国家、知识的变化（上）；（3）21世纪脉络下阶级、国家、知识的变化（下）；（4）21世纪脉络下课程社会学的再界定。其后，中国教育社会学学会会长、南京师范大学的吴永军博士，北京大学的刘云杉博士和林小英博士，中国人民大学的罗云博士，北京师范大学的巴战龙博士和叶菊艳博士，华南师范大学的钟景迅博士，华东师范大学公共管理学院董辉博士，以及华东师范大学周勇博士、刘良华博士和柯政博士，分别在论坛上作了主题报告，并进行了充分的、高密度的研讨。

3. 2014全国中学课堂教学前沿高端研修会①

2014全国中学课堂教学前沿高端研修会于2014年4月18—21日在陕西师范大学召开。此次会议的主题是“课堂教学的特色与创新”，来自18个省市区的数学、历史、地理三个中学学科的近500位教育工作者进行学术主题报告和讨论。大会首先特邀赵亚夫教授以“课堂教学的特色与创新”为题作了主题学术报告。报告由任鹏杰主持。赵亚夫教授的报告围绕课堂教学的特色与创新展开；之后，大会还特邀江苏省常州市新北区教研室主任万荣庆、济南市教学研究室中学地理教研员程菊、浙江省萧山二中校长吴金炉作了微型学术讲座，题目分别为“教学的创新——‘板块三串式’教学设计结构的创新与实践”“慕课，能否反转课堂”“聚焦课堂，研究教学”。讲座由雷鸣主持；接下来的系列活动，转移到了数学、历史、地理三个学科分会场。

4. 第十六届两岸三地课程理论研讨会②

第十六届两岸三地课程理论研讨会于2014年8月21—23日在东北师范大学召开。此次会议的主题是“课程改革持续的动力”。大陆和港台的30所大学和教育研究机构的60余名课程理论专家学者参会，台南大学陈伯璋教授、台北教育大学周淑卿教授、香港中文大学黄显华教授和林智中教授、华东师范大学崔允漷教授、东北师范大学马云鹏教授、人民教育出版社张廷凯研究员、西南大学靳玉乐教授和北京大学陈向明教授等多位课程领域的资深专家和知名学者分别在会上作了主题演讲或专题报告。与会人员围绕“课程变革中的课堂教学改革”“课程变革中的教师成长”“课程变革中的课程政策”“课程变革与相关政策”等具体议题进行了深入研讨。

5. 第四届基础教育改革与发展论坛③

第四届基础教育改革与发展论坛于2014年10月17—18日于北京清华附小召开。来自全国各地的800多位中小学校长、教师、教研员，师范院校师生，以及科研院所的研究人员与会。大会的主题是“学科教学与学科素养”。大会议题有：（1）学科素养培养与学校课程教材创新；（2）学科素养培养与教学方法和评价方法改革；（3）学科教学与学科教育学；（4）数字化时代的学科教学和教师教育。

① 陕西师范大学教育学院网站（http://www.snnu.edu.cn/inf.php? id=4646）。

② 学术会议在线（http://www.meeting.edu.cn/meeting/notice/meetingAction-45039! detail.action）。

③《课程·教材·教法》（http://www.cnki.com.cn/Article/CJFDTotal-KJJF201412022.htm）。

著名专家学者田慧生、林崇德、成尚荣、裴娣娜、李希贵先后在论坛上分别作了题为“落实立德树人根本任务全面深化课程教学改革”“从智力到学科能力”“回到教学的基本问题上去”“我国学科教学论重建的几点思考——学习力视野下学科教学理论和实践问题”“为每一位学生的学习而设计”的主旨报告；清华附小代表教师分别展示了相关精品课，同时成尚荣、翟小宁、郭华、杨德军、王凯、柳夕浪、张思明等专家分别进行了点评；在主报告中间穿插了核心素养论坛和学术沙龙；清华附小校长窦桂梅，教育家研究院院长汤卫红，副校长王玲湘，清华附小 CBD 分校执行校长李怀源四位特级教师分别作了题为“素养导向下的‘1+X 课程’的活化”“数学学科核心素养”“语文学科核心素养”“学习方式变革与核心素养”的报告；晚上，《课程·教材·教法》和《基础教育课程》杂志编辑部举行了作者读者见面交流会，清华附小课改团队与代表们分享了自己的课程故事。

6. 第九届全国课程学术研讨会①

第九届全国课程学术研讨会于 2014 年 10 月 31 日—11 月 2 日在上海师范大学召开。此次会议的主题是“课程改革在路上——向着《国家中长期教育改革和发展规划纲要（2010—2020 年）》迈进”。来自全国高校、科研院所、一线教育管理部门、教研部门的 300 余名理论与实践工作者与会，共同围绕我国课程理论与实践中的热点难点问题展开深入研讨。大会开幕式由中国教育学会教育学分会课程学术委员会副理事长黄甫全教授主持，上海师范大学副校长刘晓敏教授和课程学术委员会理事长吕达研究员分别致辞。随后，华东师范大学崔允漷教授、北京师范大学胡定荣教授、华南师范大学大学黄甫全教授、浙江师范大学李长吉教授、东北师范大学马云鹏教授、西南大学靳玉乐教授、上海师范大学丁念金教授等作了大会主题报告。下午，大会继续进行大会主题报告与观点分享；晚上，《课程·教材·教法》的编辑主任举行了与作者读者见面会；2 日上午，大会开设了分会场报告，每个分会场都有相应的主题，分会场中，学者报告 20 分钟；下午大会继续进行报告，人民教育出版社副编审等进行了报告，接着进入大会自由讨论环节；最后进行了会议闭幕式。

7. 第十二届上海国际课程论坛②

第十二届上海国际课程论坛于 2014 年 11 月 7—9 日在华东师范大学召开。十余位来自美国、英国、德国、瑞士、中国香港、中国台湾等国家和地区的特邀专家，以及两百多位来自中国大陆十几个省市的专家学者、研究机构人员、校长、教师等与会。此次会议的主题为“指向改进的教学与评价”。7 日上午，特邀专家及主办方合影，领导及特邀专家致辞；上午下半场，崔允漷教授和特邀专家 Prof. Hilbert Meyer 分别作了题为“教—学—评一致性三因素模型的建构”、*The German Tradition of Didactics and Recent Research Findings about Teaching and Learning* 的报告，然后进行现场对话；下午上半场王文中教授和 Sally Thomas 教授也作了相关主题报告；下半场周淑卿教授和 PD Dr. Catherine Walter-Laager & prof. Manfred Pfiffner 作了相关报告；报告完后进行现场对话和讨论环节；8 日，黄显华、周勇、杨向东、陈木金教授、张

① 人民教育出版社网站，http：//www. pep. com. cn/kcs/kydt/kchy9/。

② 中国学术会议在线（http：//www. meeting. edu. cn/meeting/notice/meetingAction - 51232！detail. action）。

丰副主任、吴刚平教授分别作了发言并进行了现场对话；下午设置了四个分会场，以供学者进行不同主题的交流；9 日，举行教学评价圆桌会议——指向改进的教学与评价。

（黄华）

（十）　教师教育专业

1. 第四届海峡两岸教师教育高端论坛

第四届海峡两岸教师教育论坛由台湾师范教育学会、台中教育大学和湛江师范学院主办，台中教育大学承办，于 2014 年 4 月 8—12 日在台湾召开。台湾师范教育学会理事长、台湾教育大学系统总校长吴清基教授、台中教育大学校长杨思伟教授、台湾师范大学教育学院前院长吴武典教授以及台湾师范大学、台中教育大学、中正大学、中兴大学、明道大学、中原大学、暨南国际大学、亚洲大学、大叶大学、侨光科技大学等 10 余所高校的 30 多名台湾学者参加会议，来自大陆的东北师范大学教师教育研究院副院长饶丛满教授、湛江师范学院院长罗海鸥教授、韩山师范学院院长林伦伦教授、广州大学副校长邓成明教授、广东技术师范学院副院长许玲教授、嘉应学院组织人事处处长廖志诚教授以及北京大学、北京师范大学、首都师范大学等 9 所高校的 20 多位大陆学者参加了会议。

会议主题：（1）各级教师教育议题研究；（2）师资培育制度之发展；（3）教师教育特殊议题之研究；（4）学生学习成效与教师教育；（5）海峡两岸教师教育比较研究；（6）其他与海峡两岸教育相关议题。

2. 第四届全国“情感教育与教师教育”研讨会

第四届全国“情感教育与教师教育”研讨会由北京师范大学教师教育研究中心、南通大学情感教育研究所主办，北京市海淀区玉泉小学承办，于 2014 年 5 月 24—25 日在北京召开，来自全国 30 个省、自治区、直辖市的 100 余所高校和科研机构代表 300 余名专家学者参加了会议。

会议对情感教育理论、学校情感教育实践、情感教育与道德教育、教师情感素质提升等展开了研讨。此次研讨会发布了《基于“教师情感表达与师生关系构建”的项目研发方案》，包括中国基础教育学校情感教育模式展示和推介，情感教育理论的基础研究及多学科论证，幼儿园、小学、初中、班主任、特殊教师、家长情感素质与能力培训项目等。

3. 首届长三角教师教育联盟研究生学术论坛

首届长三角教师教育联盟研究生学术论坛由长三角研究生创新计划协作委员会主办，上海市学位委员会办公室、华东师范大学承办，于 2014 年 6 月 30 日—7 月 2 日在上海召开，参会人员包括特邀专家以及华东师范大学、南京师范大学、浙江师范大学、上海师范大学和安徽师范大学五所大学的研究生。

会议主题为“全球化与现代化背景下的中国教育改革”。分议题包括：中国社会分层与教育制度，城镇化与教育转型，社会发展与教育均衡，考试招生制度改革，新技术环境下的学习，大数据时代的教育，课程改革的国际视野，课程与教学理论的新进展，中国高等教育国际化，产业转型与职业教育变革，全球化时代的个人学习，重大教育改革政策实施的多学科检视，新技术教育应用前沿，行政化与教育管理体制。

4. 第五届全国基于网络的教师实践社区 COP 学术研讨会

由中央电化教育馆、首都师范大学现

代教育技术重点实验室主办，赤壁市人民政府、湖北省电化教育馆承办，于2014年8月13—14日在湖北赤壁召开，来自全国各省、市、区教育行政部门、电教机构、教研部门以及学校共计400余名代表出席了此次会议。

会议主题为“教师在线实践社区中的知识管理与知识创新”。研讨会不仅展示了“大会现场展示课”“专项现场研究课”等环节，推出“微课大赛与优秀获奖作品展示”“教师反思DST大赛与优秀获奖作品展示”两大特色环节，同时还设置“专家报告”和“企业论坛”等多种互动式的学术交流活动。大会旨在分享有关教师专业学习的理论成果与实践经验，促进教师专业发展与教师教育的创新。

5. 全国教师教育学会幼儿教师教育委员会2014年学术年会

全国教师教育学会幼儿教师教育委员会2014年学术年会由全国教师教育学会幼儿教师教育委员会主办，沈阳师范大学承办，于2014年9月17—19日在辽宁沈阳召开，来自全国普通高校学前教育专业负责人、各省幼儿师范学校负责人、学前教育领域的专家学者以及美国米尔斯大学教育学院院长Kathy Schultz博士一行共计120余名代表参加了会议。

年会主题为“规模与质量：新时期幼儿园教师的专业化”。在3个专题分论坛中，与会代表分别围绕“高校学前教育专业的课程建设、幼儿教师准入制度、美国幼儿教师专业化发展的相关问题”等内容组织学术报告，开展专题研讨并提出对策建议。据悉，全国教师教育学会幼儿教师教育委员会学术年会每年举办一次。在学前教育工作者中产生了良好的影响，已成为我国学前教育教师培养交流的平台，对加强学前教育学术交流，推动我国学前教育事业的发展发挥了积极作用。

6. 全国示范性县级教师培训机构高端研讨会暨全国教师教育学会省级教师继续教育中心协作委员会第九届年会

全国示范性县级教师培训机构高端研讨会暨全国教师教育学会省级教师继续教育中心协作委员会第九届年会由广东省中小学教师培训中心、教育部“国培计划”——海外培训项目执行办公室、全国教师教育学会省级教师继续教育中心协作委员会主办，华南师范大学基础教育培训与研究院承办，于2014年10月9—10日在广州召开，来自全国31个省、自治区、直辖市的67个国家示范性县级教师培训机构代表、7个省级继续教育中心与6个省级教育行政部门的代表、11所高校与众多县级教师培训机构的代表，以及多家学术期刊的代表参加了会议。

此次研讨会以“县级教师培训机构面临的转型和发展问题”为主题，围绕“县级教师培训机构的功能定位与发展路径”“县级教师培训机构核心能力建设与培训模式创新”“县级教师培训机构培训者队伍和课程资源建设”“信息化环境下集中与远程混合式培训实施”“省级教师培训管理部门在促进县级教师培训机构改革发展与能力建设中的作用”五个专题进行了探讨。

7. 全国教师教育学会小学教师教育委员会2014年年会

全国教师教育学会小学教师教育委员会2014年年会由全国教师教育学会小学教师教育委员会主办，临沂大学教师教育学院承办，于2014年10月20—21日在辽宁大连召开，来自全国30个省、自治区、直辖市的100余所高校和科研机构代表300余名专家学者参加了会议。

此次年会以“弘扬与开创小学教师教育模式、机制与路径”为主题，对小学教师教育新机制和小学教师专业发展机制，开展小学教师培养课程建设和学科建设，开辟小学卓越教师成长新路径等问题进行了探讨交流。

8. 全国教师教育学会综合实践活动学科委员会第八届学术年会

由全国教师教育学会综合实践活动学科委员会主办，大连市金州新区教育文化体育局承办的全国教师教育学会综合实践活动学科委员会第八届学术年会于2014年10月22—24日在辽宁大连召开，来自全国各地的近800名专家学者参加了此次会议。

会议主题包括两方面，一是研讨综合实践活动课程整体开发的理论与实践问题；二是展示中小学及综合实践活动基地对综合实践活动课程教学和实验研究成果，推动区域课程实施，实现综合实践活动课程促进学校发展。

9. 第二届海峡两岸四地科学教师教育高峰论坛

第二届海峡两岸四地科学教师教育高峰论坛由中国教育学会科学教育分会主办，郑州师范学院化学与化工学院承办，于2014年10月23—25日在河南郑州召开，来自台湾、香港、澳门的特邀科学教育专家和大陆30余所高校的66名代表及郑州师范学院科学教育专业师生出席了本届大会。

会议主题为国际视野下的海峡两岸四地中小学科学教师教育新探索。研讨专题：中外科学教师教育理论进展及研究新成果；中外中小学科学教师培养模式的比较；我国科学教育专业建设规范及其培养质量评价；科学教育专业师资队伍素质提升与管理模式；中小学科学教师入职标准及职后培养策略研究。本届论坛将对促进我国科学教师教育的理论研究与实践起到重要的推动作用。

10. 中国学前教育研究会学前教育教师发展专业委员会2014年年会

中国学前教育研究会学前教育教师发展专业委员会2014年年会由中国学前教育研究会学前教育教师发展专业委员会主办，华中师范大学承办，于2014年10月25—26日在湖北武汉召开，来自部属师范院校、省属师范院校、相关机构及幼儿园等单位在内的专家学者共400余人参加了此次会议。

会议主题为学前教师教育改革与创新。分议题包括：学前教师教育课程设置与资源开发，学前教师教育教学改革与创新，学前教师教育实践教学体系的建构与园校合作，学前教师教育信息化与国际化，高中专学前教师教育与园本培训。

11. 第三届全国外语教师教育与发展专题研讨会

第三届全国外语教师教育与发展专题研讨会由中国高等教育学会外语教学研究分会主办，由四川师范大学外国语学院承办，于2014年11月1—2日在四川成都召开，邀请到了国内外知名学者，包括美国TESOL主席Sun Yilin博士、英国曼切斯特大学Julian Edge博士、澳大利亚新南威尔士大学Anne Burns教授以及中山大学夏纪梅教授、广东外语外贸大学欧阳护华教授等作主旨发言。北京师范大学王蔷教授、程晓堂教授等也莅临大会作团队展示和专家点评。

会议主题为“在职外语教师专业发展：理论、途径与方法创新”。分议题包括：外语教师知识与信念研究；行动研究与外语教师专业发展；在职外语教师教育与发展项目：设计与创新；在职外语教师发展模式与方法创新；外语教师专业发展对学生学习的影响研究；外语教师教育政策与规划研究；中小学外语教师专业发展研究。

12. 全国高职高专教育教师培训联盟 2014 年度工作会议

全国高职高专教育教师培训联盟 2014 年度工作会议由全国高职高专教育教师培训联盟主办，桂林师范高等专科学校承办，于 2014 年 11 月 28—29 日在广西桂林召开，来自全国 94 所院校的校长、系部主任和培训部负责人等近 200 名专家学者参与了会议。会上，教育部职业教育与成人教育司高职与高专教育处林宇处长发表了题为“新形势下高等职业教育现状与师资培训的几点分析”的讲话，全国高职教育资源共建共享联盟徐刚秘书长作了“培训联盟 2014 年度工作报告”，全体参会人员共同讨论并通过《联盟章程修改案》。此外，会议还对 2015 年的国培申报文件进行了分析和解读，为新一年的国培申报工作提出了指导性意见。会议主要从 2014 年国培项目网站平台的管理和服务工作、2014 年培训联盟工作以及 2015 年培训联盟工作计划三个方面对培训联盟工作进行了详细、全面的阐述及规划。

（桑国元）

（十一）教育经济学专业

1. 中国教育经济学 2013 年年会

中国教育经济学 2013 年年会于 2014 年 1 月 9—12 日在西南大学召开。该会议由西南大学教育学部和西南大学统筹城乡教育发展研究中心与中国教育学会教育经济学分会共同主办，《教育与经济》杂志社协办，年会共征集到来自全国各地 100 余所高校、科研机构和教育行政部门近 170 名学者的 110 篇高质量学术论文。

开幕式由西南大学研究生院副院长张学敏教授主持。西南大学副校长靳玉乐教授、西南大学统筹城乡教育发展研究中心常务副主任宋乃庆教授在开幕式上致欢迎词，并就西南大学近年来取得的成就、西南大学教育学部的发展状况及成就作了简要介绍。中国教育经济学会副理事长杜育红教授最后致辞。杜育红教授对西南大学为从事教育经济学科研的师生搭建了一个开放互动的平台表示感谢，并回顾了教育经济学科的发展历程，在全国教育经济学人的积极参与和支持下，中国教育经济学年会日益发展壮大，影响力日益增强，而此届年会在“十八届三中全会”刚刚闭幕之际召开又有着特殊的重要意义，他希望在未来教育经济学的发展能够更进一步，为中国教育的改革和发展做出更大贡献。学会理事长王善迈教授、副理事长范先佐教授以及 30 余名常务理事出席了开幕式。

此次年会举行了两次大会报告，并分 4 组和 2 个分会场，分阶段围绕着“十八届三中全会经济与社会发展及其教育改革”“城乡统筹背景下教育资源配置问题与改革探索”“教育与劳动力市场相关专题”等主题进行广泛交流和研讨。代表们深入讨论改革开放以来教育领域的经验与总结，把脉中国教育改革发展前景，交流学术研究成果，为中国统筹城乡教育改革和发展出谋划策。

2. 北大—斯坦福论坛

2014 年 10 月 20—21 日，主题为“大学与知识创新和经济发展”的北大—斯坦福论坛在北京大学斯坦福中心隆重举行。来自近 20 个国家和地区以及联合国教科文组织的近百位专家学者共聚一堂，围绕“大学对创新的作用及大学创新的影响因素”“高等教育国际化”“大学排名与创新性教学及研究产出的测量”和“培养创新型人才的课程设置”四个论题进行深入的探讨。开幕式由北京大学教育学院名誉院长、中国教育发展战略学会执行会长闵维方主持。闵维方教授代表论坛组委会对来宾表示热烈欢迎，对北大—斯坦福论坛的理念进行了介绍，并邀请北京大学校长王恩哥院士和斯坦福大学教务长约翰·艾切曼第（John Etchemendy）教授在开幕式上致辞。

3. 2014 年中国教育财政高峰论坛暨中国教育发展战略学会教育财政专业委员会年会

2014 年 10 月 29—30 日，由北京大学中国教育财政科学研究所和中国教育发展战略学会教育财政专业委员会共同主办的“2014 年中国教育财政高峰论坛暨中国教育发展战略学会教育财政专业委员会年会”在北京西郊宾馆举行。来自全国各地的 150 余名教育政策制定者、实践者和研究者共聚一堂，围绕我国各级各类教育财政体制机制改革问题进行了深入探讨。此次论坛是在党的十八届三中全会提出“深化教育领域综合改革”总体目标的大背景下召开的，共分六个分论坛进行专题研讨：（1）学前教育财政政策如何增加供给、提高质量、促进公平；（2）义务教育财政体制改革的新问题与新举措；（3）现代职业教育体系中的中职发展定位；（4）建立高职院校的经费支持机制与助力地方产业升级；（5）高校办学自主权、特色发展与经费投入；（6）普通本科高校向应用技术型高校转型：问题与挑战。除专题讨论外，本次论坛还围绕《预算法》的修改、教育财政预决算公开制度以及后 4% 时代的教育财政等问题进行了探讨。中国教育发展战略学会常务副会长兼秘书长张双鼓作了大会致辞，对中国教育发展战略学会教育财政专业委员会自 2007 年成立以来在组织建设、学术交流、政策咨询和信息服务等方面所取得的成绩表示祝贺。

（杜育红、杜屏）

（十二）学前教育学专业

1. 全国学前儿童社会与家庭教育学术研讨会

2014 年 5 月 21—23 日，“全国学前儿童社会与家庭教育学术研讨会”在杭州召开。大会以“科学育儿，聚焦幼儿发展的生态环境”为主题，邀请了北京大学教育学院教育与人类发展系主任刘云杉教授、浙江传媒学院刘宣文教授和华南师范大学郑福明教授作了学术报告，并围绕学习、宣传、贯彻、落实《3—6 岁儿童学习与发展指南》，媒介与幼儿教育，儿童发展生态环境，幼儿园、家庭、社区合作共育等专题进行了交流与研讨。大会还安排了现场主题考察及工作坊活动。大会最后达成共识，围绕《指南》实现幼儿园、家庭与社区共育的目标，保证幼儿身心和谐发展。

2. 第三届全国幼儿科学与数学教育学术研讨会

2014 年 6 月 12—14 日，“第三届全国幼儿科学与数学教育学术研讨会”在古都南京隆重召开，华东师范大学学前教育与特殊教育学院教授周欣、副教授黄瑾，澳大利亚莫纳什大学教育学院 M. Fleer 教授，中国教育科学研究院研究员刘占兰，南京师范大学教育科学学院副教授张俊，从不同角度就当前国内外幼儿科学与数学教育的前沿研究与理念等作了精彩的报告。分会场分别围绕“幼儿的科学探究教学”“自然环境与科学教育/户外科学观察”“物质材料与科学教育”“区角中的科学与数学学习”“幼儿的数学学习路径”“幼儿数学教育的生活化、游戏化”“幼儿数学教师的专业发展”等主题展开小组研讨交流和经验分享。

3. 中美对话提高学前教育研究质量高峰论坛

2014 年 6 月 14—15 日，首届“中美对话提高学前教育研究质量高峰论坛”在山东英才学院召开。全美幼儿教育协会（NAEYC）主席 Gera Jacobs 博士、美国《儿童早期研究季刊》（ECRQ）主编 Adam Winsler 博士、台北教育大学张世宗教授分别作了主题发言。大会主要围绕学前教育研究与实践、学前教育政策、幼儿园课程与教学、教师地位与发展、儿童心理发展等展开讨论，与会者还围绕文献分析法和内容分析法等科学研究方法进行分析与探索。最后大会达成共识——共同致力于创造属于学前教育学的独特话语体系，彻底改变学前教育学不被其他学科重视的小儿科现状，共同推进我国学前教育研究质量和学前教育学科建设。

4. 第二届全球教师教育峰会（GTES 2014）——学前教育分论坛

2014 年 10 月 18—21 日，“第二届全球教师教育峰会（GTES 2014）——学前教育分论坛”在北京师范大学召开。全国百余位专家、学者和幼教工作者参加，分论坛围绕幼儿教师继续教育的机制、模式及质量评价的主题展开学前教师职后教育模式、质量保障体系的讨论，各专家学者也围绕论坛主题分享了他们的做法和经验。最后，大会达成共识——关注促进幼儿教师队伍整体素质提升问题，重视教师队伍的培养，改进教师培训，开展灵活多样的园本教研活动，推进幼儿教师教育事业的发展。

5. “学前教育研究的问题与方法”高峰论坛

2014 年 10 月 21 日，为了拓展学前教育研究的深度与广度，精进研究方法，凝练研究特色，由广州大学教育学院学前教育系举办的“学前教育研究的问题与方法”高峰论坛在广州大学隆重举行，来自北京、上海、广州、香港、南京、大连、沈阳、重庆、郑州、福州、兰州等地的 30 余名学前教育的知名学者和新锐教师参加了会议。此次研讨会围绕“学前教育研究的问题与方法”这一议题进行学前教育政策、师幼互动等方面的深入互动与交流，中国学前教育研究会理事长虞永平教授围绕“学前教育的专业建设与学科建设”这一议题展开极富启发意义的报告。最后，与会专家达成共识，学前教育政策与师幼互动研究仍应成为今后学前教育研究的热点领域，学前教育的发展离不开政策研究，有科学、系统的政策研究才能够保障学前教育健康发展。

6. 中国学前教育研究会学前教育教师发展专业委员会 2014 年会暨第九届全国高等院校学前教育学术研讨会

2014 年 10 月 24—26 日，“中国学前教育研究会学前教育教师发展专业委员会 2014 年会暨第九届全国高等院校学前教育学术研讨会”在华中师范大学举行。国内外学者围绕“学前教育改革与创新”这一主题，分别就学前教师教育课程设置与资源开发、学前教师教育教学改革与创新、学前教师教育实践教学体系建构与园校合作、高中专学前教师教育与园本培训、学前教师教育信息化与国际化等内容进行了交流。

7. 第九届全国学前儿童健康教育学术年会

2014 年 11 月 19—21 日，为了对幼儿园健康领域进行进一步的理论研究与实践探索，由中国学前教育研究会学前儿童健康教育专业委员会主办、广州教育学会幼儿教育专业委员会承办的“第九届全国学前儿童健康教育学术年会”在广州召开。

年会以“快乐体育，健康身心”为主题，采用专家专题报告、分专题交流、现场教学观摩以及专家和与会代表现场互动等形式展开充分的学术研讨。中国学前教育研究会学前儿童健康教育专业委员会主任顾荣芳、副主任刘馨围绕幼儿健康发展探讨健康领域的目标、内容和关键经验。最后年会达成了广泛共识，即在《3—6 岁儿童学习与发展指南》的指导下，运用多学科与国际化的视角进行学前儿童健康教育的研究与实施。

8. 中国教育学会第 27 次学术年会——学前教育分论坛

2014 年 11 月 29 日—12 月 1 日，为深入落实党的十八大以来党中央、国务院关于深化教育改革与发展的一系列战略部署，推进《教育规划纲要》的贯彻实施，“中国教育学会第 27 次学术年会——学前教育分论坛”在北京举行，该分论坛由中国教育学会学前教育协会理事长朱家雄教授主持，围绕“普及与提高——学前教育发展的新要求”这一主题展开讨论，北京师范大学教育学部学前教育研究所洪秀敏所长和东北师范大学教育学部严仲连副教授应邀分别作了题为“学前教育普及与提高中五对主要矛盾关系的思考”“促进学前教育发展的合理路径”的专题报告，与会者就学前教育普及与质量提高、幼儿园教师队伍建设、学前教育科学发展等热点问题积极展开讨论。

9. 中国学前教育发展高峰论坛

2014 年 12 月 14—16 日，为了分享与探讨中国学前教育发展的学术成果，由中国宋庆龄基金会倡议发起，华东师范大学与中国宋庆龄基金会事业发展中心共同主办、上海童话里文化控股有限公司协办的“中国学前教育发展高峰论坛”在华东师范大学中山北路校区隆重召开。300 多位来自海内外的专家学者、政府官员和教育实践者会聚一堂，大会以“播种关爱，启迪未来”为主题，共同探讨世界学前教育发展的相关热点和最新成果。在分论坛中，来自各高校的专家学者以及一线的学前教育实践工作者们，围绕儿童语言发展与教育、儿童艺术发展与教育等主题进行了深度的分享和热烈的讨论。此次论坛在分享学术研究成果的同时，也达成了共识：我国学前教育的发展，需要国家和社会的共同参与，这样才能更好地助推我国学前教育事业的发展，加快提升我国学前教育的发展水平。

（洪秀敏）

（十三）特殊教育学专业

1. 第二届中国特殊教育高峰论坛

由教育部小学校长培训中心、北京师范大学特殊教育研究所（系）、北京师范大学校长培训学院主办，海南（海口）特殊教育学校承办的“第二届中国特殊教育高峰论坛”于 2014 年 5 月 10—12 日在海南省海口市召开，来自全国各特殊教育学校的校长、教师和著名特教专家学者共 180 多人参加了会议。5 月 10 日上午，该届论坛举行了简洁而又隆重的开幕式，海南省残疾人联合会党组书记、理事长符永，海南省教育厅廖清林副厅长，海南省教育厅基础教育处曾维陆处长，海口市教育局李燕仪局长，国家手语和盲文研究中心主任、北京师范大学特殊教育研究所（系）顾定倩教授，北京特殊教育中心主任、北京联合大学特殊教育学院院长许家成教授，北京师范大学特殊教育研究所（系）所长王雁教授，教育部小学校长培训中心、北京师范大学特殊教育研究所（系）、北京师范大学校长培训学院赵静主任等领导出席开幕式。顾定倩教授、海南省教育厅副厅长廖清林和海南省残疾人联合会理事长符永分别在开幕式上发表了讲话。该届论坛的主题是“特殊教育学校改革与发展”。它是在贯彻落实2014年1月27日召开的全国特殊教育工作电视电话会议精神，全面推动《特殊教育提升计划（2014—2016年）》的实施，构建中国特色的现代特殊教育体系的背景下召开的。会议期间，与会代表重点就贯彻落实特殊教育提升计划，推动特教学校改革与发展、特殊教育学校课程改革等展开务实研讨。该届论坛由多位著名特教专家举办主题讲座。5月12日，参会代表及海口市直属学校的校领导、省内特殊教育学校的部分教师、海南师范大学教育科学学院部分师生和学生家长代表共200多人参加了海南（海口）特殊教育学校举办的开放日活动。上午，各位来宾参观了学校校园，观看了残障学生的文艺表演和学生大课间活动，观摩了启聪部、启智部、启明部共17节教学展示课。整个开放日活动受到各位来宾的好评。

（赵梅菊）

2. 全国聋人大学生教育教学研讨会

2014年7月12—13日，由中国高等教育学会特殊教育研究分会、黑龙江省教育学会特殊教育专业委员会和绥化学院共同主办，并由绥化学院承办的全国聋人大学生教育教学研讨会在绥化学院的图书馆阳光讲坛举行。来自北京、上海、天津、重庆、广东、黑龙江等13个省市的100余名高等院校特殊教育专家、特殊教育学校校长、残疾儿童教育机构负责人等齐聚绥化学院，围绕聋人大学生教育的“新机遇、新挑战、新发展”主题展开研讨。绥化学院院长张凤武教授在致欢迎词时指出，我国的聋人教育，虽然在各类高等特殊教育中起步最早，发展最快，但仍有很多理论与现实问题需要解决。此次研讨会，就是要贯彻落实国家《特殊教育提升计划（2014—2016年）》，就聋人高等教育发展趋势、专业与课程设置、师资队伍建设、学生就业、教学与学生能力形成、手语教学等问题进行交流，探索提高聋人高等教育教学质量的理念、方法和体系，促进特殊教育整体水平的提高。张院长希望各位专家多提宝贵意见，一如既往地给予绥化学院特殊教育以支持和帮助，共同努力把特殊教育事业做得更好。中国高等教育学会特殊教育研究分会秘书长滕祥东代表中国高等教育学会特殊教育研究分会致辞，向此次研讨会的召开表示祝贺。为期两天的研讨会，中国高等教育学会特殊教育研究分会理事长、华东师范大学终身教授、博士生导师方俊明教授，天津理工大学硕士生导师韩梅教授，河南中州大学孟繁玲教授，重庆师范大学硕士生导师周巧副教授，北京联合大学讲师姚登峰博士，绥化学院信息工程学院讲师孙威，《现代特殊教育》杂志社沈玉林副主编，以及辽宁师范大学博士生导师张宁生教授，分别作了专题报告。与会人员通过讲座交流、经验分享等环节，全面学习、领会、贯彻国家提升计划，深入研讨聋人学前教育、初等教育、职业教育与高等教育理论与现实问题，积极为提高聋人教育教学质量提供理论指导和育人良策，为特殊群体的成长成才服务。此次研讨会的召开为促进黑龙江省乃至全国特殊教育事业、残疾人社会事业发展产生积极影响。

（绥化学院）

3. 第二届教育康复高峰论坛

2014年10月11日，由滨州医学院主办的第二届教育康复高峰论坛在烟台开幕。美国凯斯西储大学、加拿大麦肯基大学、台湾师范大学、华东师范大学以及全国特殊教育高等院校、特殊教育学校、民政系统、各级康复机构250余名代表参加了该论坛。中国残疾人联合会教就部主任张新龙、滨州医学院校党委书记刘树琪出席论坛开幕式并致辞。

该届论坛主题为“中国特殊教育的必经之路——医教结合，智慧康复”。11日，华东师大教育康复学系（筹）博士生导师杜晓新教授、民政部儿童福利中心李波主任、中国聋儿康复中心孙喜斌教授以及滨州医学院特殊教育学院刘志敏等18位专家学者围绕教育康复人才培养、特殊儿童康复、特殊教育发展等主题进行了主题报告，分享了自己的研究成果。12日，论坛分别围绕特殊儿童综合干预、特殊儿童安置方式及人才培养需求三个专题进行分论坛研讨，并对此次论坛进行总结，同时举办下届论坛的交接仪式。

教育康复高峰论坛，由华东师范大学与滨州医学院共同举办，每年举行一次，双方轮流主办，旨在加强教育康复学与康复治疗学、特殊教育学、运动康复、心理康复等相关专业之间的交流与合作，推动相关领域基础研究，加快培养具有复合型知识技能的特殊教育教师、康复类专业技术人才，共同促进教育康复学科的健康发展。

（滨州医学院）

4. 2014年海峡两岸特殊教育研讨会

2014年10月15—17日，由贵州工程应用技术学院师范学院主办的“2014年海峡两岸特殊教育研讨会”在贵州工程应用技术学院进行，10月15日上午，研讨会在身修讲堂举行开幕式。研讨会特邀美国哈佛大学经济卫生学教授萧庆伦先生，台湾特殊教育专家——台湾师范大学特殊教育系主任洪俪瑜教授、张蓓莉教授、杞昭安教授、胡心慈副教授、佘吉勇助理教授出席开幕式。贵州省教育厅、贵州工程应用技术学院的相关领导以及陕西师范大学、济南大学、贵州师范学院、铜仁学院等兄弟高校及省内外特殊教育学校领导、特教专业教师共200余人参加了开幕式。

贵州工程应用技术学院学校党委副书记汤宇华在开幕式上致辞时，介绍了贵州工程应用技术学院特殊教育专业虽然起步较晚，但发展势头强劲，学校将特殊教育学作为校级重点学科建设，将特殊教育专业作为校级特色专业建设，2012年特殊教育学成为贵州省重点支持学科，同时，2012年获得国家特殊教育学校二期建设项目，项目经费6111万元，2万余平方米的康复实验大楼即将完工。贵州工程应用技术学院毕业的特殊教育学生遍布毕节市各特殊教育学校，为推进毕节市乃至贵州省的特殊教育做出了重要贡献。会议期间，台湾师范大学特殊教育专家分别作了题为“特殊教育的理念与实施”“心智障碍学生的教育”“听障、语言障碍学生的教育”“自闭症学生的教育”“多重障碍（CP）学生的教育”“视觉障碍学生的教育”的六场学术讲座，并开展了一场“特殊教育工作者之专业发展”主题研讨和三场现场教学、三场特殊儿童个案咨询和专业讨论。此次研讨会是贵州工程应用技术学院师范学院与台湾师大特殊教育系交流合作的成果，也是师范学院实现“3+1”人才培养模式的具体体现，为更好地推进贵州省特殊教育事业的发展，加强与国内国际高校特殊教育的交流与合作，更新特殊教育教学理念、教学方法，交流和探讨台湾特殊教育的经验和成果做出了贡献。

（贵州工程应用技术学院）

5. 中国高等教育学会特殊教育研究分会2014学术年会

2014年11月22日，中国高等教育学会特殊教育研究分会2014学术年会在泉州师范学院举行。来自北京、上海、福建、新疆等25个省市、50多所高校的200多位专家学者参加了会议。

泉州市副市长周真平指出，市委市政府对泉州师范学院在特殊教育科学的学科建设成果表示肯定，将借助此次契机，加快发展包括特殊教育在内的教育学研究。各地教育学者专家互相交流，必将进一步推动特殊教育的创新，提高我国特殊教育教师的专业水平，为我国特殊教育的提升做出更大的贡献，也为泉州师范学院迎来特教发展的新契机。泉州师范学院党委书记游小波向各位嘉宾介绍了泉州师范学院发展特殊教育的历程和成果，强调学校坚持“应用型、技术型、创新型”的办学理念，将继续做大做强特殊教育专业，为福建乃至全国培养高层特殊教育教师人才。

论坛活动在开幕式后随即举行。教育部特教办公室主任李天顺就特殊教育的相关内容作了专门讲话和精彩报告。他指出，从党的十七大报告中提出关心特殊教育到党的十八大报告提出支持特殊教育，特殊教育由关心到支持，足见党和政府对支持特殊教育的决心。中国高等教育学会特殊教育研究分会理事长方俊明教授作题为“挖掘潜能，开创我国高等特殊教育发展的新局面”的报告。与会专家学者分别围绕高等特殊教育的国际比较及我国残疾人高等教育发展、特殊教育师资培养问题、特殊教育学科与课程建设三个专题进行了主题报告，并展开热烈讨论。从各个方面探讨了我国特殊教育改革与发展面临的挑战及机遇，推进了特殊教育院校间的深入交流与合作，对促进我国特殊教育事业的发展具有重要意义。在两天的会议中，与会专家学者分别围绕高等特殊教育的国际比较及我国残疾人高等教育发展、特殊教育师资培养问题、特殊教育学科与课程建设三个专题进行了主题报告。报告从特殊教育政策、学科建设、师资培养、残疾人高等教育等方面进行探讨，厘清了我国特殊教育改革与发展面临的挑战及机遇，推进了特殊教育院校间的深入交流与合作，对促进我国特殊教育事业的发展具有重要意义。此外，在年会上，为了给予特殊教育领域的新生力量——特殊教育博士生、硕士生充分表达、参与的舞台，德高望重的朴永馨教授特意组织和主持了学生分论坛，来自北京师范大学、华东师范大学、华南师范大学、西南大学的9位研究生进行了汇报，加强了不同高校的学生之间以及学生与学者之间的对话。

（赵梅菊）

（十四）成人教育学、职业技术教育学专业

1. 全国职业教育专家学术报告会

2014年8月12—13日，由中国职业技术教育学会学术委员会主办的全国职业教育专家学术报告会在齐齐哈尔工程学院举行。此次会议是在全国深入学习贯彻习近平总书记关于发展职业教育重要批示和全国职业教育工作会议精神背景下举行的。来自全国十多个省市近百位职教学者参加了为期一天半的活动。

国家教育行政学院行政教研部主任邢晖以“学习全国职教工作会议精神——院校行动之思考”为题，系统梳理了全国职业教育工作会议精神，对《国务院关于加快发展现代职业教育的决定》和六部委《现代职业教育体系建设规划（2014—2020年）》的亮点、突破点和需要关注的新提法和新理念进行了解读，就如何学习贯彻落实好全国职业教育工作会议精神、推进职业教育的改革和发展引领大家进行了思考。天津职业技术师范大学党委书记孟庆国以“地方高校转型发展与技术技能型人才培养——基于应用技术大学办学定位的探索与实践”为题，从职业教育培养师资和职业教育研究与探索方面，阐述了

转型的“两个核心问题”，引发大家对高校转型的进一步思考。教育部职业技术教育中心研究所所长杨进的“学习的本质”报告，通过对“教育”与“学习”的关系、学习的发生、以学习者为中心、发展高层次的思维能力、推进终身学习等专题的阐述，回答了怎样教、如何学、怎么做的核心问题。齐齐哈尔工程学院院长曹勇安在题为“职业院校‘混合所有制’与‘委托管理’的实践与认识”的报告中，以具体案例展示了非国有资产的“寻利性”与国有资产的“公益性”如何通过“混合所有制”形成“利益共同体”。

2. 中国职业技术教育学会2014年学术年会

中国职业技术教育学会2014年学术年会于2014年11月21—22日在济南召开。出席会议的有中国职业技术教育学会会长、副会长和分支机构成员，有各省、自治区、直辖市、计划单列市职教学会、行业教育协会责任人，还有来自全国各地职业院校的领导和教师共700余人。

会议由中国职业技术教育学会主办，山东省职业技术教育学会承办。会议的宗旨是深入贯彻党的十八届三中、四中全会精神，贯彻落实习近平总书记关于职业教育的重要批示和全国职业教育工作会议精神，以“服务发展，促进就业”为主题，总结交流广大会员的学术研究成果，进一步推进现代职业教育加快发展。会议由中国职业技术教育学会常务副会长兼秘书长刘占山主持，副会长王继平代表教育部鲁昕副部长作主旨报告。会议邀请了著名经济问题、就业与人力资源问题专家作专题报告。会议还邀请了美国学术联盟代表出席，进一步促进职业教育科研工作的国际交流与合作。

会议围绕“服务发展，促进就业”主题，分别针对“创新职教德育工作，培育和践行社会主义核心价值观”“职业院校治理体系与治理能力现代化”“现代职业教育教学体系建设与创新”“职业教育产教融合体制机制创新”“职业教育内涵发展与质量提升”“‘双师型’教师队伍建设——制度与机制创新”“加强职业指导，促进学生就业”等议题进行专题讨论。会议还安排了专家点评、与会代表互动等环节。

3. 全国成人高等教育人才培养体系学术研讨会

2014年11月27—28日，由中国成人教育协会主办，中国人民大学书报资料中心协办，宁波大学承办的“全国成人高等教育人才培养体系学术研讨会”在宁波举行，来自20余省市自治区的200余名代表参加。中国成人教育协会原会长朱新均，常务副会长刘志鹏、谢国东，人大复印报刊资料中心总编高自龙，宁波大学校长沈满洪，成教协会学术委员会主任叶忠海，浙江省教育厅祝鸿平等有关负责人和专家出席。研讨会的主要内容有三项：

（1）成人高等教育人才培养体系研究成果的展示与交流，即推广宁波大学“成人高等教育‘学历+技能’人才培养体系研究与实践项目”的研究成果。该项目着眼于成人高等教育如何进行教学改革、培养什么样的人及如何培养人等重大理论与实践问题，并为实现成人高等教育在育人与社会用人方面的“无缝对接”做出了有益的探索。

（2）成人高等教育人才培养模式。与会代表对成人高等教育人才培养模式改革的方向展开了热烈探讨，并达成两点共识：一是需克服传统办学情结，扭转“普教化”局面；二是深入开展校企合作，培养出企业所需的复合型人才。

（3）成人高等教育人才培养实践。我国经济发展方式转变和产业结构调整升级对劳动者的职业技能和综合素质提出了新的要求，各校在成人高等教育培养目标、课程体系、教学方式等方面进行了改革，表现在培养目标、课程体系和教学方式三个方面。

4. 第九届中国中青年职教论坛暨2014年中国职业技术教育学学科建设与研究生培养研讨会

由中国职业技术教育学会学术委员会主办，河北师范大学、河北省职业技术教育研究所、《河北师范大学学报》编辑部承办的“第九届中国中青年职教论坛暨2014年中国职业技术教育学学科建设与研究生培养研讨会”于2014年12月27—28日在河北师范大学召开。

中国职教学会副会长刘占山、李祖平，河北师范大学副校长刘敬泽，教育部职教中心研究所所长杨进，中国职教学会学术委员会执行主任石伟平出席会议，中国职教学会、教育部职教中心研究所、职业教育研究机构、高等院校和职业学校、行业协会组织、《中国教育报》《中国职业技术教育》《职业技术教育》《教育与职业》《职教论坛》等70多家单位约350人参会。其中专家教师180人，在读博士研究生22人，在读硕士研究生148人。

论坛围绕现代职业教育体系的内涵与发展策略、人才培养模式创新与课程衔接体系建立、产教深度融合的模式与路径、学校管理模式改革与现代职业学校制度建立、职业学校校长与教师培养体系构建、现代职业教育发展的外部制度创新等专题，以主题发言和自由发言的形式进行了广泛而深入的研讨。研究生学术沙龙活动围绕现代职业教育体系、产教融合、校企合作、农民工教育与培训等专题进行了深入的研讨。学科建设研讨会围绕学位设置、学科范式、学科建设策略、研究生教育教学改革等专题进行了富有成效的、深刻而又理性的研讨，加深了研究生教育的使命感，明晰了学科建设与研究生培养的路径和模式。

（赵志群、周慧梅）

（十五）高等教育学专业

1. 中国高等教育学会高等教育学专业委员会2014年学术年会

中国高等教育学会高等教育学专业委员会2014年学术年会于2014年7月17—18日在兰州召开，此次会议聚集了中国高等教育研究领域最具影响力的专家和学者，年会本着凝聚专家智慧、献策高教改革、扩大学会影响的目的，以“全面深化高等教育改革的理论与实践”为主题，以期对全面深化高等教育改革这一问题有所裨益和推动。开幕式由北京大学教育学院陈洪捷教授主持。

此次会议积极响应了十八届三中全会提出的全面深化改革的要求，促进了专家学者关于我国高等教育改革理念、内容、措施等方面的交流沟通，有助于推动我国高等教育领域的改革进程，促进我国高等教育的内涵式发展。

2. 高等教育质量保障国际学术研讨会

高等教育质量保障国际学术研讨会于2014年9月23日在北京召开，此次国际学术研讨会由教育部高等教育教学评估中心主办，联合国教科文组织教育政策规划所（UNESCO-IIEP）、经合组织（OECD）教育司、欧盟高等教育与科研绩效评价委员会（EU-CHERPA）、俄联邦教育与科学督察署等有关负责人，以及澳大利亚、日本、中国香港地区等国家和地区的教育评估机构负责人，还有教育部评估中心、南京大学、中国教育学会的负责人，在大会上作专题报告。来自教育部有关司局和事业单位、全国各类普通高校、省级教育行政部门和评估机构共134家单位的180多位正式代表和100多位列席代表近300人与会。

围绕“高等教育质量保障”这一大家共同关注的主题，国际国内同行交流宝贵经验和分享优秀实践经验。教育部高等教育教学评估中心主任吴岩着重阐释了中国特色“五位一体”评估制度的新理念、新标准、新方法、新技术，特别是从实践探索中科学总结出的“五个度”的质量标准体系，不仅是评估高校教学工作的尺度与标准，也是高等教育质量标准的升华，是有关高等教育质量的新理论与新成果。南京大学校长、院士陈骏先生则以南京大学为例，介绍“一二三”本科教学质量保障体系，呈现了中国高水平大学教学管理制度创新的优秀实践；中国教育学会钟秉林先生科学分析了中国高等教育质量保障制度，由“管控”到“放权”、由“单一”到“综合”、由“同质”到“多元”评估范式所发生的深刻变革。这些报告从多层面、多视角、多维度，全面呈现了中国特色高等教育质量保障的体系建设和实践创新，也真实展示了政府、高校、评估机构和社会等分工协作和公共治理。

3. 2014年高等教育国际论坛

2014年高等教育国际论坛于2014年10月31日—11月2日召开，该届论坛设有一个主论坛、三个专题论坛和两个博士生分论坛。论坛围绕现代大学制度建设、高校综合改革的思考与探索、大学改革发展的矛盾、高等教育治理能力现代化进程中的大学校长管理专业化、高等教育公共治理与评估制度的创新、治理现代化视域中的高等教育结构调整、大学和政府关系的变化与趋势、高等教育治理体系与治理能力现代化和高等教育现代化的关系等问题进行了深入的交流和探讨。中国高等教育学会学术委员会副主任谢维和与刘献君、学术委员会委员宣勇、日本高等教育学会会长金子元久等国内外40余位专家学者做了专题演讲。

4. 中国高等教育学会教育评估分会2014年学术年会

中国高等教育学会教育评估分会2014年学术年会于2014年11月14—16日在常州召开，此次会议以国际化背景下的高等教育评估为主题。在评估会上，孙莱祥教授作题为“国际化背景下的专业建设与专业评估”的报告、王战军教授作题为“高等教育评估的国际经验”的报告、章兢教授作题为“基于产出的工程教育专业认证”的报告、王伯庆教授作题为“在校生全程跟踪评价”的报告、陈群教授作题为“质量·评估·发展”的报告、柏定国教授作题为“西方十国高等教育评估制度与闽台借鉴实践”的报告、钟秉林教授作题为“我国新一轮高校本科教学评估‘五位一体’制度设计解析”的报告、陆岳新院长作“江苏高校分类评价体系研究”报告、汤建民教授作“全国高校科研评价数据库建设及在教育评估中的应用”报告。与会代表分组讨论了国际高等教育评估的理论及动态；讨论了国内高等教育质量保障的政策、实践探索及内部保障体系；讨论了高等教育质量评估的理论、高校人才培养质量研究等问题。

（方芳）

（十六）教育统计与测量专业

第三届教育监测与评估国际研讨会

考虑到监测和评价要为教育教学改进和政策调整提供研究支持和实证依据，2014年10月22—23日，第三届教育监测与评估国际研讨会会议主题为“学生学业成就的影响因素分析——从课堂实践到教育政策”，相关研讨围绕多层次分析影响青少年成就的教育因素、课堂教学实践的有效性、教师培训与教育质量、教育公平政策等议题展开。围绕以上议题，国内外专家分别介绍了本国和国际组织在以上领域开展监测与评估的最新方法、技术和工作、研究进展情况，并展示了各国教育质量监测与评估结果对于提高课堂效率、促进学生个性化发展、提升教师素质、缩小区域差距等方面所发挥的作用。在此次会议上，中国基础教育质量监测协同创新中心首提将开展具有中国特色的学生品德评估体系的建设，实现对学生全面发展的评价与监测。

（王烨晖）

（十七）民族教育专业

1. “中国人类学民族学研究会教育人类学专业委员会”首届年会

2014 年 3 月 29—30 日，中国人类学民族学研究会教育人类学专业委员会首届年会暨“教育与文化：教育人类学的理论、方法与应用研究”学术研讨会在中央民族大学召开。此次会议由中国人类学民族学研究会教育人类学专业委员会主办，中央民族大学教育学院、“985 工程”中国少数民族教育研究创新基地、《民族教育研究》编辑部承办。来自中国人类学民族学研究会、教育部民族教育发展中心、中国教育科学研究院、北京大学、北京师范大学、中国人民大学、复旦大学、华东师范大学、浙江大学、西南大学、西北师范大学等 50 多所高校和科研机构的 100 余名专家学者会聚一堂，共同交流探讨教育人类学的理论、方法与应用研究成果，进一步推动中国教育人类学的学科建设和学术发展。

会议开幕式由中央民族大学教育学院院长苏德教授主持。在开幕式上，中国人类学民族学研究会秘书长黄忠彩宣布“中国人类学民族学研究会教育人类学专业委员会”成立，中国人类学民族学研究会常务副会长、全国政协民族宗教委员会副主任周明甫授牌。国家民委教育科技司副司长周晓梅、教育部民族教育发展中心副主任赵建武、中央民族大学副校长宋敏、中央民族大学原校长哈经雄、浙江大学人类学研究所所长庄孔韶、首都师范大学教育学院教授劳凯声、中国教育科学研究院副院长曾天山等先后致辞，对“中国人类学民族学研究会教育人类学专业委员会”的成立表示热烈祝贺，希望教育人类学专业委员会成立后，在整合我国教育人类学学科资源、团结各方学术力量、推进教育人类学学科建设和培养学术队伍中发挥重要作用，为发展我国的民族教育事业、促进民族团结进步、实现教育公平作出积极贡献。教育人类学专业委员会筹委会主任、中央民族大学教育学院滕星教授介绍了教育人类学专业委员会的筹备成立情况并颁发了顾问聘书。会议选举成立了以滕星教授为理事长的首届教育人类学专业委员会理事会，讨论通过了《中国人类学民族学研究会教育人类学专业委员会章程（草案）》。

2. “一个全球性的话题：处境不利学生理科学习面临的挑战”研讨会①

2014 年 7 月 13 日，由北京师范大学主办、北京师范大学中国民族教育与多元文化研究中心和北京师范大学 SIEGLER 创新学习中心协办的“一个全球性的话题：处境不利学生理科学习面临的挑战”研讨

① 《学部成功举办“一个全球性的话题：处境不利学生理科学习面临的挑战”研讨会》（http://fe.bnu.edu.cn/html/002/1/201407/12558.shtml）。

会在京师大厦隆重举行。北京师范大学党委书记刘川生教授，教育部民族教育发展中心张强主任，北京师范大学教育学部党委书记李家永，北京师范大学中国教育政策研究院执行副院长庞丽娟教授，美国教育研究学会主席兼乔治亚州大学 Joyce E. King 教授，美国卡耐基梅隆大学教授、美国国家数学顾问委员会成员、北京师范大学 SIEGLER 中心主任 Robert Siegler，美国俄勒冈大学 Russell M. Gersten 教授，美国特拉华大学 Nancy C. Jordan 教授，美国教育科学研究中心 Robert J. Ochsendorf 副研究员，北京师范大学中国民族教育与多元文化中心学术委员会主任、美国哥伦比亚大学林晓东教授，马里巴马科大学 Maiga Oumarou Hassimi 教授，美国哥伦比亚中学校长 Nightengale Miriam 女士，联合国儿基会教育处项目官员郭晓平博士，联合国教科文农村教育研究中心赵玉池博士等来自国内外各高校、研究机构、NGO 机构等近 100 位理科教育、民族教育方面的专家代表及研究生参加大会。此外，《教育学报》《光明日报》、光明网、《民族教育研究》《教师教育研究》等多家国内知名媒体也参会予以报道。

北京师范大学教育学部党委书记李家永主持会议开幕式，北京师范大学党委书记刘川生教授、教育部民族教育中心张强主任、美方学者代表 Joyce E-. King 教授分别为开幕式致辞。刘川生书记在致辞中提道："任何一个国家都非常重视少数民族教育，这是涉及民族团结的重大议题，希望可以通过促进全球理科学习来更好地促进国家的和谐、全球的和谐。"张强书记在发言中提到："当前我们国家正在经历社会发展的转型期，社会结构、经济结构正在发生变化，因而教育的结构也需要有所调整，而民族教育的提升和发展是当前非常重要的议题。我们始终把少数民族的理科教育作为民族教育的重点之一，加以重点的关注和研究。"

中央民族大学滕星教授主持上午时段的研讨会。来自北京师范大学 SIEGLER 创新学习中心的四位美国教授 Robert Siegler、Nancy C. Jordan、Robert J. Ochsendorf、Russell M. Gersten 围绕"低收入学生理科学习：认知和教学视角下的分析"这一主题分别作了关于"儿童如何学习数学、如何帮助他们改善学习?""以提高分数学习能力为中心：特拉华纵向研究中的初步发现""帮助四年级困难学生的实验研究""数学教师的专业发展研究：系统的研究回顾"的四个专题发言。此外，哥伦比亚大学林晓东教授作了关于"激发少数民族学生科学学习动机"的主旨发言，美国哥伦比亚中学 Nightengale Miriam Miller 校长向大会呈现了名为"一年科学教育探索：整合课程、教学和评价的有效尝试"的研究成果。

北京师范大学中国教育政策研究院执行副院长庞丽娟教授主持下午时段的研讨会。教育部民族教育发展中心马佳博士、北京师范大学认知神经科学与学习国家重点实验室周新林教授、教育部基础教育质量检测中心副主任王耘教授、北京师范大学中国基础教育质量监测协同创新中心张彩博士分别就"民族地区理科教育现状和问题研究""文化与教育影响下的大脑与认知""中西部贫困县学生的数学与科学成绩：表现及影响因素""少数民族学生的数学与科学学业表现：来自全国数据的分析"作主题发言。作为此次国际会议协办方之一 的北京师范大学民族教育与多元文化研究中心的专家团队成员郑新蓉教授、张莉莉教授、杜亮副教授及新疆师范大学教育学院院长孙钰华教授围绕"我国少数民族理科学习困难的多维分析——以新疆、内蒙古、青海少数民族学生为例"这一主题作了关于"我国少数民族理科教育的政策环境分析”“少数民族高中理科学习困难及成因分析”“少数民族学生文理分科选择的质性研究”“新疆民汉双语教师科学素养培养的审思”四个专题发言。最后，Joyce E. King 教授及庞丽娟教授对大会进行了点评。来自国内外各领域的专家学者积极参与会议讨论，分享在理科教育及处境不利学生理科学习领域的体会及研究成果。

3. 中国少数民族数学教育专业委员会成立大会暨第四届中国少数民族数学教育学术研讨会

中国少数民族数学教育专业委员会成立大会暨第四届中国少数民族数学教育学术研讨会于 2014 年 9 月 26—28 日在重庆市西南大学召开。会议由西南大学与中央民族大学共同主办，西南大学数学与统计学院、教育部西南基础教育课程研究中心承办。来自全国 20 余个省（市、自治区）的近百家单位，包括汉、藏、维吾尔、蒙古、回、苗、土家、布依、朝鲜等近 20 个民族的 170 余名专家学者及研究生出席了此次会议。《教育学报》《民族教育研究》《中国教育学刊》《西南大学学报》《中国电化教育》《中国民族教育》《数学通报》《数学教育学报》等杂志社也都派代表出席大会。大会以“深化少数民族数学教育研究，推动少数民族教育改革深入发展，进一步促进少数民族教育事业又快又好发展”为主题，借助中国少数民族数学教育专业委员会成立这件大事，围绕“基于少数民族学生与文化特征的数学课程、教材改革与发展”“适应少数民族学生思维特征的数学双语教学改革”“少数民族地区数学教师专业化及其支撑”“信息化背景下的少数民族数学教育质量提升”“少数民族文化中的民族数学研究”等专题进行了热烈的交流和研讨。

4. 中国少数民族双语教学研究会第二十次全国双语教育学术研讨会

2014 年 9 月 27—28 日，中国少数民族双语教学研究会第二十次全国少数民族汉语教育学术研讨会在云南民族大学雨花校区举行。来自全国 17 个省、直辖市、自治区的汉、蒙、回、维吾尔、哈萨克、藏、壮、彝、朝鲜等 20 多个民族的 200 多位专家学者会聚云南民族大学，共商我国少数民族双语教育发展的大计。

国家民族事务委员会教育科技司田联刚司长在致辞中介绍，经过深入研究，国家民委批准了在云南民族大学设立双语人才培训基地，希望云南民族大学倾力支持基地的建设和发展，努力把基地建设成为五位一体的基地：第一是要建成学习贯彻和执行党和国家民族政策、民族语文政策和国家法律法规的基地；第二是要建成各民族和谐相处、团结进步的基地；第三是要建成大力培养、培训双语人才，源源不断地为云南、西南乃至全国输送双语人才的示范基地；第四是要建成西南片区以及全国民汉双语教育和双语人才培养的理论研究及实践探索基地；第五是要建成展示民族院校特色、拓展社会服务功能、探索推动民族院校深化改革的基地。

云南民族大学陈鲁雁书记表示，此次会议在云南民族大学召开，将对该校正在全力推进的高水平民族大学建设、民族团结示范校建设以及校风、教风、学风建设产生积极影响。国家民族事务委员会教育科技司丁文杰宣读了国家民委《关于在云南民族大学设立双语人才培养基地的决定》。随后，国家民族事务委员会教育科技司司长田联刚和云南民族大学党委书记陈鲁雁为基地揭牌。国家民委在云南民族大学建立双语人才培养基地，将对云南少数民族双语人才的培养具有重大的战略意义。

此次学术报告分四个单元进行：第一单元由教育部民族教育发展中心张强主任、中国少数民族双语教学研究会荣誉会长丁文楼教授就我国双语教育的发展战略和加快当前双语教育发展的改革发表了演讲；第二单元由云南省教育厅民教处长徐忠祥介绍了云南省开展双语教育的经验；第三单元由云南民族大学民族文化学院院长刘劲荣教授向代表们汇报了云南民大双语人才培养模式的改革与实验；第四单元是专题报告，有18位专家做了专题报告，内容涉及我国的语言政策，双语教育与民族文化传承，双语教育发展对策研究，双语教育发展模式、双语教师培训、双语教师、教材、教法的改革，中小学汉语教学新课标的实施与创新，还有一些民族及地区、学校双语教学经验的介绍等，内容丰富、异彩纷呈。

5. 第三届国际教师教育学术年会

2014年10月17日上午，第三届国际教师教育学术年会在北京友谊宾馆贵宾楼二层多功能会议厅开幕，此次会议的主题是“多元文化社会中的教师教育：机遇与挑战”。此次会议由国际教师教育协会（World Federation of Associations of Teacher Education）主办，中央民族大学教育学院承办。会议邀请世界各国教师教育研究领域的知名专家、学者及中国政府部门高级官员参加。国内外多所院校和科研机构的170多位专家学者出席了会议，共同探讨多元文化社会中教师教育的理论、政策与实践。

此次年会在北京进行，会议开幕式由中央民族大学教育学院院长苏德教授主持。中国教育学会名誉会长、北京师范大学资深教授及著名教育家顾明远教授致辞，教育部民族教育发展中心主任张强、国家民委教育科技司副司长周晓梅、中央民族大学副校长宋敏教授、中国教育科学研究院副院长曾天山研究员、国际教师教育协会现任主席以及美国内华达大学拉斯维加斯分校教育学院常务副院长麦卡锡（Jane McCarthy）教授等领导和嘉宾到会发言，并对本次会议的成功举办表达了良好祝愿和希望。

在17日的会议上，美国内华达大学拉斯维加斯分校教育学院常务副院长麦卡锡教授、中央民族大学教育学院院长苏德教授和袁梅老师、澳大利亚新英格兰大学教育学院院长斯蒂文教授和张作成教授、广西民族大学党委书记钟海青教授、澳大利亚拉筹伯大学林罗琳教授、北京师范大学教育学部及中国民族教育与多元文化研究中心主任郑新蓉教授、广西师范大学党委书记王枬教授、美国德克萨斯理工大学王箭教授和中央民族大学滕星教授、中南民族大学党委书记陈达云教授等分别作了大会主题发言。就全球环境下的师范教育、多元文化社会中的双语教育、文化多样性与教师教育、师德建设、新型教师补充机制、教师专业共同体建设、教师专业发展等重要问题进行了广泛而深入的探讨。

在18日的会议上，与会的专家学者就此次会议的议题进行了分组讨论，提出了很多有建设性的意见和建议。分会场讨论的主题牵涉：双语教学与双语教师教育、教师培养教育（教师岗前培训）、教师培训、文化多样性与教育、教师教育国际比较研究、教师专业化与教师教育、教学技术与学科教学法、教师教育的标准与绩效等主题。最终经过分会讨论与分会总结后，会议落下圆满帷幕。大会闭幕式由苏德教授主持，八个组分别选派一人进行大会汇报交流。然后，国际教师教育协会现任主席麦卡锡教授及下任主席西班牙蒙塔内教授讲话。最后，苏德教授对此次大会进行了精彩的总结。

6. 2014 年新疆双语教师培训工作改革研讨会①

2014 年 11 月 17—19 日，由新疆维吾尔自治区教育厅主办，新疆师范大学承办的 2014 年新疆双语教师培训工作改革研讨会在新疆师范大学昆仑校区举行。新疆维吾尔自治区教育厅副厅长马文华、新疆师范大学副校长王晓峰出席会议。来自北京、天津、江苏等省市有关院校和全疆各地州（市）教育主管部门及承训双语教师培训的各级院校的领导、业务负责人和培训专家及教师代表 120 余人参加了此次研讨会。

马文华副厅长在讲话中，介绍了近年来自治区双语教师培训工程的实施情况，他针对如何做好双语教师培训提出了几点要求：一是规范质量标准，全力搞好培训工作；二是突出抓好关键环节，优化师资和学科教学体系；三是加大改革力度，推陈出新，提高培训实效；四是加强学员管理工作，促进参训教师整体素质全面提升；五是严格双语教师选拔标准；六是进一步加大培训工作的科研力度，提高科研成果转化率。马文华副厅长希望各级教育主管部门和承训院校将培训工作作为一项“德政工程”和战略任务来抓，确保实效，努力在新的起点上开创双语教师培训工作新局面。

王晓峰副校长代表新疆师范大学在大会中致辞，他简要介绍了新疆师范大学的历史沿革、办学思路、教师培训工作的整体情况，表示该校将会一如既往地致力于打造自治区优质的双语教师培训基地，积极发挥推动自治区双语教师培训专业化发展的引领示范作用，进一步发挥大学人才培养、科学研究、社会服务、文化引领的功能，为新疆经济社会发展特别是教师教育事业的发展做出更突出的贡献。

北京教育学院、天津师范大学、南京师范大学、新疆教育学院、乌鲁木齐职业大学、阿克苏教育学院以及新疆师范大学 7 所承担新疆双语教师培训的院校作了经验汇报。各院校从管理机制、培训模式等方面分享了双语教师培训工作的实施经验、特色和成效，并针对存在的问题提出了相关建议和对策，表示将继续牢记使命，不负重托，为新疆双语教育事业的发展做出更大的贡献。

此次会议上还进行了 2014 年新疆双语教师培训优质课（说课）比赛、2014 年双语教师培训教学改革与培训管理优秀论文交流和新疆双语教师培训模式和管理机制研讨。

2014 年新疆维吾尔自治区双语教师培训改革研讨会议回顾展现了 10 年来该区双语教师培训经验与成果，对今后进一步提升双语教师培训质量和管理水平，形成相对统一的培训管理格局奠定了坚实的基础。

7. 民族教育学学科建设暨高层次人才培养学术研讨会

2014 年 11 月，民族教育学学科建设暨高层次人才培养学术研讨会在中南民族大学举行，来自全国各大高校和研究机构的 80 余名专家学者参加了会议。与会学者进行了分组讨论，大家汇报了自己在学科及人才培养过程中的想法及见解，提出了民族教育学学科及人才培养在发展过程中存在的问题。经过研讨，各位专家学者达成了诸多共识，既有对学科建设的构思又有关于人才培养的实践，此次会议是一次成功的学科性讨论会。

（林玲、吴明海）

① 《2014 年新疆双语教师培训工作改革研讨会议在我校举行》（http：//www. xjnu. edu. cn/s/1/t/36/2e/24/info77348. htm）。

（十八）学校心理健康教育专业

1. 2014 年全国大学生心理健康教育工作专题研讨会

2014 年 3 月 25—26 日，2014 年全国大学生心理健康教育工作专题研讨会在华中师范大学召开，全国大学生心理健康教育工作研究分会筹备委员会主任、厦门大学党委书记杨振斌，教育部思想政治工作司司长冯刚，教育部思想政治工作司副巡视员俞亚东，湖北省委高校工委书记、省教育厅厅长刘传铁，省委高校工委副书记、省教育厅副厅长严学军，华中师范大学党委书记马敏，华中师范大学党委副书记谢守成、覃红及全国各省市党委教育工作（行政）部门职能处室、教育部直属高校心理健康教育中心负责人参加了此次会议。湖北省各高校心理健康教育部门负责人列席参加了部分活动。

马敏同志在开幕式上介绍了华中师范大学心理健康教育工作情况。刘传铁同志在致辞中简要介绍了湖北高等教育基本情况以及湖北省推进高校心理健康教育的主要做法。他表示，心理健康教育是高等学校立德树人的重要内容，心理健康是青年学子成人成才的关键指标。湖北省委高校工委、省教育厅将按照教育部和省委、省政府的要求，将心理健康教育当作生命工程、未来工程，进一步加大人文关怀和心理疏导力度，切实推进全省高校心理健康教育标准化建设。

杨振斌同志在报告中通报了大学生心理健康工作研究分会筹备委员会工作思路和国内外大学生心理健康教育的基本情况，介绍了部分研究成果。冯刚同志总结了 2013 年全国大学生心理健康教育工作，强调要提升心理健康教育在高等教育中的地位，要根据我国大学生的群体特征，着眼构建有中国特色的大学生心理健康教育体系，加强心理健康教育队伍建设，建立良好的体制机制，制定具体可行的操作指南，推动心理健康教育工作规范化发展。

全国首批六个高校心理健康教育示范中心培育建设试点单位北京大学、清华大学、南京大学、西安电子科技大学、华中师范大学、天津大学的代表分别作了交流发言。

2. 中国教育学会学校教育心理学分会理事会暨中国学校教育心理学 2014 年度学术研讨会

中国教育学会学校教育心理学分会理事会暨中国学校教育心理学 2014 年度学术研讨会于 2014 年 12 月 4—6 日召开，由华中师范大学心理学院承办。此次理事会主题为分会组织结构完善与 2015 年工作规划，研讨会主题为网络时代的心理健康教育。分会理事长、北京师范大学方晓义教授，副理事长兼秘书长、北京师范大学伍新春教授，副理事长、华东师范大学桑标教授，副理事长、华中师范大学周宗奎教授，以及来自全国各高等院校和教研机构的理事 35 人齐聚东湖之滨，共商心理健康教育的发展大计。

在工作讨论的基础上，与会理事进行了深入的学术研讨。与会理事不仅分别介绍了本省将心理健康教育融入日常教育教学工作的内容与经验，还就学生积极心理品质的发展与培养策略、网络成瘾与网络时代的心理健康教育、学校心理健康教育工作的区域推进与政策保证、中小学教师的专业发展与心理健康等议题开展了认真的研讨，并就今后的学术合作和全国推进进行了有效的沟通。

六、各种基金来源项目

（一）全国教育科学“十二五”规划2014年度立项课题名单

课题批准号	课题类别	课题名称	姓名	工作单位
AFA140001	国家重点	教育现代化的动态监测及政策调适研究	陈国良	上海市教育科学研究院
AGA140002	国家重点	推进教育管办评分离研究	范国睿	华东师范大学
AJA140003	国家重点	职业教育校企合作双主体办学的治理结构、实现途径和政策研究	杨　进	教育部职业技术教育中心研究所
AHA140004	国家重点	中小学生综合素质评价研究	董秀华	上海市教育科学研究院
AIA140005	国家重点	高校毕业生就业质量评价体系及实现高质量就业路径研究	张凤有	全国高校学生信息咨询与就业指导中心
AFA140006	国家重点	非通用语种人才培养研究	丁　超	北京外国语大学
AFA140007	国家重点	国际组织人才培养和选送研究	张民选	上海师范大学
AHA140008	国家重点	特殊教育支持保障体系研究	方俊明	华东师范大学
ACA140009	国家重点	教育信息化与大型开放式网络课程（MOOCS）战略研究	陈　丽	北京师范大学
BAA140010	国家一般	教育在生态文明建设中的作用及实现保障研究	岳　伟	华中师范大学
BAA140011	国家一般	儿童教育的现代立场和现代观念研究	刘晓东	南京师范大学
BAA140012	国家一般	我国中小学教师的社会性格研究	车丽娜	山东师范大学
BAA140013	国家一般	中国建设性后现代教育原理与方法研究	温恒福	哈尔滨师范大学
BAA140014	国家一般	国民性培育的学校教育内在机理及实践路径研究	刘黎明	河南大学
BAA140015	国家一般	德国教育学在中国的传播和影响研究	侯怀银	山西大学
BAA140016	国家一般	基础教育课程改革与教育的学术传统研究	刘旭东	西北师范大学
BAA140017	国家一般	生命教育学学科建构研究	王定功	河南大学

续表

课题批准号	课题类别	课题名称	姓名	工作单位
BOA140018	国家一般	基于甲骨文史料的商代教育史研究	章小谦	江西师范大学
BOA140019	国家一般	中国近代教育转型中的心态问题研究	陈　胜	浙江大学
BOA140020	国家一般	中国幼儿教育思想传承与创新研究	郑　刚	华中师范大学
BOA140021	国家一般	政治、宗教与教育：马相伯研究	薛玉琴	杭州师范大学
BOA140022	国家一般	教育“右转”的抵制：批判教育研究的历史及其理论建构研究	周险峰	湖南科技大学
BOA140023	国家一般	从边缘到中心：美国精英大学群体的崛起（1875—1945）	王凤玉	沈阳师范大学
BOA140024	国家一般	“轴心时代”原始道家道德谱系源考及德育镜鉴	于洪波	山东师范大学
BDA140025	国家一般	英国、印度、瑞士、芬兰四国技术技能型人才培养的政策与实践研究	徐　辉	重庆市教育科学研究院
BDA140026	国家一般	教师专业标准深度开发与实施策略的国际比较研究	陈德云	临沂大学
BDA140027	国家一般	美国 AP 课程研究	刘克文	北京师范大学
BDA140028	国家一般	协同学视阈下博士生培养模式的国际比较研究	王　梅	天津大学
BDA140029	国家一般	非洲教育一体化发展战略研究	万秀兰	浙江师范大学
BGA140030	国家一般	国际视域下的中国 MOOCs 战略研究	许海霞	教育部教育发展研究中心
BGA140031	国家一般	以推进公平与质量为重点的教育分流模式改革研究	董泽芳	华中师范大学
BGA140032	国家一般	战略性新兴产业相关专业教育资源利用效率评价与优化研究	孙龙建	天津外国语大学
BKA140033	国家一般	社区学习共同体生命价值与成长机理研究	汪国新	杭州市成人教育研究室
BKA140034	国家一般	城镇化进程中“五位一体”的新型职业农民培养体系构建与实践	吴易雄	湖南省教育科学研究院
BKA140035	国家一般	任务·成果取向的中小学骨干教师培训研究	吴振利	吉林师范大学
BMA140036	国家一般	青海藏民族聚居地区学校课程问题研究	李晓华	青海师范大学

续表

课题批准号	课题类别	课题名称	姓名	工作单位
BMA140037	国家一般	民族地区新型城镇化进程中义务教育阶段教师合理流动机制研究	谢登斌	广西师范大学
BMA140038	国家一般	三语环境下蒙古族大学生英语有效学习生成路径研究	赵晓军	内蒙古师范大学
BFA140039	国家一般	2000 年后我国义务教育财政制度改革效果评价研究	黄　斌	南京财经大学
BFA140040	国家一般	校园安全立法基本问题研究	石连海	国家教育行政学院
BFA140041	国家一般	规模、质量和公平：Y 县初中进城工程的实证研究	莫明峰	山东省德州市教育局
BFA140042	国家一般	治理理论视域下的我国高校教师评价制度研究	杨卫东	中南民族大学
BFA140043	国家一般	教育民生保障机制及压力纾解路径研究	阮成武	安徽师范大学
BFA140044	国家一般	教育领域探索和发展混合所有制的问题研究	于光辉	烟台大学
BFA140045	国家一般	中国地方政府教育治理结构和机制研究	鲍传友	北京师范大学
BFA140046	国家一般	学前教育公共财政投入机制及政策影响研究	宋映权	北京大学
BBA140047	国家一般	大学生抑郁症的易感性：社会心理因素与基因多态性的共同作用	胡义秋	湖南农业大学
BBA140048	国家一般	初中学生品行问题的发展轨迹、影响因素与干预	纪林芹	山东师范大学
BBA140049	国家一般	亲社会视频游戏对青少年亲社会行为的影响	刘衍玲	西南大学
BBA140050	国家一般	青少年个体心理危机的预警、监测及干预策略和体系研究	曾　红	广州大学
BCA140051	国家一般	智慧学习环境的构建与应用研究	祝智庭	华东师范大学
BCA140052	国家一般	理解视域下信息化教学设计的创新与应用研究	陈明选	江南大学
BCA140053	国家一般	基于发展性评估理念的大学生外语自主学习在线测评系统设计与应用	林莉兰	安徽建筑大学

续表

课题批准号	课题类别	课题名称	姓名	工作单位
BCA140054	国家一般	幼儿园教师信息技术应用能力提升路径及其实施策略研究	汪基德	河南大学
BCA140055	国家一般	泛在学习环境下的师生关系研究	罗　刚	广西师范大学
BJA140056	国家一般	产教融合下卓越酒店管理人才培养模式研究	陈增红	山东旅游职业学院
BJA140057	国家一般	“新型农民学院”的创新机制实践研究	刘克勤	丽水职业技术学院
BJA140058	国家一般	基于岗位需求的护理职业能力培养研究	陈松兰	山东协和学院
BJA140059	国家一般	职业技术教育对新生代农民工向上流动的作用机理及改善措施	李中建	郑州大学商学院
BJA140060	国家一般	企业参与高校职业教育转型机制研究	古翠凤	广西师范大学
BJA140061	国家一般	高等院校转型实践中的章程变革研究	王海莹	天津市教育科学研究院
BJA140062	国家一般	职校生职业精神培养的理论与实践研究——基于社会主义核心价值观的视角	匡　瑛	华东师范大学
BJA140063	国家一般	以效果为导向的职业教育质量标准研究	唐以志	教育部职业技术教育中心研究所
BLA140064	国家一般	新媒体时代网络音乐对青少年审美的影响及对策研究	程　征	华东师范大学
BLA140065	国家一般	小学生音乐素质标准的研制和评价研究	刘咏莲	安徽师范大学
BLA140066	国家一般	体育与健康课程实施策略的研究	张细谦	广东第二师范学院
BLA140067	国家一般	基于新媒体的青少年体质健康促进公共服务体系构建与实证研究	谭思洁	天津体育学院
BLA140068	国家一般	中学营养教育的构建及其实证研究	柴巍中	北京大学
BLA140069	国家一般	明治时代的学校体育与日本崛起（1986—1912）	刘春燕	河北师范大学
BLA140070	国家一般	中小学兼职体育教师继续教育培养模式的研究与实践	李映红	广东药学院
BEA140071	国家一般	英国学校公民教育及其启示	唐克军	华中师范大学
BEA140072	国家一般	多样化社会思潮背景下主流意识形态对青年的引导作用研究	李馨宇	沈阳师范大学
BEA140073	国家一般	班主任的职业生活质量的评价指标研究	孙　利	湖北第二师范学院
BEA140074	国家一般	城乡青少年传统价值观认同研究	于世勋	蚌埠学院

续表

课题批准号	课题类别	课题名称	姓名	工作单位
BEA140075	国家一般	美丽中国视野下的公民美育研究	郑富兴	四川师范大学
BEA140076	国家一般	新时期中小学家庭教育立德树人的综合研究	傅国亮	教育部关心下一代工作委员会
BEA140077	国家一般	中小学教师教育信念的文化审理与重建研究	董海霞	渤海大学
BEA140078	国家一般	黑格尔的道德教育思想研究	章忠民	上海财经大学
BHA140079	国家一般	学前教师课程创生素养研究	向海英	山东师范大学
BHA140080	国家一般	我国当代青少年公益行为研究	胡　瑜	温州大学
BHA140081	国家一般	社会发展视域下中学理科课程的适切性研究	毕华林	山东师范大学
BHA140082	国家一般	幼儿园游戏教学与问题诊断研究	丁海东	福建师范大学
BHA140083	国家一般	教师四位一体德性结构的研究	金生鈜	浙江师范大学
BHA140084	国家一般	学前教育治理的制度化研究	吕　苹	浙江师范大学
BHA140085	国家一般	中国传统教学思想在基础教育中的现代转换研究	张天明	绵阳师范学院
BHA140086	国家一般	城乡教育一体化背景下农村学校发展困境及治理研究	李清臣	周口师范学院
BHA140087	国家一般	中小学学科教学关键问题实践研究	刘月霞	教育部基础教育课程教材发展中心
BHA140088	国家一般	我国教育综合改革的方法论研究	郝德永	沈阳师范大学
BHA140089	国家一般	我国城镇新建中小学校发展研究	李小球	湖南省教育科学研究院
BHA140090	国家一般	基于生态心理学视野的城区流动儿童心理发展与教育研究	曾天德	闽南师范大学
BHA140091	国家一般	制度化家校合作与儿童成长的相关性研究	吴重涵	江西省教育科学研究所
BIA140092	国家一般	非营利组织参与逻辑下的大学治理现代化研究	龙献忠	湖南文理学院
BIA140093	国家一般	区域高等教育与区域经济关系研究	赵庆年	华南理工大学
BIA140094	国家一般	我国高校学生事务专业标准体系研究	储祖旺	中国地质大学（武汉）

续表

课题批准号	课题类别	课题名称	姓名	工作单位
BIA140095	国家一般	可持续竞争优势理论视角下民办高校可持续发展研究	盛振文	山东协和学院
BIA140096	国家一般	大学治理中的教师参与权研究	韩　兵	重庆邮电大学
BIA140097	国家一般	我国高校学生服务体系改革研究	宋尚桂	济南大学
BIA140098	国家一般	发达国家大学智库发展研究——兼论中国特色高校智库的建设路径	何振海	河北大学
BIA140099	国家一般	我国高校社会服务能力评价研究	麦均洪	华南理工大学
BIA140100	国家一般	学科整合视角下大学人才培养范式研究	周健民	温州医科大学
BIA140101	国家一般	高校学术委员会制度及其实践路径研究	魏小琳	绍兴文理学院
BIA140102	国家一般	我国大学基本功能异化问题研究	万思志	东北林业大学
BIA140103	国家一般	我国应用技术型高校制度设计与实践	张新科	江苏省徐州工程学院
BIA140104	国家一般	学术资本与大学发展研究	胡钦晓	曲阜师范大学
BIA140105	国家一般	大数据时代下地方高校治理能力提升研究	刘湘玉	周口师范学院
BIA140106	国家一般	地方应用型本科高校实践教学体系研究	董晓红	齐鲁师范学院
BIA140107	国家一般	专业学位研究生教育质量保障模式研究	梁传杰	武汉理工大学
BIA140108	国家一般	高等教育理论创新的条件、路径与方法研究	蒋　凯	北京大学
BIA140109	国家一般	民办普通高校师资队伍发展困境、制度缺陷与对策研究	王　玲	济南大学
BIA140110	国家一般	地方本科高校转型发展的路径与对策	夏季亭	山东英才学院
BHA140111	国家一般	基于学习分析技术的中小学学业质量评价研究	恽敏霞	上海市闵行区教育学院
BHA140112	国家一般	普通高中学生科学素养发展的研究	尤小平	南京市第一中学
BHA140113	国家一般	区域推进现代海洋教育的探索与实践	唐汉成	浙江省舟山市普陀区教育局
BHA140114	国家一般	新学校中小学语文主题学习课程研究	李希贵	北京十一学校
BHA140115	国家一般	义务教育均衡视野下区域内教师流动常态机制的研究	姜先亮	连云港市高新区社会事业局
CAA140116	国家青年	语文传统观念的现代性阐释与创造	杨澄宇	华东师范大学
CAA140117	国家青年	转型与构建：高考制度现代化研究	李木洲	湖北大学

续表

课题批准号	课题类别	课题名称	姓名	工作单位
CAA140118	国家青年	技术融入教学的反思、批判与重构——过程哲学的视域	卢　强	信阳师范学院
COA140119	国家青年	哈佛大学与中国早期教育交流史研究（1879—1937）	林　伟	首都师范大学
COA140120	国家青年	中国少年儿童组织百年历程探究	吴小玮	上海师范大学
COA140121	国家青年	中国对西方大学理论的引进与接受研究（1912—1949）	王少芳	江西科技师范大学
CDA140122	国家青年	美国弱势群体优质高等教育——基于美国一流大学综合评价招生制度的分析视角	陈为峰	云南师范大学
CFA140123	国家青年	义务教育优质资源扩大模式研究	高　莉	北京师范大学
CFA140124	国家青年	混合所有制办学的理论探讨与实现策略研究	潘　奇	上海市教育科学研究院
CFA140125	国家青年	大学生就业难问题研究	王　重	中国教育科学研究院
CKA140126	国家青年	新生代农民工城市融入的教育支撑体系研究	倪建伟	浙江财经大学
CKA140127	国家青年	城镇化背景下西部农村成人教育组织建设研究	杨　智	贵州师范学院
CKA140128	国家青年	西部连片特困地区中小学教师专业发展路径与培训模式研究	牛文明	陕西学前师范学院
CMA140129	国家青年	推进民族地区义务教育均衡发展研究	袁　梅	中央民族大学
CMA140130	国家青年	我国少数民族研究生招生优惠政策监评体系建构研究	洪　雷	中南民族大学
CMA140131	国家青年	新疆小学阶段大规模双语教育实施效果的实证分析	吴瑞林	北京航空航天大学
CMA140132	国家青年	新媒体对少数民族大学生国家认同的影响及教育策略研究	李智超	电子科技大学
CMA140133	国家青年	青海藏汉双语教师质量研究	达万吉	青海师范大学
CFA140134	国家青年	从类型学到分类学：我国高等学校分类体系重构	王　楠	首都师范大学

续表

课题批准号	课题类别	课题名称	姓名	工作单位
CFA140135	国家青年	推进管办评分离构建高校附属学校治理模式研究	张 爽	首都师范大学
CFA140136	国家青年	我国研究生收费政策对贫困学生求学的影响和对策研究	洪 柳	广西师范学院
CFA140137	国家青年	普通教育与职业教育对城镇化影响的比较研究：基于水平、质量和结构视角	阚大学	南昌工程学院
CFA140138	国家青年	地方高校转型发展中的问题及对策研究	卢 伟	沈阳师范大学
CFA140139	国家青年	高校转型改革背景下的教育投资收益与风险评估研究	陈纯槿	华东师范大学
CFA140140	国家青年	县域内教师交流的激励相容与约束均衡机制研究	张源源	东北师范大学
CFA140141	国家青年	中小学校长轮岗的策略与支持体系研究	郑玉莲	贵州师范学院
CBA140142	国家青年	网络对社会情绪影响的心理机制及干预	缪佩君	福建师范大学
CBA140143	国家青年	语义理解的具身性及语言学习	苏得权	广州大学
CBA140144	国家青年	基于提取和反馈的计算机辅助二语词汇习得模式研究	张锦坤	福建师范大学
CBA140145	国家青年	累积风险对青少年网络成瘾的影响及心理机制研究	李董平	华中师范大学
CBA140146	国家青年	青（少）年社交网站使用对心理健康的影响及对策研究	王金良	西南大学
CBA140147	国家青年	儿童早期意志控制对学校适应的作用机制及培养研究	梁宗保	东南大学
CBA140148	国家青年	对不同社会地位个体的道德判断偏差及其神经基础	蒋 明	南昌大学
CBA140149	国家青年	预防青少年焦虑的“认知疫苗”：注意偏向矫正训练在线系统的设计与作用	杨智辉	北京林业大学
CBA140150	国家青年	0—3 岁儿童自我控制发展及影响因素的追踪研究	王兴华	北京师范大学
CCA140151	国家青年	基于同伴互评的在线学习评价机制设计与应用研究	马志强	江南大学

续表

课题批准号	课题类别	课题名称	姓名	工作单位
CCA140152	国家青年	学科知识能力智能诊断理论、方法与应用研究	黄　涛	华中师范大学
CCA140153	国家青年	深度融合视角下的基础教育信息化评估研究	曹培杰	中国教育科学研究院
CCA140154	国家青年	基于大数据学习分析技术的大学生适应性调节学习技能的评价与干预策略的实证研究	郑兰琴	北京师范大学
CJA140155	国家青年	企业参与职业教育办学成本收益的实证研究	冉云芳	杭州市职业技术教育研究室
CJA140156	国家青年	高等职业院校考试招生制度改革的策略研究	袁　潇	重庆电子工程职业学院
CJA140157	国家青年	职业教育对农民工社会流动的影响研究	朱　磊	河南大学
CLA140158	国家青年	中国传统手工艺文化中的美育价值研究	臧小戈	中国政法大学
CLA140159	国家青年	体育锻炼对青少年认知能力和学业成绩的影响机制研究	温　煦	浙江大学
CLA140160	国家青年	新《国家体质健康标准》背景下我国大学生体质健康保障机制研究	张强峰	湖南师范大学
CLA140161	国家青年	安徽省高校大学体育教学质量保障体系构建研究	王训令	淮北师范大学
CLA140162	国家青年	中学生“阳光长跑”负荷强度控制与调整体系的研究	王国军	湖南工业大学
CLA140163	国家青年	我国体质弱势青少年的体力活动促进生态学研究	向剑锋	西南石油大学
CLA140164	国家青年	我国中小学体育与健康课堂教学质量评价研究	沈丽群	上海交通大学
CEA140165	国家青年	校本德育课程：基于儿童品德发展的情感基础的实证研究	李亚娟	南京市教育科学研究所
CEA140166	国家青年	网络使用对大学生公正价值观的影响	田　媛	华中师范大学
CEA140167	国家青年	风险社会的道德教育	章　乐	南京师范大学
CEA140168	国家青年	学校制度生活促进教师专业道德发展的发生机制与实践模式研究	傅淳华	北京师范大学

续表

课题批准号	课题类别	课题名称	姓名	工作单位
CEA140169	国家青年	社会主义道德语境下的道德虚构设计与实践研究	赵国栋	山西大学
CEA140170	国家青年	教育信息化背景下德育教师信息技术应用能力研究	王　囡	北京开放大学
CEA140171	国家青年	艺术教育的道德人格培养原理研究：以音乐教育为中心	王　玲	北京航空航天大学
CHA140172	国家青年	课程改革制度化的理论与实践研究	肖　磊	河南大学
CHA140173	国家青年	新课程背景下教师课程权力的社会学分析	李洪修	吉林大学高等教育研究所
CHA140174	国家青年	义务教育阶段的融合教育学校质量标准建设研究	彭兴蓬	华中师范大学
CHA140175	国家青年	公平与自由：义务教育阶段城乡学生教育选择权实现问题的比较研究	康安峰	赣南师范学院
CHA140176	国家青年	外语学习是否越早越好的实证研究	李庆照	宿州学院
CHA140177	国家青年	阅读素养及其培养研究：基于 PIRLS 和 PISA 的比较和借鉴	李功连	洛阳师范学院
CIA140178	国家青年	高校青年教师职业成功研究	郭　名	北京交通大学
CIA140179	国家青年	大学生创业模式与成功路径分析	疏德明	苏州大学
CIA140180	国家青年	高等农业院校农村科技服务能力建设研究	刘　芬	湖南农业大学
CIA140181	国家青年	新疆少数民族大学生创业能力现状调查及开发策略研究	刘　追	石河子大学
CIA140182	国家青年	古典大学生活史与中国大学人才培养模式改革研究	邓　磊	西南大学
CIA140183	国家青年	大学跨学科研究组织协同创新机制研究	毕　颖	石河子大学
CIA140184	国家青年	谁是教师教育者：教师教育改革主体身份认同与建构研究	刘径言	江南大学
CIA140185	国家青年	主体重构对高校双向学生评教及有效性的影响机制研究	孔海宁	首都经济贸易大学
CIA140186	国家青年	欧洲大学教师发展制度历史与现状研究	吴　薇	厦门大学

续表

课题批准号	课题类别	课题名称	姓名	工作单位
CIA140187	国家青年	社会联结关系对大学生学习投入的影响研究	陆贤伟	西南石油大学
CIA140188	国家青年	民族地区高校本科生学业发展调查与监测研究——以新疆为例	王　媛	新疆师范大学
CIA140189	国家青年	中国民办高校法人治理结构研究	刘　绪	四川师范大学
CIA140190	国家青年	中美高等教育结构变迁机制比较研究	韩梦洁	大连理工大学
CIA140191	国家青年	社会资本视域下贫困大学毕业生就业质量提升研究	钟云华	长沙学院
CIA140192	国家青年	美国公立大学问责机制：一项社会学的研究	柳　亮	武汉理工大学
CIA140193	国家青年	我国重大教育舆情事件的演变及影响研究	田　凤	中国教育科学研究院
CIA140194	国家青年	越轨理论视域下我国高校本科生学术不端行为防治与学术诚信学风建设的实证研究	张银霞	福建师范大学
CIA140195	国家青年	西部高校高层次人才引进现状调查与引才机制创新研究	李永虎	西安外国语大学
CHA140196	国家青年	基于网络平台的小学生发展性评价实践研究	陈　杰	成都市泡桐树小学
DAA140197	教育部重点	"个域"视野下小学教师实践性知识的主动构建研究	杨　进	东北师范大学
DAA140198	教育部重点	信息技术与学校教育的整合研究——基于教育变革的视角	庞红卫	浙江省教育科学研究院
DAA140199	教育部重点	城乡统筹背景下教师均衡流动的补偿性政策研究	沈小碚	西南大学
DAA140200	教育部重点	失衡与均衡：中小学教科书生态系统研究	方成智	湖南农业大学
DOA140201	教育部重点	孔子对其弟子的教学艺术及其现代价值	李如密	南京师范大学
DOA140202	教育部重点	中国近代小学语文教科书的文化传承研究	秦玉清	河北大学

续表

课题批准号	课题类别	课题名称	姓名	工作单位
DOA140203	教育部重点	英国教育思想的演进（文艺复兴至20世纪）	易红郡	湖南师范大学
DDA140204	教育部重点	区域层面学校质量改进的中美比较研究	赵　健	华东师范大学
DDA140205	教育部重点	汉语国际推广背景下对外汉语教科书的域外适切性研究	张　瀛	浙江师范大学
DDA140206	教育部重点	内地与香港初中中国历史课程比较研究	李　莉	黄冈师范学院
DGA140207	教育部重点	教育部创新团队发展计划实施成效及其发展战略研究	程四俭	上海应用技术学院
DGA140208	教育部重点	大数据时代我国考试评价的机制创新与发展战略研究	杨　鸿	重庆市教育考试院
DGA140209	教育部重点	高考英语学科社会化考试一年多考命题机制研究	宋卫民	宜春学院
DKA140210	教育部重点	社会治理创新中新生代农民工学习权及其保障机制研究：以发达地区为例	吴　结	广东开放大学
DKA140211	教育部重点	西北地区“幼师国培”实施成效及提升培训质量的研究	程秀兰	陕西师范大学
DMA140212	教育部重点	学生档案袋评价在高校民族预科教育中的运用研究	郑雪松	信阳师范学院
DMA140213	教育部重点	国家少数民族教育政策执行状况评估研究	王颖颖	教育部民族教育发展中心
DMA140214	教育部重点	多元文化背景下的中国古代文学教育——中国汉族与少数民族教育互动研究的视角	罗世琴	中国政法大学
DMA140215	教育部重点	民族地区人口变动与教育均衡发展研究——以贵州省为例	韦文华	贵州师范大学
DFA140216	教育部重点	基于品牌协同的应用技术型大学特色资源类型识别与转化机制研究	王　恒	北京联合大学
DFA140217	教育部重点	城镇化与城乡教育一体化耦合效应及优化战略研究	柯　玲	成都学院

续表

课题批准号	课题类别	课题名称	姓名	工作单位
DFA140218	教育部重点	我国民办高校区域分布及影响因素研究	石　猛	山东英才学院
DFA140219	教育部重点	基于学术逻辑的高校学术评价制度变革研究	李广海	沈阳师范大学
DFA140220	教育部重点	我国基础教育资源密度分布及经济密度效应	邓宏亮	宜春学院
DFA140221	教育部重点	基于治理理论的我国教育政策执行研究	石火学	福州大学
DFA140222	教育部重点	简政放权与推进教育管办评分离的制度改革设计研究	刘业进	首都经济贸易大学
DBA140223	教育部重点	基于自我同一性干预的大学生职业决策研究	王树青	济南大学
DBA140224	教育部重点	考试压力对中部区域城乡小学生心理健康影响的比较研究	李　松	许昌学院
DBA140225	教育部重点	高职院校学生心理危机预警及干预研究	付　梅	安徽师范大学
DBA140226	教育部重点	父亲在位与青少年社会性发展的关系	吴国来	天津师范大学
DBA140227	教育部重点	个体与生态发展资源对青少年当前及未来学校适应的影响及作用机制	常淑敏	山东师范大学
DBA140228	教育部重点	积极心理学视角下大学生诚信教育研究	梁　茜	桂林理工大学
DCA140229	教育部重点	智能感知技术在中小学作业减负中的应用研究与实践探索	孙　波	北京师范大学
DCA140230	教育部重点	基于教育大数据的学习分析工具设计与应用研究	武法提	北京师范大学
DCA140231	教育部重点	基于微信的参与式教学设计研究	张广兵	西南科技大学
DCA140232	教育部重点	现代服务业视野下的社区教育信息化构建与实践研究	胡水星	湖州师范学院
DCA140233	教育部重点	教育信息化多源异类数据稳定匹配优化研究	张李勇	北京航空航天大学
DCA140234	教育部重点	学习分析视阈下优化网络学习行为的机制与策略研究	张进良	湖南科技大学
DCA140235	教育部重点	“翻转课堂”在高校课堂教学中应用的理论与实践研究	郝兆杰	河南大学

续表

课题批准号	课题类别	课题名称	姓名	工作单位
DCA140236	教育部重点	基于电子书包的师生互动分析与设计研究	刘向永	江南大学
DCA140237	教育部重点	面向自然交互的课堂教学创新模式构建及应用研究	徐显龙	华东师范大学
DCA140238	教育部重点	泛在学习环境中数字资源聚合模式及推荐机制研究	王　楠	北京邮电大学
DCA140239	教育部重点	基于情感计算的学习助理研究	刘　菁	首都师范大学
DJA140240	教育部重点	新世纪以来欧盟职业教育与培训体系建设及其对我国的启示与借鉴	赵　昕	辽宁教育研究院
DJA140241	教育部重点	职业教育产教深度融合的利益机制系统构建及优化治理研究	郑卫东	宁波职业技术学院
DJA140242	教育部重点	高职院校校企深度合作背景下办学模式的构建和探索	徐公芳	浙江建设职业技术学院
DJA140243	教育部重点	特殊职业教育残疾学生职业能力培养策略研究	张金福	南京特殊教育职业技术学院
DJA140244	教育部重点	残疾人现代职业教育体系研究	方　仪	南京特殊教育职业技术学院
DJA140245	教育部重点	职业教育与区域产业协同发展研究	韩永强	山西大学
DJA140246	教育部重点	职业意向引导、分层递进的高职“三型”人才培养研究与实践	任文杰	平顶山工业职业技术学院
DJA140247	教育部重点	应用技术本科跨界教育模式创新与发展研究	倪庆萍	上海应用技术学院
DJA140248	教育部重点	示范性普通高中与职业高中沟通机制研究——基于高阶技术技能型人才早期培育视角	刘茂祥	上海市基础教育国际课程比较研究所
DJA140249	教育部重点	协同创新视域下构建现代学徒制长效运行机制的研究与实践	陈　爽	广州铁路职业技术学院
DJA140250	教育部重点	现代学徒制质量管理机制比较研究	刘其晴	安顺学院
DJA140251	教育部重点	我国行业协会参与职业教育的机制研究	孙　健	江苏理工学院
DJA140252	教育部重点	面向现代产业体系的校企协同技术技能积累机制实现路径研究	王　秦	北京联合大学

续表

课题批准号	课题类别	课题名称	姓名	工作单位
DJA140253	教育部重点	多元主体组建职业教育集团的探索与实践研究	张立华	辽宁职业学院
DJA140254	教育部重点	职业教育中高职衔接专业教学标准与行业职业标准联动开发路径研究	余明辉	广州番禺职业技术学院
DLA140255	教育部重点	基于移动学习的学校音乐教育创新研究	董　放	华东师范大学
DLA140256	教育部重点	小学音乐教育音乐知识学生化表征机制及应用研究	王秀萍	浙江师范大学
DLA140257	教育部重点	体力活动对中学生脑执行功能及其学业成绩影响的研究	傅　建	扬州大学
DLA140258	教育部重点	新《标准》下普通大学生身体健康水平分析与干预策略研究	左　健	石家庄学院
DLA140259	教育部重点	“三位一体”目标下大学生运动技能评价体系创新研究	王生有	黄河科技学院
DLA140260	教育部重点	学校武术教育对青少年自我同一性与社会化进程影响的研究	李印东	北京体育大学
DLA140261	教育部重点	中国高校高水平运动队效益目标的流变及组办效益的多元评价	张春合	湖北师范学院
DEA140262	教育部重点	小学班主任德育科研现状与问题研究	卢　旭	华中师范大学
DEA140263	教育部重点	娱乐文化对6—15岁儿童道德品质的影响与对策研究	张志坤	首都师范大学
DEA140264	教育部重点	内地高校维吾尔族大学生的国家认同教育研究	袁同成	安徽工业大学
DEA140265	教育部重点	中国古代德育的精神文化环境研究	明成满	安徽工业大学
DEA140266	教育部重点	边疆治理视野下跨境民族社会主义核心价值观教育研究	沈朝华	大理学院
DEA140267	教育部重点	董仲舒教化思想对青少年思想道德教育影响研究	杨　丽	河南工业大学
DEA140268	教育部重点	处境不利大学生人际敏感性及其补偿教育机制研究——以山东省民办高校为例	秦海丽	山东协和学院
DEA140269	教育部重点	社会化媒体与青少年道德发展：基于叙事心理学的研究	黄　华	肇庆学院

续表

课题批准号	课题类别	课题名称	姓名	工作单位
DHA140270	教育部重点	基于学习科学的友善用脑课堂教学实践研究	时 龙	北京教育科学研究院
DHA140271	教育部重点	外来务工随迁子女的学校教育融合研究：哲学解释学的视角	张光陆	宁波大学
DHA140272	教育部重点	教师跨校交流阻抗分析及消解策略研究	李国强	杭州师范大学
DHA140273	教育部重点	义务教育段学生科学素养评价研究——基于 PISA 测评数据的分析	严奕峰	南通大学
DHA140274	教育部重点	基于生态动态模型的农村留守儿童入学准备与学校适应研究	赵振国	河南大学
DHA140275	教育部重点	教育均衡发展视野下基于 MOOC 平台的优质教育资源共建共享机制研究	钱小龙	南通大学
DHA140276	教育部重点	学前教育改革取向的理论研究	苗 曼	江苏师范大学
DHA140277	教育部重点	城乡发展一体化进程中基础教育资源均衡化程度测评与统筹配置研究	程 琳	渤海大学
DHA140278	教育部重点	基于科学史与科学哲学的科学本质理解之机制研究	黄 晓	浙江师范大学
DHA140279	教育部重点	培养中小学生体育运动积极经验的实践模式研究	于海峰	东北师范大学
DHA140280	教育部重点	嵌入、建构、增能：自闭症儿童融合教育中社会工作干预策略研究	金碧华	浙江理工大学
DHA140281	教育部重点	国际视野下高考数学试卷质量标准研究	梅松竹	淮北师范大学
DHA140282	教育部重点	基于实践共同体的义务教育学校均衡发展研究	杨桂龙	上海市松江区教育局
DHA140283	教育部重点	价值重审与功能增造：当代私塾教育模式研究	杜海平	绍兴文理学院
DHA140284	教育部重点	理科教育中的科学风险认知与决策能力研究	倪 娟	江苏省教育科学研究院教研室
DHA140285	教育部重点	普通高中课堂教学价值取向定位与实践研究	徐兆兰	江苏省教育科学研究院
DHA140286	教育部重点	我国幼童语言教育理念的演变及价值取向研究：中美比较的视角	王海澜	上海师范大学

续表

课题批准号	课题类别	课题名称	姓名	工作单位
DIA140287	教育部重点	我国大学跨学科学术组织治理机制研究	朱永东	华南理工大学
DIA140288	教育部重点	高校青年教师心理资本研究	曾晓娟	东北大学
DIA140289	教育部重点	高校创业教育生态体系构建研究	孙金云	复旦大学
DIA140290	教育部重点	我国残疾人高等教育支持体系研究	马　宇	南京特殊教育职业技术学院
DIA140291	教育部重点	新疆应用型本科院校少数民族高技能人才的实践培养模式研究与探索	贺　艳	新疆工程学院
DIA140292	教育部重点	高校教师身份认同与教学能力提升研究	龚孟伟	淮南师范学院
DIA140293	教育部重点	中外合作办学的质量保障体系研究	刘剑群	湖南农业大学
DIA140294	教育部重点	基于创新性人才培养的大学建筑形态研究	张奕	武汉理工大学
DIA140295	教育部重点	高校学业考试制度改革路径研究	虞宁宁	济南大学
DIA140296	教育部重点	海洋强国战略背景下高校海权教育研究	占　毅	广州航海学院
DIA140297	教育部重点	行业特色高校协同创新机制研究	薛岩松	天津工业大学
DIA140298	教育部重点	高等教育学生投入影响因素及作用路径：模型与实证研究	舒忠梅	中山大学教育学院
DIA140299	教育部重点	家庭资源差异对子女高等教育选择影响的实证研究	刘自团	江苏省教育科学研究院
DIA140300	教育部重点	学术职业视野中的现代大学制度价值研究	唐世纲	玉林师范学院
DIA140301	教育部重点	大学章程实施追踪评估研究	杨向卫	陕西师范大学
DIA140302	教育部重点	扶持非营利性民办高校的公共财政资金安全保障问题研究	黄洪兰	吉林华桥外国语学院
DIA140303	教育部重点	民族地区双师型教师政策绩效测评与优化策略研究	刘再春	梧州学院
DIA140304	教育部重点	我国英语能力测试等级量表研制	袁友芹	天津农学院
DIA140305	教育部重点	教育国际化视阈下大学生跨文化学习能力影响因素及其对策研究	宋　葵	南京农业大学
DIA140306	教育部重点	慕课提升高等教育质量的机制设计研究	邱伟华	华东师范大学
DIA140307	教育部重点	高校协同创新团队的管理模式与运行机制创新研究	曹如军	淮阴师范学院

续表

课题批准号	课题类别	课题名称	姓名	工作单位
DIA140308	教育部重点	我国儿童康复人才培养模式与专业教育标准研究	李晓捷	南京特殊教育职业技术学院
DIA140309	教育部重点	国家规制下的地方本科院校转型发展的省际差异性研究	杨小秋	肇庆学院
DIA140310	教育部重点	专业学位：我国教师教育的发展路向研究	彭万英	沈阳师范大学
DIA140311	教育部重点	增权理论视域下贫困大学生多元就业援助体系的构建	彭仲生	南华大学
DIA140312	教育部重点	教育生态视域下我国大学人才成长机制与策略研究	龙梦晴	湖南农业大学
DIA140313	教育部重点	综合艺术院校创新型人才培养机制研究	郭春方	吉林艺术学院
DIA140314	教育部重点	高等教育公平问题及弱势群体利益补偿机制研究	王　丽	赣南师范学院
DIA140315	教育部重点	我国国家重点学科制度转型路径研究	谢　冉	上海电力学院
DIA140316	教育部重点	高校“后 MOOC”时期新型课程模式研究	韩　智	南开大学
DIA140317	教育部重点	应用技术型高校教师分类管理绩效评价指标体系构建研究	亓小林	武汉工商学院
DIA140318	教育部重点	高校辅导员专业化知识体系构建	胡建新	衢州学院
DIA140319	教育部重点	全国师范大学教师“流动现状”与“合理流动模式”研究：基于学术生态建设视角	佟庆伟	首都师范大学
DHA140320	教育部重点	应用技术型高校产学研结合规律研究	洪恩强	南昌工程学院
DHA140321	教育部重点	提升区域教师个性化教育素质的实践创新研究	宋保平	上海市静安区教育学院
DHA140322	教育部重点	中学班主任语言暴力削减路径研究	陈立军	长沙市明德中学
DHA140323	教育部重点	培养中学生物理语言表征问题能力的实践研究	段玉文	上海市嘉定区第二中学
DHA140324	教育部重点	国际阅读素养框架下的我国小学阅读教学和测试改革的实践研究	黄国才	福建省普通教育教学研究室

续表

课题批准号	课题类别	课题名称	姓名	工作单位
DBA140325	教育部重点	一线学校构建教育质量监测体系的实践研究	李建生	浙江省武义县壶山小学
DHA140326	教育部重点	“最近发展区”理论视角下普通高中差异化教育研究与实践	杨建宇	湖南省临澧县第一中学
DHA140327	教育部重点	数学开放题学习对小学生思维发展影响的评测研究	杨传冈	江苏省盐城市第二小学
DHA140328	教育部重点	关于高中生地理图表阅读障碍的研究	舒德全	山东省滨州市教学研究室
DEA140329	教育部重点	培养良好人际交往能力促进高中资优生积极人格养成的实证研究	卢广华	上海大学附属中学
DHA140330	教育部重点	生物学科论证式教学与中学生论证能力的关系研究	许桂芬	福建省厦门第一中学
DHA140331	教育部重点	基于足球，超越足球：小学特色发展新路径研究	吕华莹	金华市江滨小学
DHA140332	教育部重点	义务教育均衡发展背景下分层导学的实践研究	庄加荣	南靖县教师进修学校
DEA140333	教育部重点	区域推进“生命教育”大中小学衔接的实践研究	邵志勇	上海市杨浦区教育局
DHA140334	教育部重点	“教学即研究”的理论建构与实践探索	陆军	江苏省南通中学
DHA140335	教育部重点	基于两岸交流视角的中学校本课程研究	陈温柔	福建省厦门双十中学
DHA140336	教育部重点	促进幼儿社会规则认知与个体情感需求协同发展的实践研究	杨　华	上海市宝山区红星幼儿园
DHA140337	教育部重点	小学生职业体验式公民素质教育研究	唐冬梅	湖南省长沙市芙蓉区大同小学
DHA140338	教育部重点	见习教师规范化培训支持体系建构研究	徐国民	上海市杨浦区教师进修学院
DHA140339	教育部重点	新共同体：区块提升促进全域教育优质均衡发展的江干模式	徐　晖	杭州市江干区教育局
DHA140340	教育部重点	初中生学习激励机制的构建与动态监测研究	苏育仁	福建省漳州市普通教育教学研究室
DHA140341	教育部重点	中学学科学习的认知—建构分析与学习活动管理研究	宋寿生	宁德市教师进修学院

续表

课题批准号	课题类别	课题名称	姓名	工作单位
EAA140342	教育部青年	现代教育实践的社会学研究	桑志坚	内蒙古师范大学
EAA140343	教育部青年	教育学视野中的隐喻研究	高　维	天津师范大学
EOA140344	教育部青年	明清科举与经学衍变的互动关联	冯建民	淮北师范大学
EOA140345	教育部青年	建立教育科学化与民主化机制的探索——民国时期的教育调查研究	王明建	聊城大学
EDA140346	教育部青年	英国大学招生考试“一年多考”制度体系研究	苗学杰	河南师范大学
EDA140347	教育部青年	美国教师质量问责体系研究	赵　英	山西师范大学
EGA140348	教育部青年	中等职业教育毕业生在劳动力市场上的中长期表现——基于跟踪数据的研究	梁　彦	教育部教育发展研究中心
EGA140349	教育部青年	学区制促进区域教育优质均衡发展的理论与实践研究	赵新亮	青岛市教育科学研究所
EKA140350	教育部青年	新生代农民工公民意识教育模式研究	廖金香	吉首大学
EMA140351	教育部青年	人才生态视角下民族地区高校教师人才流失与补偿机制研究	林　琳	中南民族大学
EMA140352	教育部青年	西北少数民族地区教育投入对经济增长的动态影响研究	杨　芳	兰州商学院
EMA140353	教育部青年	完善我国双语法律人才培养机制的实证调查与法律对策研究	才让旺秀	西南民族大学
EFA140354	教育部青年	学校突发公共卫生事件防控体系研究与实践	于　茜	大连科技学院
EFA140355	教育部青年	中小学校长胜任力卓越模型与发展机制研究	王　帅	吉林省教育学院
EFA140356	教育部青年	教育决策者的科研采信动力分析：基于知识管理的视角	莫蕾钰	中国矿业大学（北京）
EFA140357	教育部青年	我国中学教师职业成就感模型、常模及其应用研究	邓　睿	华东师范大学
EFA140358	教育部青年	我国教育体制改革下的公立大学治理有效性研究	童　蕊	江汉大学
EBA140359	教育部青年	文本阅读的注意分配及其认知机制	陈黎静	福建师范大学

续表

课题批准号	课题类别	课题名称	姓名	工作单位
EBA140360	教育部青年	小学语文教材传统文化内容选编的学生适切性研究	张　莉	山东师范大学基础教育课程研究中心
EBA140361	教育部青年	冲动性特质与大学生自杀意念的关系：负性生活事件和社会支持的作用	林　琳	天津师范大学
EBA140362	教育部青年	语音信息对聋生书写产生的影响研究	陈穗清	广州大学
EBA140363	教育部青年	心理权利感对大学生不道德行为的影响及其干预研究	白宝玉	武汉大学
EBA140364	教育部青年	儿童孤独症的基因靶向教育策略研究	巨兴达	东北师范大学
EBA140365	教育部青年	心理游离对青少年幸福感的影响机制	罗扬眉	陕西师范大学
ECA140366	教育部青年	基于知识地图的教育资源个性化推荐研究	吴林静	华中师范大学
ECA140367	教育部青年	移动学习在中学科学课程学习中的应用模式研究	杨文阳	西安石油大学
ECA140368	教育部青年	基于社会性软件的大学语文教师专业发展策略研究	王卓玉	长春大学
ECA140369	教育部青年	“复杂问题解决”学习的实证研究	胡　航	天津职业技术师范大学
ECA140370	教育部青年	区域教育信息化绩效评估方法及模型研究	卢　春	华中师范大学
ECA140371	教育部青年	非良构问题解决能力的图示化学习评价方法研究	吴　忭	华东师范大学
ECA140372	教育部青年	慕课（MOOC）用户体验的实证研究	刘书青	天津大学
EJA140373	教育部青年	职业院校学生职业能力与职业道德融合培育研究	薛　栋	天津职业技术师范大学
EJA140374	教育部青年	社会资本对职业教育校企合作知识转移的作用机制研究	董　伟	天津大学
EJA140375	教育部青年	高职教师职业自我效能感及发展策略的实证研究	何兴国	台州职业技术学院
EJA140376	教育部青年	职业院校教师实践性知识生成及获取途径研究	王彩霞	天津职业技术师范大学
EJA140377	教育部青年	职业教育视野下的职业研究	谢莉花	同济大学

续表

课题批准号	课题类别	课题名称	姓名	工作单位
ELA140378	教育部青年	现代民主教育思想与中国心性论美育传统的会通研究	徐　承	杭州师范大学
ELA140379	教育部青年	体育教师专业标准制订的基础理论与认知实证研究	尹志华	华东师范大学
ELA140380	教育部青年	珠三角高校重大公共卫生事件“情景—应对”应急管理模式研究	刘勇军	华南理工大学
ELA140381	教育部青年	新疆高职体育课程德育“三维联动”模式应用研究	蔡一嘉	新疆农业职业技术学院
ELA140382	教育部青年	高等院校公共体育教材发展困境及对策研究	王　伟	吉林农业大学
EEA140383	教育部青年	网络暴力对青少年健康成长的影响及对策研究	李蔚然	中国地质大学（武汉）
EEA140384	教育部青年	现代个人主义视域下大学生自我实现的道德困境及其对策研究	任彩红	暨南大学
EEA140385	教育部青年	基于绘本欣赏的学前儿童中国传统文化教育研究	潘多灵	南昌师范高等专科学校
EEA140386	教育部青年	社会转型期藏族大学生宗教价值观研究	张广亮	西藏大学
EEA140387	教育部青年	儒家伦理与公民德育关系研究	王美玲	上海工程技术大学
EEA140388	教育部青年	关系视域下课堂师生对话的教育性实现机制研究	郭　冰	北京教育学院
EHA140389	教育部青年	学区化管理背景下中小学校协同发展机制研究	王玉国	中国教育科学研究院
EHA140390	教育部青年	高中生综合素质发展评价机制研究	王小明	上海第二工业大学
EHA140391	教育部青年	西方发达国家中小学师德问责制比较研究	乔花云	燕山大学
EHA140392	教育部青年	教学与课程标准的一致性评价指标体系构建及实践研究	王焕霞	济宁学院
EHA140393	教育部青年	基于特色培养目标的普通高中培养模式研究	朱忠琴	山东师范大学
EHA140394	教育部青年	中学生科学学业成就影响因素的研究	姜言霞	山东师范大学
EHA140395	教育部青年	社区儿童教育发展模式的国际比较研究	李　智	江南大学

续表

课题批准号	课题类别	课题名称	姓名	工作单位
EHA140396	教育部青年	普及化进程中普通高中学校特色生成机制研究	段会冬	海南师范大学
EHA140397	教育部青年	民族地区特岗教师文化适应性及专业成长机制研究	陈　鹏	钦州学院
EIA140398	教育部青年	高职院校学生学习投入度及其影响因素的实证研究	汪雅霜	南京大学
EIA140399	教育部青年	我国现代大学制度建设中的文化建构问题研究	张继明	济南大学
EIA140400	教育部青年	当代大学生的基层岗位择业取向及引导策略分析	代　懋	北京航空航天大学
EIA140401	教育部青年	应用型大学的开放性组织形态及实践研究	陈霞玲	国家教育行政学院
EIA140402	教育部青年	我国大学生创业促进政策的有效性研究	孙启进	淮阴师范学院
EIA140403	教育部青年	高等教育治理中的学者“身份—权力—行动”研究	徐自强	曲阜师范大学
EIA140404	教育部青年	协同共治：高校学生管理的“治理”转向	欧文辉	云南开放大学
EIA140405	教育部青年	就业导向下新疆“农村区域发展”专业应用型人才培养模式研究	袁　培	新疆财经大学
EIA140406	教育部青年	资源视角下的大学国际化推进路径研究	薛　珊	国家教育行政学院
EIA140407	教育部青年	高等教育与京津冀区域协同发展的路径优化及效能提升研究	帅全锋	河北大学
EIA140408	教育部青年	汉语国际教育中“中国国家形象”的设立与传达：基于对外汉语教材的研究	樊小玲	华东师范大学
EIA140409	教育部青年	西部民族地区高校英语教师对教学效果评估能力的研究——以广西若干高校为考察重点	蒙　岚	广西师范大学
EIA140410	教育部青年	全球化视域下我国高校汉语国际教育培养模式研究	耿　潇	中南民族大学
EIA140411	教育部青年	应用技术型大学中华传统文化教育现状及其对策研究	雷　莎	武汉生物工程学院

续表

课题批准号	课题类别	课题名称	姓名	工作单位
EIA140412	教育部青年	商科类院校开展技能型通识教育研究——以物流网商业应用为例	司　文	上海商学院
EIA140413	教育部青年	当代大学生中国特色社会主义制度认同研究	董海军	华南师范大学
EIA140414	教育部青年	我国大学生学习满意度提升路径的实证研究	文　静	厦门大学教育研究院
EIA140415	教育部青年	我国院校研究的决策支持有效性及影响因素研究	魏署光	华中科技大学
EIA140416	教育部青年	高等教育结构动态调整机制构建研究	段从宇	云南师范大学
EIA140417	教育部青年	中国大学中的边缘学术组织生存研究	申　超	天津大学
EIA140418	教育部青年	基于协商民主的院系学术治理及其变革	张继龙	扬州大学
EIA140419	教育部青年	产业转型时期区域高校学科专业机构优化研究——以珠三角为例	王志强	广东省教育研究院
EIA140420	教育部青年	汉语国际教育硕士（留学生）学术适应研究	龙　藜	重庆大学
EIA140421	教育部青年	省部企共建制度对行业划转院校的影响及对策研究	高树仁	辽宁教育研究院
EEA140422	教育部青年	创新高中体验式生涯教育的研究与实践	杜　鹏	北京市和平街第一中学

（二）2014年度教育部哲学社会科学研究重大课题攻关项目（教育类）

序号	课 题 名 称	工作单位	首席专家
1	义务教育均衡发展监测制度研究	陕西师范大学	司晓宏
2	初高中学业水平考试和综合素质评价改革研究	河南大学	刘志军
3	高考改革试点方案跟踪与评估研究	北京师范大学	钟秉林
4	信息技术支持下的教育教学模式研究	华中师范大学	杨　浩
5	现代职业教育治理体系和治理能力现代化研究	天津大学	肖凤翔
6	高等学校分类体系及其设置标准研究	厦门大学	史秋衡
7	高校少数民族应用型人才培养模式综合改革研究	西南大学	张学敏
8	高校内部权力运行制约和监督体系研究	大连理工大学	张德祥

第二篇

队伍与平台建设

一、本学科年度学者与本学科年度新人（40岁以下）

（一）教育学原理专业

1. 年度学者

冯建军（1969— ），男，河南南阳人。南京师范大学教育科学学院副院长，教授，教育学原理专业博士生导师，教育部人文社科重点研究基地南京师范大学道德教育研究所研究员，国家重点学科教育学原理学术带头人，“马克思主义理论研究与建设工程”教育部重点教材《教育学原理》编写组首席专家，兼任中国教育学会中青年教育理论研究者分会第六届理事会副理事长、全国教育基本理论专业委员会委员、人大复印资料《中小学教育》编委。主要从事教育基本理论、教育哲学、公民与道德教育研究。

檀传宝（1962— ），男，安徽省怀宁人。北京师范大学教授、博士生导师，新世纪优秀人才，公民与道德教育研究中心主任。研究领域：德育原理、教育基本理论、教师伦理学、美育理论、教师教育等。2007年、2008年、2011年曾经3度入选“中国校友会网大学评价课题组”发布的“中国杰出人文社会科学家”名录。2014年获聘新疆维吾尔自治区“天山学者”特聘教授（兼聘岗位新疆师范大学教育科学学院）。主要著作包括《德育美学观》（1996、2006）、《信仰教育与道德教育》（1999）、《学校道德教育原理》（2000、2003）、《教师伦理学专题——教育伦理范畴研究》（2000、2003）、《美善相谐的教育》（2003）、《让德育成为美丽的风景——欣赏型德育模式的理念与操作》（2006）、《德育原理》（2006、2007）、《走向新师德——师德现状与教师专业道德研究》（2009）、《公民教育引论——国际经验、历史变迁与中国公民教育的选择》（2011）、《浪漫：自由与责任——檀传宝德育十讲》（2012）、《教师德育专业化读本》（2012）、《学校德育诊断案例研究》（2012）、《当代东西方德育发展要览》（2013）、《中外德育思想流派》（2013）等。另有诗文自选集《作为一棵风中的树》（2003、2006）一部。

高德胜（1969— ），男，南京师范大学教育科学学院教授，教育部人文社会科学重点研究基地南京师范大学道德教育研究所研究员、博士生导师。以德育学为主要研究方向，从现代德育的困境出发，初步建构“生活德育”的理论体系，并将这一理论运用到德育课程与教材改革、学校生活细节和时代生活，尤其是关于道德教育时代遭遇的研究，开拓了道德教育研究的新领域，开阔了道德教育研究的眼界，形成了“生活德育”的研究特色。

2. 年度新人

叶飞（1982— ），男，浙江庆元人。南京师范大学道德教育研究所副教授，主要研究方向是公民教育与道德教育、德育原理和教育基本理论。先后在《教育研究》《华东师范大学学报》（教育科学版）、《高等教育研究》《教育研究与实验》《中国教育学刊》等学术期刊发表学术论文50余篇，同时还出版了个人学术专著《现代性视域下的儒家德育》（北京师范大学出版社2011年版）一部，获得江苏省第十二届哲学社会科学优秀成果三等奖。先后参与了《教育哲学》（武汉大学出版社2011年版）、《教育学基础》（中国人民大学出版社2012年版）、《教育基本理论研究20年》（福建教育出版社2012年版）、《世界教育思想地图》（福建教育出版社2010年版）、《生命化教育》（教育科学出版社2007年版）等多部著作的编撰工作。

（摘自网页）

（二）教育政策与教育法学专业

1. 年度学者

劳凯声（1948— ），男，博士，历任北京师范大学教育系系主任、教育政策与法律研究所所长。现为首都师范大学教

育学院教授、博士生导师，任首都师范大学教育学科首席专家，首都教育政策与法律研究院院长，中国教育政策评估与研究中心主任。曾任国务院学位委员会学科评议组成员，《中国教师》杂志主编等职；兼任中国教育学会常务理事，全国教育政策与法律研究分会理事长，教育部政策法规司咨询专家。

主要学术方向为教育基本理论、教育政治学与教育法学。曾参与调研与起草多部教育法律与法规，被聘为《教育法》与《高等教育法》起草小组的成员。著有《教育权与受教育权：教育法学基本问题研究》《教育法论》等专著多部，主编著作有《教育学》《教育法学》《中国教育法制评论》《改革开放三十年：教育政策与法律卷》《新焦点：当代中国少年儿童人身伤害研究报告》《高等教育法规概论》等。研究成果曾获第四届、第六届中国高校人文社会科学优秀成果一、三等奖，第五届吴玉章人文社会科学一等奖，北京市第八届哲学社会科学优秀成果一等奖、北京市第九届哲学社会科学优秀成果二等奖等奖项。

孙绵涛（1949— ），男，湖北武汉人，博士，历任华中师范大学教育学系系主任、教育科学学院院长。现任沈阳师范大学特聘教授、博士生导师、教育经济与管理研究所所长、《教育管理研究》杂志主编，辽宁省公共管理一流特色学科学术带头人，教育部设立与沈阳师范大学共建的“教育法制与教育政策调研基地”主任等。兼任全国教育管理研究分会副理事长，全国教育法制专业委员会副理事长，教育部政策法规司咨询专家，全国教育科学规划教育经济与管理学科专家组成员，世界银行教育项目评审顾问，IJEA、IJED、AJTED 等多家国际学术杂志编委等。

主要研究方向为教育基本理论、教育政策法规、教育行政与教育效能、教育组织行为。曾参与和主持《教育法》《教师法》《高等教育法》《国家中长期教育改革与发展规划纲要》《高等学校学术委员会规程》《中小学管理评价系统设计》等多部国家重要的教育政策与法规的调研与起草。著有《教育管理学》《教育管理哲学——现代教育管理观引论》《教育政策论》《教育政策分析：理论与实务》等多部著作。主编著作有《教育政策学》《高等教育学概论》《教育效能论》《校长办学理念的价值取向研究》等。

研究成果曾获全国第二届、第三届、第四届教育科学优秀成果二、三等奖，全国第五届、第七届高等学校科学研究优秀成果奖（人文社会科学）三等奖，辽宁省人民政府第九届、第十届哲学社会科学优秀成果一等奖，辽宁省人民政府第十一届、第十二届哲学社会科学优秀成果二等奖等。

2. 年度新人

杨挺（1971— ），男，四川阆中人，教育学博士。现为西南大学教育学部教授，新疆师范大学教育科学学院副院长（援疆），中国教育学会教育政策与法律研究分会常务理事。主要从事教育法学、教育管理学研究。

先后参与《中华人民共和国教育法》修订研究、学校法律制度及《中华人民共和国学校法》立法研究、汉语国际推广中的法律问题研究等国家立法研究工作，参

与“重庆市义务教育条例”“重庆市学前教育条例”等地方性立法研究工作。累计在《教育研究》《高等教育研究》《中国教育学刊》《教育与经济》等刊物上发表学术论文50余篇，其中1篇被《新华文摘》全文转载，5篇被《人大复印资料》全文转载。出版学术专著《民办高等学校产权法律问题》，主编教材《教育法学》《高等教育政策法规》。先后主持“民办高等学校产权法律问题研究”“教育法律纠纷特点及应对机制研究”“我国青少年思想政治教育政策发展研究”“学校安全责任保险制度研究”4项省部级科研项目。

（谢蓉蓉）

（三）农村教育专业

年度新人

刘善槐（1981— ），男，博士，教育部人文社会科学重点研究基地东北师范大学农村教育研究所副教授。主要研究农村教育政策、义务教育教师资源一体化配置、农村与城镇学校布局调整等。在《教育研究》《教育发展研究》《中国教育学刊》等学术刊物上发表学术论文20余篇；出版学术专著《农村学校布局调整决策的科学化、民主化与道义化研究》（教育科学出版社2014年版）；研究结论与学术观点曾被《南华早报》（香港）、《参考消息》《新京报》《中国青年报》《人民政协报》《中国教育报》等引用或转载。

先后主持各类科研项目8项，其中包括国家社科基金青年项目“‘单独二孩’政策实施后学校布局调整研究”（项目编号：14CSH067）、教育部人文社会科学研究项目青年基金项目“区域内义务教育教师资源一体化配置机制研究”（项目编号：12YJC880061）和全国教育科学规划课题教育部教育学青年专项课题“城乡义务教育教师一体化配置机制研究”（项目编号：EGA110355）等；参与教育部哲学社会科学重大课题攻关项目、国家社科基金重点项目多项。曾获吉林省第十届社会科学优秀成果奖一等奖、吉林省第七届教育科学优秀成果奖一等奖、吉林省第八届教育科学优秀成果奖一等奖、长春市社科优秀成果奖三等奖，博士论文获吉林省优秀博士学位论文奖。

（四）比较教育学专业

1. 年度学者

顾明远（1929— ），男，江苏江阴人。现为北京师范大学资深教授，国家教育咨询委员会委员，中国教育学会名誉会长，教育部社会科学委员会副主任，国家基础教育课程教材咨询委员会副主任，国家教育发展研究中心专家咨询委员会副主任，教育部教师教育专家委员会主任。曾

任北京师范大学附属中学教导处副主任，北京师范大学第二附属中学校长，北京师范大学教育系主任、外国教育研究所所长，北京师范大学副校长、研究生院院长、教育管理学院院长，国务院学位委员会教育学科评议组第一届、第二届、第三届、第四届成员、召集人，教育硕士专业学位教学指导委员会主任，国家教委中小学教材审定委员会副主任，中国教育学会会长，中国教育国际交流协会副会长，世界比较教育学会联合会联合主席。

顾明远是新中国比较教育学科创始人之一，他始终坚持以“立足中国，放眼世界”的宏大视野勤勉治学、积极探索，先后撰写论文600余篇，著述40余部。主要著作包括：《鲁迅的教育思想和实践》（中、日文版已出版）、《比较教育》《教育大辞典》《战后苏联教育研究》《民族文化传统与教育现代化》《中国教育大系》《世界教育大事典》《我的教育探索》、*Education in China and Abroad: Perspective from a Lifetime in Comparative Education*、《中国教育的文化基础》等。其中，《中国教育大百科全书》还得到了刘延东副总理的高度赞扬：“全书用准确精炼的语言，深度诠释教育学科基本理论，总结历史经验，介绍最新研究成果，对于推动教育学科建设、丰富完善中国特色社会主义教育理论体系具有重要的基础性作用。”

2014年，顾先生虽已是耄耋之年，但依然秉持着对教育全心全意的爱奔走于祖国大江南北，为国家教育决策建言献策，为地方教育发展尽心尽力，为学校教育创新摇旗呐喊。同时，顾先生的学术成果丰富，不仅撰写了数十篇论文，出版了《中国教育文化基础》的英文版、《和平之桥——畅谈“人间教育”（与池田大作对话录）》的简体中文版、《顾明远教育演讲录》和《站在孩子的视角谈教育（随笔集）》，而且《中国教育大百科全书》也因其首创性、系统性和学术性毫无争议地获得了北京市第十三届哲学社会科学优秀成果奖特等奖。吴玉章教育基金会因顾先生在教育领域的突出贡献，授予他“吴玉章人文社会科学终身成就奖”。

2. 年度新人

孙进（1976—　），男，汉族，河北巨鹿人。本科毕业于北京大学西语系，获德国语言与文学学士学位，同时获得北京大学法律学系法学辅修专业毕业证书。1999年，他赴德留学，在波鸿大学获得欧洲文化与经济硕士学位、教育学硕士学位和教育学博士学位。2008年，他学成回国，任教于北京师范大学国际与比较教育学院，从事以德国教育为重点的比较教育研究。

多学科的教育背景为孙进从事比较教育研究打下了坚实的基础。2010年，他在

德国出版了专著 *Die Universitaet als Raum kultureller Differenzerfahrung*（《大学作为文化差异体验的空间》）。该书结合使用了质性访谈和问卷调查的研究方法，以中国学生在德国大学跨国学习的观察和体验为基础，系统地再现了中德两国大学教育的日常文化差异，并按照构建扎根理论和理想类型的原则，从中提炼出一个大学教育日常文化的维度与差异的理论模型，可被用来描述和比较不同国家的大学教育日常文化。

孙进主持着多项有关德国教育的省部级科研课题，至今已经发表了40多篇有关德国教育的学术论文，成为我国德国教育研究领域的新生代骨干。他在《由均质转向分化？——德国高等教育的发展趋向分析》一文中提出了一种“凸型”分化模型，在现有的金字塔模型之外发现了一种新的高等教育分化模型，对于描述和分析德国高等教育机构的分化和发展有重要贡献。2012年，孙进获评“京师英才”一等奖。

郄海霞（1978— ），女，河北保定人。本科就读于北京林业大学英语专业，获文学学士学位；后继续在北京师范大学教育学部国际与比较教育研究院攻读硕士和博士学位，分别于2004年6月和2007年6月获教育学硕士和博士学位。博士论文指导教师王英杰教授。自2007年7月以来，在天津大学教育学院任职，2009年6月晋升为副教授。主要讲授“比较教育学”“比较高等教育”“比较职业教育”“专业英语”等本科生和研究生课程。2009年以来独立指导16名硕士研究生，协助指导多名博士生。目前的主要研究领域：大学与区域发展、职业教育质量保障、高等教育跨文化比较、高等工程教育。

近年来，主持完成“城市化进程中高校与城市互动机制比较研究”等省部级课题3项，校级课题多项；参与完成“世界一流大学的形成与发展研究”“在全球经济下对第三级教育的重新思考”“关于为我国高等专科教育设置一级学位的论证报告”等国家级和省部级项目多项。在《清华大学教育研究》《比较教育研究》《高等工程教育研究》《中国高教研究》等期刊公开发表论文40余篇；出版专著《美国研究型大学与城市互动机制研究》1部，参编《世界一流大学的形成与发展》《中国教育改革30年：高等教育卷》等著作多部，翻译出版《如何成为一名出色的教师》《德国大学与大学学习》《工程教学指南》《教师备课指南——有效教学设计》，译著4部。另外还参与《中国教育大百科全书》编纂工作。

阚阅（1979— ），男，辽宁抚顺人。2008年毕业于浙江大学，获比较教育学博士学位；后在北京师范大学国际与比较教育研究院从事博士后研究工作。曾分别在伦敦大学教育学院（IOE）（2006—2007）、加州大学洛杉矶分校（UCLA）教育与信息研究生院（2014—2015）担任访问研究生和访问学者。现任浙江大学教育学院教育学系副教授，联合国教科文组织亚太地区教育革新为发展服务计划（APEID）浙江大学联系中心主任，全球大学创新联盟亚太地区中心（GUNI-AP）秘书处执行秘书，联合国教科文组织浙江大学创业教育教席执行秘书，同时担任教育部人文社会科学重点研究基地北京师范大学比较教育研究中心兼职研究员，中国教育学会比较教育分会理事，美国高等教育研究会（ASHE）会员等学术兼职。

阚阅近年来一直从事“全球化对教育治理与教育组织变革的影响”研究和“国际组织教育政策研究”，近年来一直从事“欧洲高等教育一体化”“世界一流大学国际化”“国际组织全球教育治理”等项目研究工作，承担多项联合国教科文亚太地区教育局、中国联合国教科文组织全国委员会委托项目研究工作，多次组织和参与联合国教科文组织发起和召集的国际学术会议，在国内外重要学术期刊上发表一系列有关国际组织研究与全球教育治理的研究论文，参与有关“国际组织国际教育规则”的政策咨询并向教育部提供咨询报告。

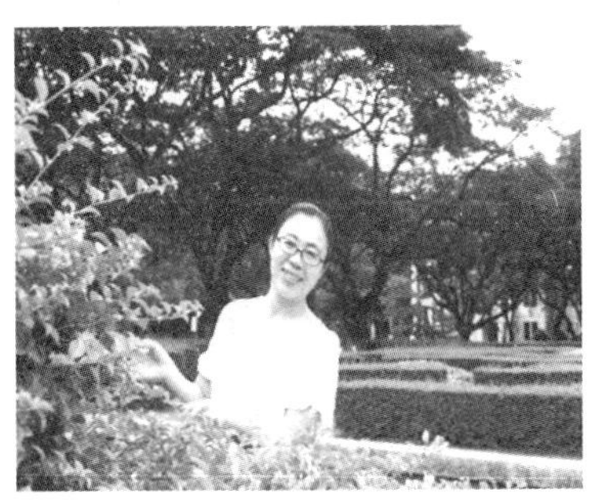

施雨丹（1976— ），女，华南师范大学教育科学学院国际与比较教育研究所副教授、硕士生导师，广岛大学高等教育研究开发中心访问学者。其主要研究领域为比较教育和教师教育。在比较教育领域，主要研究日本高等教育，在日本国立大学改革与发展方向上成果丰硕。在教师教育领域，主要结合华南师范大学所处地域优势，进行粤港澳教师教育研究，对推进粤港澳教育研究特别是教师教育领域研究作出了较大学术贡献。曾多次到港澳台地区进行相关研究的调研和参加学术会议。

在《比较教育研究》等杂志发表学术论文近30篇。参与编写、翻译书目包括《粤港澳教师教育研究》（广东人民出版社2012年版）、《当代比较教育学》（人民教育出版社2008年版）、《高等教育的经济分析与政策》（北京大学出版社2006年版）。科研项目包括：教育部人文社会科学研究青年基金项目“主动公民视域下香港和澳门公民教育课程范式的比较研究”、广东省哲学社会科学“十二五”规划2012年度学科共建项目“区域教育视角下的粤港澳教师教育合作策略及路径选择”等。

所获奖项包括：2010年教学成果《面向非师范专业学生创建资源共享型的教师教育管理体系》获第六届广东省高等教育省级教学成果二等奖、华南师范大学教学成果一等奖。

（五）教育史专业

1. 年度学者

田正平（1944— ），男，山西应县人，浙江大学文科资深教授。1968年毕业于北京师范大学教育系，1981年至今，在杭州大学、浙江大学任教职。曾任职浙江大学教育学院院长、浙江大学中外教育现代化研究所所长，1994年被评定为浙江省

有突出贡献的中青年科技专家，1995 年开始享受国务院特殊津贴。主要社会兼职有：中国教育学会教育史分会理事长，教育部全国教育科学规划领导小组教育史学科组成员，中国杨贤江教育思想研究会副理事长，浙江省教育学会副会长等。主要研究领域是中国教育现代化史、中外教育交流史、中国高等教育史、中国留学教育史、中国近代教育思想史、中国近代职业教育史等。先后获教育部人文社会科学和全国教育科学优秀成果奖、国家图书奖提名奖。著有《留学生与中国教育近代化》《黄炎培教育思想研究》等，主编多卷本《中国教育近代化研究》《中国近代义务教育研究》《中国教育史研究（近代卷）》、多卷本《近代教育与社会变迁研究》《中国小学常识教学史》等多种出版物，在《文史》《教育研究》《华东师范大学学报》《高等教育研究》《日本国立教育研究所集刊》等国内外学术刊物发表论文 50 多篇。

张斌贤（1961— ），男，浙江杭州人。北京师范大学教育学博士。北京师范大学教育历史与文化研究院教授、博士生导师，主要专业领域为教育史学、西方教育史等。曾任北京师范大学教育学院院长。兼任中国教育学会教育史分会理事长，全国教育专业学位教育指导委员会秘书长等。主要研究成果有《外国教育思想史》《外国教育史》《西方教育思想史》（修订）、《教育是历史的存在》《教育与社会变革》等。主编、主持翻译著作多种。曾入选教育部“跨世纪人才”、中宣部思想理论界“四个一批”人才、长江学者特聘教授；获国家教学成果一、二等奖，国家级教学名师奖，全国教育科学规划优秀成果奖和宝钢教育奖优秀教师特等奖。2014 年，主编《首届全国教育博士专业学位研究生论坛优秀论文集》《美国公共学校种族隔离的终结》《美国教育学界精英群体的兴起》，译著《欧洲大学史（第 3 卷 19 世纪和 20 世纪早期的大学 1800—1945）》。《张斌贤教育史研究文集》收录了作者从 1986 年至今先后完成的 30 篇论文。全书分为三个部分：第一编教育史学研究，第二编西方大学史研究，第三编美国学校教育史研究，基本反映了作者在外国教育史研究领域辛勤耕耘三十多年的研究成果。

2. 年度新人

郑刚（1976— ），男，湖北武汉人，副教授，硕士研究生导师。1999年6月毕业于江汉大学历史教育专业，留校后从事教学管理及教学工作。从2004年起，在华中师范大学教育学院攻读教育史专业硕士、博士学位。2010年12月调入华中师范大学教育学院工作。兼任湖北省陶行知研究会副秘书长，湖北省教育史研究会会员。主要研究方向为教育史、中外教育交流。在《高等教育研究》《学位与研究生教育》《学前教育研究》、人大《教育学》复印资料等期刊发表论文10余篇。主持教育部人文社会科学研究项目“史学转型进程中的‘中国教育史’学科研究”、湖北省教育厅人文社会科学项目“中苏教育交流视域下湖北高等教育改革研究（1949—1960年）”等多项省部级课题。

陈胜（1974— ），男，副教授。1997年毕业于安徽师范大学。2004年毕业于江西师范大学，获得硕士学位。2008年毕业于浙江大学，获得博士学位。2011年成为浙江大学古籍所博士后。2012—2013年任韩国高等教育财团亚洲研究所研究员，国立首尔大学客座研究员。2011年进入浙江大学教育学院工作。主要研究中外教育史、教育管理、教育基本理论。在《教育研究》《浙江大学学报》（人文社会科学版）、《教育学报》《华东师范大学学报》（教科版）等期刊发表论文10余篇。2009年与田正平共同出版著作《中国教育早期现代化问题研究——以清末民初乡村教育冲突考察为中心》。曾参与由田正平主持的浙江省社科规划办课题，研究中国教育早期现代化问题；主持全国教育规划办课题“清末民初乡村教育的变迁与问题研究”和“中国近代教育转型中的心态问题研究”等。曾获浙江省第十六届哲学社会科学研究优秀成果一等奖、第六届全国高校人文社科优秀成果二等奖、2014年浙江大学教育学院先进工作者等荣誉。

丁永为（1980— ），男，辽宁大连人，教育学博士，副教授，首都师范大学教育系副主任，硕士研究生导师。研究方向为外国教育史与杜威教育哲学，主持教育部人文社会科学青年基金项目“杜威关于民主与教育关系之演变研究”，北京市教育协同创新中心一般课题“北京市考试改革背景下的学校育人模式研究”，出版学术著作《杜威》《变化中的民主与教育》《教师不可不知的20部教育名著》，发表论文20余篇，获首都师范大学青年教师优秀教学奖和首都师范大学最受学生欢迎的十佳教师、首都师范大学青年标兵等荣誉。

陈露茜（1981— ），女，福建福州人，中国人民大学教育学院副教授，中国人民大学书报资料中心复印资料《高等教育》编辑，研究方向为教育政策分析、外国教育史。2004年毕业于南开大学世界历史系，获历史学学士学位；2007年毕业于北京师

范大学教育学院外国教育史专业，获教育学硕士学位；2010 年毕业于北京师范大学教育学部外国教育史专业，获教育学博士学位。2008—2009 年度作为联合培养博士研究生赴美国威斯康星大学麦迪逊分校学习。目前，主持国家社会科学基金教育学青年课题“20 世纪 80 年代美国‘学校大辩论’研究”；主持中国人民大学科学研究基金“20 世纪 80 年代美国‘学校大辩论’中主流象征的政治性与工具性分析”；主持中国人民大学科学研究基金（决策咨询及预研委托项目预研及委托）项目“当代美国保守主义公共教育政策的符号研究”；出版个人专著《“学校大辩论”：20 世纪 80 年代美国公共教育政策中的意识形态冲突》一部，先后在《教育研究》《教育学报》《清华大学教育研究》《比较教育研究》等学术期刊上发表 20 多篇学术论文，并有多篇论文获《新华文摘》《高等学校文科学术文摘》、中国人民大学书报资料中心复印报刊资料、《教育学》《政治学》等全文转载；独立或主持翻译《美国教育史：一场伟大的美国实验》《美国公共教育：关于美国教育史的研究和阐释》《阶级、科层制与学校：美国教育变革之幻影》等多本译著；参与《西方教育思想史》《外国教育史》《20 世纪教育学名著导读》《教育学名著导读》等多本教材的编写工作。

（施克灿、李子江）

（六）教育技术学专业

1. 年度学者

何克抗（1937— ），男，广东省大埔县人，北京师范大学教育技术学院教授、博士生导师、现代教育技术研究所所长，现为东北师范大学荣誉教授（终身教授）。曾任教育部高等学校教育技术学专业教学指导委员会主任；现任全国教师教育信息化专家委员会主任，中国教育技术协会副会长兼学术委员会主任，全球华人计算机教育应用学会（GCICE）第一副主席，国际刊物 JCAL（*Journal of Computer Assisted Learning*，《计算机辅助学习》）编委。自 1978 年以来，先后六次获国家教委和北京市科技进步奖；1992 年被国务院授予有突出贡献专家称号；1993 年被国务院学位委员会批准为中国第一位教育技术学博士生导师；1994 年 7 月入选英国剑桥《世界名人录》第 23 卷；1997 年成为美国纽约科学院院士；2007 年被评为全国宝钢优秀教师；2012 年 12 月被评为“首都教育界十大有影响人物”。

近年来，何克抗教授及其领导的团队主要在“教育信息化工程”“中小学的教学改革试验”和“教育创新理论”三个方面开展了研究与探索。不仅研发出一大批国内领先的教育信息化解决方案和教育软件产品，而且率先倡导并大力推动信息技术与各学科课程的整合，并在“信息技术与课程整合”的理论与实践方面始终引领国内的方向与潮流。在长期深入进行中小学教改试验研究的基础上，努力探索网络时代的创新教育理论，在创造性思维理论、信息技术与课程深层次整合理论、儿童思维发展新论、语觉论（儿童语言发展新论）、建构主义的教学设计理论等方面逐步创立了自成一家的全新教育理论。

任友群（1969—　），男，汉族，江苏苏州人。现任华东师范大学副校长，教育学博士，研究员。2003 年 9 月开始任华东师范大学教育科学学院课程与教学系硕士生导师。2010 年起任教育科学学院教育技术系博士生导师；任教育部人文社会科学重点研究基地课程与教学研究所研究员、上海数字化教育装备工程技术研究中心主任；发表专著 2 部、译著 10 部、论文 80 余篇。主要研究方向：教育技术学、学习科学、STEAM 教育、课程与教学论和教师教育。社会任职情况：教育部高中信息技术课程标准修订核心专家组组长；教育部教育信息化专家组秘书长；教育部高等学校中学教师培养教学指导委员会副主任委员；教育部高等学校教育技术专业教学指导委员会副主任委员。

余胜泉（1973—　），男，江西波阳人。教授，博士生导师，2013 年 1 月至今，任“移动学习”教育部—中国移动联合实验室（教育部重点实验室）主任；2014 年 5 月起至今，任北京师范大学教育学部副部长。

主要研究领域涉及移动学习、泛在学习、区域性教育信息化、教育信息生态、网络学习平台、信息技术与课程整合、一对一数字化学习等。近几年来，研究工作聚焦在四个方面，(1) 新一代网络教学平台的研究与开发；(2) 开展基于信息生态的区域性教育信息化研究；(3) 开展基础教育信息化应用有效推进方面的研究；(4) 泛在学习的资源组织模型及其关键技术研究。

曾主持（或主要参与）国家自然科学基金项目、教育部“十五”科技攻关项目、国家现代远程教育工程中的关键技术研究项目、国家“十五”教育发展规划重点课题《网络环境下基础教育跨越式发展创新探索试验》、“十一五”教育发展规划教育部重点课题《一对一环境下的教学效率提升研究》等有影响的教育信息化项目。在各类杂志与大型学术会议上发表学术论文 200 多篇，其中在 CSSCI 专业核心刊物上发表 60 多篇，SSCI/SCI/EI 收录论文6篇。出版学术专著3部，参编教材5部，出版科普著作4本，多媒体软件光盘4套，主持开发得到广泛应用的教育信息系统6套。著有个人诗集《意像轨迹》。获第四届教育科学研究优秀成果奖一次，排名第二。在国际国内各种会议上作报告累计400余次。

王志军（1954— ），教授、博士生导师，天津市级教学名师、市级优秀教师，系天津师范大学教育技术学学科带头人，并兼任中国教育技术协会多媒体教育读物专业委员会副主任，中国教育技术协会信息技术教育委员会常务理事，天津市计算机辅助教育学会副理事长。主讲的“多媒体教学软件设计与开发”和“多媒体画面艺术设计”为“国家级精品课程”，编著的三部教材获批教育部“十一五”国家级规划教材称号，一部教材获批天津市级“十二五”规划教材，一部教材获批国家级“十五”规划教材。曾获“国家级教学成果”二等奖，“全国教育科学规划课题研究成果”三等奖，“天津市教学成果”一等奖、二等奖，“天津市教育科研成果”二等奖。

主要研究方向为“多媒体画面语言与艺术的理论与应用研究”“数字教育媒体与网络远程教育技术的理论与应用研究”“信息技术与课程整合研究”，曾承担过全国教育科学规划教育部重点课题、天津市级教育科学规划重点课题、天津市级哲学社科课题、天津市级艺术科学规划重点课题、天津市级教育改革课题等，出版著作十余部，发表科研与教学改革研究论文几十篇。

郭绍青（1965— ），男，河北昌黎人。西北师范大学教育技术学院院长，教授，博士生导师。入选甘肃省首批第二层次领军人才、甘肃省“555”工程人才。任教育部教育信息化专家组成员、教育部高等学校教育技术与方法专业教学指导委员会委员、全国教师教育课程资源专家委员会教育技术与综合实践工作委员会委员、教育部基础教育课程教材专家工作委员会委员、甘肃省教育信息化学会副理事长、甘肃省重点出版项目专家论证委员会委员、中国教育技术协会期刊专业委员会副主任。获得国际学术组织计算机促进教学协会（Association for the advancement of Computing in Education，AACE）2010年会数字公平杰出贡献奖。主要从事现代远程教育、信息技术与教育、数字媒体资源、技术支持的教师专业发展等方向的研究工作，特别是在农村远程教育的理论与实践方向进行了深入的探索，在全国有较大影响。主持完成多项国家级、教育部重点课题，研究成果曾获全国高校教材二等奖，甘肃省社科成果奖二、三等奖，甘肃省高校社科成果二等奖等。发表论文 80 余篇，主编多部教育技术专业教材，出版专著 4 部。

张屹（1967—　），女，湖北省武汉人，博士毕业于华东师范大学教育信息技术系，美国北德克萨斯大学信息学院学习技术系访问学者。系华中师范大学教育信息技术学院教授、博士生导师，教育技术学系主任，国家数字化学习工程技术研究中心教授，担任全国信息技术标准化技术委员会教育技术委员会委员、国际标准化组织 ISO-JTC1/SC36 的专家委员、武汉大学兼职研究生导师、《基础教育参考》杂志编委会委员，现任武汉市洪山区第 15 届人大代表、中国农工民主党华中师范大学委员会主委。主要从事教育信息化评测与发展战略、智慧教室环境下的教学理论与实践、教育信息化技术标准等研究工作。近年来承担和参与国家级和省部级课题 30 多项，在重点核心期刊上发表论文 60 余篇，出版学术专著 3 部，主编教材 5 部。

2. 年度新人

杨现民（1982—　），男，教育技术专业理学博士，现为江苏师范大学副教授，硕士生导师，江苏师范大学智慧教育学院副院长，江苏省教育信息化工程技术研究中心常务副主任，教育部教育现代化"2030"规划（教育信息化领域）专家，入选江苏省"333"高层次人才培养工程、江苏省"青蓝工程"。主要从事移动与泛在学习、智慧教育、教育大数据、数字资源建设与共享、网络教学平台开发等方面的研究。在 *British Journal of Educational Technology*、*Computer & Education*、《教育研究》《中国电化教育》《电化教育研究》等学术期刊与国际会议上发表论文 80 余篇，其中 SSCI 检索 10 篇，CSSCI 检索 52 篇，EI 检索 1 篇；9 篇论文被人大复印资料全文转载，1 篇被《新华文摘》篇目辑览；出版学术专著 3 部。获批 1 项国家发明专利（专利号：ZL201210150808. 9）。承担包括国家社科基金项目在内的 10 多项课题。作为系统架构师和核心研发人员，参与多个教育软件系统开发项目。核心参与多项国家与地方教育信息化规划与实施方案的编写工作。

胡小勇（1978— ），教授、博士生导师，华南师范大学教育信息技术学院教育技术系主任，美国宾州州立大学访问学者。任广东省高等学校教育技术学教学指导委员会秘书长、广东省中小学教师信息技术能力提升工程专家、广东省中小学教师教育技术能力培训项目专家、广州天河区教研室教科研协作基地特聘学术带头人等。主要研究领域涉及信息化教学创新、信息化教师专业发展、微课开发与翻转课堂、中小学信息化科研指导等。主持国家社会科学基金青年课题“区域性优质教育信息资源的建设机制与推广策略研究”（2007）、国家社会科学基金青年课题“智慧学习环境下创造性人才培养模式研究”（2013）、教育部科技司高校科技战略研究项目“信息化教学有效模式和方法研究”、广东省软科学研究计划项目“面向智慧广东的教育信息化公共服务体系研究”、广东省教育科学规划课题“广东省数字化教育资源建设体系框架与共享机制研究”，以及“教师远程培训的优质课程资源设计研究”等。出版专著教材10部，在《电化教育研究》《中国电化教育》等杂志上公开发表论文80多篇。荣获国家级教学成果二等奖两次（《协同理念引领下创建教育技术学国家级特色专业“五个三结合”培养人才模式》，2014；《创建“三位一体”实验教学体系，培养教育技术学专业实践创新人才》，2009）、广东省优秀教学成果一等奖两次、第四届全国教育科学研究优秀成果二等奖（2009）、第七届全国教育科学研究优秀成果（社会人文）二等奖（2015）、上海教育科学研究成果一等奖等。

钟柏昌（1978— ），江西宜丰人，教育技术学博士，南京师范大学教育科学学院教授；第五届全国优秀教育硕士教师，2015年度中国人文社科最具影响力青年学者，南京师大“百人计划”培养人选，曾获江苏省第十四届哲学社会科学优秀成果二等奖、教育部高校哲学社会科学研究优秀咨询报告；中国教育装备行业协会创造教育分会常务理事、副秘书长；中国教育技术协会信息技术教育专业委员会常务理事，负责全国中小学机器人教学展评等赛事的策划与管理；先后主持国家社科基金教育学课题1项、国家社科基金教育学重大课题子课题1项、教育部人文社会科学规划课题2项、全国教育科学规划教育部课题1项，主持厅级课题及机器人教育横向项目多项；在国内外期刊发表论文100余篇，其中，*Computers in Human Behavior* 等SSCI论文2篇，《教育研究》等CSSCI论文40余篇，人大复印资料全文转载20篇，出版专著或主编教材10余册。在教育

技术学基础理论研究、中小学信息技术课程与教学、中小学机器人与创客教育等方面开展了较为广泛和扎实的研究，当前研究方向主要为机器人与创客教育、信息技术课程与教学、新数字鸿沟等。

吴砥（1978— ），男，湖北洪湖人。华中师范大学教授、博士生导师，国家数字化学习工程技术研究中心副主任，教育部教育信息化战略研究基地（华中）副主任，湖北省高校人文社科重点基地湖北教育信息化发展研究中心主任，中国教育发展战略学会未来教育专业委员会秘书长，全国信息技术标准化技术委员会教育技术分技术委员会（CELTSC）委员、数字化学习环境类标准工作组负责人，教育部《教育信息化十年发展规划（2011—2020年）》编制专家组秘书，《湖北教育信息化发展规划（2014—2020年）》编制专家组副组长，教育部2014年、2016年全国教育信息化督导专家组成员。主要研究方向为教育信息化发展战略与政策规划、教育信息化核心指标与绩效评估、教育信息化标准与应用。先后承担国家科技支撑计划课题、“863”课题和部省级科研项目十余项，发表论文30余篇，出版著作5部，获国家教学成果奖1项，全国教育科学优秀成果奖1项，湖北省科技进步奖2项，湖北省社科优秀成果奖1项，湖北省教学成果奖2项。

傅骞（1978— ），男，浙江金华人，博士，北京师范大学副教授、硕士生导师、北京师范大学教育学部创客教育实验室创始人和负责人、开源创客工具 Mixly 及 MixIO 研发团队负责人。长期从事信息技术教育应用研究，包括物联网技术及教育应用、开源软件及教育应用、创客教育理论及实践研究等。当前，主要从事创客教育理念的推广和创客工具的开发工作，是国内创客教育研究与实践的先行者。创客教育实验室在其带领下开发出基于 Blockly 的图形化编程工具 Mixly、基于 App Inventor 开发的手机魔法应用等应用于中小学创客教育市场的产品。

赵国庆（1980— ），男，安徽岳西人，博士，北京师范大学教育学部副教授、

硕士生导师，中国电子学会现代教育技术分会基础教育专家委员会委员，第七、八届国际概念构图大会程序委员会委员（CMC2014，CMC2016），思维发展型学校联盟发起人，思维教学领域的探索者和实践者。主要从事思维技能训练、可视化认知工具、技术促进的科学教育、教育软件工程等研究。赵国庆博士认为，当前教育将思维能力作为知识传授的副产品，这种思维教学的方式存在着隐性、低效、不完整的问题，教育出来的学生难以适应日新月异的世界。主张将思维教学作为专门课程开设，并在学科教学中融合运用。赵国庆博士十年来一直潜心研究教育心理学、教育技术学，尤其是国内外思维训练领域成果显著，如国际思维训练大师爱德华·德·波诺的思维训练课程、世界大脑先生东尼·伯赞等人的思维导图等。在此基础上，赵国庆博士系统提出“隐性思维显性化——显性思维工具化——高效思维自动化”的思维训练框架。赵国庆博士的思维训练课覆盖本科生、研究生和中小学校长、老师和学生家长，取得广泛影响。

（武法提、李彤彤、各位年度学者与新人）

（七）远程教育专业

1. 年度学者

陈丽（1964— ），女，博士，教授，北京师范大学远程教育研究中心主任、北京师范大学交互媒体与远程学习实验室主任，首都学习型社会研究院执行院长，北京师范大学学科规划与建设处处长。主要研究领域为远程教育基本理论。至今在《电化教育研究》《中国电化教育》《现代远程教育研究》《开放教育研究》《现代远距离教育》《中国远程教育》《远程教育杂志》、*International Journal of Continuing Education and Lifelong Learning*、*The International Review of Research in Open and Distributed Learning* 等核心期刊发表论文 120 余篇，主要出版著作 10 余部，包括《远程教育教师职业能力发展丛书：简明远程教材编写指南》、*Global Perspectives: Philosophy and Practice in Lifelong Learning* 等。2004 年在高等教育出版社出版的《远程教育基础》成为当前高等院校教育学、教育技术等专业的必读书目，这是我国最早系统研究远程教育的专著，也是中国远程教育成为独立学科的重要标志。主持各类横向与纵向科研项目 90 余项，其中包括国际合作与研究项目 10 余项。除此之外，陈丽教授还曾担任全国教育技术研究学术委员会委员、中国教育技术协会高校远程教育专业委员会理事、中国教育学会中小学信息技术教育专业委员会副理事、《开放教育研究》杂志编辑委员会委员、苹果公司中国教育顾问、IBM 中国 RE 项目顾问等社会职务。

张伟远（1957—　），博士，江苏武进人，现任香港大学专业进修学院首席研究员、继续教育和终身学习研究中心总监、网络教学中心总监、《国际持续教育及终身学习期刊》（中文版和英文版）主编，兼任北京师范大学客座教授、华东师范大学顾问教授，澳门城市大学教育学院荣誉院长以及国家开放大学、北京开放大学、上海开放大学等高校的客座教授。至今已发表学术论文200余篇，出版专著/编著/合著共计18部；获得学术奖项15项，2008年更荣获亚洲开放大学协会颁发的“远程教育功臣奖（AAOU Meritorious Service Award）”，表彰其对亚洲地区远程教育和网络教学发展研究方面的杰出贡献。除此之外，张伟远博士还担任英联邦学习共同体、中国、日本、美国、马来西亚、加拿大、土耳其等10多个国家和国际组织的远程教育学术期刊的国际顾问、编审及编委。

2014年张伟远博士的研究重心是搭建终身学习立交桥和学分互认机制、网络教学和移动学习以及终身学习国际论坛三大主题。主要成就有：（1）带领其团队成员撰写了《搭建终身学习立交桥：国际的发展和比较》（中央广播电视大学出版社2014年版）专著。（2）在2014年带领团队成功获得境内外机构提供的研究经费500多万港币，在网络教学和移动学习研究和应用方面取得了创新的成果，并通过高级研修班和培训班的方法，与同行分享研究成果。（3）在香港自资高等教育联盟的资助下，与北师大陈丽教授和香港大学杨健明教授，共同主编了《国际论坛：终身学习的理念和实践》和 *Global Perspectives: Philosophy and Practice in Lifelong Education*，2014年4月由中央广播电视大学出版社出版。

韩锡斌（1964—　），男，博士，现任清华大学教育研究院副研究员，副院长，博士生导师。自1998年进入清华大学从事教育技术研究，研究方向一直聚焦于在线教育、混合教学和数字化学习环境的理论、方法与技术。韩锡斌博士多次在国内外的核心期刊发表论文，主持过包括北京市教育科学“十二五”规划2013年度重点课题、国家社会科学基金“十二五”规划2012年度教育学一般课题、全国教育科学“十一五”规划教育部重点课题等在内的研究项目。

2014年韩锡斌博士和他的研究团队延续了上述领域的研究，取得了显著成果。（1）15年研发的技术成果——“清华教育在线（THEOL）网络教学综合平台”被教育部鉴定为“在技术和应用上达到国内领先、国际先进水平”。（2）基于众多合作院校的信息化教学实践，深入系统地开展混合教学改革研究，基于院校在线课程的大数据和学习分析方法揭示了在线学习和教学的行为关系，基于复杂系统理论提出了学校层面推动混合教学改革的核心要素及其作用。（3）针对MOOCs热潮，基于以往十多年的研究积累，发表了一系列的研究报告，对理性认识、科学推动在线教育的发展起到了积极作用。（4）在国际交流方面，韩锡斌博士连续三届担任技术促进教育变革（Educational Innovation through Technology，EITT）程序委员会共同主席。其中EITT 2014会议论文集被EI整体收录，增强了由华人学者发起并主导的教育技术国际会议的影响力。

杨志坚（1959— ），男，北京大学教育学博士，国家开放大学校长，中国教育技术协会会长，中国法学教育研究会副会长。1983年进入教育部，一直从事高等教育宏观管理与研究工作，历任教育部高等教育司文科处副处长、财经政法处处长、副司长。自2010年7月任中央广播电视大学校长以来，立足中国实际，顺应国际远程教育和现代信息技术发展趋势，积极推动中国广播电视大学实现战略转型。2012年6月，教育部正式批准成立国家开放大学，被任命为校长。

曾参与《中华人民共和国高等教育法》《国家教育改革发展规划纲要（2010—2020年）》以及面向二十一世纪高等教育教学内容和课程体系改革计划、新世纪高等教育教学改革工程、高等学校本科教学质量与教学改革工程，并积极推动了相关工作的全面实施。主持撰写了《普通高校经济学、工商管理类本科人才社会需求和培养现状》《中国远程高等教育发展研究报告（2013）》等调研报告，出版了译著《国际视野下的大规模开放与在线课程（MOOC）：全球高等教育改革新日程》。公开发表学术论文20余篇，代表性作品为《论高等教育适应性通才教育问题》《大学的开放与开放的大学》《国家开放大学的历史使命》等。承担的“现代远程教育公共服务体系的构建与实践”项目荣获2014年国家教育教学成果二等奖；主持编写的《转型升级与体系建设：中国广播电视大学系统调研报告（2013）》荣获2014年度国家开放大学总部优秀科研成果评选一等奖、国家开放大学系统第六届优秀科研成果评选一等奖。目前，杨志坚校长在研主持的项目有：“开放大学教学质量保证体系的研究与实践”“开放大学的办学定位、模式和设置标准”等。

武法提（1971— ），男，北京师范大学信息科学学院理学博士，现为北京师范大学教授、博士生导师，教育技术学院院长，智能学习系统实验室主任。曾任中美网络语言教学项目技术委员会专家，世界计算机教育应用促进会会员，教育部农村现代远程教育工程资源建设委员会专家，第十二届全球华人计算机教育应用国际会议（GCCCE）程序委员会主席等。自1998年起，曾应邀赴美国、加拿大、法国、澳大利亚、日本、菲律宾等多国进行学术访问和学术交流。武法提教授主要从事计算机辅助教学、网络教育应用、数字化学习环境与学习资源设计、智能教学系统等领域的理论与实践研究。自1999年以来，在国内外核心学术期刊或国际会议上已发表学术论文60余篇，其中多篇被Springer、EI等检索；出版学术著作6部，包括《网络教学策略》《网络教育应用》《网络课程设计与开发》等，其中《网络教育应用》被列入国家“十五”规划教材，《网络课程设计与开发》被列入国家“十一五”规划教材；主持或参加30多项国家级和省、部级科研项目，包括多项国家“十五”“十一五”“十二五”规划项目。武法提教授最具代表性的成果是开创性地提出了目标导向的网络课程设计理论，这套系统化的理论为网络课程的建设提供了理论依据与方法上的指导，现已成为远程教育学科的重要基础理论之一。

2. 年度新人

王志军（1986— ），女，博士，江南大学教育信息化研究中心校聘副教授，专注于远程教育教学交互的研究。2014年，王志军博士围绕着网络教育教学交互、联通主义学习理论、MOOCs三个研究主题发表7篇论文（包括1篇SSCI和6篇CSSCI），其博士论文《联通主义学习情境中的教学交互特征与规律》获选北京师范大学2014年优秀博士论文。其代表作包括《联通主义学习情境中的认知参与和交互框架》和《联通主义学习理论及其最新进展》两篇文章。前一篇文章从认知参与的视角对联通主义学习中的教学交互进行了分层和可视化表征，该文吸引了西班牙Elena Barberà Gregori教授前来与作者探讨合作研究的机会，同时加拿大北拿撒勒大学（Northern Nazarene University）的博士生Ali Abedi也将基于此框架开展其博士论文研究。后一篇文章对目前国际上前沿的联通主义学习理论进行了系统的梳理和述评，该文在《开放教育研究》上作为重大理论和重要学术选题发表，并被《高等学校文科学术文摘》卡片转载。围绕MOOCs这一主题，王志军博士先后发表5篇文章，涵盖了MOOCs的发展脉络与实践形式、MOOCs与开放远程教育的关系、MOOCs的设计和国内学生参与MOOCs学习的体验等方面，对MOOCs这一热点话题展开了深入、全面的研究。

积极参与国际优秀学术成果的传播。2014年在导师陈丽教授的组织下，选择了国际上4篇最能体现远程教学交互研究前沿的文章进行翻译，并先后在《中国远程教育》上发表，其中一篇译文被《成人教育学刊》全文转载。同年5月，开始担任《现代远程教育研究》和*International research Review of Open and Distance Learning*论文评审员，并参与北京师范大学远程研究中心的全国教育科学规划重点课题“教育信息化与大型开放网络课程战略研究”的申报和研究工作。

李锋亮（1977— ），男，北京大学教育学院教育经济系博士，清华大学教育

研究院副教授，曾在英国诺丁汉大学联合国教科文组织比较教育中心开展博士后研究。研究兴趣有：教育和劳动力市场之间的关系，包括工作找寻、收入变化、过度教育等；社会资本的构建与效益，尤其是来源于组织的社会资本；研究生教育；工程教育；职业教育；远程教育经济学等。2007 年以来，共发表中文论文 50 余篇，英文论文 10 余篇，著有《教育的信息功能与筛选功能》《大学生求职的准备、行为与收益》，并翻译了《拉丁美洲的高等教育：国际化的维度》一书。担任 *China: An International Journal*、*Economics of Education Review*、*International Journal of Educational Development*、*International Review of Research in Open and Distance Learning*、*Studies in Higher Education*、*The Social Science Journal* 和 *Journal of Current Chinese Affairs*、《经济学季刊》《北大教育评论》《清华大学教育研究》《学位与研究生教育》《开放教育研究》共 12 个中外期刊的匿名评审工作。

2014 年，李锋亮副教授在《现代教育技术》《中国远程教育》《教育发展研究》等期刊发表中文论文 8 篇，包括《义务外包在慕课中运用的分析》《学分银行的收益分析与估计》《工作找寻的强度、成本与结果——来自硕士毕业生就业市场的证据》等，并在英文期刊 *Studies in Higher Education* 发表论文“Can Distance Education Increase Educational Equality? —Evidence from the Expansion of Chinese Higher Education”。科研项目方面，共主持 6 个项目。

赵宏（1979— ），女，北京师范大学心理学博士、教育技术学硕士，2007 年毕业留校在教育技术学院远程教育研究中心从事远程教育的研究工作，主要研究方向是在线学习与认知发展。工作期间主持了北京市教育科学规划青年课题、北京师范大学青年专项课题以及教改课题等，并作为核心参与了北京市教育科学“十一五”规划重点课题以及多项横向课题，在 SSCI、CSSCI 发表论文 10 多篇。

目前主要从事成人学习者特征研究；基于成人学习者个性心理特征的智能学习支持工具的设计与开发；成人学习者自主学习能力的培养研究以及网络课程的活动设计等工作。近期主要在 *British Journal of Educational Technology*、《中国电化教育》《中国远程教育》《电化教育研究》等核心期刊发表了 *Self-regulated Learning ability of Chinese Distance Learners*、《成人远程学习者自主学习能力培养的教学模式探究》《成人学习者自主学习影响因素分析》《批判性思维培养教学模式的探究》论文共计 4 篇。并在国际会议“Center for Distance Education Joint-Symposium Innovation in Web-enabled Teaching and Learning”“The 3rd International Conference of Educational Innovation through Technology”上各发表了 1 篇论文。

郑勤华（1978— ），男，北京师范大学教育技术学专业理学硕士、管理学博士，北京师范大学教育学部教育技术学院远程教育研究中心副教授，主要研究方向为远程教育经济与管理、学习分析。至今发表论文 30 余篇；参与编著《教育经济

学通论》《教育大辞典》（教育经济学部分）、《网络化课堂教学的设计与实现》（中央广播电视大学出版社 2008 年版）、《远程教育学基础》（高等教育出版社 2004 年版）、《数字化校园与 E-Learning》（北京师范大学出版社 2007 年版）等书籍；主持或参与了多项课题，包括全国教育科学规划“十一五”教育部青年专项课题、教育部人文社科青年基金课题、北京市教育科学“十二五”规划重点课题等，以及教育部—微软（中国）“携手助学”合作项目、教育部—IBM“基础教育创新教学”合作项目、国家自然科学基金面上项目等；还参与了 2008—2010 年教育部现代远程教育年报年检工作数据统计分析工作。

2014 年，郑勤华副教授在《中国电化教育》《中国远程教育》《开放教育研究》《现代远距离研究》等核心期刊共发表了 6 篇论文，包括《MOOCs 的发展脉络及其三种实践形式》《学习理论与远程教育成本—效益的实现路径研究》以及《北京市成人“终身学习素养”现状及学分银行的收益与社会效益：基于 2012 年大规模抽样调查数据的探讨》等。2014 年其在研主持的项目是北京市教育科学“十二五”规划重点课题“北京市市民终身学习素养调查研究”。

（冯晓英）

（八）教育管理学专业

年度学者

曾天山（1966—　），博士，研究员，博士生导师，博士后合作导师，入选“国家百千万人才工程”，获得“有突出贡献中青年专家”荣誉称号，现任中国教育科学研究院副院长；兼任全国教育科学规划战略学科组副组长等职务，目前已发表科研论文 100 多篇，出版及主编著作 10 多部，主持、参与多项全国教育科学“十五”规划教育部重点课题，以及科技部、国家计委、国务院发展研究中心等部门的项目研究。2014 年，曾天山博士在《教育研究》《中国教育报》《中国高等教育》等期刊上发表论文《教育综合改革的现实意义和实践路径》《教育改革要找准公平与效率平衡点》《世界大国善用政策工具治理教育的有益经验》等 10 篇，主编出版了《现代教育管理学》。

褚宏启（1967—　），男，北京师范大学教育学部教授、博士生导师，入选“新世纪优秀人才”“百千万人才”工程；兼任全国教育管理干部培训专家委员会副主任，全国教育科学规划教育发展战略学科组成员等。工作期间，褚宏启教授承担的科研课题主要有 24 项，发表论文 120 余篇，出版著作近 40 部，其中 2011 年著作

《外国教育现代化进程研究》获中国教育发展战略学会优秀成果一等奖，并有多部专著获得全国级科研奖项。在2014年，褚宏启教授入选“国家百千万人才工程”；论文《教育制度改革与城乡教育一体化》获第四届钱学森城市学金奖提名奖，论文《论教育发展方式的转变》获北京市第十三届哲学社会科学优秀成果奖二等奖；出版了《中国现代教育体系研究》《校长职级制改革的政策与实践》《中国教育管理评论·第9卷》《中国教育管理评论》《现代教育管理学》《城镇化进程中教育管理体制改革研究》等著作；在《教育研究》《中国教育学刊》《中小学管理》《人民教育》等期刊上发表论文7篇。

张新平（1964—　），男，时任北京师范大学“985工程”首席专家，教育学部教授、博士生导师；兼任全国教育管理学专业委员会副理事长、美国Taos Institute研究人员等。自1987年以来，张新平教授发表论文百余篇，《美英教育管理理论的三种范式》等6篇系列论文获2001年度江苏省哲学社会科学优秀成果奖；出版著作16部，其中专著《教育组织范式论》获2006年度第三届全国教育科学优秀成果奖，专著《教育管理学的持续探索》获2011年度江苏省哲学社会科学优秀成果奖；主持国家社会科学基金“十一五”规划课题、教育部哲学社会科学研究重大课题攻关项目、2013年美国Taos Institute支持的TAG项目等重要课题8项。2014年，张新平教授所著的《教育管理学的方法体系》一书获2014年度江苏省哲学社会科学优秀成果二等奖，在《教育研究》《中小学管理》《教育学报》等期刊上发表论文11篇，出版著作《陶行知的教育管理思想与实践》。

（林美）

（九）课程与教学论专业

年度新人

卢立涛（1977—　），北京大学教育学博士，北京师范大学教育学部课程与教学研究院副教授，北京大学基础教育与教师教育研究中心兼职研究员；兼任中国教育学会学习障碍研究专业委员会副秘书长，

北京市中小学生学习困难研究会常务副秘书长。致力于课程教学与教师教育、弱势群体教育、中国特色教研制度和发展性学校评价等方面的研究。先后主持和参与国内外基础教育研究和发展项目30余项，发表论文40余篇。著有《发展性学校评价在我国实施的个案研究》《撬动中国基础教育的支点——中国特色教研制度发展研究》《基于班级——校本研究的新路径》等。研究报告《北京市公办中小学进城务工人员随迁子女学习困难归因调查及对策研究》荣获2013年度北京高校青年教师优秀调研成果奖；与梁威教授合作的研究成果《探索有效促进农村中小学生发展的校本研究模式》荣获全国基础教育课程改革教学研究成果三等奖；《中国特色基础教育教学研究制度发展》荣获第四届全国教育科学研究优秀成果奖论文类二等奖；《撬动中国基础教育的支点——中国特色教研制度发展研究》荣获北京市第六届教育科学研究优秀成果二等奖；《基于学生发展的多学科教师合作的校本研究模式的构建与实践》荣获第四届北京市基础教育教学成果二等奖。

高潇怡（1975—　），教育学博士，北京师范大学教育学部课程与教学研究院副教授，2012—2013年度美国佐治亚大学访问学者。主要研究方向是儿童科学教育、教师与儿童发展、认知与学习科学。先后主持并参与了教育部等20余项课题研究工作；在《比较教育研究》《教师教育研究》《中国教育报》等核心刊物上发表学术论文40余篇。主编并参与翻译了包括《儿童像科学家一样——儿童科学教育的建构主义方式》等4本书在内的“国际科学教育新视野译丛”；参与国际出版物 *Science Education in China: Policy, Research and Practice*（The Springer）的写作，撰写其中 *An Overview of Early Childhood Science Education in China* 一章；主编《儿童校外科学教育研究》等中文图书6部；多次参与国内外学术会议及相关学术交流活动。现担任北京市科委项目评审专家、全国青少年科技大赛评审专家、北京市中小学生金鹏科技论坛评审专家、中国大百科全书出版社编委等。2009—2010年度获得北京师范大学“优秀辅导员”称号；2012年入选“北京师范大学京师英才支持计划”；2014年度获得北京师范大学“优秀新生导师”称号；在北京师范大学第14届青年教师基本功大赛中获得三等奖；课题“幼儿园科学教育内容框架体系的前瞻性研究”获批北京市教育科学规划项目重点课题。

姚颖（1978—　），女，北京师范大学教育学部课程与教学研究院副教授，文

学博士，硕士生导师。主要从事语文课程与教学论、传统文化教育、儿童阅读、儿童语言发展等领域的相关研究。至今在《课程·教材·教法》《北京社会科学》《教育学报》《民族文学研究》《语言文字应用》等CSSCI期刊与核心期刊上发表学术论文20余篇；出版学术专著2部，其中《清代中晚期北京说唱文学与伎艺研究》（2008年）获得北京市社会科学理论著作出版基金的资助，出版以来得到传统文化领域的广泛关注，被哈佛大学哈佛燕京图书馆收藏。另出版《枕着绘本入睡的孩子》（2012年）一书，探讨了儿童绘本阅读和家庭教育指导的相关问题，也获得了社会的普遍关注。另外参编《小学语文教学论》（2013年）等多部教材。有《唐诗地图》《宋词地图》《塞外地图》《大汉风行》4部散文随笔出版。主持并参与了多项课题，包括国家社科基金重大项目“中国百年教科书整理与研究”（2011—2015年），是子课题“百年小学语文教科书整理与研究”的核心成员，参与全国教育科学规划重点项目“中国语文教育改革研究”（2012—2014年）等。

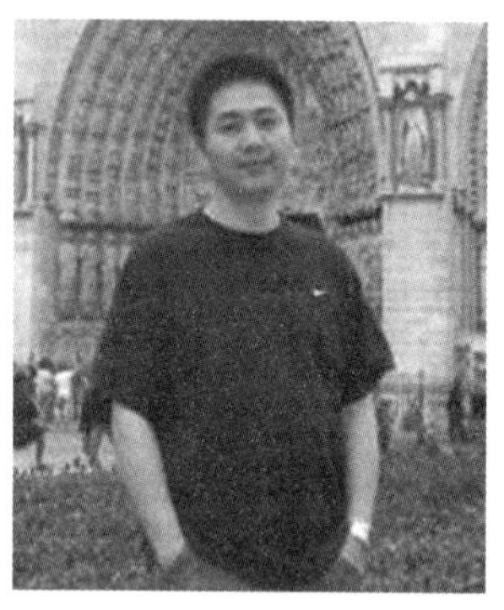

罗生全（1976— ），男，汉族，四川南充人，中共党员，教育学博士，教授，硕士研究生导师。西南大学教育学部课程与教学系副主任，主要研究教育学原理及课程与教学的基本原理。全国课程论学术委员会常务理事，重庆市课程与教学论专业委员会理事。2009—2010年度美国密歇根州立大学高级访问学者；2012—2013年度英国伦敦大学教育研究院高级访问学者。主持国家级课题1项、省部级课题3项、其他各级课题6项；主研国家级课题2项、省部级课题3项、其他各级课题3项。出版学术著作1部，编撰学术著作2部，副主编学术著作2部，参编学术著作5部；在《光明日报》《教育研究》《中国教育学刊》《课程教材教法》《教师教育研究》《教育研究与实验》等报刊上发表学术论文数十篇，其中多篇被《新华文摘》《教育学》《中小学教育》等转载。获重庆市第八届社会科学优秀成果一等奖1项；获重庆市第七届社会科学优秀成果二等奖1项；获重庆市教学成果二等奖1项；获重庆市第五届基础教育优秀著述二等奖1项。

（高潇怡）

（十）教师教育专业

1. 年度学者

朱旭东（1965— ），男，北京师范大学教育学部教授。在《教育研究》《教师教育研究》《教育科学研究》等学术期刊上发表《论教师专业发展的理论模型建

构》《论教师专业内涵的理论建构》《论教师培训核心要素的“对象变量”群》等数篇学术论文，在我国教师教育学科的理论研究方面取得突破性进展，产生较大的影响力。

2. 年度新人

桑国元（1975—　），北京师范大学教育学部副教授。入选爱思唯尔2014年“社会科学”中国高被引学者榜单，为中国教育领域唯一入围学者。在 *Scandinavian Journal of Educational Research*、《教师教育研究》等SSCI、CSSCI学术期刊上发表 *A Holistic Model to Infer Mathematics Performance: The Interrelated Impact of Student, Family and School Context Variables*、《师范生TPACK知识的实证研究》等数篇学术论文。

（曹夕多）

（十一）教育经济学专业

年度新人

薛海平（1979—　），男，汉族，中共党员，首都师范大学教育学院教授，教育经济与管理研究所副所长。讲授教育学、教育经济学、教育管理学、教育统计学、教育研究方法等多门课程，从事教育经济与管理研究，在《教育研究》《北京大学教育评论》等重要期刊上发表学术论文近

50篇，主持2项国家自然科学基金课题以及其他多项省部级课题。研究成果获第四届全国教育科学研究优秀成果三等奖1项、北京市第十二届哲学社会科学优秀成果二等奖1项、北京市第六届教育科学研究优秀奖二等奖1项。入选第七届北京市优秀青年、北京市中青年社科理论人才“百人工程”计划、北京市青年学者拔尖人才培养计划、北京市优秀人才资助计划。2013年底晋升为教授。

黄斌，（1975—　），男，汉族，博士，教授，现任南京财经大学财政与税务学院副院长，兼任南京财经大学公共财政研究中心主任（江苏省高校哲学社会科学重点研究基地），江苏省“青蓝工程”中青年学术带头人，江苏省预算会计学会副秘书长，江苏省教育经济研究委员会秘书长。研究方向为：义务教育与职业教育财政、农村地区人力资本投资与教育发展。近年来在《教育研究》《中国农村经济》《高等教育研究》等权威学术期刊发表专

业论文10余篇，先后主持并参与国家社科基金青年、一般与重点项目、教育部人文社科基金青年项目等多项省部级课题。2014年晋升为教授。

（杜育红、杜屏）

（十二）学前教育学专业

年度学者

庞丽娟（1962— ），女，博士，教授、博士生导师。中国民主促进会北京市第十四届委员会主任委员。庞丽娟现任北京师范大学教育学部教授、博士生导师，北京师范大学校务委员会副主任，中国教育政策研究院执行副院长，全国人大常委会委员、全国人大教科文卫委员会委员，民进中央常委、民进中央教育委员会主任，国家督学，世界学前教育组织中国委员会主席，北京市社会科学界联合会常委，教育部第一批“跨世纪优秀人才”，人事部、科技部、教育部、财政部等“首批新世纪百千万人才工程”国家级人选，北京市师德先进个人，享受国务院政府特殊津贴。10余年来，庞丽娟教授积极发挥自己的专业特长，深入基层调查研究，为国家教育改革与发展建言献策。作为第一提案人，共提交提案、议案60多份，向全国人大、全国政协、国办、民进中央、教育部、财政部、国家发改委、人社部等递交调研报告、政策建议80余份，内容主要涉及国家教育发展战略、教育布局、教育立法，基础教育改革、农村义务教育均衡、学前教育政策、教师队伍建设规划与政策等。她的多项政策建议得到了中央领导批示或国家与相关部委采纳，为国家教育政策和法律的制定、推动我国教育改革和发展做出了重要贡献。

姜勇（1956— ），上海人，毕业于北京师范大学学前教育学专业，博士。现为华东师范大学学前教育与特殊教育学院学前教育学系教授，硕士研究生导师。姜勇教授获华东师范大学首届教学贡献奖。姜勇教授任教十几年来，积极投身教学改革和实践，坚持在教学第一线为本科生授课。他以自己渊博的知识、扎实的专业功底、丰富的实践经验、因材施教的有效教学方法，深得学院各专业学生的喜欢和高度评价。

（杜继纲）

（十三）特殊教育学专业

1. 年度学者

邓猛（1969— ），男，湖北大悟人，汉族。主要研究领域为全纳教育、特殊教育管理与政策、教育研究方法等。1991年

在北京师范大学获教育学学士学位，1997年在华中师范大学获教育学硕士学位，2003年在香港大学获哲学博士学位。1991年分配至华中师范大学教育系工作，曾任华中师范大学教育学院副院长、特殊教育研究室主任。2011年9月调入北京师范大学特殊教育系工作。现任北京师范大学特殊教育系教授、博士生导师、特殊教育研究所副主任。担任的社会职务主要有：中国高等教育学会特殊教育研究分会副理事长；美国“国际特殊教育协会”成员，并任该协会学术期刊 *Journal of the International Association of Special Education* 编辑；美国教育学术期刊 *International Journal for the Scholarship of Teaching and Learning* 咨询编辑；SSCI索引期刊 *Asia Pacific Education Review* 特约审稿专家。2002年至今，主持全国教育科学“十五”规划教育部重点课题、国家社科基金重大项目等课题多项，出版多部学术专著，在美国、英国等国际学术期刊发表论文18篇，其中9篇被SSCI收录，在中文核心学术期刊发表论文70余篇。多次参与重要性的国际学术会议并做主题发言。2014年，在《中国特殊教育》《教育学报》《教育研究与实验》等核心期刊发表文章7篇；承担教育部基础教育二司委托项目和北京市教委委托课题各1项；出版著作1本。

2. 年度新人

胡晓毅（1977— ），女，北京师范大学教育学部特殊教育系副教授。2001年，在中国人民大学英语系获得学士学位；2007年，在北京师范大学教育学院特殊教

育系获得硕士学位；2011年，在美国堪萨斯大学教育学院特殊教育系获得博士学位。2001—2011年，任北京联合大学特殊教育学院教师；2009—2011年，任美国堪萨斯大学特殊教育系教师助理、美国堪萨斯大学比里奇残疾研究所研究助理。现任北京师范大学教育学部孤独症儿童教育研究中心主任、美国智力与发展性障碍协会（AAIDD）会员、美国智力与发展性障碍协会青年专业人士委员会委员、国际早期干预协会（ISEI）会员、美国特殊儿童委员会（CEC）会员等。曾在 *Infant & Young Children*、*Journal of Intellectual Disability Research* 等SSCI期刊发表文章5篇；在 *Inclusion* 等美国核心期刊发表文章4篇；在《比较教育研究》《中国特殊教育》等国内CSSCI等核心期刊发表文章8篇；参编英文著作1本；承担省部级委托项目等6项。2014年，在国内外核心期刊发表文章4篇，主持和参与科研项目3项。

刘巧云（1979— ），女，华东师范大学教育学部教育康复学系副主任，副教授，博士生导师。中国优生优育协会儿童脑潜能开发专业委员会秘书长，中国残疾人康复协会听力语言康复专业委员会副主任委员，中国康复医学会康复治疗专委会言语治疗学组委员。主要研究方向：儿童听觉语言康复。科研项目及成果：主持2013年国家社科基金重点项目“学前特殊儿童汉语语言治疗标准研究”（13YY004），主持2009年上海市社科基金青年项目“听处理障碍儿童的现状、成因及对策研究”，2008年国家科技支撑项目“聋儿康复多媒体课件编辑平台及训练设备研发”并负责“聋儿综合康复训练设备”子课题；出版专著《听觉康复的原理与方法》（2011），参与编著《言语障碍的评估与矫治》；在核心期刊和学术会议发表论文30余篇。2013年获上海市科技进步二等奖，2014年获上海基础教育教学成果一等奖。

李欢（1983— ），女，西南大学教育学部副教授。2007年于北京大学医学部获学士学位，2012年于北京师范大学获教育学博士学位。研究方向为：特殊教育基本理论，特殊儿童语言康复。主持国家社科基金项目、教育部人文社科项目、重庆市教育规划重点项目、中央高校基本科研经费项目等近10项，10余篇文章发表于《光明日报》《人民日报》《教师教育研究》《中国特殊教育》等杂志，出版个人专著《智力落后儿童语用干预研究》（科学出版社2014年版），主编《教育学》（西北工业大学出版社2014年版），参与撰写《中国特殊教育师资培养研究》（北京师范大学出版社2012年版）、《走出自闭——发展障碍儿童青少年和成人的沟通辅助技术》（天津教育出版社2011年版）。2014年，主持2014年国家社科基金青年项目和中国教师发展基金会项目各1项，出版个人专著和主编书籍各1本，并在人大复印资料、《中国德育》等杂志共发表文章4篇。

（赵梅菊）

（十四）民族教育专业

1. 年度学者

张诗亚（1948— ），男，现为西南大学教育学学科博士后流动站负责人，中华人民共和国教育部社会科学委员会委员，享受国务院特殊津贴，曾获“霍英东教育基金”最高金额。任西南大学教育学院院长期间，推进学科建设，其领衔的教育学学科于1998年获得教育学原理博士学位点，2002年成为教育学一级学科博士授权点，2005年成为重庆市重点学科。同年，其组织领导的西南民族教育与心理研究中心通过教育部验收，成为重庆市首个教育部人文社会科学重点文科基地。完成教育部重大项目“民族地区教育优先发展研究”，最终成果于2014年以专著形式出版。

滕星（1953—　），中央民族大学教育学院教授，博士生导师，富布赖特（Fulbright）高级访问学者。现任中央民族大学乡土教材研究中心负责人，“985工程”中国少数民族教育研究创新基地教育人类学研究中心主任，中国人类学民族学研究会教育人类学专业委员会会长，国际教师教育协会（WFATE）常务理事，香港苗圃基金会顾问。2014年创立中国少数民族数学教育专业委员会并当选为首届理事会主任。

（吴明海）

2. 年度新人

许丽英（1977—　），中央民族大学教授。2014年主要科研成果有：主持的国家社科基金重大特别委托项目招标课题“内地西藏班教学模式与成效调查研究”通过结项，结题鉴定等级为优秀。主持的中央高校基本科研业务费专项资金资助项目“文化回应教学理论在内地西藏班的应用研究”获得立项。出版专著《内地西藏班教学模式与成效调查研究》（社会科学文献出版社2014年版），该研究以实地调查为现实依托，以多元文化教育、多元智能理论、人际接触理论、第二语言教学、建构主义和支架教学等为理论支撑，较为深入地探讨了内地西藏班教学模式与成效问题，是国内首次从教学角度对内地西藏班进行的较为系统的研究。在中文核心期刊公开发表学术论文多篇，如《内地班多元文化教育课程的建构与实施》发表在《民族教育研究》2014年第6期，《中小学生“减负”的症结与出路》发表在《教育科学研究》2014年第9期，《我国中小学科学教育的误区与转向》发表在《教育发展研究》2014年第10期。2014年被评为全国第四届教育硕士优秀教师、中央民族大学优秀教育工作者。

（吴明海）

（十五）学校心理健康教育专业

年度学者

方晓义（1965— ），博士，北京师范大学教授、博士生导师，2009年度教育部长江学者特聘教授，现为教育部人文社会科学重点研究基地北京师范大学发展心理研究所所长、基地主任，北京师范大学高中生发展指导研究中心主任，担任教育部社会科学工作委员会心理学部秘书长，普通高校心理健康专家指导委员会委员兼副秘书长、中小学心理健康专家指导委员会会员兼副秘书长，香港中文大学客座教授（Adjunct Professor），《心理发展与教育》杂志常务副主编，中国心理学会常务理事，中国教育学会学校教学心理学分会理事长，*Contemporary Family Therapy*、《心理与行为研究》《应用心理学》《中国临床心理学》等杂志编委。

方晓义教授主要从事大、中、小学生心理健康，婚姻家庭研究与治疗，以及青少年网络成瘾等领域的研究，获得研究项目30余项，发表英文文章100余篇，中文文章200余篇，主编或参编书籍20余部。在中小学心理健康领域，承担了教育部人文社会科学重大攻关项目“普通高中学生发展指导制度研究”、科技部基础型工作专项项目“少年儿童创新素质培养、评价与示范”、教育部基础教育一司委托项目“中小学校园应激和危机事件心理干预指导纲要”、基础教育二司委托项目“普通高中学生发展指导纲要研究”、北京师范大学认知神经科学与学习国家重点实验室资助项目“青少年网络成瘾研究与预防项目”、教育部人文社会科学重点研究基地2005年度重大项目“流动儿童的社会处境、心理发展状况及需求的研究”。在中小学生心理健康领域，参与制定了《高中生发展指导纲要》，研发了5L&5S高中生三级发展指导模式并进行了推广，编著了《高中生发展指导丛书》《心理健康》《中学生成长导航》等书籍，并撰写相关咨询报告《中国儿童青少年心理健康报告》《普通高中学生发展指导纲要（草案）》和《中小学校园危机事件心理干预指导纲要》，分别获得中央办公厅和教育部的采纳。

（邓林园）

二、全国性学术组织名录

（一）教育学原理专业

中国教育学会中青年教育理论工作者分会

中国教育学会中青年教育理论工作者分会成立于1993年，前身为中国教育学会中青年教育理论工作者专业委员会。该分会的设立初衷为激发中青年教育理论工作者思想活力，搭建中青年教育理论工作者学术交流平台。理事会主要由45周岁以下的中青年教育理论工作者组成。主要活动为年度学术大会、专题研讨会、公益学术活动、中青年教育理论工作者学术成长平台建设等。

自成立之始，中国教育学会中青年教育理论工作者分会共产生了三任理事长，分别为：

第一任理事长：史静寰，第二任理事长：张斌贤，第三任理事长：石中英。现任中青年教育理论工作者分会领导有：理事长石中英，副理事长高金岭、冯建军、李政涛、蒋凯、朱成科、蒲蕊，秘书长余清臣。

中国教育学会中青年教育理论工作者分会是中国教育学会下属的分支机构，主要活动范围为年度学术大会、专题研讨会、公益学术活动、中青年教育理论工作者学术成长平台建设等。暂不涉及期刊出版、培训等业务。

（余清臣）

（二）教育政策学与教育法学专业

中国教育学会教育政策与法律研究分会

中国教育学会教育政策与法律研究分会成立于2000年10月。分会首任理事长由时任北京师范大学教育政策与法律研究所所长劳凯声先生担任，分会自成立以来，积极研究和宣传国家教育政策和法律，推动我国教育政策和法律研究的学科建设，组织开展专业领域内的国内外学术交流，通过举办年会、论坛等活动，开展本专业领域的学术研讨、学术交流，为政府决策和教育立法提供建设性意见，在我国的教育政策与法制建设方面做出了积极贡献。

（余雅风）

（三）农村教育专业

中国教育学会农村教育分会

2010年5月22—23日，“中国教育学会农村教育分会成立大会暨县域义务教育均衡发展与普及十五年教育现场会”在河北省邯郸市曲周县召开。

中国教育学会农村教育分会（National association of rural education Chinese education society）成立大会由中国教育学会秘书长马建华主持。中国教育学会常务副会长郭振有、教育部督导室副巡视员程锦慧、河北省教育厅副厅长杨勇等领导分别致辞。中国教育学会农村教育分会筹建组组长韩清林汇报分会筹备情况。会议分别审议并确定了中国教育学会农村教育分会规程，中国教育学会农村教育分会理事会候选名单，中国教育学会农村教育分会常务理事会候选名单，理事长、副理事长、秘书长、副秘书长候选名单以及中国教育学会农村教育分会基础教育、职业教育和农民教育、教学专家三个学术委员会组成人员名单，韩清林担任理事长。

中国教育学会农村教育分会是面向全国的群众性教育学术团体，是中国教育学会的分支机构，由单位会员和个人会员自愿组成的非营利性社会组织。该会的宗旨为：以马克思列宁主义、毛泽东思想、邓小平理论和“三个代表”重要思想为指导，贯彻落实科学发展观，坚持党的基本路线，遵守宪法、法律、法规和国家政策，全面贯彻国家的教育方针，团结和组织全国有志从事农村教育研究的教育工作者，遵循百花齐放、百家争鸣的方针，开展学术活动，研究中国教育中的农村问题和农村中的教育问题，为促进农村教育的改革、发展、创新，促进农村人力资源开发，建立具有中国特色的社会主义新农村教育体系，推进农村现代化做出贡献。

（李伯玲）

（四）比较教育学专业

中国教育学会比较教育分会

中国教育学会比较教育分会由北京师范大学、上海师范大学（现华东师范大学）、吉林师范大学（现东北师范大学）、河北大学于1977年8月在北戴河开始酝酿，并于1978年7月5—15日在北京正式召开外国教育学术研讨会，此为中国教育学会比较教育分会之肇端，当时参会的包括发起的四家单位和华南师范学院（现华南师范大学）——共五所高校的外国教育研究机构的约50名学者。1979年10月，在上海召开的第二次外国教育学术研讨会上正式成立了“外国教育研究会”，隶属于中国教育学会，后曾改称为“中国教育学会比较教育研究会”，现称“中国教育学会比较教育分会”。

中国教育学会比较教育分会是比较教育工作者的群众性组织，其宗旨是团结和组织全国有志从事比较教育研究的同仁，开展学术活动以及与学术研究密切相关的其他活动，促进比较教育的发展，其主要业务活动包括：举办学术会议；发行会刊；开展会员的学术交流与合作；开展与香港、澳门和台湾地区比较教育学界的学术交流与合作；开展与国外比较教育学界的学术交流与合作；为教育决策和实践提供咨询；开展包括举办实验学校在内的各种形式的比较教育学术成果的转化活动；开展包括编写教材、出版书刊、从事培训在内的各种形式的比较教育学术成果的普及活动，等等。

中国教育学会比较教育分会于1983年以“China Comparative Education Society，CCES”的名义加入世界比较教育学会联合会（World Council of Comparative Education Societies，WCCES），2013年3月成功赢得2016年世界比较教育大会的举办权。此外，中国教育学会比较教育分会还与日本比较教育学会等国外学会共同努力，推动了亚洲比较教育学会（Comparative Education Society of Asia，CESA）的成立。

北京师范大学顾明远教授为中国教育学会比较教育分会名誉会长。

中国教育学会比较教育分会现任理事长为北京师范大学王英杰教授，副理事长为（以姓氏笔画为序）：孙启林（东北师范大学）、冯增俊（中山大学）、刘宝存（北京师范大学）、陈时见（西南大学）、张民选（上海师范大学）、黄志成（华东师范大学）、强海燕（华南师范大学）。现任理事会成员共80人，其中常务理事44

人，理事36人。理事会成员来自41所大学、3家研究机构、2家地方教育行政机构、1家出版社。

中国教育学会比较教育分会秘书处现设于北京师范大学国际与比较教育研究院，高益民任秘书长。

中国教育学会比较教育分会的会刊是北京师范大学主办的《比较教育研究》。

（高益民）

（五）教育史专业

中国教育学会教育史分会

中国教育学会教育史分会是全国教育史教学和研究人员的群众组织，成立于1979年12月，是中国教育学会成立最早的分支机构之一。分会的宗旨是团结同行，搭建平台，推进学术研究，开展教学讨论；主要业务活动包括主办一年一度的学术年会、编辑出版《教育史研究与评论》、评选并奖励研究生优秀论文以及组织与教育史有关的其他活动等。自成立以来，先后以中国教育学会教育史研究会、中国教育学会教育史专业委员会、中国教育学会教育史分会的名义举办活动。华东师范大学的刘佛年教授、杭州大学的陈学恂教授、华东师范大学的孙培青教授、浙江大学的田正平教授先后担任分会的理事长。现任理事长由北京师范大学教育学部的张斌贤教授担任。现任（第八届）理事会有常务理事21人，理事44人。

秘书处设在北京师范大学，秘书长由徐勇教授担任。

（徐梓）

（六）教育技术学专业

中国教育技术协会[①]

中国教育技术协会（CAET）成立于1991年，原名中国电化教育协会，是经教育部批准、民政部备案的国家一级社团组织。其主要任务是：推动社会各界关心重视、支持教育技术工作；协调和组织教育技术研究，举办各种学术活动，推广教育技术理论及技术、设备研究的成果和经验；为教育行政部门对教育技术的决策提供咨询服务；培训教育技术有关管理干部、教师、理论研究人员和技术人员；编辑出版书刊和资料，交流教育技术信息；加强与有关国际组织的联系，开展学术交流活动；接受教育部委托的任务。其成员来自高等教育、基础教育、职业与成人教育四大领域的许多学校和机构。现有省、部级团体会员102个，各级会员组织几千个。

中国教育技术协会设立学术委员会，由中国知名教育技术专家、远距离教育专家组成。协会下设广播电视教育、中小学电教、外语、体育、金融、高校工科、高校文理科、教育技术学、期刊、出版、微格教学、煤炭、机械、中医药、职业技术、中学远程教育、医学等多个专业委员会，具体负责开展本专业工作。中央广播电视大学党委书记、副校长于云秀任协会会长，中央电教馆副馆长王珠珠任常务副会长兼秘书长。协会第三届理事会有理事161人，常务理事70人。教育部办公厅、科技司指导协会工作。

① 百度百科（http://baike.baidu.com/link? url = URjaQ5Qtkzan2ultQbga-Ab-E86wmPi-qeaa7SyC8bU6jqlgTebmnPmPxKc-JJpGTD8KADpjOJAgWb5byijvja）。

中国教育技术协会信息技术教育专业委员会是经民政部正式批准的学术组织，成立于2005年，至今会龄已经10年。每年一度的学术年会是专委会标志性的大型学术活动，是专委会最重要的工作内容，也是全体理事和会员打造学会、展现学术自我的平台。

（武法提、黄洛颖）

（七）远程教育专业

中国教育技术协会高校远程教育专业委员会[①]

中国教育技术协会高校远程教育专业委员会（简称专委会）（http：//ade.ouchn.edu.cn/）的前身是中国电化教育协会广播电视教育委员会，2002年1月23日正式更名并沿用至今。专委会是由全国省级电大、普通高校网络学院、从事远程高等教育的相关机构以及区域性远程教育学术团体和广大高等远程教育工作者，自愿结成的全国性高等远程教育的群众性、学术性、非营利性社会团体。专委会以广播电视大学系统为骨干，在开放教育试点项目的大背景下，广泛开展学术交流，深入研究远程教育理论与实践，进行了卓有成效的探索和推广活动，培养了一支专兼职结合、线上线下互动、理论与实践同步、协同攻关的科研队伍，形成了一批兼具理论指导和实践借鉴意义的学术成果。

（冯晓英）

（八）教育管理学专业

中国教育学会教育管理分会[②]

中国教育学会教育管理分会是中国教育学会下属的开展教育管理研究及各类学术交流的全国性非官方机构。1983年10月，经中国教育学会批准建立，在中华人民共和国民政部注册。

中国教育学会教育管理分会的宗旨是以马克思主义理论为指导，坚持党的基本路线，遵守宪法、法律、法规和国家政策，遵守社会道德，全面贯彻国家的教育方针，团结和组织全国有志从事教育科学研究的教育和管理工作者，遵循理论联系实际和“百花齐放，百家争鸣”的方针，开展学术活动，研究教育的理论和实际问题，为促进教育和教育管理的改革和发展，繁荣社会主义教育管理科学，建立具有中国特色的社会主义教育管理体系，实现社会主义现代化作出贡献。

中国教育学会教育管理分会的基本任务是同全国各地区教育学会教育管理研究会、科研机构、学术团体、学校及热心支持教育事业的组织、企业及其相关人士等，在平等友好的原则下，开展广泛的交流与合作，积极探究有中国特色的教育管理学科体系，推动学科理论建设和学科知识的普及，致力于我国教育管理宏观和微观领域改革的探索。目前已有的重要学术活动及科研项目有[③]：

1. 全国首届学校文化建设论坛；
2. 全国教育管理创新论坛；
3. 建国60周年全国教育管理科研论坛；

---

① 中国教育技术协会高校远程教育专业委员会（http：//ade.ouchn.edu.cn/）。

② 资料来源：中国教育学会教育管理分会简介，2015年6月9日（http：//www.bjie.ac.cn/sites/xuehui/lntroPage.jsp？TypeID＝1543）。

③ 资料来源：重要学术活动及科研项目，2015年6月9日（http：//www.bjie.ac.cn/sites/xuehui/lntroPage.jsp？TypeID＝1547）。

4. 学校文化建设科研成果交流；

5. 中国教育学会“十一五”科研规划重点课题“自我教育与自我管理”；

6. 中国教育学会“十一五”科研规划重点课题“学校文化建设与策划”；

7. 中国教育学会“十一五”科研规划课题“院校毕业生就业指导与管理研究”；

8. 中国教育学会“十二五”科研规划课题“班主任专业发展与管理对策研究”。

（林美）

（九）课程与教学论专业

中国教育学会教育学分会课程学术委员会

中国教育学会教育学分会课程学术委员会成立于1997年11月，每两年举办一次，围绕我国课程理论与实践中的热点和难点问题展开深入研讨，至今已成功举办9次。世纪之交，我国颁布了一系列重要的教育改革与发展文件，我国基础教育课程教材与教学也随之发生了深刻变革。在这一发展过程中，全国课程学术委员会团结全国的课程理论研究者与实践工作者，围绕国家基础教育课程领域的重大问题开展了一系列全国性的研讨活动。

1997年10月29日，国家教委《关于当前积极推进中小学实施素质教育的若干意见》发布；1997年11月13—18日，在广州华南师范大学召开了第一次全国课程学术研讨会，会议的主题是“课程现代化：跨世纪的思考”。

1999年6月13日，《中共中央国务院关于深化教育改革，全国推进素质教育的决定》发布后，1999年12月21—24日，第二次全国课程学术研讨会在广西师范大学举办，此次会议的主题是“21世纪中国课程研究和改革”。

新世纪第一年，2001年5月29日，国务院召开了全国基础教育工作会议，印发了《国务院关于基础教育改革与发展的决定》，这是指导我国新世纪基础教育工作的纲领性文件，它的颁布和实施，对我国基础教育乃至整个教育事业的改革与发展产生了巨大的推动作用和深远的影响。2001年6月8日，经国务院同意，教育部印发了《基础教育课程改革纲要（试行）》，新一轮基础教育课程教材改革正式拉开序幕。纲要提出：“大力推进基础教育课程改革，调整和改革基础教育的课程体系、结构内容，构建符合素质教育要求的新的基础教育课程体系。”

受该政策背景的影响，2001年9月21—24日，第三次全国课程学术研讨会在长春举行，此次会议的主题是“我国新一轮基础教育课程改革：理论走向与实践问题研究”。

2004年6月15—18日，该组织在昆明召开了以“基础教育课程改革的反思和评价”为主题的第四次全国课程学术研讨会。

2006年8月16—19日，该组织在乌鲁木齐举行了以“课程理论发展与实践进展”为主题的第五次全国课程学术研讨会。

2008年10月15—18日，第六次全国课程学术研讨会在山东的聊城大学举行，会议的主题是“课程理论与实践创新”。

2010年11月7—8日，第七次全国课程学术研讨会在华中师范大学召开，大会以“新世纪课程改革十年：趋向与愿景”为主题，对十年课改进行了总结和反思。

2011年，根据十年教材的实验对课程标准进行了修订。2012年秋，根据新的课程标准修订的中小学教材开始使用。

2012年10月11—12日，第八次全国课程学术研讨会由中国教育学会教育学分会主办，福建师范大学基础教育课程研究中心、人民教育出版社课程教材研究所承办，来自全国中小学课程与教学理论和实践界的朋友们以“课程改革再出发：下一个十年”为主题共同聚首，探讨未来十年课程改革的路该如何走。

2014 年，第九次全国课程学术研讨会在上海师范大学召开，此次会议的主题是“课程改革在路上，向着《中长期教育改革与发展规划纲要》迈进”。

（黄华）

（十）教师教育专业

全国教师教育学会

中国高等教育学会教师教育分会（简称全国教师教育学会）是 2003 年 9 月 25 日正式成立的教师教育学术团体。学会会长由中国中小学幼儿教师奖励基金会理事长、教育部师范教育司原司长马立同志担任，北京师范大学副校长郑师渠同志担任常务副会长兼秘书长。学会成立之初，收到了全国人大常委会副委员长丁石孙、许嘉璐，国务委员陈至立，教育部长周济等领导人的贺信，并得到了教育部及相关部门领导的关心和支持。

教师教育分会是面向广大中小学教师和教师教育工作者的群众性学术组织。3 年多来，已有 500 余所各级各类教师教育院校、教育科研单位、教育管理机构和近千位教师教育工作者、教育专家及中小学校长、教师加入分会。

在全国教育改革与发展的新形势下，全国教师教育学会将团结全体会员和广大教师以先进的教育理念、优质的教育资源、科学的管理制度、现代教育技术手段，共同搭建教师发展的阶梯，为建立教师的终身学习机制、促进教师的发展、建设一支高素质的教师队伍而做出最大的努力。

学会宗旨是在教育部和高教学会的领导下，以马列主义、毛泽东思想、邓小平理论和“三个代表”重要思想为指导，贯彻执行党的教育方针和“双百”方针，坚持理论联系实际的原则，团结和组织有志于教师教育和教师管理研究的广大教师、教育科研人员及其他教育工作者，进行教师教育和教师管理的理论与实际问题的研究，配合各级教育行政部门组织开展力所能及的科研与教育教学改革实践活动。

学会任务：

1. 贯彻执行教育部关于教师队伍建设的方针、政策，开展以教师教育和教师管理理论与实践问题为主的学术研究，推进教师教育事业及教育科研工作的发展，为加强教师队伍建设，提高广大教师的整体素质贡献力量。

2. 接受教育行政部门委托，开展相关的课题研究、调研、评估、教改实验等活动。

3. 举办教师教育和教师管理的理论研讨会，开展国内国际学术交流活动。

4. 组织、推动有关教师教育与教师管理的学术论著、课程教材、远程教育资源的开发与研制工作。

5. 组织开展教师培训活动和咨询服务。

6. 组织教师教育科研成果的评选和展示等活动。

（张华军）

（十一）教育经济学专业

中国教育学会教育经济学分会

中国教育学会教育经济学分会（前身为全国教育经济学研究会）成立于1984 年 10 月 22 日，是中国教育学会成立较早的分支机构之一，理事会成员主要为全国从事教育经济学教学与科研的高校教师和科研机构研究人员。主要业务有教育经济学学术研究成果会议交流、业务培训、教材编写等。教育经济学分会的理事长由北京师范大学首都教育经济研究院执行院长王善迈教授担任，副理事长为靳希斌、范先佐、陈国良、杜育红、王蓉、严全治。秘书长为孙志军（北京师范大学经济与工商管理学院教授）。

（杜育红、杜屏）

（十二）特殊教育学专业

中国教育学会特殊教育分会

中国教育学会特殊教育分会是研究特殊教育科学的全国性、群众性学术团体，主要开展基础特殊教育领域的理论研究与交流活动，创建于1982年10月。分会设视障教育学术委员会、听障教育学术委员会、智力与发展性障碍教育学术委员会、信息技术与职业教育学术委员会、教师培训与课程改革学术委员会、艺术与体育教育学术委员会。秘书处设在北京联合大学特殊教育学院。自创建以来，中国教育学会特殊教育分会始终坚持以“为特殊教育改革和发展服务，为繁荣特殊教育科学服务，为第一线教师和教育工作者服务，当好教育行政部门的助手和参谋”为宗旨，充分发挥群众性学术团体的优势，积极开展学术研讨、教学研究与实验、师资培训、论文评比、对外交流等活动，为推动群众性教育科研的开展，促进我国特殊教育事业的发展做出了一定的贡献。2004年、2009年两次被评选为“中国教育学会先进集体”。

（中国高等特殊教育信息网）

（十三）职业技术教育学、成人教育学专业

1. 中国职业技术教育学会

中国职业技术教育学会（The Chinese Society of Vocational and Technical Education）成立于1990年12月，是全国群众性职业技术教育团体和职业技术教育工作者自愿组成的群众性、学术性社会团体，接受中华人民共和国教育部和民政部的管理和业务指导，是国家一级学术社会团体。

2. 中国成人教育协会

中国成人教育协会是全国各类成人教育团体和成人教育工作者自愿组成的群众性、学术性社会团体，是非营利性社会组织。驻地在北京市。1981年4月经中华人民共和国教育部批准，中华人民共和国民政部注册。主要负责宣传成人教育意义，开展成人教育科学研究和学术交流活动，培训成人教育管理干部和理论研究人员，为成人教育的决策提供咨询和建议，组织编辑出版发行有关成人教育报刊和资料，开展对成人的多种形式的继续教育和岗位培训等工作。

（赵志群）

（十四）民族教育专业

中国少数民族教育学会

中国少数民族教育学会2006年成立，该学会是经教育部、民政部批准的全国群众性少数民族教育学术团体，开展群众性少数民族教育研究、教学改革实验和学术交流活动，组织民族教育国际交流，为少数民族与民族地区教育服务。

（吴明海）

（十五）学校心理健康教育专业

中国教育学会学校教育心理学分会

中国教育学会学校教育心理学分会成立于1984年11月28日，是中国教育学会

成立最早的分支机构之一，前身为中国教育学会儿童教育心理学研究会。

会员主要由两部分组成：一是全国各高等院校和科研机构从事发展心理学、教育心理学、学校心理学、心理健康教育等领域教学和研究工作的专业人员；二是全国各教育行政主管部门和广大中小学校关注儿童青少年健康发展和有效学习、重视中小学教师职业发展和专业成长的教育实践工作者。现任理事长由教育部长江学者特聘教授、北京师范大学发展心理研究所所长方晓义教授承担。

主要业务包括组织协调国内与学校教育心理学相关的理论研究，组织开展与学校教育心理学相关的课程教材的研究开发，举办全国范围的与学校教育心理学相关的学术研讨会和交流活动，组织开展与学校教育心理学相关的业务培训和咨询服务等。

研究重点是儿童青少年认知发展与学习、儿童青少年社会性发展与德育、儿童青少年心理健康教育、中小学教师职业发展与专业成长等议题。目前分会的工作重点是学校心理健康教育的有效推进和重点弱势人群的心理健康促进等方面。

（李亦菲）

三、重要学者逝世

（一）周南照先生去世

联合国教科文组织亚太国际教育与价值教育联合会会长，国际21世纪教育委员会委员，中国联合国教科文组织全国委员会顾问，联合国教科文组织国际农村教育研究与培训中心原主任，联合国教科文组织教师教育教席依托机构华东师范大学国际教师教育中心创始主任，中国原中央教育科学研究所副所长，中国比较教育学会原副会长周南照先生，于2014年7月16日与世长辞，享年72岁。

周南照先生20世纪40年代初生于江苏无锡，60年代初毕业于北京师范大学，是我国改革开放初期最早一批赴美求学并获得比较教育学专业硕士和博士学位者。

周南照先生是享誉海内外的国际与比较教育专家。他治学严谨，著述不辍，成就斐然，孜孜不倦地献身于国际与比较教育的研究与教学。周南照先生曾先后担任中国中央教育科学研究所（现中央教育科学研究院）副所长、学术委员会副主任、研究员，中国比较教育学会（CCES）副会长兼秘书长，世界比较教育联合会执行委员，中国教育史志研究会产学合作委员会会长，中国民办教育协会高等教育专业委员会理事长，欧美同学会美国分会理事，联合国教科文组织教师教育教席学术性依托机构——华东师范大学国际教师教育中心创始主任、比较教育学专业教授、博士生导师，是美国纽约州立大学布法罗分校的“杰出校友”，被推选为该校中国校友会会长、比利时鲁汶工程大学董事会董事，也是唯一入选美国国际教育荣誉学会“桂冠会员”的亚洲学者。

周南照先生是联合国教科文组织国际教育高级计划专家，联合国教科文组织亚太教育创新发展服务中心主任，联合国教科文组织亚太地区全民教育评估顾问委员会秘书长，联合国教科文组织21世纪国际教育委员会唯一中方委员和国际教育高级计划专家，联合国教科文组织国际农村教育研究与培训中心（UNESCO INRULED）学术委员会主任，“联合国儿童基金会（UNICEF）项目技术服务中心”主任，兼中国专家组组长，亚洲开发银行（ADB）高等教育管理人员培训项目中国专家组组长，为中国国务院授予的“有突出贡献专家”。周南照先生严谨执着的治学精神，不尚浮华的为人品格，堪称后人楷模。

（陈德云）

（二）南国农先生去世

南国农，男，1920年生于江西清江县（今江西省樟树市）。南国农作为新中国电化教育的奠基人，被千千万万教育技术工作者亲切地称为南先生。南先生是中国电化教育理论与实践的教育家，其电化教育“七论”奠定了中国教育技术的发展方向，对我国教育技术产生了深远的影响。中国电化教育事业奠基人、全国教育科学研究终身成就奖获得者、西北师范大学唯一终身教授、《电化教育研究》杂志主编南国农先生，因病医治无效，于2014年9月27日凌晨5时20分逝世，享年95岁。[1]

“油然若将可越，而终不及者，此则君子也。”南国农先生堪得此谓。早年留学美国哥伦比亚大学，新中国成立后，怀着一腔报国热忱，带头响应周总理号召，于1950年7月与朱启贤、何基等带动230余名在美留学生冲破重重障碍，集体回国，主动要求到祖国最需要、条件最艰苦的大西北，60余年间无怨无悔，矢志不渝，为探索具有中国特色的电化教育理论体系和实践，推动中国现代教育技术事业创新与发展做出了杰出贡献。

（武法提）

（三）方观容先生去世

南京师范大学教育科学学院副教授、九三学社社员方观容先生，2014年12月30日在南京逝世，享年101岁。方观容先

① http://baike.baidu.com/link?url = KZSOisr4yeKSezK8GOskR_bRquDEDfrZqQgBY69squ84AbvyPiPL5uYq2mLvn5A-HkhuThSiwxsCI6s0qBjGwa.

生的研究领域涵盖学前教育学、学前儿童数学教育、儿童游戏等，代表性著作有《幼儿数概念的形成》《漫谈游戏治疗》及译著《游戏治疗》《怎样教幼儿学数》等。

（杜继纲）

第三篇

人才培养

一、新编或修订的代表性人才培养方案（课程方案）

北京师范大学教育学部试点学院本科培养方案

一　培养目标

为适应全球化挑战和国家教育改革与发展需要，教育学（大类）本科专业培养具有扎实的学术基础、丰富的实践能力、赤诚的教育之爱、宽阔的国际视野和不竭的创新精神的各类教育人才。为学生未来成长为各类高素质教师、教育研究人员、教育技术工程师、教育管理人员、国际教育事务专门人才（教育外事人才）以及教育产品研发和教育传媒服务等方面的专业人才打下坚实的基础，帮助和激励学生成长为热爱祖国和人民教育事业、长期从事教育工作并在教育决策、管理、实践、研究、技术与市场开发、国际交流等众多教育领域做出突出贡献的未来教育家、教育学家、教育发展专家、教育企业家等，成长为中国社会未来教育改革与发展的积极参与者和卓越领导者。

二　培养要求

1. 理解教育活动基本原理，知晓教育理论和相关科学发展脉络，了解教育理论和科学前沿进展，掌握基本的教育研究方法，具有良好的教育科学素养。

2. 尊重教育实践工作者，掌握教育实践的专业基础技能，具有较好教育思考与行动的智慧，形成基本的团队合作与领导意识。

3. 尊重、信任和关心每一个孩子，具有爱心、奉献精神和良好的专业品格，恪守教育实践的法律和伦理要求。

4. 有宽广的国际视野，关注国际教育发展动态，形成跨文化国际教育理解的基本意识，具备参与国际教育交流与合作的基础能力。

5. 对教育的前沿问题、重大问题保持专业的敏感性，具有良好的信息素养、理性的批判精神和基本创新素养，初步确立把美好的教育事业作为自身毕生追求的远大理想。

6. 鼓励发展自身对于各级各类教育工作的内在兴趣，并根据自己个性化的需求确立自己将来主要有志于从事的教育实践和研究领域，并积累相关的服务、研究和实践经验。

三　主干学科

试点学院教育学（大类）设5个专业：教育学、公共事业管理、学前教育、特殊教育、教育技术学。学生根据自己的兴趣，从上述5个专业模块课程中选择其一进行修读，从而确定自己的毕业专业。

教育学、学前教育、特殊教育的主干学科：教育学、心理学。

教育技术学的主干学科：教育学、心理学、计算机科学与技术。

公共事业管理（教育经济与管理方向）的主干学科：教育学、心理学、公共管理。

四　核心课程

详见“十”中各模块专业模块课程中的“必修”课程。

五　主要实践性教学环节

1. “教育见习与实习”为必修环节，贯穿整个培养过程。通过亲临教育现场进行观察和体验，逐步增进学生对教育理论与实践的认识和理解，培养教育感情，增强实践能力。

2. “科研训练”为必修环节，贯穿整个培养过程，主要依靠导师制和导学制发挥作用。学生在导师和高年级同学的引导下确立自主研究课题，在研究过程中提高科研能力。

六　学制

学制四年。

七　授予学位及毕业总学分

教育学/公共事业管理（教育经济与管理方向）/学前教育/特殊教育专业：
授予学位：教育学学士学位；
毕业总学分：161。
教育技术学专业：
授予学位：理学学士学位；
毕业总学分：161。

八　课程结构及学分要求

课程类别	课程模块	要求及学分	
通识教育课程	家国情怀与价值理想	必修，共22学分：思政课（14学分）、形势与政策（2学分）、体育（4学分）、军事理论（2学分）。	
	国际视野与文明对话	必修，共10学分：大学外语（10学分）。修读一门全英文教学专业课程可免修大学外语2学分，最多免修2学分。东西方文化课程中任选2学分。	
	经典研读与文化传承	必修，共6学分：建议修读哲学概论（3学分）、逻辑学（3学分）；也可在该模块课程中任选6学分。	
	数理基础与科学素养	必修，共17/20学分：试点学院学生均需修读计算机应用基础（2学分）、普通心理学（3学分）、教育统计学（3学分）。此外，教育技术学方向修：一元微积分、多元微积分与线性代数（12学分）；其他专业方向修：一元微积分与线性代数、应用概率统计（6学分）、人体解剖生理学（3学分）。	
	艺术创作与审美体验	共2学分：该模块课程任选2学分。	
	社会发展与公民责任	必修，共3学分。建议修读社会学概论（3学分）；也可在该模块课程中任选3学分。	
	小计	必修60/63学分	
专业教育课程	学科基础课程	必修33/30学分	
	专业选修课程	必修20学分+选修10学分	
	专业前置课程	外院系专业课程30学分	
	实践与创新	教育见习与教育实习	4学分
		科研训练与创新创业	0—2学分
		毕业论文	4学分
	小计	101学分	
总计		161学分	

九　各学期指导性修读学分分布表

课程类型	各学期指导性修读学分数								
	1	2	3	4	5	6	7	8	小学期
通识教育课程	24	24/27	4	4	3				
专业教育课程	5	5	18/19	22	20	19	7	4	
小计	29	29/32	22/23	26	23	19	7	4	161

十　教学计划表

课程类别		课程编号	课程名称	学分	开课学期和周学时									总学时		成绩考核	
					第一学年		第二学年		第三学年		第四学年		小学期	讲课	实践	考查	考试
					一	二	三	四	五	六	七	八					
通识教育课程	家国情怀与价值理想	GEN01101	思想道德修养与法律基础	3	√									32	32		√
		GEN01102	中国近现代史纲要	2		√								32			√
		GEN01103	马克思主义基本原理	3			√							32	32		√
		GEN01104	毛泽东思想和中国特色社会主义理论体系概论（上）	3					√					32	32		√
		GEN01105	毛泽东思想和中国特色社会主义理论体系概论（下）	3						√				32	32		√
		GEN01106	形势与政策	2	√	√	√	√	√	√	√	√	√	40	88		√
		GEN01202	形体健美	1	√	√	√	√	√	√				32			√
		GEN01200	三自选项课程	3	√	√	√	√	√	√				96			√
		GEN01108	军事理论	2		√								32			√
	国际视野与文明对话	GEN02101	综合英语阅读	2	2									32			√
		GEN02102	基础英语听力	2	2									32			√
		GEN02103	综合英语听说	2		2								32			√
		GEN02104	实用英语表达	2			2							32			√
		GEN02105	学术英语读写	2				2						32			√
		GEN02106	学业用途英语	2			√	√	√					32			√
		GEN02107	人文通识课程群	2					2					32			√
	经典研读与文化传承	GEN03143	哲学概论	3	√									48			√
		GEN03144	逻辑学	3		√								48			√
	数理基础与科学素养	GEN04184	普通心理学	3	√									48			√
		GEN04194	计算机应用基础	2	√									32	32		√
		GEN04186	信息处理基础	2	√									32	32		√
		GEN04121	一元微积分与线性代数	3	√									48			√
		GEN04122	应用概率统计	3		√								48			√
		GEN04111	一元微积分	6	√									96			√
		GEN04112	多元微积分与线性代数	6		√								96			√
		GEN04167	人体解剖生理学	3	√									48	32		√
		GEN04123	教育统计学	3		√								48			√

续表

课程类别		课程编号	课程名称	学分	开课学期和周学时									总学时		成绩考核	
					第一学年		第二学年		第三学年		第四学年		小学期	讲课	实践	考查	考试
					一	二	三	四	五	六	七	八					
通识教育课程	艺术创作与审美体验	GEN05000	公共艺术教育类；中文写作、文学写作、创意写作等	2			√	√	√	√	√	√		32			√
	社会发展与公民责任	GEN06109	社会学	3		√								48			√
专业教育课程	学科基础课（教育学专业基础课程模块1）	EDU11001	教育学	3	√									48			√
		EDU12001	中国教育史	3			√							48			√
		EDU12007	外国教育史	3				√						48			√
		EDU12002	教育心理学	3			√							48			√
		EDU11003	发展心理学	3		√								48			√
		EDU12008	德育原理	3				√						48			√
		EDU12009	教学论	3				√						45	6		√
		EDU13001	课程论	3					√					48			√
		EDU12003	教育研究方法导论	3			√							48			√
		EDU12010	比较教育	3				√						48			√
		EDU12004	教育测量与评价	3			√							48			√
	学科基础课（教育学专业基础课程模块2）	EDU11001	教育学	3	√									48			√
		EDU12005	学与教的心理学	3			√							32	32		√
		EDU12003	教育研究方法导论	3			√							48			√
		EDU11002	教育技术学	3	√									48			√
		EDU12006	数据结构	3			√							32	32		√
		EDU11005	计算机程序设计	3		√								32	32		√
		EDU12011	计算机网络	3				√						48			√
		EDU13002	教学系统设计	3					√					48			√
		EDU13004	远程教育原理	3						√				48			√
		EDU13003	课程开发（含网络课程开发）	3					√					48			√
	自由选修课程		专业前置课程	30													
	实践与创新	EDU31001	教育见习与教育实习														
		EDU34001	科研创新与毕业论文														

续表

课程类别			课程编号	课程名称	学分	开课学期和周学时			总学时		成绩考核	
						秋	春	夏	讲课	实践	考查	考试
专业教育课程	专业模块课程1教育学	必修	EDU22001	教育哲学	3		3		48			√
			EDU21001	教育社会学	3		3		48			√
			EDU22002	教育经济学	3		3		48			√
			EDU22003	教育法学	3	3			48			√
			EDU22004	教育政策学	3	3			48			√
			EDU21002	教育管理学	3		3		48			√
			EDU22005	公民教育的理论与实践	2		2		32			√
		选修	EDU22006	马克思教育思想研究	2		2		32			√
			EDU22007	未成年人法学	2	2			32			√
			EDU23001	科学教育原理与实践	2	2			32			√
			EDU22008	学校卫生学	2		2		32			√
			EDU21003	小学语文教学论	2		2		32			√
			EDU22009	中学语文教学论	2	2			32			√
			EDU21004	小学数学教学论	2		2		32			√
			EDU22010	中学数学教学论	2	2			32			√
			EDU21005	小学英语教学论	2		2		32			√
			EDU22011	中学英语教学论	2	2			32			√
			EDU21006	世界教育改革与发展（英语授课）	2		2		32			√
			EDU23002	教师教育的理论与实践	2	2			32			√
			EDU22012	教育评价的理论与实践	2	2			32			√
			EDU21007	家庭教育学	2		2		32			√
			EDU21008	职业教育学	2		2		32			√
			EDU23003	高等教育学	2	2			32			√
			EDU23004	语言、文化与教育	1	1			16			√
			EDU23005	教师伦理学专题	1	1			16			√
			EDU22013	教育实践哲学	1		1		16			√
			EDU23006	学校社会问题研究	1	1			16			√
			EDU22014	教育市场研发	1		1		16			√
			EDU23007	环境与可持续发展教育概论	2	2			32			√
			EDU22015	媒介素养教育	1		1		16			√

续表

课程类别			课程编号	课程名称	学分	开课学期和周学时			总学时		成绩考核	
						秋	春	夏	讲课	实践	考查	考试
专业教育课程	专业模块课程2公共事业管理	必修	EDU21002	教育管理学	2		2		32			√
			EDU21009	教育政治学	2	2			32			√
			EDU21010	教育行政学	2		2		32			√
			EDU22004	教育政策学	2	2			32			√
			EDU21011	教育组织行为学	2		2		32			√
			EDU21012	管理思想史	2		2		32			√
			EDU22016	学校领导学	2	2			32			√
			EDU21013	人力资源管理	2		2		32			√
			EDU21014	教育社会学	2	2			32			√
			EDU21015	教育经济学	2		2		32			√
		选修	EDU21016	学校公共关系管理	1		1		16			√
			EDU22017	教育管理哲学	1	1			16			√
			EDU22018	教育机构营销	1		1		16			√
			EDU21017	教育领导学	1		1		16			√
			EDU22019	学校文化	1	1			16			√
			EDU22020	社会心理学	1		1		16			√
			EDU22021	绩效管理	1		1		16			√
			EDU21018	学校与社区	1		1		16			√
			EDU22022	比较教育管理	1	1			16			√
			EDU23008	学生事务管理	1	1			16			√
			EDU23009	学校管理实务	1	1			16			√
			EDU23010	学校安全管理	1	1			16			√
			EDU23011	人事经济学	1	1			16			√
			EDU22023	现代培训理论	1		1		16			√
			EDU22024	教育公平与治理：中美比较视角	1		1		16			√
专业教育课程	专业模块课程3学前教育	必修	EDU21019	学前教育学	3		3		48			√
			EDU21020	学前儿童心理学	3		3		48			√
			EDU21021	学前卫生学	3		3		48			√
			EDU21022	学前游戏论	3		3		48			√
			EDU22025	幼儿园课程	3	3			48			√
			EDU22026	学前教育管理学	3		3		48			√
			EDU22027	比较学前教育	2	2			32			√

续表

课程类别			课程编号	课程名称	学分	开课学期和周学时			总学时		成绩考核	
						秋	春	夏	讲课	实践	考查	考试
专业教育课程	专业模块课程3学前教育	选修	EDU22028	学前体育与健康教育	2	2			32			√
			EDU22029	学前儿童社会性教育	2		2		32			√
			EDU22030	学前儿童语言教育	2		2		32			√
			EDU22031	学前儿童科学教育	2	2			32			√
			EDU22032	学前儿童数学教育	2		2		32			√
			EDU22033	学前儿童美术教育	2	2			32			√
			EDU22034	学前儿童音乐教育	2		2		32			√
			EDU22035	0—3 岁儿童的保育与教育	2		2		32			√
			EDU22036	幼儿园美术教育基础	2	2			32			√
			EDU22037	学前教育研究方法	2	2			32			√
			EDU22008	学校卫生学	2		2		32			√
			EDU23013	学校心理健康	2		2		32			√
			EDU23014	幼儿园教师评价素养发展研究	2	2			32			√
专业教育课程	专业模块课程4特殊教育	必修	EDU21023	特殊教育概论	2		2		32			√
			EDU21024	特殊儿童病理学	2		2		32			√
			EDU22038	智力残疾儿童心理与教育	2	2			32			√
			EDU22039	视力残疾儿童心理与教育	2	2			32			√
			EDU22040	听力残疾儿童心理与教育	2	2			32			√
			EDU22041	特殊儿童早期干预	2	2			32			√
			EDU22042	孤独症儿童教育	2		2		32			√
			EDU22043	特殊儿童心理评估	2		2		32			√
			EDU22044	特殊儿童课程与教学	2	2			32			√
			EDU22045	融合教育	2	2			32			√
		选修	EDU22046	特殊儿童行为干预	2	2			32			√
			EDU22047	优生与残障预防	2	2			32			√
			EDU22048	超常儿童鉴别与创造力发展	2		2		32			√
			EDU21025	盲文	1		1		16			√
			EDU21026	手语	1	1			16			√
			EDU23015	特殊教育政策与法律	1	1			16			√
			EDU22008	学校卫生学	2		2		32			√
			EDU23017	特殊儿童康复训练	2		2		32			√
			EDU23018	学校教育与学生健康	2	2			32			√
			EDU23019	学校心理健康	2		2		32			√
			EDU22049	学习障碍儿童教育	2	2			32			√

续表

课程类别			课程编号	课程名称	学分	开课学期和周学时			总学时		成绩考核	
						秋	春	夏	讲课	实践	考查	考试
专业教育课程	专业模块课程5 教育技术	必修	EDU21027	媒体理论与实践	2		2		32	16		√
			EDU21028	多媒体与网络教学资源的设计与开发	2		2		32	16		√
			EDU22050	学习科学概论	2	2			32			√
			EDU21029	教育技术技能实训Ⅰ（音视频、开源软件）	2		2		16	32		√
			EDU22051	教育技术技能实训Ⅱ（网络工程、信息技术装备）	2	2			16	32		√
			EDU22052	教育测量与评价	2	2			32			√
			EDU22053	网络教育应用	2		2		32	16		√
			EDU22054	信息技术课程整合的理论与实践	2		2		32			√
			EDU23020	智能教学系统（人工智能教育应用）	2	2			32			√
			EDU23021	教育技术技能实训Ⅲ（软件开发、电子设计）	2		2		16	32		√
		选修	EDU21030	摄影技术与艺术	2		2		32	16		√
			EDU21031	思维导图工具	1		1		16			√
			EDU22055	多媒体画面艺术基础	2	2			32	16		√
			EDU22056	传感器技术教育应用	1	1			16			√
			EDU22057	网络社区学习技术	1	1			16			√
			EDU22058	人物对话——教育技术思想	1		1		16			√
			EDU22059	媒体与传播（含媒体设计与开发）	1		1		16			√
			EDU22060	知识管理与知识工程	1		1		16			√
			EDU23022	智能机器人	1	1			16			√
			EDU23023	数字化校园设计	1	1			16			√
			EDU23024	虚拟现实技术	1	1			16			√
			EDU23025	信息技术工具新发展	1	1			16			√

十一　修读要求

1. 试点学院设5个专业方向，即：教育学、公共事业管理、学前教育、特殊教育、教育技术学。5个专业方向的毕业学分要求为161学分。前4个专业方向毕业的学生授予教育学学士学位，教育技术学专业方向毕业的学生授予理学学士学位。

2. 试点学院的学生具有充分的课程自主选择权，但必须在每一必修课程类型和课程模块里按照要求修读足够的学分。如：三自选项课程必须修够3个学分，但具体的体育课程可根据自己的兴趣进行选择。

3. 为了拓宽学生的国际视野，切实提升学生学术交流和国际交往能力，鼓励学生修读全英文教学专业课程。修读一门全英文教学专业课程可免修大学外语2学分，最多免修2学分。

4. 学生第一学期主要学习学校通识教育课程，各课程模块的要求学分见课程结构及学分要求列表。(第八部分)

第二学期开始逐渐涉及教育学科基础课程和部分教育学科专业课程。通过一年左右的课程学习和见习体验，逐步聚焦自己的专业方向。第四学期开始主攻教育学科专业课程，参与相应的实践活动。第七学期开始确定专业毕业论文选题，第八学期撰写毕业论文。

5. 因教育技术学专业授予理学学位，对数理基础要求较高，故在“相关学科基础课程”和“教育学科基础课程”2类课程中与其他专业选学要求有所不同。倾向于修读教育技术学专业的学生，须修读“一元微积分”，“多元微积分与线性代数”无须修读“人体解剖生理学”，同时在教育学科基础课程模块中，须选择“教育学专业基础课程模块2”进行修读。而其他4个专业方向的学生须修读“一元微积分与线性代数”“应用概率统计”“人体解剖生理学”，以及“教育学专业基础课程模块1”。

6. “专业前置课程”体现了试点学院培养方案“本研衔接、主辅修统筹”的特点，是决定学生未来专业和研究方向的核心课程。专业前置课程应在除教育学部之外的其他本科院系中选修，学生可以集中在一个学科专业领域选择，也可以任意选择。教育技术学专业方向，前置课程30学分，要求70%的学分与信息技术课程相关。学生按要求至少选学30学分，如修满同一专业45学分，可获得辅修证书；如修满同一专业55学分，且完成毕业论文，可获得双学位证书。附录提供了全校本科专业的核心课程列表，供学生参考。第三学期开始修读

7. “教育学科专业课程”按照方向分为5个课程模块，即：教育学、公共事业管理、学前教育、特殊教育、教育技术学。学生根据自己的兴趣，从5个专业模块化课程中选择1个专业模块的课程进行修读，从而确定自己的毕业专业方向。

8. 培养方案里所有的课程都可选择，但对于非本专业方向的学生，其课程性质将有所改变，如：教育管理学专业方向的学生选择学前教育专业的一门“必修课”，则这门课将在该生的成绩单里显示为“选修课”。

9. “教育见习与实习”为必修环节，贯穿整个培养过程。通过亲临教育现场进行观察和体验，逐步增进学生对教育理论与实践的认识和理解，培养教育感情，增强实践能力。

10. “科研训练”为必修环节，贯穿整个培养过程，主要依靠导师制和导学制发挥作用。学生在导师和高年级同学的引导下确立自主研究课题，在研究过程中提高科研能力。

11. 因该方案具有很强的选择性、灵活性、个性化的特点，故学生应在导师指导下，结合个人的兴趣和发展定位进行课程选择，避免因盲目选择和错漏而影响毕业或未来进一步发展。

十二　培养方案设计原则与特点

1. 宽口径原则，注重在本科阶段打下宽厚的学科基础。

2. 本研一体化培养原则，注重本研培养方案的结合。

3. 个性化培养原则，学生自主选择课程，充分发挥学生的课程选择权，一个学生一个培养方案，实施因材施教。

4. 主辅修统筹培养原则。在培养方案设计里，设置专业前置课程，主辅修统筹设计，以奠定学生将来读研或工作的学科基础。

5. 加强学业指导。设置 2 段式导师制，即新生导师和专业导师，进行全员全程导学，加强学生学业规划和指导，并突出科研能力培养。

6. 强化实践能力培养。实践环节采取四年一贯制设计，提高学生实践能力，培养正确的教育态度和感情。

7. 改革学校平台课授课方式，强调学校平台课与教育学科结合，与教育实践结合，突出教育学科特色。

8. 注重学生国际化能力培养，部分专业课程采用全英文教学，招聘国际教师开设一些基础课程。

9. 加强艺术教育，加强体育教育，艺术教育和体育按照四年一贯制设计，采取俱乐部制等多种形式提升艺术和体育修养。

10. 适当压缩学分，减少授课时间，拓展学生课前阅读和课后讨论，推进教学模式改革，建立以学生学习为中心的教学模式。

二、代表性教材建设

（一）教育学原理专业

【儿童教育哲学】

娄立志，华东师范大学出版社 2014 年版。

简介：该书共分八章。第一章主要阐述什么是儿童教育哲学、为什么要学习儿童教育哲学和怎样学习儿童教育哲学等问题；第二章介绍了中西方儿童教育哲学的发展历程，并比较分析了相关的儿童教育哲学观等问题；第三至第八章分别阐述了儿童生活世界、儿童认知、儿童自由、儿童权利、儿童德性和儿童审美，以及它们与教育的关系。

【关心:伦理和道德教育的女性路径】

［美］诺丁斯，武云斐译，北京大学出版社 2014 年版。

简介：有些人把关心伦理称为关系伦理，这么说不无道理。书中，作者指出，关心关系是伦理的基础，而关系是关心关系的本体性基础。作者命名了关系中的双方：关心者和被关心者。她们在关心关系中是互惠的，但也是不对等的。关心者需要在关心中表现出专注和动机移位；而被关心者则需以某种方式做出回应，以使得关心关系最终得以完成。这正是作者所界定的被关心者对关心关系的特殊贡献，也正是被传统的道德哲学所忽视的。伦理关心有别于自然关心。自然关心由“我想要”引发，而伦理关心则由“我必须”所推动。自然关心为我们提供了道德的动力；伦理关心则基于并有赖于自然关心。为了维持这种关心关系，我们需要不断地提升作为关心者的道德理想。我们如何与他人道德地相遇，取决于道德理想的本质和强度，而非道德原则。该书正是从这样的女性路径对实践伦理进行深入探讨，完全不同于彼得·辛格的实用主义的实践伦理；它对伦理的情感基础给予了必要的关注和尊重。最后，作者对教育和道德教育给出建议：我们必须在所有的教育相遇中滋养所有个体的伦理理想。

【教育社会学研究:学科·常理·学术】

钱明辉，社会科学文献出版社 2014 年版。

简介：该书分为三个部分，第一部分是学科研究，对教育社会学的研究对象、理论和方法以及发展历史做了专门的系统研究；第二部分是学理研究，对在教育社会学界尚未弄清的或存在争论的理论问题、知识问题和主题研究问题进行梳理和说明；第三部分是应用研究，对基础教育、职业教育、高等教育和民族教育分别进行了专门的研究。该书比较全面地反映了教育社会学的历史和现状，不仅具有学术研究的意义，也具有学术推广的意义。

（摘自网页）

（二）教育政策学与教育法学专业

【教育法学】

杨颖秀，中国人民大学出版社 2014

年版。

简介：该书重在界定教育法学相关的基本概念，多维度地分析了教育法学中的诸多要素。该书系统而全面，并在每章配有案例及案例分析，使读者可以通过案例更好地掌握教学内容。该书既可作为教育法学的教学用书，也可作为教育学和法学相关学科研究学者和学生的参考用书。

（谢蓉蓉）

（三）比较教育学专业

【中国教育的文化基础（英文版）】

顾明远，荷兰 Brill 出版社 2014 年版。

简介：文化是教育的根基，文化对教育的影响比政治、经济对教育的影响更深刻、更持久。揭示中国教育在多种因素共同作用下的文化基础，对于进一步认清中国教育的现状，系统地把握中国教育的优势和劣势，理性地、切实地推进中国教育发展有着重要价值。顾明远先生撰写的《中国教育的文化基础》积累了他十余年的思考和智慧，具体内容包括：（1）教育与文化的关系；（2）中国文化及其基本特征；（3）中国传统文化的类型、性质和基本精神；（4）中国的教育传统及基本特点；（5）中国传统文化对中国教育的影响；（6）西学东渐和中国教育近代化；（7）西方教育制度和教育思想对中国教育的影响；（8）马克思主义在中国的传播和马克思主义教育思想在中国的诞生；（9）苏联教育对中国教育的影响；（10）改革开放和教育思想的多元化；（11）探索中国教育现代化之路。顾先生提出，中国现代教育新传统尚未建立起来，要建立科学的、民主的、民族的社会主义现代化教育新传统，还需从正确对待教育现代化与中国传统文化的关系、正确对待外国的教育思想和经验，以及制度创新等方面着力。

该书主要定位于以下三类读者群体：第一，开设有中国教育研究课程的海外大学的师生。由于内容系统、权威，该书已经被海外多所大学列为了解中国教育与文化问题的入门必读书目。第二，研究中国教育和文化问题的海外汉学家或社会公众。该书集中反映了中国教育与文化互动的历史流变过程，成为了海外研究者从文化变迁角度深入了解中国教育问题的必读著作。第三，中国驻外使领馆教育处、孔子学院，以及各国驻华使领馆教育处等机构。由于系统介绍了中国教育与文化的传统、流变和互动关系，该书具有中国教育文化通识读物的特性，可作为上述机构进行文化和教育交流的常备礼品书。

作为教育大师，顾明远先生在《中国教育的文化基础》中延续其文章的一贯风格，对源远流长的中国文化传统和丰富厚重的中国教育历史，娓娓道来。全书文字浅显易懂，但意蕴绵长，使读者能够在轻松采撷其闪烁的思想火花的同时，深刻体验其内心激荡的思想碰撞。

（滕珺）

【比较教育基本理论】

陈时见，高等教育出版社 2014 年版。

简介：《比较教育基本理论》一书侧重于比较教育学学科的学理性研究，基于比较教育学学科发展的视角，从比较教育的存在本体入手，对其本体论、认识论、知识论、价值论、范式论以及方法论六个方面的基本问题进行了全面系统的描述、阐释和剖析，旨在使人们比较深入地了解和认识比较教育学科的存在逻辑、知识基础、影响意义、基本范式及方法论。

该书共分为六章，分别探讨了比较教育本体论、比较教育认识论、比较教育知识论、比较教育价值论、比较教育范式论和比较教育方法论。比较教育本体论主要研究比较教育的“存在”问题，主要探讨了比较教育本体的意蕴、生成逻辑、表征意义以及现实路径，从而彰显了比较教育何以“存在”的本质和基本特征。比较教育认识论是对比较教育认识本身的反思，探讨了比较教育认识论的意义，比较教育认识路径的历史传统、现代变革以及比较教育认识活动的发展轨迹。比较教育认识论研究人们对比较教育的认识，是关于人们如何认识比较教育的理论。比较教育知识论围绕比较教育知识的性质与类型、比较教育知识的生成等方面进行研究，探讨了比较教育知识论的界定、发展历程、谱系构成以及发展走向。比较教育价值论则探讨了比较教育价值论的意义、现实条件，并从多维视角透视了比较教育的价值，分析了比较教育价值研究未来发展的趋势。比较教育价值论是研究主体对比较教育价值的总体认识和看法，具体包括研究主体对比较教育价值的性质、类型、标准、取向、构成及实现等方面的认识、理解、态度、判断和评价等。比较教育范式论主要研究比较教育发展过程中所形成的不同范式类型，探讨了比较教育研究范式的意义、历史演变、现实境遇以及发展动态。比较教育方法论一章主要围绕比较教育方法论基础和研究方法，探讨了比较教育方法论的界定、发展演变、主要论争以及发展趋势，对比较教育学发展过程中所形成的借鉴主义、民族主义、实证主义、文化主义、人文主义、后现代主义、马克思主义等各种不同方法论进行了研究。

《比较教育基本理论》一书从多个理论视角出发系统深入地剖析比较教育学科，具有明显的反思性特征，有利于比较教育学学科建设和发展。《比较教育基本理论》是国家级精品资源共享课“比较教育学”课程资源建设成果之一和教育部人文社会科学研究项目“比较教育理论体系研究”的主要成果。《比较教育基本理论》一书视角新颖、逻辑清晰、分析透彻，适合于比较教育学专业的学生使用，也可供比较教育研究者阅读、参考。

（陈时见）

【国外高等教育学基本文献讲读】

陈洪捷　施晓光　蒋凯，北京大学出版社2014年版。

简介：该书分六编，涉及六个专题：高等教育研究领域概览；高等教育的历史进程；大学的理念；知识、知识生产与学术职业；高等教育组织与管理；大学、政府与市场。全书45万字，选取或节录高等教育研究经典文献29篇。选文的作者来自美国、英国、德国、荷兰、澳大利亚、日本等多个国家，包括洪堡、纽曼、克尔等教育家和韦伯、特罗、克拉克、阿特巴赫等著名学者。每个专题前都有专题导读，每篇文献前都有作者简介、选文简介及点评。

《国外高等教育学基本文献讲读》一书从启动到出版历时5年。北京大学教育学院阎凤桥教授、鲍威副教授、沈文钦副教授和部分博士生和硕士生，以及华东师范大学高等教育研究所李梅副教授参与了该书编选工作。原国务院学科评议组教育学科组成员陈学飞教授审阅了书稿，高度肯定了该书编选工作的意义与价值。他在审稿意见中指出：“（编选者）做了一件奠基性的工作，所选文献很精到，均是名家、大家思想智慧的结晶。这些宝贵文献探讨了国外高等教育的历史脉络，绘制出了国外高等教育发展的复杂图景，为在高等教育领域从事管理、教学、研究和服务的所有人员提供了一部必不可少的案头书。”

《国外高等教育学基本文献讲读》是北京大学出版社出版的多卷本《国外教育科学基本文献讲读丛书》的一卷。丛书由北京师范大学教育学部部长石中英教授担任主编，北京大学蒋凯副教授担任副主编，丛书编委和各分卷主编大多为中青年学者。

编辑出版《国外教育科学基本文献讲读丛书》的目的在于进一步整理国外教育科学的知识传统，丰富教育科研人员、教育决策者和教育实践者的阅读，提高教育学科人才培养质量，服务于我国不断深化的教育改革事业。《国外教育科学基本文献讲读丛书》丛书包括教育哲学、教育社会学、教育心理学、教育经济学、教育管理学、教学论、课程论、教育法学、教育政策研究、高等教育学、学前教育学、特殊教育学、成人与职业教育学、比较教育学、教育技术学、教育研究方法论共 16 卷，总计 700 万字，目前已出版 4 卷，计划于 2016 年出齐。《国外教育科学基本文献讲读丛书》的编辑出版是我国教育学学科建设中的重大事件，对比较教育学学科建设尤其具有重要意义。这项工作是继 20 世纪 90 年代初著名教育理论家瞿葆奎先生主编、人民教育出版社出版《教育学文集》以来又一次大规模教育研究基本文献编选工作。

（蒋凯）

【巴西教育战略研究】

万秀兰，浙江教育出版社 2014 年版。

简介：该书系 2000 年《巴西教育》出版后我国关于巴西教育的一部新作。该书探讨了以下问题：（1）巴西政治、经济、科技、社会发展战略及巴西教育系统的发展现状对巴西教育战略的重要影响；（2）巴西教育发展战略的变迁，即不同时期不同教育价值取向及相应的教育发展重心取舍的变迁过程；（3）教育治理、教育公平、教育质量、教育结构、教育国际化与市场化等战略主题的目标、举措、成效、启示等；（4）巴西教育发展战略的进步、局限与制约因素。

其中关于巴西教育政治生态的传统与变革，教育治理的新探索，促进教育公平、教育质量的举措、特色、成就与局限，教育结构调整的重点和特色，高等教育的国际化与市场化趋势等，都有大量比较新的信息及观点，能为我国学人和决策者提供新的参考。

该书认为巴西教育战略的主要经验在于：（1）教育战略的指导思想从片面强调人力资本理论、片面强调教育权利，逐渐发展到综合考虑教育的经济功能、政治权利和教育对人的全面发展的内在价值。（2）教育战略制定过程越来越注意动员和借助全民的参与，教育治理主体走向多样化，在三级政府均权化基础上强调加强联邦政府的教育统筹能力以及基层学校和教师的自主管理能力。（3）教育市场化战略广泛开拓了教育的社会资源。（4）师资队伍的区域均衡发展战略成为改善巴西教育公平与质量的重要抓手。确立教师最低工资制度、改善工作环境、赋权教师提高教师教学和管理的积极性等，都表现出巴西的教育制度创新。（5）职业技术教育战略，以减贫和扶弱为宗旨之一；建立了公共资助的私人培训体系，较好地调动了社会力量的积极性；实现了私立职业技术教育机构职能的多样化，它们既是新技术的传播中心也是巴西科技的孵化器。

巴西教育战略的主要教训在于：（1）2001 年之前，一直没能制定国家教育发展总体战略。教育战略的制定往往盲目追随西方思潮。卡多佐政府曾执行西方的新自由主义高教政策，后证明水土不服。（2）教育战略保障不力。公共基础教育特别是中等教育经费历史欠账严重。目前夜校仍然是巴西各地区中等教育的主导形式。巴西教师工资总体水平仍然偏低，教师兼职、旷工现象时有发生，教师学历不合格仍然是个问题。教师质量成为巴西目前面临的首要挑战。

巴西教育战略的主要影响因素在于：(1) 巴西特色的政治传统。既得利益者通过自己控制的国家机关固守有利于自己的教育政策。精英阶层长时期没有兴趣用公共经费来发展大众的教育系统，政客把公共资源当作政治竞争的工具。直到以劳工党为首的左翼政党联盟执政后，巴西教育的政治生态才真正有了较大改观。(2) 巴西教育治理体系和治理能力现代化的水平还有待提高。一些法律法规缺乏配套的实施细则，有法不依、有令不行的情况比较多；中央教育行政部门的权力和能力偏弱；而地方行政长官的腐败问题比较严重；巴西学校治理模式的创新仍然面临社会体制和政治传统的阻碍。

（万秀兰）

（四）教育史专业

【中国教育史新编】

王建军，广东高等教育出版社 2014 年版。

简介：该书以中国传统教育和现代教育发展的线索分为六章，前三章分别介绍传统教育的产生、发展和衰落，后三章分别介绍现代教育的产生、探索和发展。以教育发展为主体，其编写不以朝代为划分教育发展阶段的依据，而以教育本身的发展线索为依据，以便更好地揭示中国教育发展的规律。

（沈一心）

【中国教育史】

黄绍箕　柳诒徵，中国和平出版社 2014 年版。

简介："癸卯学制"颁布以后，高等学堂设有教育史课程，而中国教育史尚无教材，此书即应急而作，并成为在教育史研究中中西结合的最早典型。此书内容包括实际与理论两方面。教育制度、教育实施状况及教育者生活等，属于实际方面。政府的教育宗旨，学者的教育学说及时代的教育思潮等，属于理论方面。此书将上述所举的实际与理论两方面情形，按照时代先后进行了系统的阐述，以备今后研究教育者参考。

（沈一心）

【外国职业教育史】（套装上下卷）

贺国庆　朱文富等，人民教育出版社 2014 年版。

简介：该书是我国第一部贯通古今的外国职业教育通史类大型学术专著，全面反映了外国职业教育发展的历史进程和一般规律，系统展示了我国外国职业教育史学术研究、学科建设和世界职业教育改革的新进展。在内容编排上，全书从职业教育的起源讲起，按时间顺序和外国职业教育发展脉络逐一展开，涉及古代学徒制的诞生与转型，包括学徒制的萌芽与行会组织的发展和行会学徒制的建立和历史贡献。近代职业教育的产生与演变以及现代职业教育的改革与发展。包括文艺复兴和宗教改革时期欧洲的职业教育，这一时期学徒制经历了由盛转衰，国家对学徒制开始干预，学校开始介入，并提出了各种教育主张。该书按照时间逻辑，分为 17—18 世纪、19 世纪、20 世纪三个阶段分析了欧美亚洲各个国家在不同时期的职业教育发展。其中，19 世纪和 20 世纪是职业教育发展的重要时期。在篇章结构上，以论述国别职业教育为主，重点探讨了英、法、德、俄、美、日及加拿大、澳大利亚、印度、巴西、韩国、新加坡等国家职业教育的演进过程和基本经验。在研究视角上，该书既重视职业教育思想、政策、制度、教学内容与教学方法等职业教育内部要素的论析，又重视政治、经济、科技、文化传统等影响职业教育发展的外部因素的阐发，更总结了外国职业教育的历史智慧、发展趋势和借鉴启示，对我国现代职业教育的改革和发展提出了富有针对性的意见和建议。

（沈一心）

【西洋教育史大纲(上)】

姜琦，知识产权出版社 2014 年版。

简介：该书介绍了古希腊至启蒙运动时期西方的教育思想、流派及重要代表人物的思想与实践，对古希腊的审美教育，包括斯巴达和雅典教育；古罗马的实际教育；中世纪的宗教教育，主要涉及基督教教育；人文教育，即文艺复兴时期的人文主义教育；宗教改革以来的新宗教教育，重点介绍新宗教教育产生和发展的历史进程及其背后哲学思想的转变，对实利教育进行了详细的阐述，全面而深入地介绍了每一时期教育的内容、特点和影响，对读者了解西方教育史的发展具有参考作用，为当下我国的教育改革提供了借鉴。

（沈一心）

【简明中外学前教育史】

金林祥，上海交通大学出版社 2014 年版。

简介：该书以历史唯物主义观点为指导，简明扼要地反映了中外学前教育发展的基本史实，客观公正地评价了中外学前教育史上教育家的教育思想、教育实践活动和历史贡献，以及中外学前教育史上重要的制度、事件、活动等。全书按照时间逻辑分为三编，第一编为中国古代的学前教育（先秦至鸦片战争前），探讨了古代学前教育的实施和古代学前教育思想。古代学前教育的实施包括古代学前教育的基本形式和特点、古代的胎教、家庭教育、宫廷教育和教材。古代学前教育思想探讨了早期教育的意义和作用，学前教育的原则、方法以及婴幼儿保育的原则和方法。第二编为中国近代的学前教育（鸦片战争至中华人民共和国成立前），探讨了这一时期学前教育机构的产生与制度的实施，学前教育的演进，帝国主义在中国的学前教育活动，学前教育中国化、科学化的探索，老解放区的学前教育，并以陶行知、张雪门和张宗麟为代表分析了学前教育家的幼儿教育思想与实践。第三编为中国当代学前教育（中华人民共和国成立至 1989 年），将新中国成立后的学前教育发展分为四个时期：学前教育稳步发展时期（1949—1957 年），学前教育盲目发展与调整巩固时期（1958—1965 年），学前教育遭受全面破坏时期（1966—1976 年）和学前教育的拨乱反正与改革振兴时期（1976—1989 年），并对每个时期的学前教育实践活动和政策等方面进行总结和探讨，并以宋庆龄为代表进行人物教育思想探讨，包括宋庆龄对儿童教育工作的意义，儿童教育的目的，幼儿园（学校）、家庭、社会的三结合教育以及儿童读物和儿童戏剧在儿童教育中的作用等方面的教育思想。

（沈一心）

（五）教育技术学专业

【教育技术教程】

刘美凤，清华大学出版社 2014 年版。

简介：该书从教育技术的系统观和整体观出发，认为教育技术作为“如何教”的环节，是教师专业发展知识与能力结构中的重要组成部分。基于这种认识，该书简要介绍教师专业发展的主要内容以及教育技术与教师专业发展的关系，提出教师在教育技术方面承担的三个主要角色——即课程的设计者；课程教学的设计、实施、评价和反思者；教学资源的设计、利用、管理和评价者，甚至是开发者。该书结合实际案例详细阐述了承担这三个角色的教师所需要掌握的课程设计的知识技能与方法，课堂教学设计、实施、评价与反思等各个环节的知识技能与方法以及教学资源设计、开发、利用、管理和评价的知识技能与方法，对教育技术与教师专业发展作了具有一定前瞻性的展望。该书的写作建立在作者多年从事教育技术理论和实践研究的基础之上，力图把教育技术的理论与教师的教学实际相结合，从教师面临的实际教学任务和问题出发进行编写。教材中尽力将该领域的最新研究成果和新技术、新媒体纳入其中，以便读者学完能够适应现时代的教学情境。该书无论是内容结构还是体例方面都具有一定的创新性，适合师范生、在职教师以及教育技术学专业的师生使用。

（李彤彤）

【教学系统设计理论与实践(第 2 版)】

杨九民　梁林梅，北京大学出版社 2014 年版。

简介：该书属于教育部教育技术信息工程中心、中国教育技术协会牵头组织，张景中院士主编的创新性教材《21 世纪教育技术学精品教材》之一。该套教材紧密结合现代信息技术发展现状以及本专业学生就业市场需求的实际，除可作为高校教育技术学专业（全国有 250 余所高校开设此专业）本科教材使用外，还可供其他各类学校、培训机构的教师、学生、研究人员阅读参考。该书主要阐述了当前在学科教学中得到广泛应用的各类信息技术的概貌及其在学科教学应用中所形成的较成熟的理论和实践体系。

（刘智明）

【计算机辅助教学(第 2 版)】

师书恩　王慧芳　林田，高等教育出版社 2014 年版。

简介：该书是在第 1 版的基础上，根据计算机技术发展和读者反馈意见修订而成的。全书共分 6 章，分别是计算机辅助教学及其原理、计算机辅助教学系统、计算机辅助教学软件设计、教学软件的制作、计算机辅助教学软件的评价和计算机管理教学。全书内容全面、通俗易懂、实用性强。该书可作为高等学校师范类专业相关课程教材，也可作为中小学教师继续教育培训相关课程的教材或参考用书。

【交互式电子白板教学应用教程】

汪琼　李林，北京大学出版社 2014 年版。

简介：该书阐述了交互式电子白板的多种教学应用与构建教学设计的解决方案。该书首先介绍了互式电子白板的基本知识和应用，在此基础上结合不同类型学科的不同特点和相关学习理论，使用交互式电子白板设计丰富的教学活动案例。该书强调理论联系实践，可作为师范院校学生及中小学教师及大学教师的教育技术能力培训教材，也可作为教育技术学本科生及研究生的教学参考书，或教育信息化研究人员的参考书。

（邹蕊、黄洛颖）

【网络教育资源设计与开发课程设计】

彭文辉　徐家臻等，清华大学出版社 2014 年版。

简介：该书全面介绍网络教育资源的设计与开发相关知识和技能，以项目的形式介绍了各种网络资源的开发流程和开发技术，通过精心选择的若干有实际应有背景的开发实例，一步步指导学生完成有关设计与开发工作。全书内容共分为课程设计的过程和整体要求介绍、网络教育资源设计与开发基础知识介绍、具体的课程设计项目三大部分，分别给出了在线考试系统、在线答疑室、班级网站建设、专题学习网站、网络课程、虚拟学习社区等网络教学资源与平台的设计、实现方法。该书适合教育技术学专业的学生、教师以及对网络教育资源设计和开发有兴趣的其他相关专业人员参考，适合作为教育技术学等相关专业学生的课程设计教材、综合实验能力训练及毕业论文参考。

（牟智佳）

【课件工程】

罗维亮　杨岗，清华大学出版社2014年版。

简介：该书提出“课件工程”的概念，构建“课件多模态语言”的理论体系，讨论课件语言的“作品、画面、语汇”三个层阶和“语法、语意、语用”三个平面。全书以课件语言为工具，对课件设计、制作、评价进行表述，并对课件内容设计和制作的方法进行技术规律、技术能力取向的探讨，有助于形成我国课件文化和教育技术文化。《课件工程》以“作品约束、画面约束与语汇约束”作为课件理论与课件技术联系的桥梁。课件实例均用“内容分析、技术分析、艺术分析”的形式展开，体现技术艺术结合对内容的表达。该书适合本科生、研究生阶段的教育技术学专业的学生使用，也可供基础教育教师、多模态语言研究者和数字媒体艺术工作者参考。

（黄洛颖）

【现代教育技术】

周玉萍，人民邮电出版社2014年版。

简介：该书结合了当代师范教育的特点，充分体现了“现代”“教育”和“技术”3个要点，突出了教育教学技能和教育技术的理念。全书共有9章，分别介绍了现代教育技术的概念、网络教育资源的利用、教学媒体与多媒体素材的处理、多媒体课件制作技术、教学设计、教学技能、信息技术与课程整合、网络课程设计与制作，以及MOOCs教学模式简介。通过对该书内容的学习，读者可以全面了解现代教育技术的基本理论和基本思想，了解现代教学方法、教学模式、教学媒体及常见教学软件的使用，掌握基本的现代教学技能，学会如何利用网络资源服务于教学，熟悉教学设计的基本原理和方法，掌握开发与设计网络课程资源的技术，了解刚刚兴起的MOOCs教学模式等内容。该书的应用面较广，可作为各类师范院校的“现代教育技术”公共课教材使用，也可作为教育技术专业的“现代教育技术”课程教材使用。

（李彤彤）

【多媒体技术应用与实践】

李海芳　马垚，人民邮电出版社2014年版。

简介：多媒体技术是一门应用十分广泛的计算机应用技术，并且随着计算机软硬件技术的不断更新换代，得到了前所未有的迅速发展。多媒体应用系统开发主要包括音频、图像、动画、视频等素材的处理，以及多媒体内容的集成。近年来随着互联网的迅速普及，基于Web的多媒体开发成为新的技术热点。该书结合作者多年的多媒体教学经验和工程实践，从具体应用实践要求出发，对各项多媒体素材处理的基本方法进行了详细介绍，并重点讲解了相关软件的使用方法和多媒体应用作品集成方法。该书还专门介绍了几种常用的基于Web的多媒体开发技术，包括HT-

ML、Web3D、SMIL 等，读者可以利用这些技术开发出绚丽多彩的多媒体网页。本书可作为计算机及相关专业专科生、本科生的多媒体实践教材，也可供有关技术人员参考。

（牟智佳）

（六）远程教育专业

【微课与慕课设计初级教程】

赵国栋，北京大学出版社2014年版。

简介：《微课与慕课设计初级教程》是《混合式教学与交互式视频课件设计教程》（2013年）的修订版。该书系统而全面地介绍了交互式微课和慕课设计的理念和技术实现方案，包括软件介绍、设计流程等。从动态交互素材、虚拟背景和互动视频、动画人物和合成语音，到各种素材的整合打包，再到通过网络教学平台发布，向读者展示了一个循序渐进、由简至繁的微课教学设计与制作过程。同时，以当前热点大规模开放式网络课程（MOOC）为例，分析了技术对教学过程的影响。以“混合式学习”（Blended learning）为核心理念，以“快课”（Rapid E-learning）为技术方案，以“交互式视频课件”为开发平台，以微课、慕课和翻转课堂为教学组织策略。全书共分为11章。第1章和第2章介绍混合式学习、翻转课堂、微课、慕课等概念的相关关系，并提出“交互式视频课件”的设计理念与技术实现方案。第3章至第8章则分别介绍各个IVC设计软件的操作及案例。第9章介绍基于混合式学习的面授课堂互动反馈器。第10章退出一个院校层面的微课与慕课发布平台。第11章介绍教育部“全国多媒体课件大赛和微课大赛”。该书为远程教育的学生提供了一个可操作性很强的课件设计整体技术解决方案。以新教学理念为指导，以模板化的软件工具为平台，对学习远程教育的学生而言，该书为一本很有实用价值的参考书。

（李爽、张婧婧）

【微课与慕课设计高级教程】

赵国栋，北京大学出版社2014年版。

简介：《微课与慕课设计高级教程》将教师的职业发展放在教育信息化和数字校园大背景下去理解，提出了网络时代教学职业发展的基本策略与途径。提出“交互式视频课件”概念，并将“移动学习”“微课”“慕课”都纳入其设计体系中，以期课件的设计理念和技术都能紧跟最新技术发展潮流。该书完全摆脱了以往类似软件操作手册式的传统编写方式，根据教学实践需要的视角来划分软件的功能和操作，结合教学各个环节，以学科教师的实际教学需求为导向。书中所介绍的每一个软件，都配有与教学直接相关的课件案例，从脚本设计到最后课件发布，都有详细的说明和介绍。读者可以按图索骥，在一个熟悉的应用环境中比较轻松地掌握这些软件的使用方法，并很快学以致用。全书共分为8章，第1章介绍数字校园、微课、慕课和教师发展；第2章讲授教师发展平台；第3至6章介绍技术解决方案；第7章为交互式微课设计案例；第8章为课程发布平台的介绍。该书首次系统地总结和提出了跨平台的技术方案，运用于移动课件设计的整体技术解决方案，实现了课件在三大主流设计之间的平滑转换，有效降低了移动学习课件的技术门槛，为更多学科教师今后涉足移动版课件的设计与开发提供了广阔空间。该书可作为远程教育专业学生的参考书。

（李爽、张婧婧）

【网络教育资源设计与开发课程设计】

彭文辉，清华大学出版社2014年版。

简介：该书全面介绍了网络教育资源

的设计与开发相关知识和技能，以项目的形式介绍了各种网络资源的开发流程和开发技术，通过精心选择的若干有实际应用背景的开发实例，一步步指导学生完成有关设计与开发工作。该书将课程设计这一教学模式引入到教育资源及平台的开发训练中来，全面培养学生和相关人员综合分析能力、设计能力、编程能力以及实际的项目管理与写作能力等。全书共分为 8 章，内容共分为课程设计的过程和整体要求介绍、网络教育资源设计与开发基础知识介绍、具体的课程设计项目三大部分，分别给出了在线考试系统、在线答疑室、班级网站建设、专题学习网站、网络课程、虚拟学习社区等网络教学资源与平台的设计、实现方法。该书反映基本理论与原理的综合应用，强调实践和应用环节。正确把握教学内容和课程体系的改革方向，为学生知识、能力、素质协调发展创造条件。该书适合教育技术学专业的学生、教师以及对网络教育资源设计和开发有兴趣的其他相关专业人员参考，可作为远程教育专业学生的课程设计参考书、综合实验能力训练及毕业论文参考。

（李爽、张婧婧）

（七）教育管理学专业

【学校管理学】

张东娇，北京师范大学出版社 2014 年版。

简介：该书内容紧凑，涵盖了学校管理理论、学校战略管理、组织管理、人力资源管理、公共关系管理和文化管理等内容。第 1 章从学校管理概念入手，从历史的嬗变中看学校、管理及学校管理的语义及内涵变化，再对学校管理这种现象在当下的研究现状与实践状态进行梳理，使读者初步了解“学校管理是什么”的问题。第 2 章首先对学校战略管理所关涉的相关概念内涵、特征做一简要介绍，并在简要梳理经典的企业战略管理过程模式和公共部门战略管理过程模式的基础上，探讨学校战略管理模式的内容、过程和途径。最后，对学校发展战略的制定、实施和评价三个过程分别进行阐释，以便为学校战略管理的实施，尤其是学校发展战略的有效运行，提供必要的理论和实践指导。组织是展开管理活动的前提和载体，学校组织架构是学校教育及其管理活动的重要依托，因此，第 3 章主要讨论了学校组织管理得以展开的重要前提和基础，包括学校组织的相关理论、学校组织变革与创新，以及学校组织内部领导机制改革与完善等问题。第 4 章聚焦于学校管理中的教师管理。科学的教师管理需要基于科学的理论和教师工作自身的特点。而教师管理的核心是通过有效的激励和评价，激发教师的工作潜力，促进教师自我价值的完整实现。在学校教师管理过程中，教师个体具有主体性作用，需要依据自身的生涯发展阶段进行积极的自我管理，与此同时也需要学校组织创造有利的条件和环境，促进教师的专业成长和专业发展。第 5 章探讨了学生管理。学生管理也是学校管理的重要内容，是学校教育不可缺失的部分，对于学生发展具有重要价值。该章基于当代中国丰富的学校学生工作实践，讨论学生工作的战略领导、学生学校日常生活建设、大型学生活动开展三大主题，透析相关实践状态，形成相关理论认识。第 6 章主要从学校绩效管理的基本理论问题、学校绩效管理的流程和模式以及教师薪酬管理三个方面，对学校绩效管理的关键议题和核心内容进行较为系统的阐述，可以帮助读者对于学校绩效管理的基本内涵、理论发展脉络及绩效管理的设计与实施等问题形成更深的认识。

第7章讨论了学校安全与应急管理。学校如何做好日常安全防范工作，突发事件出现后怎样进行有效应对，已经成为摆在学校管理者和广大教师面前的现实问题。作为现代教育工作者，必须了解学校安全管理的组织体系，熟悉学校安全突发事件的演进过程及应对策略，掌握突发事件处理的原则和方法。该章讨论学校安全突发事件与应急管理管理，包括学校安全组织体系建设、学校突发事件应急管理的过程、学校应急管理中的公共关系等。

（林美、张新平）

（八）教师教育专业

【教师教育的机理——与学生共生】

于忠海，电子科技大学出版社2014年版。

简介：该书在“作为一门独立社会科学研究学科的教育学”和“作为专门培养教师的教育学”之间进行了区分，以教育学是未来教师的“专业基础课、专业实践课和专业思想教育课”为逻辑起点，基于作者的“共生哲学”思想，从面向学生为教师工作的基本特性出发，分别从教师职业活动中的对象认识、教师职业活动的原理和机制、教师活动的策略和方法以及教师职业活动水平的提高和创新四个部分完成了教材编写。该书的编写体例较为灵活，每章开头设计了学习目标和阅读视角，为学习者自学提供引导和线索；在章节主体内容中设计了知识点为学习者提供必要的知识背景并介绍相关主题的研究进展；在章节结尾部分则设计了对教师的启示，提醒学习者思考本章节内容与教学工作的关系；每章最后作者还提供了教育家和优秀教师小档案作为补充材料，扩展学习者对教育的知识和了解。

（赵萍、杨泽宇）

【教师专业发展】

胡惠闵　王建军，华东师范大学出版社2014年版。

简介：该书是以《教师教育课程标准（试行）》为编写依据，为教师教育课程“教师专业发展”编写的教材。教材分为上、下两篇，每篇各6章。上篇的重点是“认识教师这个专业，了解和理解有关教师专业发展的知识”，下篇的重点是教师入职以后在学校背景下获得专业发展与再塑的途径。教材内容的涵盖范围包括：教学作为一个专业、教师形象、教师专业发展阶段与影响因素、教师专业发展规划、教师反思模式与方法、教师个人自传、师徒制、教研组和教师成为研究者。从编写体例上，每个章节开头设计学习目标、章节主体内容中设置“知识驿站”“案例”扩展学习者的视野；章节最后设计“本章小结”“关键术语”总结章节重点内容；设计“思考与讨论”栏目，以基于材料和案例的方式设计学习者思考和练习题目。章节最后还为学习者提供了进一步阅读的文献，供感兴趣的学习者深入学习每个章节所涉及的主题。

（赵萍、杨泽宇）

【教师培训师培训——理念与方法】

李更生　吴卫东，浙江大学出版社2014年版。

简介：该书是以“教师培训师”为对象编写的培训教材。教材的设计思想是以成人学习思想为核心，按照“理论学习、参与式活动、扩展阅读”的逻辑设计培训项目和教师教育者学习步骤。教材的编写注重指导性和实用性，围绕教师培训的概念、对象、课程设计与培训方法四大基本主题展开。每一主题包含三个方面的内容：理论导读、参与式活动设计和扩展性阅读。理论导读部分主要介绍相关概念的基本定义和历史发展，参与式活动设计部分则给出了详细的教师培训活动方案设计，并通过补充案例的方法帮助学习者了解活动方式的设计方法。在活动方案中涉及的重要概念则用“百科名片”专栏的形式加以介绍。扩展性阅读部分则收录了编者收集的公开发表的相关主题的论文。在内容编排方面，每章开始部分都设计了“本章导读”概括全章内容，每章结束部分则设计了“思考与练习”，提示学习者围绕学习主题设计教师培训活动方案。

（赵萍、杨泽宇）

【教育实习指导】

翟大彤，北京师范大学出版社 2014 年版。

简介：该书以师范生为读者对象，重点从教育见习、教学工作实习、班主任工作实习、教学研究实习、教学表达和教学媒体方面就师范生的教育见习与教育实习予以指导。该书编写体例沿袭传统教材编写形式，以内容讲解与理论知识介绍为主，同时为师范生提供了少量见习、实习的观察工具。

【如何成为优秀的教师（第 8 版）】

［美］弗雷斯特·W. 帕克　贝弗莉·哈德卡斯尔·斯坦福，朱旭东译，中国人民大学出版社 2014 年版。

简介：这是一本指导师范生走上教学之路的教育学基础教材，从教学工作的专业特性谈起，阐明了今日的学校教育与教师所承担的职责和角色，探讨了有关教学的广泛的哲学、历史、道德法律和学校管理、财务方面的知识，并且介绍性地概括了今天的教学实践所具有的一般性特征，展望了教师专业发展的前景。该书编写的最大特色首先在于以案例贯穿理论讲解的全部过程，以学校教育中的现实问题为逻辑组织学习内容。其次，该书按照教师专业发展活动的形式设计了每一章节的“专业反思与活动”使得教材不仅适合师范生学习使用，也适合在职教师开展专业发展活动使用。

（赵萍、杨泽宇）

【教师行动研究】

［美］玛丽·路易丝·霍莉等，祝莉丽等译，中国人民大学出版社 2014 年版。

简介：该书按照研究的适用范围和研究问题的特性，通常意义上认为，研究可以分为基础研究、应用研究和行动研究三个层次。教师行动研究是教师研究的一种重要途径和方法，也被认为是体现教师专业性的重要方面。该书从行动研究的历史渊源和行动研究对发展教师探究思想的重要作用开始，按照教师开展行动研究的一般过程展开，逐步揭示了教师行动研究从选择研究主题到收集、分析研究数据乃至呈现和分享研究的全部过程。全书内容丰富而翔实，在编写体例上借鉴了著名探险故事《绿野仙踪》的内容和叙事方式，增强了可读性。

（赵萍、杨泽宇）

【初为人师——新教师专业发展指导】

潘海燕，北京师范大学出版社 2014 年版。

简介：教师专业发展是一个漫长而意义深远的过程，新教师专业发展则是这一过程的奠基阶段，该书详细介绍了如何从新教师这一阶段的实际出发，确定符合新教师需要的专业发展的目标、内容和途径，构成有效的新教师专业发展指导策略，是教师专业发展研究的重大问题，也是新教师培训与师范生培养中亟待解决的现实问题。该书共分四章，介绍了中小学新教师专业发展的目标、内容、途径和基本策略等。全书理论与案例相结合，贴近教学实际，通俗易懂。

（赵萍、杨泽宇）

【中小学教师绩效管理】

肖远军，浙江大学出版社2014年版。

简介：该书是作者近些年来从事中小学管理研究与主导中小学改革的经验总结和理论概括。在教师实施绩效工资改革的大背景下，该书参考国外绩效制带来的社会影响，结合我国情展开论述，详细介绍了教师绩效的相关理论知识，包括中小学教师绩效，中小学教师绩效管理概述，中小学教师绩效管理的前提，中小学教师绩效计划，中小学教师绩效实施等。并结合我国实际情况提出了一些改进策略，该书有一定的理论深度和实践力度，可以说，探讨教师绩效管理体系，可以为我国中小学教师实施绩效工资制度提供理论和技术支持。

（赵萍、杨泽宇）

【现代教师教与学】

张华，科学出版社2014年版。

简介：该书是教育部、财政部“国培计划”生成性资源、国家级精品资源共享课配套教材。作者立足于“教”，指向“学”，通过介绍教师的职业发展、角色表现、知识结构、能力类型、道德诉求、心理调适、礼仪行为等内容，结合理论阐述、教育叙事、案例分析等多个层面进行应用性、策略性和操作性的梳理和解读。

（赵萍、杨泽宇）

【中国教师教学手册】

赵国忠，南京大学出版社2014年版。

简介：该书论述了新手教师如何成为一名让学生喜欢、家长满意、领导放心的优秀教师，需要一个主动学习、不断提升的过程。在作者看来，教学，是教师的主阵地，是教师思想、底蕴和人格魅力的综合体现，需要教师一辈子孜孜不倦地追求。书中分别从减负、备课、教学、观课、听课、研究等几个方面进行了充分的阐述和解析。教材编写生动、言语朴实、层次清晰，列举了大量一线教师的案例及反思。

（赵萍）

（九）教育经济学专业

【新编21世纪教育学系列教材:教育经济学】

范先佐，中国人民大学出版社2014年版。

简介：该书主要就教育经济学的基本概念以及教育投资、教育效益等问题进行讨论，并结合我国实际，提出了一些新的理论和方法。全书共分11章，分别阐述了以下11个方面的内容：教育经济学的形成与发展，教育与经济发展，教育与人力资本形成，教育与劳动力市场，教育供给与需求，教育与就业，教育投资，教育资源的利用效率，教育成本，教育经济效益，学生资助制度。该书在每章配有案例及案例分析，可以使读者通过案例更好地掌握教学内容，既可作为教育经济学的教学用书，也可作为教育学和经济学相关学科研究学者和学生的参考用书。

（杜育红、杜屏）

（十）学前教育学专业

【学前教育课程论(第2版)】

石筠弢，北京师范大学出版社2014年版。

简介：《学前教育课程论》一书，分上篇和下篇，共有12章，在其内容上，比较深入地研究了我国当前幼儿园课程改革中存在的紧迫问题。“上篇——学前教育课程的基本特性”中，作者从课程的本质，学前教育课程的性质、价值与基本价值取向，学前教育课程内容的形式与来源、基本特性，学前教育课程组织及其价值、课程组织的基本原理、基本原则等方面，循序渐进地介绍了学前教育课程的相关内容。“下篇——学前教育课程专题研究”中，作者从“学前教育中的潜在课程”“中国学前教育课程发展史论”“中国早期学前教育课程思想”“外国学前教育课程理论与思想”这四个大的方面进行了探讨，从国内外学前教育课程思想发展等入手，全面深刻地对学前教育课程相关方面的内容进行了阐释，对学前领域人员的学习借鉴有重大的意义。

（马伊凡、冯婉桢）

【中外学前教育史】

田景正　杨佳，北京师范大学出版社2014年版。

简介：《中外学前教育史》是在2012年教育部颁布《幼儿园教师专业化标准（试行）》后，在国家对于幼儿园教师提出明确的专业知识、能力和师德及理念要求的背景下编写出来的，此教材主要针对高校学前教育专业培养目标编写。

该书由上卷《中国学前教育史（中国古代、近现代和当代学前教育）》和下卷《外国学前教育史（外国古代学前教育、外国近现代学前教育实践和近现代学前教育理论）》两部分构成，以时间为经，以教育实践和教育思想为纬，用史论结合的方法讲述了学前教育的历史。该书所展现的学前教育史，从远古时期到当下的21世纪，包括人类历史主要阶段的学前教育实践活动、制度和教育思想。与现有的同类教材相比，在内容上补充了近年来一些研究成果与重要事件，突出教育发展的连续性、重视培养学生的历史观。

（罗宏、冯婉桢）

【学前儿童美术教育（第3版）】

张念芸，北京师范大学出版社2014年版。

简介：《学前儿童美术教育》（第3版）是在前面版本（2012年6月）的基础上修订而成，参考了国内外美术教育和学前教育领域较有代表性的著作，较之过去的版本，该书在结构上有一定的调整，内容上也有所补充。

该书的编写者系北京师范大学教育学部学前教育专家，内容包括对学前儿童美术教育概述、学前儿童美术创作的特点、对幼儿园美术教育目标的阐述、幼儿园美术教育的组织与实施、学前儿童美术欣赏与指导、学前儿童美术创作技能学习与指导、幼儿园美术综合探索活动引导与幼儿园美术教育的评价等。值得一提的是，全书还包括对幼儿美术作品的赏析和对教育实际问题的解析，针对教育教学中出现的具体问题和实际情况做出解答，将理论与实践非常紧密地结合在一起，以扎实的教育科学理论为基础，扎根于教育教学实践。

（罗宏、冯婉桢）

【学前儿童艺术教育】

王惠然，北京师范大学出版社2014年版。

简介：国家对学前教育领域的相关政策出台后，该书撰写团队认真研读了我国出台的相关政策与标准，本着以学前教育师资培养的国家标准为指导、适合培养对象学习特点、贴近职业教育的需要、有效培养学前教育专业学生的职业能力为目的编写了该书。

该书中，首先对学前儿童艺术教育的价值、功能、内容、目标进行了介绍。其次，作者就设计与撰写学前儿童医护教育活动方案进行说明。再次，作者对于学前儿童美术、音乐能力的发展特征及针对这些特征我们该采取怎样的教育引导方法进行了说明。最后，作者又对如何正确认识多元化的学前儿童艺术教育及对学前儿童艺术教育的评价做了深入的探讨和分析。总体而言，该书就学前儿童艺术教育进行深入的探讨，值得学前教育的各方人士进行学习。

（马伊凡、冯婉桢）

【学前教育基本问题讨论】

李娟，北京师范大学出版社 2014 年版。

简介：《学前教育基本问题讨论》这本书以国家对幼儿教师培养培训为大背景，以如何才能更好地完善国培项目、使其发挥最大的效用为目的进行编写。全书分为三篇，其内容主要针对农村幼儿教师及其相关培训学习。

第一篇为学前教育基本理论，既包括理论知识，又包括对实际问题的分析。主要讲述了儿童的学习、游戏，教师对课程和教学活动的设计与实施方面的相关内容，还有如何促进家长与幼儿园之间相互配合对儿童进行教育。第二篇讲述了学前儿童心理发展的基本常识和幼儿卫生与保健常识，主要涉及对问题的解决方式方法的探讨。第三篇主要讲述了如何科学地做幼儿教育研究。这对如何解决一些新问题给予了科学的指导，更有助于幼儿教师长期的发展。

（马伊凡、冯婉桢）

【幼儿园班级管理与环境创设】

赵娟，北京师范大学出版社 2014 年版。

简介：该书从目前幼儿园班级管理与环境创设的现状出发，以问题导入和案例分析的方式展开讨论，对幼儿园班级环境建设提供了不同方面、不同问题的具体解决策略，提供了操作性极强的实用技巧。

该书的编写人员均为河北省多年从事一线学前教育教学与研究的人员，各个章节由不同的作者编写，由河北师范大学教育学院薛彦华教授、史晓燕教授负责丛书主编。全书以案例研讨的方式展开论述，主要内容包括：幼儿生活活动管理、教育活动管理、班级信息管理、家长工作管理、班级环境建设。主要特点是注重理论在实践中的运用，能够帮助学习者自主学习，案例的运用完整生动，能从多角度、多方面去分析案例。

（罗宏、冯婉桢）

【幼儿音乐教育与活动指导】

郝香才，北京师范大学出版社 2014 年版。

简介：《幼儿音乐教育与活动指导》是建立在编者多年深入课堂、观摩调研和科学论证的基础上完成的，主要针对学前教育专业学生、幼儿教师及广大音乐爱好者，是一本提高学生音乐素养的教材。

该书是一本非常通俗的音乐学习书，甚至可作为音乐入门学习教材。主要内容包括：认识音符、音乐节奏节拍、音程、和弦、大小调式与幼儿指挥训练、民族调式、儿歌创作、奥尔夫音乐教学法、柯达伊音乐教育。与其他教材不同的是，该书将幼儿音乐、儿童歌曲的学习放到了一个非常重要的位置。该书对音乐理论的层次与阐述进行了有序的调整和编订，在音乐的综合知识上也涵盖面较广，内容丰富，可有效补充幼儿教师的音乐基础知识；在技能学习的讲解上深入浅出，具有极强的实用性。

（罗宏、冯婉桢）

【学前儿童健康教育(第二版)】

高庆春　梁周全，高等教育出版社2014年版。

简介：该书简化了理论性知识，加强了实践教学环节，强化了实践能力的培养，编写体例力求新颖，结构清晰、形式活泼，内容贴近实际，理论联系实践，既便于在教师指导下学习，又有利于学生自学。全书共分5个单元，包括学前儿童健康和健康教育概述、学前儿童健康教育活动设计与实施、学前儿童身体保健教育、学前儿童心理健康教育、学前儿童体育。该书可作为高职高专院校、本科学校举办的职业技术学院、成人教育、五年制高职、中职学校学前教育专业的教材，也可供学前教育工作者和幼儿园教师参考。

（德庆措姆）

【幼儿教育政策法规】

蔡迎旗，高等教育出版社2014年版。

简介：全书共十章，首先全面论述了幼儿教育政策法规的法学基础和基本原理；进而深入探讨了幼儿教育活动主体——主要讲述了幼儿和幼儿园教师的权益保护及其相关法律问题；讲述了幼儿园一日活动安全与卫生保健、各领域保教活动、幼儿园班级管理、物质环境与建筑设施、对外联系与合作、开办与管理、财产管理与政府支持等7个方面的法规要求。本书坚持幼儿优先原则，将幼儿权利保护置于首位；坚守幼儿园教师专业标准和合法权益，为幼儿园教师舒心守法地工作出谋划策；全面、系统地总结了幼儿园开办、运行、教育教学、管理等方面的法律依据，为幼儿园合法办园、依法维权提供了务实建议。本书注重澄清概念，说理和举例相结合，内容由浅入深，兼具科学性和通俗性。本书适用于高等院校学前教育专业本、专科学生，也适用于远程教育学员和各级各类幼儿园教师培训。

（德庆措姆）

【幼儿园艺术教育活动指导】

关松林，高等教育出版社2014年版。

简介：该书分别从科学探究和数学认知两个方面阐述科学教育活动的核心理念，分析了科学教育活动的目标和各年龄阶段的教育内容，介绍了科学教育活动实施的意义，精选了不同类型科学教育活动设计的案例及分析，提出了科学教育问题的评价和建议，对教师组织科学活动实践具有很大的指导意义。

（德庆措姆）

（十一）特殊教育学专业

【发展迟缓儿童早期干预教学指导用书(上、下册)】

肖非　戚克敏，商务印书馆2014年版。

简介：该书是在民政部、中国儿童福利和收养中心、中国宋庆龄基金会、富邦文教基金会的支持下，为福利机构内的因各种残疾和疾病导致发育迟缓的0—6岁儿童编写的教材。教材将0—6岁的发展迟缓儿童分为6个年龄段，教材上册主要针对0—1岁、1—2岁、2—3岁的儿童，下册主要针对3—4岁、4—5岁、5—6岁的儿童。两册教材都按照运动技能、认知能力、社会行为能力、语言能力等设计不同的教育训练活动，制定不同的教育训练目标，并对相关的注意事项进行了说明。

（赵梅菊）

【特殊需要儿童早期干预】

秦奕，南京师范大学出版社 2014 年版。

简介：该书为 21 世纪特殊教育精品规划教材，秉承“特殊需要儿童首先是儿童”的基本出发点，主张从“全人”的角度看待特殊需要儿童，强调在融合教育背景下探讨特殊需要儿童早期干预问题。《特殊需要儿童早期干预》的设计框架突破以往“盲、聋、培智”三大类残障儿童早期干预为主体的设计思路，弱化“训练”为主的早期干预目标，结合最新颁布的《3—6 岁儿童发展指南》和《幼儿教育指导纲要（试行）》的基本精神，面向所有 0—6 岁儿童的特殊需要，强调早期干预团队的综合服务特色，重点从儿童身体、情绪、语言、认知和艺术的发展角度评估、实施学前特殊需要儿童早期干预计划。另外，该书以案例贯穿始终，无论是理论观点的案例佐证，还是实践策略的案例说明，都取材于国内外研究成果和当前我国幼儿园、特殊学校的实地资料，这种理论联系实际的写作思路有助于学生较为深刻地理解相关抽象理论，也有助于学生将课堂的实践案例分析与今后的见习、实习等实践学习进行有效连接。

（赵梅菊）

【手语技能】

史玉凤，南京师范大学出版社 2014 年版。

简介：该书为 21 世纪特殊教育精品规划教材，内容主要有两部分：第一部分是手指语、手势语词汇和句子（基础部分）、主题片段练习和场景对话练习基础部分；第二部分是提高拓展部分，内容主要包括手势语词汇和句子（提高与拓展部分）、场景对话练习（提高与拓展）及同声翻译。该书适合手语翻译专业学生、听障教育学生使用，也适合手语爱好者及一切从事与听力障碍者有关工作的人员练习使用。

（赵梅菊）

【融合教育理论反思与本土化探索】

邓猛，北京师范大学出版社 2014 年版。

简介：融合教育理论以追求社会公平、自由等普适性价值观为基础，倡导残疾儿童在普通教室接受高质量的、适合他们自己特点的、平等的教育与服务。20 世纪 80 年代以来，融合教育理论在特殊教育领域成为垄断话语，为各国特殊教育政策制定、实施提供新的依据与动力；也为各国根据自己社会文化特点理解与实施融合教育提供了可能。该书主要对融合教育理论及我国随班就读实践进行了系统分析与思考，对融合教育的历史起源与发展、基本概念体系、核心要素、支持保障体系及实践规律进行系统的分析，对融合教育的本质特点加以总结与概况。作者从中国特有的社会历史文化及教育背景出发，结合国际融合教育发展的经验与教训，对我国特殊教育实践进行深入的思考，探索具有本土化特征的融合教育理论与实践方式。

（赵梅菊）

【特殊儿童随班就读师资培训用书】

华国栋，华夏出版社 2014 年版。

简介：随班就读是特殊儿童接受义务教育的主要形式，以随班就读为主体的特殊教育是基础教育的重要组成部分。近年来，随着我国特殊教育的改革与发展，越来越多的特殊儿童进入到普通学校随班就读，这给普通学校的教育教学和管理工作提出了挑战。《特殊儿童随班就读师资培训用书》以普通学校教师的实际需要为出发点，根据随班就读工作开展的特点，结合对随班就读教师进行培训的经验，列举了包括听觉障碍、视觉障碍、智能障碍、学习障碍、孤独症谱系障碍、多动障碍等在内的多种特殊儿童的基本特点、诊断与评估，与随班就读相关的教育教学策略，并包括了各类特殊儿童的随班就读案例，以及开展相关工作的具体研究思路和方法。

（赵梅菊）

【智力障碍儿童社会技能训练】

王雁　朱楠　王娇艳，北京师范大学出版社 2014 年版。

简介：该书为新世纪高等学校教材，共包括 8 章：第 1—4 章属于基础部分。其中，第 1、2 章从宏观上对智力障碍儿童社会技能发展特点、训练现状、训练需求及理论基础进行了描述。第 3、4 章则紧紧围绕"训练"这一核心。第 3 章以智力障碍儿童社会技能训练"评估、方案设计、实施及人员准备"等为线索展开；第 4 章重点介绍了智力障碍儿童社会技能训练中的单项训练及综合训练法以及对于智力障碍儿童开展社会技能训练不可或缺的游戏活动法。第 5—7 章从社会技能包含的三种成分——认知、行为和情绪入手，对各项技能的训练进行详细分解，并辅以案例介绍和分析。第 8 章则从"专业治疗"的视角，呈现智力障碍儿童社会技能训练中的专业疗法，重点介绍游戏治疗、音乐治疗、行为治疗等方法。该书的编写既有理论的梳理，更注重实际操作，内容上求新、求实，以充分反映"智力障碍儿童社会技能训练"的内容与方法，为学习者获取相关知识、提升训练技巧提供帮助。

（赵梅菊）

【特殊教育学校学生康复与训练】

黄建行　雷江华，北京大学出版社 2014 年版。

简介：康复与训练是帮助特殊教育学生恢复或补偿功能，提高生存质量，增强社会参与能力的重要途径，因此，特殊教育发展特别强调学生的康复与训练，该书正是在此背景下，由深圳元平特殊教育学校和华中师范大学教育学院特殊教育系两个单位合作研究的成果。为了建立完整的特殊学校学术康复训练体系，编者将全书分为上、下两篇。上篇为理论篇，包括四章，介绍了特殊教育学校学生康复的理论体系，下篇为实践篇，包括 5 章，介绍了学校 5 类特殊学生的康复与训练。其中第 1 章介绍了特殊教育学校康复的产生与发展，第 2 章介绍了特殊教育学校学生康复的体系，第 3 章介绍了特殊教育学校学生康复的设备设施，第 4 章介绍了特殊教育学校学生康复的方法。第 5 章介绍了脑瘫学生的训练，第 6 章介绍了自闭症学生的训练，第 7 章介绍了智力障碍学生的训练，第 8 章介绍了听觉障碍学生的训练，第 9 章是视力障碍学生的训练。

（赵梅菊）

【孤独症儿童课程与教学设计——兼论特殊教育的课程】

王梅，北京大学出版社 2014 年版。

简介：《孤独症儿童课程与教学设计》的核心思想在于课程设计要从儿童出发，并要遵循一定价值观和课程理论。孤独症儿童的课程既符合共同规律，又有特殊性，在课程目标、内容和教学活动方面都会体现这种特殊性，诸多的不同决定了课程与教学设计的独特性。作者用 22 年时间进行全面研究，用 9 年时间进行课程实践研究，破解了一道道教学难题，形成了经过实践检验的课程目标和课程内容系统，并向广大教师和家长精选了不同安置、不同成长阶段中的近百个教学活动案例。

（赵梅菊）

（十二）民族教育专业

【少数民族高等教育导论】

曲木铁西　夏仕武，民族出版社2014年版。

简介：《少数民族高等教育导论》充分体现了中国少数民族高等教育的历史使命与发展特色，立足于中国少数民族高等教育的实际，同时将国外的先进理论和实践加以合理的整理，以充实和启迪中国少数民族高等教育的思考和实践。少数民族高等教育是少数民族高等教育学理论体系中的中心概念，是少数民族高等教育的本质、基本特征和基本规律的集中反映。每章后面有思考题与阅读拓展。该书不仅是专著，而且可作教材使用。

（吴明海）

（十三）学校心理健康教育专业

【学校心理辅导新论】

崔景贵，南京大学出版社2014年版。

简介：该书是一本面向普通高校非心理学专业本科生的选修课教材，是高等学校“十二五”教师教育专业规划教材中的一本。该书从素质教育的角度和心理疾病的形成过程出发，结合国内青少年的身心特点和作者的临床经验及理论研究成果来组织框架。主要涵盖学校心理辅导的基本原理、操作实务、组织管理三大方面，对学校心理辅导所需要的专业理论和实践技能，包括学校心理辅导的基本概念、发展历程、核心目标、理论基础、一般途径、常用技术，学校心理辅导的重点专题、操作要领，以及学校心理辅导的课程建设、机构管理、应用策略、心理教师专业发展等，进行了系统深入的理论分析与实践总结，阐释在充满挑战的社会环境与教育背景下，如何对90后、00后青少年开展专业心理辅导工作。

（李亦菲）

【中学生心理辅导】

闻素霞，华东师范大学出版社2014年版。

简介：全书共8章，在注重学生心理辅导的基本知识和系统理论学习基础上，强调对学生进行从事心理辅导工作的基本能力，如个体心理辅导、团体心理辅导、心理健康活动课程设计能力的培养，也强调关注辅导者的自我成长的重要性。本书紧扣中学心理健康教育的需要，吸纳中学生心理辅导最新成果，改变以往以理论知识为重点的教材编写模式，强调了对学生实际工作能力的训练。

（李亦菲）

【心灵成长之旅——中职生心理辅导】

林芳，浙江工商大学出版社2014年版。

简介：该书在框架上采用分主题的形式设计教学内容，全书分为自我意识辅导、学生辅导、心理品质辅导、人际关系辅导、青春期教育、生涯辅导6个主题，每个主题包含若干课内容。在每课的内容设计上，以自主体验为主线，采用“问题中心式”和“活动参与式”的形式组织内容。该书采用“心海导航—心海扬帆—心海起航—心海泛舟—心语心愿 —心路历程”的模式架构，注重教材内容的开放性和学生学习的自主性，体现了“以生为本”的现代教育理念。每课按以下 4 个相辅相成的环节展开：引——提出并了解问题的导入阶段；论——分析并解决问题的探索阶段；用——实现知识与技能迁移的运用阶段；思——实现认知与情感内化的反思阶段。

（李亦菲）

【高职学生心理健康实训教程】

吴丽玫，中国人民大学出版社 2014 年版。

简介：全书共 11 章，涉及心理健康概述、适应能力、自我意识、学习状态、人际交往、情绪管理、性与恋爱、人格发展、挫折应对、网络依赖、职业规划等心理健康相关方面，全面反映了当代高职院校学习心理发展规律与共性问题。

（李亦菲）

【职业学校心理健康指导】

谭素文，浙江科学技术出版社 2014 年版。

简介：该书主要针对中职学生的实际情况，介绍了适应环境、人际交往心理、情绪心理等内容。该书适合职业学校学生使用。

（李亦菲）

【智障学生心理辅导教师手册】

尹岚，上海教育出版社 2014 年版。

简介：花儿朵朵开快乐共成长心理健康教育丛书共分 3 册：《智障学生心理关爱家长手册》《智障学生心理辅导教师手册》《智障学生心灵感悟成长手册》。这本书《智障学生心理辅导教师手册》面向培智学校教师，可以作为教学参考书使用。一方面，借助教师手册，为培智学校心理教师开展心理辅导活动提供方法，打开思路；另一方面，能帮助教师正确认识智障学生心理发展过程及特点，引导智障学生积极面对人生，全面融入社会。

（李亦菲）

三、全国性的教学成果奖

（一）基教类2014年国家级教学成果奖获奖项目名单

特等奖（2项）

序号	成果名称	成果完成者	成果完成者所在单位
1	情境教育实践探索与理论研究	李吉林	江苏省南通师范学校第二附属小学
2	普通高中育人模式创新及学校转型的实践研究	北京市十一学校	北京市十一学校

一等奖（48项）

序号	成果名称	成果完成者	成果完成者所在单位
1	小学语文主题教学实践研究	窦桂梅、胡兰、刘建伟、王玲湘、王艳、焦玫	清华大学附属小学
2	马芯兰小学数学教学法	马芯兰、孙其军、吴正宪、陈立华、高萍、石雷	北京市朝阳区星河实验小学、北京市朝阳区教育委员会、北京教育科学研究院、北京市朝阳区实验小学、北京市朝阳区教研中心
3	高中综合文科课程研究与实践	鄂文艳、陈国才、李荔萍、王宏伟、李军、高筱元	北京师范大学附属实验中学
4	创建生物情景教室 促进生物教学改革	江建敏、李晋军、韩宏杰、侯巧娣、叶文、叶华	北京市第八十中学
5	提高农村教师执教能力的团队研修实践——吴正宪小学数学教师工作站的五年探索	吴正宪、张铁道、李兰瑛、武维民、张秋爽	北京教育科学研究院、北京开放大学、北京市海淀区中关村第二小学、北京小学长阳分校、北京市顺义区教育研究考试中心

续表

序号	成果名称	成果完成者	成果完成者所在单位
6	“翱翔计划”：人才培养方式创新的北京模式	罗洁、方中雄、李奕、张毅	北京市教育委员会、北京教育科学研究院
7	中学数学建模“双课堂”教与学的实践研究	张思明、冯海君、檀晋轩、凌艺国、辛华	北京大学附属中学、北京第十九中学、北京第十五中学
8	以人为本，多元开放——人大附中综合育人模式创新实践研究	中国人民大学附属中学	中国人民大学附属中学
9	突出汉字、汉语特点的小学语文整体改革与理论构建	田本娜、任辉、高恒利	天津师范大学
10	在服务“三农”综合实践活动中提高学生科学素养的长期探索与实践	山西省芮城县风陵渡中学	山西省芮城县风陵渡中学
11	小学综合实践活动课程开发与实施——东北师大附小国际理解教育课程开发与实践	熊梅、刘新生、修丽波、尹丽影、赵欣欣、李莉	东北师范大学附属小学
12	培智学校拼音教学“医教结合”教学模式研究	张联弛、刘涛、刘百搏、杜雪巍、孟瑶、刘一博	黑龙江省哈尔滨市燎原学校
13	成功教育探索——薄弱初中成功路径	刘京海、陈婷、沈敏惠、谢元、周秀茹、王广胜	上海市闸北第八中学
14	上海市提升中小学（幼儿园）课程领导力行动研究	上海市教育委员会教学研究室	上海市教育委员会教学研究室
15	中学物理教学的革新，数字化实验系统（DIS）的研发与应用	上海市教育委员会教学研究室、上海市风华中学	上海市教育委员会教学研究室、上海市风华中学
16	“新基础教育”学校教学改革研究	叶澜、李政涛、吴亚萍、卜玉华、王浩、丁伟明	华东师范大学、上海市闵行区教育局、江苏省常州市教育局
17	面向0—3岁婴幼儿家长的科学育儿指导的探索与实践	上海市黄浦区早期教育第一指导中心	上海市黄浦区早期教育第一指导中心
18	阅读“中国人”，书写“中国人”——彰显语文教育人文性的实践研究	复旦大学附属中学	复旦大学附属中学

续表

序号	成果名称	成果完成者	成果完成者所在单位
19	中国基础教育体育与健康课程改革的实践探索和理论创新	季浏、汪晓赞、谭华、潘绍伟、董翠香、朱伟强	华东师范大学、华南师范大学、扬州大学
20	校园原创音乐剧：塑造阳光少年，追逐青春梦想	华东师范大学松江实验中学	华东师范大学松江实验中学
21	以幼儿自主学习为核心的幼儿园低结构活动探索	上海市闸北区芷江中路幼儿园	上海市闸北区芷江中路幼儿园
22	聚焦志趣、激发潜能：国际视野下上海中学高中生创新素养培育实践研究	上海市上海中学	上海市上海中学
23	后“茶馆式”教学——走向“轻负担、高质量”的实践研究	上海市静安区教育学院附属学校	上海市静安区教育学院附属学校
24	中学创造教育课程群建设的探索与实践	上海市向明中学	上海市向明中学
25	为了学生的愉快学习，变革课堂教学——愉快教育实验的深化发展	上海市第一师范学校附属小学	上海市第一师范学校附属小学
26	普通高中学生个性化学程学习的设计与实践	上海市育才中学	上海市育才中学
27	从这里走向世界——小学国际理解教育的“福山梦”	上海市浦东新区福山外国语小学	上海市浦东新区福山外国语小学
28	中学语文教学整体改革的实践与研究	洪宗礼、董旭午、李震、刘金玉、丁翌平、王铁源	江苏省泰州中学、江苏省赣榆县中学、江苏省泰兴洋思中学、江苏母语课程教材研究所、江苏省泰州市教师进修学校
29	江苏锡山高中学校课程体系的整体构建与实践创新	唐江澎、夏雷震、佟柠、张克中、胡晓军、崔允漷	江苏省锡山高级中学、华东师范大学

续表

序号	成果名称	成果完成者	成果完成者所在单位
30	儿童道德生活的建构——小学德育课程改革与实践研究	鲁洁、高德胜、孙彩平、余维武、方峥嵘、方丽敏	南京师范大学、江苏省南京市上元小学、浙江省杭州市普通教研室
31	尝试教学法的实验研究与推广应用	邱学华、苏春景、李永云、王俊、王春梅、顾志平	江苏省常州市教育科学研究院、鲁东大学、云南省玉溪市教育科学研究所、江苏省宜兴实验中学、黑龙江省鸡西市园丁小学、江苏省常州市湖塘实验中学
32	初中数学“自学·议论·引导”教学法35年探索实践	李庾南	江苏省南通市启秀中学
33	幼儿园单元课程的实践建构——陈鹤琴“活教育”思想的传承与发展	江苏省南京市鼓楼幼儿园	江苏省南京市鼓楼幼儿园
34	小主人教育：一体化课程与教学改革探索三十年	江苏省南京市琅琊路小学	江苏省南京市琅琊路小学
35	天一科学院：学生自主学习模式探索	沈茂德、朱卓君、冯丹沁、邓一波、沈新荣、邓庆民	江苏省天一中学
36	“湿地文化”课程的开发与实施	张昕、蔡明、闻一波、林子杰、单伟峰、赵岚	江苏省苏州中学园区校
37	于永正“言语交际”式小学语文教学探索与实践	于永正、刘文琪、刘春、查晓红、张艳、彭苏华	江苏省徐州市大马路小学、江苏省徐州市鼓楼区文教体局、江苏省徐州市教研室、江苏省徐州市鼓楼区教研室
38	洋思教学模式	江苏省泰兴市洋思中学	江苏省泰兴市洋思中学
39	“多元交互式”教学评价体系的建构与实践——基于地理教学观察的行动研究	朱雪梅、陈桂珍、陈茜、吴春燕、潘竹娟、陈彩霞	江苏省扬州市教育科学研究院、江苏省扬州中学、江苏省扬州大学附属中学、江苏省扬州市第一中学、江苏省邗江中学、江苏省扬州市竹西中学
40	基于语篇的小学英语教学模式研究与实践	郑文、夏恩力、沈雨、汪静艳、王雪梅、毛辉	浙江省教育厅教研室、浙江省温州市实验小学、浙江省温州市教育教学研究院、浙江省宁波北仑区教育局教研室、浙江省绍兴鲁迅小学教育集团、浙江省教育厅教研室附属小学

续表

序号	成果名称	成果完成者	成果完成者所在单位
41	培智学校社区融合教学模式的建构与应用	浙江省宁波市达敏学校	浙江省宁波市达敏学校
42	县域幼儿园教育实践整体推进机制研究——基于“安吉游戏”模式探索与实践	程学琴、章洁、盛奕、吴伟云、郑爱乐、戴艺	浙江省安吉县教育局教科研中心、浙江省安吉县实验幼儿园、浙江省安吉县机关幼儿园、浙江省安吉县教科研中心、浙江省安吉县凤凰山中心幼儿园、浙江省安吉县报福中心幼儿园
43	高中推行学长制的实践探究	山东省实验中学	山东省实验中学
44	基于初中学生全面健康成长的考试与评价体系研究与实践	张国华、魏延阁、高洪俊、陈启德、付霆、程新民	山东省潍坊市教育局、山东省潍坊市教育科学研究院、山东省昌乐县外国语学校、山东省潍坊新华中学、山东省潍坊外国语学校
45	义务教育阶段综合实践活动课程实施研究	郭元祥、沈旎、姚林群、姜平、伍远岳、唐丽	华中师范大学、湖北省武汉市武昌区教研中心、湖南省长沙市教科院、广西柳州市教科所
46	复式教学实验与研究	马安健	湖南省株洲炎陵县鲁坑小学
47	融入民族文化的幼儿园综合教育课程创新与实践	侯莉敏、吴慧源、冯季林、雷湘竹、林丽	广西师范大学、广西民族大学、广西区直机关第三幼儿园
48	普通高中特色校本课程的开发与实践——以重庆南开中学为视角	宋璞、田祥平、张发光、毛明山、肖力、卫晋丽	重庆市南开中学

二等奖（367 项）

序号	成果名称	成果完成者	成果完成者所在单位
1	小学字源识字教学实践研究	张秀华、霍仲英、苏静林、张朝红、李冬青、李红军	北京市顺义区天竺中心小学校、北京市顺义区教育研究考试中心
2	“以爱育爱”教学实践体系	李烈、冯红、芦咏莉、华应龙、马丽英、郑萱	北京市第二实验小学
3	个别化教育理念下自闭症儿童课程的实践研究	于文、王红霞、王桂香、曹燕、张瑶	北京市海淀区培智中心学校

续表

序号	成果名称	成果完成者	成果完成者所在单位
4	提高小学课堂教学效益的实践与研究	北京光明小学	北京光明小学
5	“演、说、写”作文思维训练	刘雪倩、蒋红梅、朱知琴、张颖、靳育红、李冠英	北京一六一中学、北京师范大学附属实验中学、北京市第三十五中学
6	小学超常教育实验研究	翟京华、张雅玲、余冬梅、吴秋立、赵晓川	北京市西城区育民小学
7	尊重个性选择，鼓励个性发展——北京二中“分类发展”实验研究报告	钮小桦、陈惠文、周传章、李建红	北京市第二中学
8	大力推进“全体学生基本艺术素质培养课程方案”让每一名学生都出彩	王冬青、陈文明、刘大青、苏劲松、马红国、廖顺华	北京市昌平实验中学
9	中学生命伦理学课程的开发与实施	李建芝、顾咏梅、卓婧、李磊、况莉、付馨悦	北京师范大学附属中学
10	基于学生发展的多学科教师合作的校本研究模式的构建与实践	梁威、卢立涛、何光峰、胡进、项启江、岳书华	北京师范大学、北京教育科学研究院、北京市密云县教研中心、北京市密云县十里堡中学
11	以东城区小学课程资源中心为平台探索学区资源共享新机制	王欢、陈凤伟、洪伟、范汝梅、陈纲、郭志滨	北京市东城区史家胡同小学
12	内地西藏班（校）藏族高中生学习心理研究和干预实践	张梅、何苗、王香玲、刘杰、徐可玲	北京市西藏中学
13	以 UDS 合作实践研究共同体促进初中学校教育质量提升的行动研究	宫辉力、杨朝晖、王尚志、李延林、孙素英、黄燕宁	首都师范大学
14	实验改变课堂——物理教学改革的实践探索	陶昌宏、秦晓文	北京教育科学研究院
15	基于科普阅读提升中学生科学素养的策略与实践	李兵、李连芝、王东昀、张兴华、杨艳红	北京农业大学附属中学

续表

序号	成果名称	成果完成者	成果完成者所在单位
16	新时期中学生公民道德素养教育实践研究	解海涛、胡迟	北京市东城区教育研修学院、北京汇文中学
17	基于社会大课堂课程资源开发的实践	贾美华、刘玲、黄冬芳、金利、顾瑾玉、王颖	北京教育科学研究院、北京市朝阳区教育研究中心
18	运用教育创新理论大幅提升农村语文、英语教学质量	何克抗、余胜泉、吴娟、马宁、陈玲、赵可云	北京师范大学、曲阜师范大学
19	北京市普通高中整体性课程创新实验研究	杨德军、黄晓玲、程舟、王凯	北京教育科学研究院
20	培智学校综合课程开发与实践	芦燕云、孙颖、程文捷、聂亚利、张旖旎、杨磊	北京市西城区培智中心学校、北京联合大学
21	初中全面性、基础性、发展性课程体系的校本构建与有效实施	杨春林、韩竹、王文彦、吴立东、罗沂、陈祝霞	北京市第五中学分校
22	国家级教育体制改革基础教育试验项目——农村高中音乐、美术实验班试验研究	于荣学、卢国东	首都师范大学附属红螺寺中学
23	农村普通高中校本课程开发的实践研究	刘建友、苏万青、李俊、闻超、刘万里	北京师范大学良乡附属中学
24	中学形体艺术修养课程的探索与实践	李有毅、李应淑、刘华	北京市第十二中学
25	“快乐教育”的实践研究	张忠萍、阎红、狄永杰、韩玉娟、李辉、逄静	北京第一师范学校附属小学
26	薄弱学校的教学改进研究	胡定荣、李先平、黄晓青、张素元、马国红	北京师范大学、北京市石景山区石景山中学
27	基于工读学生体验成功的学业评价方法	肖建国、石蕴茹、徐红伟、刘燕、王卫新	北京市海淀工读学校
28	融合教育学校对随班就读学生教育支持体系建设的研究	梁松梅、朱振云、梁秋勇、张彩霞	北京市朝阳区新源西里小学

续表

序号	成果名称	成果完成者	成果完成者所在单位
29	高中学院制、书院制学生发展模式探索——构建跨年级、多元自主的校园生态	北京大学附属中学	北京大学附属中学
30	大规模教育考试评价研究与实践	臧铁军、郑启跃、丁秀涛、张青华、刘芙蓉、周欣	北京教育考试院
31	构建数字教学资源体系提升农村义务教育质量创新与实践	中央电化教育馆	中央电化教育馆
32	创造性教学研究与实践(1991—2011 二十年的历程)	张武升、吴晓红、董凤桂、徐长青、陈立萍、王霞	天津市教育科学研究院、天津市河西区教育局、天津市河北区教研室、天津市红桥区教科室、天津市河东区香山道小学、天津市西青区教研室
33	小学语文“融合互促”识字教学的实践研究	杜蕴珍	天津市南开区中营小学
34	天津市“空中课堂”项目建设与应用实践	天津市电化教育馆	天津市电化教育馆
35	高中“义工制”社区服务课程的研究与实践	天津市南开中学	天津市南开中学
36	“互动态”作文教学实践研究	天津市滨海新区大港第五中学	天津市滨海新区大港第五中学
37	走向实践育人的综合实践活动课程常态化实施研究	天津市天津中学	天津市天津中学
38	基于大规模教育考试的增值评价研究与应用	张静、赵彤璐、许志勇、钟　君、李　勇、王同	天津市教育招生考试院
39	语文双线自主活动教学研究与实践	伊道恩、史尘封、杨志平、赵福楼、刘克强、龙祖胜	天津市中小学教育教学研究室、天津市教育科学研究院
40	幼儿园全域性教育课程构建与实施	赵维娟、马丽莉、白燕、张哲、詹文艳、冯丽	天津市和平区第十一幼儿园、天津市教育科学研究院
41	依靠三结合教育，实施开放式教学的研究与实践	天津市和平区岳阳道小学	天津市和平区岳阳道小学

续表

序号	成果名称	成果完成者	成果完成者所在单位
42	高中体育大课堂学习模式的研究	张金生、贾立国、李再林、牛志海、董素艳、陈华	天津市滨海新区汉沽第一中学、天津市滨海新区塘沽一中、天津市滨海新区汉沽五中、天津市滨海新区开发区一中
43	基础薄弱初中优质发展的教学改革实践研究	潘怀林、巩艳华、邵丽琴、王艳惠、刘福颖、段红	天津市滨海新区塘沽第十五中学、天津市滨海新区塘沽第六中学、天津市北辰区东堤头中学、天津市滨海新区塘沽第十三中学
44	“探究—建构”教学模式的研究与实践	王培德、田玮、杨玉东、于川、梁栋、于永东	天津市第四中学、天津市河西区教科室、天津市新华中学、天津市杨村第一中学、天津市第二中学
45	视力障碍学生形体训练的实践研究	王秀会	天津市视力障碍学校
46	模块整体教学培养学生创新意识的教与学模式研究	天津市第一中学	天津市第一中学
47	以“双模”促实效的高中必修课程资源开发与应用	天津市实验中学	天津市实验中学
48	开展数学教学效率课题研究 促进中学数学教师专业发展	王光明、梁栋、于川、王新兵、江嘉秋、吴增生	天津师范大学、天津市杨村第一中学、天津市新华中学、天津市第四中学、福建省福州教育研究院、浙江省仙居县教研室
49	幼儿园多彩发展课程的开发与实施	天津市河西区第一幼儿园	天津市河西区第一幼儿园
50	“人生计划”校本课程的开发与实践研究	天津市第二十一中学	天津市第二十一中学
51	关于学生自主健体能力发展的研究与实践	程林、苏宝明、董凤清、关树林、李东锐、朱建梅	天津市和平区中心小学、天津市塘沽一中、天津市塘沽教育中心、天津市塘沽实验小学
52	“两全”思想下的幼儿园艺术教育	天津市河北区第五幼儿园	天津市河北区第五幼儿园
53	中小学“有效教学和有效学习”理论与实践研究	杨勇、杨今宁、宗树兴、张建华、马连成、杨絮飞	河北省教育厅、河北省教育科学研究所、河北省教育宣传中心、河北省邯郸永和学校、河北省徐水县教研室、河北省北戴河区教研服务中心

续表

序号	成果名称	成果完成者	成果完成者所在单位
54	研究材料与环境，支持幼儿主动学习	么丹彦、董黎华	河北省唐山市第一幼儿园
55	山西省普通高中“问题导学”新课堂	肖增英、薛红霞、李海勇、宁致义、卢文青	山西省教育科学研究院、山西省晋城市泽州一中、山西省新绛中学、山西省太原尖草坪一中
56	高中半天授课制——山西省新绛中学课堂教学改革探索与实践	山西省新绛中学	山西省新绛中学
57	“双平台”环境下的“无界课堂”	薛红霞、肖增英、郝新春、荆建强、王建业	山西省教育科学研究院、山西省电化教育馆、山西教育出版社、浙江省杭州石开公司
58	基于云平台下学案教学的研究与实践	山西省灵石县第二中学	山西省灵石县第二中学
59	“三·五·三”学导型课堂教学模式的探索与实践	山西省太谷县第二中学校	山西省太谷县第二中学校
60	《金桥家校联系册》——家校共育的有效操作模式	王金华、冯贵清、刘永梅、郭真、赵彦龙、王晓刚	山西省太原市小店区大营盘小学
61	创新课堂学习方式，探索有效教学行动策略的研究	内蒙古自治区通辽市科尔沁区第十一中学	内蒙古自治区通辽市科尔沁区第十一中学
62	幼儿数学领域学习与发展的实践研究	邹晓燕、吕方、沈维华、刘阳美	辽宁师范大学、辽宁大学、辽宁省大连市托幼协会
63	基础教育优质数字资源多元化建设模式与应用创新	辽宁省电化教育馆	辽宁省电化教育馆
64	“课题驱动—多元协同”校本教研模式研究与实践	朱宁波、傅维利、闫守轩、周慧芹、佟世军、洛英	辽宁师范大学、辽宁省大连第十四中学、辽宁省大连第十六中学、辽宁省大连市风景小学
65	中小学小班化高效课堂教学研究	辽宁省大连市西岗区教师进修学校	辽宁省大连市西岗区教师进修学校
66	以教学改进为目标的“问题—解决”模式	吉林省教育学院	吉林省教育学院
67	普通高中“目标—模组—层级”式课程结构的构建与实施	刘丽君、张晓娟、蒋礼、张凤莲、张福彦、张影	东北师范大学附属中学

续表

序号	成果名称	成果完成者	成果完成者所在单位
68	吉林省小学书法教育推进策略研究	吉林省教育学院	吉林省教育学院
69	普通高中创造教育课程的开发与实践研究	潘永兴、杨晓雷、张翠敏、张卓鸿、杨忠善、曹玉峰	吉林省实验中学
70	延边地区朝鲜族中小学双语教学改革研究与实践	金英虎、孙惠欣、靳淑梅、俞永虎、廉哲学、张正一	吉林省延边朝鲜族自治州教育局、延边大学、吉林省延边朝鲜族自治州教科所、吉林省延边朝鲜族自治州教育学院
71	基于自创性实验的物理教学研究	王爱生、王亚宏、刘文白、佟岩、张剑秋、齐海珍	吉林省前郭县蒙古族中学、吉林省前郭县教师进修学校
72	初中案例教学法的操作体系及运行模式	吉林大学附属中学	吉林大学附属中学
73	小学语文“注音识字，提前读写”教学改革	孟广智、唐宏建、石连琪、郑万峰、高仡、张元花	黑龙江省语言文字报刊社
74	小学综合实践活动课程实施的探索	王林宝、田丽、张学枚、毛会娟、邵春瑾、张晓群	黑龙江省教育学院
75	黑龙江省朝鲜族小学汉语主体开放式教学模式实验研究	朴泰秀、朴金姬、金明艳、金明华、金红喜、金英	黑龙江省教育学院、黑龙江省哈尔滨市阿城区朝鲜族小学、黑龙江省密山市朝鲜族小学、黑龙江省五常市朝鲜族实验小学、黑龙江省海林市朝鲜族小学、黑龙江省牡丹江市朝鲜族小学
76	初中技术地方课程开发与实施研究	金春兰、孟凡杰、毛会娟、洪如蕙、孙可平	黑龙江省教育学院、黑龙江省教育厅、上海科技教育出版社、上海师范大学
77	“组织化学习”县域大面积应用研究与实践	杜伟明、王志、张振波、魏远鹏、彭砚威、李贵军	黑龙江省绥棱县教育体育局、黑龙江省绥棱县教师进修学校、黑龙江省绥棱县第五中学校、黑龙江省绥棱县第二中学校、黑龙江省绥棱县长山中学校

续表

序号	成果名称	成果完成者	成果完成者所在单位
78	“分领域优化课程资源供给方式”的实践与探索	黑龙江省牡丹江市第一高级中学	黑龙江省牡丹江市第一高级中学
79	中小学生学业质量综合评价——从PISA研究到“绿色指标”实践	上海市教育委员会教学研究室、上海市教育科学研究院、上海师范大学	上海市教育委员会教学研究室、上海市教育科学研究院、上海师范大学
80	推进医教结合，提高特殊教育水平	陈东珍、蔡蓓瑛、刘春玲、梁志华、马珍珍、孙爱青	上海市教育委员会、上海市教委教学研究室、华东师范大学、上海远程教育集团电化教育馆、上海市教科院、上海市教委教育技术装备中心
81	基于儿童发展需要的幼儿园保教质量评价体系的构建与实践	上海市黄浦区思南路幼儿园	上海市黄浦区思南路幼儿园
82	基于课程标准的教学研究与实践	崔允漷、周文叶、朱伟强、徐淀芳、周文胜、唐江澎	华东师范大学、上海市教委教研室、河南省郑州市教研室、江苏省锡山高中
83	上海市基础教育见习教师规范化培训新体系的构建与实践	上海师资培训中心	上海师资培训中心
84	轻度智障学生职业生涯发展教育的研究与实践	上海市长宁区初级职业技术学校	上海市长宁区初级职业技术学校
85	进城务工人员随迁子女集聚的公办小学适应性教育的实践研究	上海市虹口区柳营路小学	上海市虹口区柳营路小学
86	提升全体学生创新素养的多领域、阶梯式课程的开发与实施	上海市七宝中学	上海市七宝中学
87	基于师幼共同成长的幼儿园课程实施方案的开发与实践研究	朱家雄、华爱华、李慰宜	华东师范大学、上海市卢湾区教育学院
88	幼儿园“以游戏为基本活动”的课程建构与实践	上海市静安区南西幼儿园	上海市静安区南西幼儿园
89	“多维有序”社会实践活动课程建设	上海市曹杨第二中学	上海市曹杨第二中学
90	多目标、多主体、多途径中学校长培训模式创新研究与实践	陈玉琨、代蕊华、沈玉顺、刘莉莉、王俭、杨全印	华东师范大学

续表

序号	成果名称	成果完成者	成果完成者所在单位
91	自主探索，体验引导——优质高中《生涯规划》课程的建构与实施	徐向东、李海伟、张林、朱珠、万燕、程勇	上海交通大学附属中学
92	“六个百分百”育人模式的研究与实践	何晓文、李志聪、施洪亮、娄维义、蒋建国、周敬山	华东师范大学第二附属中学
93	小学创造教育课程的系统开发与实践	上海市闸北区和田路小学	上海市闸北区和田路小学
94	实验弹性学制 创建特需课程——探索学生潜能开发规律深化教学整体改革	上海市实验学校	上海市实验学校
95	结构求变，思维求新——套餐式课程和走班教学的“选择教育”深化研究	王丽萍、孟凡岗、郑百易、胡立德、邵荣、陆高原	上海市晋元高级中学
96	探寻适合每个学生的课程——学校课程统整实践研究	上海市大同中学	上海市大同中学
97	以培养学生“学习素养”为核心的学校课程的构建与探索	上海外国语大学附属大境中学	上海外国语大学附属大境中学
98	儿童哲学——特色校本课程的建设与实践	上海市杨浦区六一小学	上海市杨浦区六一小学
99	区域联动提升小学作业效能的实践探索	姚期、邵春安、陈晞、朱正刚、王林琳、季晓军	上海市长宁区教育局、上海市长宁区教育学院
100	普通高中学校课程能力建设	杨九俊、彭钢、董洪亮、王一军、张晓东、万伟	江苏省教育科学研究院
101	爱的课堂——斯霞教育思想的传承与发展	闫勤、周卫东、贲友林、吴玲、曹海永、赵敏	南京师范大学附属小学
102	聋人普通高中课程体系的创建与实施	江苏省南京聋人高级中学	江苏省南京聋人高级中学
103	语文本色教学	黄厚江	江苏省苏州中学

续表

序号	成果名称	成果完成者	成果完成者所在单位
104	中小学生成性教学区域推进研究	朱志平、李军、李能国、朱洁如、孙福明、朱志刚	江苏省常州市教育科学研究院、江苏省常州市第一中学
105	幼儿园田野课程的架构与实施	汪丽、李微玉、陆晓民、邱梅蓉、邹鲁峰	江苏省南京市太平巷幼儿园
106	中学地理课程中的环境教育理论与实践	陆静、孙小红、李久生、厉兵、吴向军、张静	江苏省南京市教学研究室、南京师范大学附属中学、江苏省教育学院、江苏省南京市六合区教研室、江苏省南京市南湖第二中学
107	传统文化课程资源建设——“沛县封侯虎”（布老虎）校本课程开发与实践	张振华、朱桂金	江苏省沛县体育中学、江苏省沛县实验小学
108	教有文化的语文，培养有教养的儿童——文化语文教育的实践与探索	祝禧	江苏省海门市东洲小学
109	中度智障生生活适应课程的开发与研究	高鹏凌、金莉、施凤英	江苏省扬州市培智学校
110	多元化互动体验：小班化教学模式的建构与实践	汪笑梅、杨健、王红兵、杨震云、宋宁、祁海燕	江苏省南京市教学研究室、江苏省南京市教育科学研究所
111	学前听障儿童双模块融合教育的十年实践与探索	季兰芬、孟瑾、包葵、傅萸、朱敏明、张卫萍	江苏省苏州市盲聋学校、江苏省苏州高等幼儿师范学校附属花朵幼儿园
112	金陵中学研究性学习十八年的探索、拓展与创新	邹正、岳燕宁、丁强、尤小平	江苏省南京市金陵中学
113	东庐讲学稿教学模式	江苏省南京市溧水区东庐初级中学	江苏省南京市溧水区东庐初级中学
114	情智教学的实践与研究	孙双金	江苏省南京市北京东路小学
115	简约化数学课堂教学研究	许卫兵	江苏省海安县城南实验小学
116	无痕化语文教学的实践探索	李凤、刘昕、李旭东、陈剑峰、董一红、周卫红	江苏省南通市教育科学研究中心、江苏省南通市虹桥二小、江苏省如东县实验中学、江苏省南通市第一初级中学

续表

序号	成果名称	成果完成者	成果完成者所在单位
117	“活动单导学”教学模式	万国全、鞠九兵、丁非、刘国庆、冒继承、陈兰	江苏省如皋市教育局教研室、江苏省如皋市第一中学、江苏省如皋市外国语学校
118	小学发展性课堂教学的研究	薄俊生、黄忠平、洪榴	江苏省苏州市教育局、江苏省常熟市绿地实验小学、江苏省常熟市实验小学
119	研究性课堂的建构与实践探索	范云良、李琳、陈芳	江苏省南京市力学小学
120	基于“小人书图画读物”的小学阅读教学实践	朱桂金、张振华	江苏省沛县实验小学、江苏省沛县体育中学
121	原点教学：培养学生英语学习力	葛文山、薛蓉、王兰英、杨海春	江苏省梁丰高级中学、福建省福州市教育研究院、陕西省西安市教育科学研究所、江苏省锡山教育局教研室
122	“生命关怀”教育理念下课堂转型研究	江苏省常州市局前街小学	江苏省常州市局前街小学
123	图式理论应用于小学语文教学的实践与研究	林红、徐天中、吴红耘、赵洪、李耘雯、彭坚	江苏省苏州市实验小学、江苏省苏州科技学院
124	少年农学院——农村小学综合实践活动课程开发	管国贤、邓向群、王佩军、顾春华、孙妙珺、贾秋红	江苏省无锡市藕塘中心小学
125	初中物理教学中引入项目学习的实践探索	杨勇诚、盛建国、朱祥、顾晓芳、陆海培、黄冠	江苏省苏州市吴江区盛泽第二中学、江苏省苏州市吴江区平望第二中学、江苏省苏州市吴江区屯村中学、江苏省苏州市吴江区实验初级中学
126	初中数学实践与综合应用领域资源开发与实施	孙朝仁、董林伟、马敏、吴海宁、朱桂凤、朱建明	江苏省连云港市教育科学研究所、江苏省中小学教学研究室、江苏省连云港市教育局教研室、江苏省连云港市海州实验中学、江苏省连云港市幸福路中学、江苏省南京市教学研究室
127	高中生史学素养的培养研究	刘俊利、张永谦、房莉、刘兴法、王春、徐进利	江苏省连云港市教育局教研室、江苏省海头高级中学、江苏省连云港市开发区教研室、江苏省海州高级中学、江苏省连云港市海州实验中学
128	初中数学课程与教学研究	杨裕前	江苏省常州市教育科学研究院

续表

序号	成果名称	成果完成者	成果完成者所在单位
129	项目驿站：教学现场中教师成长的实践探索	严瑾、杨春基、刘宁、庞洁、吴芸、杨东亚	江苏省南京市拉萨路小学
130	新课程校本化的规划与实施	王军、屠桂芳、吴国锋、杨新富、高学林、程立	江苏省南京市金陵中学河西分校、江苏省南京市第十三中学
131	内地新疆高中班民族团结教育教学实践研究	封留才、史海燕、周海林、洪长青、卞珍凤	江苏省口岸中学
132	小学主题大单元德育课程的校本开发	朱小敏、尹弘敏、王琴、许蕴霞	江苏省昆山市新镇中心小学校、江苏省昆山国际学校、江苏省昆山市柏庐实验小学、江苏省昆山市正仪镇黄泥山完全小学校
133	追寻释放学生潜能的课堂	韩金山、周中森、李其柱、李水、马建明、徐光静	江苏省连云港市教育局、江苏省连云港市教研室、江苏省赣榆县第一中学
134	中小学课型范式与实施策略	江苏省常州市教育科学研究院	江苏省常州市教育科学研究院
135	德育课程中公民意识培养的实践研究	顾润生、戴慧、向永知、张新东、张衍标、胡鸣亚	江苏省常州市教育科学院、江苏省常州高级中学、江苏省常州市武进区教研室、江苏省常州市武进区焦溪初级中学
136	江苏省义务教育阶段优质资源——中小学课程同步学习辅导（名师课堂）	江苏省电化教育馆	江苏省电化教育馆
137	农村幼儿园“小农庄课程”	徐志香、徐晓莉、周红梅、苗颖	江苏省宝应县夏集镇中心幼儿园、江苏省扬州市教育科学研究院、江苏省宝应县教育局教科室、江苏省宝应县柳堡镇芦村幼儿园
138	本真教育：高中素质教育的校本化实施	陈余根、姜立东、钱五海、陈野、朱进、唐杰	江苏省姜堰第二中学
139	高中数学“课题研究式学习”实践研究	王晓东、沈辉、张健、顾向忠、李俊、薛辉	江苏省启东市中小学教师研修中心、江苏省启东市汇龙中学、江苏省启东中学

续表

序号	成果名称	成果完成者	成果完成者所在单位
140	构建诗性的课程与课堂——诗性教育的研究与实践	柳袁照、李丹、罗强、张惠钰、徐思源、唐岚	江苏省苏州第十中学校
141	培养学科素养的“结构·尝试”教学研究	王俊、杜达文、马伟平、张捷、郑发健、周水萍	江苏省宜兴市实验中学
142	“整体规划，模式引领，教研推动”的高中数学课程实施策略	李善良、孙旭东、陈兆华、张建良、冯建国、张松年	江苏省中小学教学研究室、江苏省南京市教学研究室、江苏省苏州市教育科学研究院、江苏省无锡市教育科学研究院、江苏省淮安市教研室、江苏省南京市金陵中学
143	中学教育与高师教育良性互动的地理教学协同创新实践	王建、赵媛、仇奔波、朱雪梅、于蓉、姜建春	南京师范大学、江苏省扬州市教育局教研室、江苏省中小学教研室、山东省教学研究室
144	旨在理解和落实教学常规的教师实践研修——浙江校本研修十年探索的突破	浙江省教育厅教研室	浙江省教育厅教研室
145	我国综合实践活动课程的理论基础、顶层设计与实验研究	张华、李雁冰、高振宇、仲建维、李树培、安桂清	杭州师范大学、华东师范大学、宁波大学
146	浙江省普通高中课程改革的探索	浙江省教育厅教研室	浙江省教育厅教研室
147	中小学全员心理健康教育的师资培训：工作坊教学模式的十五年实践探索	李伟健、孙炳海、刘宣文、庞红卫、陈永胜、徐中收	浙江师范大学、浙江传媒学院、浙江省教科院、浙江省永康市教育局
148	高中美术模块教学本土化策略的研究与实践	骆建钧、陶育义、王瑜、孙龙、费霞、何炜	浙江省宁波市教育局教研室、浙江省宁波市鄞州区教育局教研室、浙江省宁波市鄞州区姜山中学、浙江省宁波市鄞州区高级中学、浙江省宁波市第二中学、浙江省宁波市慈湖中学
149	高中物理文理贯通教学的研究和实践	姜水根、杨榕楠、杨继林、陈青华	浙江省宁波市效实中学
150	智障学生十五年教育模式的构建与实践	洪佳琳、陈荣弟	浙江省杭州市智障教育资源中心

续表

序号	成果名称	成果完成者	成果完成者所在单位
151	小学"无书面家庭作业"的多元设计与教学策略研究	李武南、周昊天、邵彩仙、任倩、吴立文、贾洪华	浙江省金华市宾虹小学
152	数学程序性知识教学的研究与实践探索	巩子坤、任敏龙、刘萍、曹建军、潘云芳	杭州师范大学、浙江省杭州市上城区教育学院、浙江省杭州市江干区教师进修学校、浙江省杭州市三墩中学
153	大班小班化：以全员导师制开展普通高中学生发展指导的实践	陈才锜、张雯菁、郑晓萍、陈胜男、赵海勇、郑伟荣	浙江省温岭中学
154	历史与社会综合性学习课堂教学模式研究	牛学文、陈新民、渠长根、黄忠杰、高凌、周辉兵	浙江省教育厅教研室、浙江外国语学院、浙江理工大学、浙江省乐清市教育局教研室、浙江省杭州市江干区教师进修学校、浙江省温岭市第九中学
155	农村小学"一主两翼"劳动技术教育新模式研究	杨霄松、冯建强、茅月清、钱韶宾、糜建强、邓月强	浙江省海宁市斜桥镇庆云中心小学、浙江省海宁市石路中心小学
156	以"瓯越文化课程群"为载体的课程建设区域推进模式	浙江省温州市教育教学研究院	浙江省温州市教育教学研究院
157	推进中小学课程与教学改革的多维模式研究：基于大学课程与教学专业团队探索	盛群力、张文军、屠莉娅、刘力、刘正伟、刘徽	浙江大学
158	学程导进：基于学生立场的初中教学方式变革	何志英、王丽丽、叶建群、汪湖瑛、虞晓慧、于浙园	浙江省杭州市采荷实验学校
159	高中物理自制教具及其策略研究	朱成巧、王健浩、王建胡、孔兴隆、王良志、张银荣	浙江省温州市龙湾区永强中学、浙江省温州市龙湾区教师发展中心
160	初中科学"生活化"实验资源整合和开发机制的探索	金可泽、王海平、袁莉红、周应章、林益挺、周焱	浙江省舟山市南海实验学校、浙江省舟山教育学院
161	传统育人模式的个性化突围——一所县级中学十数年的教改之路	吴国平、黄国龙、王梁、贺洪鸣、余勇、曾昊溟	浙江省宁波市镇海中学

续表

序号	成果名称	成果完成者	成果完成者所在单位
162	切入学生现实生活的高中科技教育课程建设——基于25年锲而不舍的探索	陈征燕、洪仙瑜、邵文其、杨永建、陶晨	浙江省台州市第一中学、浙江省路桥中学、浙江省台州市教研室
163	“以学论教”教学过程发展性评价的研究与实践	郑志湖、陈孝杰、陈红、姜忠勤、许海卫、洪琼	浙江省天台中学
164	全境英语（ELITE）：外国语学校英语特色课程群建设实践研究	滕梅芳、杜娟、黄燕、卢晓霞、阮敏	浙江省杭州新世纪外国语学校
165	基于作业功能研究 从技术层面减轻学业负担的探索——区域性作业改革的实践	张志伟、张丰、陈天伟、张春燕、陈文渊、张志远	浙江省仙居县教研室、浙江省教研室、浙江省仙居县双庙中心小学、浙江省仙居县安洲小学、浙江省仙居县实验中学、浙江省仙居县教科所
166	以文化为导向的外文特色教育理论与实践	夏谷鸣、胡跃波、谢慧萍、龚姚东、洪梅、张海漪	浙江省杭州外国语学校、浙江省教育评估院
167	小学“童声作文”教学的研究与实践	潘永杰、胡文杰、王海虹、徐敏霞、胡淑君、梅利萍	浙江省宁海县实验小学教育集团实验校区
168	基于小学生多维学习的课程整合的策略研究	董诞黎、胡早娣、邵亦冰、包奕颖、任一平、边宁	浙江省杭州市长寿桥小学
169	美术思维游戏：幼儿园“意象绘画”活动体系的构建和推广研究	陈碧霄、陈文跃、李怡丽、贾明洁、曹卫红、谢芳	浙江省温州市第九幼儿园
170	整理课十年：基于学习习惯养成的课型创新	白莉莉、黄海、杨丽萍	浙江省温州市实验小学、浙江省温州市私立第一实验学校
171	区域推进“个人教学问题研究”的嘉兴经验	王幸平、吴丽萍、陆福根、王羽左、纪忠华	浙江省嘉兴市教育局、浙江省嘉兴市教育研究院、浙江省嘉兴教育学院
172	《玩艺与创意》：小学跨学科整合的模块化探索	孔丽珍、刘秀芬、周红娟、蔡菁菁	浙江省衢州市新华小学、浙江省衢州市柯城区教师进修学校

续表

序号	成果名称	成果完成者	成果完成者所在单位
173	学科教学“创意化”转型的探索：以儿童动漫为媒介	郑巍巍、邱常军、夏敏敏、石如军、张亚伟、李慧敏	浙江省宁波市北仑区淮河小学
174	从模式推动到要素推进：初中“自主合作课堂”的研究与实践	林良富、黄玉华、彭林虹、郑华玉、杨以明、杨善福	浙江省宁波国家高新区外国语学校
175	基于学生自主发展的高中校本课程建设的实践研究	林肃浩、赵庆跃、王发高、陈婕、胡亦民、邵江良	浙江省杭州第二中学
176	基于幼儿天性的生态式区域课程研究与实践	陈芳、陈家行、余秀波、张葵葵、范忭燕、许柯云	浙江省慈溪市实验幼儿园
177	童蒙养正 立德树人——小学国学启蒙教育课程化探索	顾秋红、陈颖、李赛萍、庄旦丹、蒋霞、李明艳	浙江省宁波市镇安小学
178	国际理解教育校本课程探索与实践的研究	潘志强、祝凌宇、毛建清、陈国清、徐丽燕	浙江省衢州第二中学、浙江省衢州华茂外国语学校
179	以目标为导向的中学英语“教—学—评”实践模型的构建探索	任美琴、张音、蔡晓佳、吴超玲、朱晓洁、何小怡	浙江省临海市回浦中学、浙江省大田中学、浙江省温岭中学
180	省域内全面推进高中化学优质教学的研究与实践	夏建华、闫蒙钢	安徽省教育科学研究院、安徽师范大学
181	幼儿园混龄教育的实施模式与实施策略	葛晓英、赵菁、郭琪、齐玮、赵珺	福建省厦门市第九幼儿园
182	福建省中小学“指导——自主学习”教改实验	余文森、王永、陈国平、刘冬岩、纪秀卿、黄国才	福建师范大学、福建省厦门英才学校、福建省普通教育教学研究室
183	利用木偶开展幼儿园教育活动，促进幼儿发展的实践探索	福建省泉州市刺桐幼儿园	福建省泉州市刺桐幼儿园

续表

序号	成果名称	成果完成者	成果完成者所在单位
184	回归率真童年的幼儿园人文美术教育	吴丽芳、陈秉龙、管琳、吴丽珍、谢颖蘋、林云芝	福建幼儿师范高等专科学校、福建省厦门市海沧区新阳幼儿园、福建省福州市浦下幼儿园
185	“三环节・三反馈”教学方式	蒋宗尧、陈媛、陈文斌、沈金全、黄巨昌、林传忠	福建省厦门市湖里区教师进修学校、福建省厦门市湖里区教育局、福建省厦门市蔡塘学校
186	低投入高效能幼儿运动挑战区创设与实践	张青、陈彦、邱剑波、缪雯晓、郑永	福建省福安市实验幼儿园
187	城乡一体化进程中不同家庭文化背景学生融合教育实践	刘艳琼、谭诤、侯礼鑫、陈上仁、宋心义	江西省赣州市文清路小学、江西省赣南师范学院、江西省赣州市教育局
188	基于积件理论的高中数学计算机辅助教学多媒体资源库实践探索	严剑、利心志、刘倩、郭平、王明易、张勋达	江西省景德镇市中小学教学研究所、江西省景德镇七中、江西省景德镇三中、江西省景德镇一中、江西省景德镇二中
189	基于多平台信息融合的教与学方式改变的探索与实践	南昌大学附属中学	南昌大学附属中学
190	幼儿园区域环境创设与活动指导的有效策略研究	董旭花、王翠霞、韩冰川、刘霞、阎莉、赵福云	山东女子学院、山东省淄博市实验幼儿园、山东省淄博市市直机关第三幼儿园、山东省淄博市市直机关第二幼儿园、山东省商务厅幼儿园、山东省淄博市市直机关第一幼儿园
191	初中化学实施“观念建构”教学的理论与实践研究	卢巍、毕华林、崔素芳、石秀竹、辛本春、刘文静	山东省教学研究室、山东师范大学、山东省泰安市泰山区教研科研中心、山东省青岛市市南区教育研究指导中心、山东省日照市岚山区实验中学、山东省泰安市南关中学
192	农村初中发展性教学质量保障体系的建构与实践创新	李红婷、许爱红、黄秀清、王俊相、姜怀顺、李中国	齐鲁师范学院、山东省教育科学研究所、山东省莱芜市莱城区教育局、山东省临沂第二十中学、山东省临沂大学

续表

序号	成果名称	成果完成者	成果完成者所在单位
193	山东省中小学综合实践活动课程实施的研究与实验	曾庆伟、王秀玲、王春华、寻素华、冯光国、王汉东	山东省教育科学研究所、山东省教学研究室、山东师范大学、山东省济宁市电化教育馆、山东省济南市历城区教学研究室、山东省金乡中心小学
194	信息化背景下中小学教师专业学习模式探索	山东省教师教育学会、齐鲁师范学院	山东省教师教育学会、齐鲁师范学院
195	山东省高中语文教学整体改革实验与研究	厉复东、崔广胜、魏华中、侯成宾、马锡刚、徐衍成	山东省教学研究室、山东省临沂罗庄区教研室、山东省寿光现代中学、山东省泰安市教学研究室、山东省泰安二中
196	“个性化思维建构教学”的探索与实践	李新生、王钢城、高玉岱、滕德新、侯月阳、李矿水	山东省济南稼轩初级中学
197	小学语文“探究体验式”阅读教学法	张兴堂	山东省青岛市普通教育教研室
198	创新人才培养课程的开发与实施	山东省青岛第二中学	山东省青岛第二中学
199	《海洋教育》地方课程开发与实施的研究	马伟林、李瑶、马振瑛、王学军、史文辉、刘琨	山东省青岛市普通教育教研室、山东省青岛市市北区教育研究发展中心、山东省青岛市李沧区教育研究发展中心、山东省青岛经济技术开发区教研室、山东省青岛市市南区教育中心
200	构建“一对一”数字化教学模式	山东省淄博市周村区北门里小学	山东省淄博市周村区北门里小学
201	初中生“数学基本活动经验”的内容与获取方法的研究与实验	刘同军、齐泽梓、张宇清、张红梅	山东省淄博新元学校
202	体验性作业的实践与探索	冯勇、庄海霞、韩敏、李磊	山东省枣庄市立新小学
203	“零”作业教学改革的实践探索	李志欣、季俊昌、王建军、张斌、武俊秋、陈新红	山东省利津县北宋镇实验学校、山东省东营市教育科学研究院、山东省教科所、山东省利津县教研室
204	普通高中学科选层次走班教学模式	曲延涛、曲有强、姜超、刘吉宁、曲延强	山东省牟平第一中学

续表

序号	成果名称	成果完成者	成果完成者所在单位
205	“和谐高效思维对话”型课堂建设研究	徐建敏、管锡基、张逢臣、刘永平、徐国钊、王志强	山东省烟台市教育局、山东省烟台市教育科学研究院
206	小学语文“大量读写，双轨运行”的实验与研究	山东省龙口市实验小学	山东省龙口市实验小学
207	创造适合每个初中学生发展的教育	赵桂霞、张庆亮、贾友玉、王京强、张建英、赵燕燕	山东省潍坊广文中学、山东省潍坊市实验教学研究中心、山东省潍坊文华国际学校
208	王冬梅智趣数学教学法	王冬梅	山东省潍坊日向友好学校
209	中小学综合实践活动课程的开发和实施	孙桂芳、林德有、鞠克亮、刘永坤、于进海	山东省潍坊市实验学校
210	“差异教育——走班制分层分类教学模式”的实践与探索	曹燕云、马玉才、张年勇、张景涛、张建新、杨帆	山东省潍坊第一中学
211	思维碰撞课堂的实践与研究	山东省泰安市实验学校	山东省泰安市实验学校
212	课程育人在农村小学的研究与实践	董春玲、王凤霞、魏传国、朱宝娥、乔磊、孙春和	山东省莱芜市钢城区汶源街道丈八丘联小、山东省莱芜市钢城区教研室、山东省莱芜市钢城区汶源街道汶源中学、
213	小学单元整体课程实施与评价体系	李怀源、畅立强、孙红侠、任宏新、张松、张忠泉	山东省德州跃华学校
214	园本自然教育课程体系	王冬梅、刘金赵、高峰、梁晶、朱玉萍、高岩	山东省德州跃华学校幼儿园
215	“导学互助探究展示总结”自主学习模式	山东省茌平县杜郎口镇中学	山东省茌平县杜郎口镇中学
216	郑州市道德课堂的构建与区域推进	田保华	河南省郑州市教育局
217	郑州市学业评价分析报告系统的开发与应用	周文胜、高燕、孙红保、王景义、刘惠臻、张金庚	河南省郑州市教育局教学研究室、河南省郑州市现代教育信息技术中心

续表

序号	成果名称	成果完成者	成果完成者所在单位
218	农村英语教师专业化发展研究	姚连荣、尹洪斌、邵水潮、杨永盛、禹海军、崔秀玲	河南省基础教育教学研究室、河南省教育厅
219	中小学新概念快速作文教学实验研究	曹洪彪、苏东升、张学真、房学纯、路桂荣、史丽平	河南省濮阳市中小学教育教研室、河南省濮阳市第一中学、河南省濮阳市第三中学、河南省濮阳市油田第十三中学
220	“快乐三步球”研发与教学实践的研究	姬彦忠、王永兴、李宏伟、刘广臣、贾克军、魏志强	河南省濮阳高新区实验学校
221	教—学—评一体化教学实践与研究	卢臻、丁丽云、刘敏、康明达、李兰、许巧枝	河南省郑州市教育局教学研究室、河南省郑州市中原区教育体育局教研室、河南省郑州市高新区教体局教学研究室、河南省郑州市七十三中
222	小学生人文素养教育实验研究	孙广杰、吴玉华、张青、周敏、刘程元、刘利梅	河南省实验小学、河南省基础教育研究室
223	“三段六块、立体交叉”课堂教学模式及课堂教学行动策略	李明、臧传发、贾旷、简家彦、刘溪	河南省淮滨县高级中学、河南省淮滨县第二高级中学
224	新课程教学设计——“分课型”构建教学模式的研究与实践	魏宏聚、杜明荣、田宝宏、孙海峰、孙国岩、马一平	河南大学、河南省郑州市第九中学、河南省郑州市教育科学研究所
225	构建数字化学习环境下的移动自主学堂	王瑞、姜波、刘建庄、谢爱萍、闫广建	河南省郑州市第二中学
226	五种新的学习方式的理论与实践研究	陈佑清、罗祖兵、陈芳、王鹃、王芳、刘炎明	华中师范大学、湖北省武汉市武昌区教育局、湖北省武汉市武昌区教研培训中心
227	武汉市有效德育课程体系建设项目	湖北省武汉市教育科学研究院	湖北省武汉市教育科学研究院
228	普通高中学生综合素质评价的理论与实践研究	涂艳国、田友谊、罗祖兵	华中师范大学
229	语文人本教学	杨邦俊、李少毅、李祖贵、彭泽元、江勇、李政	湖北省宜都市第一中学、北京西城区教科院、湖北省宜昌市教科院、湖北省宜都市教研室

续表

序号	成果名称	成果完成者	成果完成者所在单位
230	中小学孝雅教育的理论与实践探索	程斯辉、武家仿、明庆华、施德华、王传毅	武汉大学、湖北省仙桃市仙源学校、湖北大学
231	小学品德课“砥砺养成——知行合一”教学实践与研究	邓正平、方晓波、杨小龙、赵小燕、赵承忠、李昌洪	湖北省宜都市陆城第一小学、湖北省教研室、湖北省宜都市教研室、湖北省宜都市实验小学
232	微点作文教学	湖北省荆门市钟祥市第五中学微点作文课题组	湖北省荆门市钟祥市第五中学
233	武汉市中小学高效课堂建设整体推进的实践与探索	湖北省武汉市教育科学研究院	湖北省武汉市教育科学研究院
234	以诊断技术为支架的黄石市中小学课堂评价策略研究	邹从容、肖惠东、江新华、黄立新、黄三民、王玲	湖北省黄石市教育科学研究院、湖北师范学院、湖北省大冶市还地桥镇中心校、湖北省黄石市沿湖路小学
235	创艺术教育品牌 促学生健康成长	湖北省宜昌市特殊教育学校	湖北省宜昌市特殊教育学校
236	新课程背景下黄冈中学高效课堂构建行动研究	湖北省黄冈中学	湖北省黄冈中学
237	阳光生态课堂的理论与实践研究	周大战、吕海龙、张慧婵、黄明艳、贺建明	湖南省永州市冷水滩区马坪学校、湖南省永州市冷水滩区教育局
238	农村留守学生心理健康教育教学及关爱服务体系研究	邓南阳、袁孟灿、贺文杰、邓恒旭、黎素娟、蒋立刚	湖南省邵阳县黄塘乡中学
239	民族文化进校园	湖南省保靖民族中学	湖南省保靖民族中学
240	农村初中“享受语文”教学研究	谭青峰	湖南省衡阳市衡阳县樟树乡中心学校
241	乡村幼儿游戏课程开发与研究	钟正南、廖日明、胡蓉、李四清、何宁、汤卫平	湖南省长沙市宁乡县幼儿园、湖南省长沙市幼儿园、湖南省长沙市宁乡县中小学教研室
242	教育教学新体系与学生发展支持服务体系的实践	湖南省长沙市第一中学	湖南省长沙市第一中学
243	基于解决教学重难点的数字教育资源开发与应用研究	湖南省电化教育馆	湖南省电化教育馆

续表

序号	成果名称	成果完成者	成果完成者所在单位
244	综合实践活动课程的建设、推进与实施	姜平	湖南省长沙市教育科学研究院
245	多元化艺术普及教育探索与实践研究	湖南省益阳市安化县东坪中学	湖南省益阳市安化县东坪中学
246	区域推进小学生课外阅读课程化建设的研究与实践	帅晓梅、梁丽虹、刘建辉、杨飞霞、周静、易群	湖南省株洲市教育科学研究院、湖南省株洲市九方小学、湖南省株洲市先锋小学、湖南省株洲市石峰区教研中心、湖南省株洲市天元区教研室、湖南省株洲市荷塘区教研室
247	小学故事作文教学研究	夏德文、林炜、段远平、曹孝宏、段君梅、陈国武	湖南省武冈市教研室、湖南省武冈市教育局、湖南省武冈市迎春亭办事处中心学校、湖南省武冈市湾头桥镇中心小学
248	开放式小学语文教学探索性研究	张云鹰	广东省深圳市宝安区坪洲小学
249	广州市义务教育阶段学科学业质量评价标准的研制与应用	广州市教育局教学研究室	广州市教育局教学研究室
250	思维学导式数学教学模式的研究与实践	林伟、李平、王斌、何明志、管敏慧、石雪峰	广东省深圳市第二实验学校
251	《科技与创新》校本课程的开发与实施	梁世安、刘志伟、谢景如、许之安	广东省佛山市南海石门实验中学、广东省佛山市南海区九江镇初级中学
252	“以评促学”理念下的中学英语口语网上测评研究与实践	黄志红、黄丽燕、刘骏、曹国玲、肖健民、陈福华	广东省教育研究院、美国乔治亚州立大学、广东省广州市教育局教学研究室、广东省深圳市南山区教科研中心
253	“四合一”主体教学模式	冯旭初、谭东虹、谢小萍、曾优鲜、刘晓玲、王敬民	广东省广州市第七中学、广东省广州市西关培英中学、广东省广州市祈福新邨中学
254	中学生安全教育课程的开发与实施研究	彭锻华、刘晓晴、高春奇、谢海莲、张敏、吴和仁	广东省深圳市宝安中学
255	问题驱动的中学数学教学理论与实践	曹广福、何勇、张蜀青、廖运章、卢建川、韩云桥	广州大学、广东省广州市执信中学、广东省广州市第五中学

续表

序号	成果名称	成果完成者	成果完成者所在单位
256	基于课程整合下“生命·健康·阳光”课程建设的研究与实践	吴子逊、潘飞龙、胡颜欢、陈富瑜、王群超、洪艳青	广东省佛山市南海区狮山镇小塘初级中学、广东省佛山市南海区狮山镇狮城中学
257	中小学微课的区域开发实践与创新应用	胡铁生、岑健林、何蕴毅、陈琦、罗健生、李飞鸿	广东省佛山市教育信息网络中心
258	促进小学生自主作文的研究与实践	郭明霞、郭劲波、蔡丽华、梁爱民、陈洁慧、吴玉碧	广东省珠海市香洲区九洲小学
259	广东省中学生物新课程实施中优化课堂教学活动的研究与实践	杨计明、黄增寿、梁志荣、翁兰穗、颜培辉、张芸	广东省教育研究院、广东省中山市教育局教研室、广东省韶关市教育局教研室、广东省广州市荔湾区教育发展研究中心、广东省深圳市教科院教研室、广东省佛山市教育局教研室
260	为创作而教：小学信息技术课程与教学的新探索	王继华、吴向东	华南师范大学附属小学
261	小学“三段六步发展性”校本学习研究模式的构建与实践	黄甫全、曾文婕、尹睿、刘建强、李晓华、蒋士会	华南师范大学、广东省东莞市东城区第五小学、青海师范大学、广西师范大学
262	“三构互动”阳光活力课堂教学模式研究与实践	卢春梅、肖玩君、张珩、谢映华、金醉芳、翁竞燕	广东省潮州市湘桥区城南小学、广东省潮州市教育局教研室、广东省潮州市湘桥区教育局教研室
263	卓越课堂文化建设的实践研究	广东省深圳市南山区教育科学研究中心	广东省深圳市南山区教育科学研究中心
264	学生发展与中学语文教学综合改革实验研究	王土荣、唐吉民、朱河清、裘志坚、晏丽萍、杜莉	广东省教育研究院、广东省广州市教育局教研室、广东省东莞市教育局科研办、广东省广州市海珠实验中学、广东省广州市协和中学、广东省广州市铁一中学
265	教育信息化的区域推进策略研究与创新应用实践	张嘉志、王同聚、魏晓彤、何一茹、王旭、方昆阳	广州市教育信息中心
266	高中体育分类教学模式研究	刘晋	广东省深圳市教育科学研究院

续表

序号	成果名称	成果完成者	成果完成者所在单位
267	汉字书写三九训练法“8 字规律”	黄斌武	广东省东莞市虎门中学
268	广州市中学生“我与化学”实践活动的设计与实施	马文龙、李南萍、丁革兵、余慧文、常芸、谭小华	广东省广州市教育局教学研究室、广东省广州市第八十六中学、广东省广州市培正中学、广东省广州市荔湾区教育发展研究中心、广东省广州市番禺区象贤中学
269	利用思维导图提高小学生读写能力的研究与实践	江伟英、陈经全、况姗芸	华南师范大学附属小学、华南师范大学
270	中学化学精品课例开发的实践研究	黄远、卢名远、黄晗晖、曹义琼、林耿辉、袁志林	广东省东莞市教育局教研室、广东省东莞市万江中学、广东省东莞市实验中学、广东省东莞寮步镇香市中学、广东省东莞市长安中学
271	小学活动化科普教育模式的研究	刘利琴、李[illegible]瑞、苏文辉、詹伟达、刘坚、王盛	广东省中山市石岐中心小学
272	创建“一室两系统”协同教研模式，提升教师教学实践能力的研究与实践	许勇辉、吴明超、刘宇平、万强、刘丽华	广东省佛山市顺德区嘉信西山小学、广东省顺德区大良街道教育局
273	小学学科作文教学研究	钟传祎、龙慧、罗雯、练翠银、谢文艳、刘妙灵	广东省深圳市福田区莲花小学、深圳大学
274	促进学生“自主学习 自我发展”的高中政治有效教学策略研究与实践	林黎华、陈湘坚、郑智燕、周岳钟、何中慧	广东省广州市第九十七中学
275	绿色课堂文化建设的研究与实施	广东省深圳市蛇口育才教育集团第四小学	广东省深圳市蛇口育才教育集团第四小学
276	初中英语分层分级阅读教与学微技能研究与实践	舒军华、黄家玲、鲁明贤、秦玲、余致晓、张颖	广东省深圳市罗湖外语学校、广东省深圳市罗湖区教科培中心、广东省深圳市文锦中学
277	小学低年级“自主识字，同步读写”实验研究	李虎、杨艳、石茜、李红梅、丁向华、李海艳	广东省深圳市北京师范大学南山附属学校

续表

序号	成果名称	成果完成者	成果完成者所在单位
278	中小学活动德育模式的探索与实践	杨春良、杨国强、蔡彦锋、段新焕、王孟洋、吕超	广东省深圳市育新学校
279	八年级科学学业质量测评工具研发与应用的十年探索	赵光平、罗星凯、曾平飞、冯士季、袁丫丫、吴娴	广西师范大学、浙江师范大学、广西师范学院
280	高中数学“问题导学教学法”	黄河清、王屹、黄祖应、黎承忠、陈华曲、李春阳	广西南宁市第三中学、广西师范学院、广西柳州地区民族高中
281	中小学德育课立体化教育教学模式建构与实践	曾令辉、李红、王文蓉、陆志海、周万忠、朱剑梅	广西师范学院、广西南宁市西乡塘区教育局、广西南宁市第三十七中学、广西南宁市衡阳路小学
282	在小学阶段加强字理教学 提高语文素养 传承汉字文化的研究	黄亢美、周瑞宣、梁春莲、张巧文、薛晓光	广西师范学院、广西师范大学、北京教育学院朝阳分院
283	初中化学建构性教学实验研究	刘明、王征宇、李金生、曾杰、李凤华、黎雪	广西柳州市教育科学研究所、广西柳州市第十六中学、广西柳州市龙城中学、广西柳州市第十五中学、广西柳州市第三十五中学
284	壮汉双语同步教学模式	韦兰明、林少棉、零兴宁、李一鸣、黄永和、覃其文	广西教育厅、广西教育科学研究所、广西民族教育发展中心、广西教育杂志社
285	基于教师专业发展的U-G-S构建与“课堂问题导向”的中小学教学改革	孙杰远、王枬、王彦、唐荣德、高金岭、杨茂庆	广西师范大学
286	小学低年级“识字 阅读 说写”三线并举教学法	广西壮族自治区河池市实验小学	广西壮族自治区河池市实验小学
287	基于数字教育资源应用的农村中小学信息化教学模式研究与实践	欧启忠、肖荣亮、彭宁、林雯、廖月兰、陈桂军	广西师范学院、广西壮族自治区电化教育馆、广西桂平市西山镇中心小学
288	中小学教师网络研修模式的探索与实践	陈夫义、蒋敦杰、吴益、段青、吴益平、孙孝武	海南省教育研究培训院

续表

序号	成果名称	成果完成者	成果完成者所在单位
289	普通高中校本课程开发与使用	海南省海口市第一中学	海南省海口市第一中学
290	黎苗偏远县域中小学民族文化传承特色课程的整体建设与推进	苏盛葵、伍四明、王春娇、陈才明、唐其梅	海南省教育资源研究发展中心、海南省保亭县保亭中学、海南省保亭县教育研训中心
291	海南省普通高中学生综合素质评价的网络实施	吴益、张海中、罗基鸣、吴忠喜、刘丹、伍海云	海南省教育研究培训院、海南省教育厅
292	海南省普通高中通用技术课程的实践探索	段青、陈夫义、吴益、李洪山、吴益平、罗基鸣	海南省教育研究培训院
293	海南省普通高中新课程实施支持系统的构建	海南省教育研究培训院	海南省教育研究培训院
294	普通中学男子舞蹈人才培养课程教学实践	颜业岸	海南省琼海市嘉积中学
295	“双循环”课例研究模式	王先云、李楚英、吴欣、秦才妹、黄亚香、杨小慧	海南省海口市第二十七小学
296	以纸为材，探索培养学生审美与创新素养的有效途径——初中纸艺课堂教学的研究	施琼英	海南省海口市第十中学
297	幼儿园自发游戏活动的实践创新	曾琴、周林、杨虹、张金惠、邓盛婷、宋颖	四川省成都市第三幼儿园、四川省教育科学研究所
298	促进学生深度体验的核心问题教学策略	周文良、陈明英、米云林、熊文俊、杨佐明	四川大学附属中学
299	高中阶段拔尖创新人才基础培养课程	刘国伟、易国栋、文宗、赵敏、何明	四川省成都七中
300	小学生公民意识培养的实践策略	陆枋、夏英、刘毅、刘晓虹、严利蓉、李蓓	四川省成都市实验小学
301	“民间剪纸”课程体系	辜敏、刘丽、王晓华、陈军、曾畅畅、高慧兰	四川省成都市教育科学研究院、四川省成都高新区芳草小学、四川省成都市邛崃市南街小学、四川省成都七中初中学校、四川省成都市新津县邓双学校

续表

序号	成果名称	成果完成者	成果完成者所在单位
302	导学讲评式教学	王富英、王新民、谭竹、朱远平、饶庆、余兴珍	四川省成都市龙泉驿区教育研究培训中心、内江师范学院、四川省成都市龙泉驿区第十中学、四川省成都市龙泉驿区第六中学
303	初中生物教学中生态文明教育的实施体系	石建、何兴明、赵广宇、伍恒峰、王愉鑫、熊硕	四川省教育科学研究所、四川省成都石室中学、四川省自贡市教育科学研究所、四川省自贡市第一中学校
304	中学生命教育的实践与研究	王明宪、戴艳、田间、何建明、李贤中、张显国	四川省成都市石室中学、四川师范大学
305	协同共建中学优质课堂的探索与实践	周介铭、杜伟、任立刚、张子照、李戎、曾成彬	四川师范大学、四川师范大学附属中学
306	西部特校资源中心引领县域随班就读质量提升的实践研究	石彩霞、张静、王玲、樊懋、文静、夏伶俐	四川省成都市双流县特殊教育学校
307	“普职融通”综合高中教育教学体系的实践研究	赵书远、蔡崇容、蒲明强、杨启献、余绍平、廖茂荣	四川省阆中中学校
308	基于网络平台的小学生发展性评价实践研究	陈杰、俸耀旭、刘钊、张程、陈锡清	四川省成都市泡桐树小学
309	初中生学习数学思维过程有效性研究	赵绪昌、旷明、王专、彭祥彬、赵玲依、张迎芳	四川省宣汉县中小学教学研究室、四川省达州市教育科学研究所、四川省宣汉中学、四川农业大学、四川省宣汉职业中专学校
310	“长短式课时制”条件下的小学课程变革	四川省成都市龙江路小学	四川省成都市龙江路小学
311	课堂教学研究与教师专业发展的新平台——以网络示范班扩展优质教育资源研究	张军、杨光荣、丁世明、周利、叶玲、杨静	四川省成都市教育局、四川省成都七中育才学校
312	改进识字教学策略，促进藏区低年级小学生汉语言积累	邓燕、曾晓莉、向晓东、冯远淑、姜玲、李海英	四川省红原县教育局教师进修学校、四川省红原县城关小学

续表

序号	成果名称	成果完成者	成果完成者所在单位
313	基于差异的个性化课堂实践体系	黄润清、杨丽、王晓燕、梁艳、钟玉文、林文红	四川省成都高新区芳草小学
314	区域构建234高效课堂研究	段平权、姚勇、祝定高、刘仕强、罗琳、李中文	四川省蓬安县教育科学研究室、四川省蓬安县教育局、四川省蓬安中学校、四川省蓬安县周口中学、四川省蓬安县相如一小、四川省蓬安县河舒初中
315	融入可视化技术，构建“两层三位一体”的中学化学教学体系	蒲礼平、白涛、蔡礼儒、马红艳、任兴灵、李朝旭	四川省南充高级中学、四川省南充师范学校、四川省南充市教育科学研究所
316	民族地区青少年毒品艾滋病预防教育三段五模方案与实践	蒙佐德、马庆国、廖广发、杨勇玉	四川省西昌市教育科研培训中心、四川省西昌市第一中学、四川省西昌市第五中学、四川省西昌市第四中学
317	研究性学习视域下高中历史问题教学的实践探索	陈辉、郭子其、刘松柏、潘树林、韩海林、梁晓东	四川师范大学、四川省成都树德中学、四川师大附中
318	雅安中小学安全教育课程	李明清、高玉华、赵荣博、骆国忠、吴宏、姜建平	四川省雅安市教育科学研究所、四川省名山中学、四川省雅安市教育局
319	以竹资源开发为载体丰富农村小学课外体育活动的策略	张培元、李家斌、巩晓燕、赵英、程强	四川省通江县铁溪镇中心小学
320	主体合作学习与课堂教学要素的深度融合研究	毛凤鸣、贾贵洲、林琳、廖永琴、何燕莉	四川省双流县实验小学、四川省教育科学研究所
321	以“问题解决”为核心，提升农村中小学数学课堂教学的有效性研究	邓鹏、汤强、程国忠、高明、杨孝斌、张明	西华师范大学、四川省南充市嘉陵区教研室
322	贵阳市初中综合实践活动课程实践研究	张宇敏、吴晓东、厉飒、秦丽君、方芳、逯红芳	贵州省贵阳市教育科学研究所、贵州省贵阳市第二十三中学、贵州省贵阳市第十中学、贵州省贵阳市第二十一中学、贵州省贵阳市第十五中学、贵州省贵阳市第三十中学

续表

序号	成果名称	成果完成者	成果完成者所在单位
323	引领基础教育培养学生创新精神的反思性解题模式与高效记忆研究与实践	王洪礼、王朝海、石艳梅、杨再华、赵守盈、植凤英	贵州师范大学、贵州大学、贵州省贵阳市第三实验中学
324	农村留守儿童关爱服务体系的校本课程化探索	肖庆华、尹正安、朱兴让、杨源海、鲍忠信、陈仕新	贵州财经大学、贵州省六盘水市教育局、贵州省六盘水市盘县四格彝族乡中心小学、贵州省六盘水市水城县发耳镇箐尾小学、贵州省六盘水市水城县鸡场镇鸡场小学、贵州省六盘水市水城县猴场乡猴场小学
325	培养学生表达能力的一种有效方式——儿童绘画日记研究与实践	汪珊珊、郑红梅、夏静、陈娅	贵州省遵义县第一小学
326	VIPP 教学法在中学生物教学中的应用研究	刘婷婷	贵州省黔西南州兴义一中
327	共同建构型主题探索活动——支持幼儿学习的策略研究	王珏、高华、喻兰	云南省昆明市第一幼儿园
328	民族文化传承启蒙教育园本课程	云南省昆明市官渡区幼儿园	云南省昆明市官渡区幼儿园
329	家园共育促进幼儿独立性发展的实践与创新	邢保华、黄梅、周已尧、邓红、干敏、王杨斌	云南省昆明市人民政府机关幼儿园
330	搭建“四位一体”平台，培养云南基础教育名师的探索与实践	饶又明、梁珍刚、何元、陈华、金改平、陈庆平	云南省昆明市教育科学研究院、云南省昆明市第十六中学、云南省昆明市官渡区第二中学
331	“经典语文”主张与“亲近经典”语文专题阅读实践	任玲、程红祥、钱炬、何英、钱永兴、胡映涛	云南省曲靖市第一中学
332	农牧区高中学生藏文成绩突破攻略	西藏自治区拉萨外语学校藏文教研组	西藏自治区拉萨外语学校
333	区域推进农村中小学课程教学改革 优化课程教学育人功能的实践探索	高思成、王毅、肖廷忠、陈敬娴、徐仲林、李常明	重庆市綦江区教育委员会、重庆市綦江区教师进修学校、重庆市綦江区教育科学研究所、西南大学、重庆市教育科学研究院
334	中小学创新学习研究与实践	龚春燕、胡方、卞小娟、程艳霞、王君、李永红	重庆市教育评估院、重庆大学城人民小学、清华大学附属中学、重庆市巴川中学

续表

序号	成果名称	成果完成者	成果完成者所在单位
335	重庆市中小学卓越课堂改革探索与实践——从“有效课堂”到“卓越课堂”	钟燕、邓沁泉、徐辉、贾毅、吴乐乐、刘希娅	重庆市教育委员会、重庆市教育科学研究院、重庆市教育信息技术与装备中心、重庆市九龙坡区谢家湾小学
336	区域推进中小学综合实践活动课程实施的策略机制研究与实践	李常明、曹雷、万力、万礼修、鲁琼瑶、刘明海	重庆市教育科学研究院、重庆市教育学会
337	重庆市谢家湾小学以课程整合促进小学教育综合改革的实践探索	刘希娅、邹贤莲、罗凤、任路艳、赵晓岚、万李	重庆市九龙坡区谢家湾小学校
338	小学语文教学能力发展场域创新研究与实践推广	李大圣、李源田、冉泊涯、罗萍、董晓宇、陈昌发	重庆市江北区教师进修学院、重庆市中小学教师继续教育中心、重庆市沙坪坝区教师进修学院、重庆市教师继续教育中心
339	普通高中技术课程项目主导型教学模式的研究与实践	刘雅林、曹勇、李森、方霞、吴梅、刘超	重庆市第八中学校、西南大学
340	小学特色科技教育的体系创新与实践探索	谭劲、杨清萍、陶建鑫、李秀华、廖茂、杨建军	重庆市南岸区珊瑚实验小学
341	西部地区村小课程改革的研究与实践探索	刘小红、王琪开、何德芬、顾仙宇、袁贞宏、黄贵阳	重庆市江津区教育科学研究所、重庆市江津区四牌坊小学、重庆市江津区几江镇西城小学
342	促进幼儿创造性发展的教师支持性策略研究与实践探索	重庆市渝中区巴蜀幼儿园	重庆市渝中区巴蜀幼儿园
343	区域推进“以生为本、减负提质”课堂教学改革实践与探索	钟及龙、江涛、吴家平、潘晓峰、蒋元斌、祝传武	重庆市九龙坡区教师进修学院
344	Moodle 三维动态课堂实践探索	龚彤、张志勇、冯瑛、彭公明、张翼、陈光翔	重庆市江津中学校
345	素质教育中的生活教育模式研究与实践	杜东平、金永、谭佐龙、熊军、党忠良、李亮	重庆市育才中学校

续表

序号	成果名称	成果完成者	成果完成者所在单位
346	中小学课程育德研究与实践	伉大林、吴薇、陶元红、杨昌义、杜萍、毛明山	重庆市教育科学研究院、重庆市教委、重庆师范大学、重庆南开中学
347	“激活教学”基本模式与实践策略	王海洋、鲁善坤、杨祖旺、熊德雅、周鹊虹、谭顺福	重庆市第一中学、重庆市教育评估院
348	西部城区以教学改革促进教育均衡的实践探索	肖长树、龚雄飞、余华云、李代文、何晓波、郭金明	重庆市沙坪坝区教育委员会、重庆市沙坪坝区教师进修学院
349	“人和教育”特色校本课程的开发与实施	肖方明、徐涛、曾菁、张婕、刘咏梅、王亚兰	重庆市渝中区人和街小学
350	诱思探究教学的理论和实践	张熊飞、游旭群、吴聪玲、赵华荣、左景祥、杨占枝	陕西师范大学、山东省阳谷县第二中学、河南省焦作市第十五中学
351	大学与普通高中联合培养创新人才的实践——“春笋计划”	胡卫平、吕明凯、张荣祖、秦德增、雷守学、武宝军	陕西师范大学、陕西省教育厅、陕西省教科所
352	陕西省中小学“三讲两实践”德育主题教学活动的探索与应用	段威、吕明凯、王彬武、邵亚茹、杨林立、夏波	陕西省教育科学研究所、陕西省教育厅
353	陕西省中小学教师校本研修实践与探索	同军咸、吴积军、王霞、白珍	陕西省教育科学研究所
354	梯次式教育教学综合管理评价改革研究与实践	田征、张其煌、王凤进、王小战、周植辉、每世英	陕西省西安市教育局、河南省息县教体局、陕西省西安市高新一中初中分校、陕西省西安市田家炳中学、陕西省西安市第三十中学、陕西省西安市户县惠安中学
355	“国韵少儿汉字输入系统”在小学语文整合教学中的应用研究	薛荫娥、赵晓声、张黎萍、程弘、张西强、贺月玲	陕西省电化教育馆、陕西省教育厅、陕西省西安市现代教育信息技术中心、西安交通大学附小
356	“边学边交，自主领悟”课堂教学模式的理论与实践	潘燏、曹宏顺、颜建科、唐晓芳、魏西锋	陕西省教育科学研究所、陕西省西安市灞桥区教育局、陕西省西安市东城二小、陕西省西安市灞桥区纺织城实验小学

续表

序号	成果名称	成果完成者	成果完成者所在单位
357	高中“支架探究教学”的理论和实践	吴忠宝	陕西省榆林中学
358	中学生综合素质发展性评价实践探索	杨晓云、周宏、刘海蓉、黄闯、雷守学	西北大学附属中学、陕西省教科所
359	贫困山区普通高中国家课程校本化探索与实践	任晓萌、王保良、杨玉良、徐建军、马东博、侯文娟	陕西省商洛中学
360	西部农村高中新课程课堂思维导图：“梳理·探究·训练”	马永清、郭建碧	陕西省乾县第一中学
361	中学理化实验创新研究	韩独石	甘肃省白银市会宁县第一中学
362	中学数学开放式教学的研究与实践	蔡国瑛、刘国盛	甘肃省武威第六中学
363	中学语文五步教学法实验与研究	闫永平、张德胜	甘肃省兰州市第十八中学、甘肃省兰州市海石学校
364	贫困地区幼儿学前教育早教模式构建及推广研究	青海省海东市乐都区教育局学前教育中心	青海省海东市乐都区教育局学前教育中心
365	“231”高效教学模式	王晓川、李术萍、王芳、刘芸、乔凤霞、胡永兰	宁夏银川市金凤区第三小学、宁夏银川市金凤区第十一小学
366	伊宁市爱国主义民族团结教育地方课程的开发与实施研究	新疆伊宁市教研培训中心	新疆伊宁市教研培训中心
367	在军垦文化中培育道德力量	新疆兵团第八师石河子第二小学	新疆兵团第八师石河子第二小学

（二）高教类 2014 年国家级教学成果奖获奖项目名单

特等奖（2 项）

序号	成果名称	完成人	完成单位
1	我国临床医学教育综合改革的探索和创新——“5+3”模式的构建与实践	汪玲、桂永浩、富冀枫、黄钢、陆昉、胡鸿毅、葛均波、何珂、尹冬梅、吴鸿翔、包江波、姜北、陈红专、陈宇光、邹菁、赖雁妮、郑玉英、吴海鸣	复旦大学、上海交通大学、同济大学、上海中医药大学、第二军医大学

续表

序号	成果名称	完成人	完成单位
2	以学生发展为中心的“三三制”本科人才培养体系构建与实施	陈骏、谈哲敏、陈建群、赵志宏、王唯、张亚权、邵进	南京大学

一等奖（50项）

序号	成果名称	完成人	完成单位
1	通识教育与个性发展相结合——经济管理本科教育改革的理念与实践	钱颖一、白重恩、杨斌、朱玉杰、钟笑寒	清华大学
2	经济学基础创新人才培养模式的理论与实践探索	逄锦聚、刘灿、林木西、杨瑞龙、何自力、范从来、白永秀	南开大学、中国人民大学、南京大学、西南财经大学、辽宁大学、西北大学
3	因材施教，机制创新，卓越本科法律人才培养的探索与实践	韩大元、王轶、肖建国、杜焕芳、宋彪	中国人民大学
4	创建“即时共享协同融合学训一体”同步实践教学模式，培养卓越法律人才	黄进、张桂林、李树忠、于志刚	中国政法大学
5	研究型大学拔尖创新人才培养体系的构建与实践	李志义、张维平、朱泓、刘志军、冯林、赵明山、高占先、苏敬勤、李延喜、范悦、卢玉峰、原毅军、张言军、迟景明、林鸿飞、姜峰、王殿龙、仲秋雁	大连理工大学
6	着眼“卓越教师”的师范生培养模式探索与实践	陈群、王建磐、戴立益、赵健、吴成领、荀渊、周彬、荀健、华春燕、吴薇、王玉琼、张华瑞、陈灵犀	华东师范大学
7	面向国家重大需求，创建体医结合运动康复复合型人才培养模式	陈佩杰、刘宇、王雪强、沈步乙、王琳、张素珍、陆耀飞、王人卫、陈文鹤、刘无逸	上海体育学院
8	西南边疆少数民族传统体育文化教育传承体系构建与人才培养实践	刘坚、饶远、陈敏、寸亚玲、聂真新、金黄斌、熊亚兵、左力	云南师范大学、云南民族大学
9	服务国家对俄战略，培养高水平俄语人才的改革与成效	邓军、黄东晶、孙勇、白文昌、孙超、张立才	黑龙江大学

续表

序号	成果名称	完成人	完成单位
10	研究型大学中文专业低年级本科生创新意识培养途径实践	丁帆、徐兴无、武秀成、董晓、刘重喜	南京大学
11	基于协同创新机制的语言能力培养体系的构建与实施	杨亦鸣、欧阳文珍、苏晓青、张淑美、杜文霞、刘永宁、满在江、刘俊飞、于亮、袁伟、王仁法、余光武、刘淑学	江苏师范大学
12	世界史专业国际化、开放式办学模式探索与实践	向荣、潘迎春、李工真、徐友珍、谢国荣、熊芳芳、蒋焰	武汉大学
13	构建高校与社会协同实践育人新模式	滕利荣、孟庆繁、程瑛琨、逯家辉、王贞佐、刘艳、陈亚光	吉林大学
14	生命科学公共课程体系的构建与实践	林志新、陈峰、曹阳、褚建君、王莲芸、张霞、马伟、沈铭贤、张惟杰	上海交通大学
15	拓展内涵融合创新构建工科院校大学物理系列课程体系	施大宁、吴平、杨雁南、刘小廷、王东生、刘友文、李香莲、潘风明、许秋生、孔实	南京航空航天大学
16	共建体制下“大气象”创新人才培养体系的构建与实践	李廉水、李北群、闵锦忠、张永宏、吴立保、华兴夏、银燕、郑有飞、吴先华、周宏仓、王骥、徐中兵	南京信息工程大学
17	工科大学生数学创新实践能力培养模式的探索与践行	孙浩、徐伟、李辉、肖华勇、王力工、徐根玖、赵俊锋、佘红伟	西北工业大学
18	人才培养新质量观的认识与实践——国际化复合型工业工程人才培养十年探索	郑力、赵晓波、成晔、吴甦、张伟	清华大学
19	清华计算机科学实验班：创新型学术人才培养之改革与实践	姚期智、王跃宣、段远源	清华大学
20	发挥材料学科优势，培养高水平创新型本科人才的探索与实践	曲选辉、谢建新、于广华、强文江、肖纪美	北京科技大学
21	注重中国优秀文化传承的建筑学专业人才培养体系研究与实践	汤羽扬、朱光、胡雪松、吴海燕、刘临安、欧阳文、金秋野、李雪华	北京建筑大学

续表

序号	成果名称	完成人	完成单位
22	构建国际实质等效的化工专业认证体系，提升化工高等教育国际竞争力	王静康、张凤宝、王保国、乐清华、张述伟、郭宝华、李建伟、管国锋、唐旭华、张金利、夏淑倩	天津大学、华东理工大学、大连理工大学、清华大学、北京化工大学、南京工业大学、中国化工教育协会
23	构建电工电子基础课程研究性教学体系，强化培养学生工程实践能力和创新精神	吴建强、王淑娟、张毅刚、杨春玲、王立欣、姜三勇、孙立山、霍炬、李琰、廉玉欣、蔡惟铮、秦曾煌	哈尔滨工业大学
24	20 年磨一剑——与国际实质等效的中国土木工程专业评估制度的创立与实践	李国强、沈祖炎、赵琦、邱洪兴、何若全、陈以一、孙伟民、何志方、何敏娟、赵宪忠、邹超英	同济大学、高等教育土木工程专业评估委员会、东南大学、苏州科技学院、南京工业大学、哈尔滨工业大学
25	创新课程体系，突出自主研学的电工电子实践课程改革与成效	胡仁杰、王成华、堵国樑、黄慧春、王勤、管秋梅、王友仁、王凤华、臧春华、顾玉军、邢丽冬、顾晓洁、姜斌、傅淑霞、周建江、赵扬、葛玉蓝、赵良法、赵国安、郁斌	东南大学、南京航空航天大学
26	石油石化安全人才五元创新培养模式的探索与实践	邵辉、陈群、李定龙、马江权、李伟明、何明阳、葛秀坤、徐淑玲、王凯全、周刚、赵庆贤、邢志祥	常州大学
27	食品学科创新实践链式教育人才培养模式研究与实践	陈卫、王周平、张灏、周鹏、向琪、王立	江南大学
28	创建信息安全专业培养体系，引领信息安全专业建设	何炎祥、王丽娜、杜瑞颖、彭国军、余琍、张焕国、吴黎兵、傅建明	武汉大学
29	大学生自主实践的“梦工厂”——工程坊的建设与实践	程光旭、王晶、宋超英、何茂刚、张春梅、冯祖仁、昝鑫、朱世华、于德弘、王锋	西安交通大学
30	创建微纳新兴交叉学科平台，培育拔尖创新人才	苑伟政、何洋、李晓莹、马炳和、叶芳	西北工业大学
31	以生为本多元融合——依托紧密型团队的农业工程研究生培养的探索与实践	应义斌、蒋焕煜、徐惠荣、吴坚、成芳、泮进明、傅霞萍、谢丽娟、叶尊忠、俞永华、崔笛、李冬阳、刘湘江、邵玉芳、饶秀勤、王剑平	浙江大学

续表

序号	成果名称	完成人	完成单位
32	用现代生物科技提升传统农学学科专业的研究与实践	李忠云、江珩、王石平、曹凑贵、王平祥、冯永平、胡承孝、包满珠	华中农业大学
33	德育为先，能力为重，推进临床实践教学综合改革	王杉、陈红、周庆环、姜冠潮、张斯琴	北京大学
34	文化引领，追求卓越——医学院校教师教学发展中心的探索与实践	谢建群、魏建平、阎晓天、郑莉、徐平、项乐源、朱慧、舒静、刘隽、晋永	上海中医药大学
35	新时期高等中医药院校“基础素质”教育理论创新与“双惟模式”实践	刘红宁、左铮云、章德林、廖东华、康胜利、吴俊、罗小亮、王锋、刘海、万泱、熊明巧、聂鹏、任淑慧、钟志兵、温泉、叶耀辉、薛晓、郑晴、程海波、肖笑飞、周翔	江西中医药大学
36	国际化视野下卓越医生培养的综合改革与实践	杨棉华、何萍、郑少燕、顾江、邱秀华、张忠芳、田东萍、罗添荣、林常敏	汕头大学医学院
37	“专业素质链”与“专业课程链”深度融合的信息管理专业人才培养模式构建	马费成、胡昌平、肖希明、黄如花、宋恩梅、查先进、李纲、唐晓波	武汉大学
38	中国民族音乐教学资源数字化建设工程	高佳佳、赵塔里木、姚艺君、张维良、赵承伟	中国音乐学院
39	北京大学创新人才培养的实践与探索	王恩哥、方新贵、张新祥、王海欣、祝诣博	北京大学
40	发挥行业特色大学优势，培养轨道交通拔尖创新人才	宁滨、张星臣、房海蓉、聂磊、朱晓宁、张鸿儒、于双元、戴胜华、张有根、路勇、刘志明、郭雪萌	北京交通大学
41	“U-G-S”教师教育新模式的探索	刘益春、高夯、董玉琦、饶从满、李广	东北师范大学
42	突破传统观念创新运行机制实验教学从后台走向前台	刘志刚、胡今鸿、孙荣平、王晓迪、郭峰、孙世钧、路勇、潘信吉	哈尔滨工程大学
43	基础学科拔尖创新人才培养的“致远”模式的探索与实践	张杰、汪小帆、俞勇、叶曦、蔡申瓯、何士刚、郑杭、王维克、翁惠玉、杜婧、钟伟民、鄂维南	上海交通大学
44	观念引领，机制创新，以点促面——地方高水平大学卓越人才培养的探索与实践	文晓明、傅康生、张连红、李学农、骆冬青、杨光、程晓樵、边霞、王源远、陈德良	南京师范大学

续表

序号	成果名称	完成人	完成单位
45	面向中小企业的地方本科高校应用型人才培养探索与实践	蔡袁强、周宏明、王佑镁、李运河、林俐、姜锐、夏春雨、赵燕	温州大学
46	成人高等教育"学历＋技能"人才培养体系的研究与实践	乐传永、马启鹏、卢美芬、郑礼平、陈伯利、方莹芬、马敬峰、王金法、朱海雅、顾兴强	宁波大学
47	突破学科定势打造模块化课程重构能力导向的应用型人才培养教学体系	蔡敬民、陈啸、储常连、邵一江、余国江、袁暋、谭敏、谢海涛、李道芳、许泽银、陈秀、吴克、徐刚、刘红、孙芹英、张洁、邵国泉、刘樟树、胡晓军、牛欣、詹向红、陈江华、张福全、夏蓓洁、刁宗广、胡艳萍、方康年、许大庆	合肥学院
48	构建产学研协同育人模式，培养高素质创新人才	王迎军、邱学青、李正、何镜堂、王小宁	华南理工大学
49	新型指挥生长干部学历教育的创新与实践	张亚非、周雷、赵俭、徐代忠、赵云凯	解放军理工大学
50	军队院校教学工作评价长效运行模式的构建与实践	何友、何宝民、陈铁柱、沈如松、钟阳春	解放军海军航空工程学院

二等奖（400 项）

序号	成果名称	完成人	完成单位
1	哲学学科国家级教学团队建设	孙正聿、孙利天、贺来、姚大志、张盾	吉林大学
2	直面经典：哲学训练从教科书到经典范式的转变——建构哲学经典教学新体系	孙向晨、郝兆宽、俞吾金、吴晓明、张汝伦、李天纲、张双利、郭晓东	复旦大学
3	文史哲通识课程建设的精品化与公开化	盛晓明、黄华新、董平、吕一民、陈振濂、吴秀明、沈坚、王云路、胡可先、高晖、章雪富	浙江大学
4	经济学科拔尖创新人才培养模式：跨学科实验班十年实践与推广	杨瑞龙、郭庆旺、龙永红、岳树民、陈彦斌、何平、程华、张成思、贾俊雪	中国人民大学

续表

序号	成果名称	完成人	完成单位
5	少数民族高等财经人才培养模式改革与实践	杜金柱、额尔敦陶克涛、窦建华、宝乐日、张学众、朱润喜、包红霞、格更娜	内蒙古财经大学
6	国家经济学基础人才培养基地创新型人才培养研究	黄泰岩、林木西、张桂文、孙丽娟、曹艳秋、周健、和军、王璐	辽宁大学
7	走千村，访万户，读中国——以千村调查为载体的创新人才培养模式探索与实践	丛树海、刘永章、俞卫、吴方卫、刘小川、朱为群、田国强、冯润民、应望江、韩冬梅	上海财经大学
8	国际化创新型经济学人才培养模式	洪永淼、朱孟楠、方颖、陈建宝、龙小宁、牛霖琳、陈焰	厦门大学
9	《中国税制》课程教学改革的探索与实践	王乔、蒋金法、李春根、陈荣、姚林香、张仲芳、伍云峰、伍红、万莹、席卫群、邱慈孙、黄桂香、朱门添、赵磊	江西财经大学
10	研究型综合大学经济类拔尖创新人才国际化培养探索与实践	张红伟、龚勤林、蒋瑛、杨艳、涂刚、张衔、肖慈方、于璐、谢蓓、刘用明	四川大学
11	立本开新，强化特色，持续推进经济与管理拔尖创新人才培养机制的五大改革	刘灿、毛洪涛、张桥云、高晋康、史代敏、李永强、聂富强、唐晓勇、廖春华、魏昭	西南财经大学
12	经济学创新人才培养中开放互动式教学体系的探索与实践	白永秀、任保平、何爱平、高煜、吴振磊	西北大学
13	北京大学社会学创新人才培养与实践教学30年	谢立中、王思斌、杨善华、刘爱玉、佟新	北京大学
14	国际型法律人才培养的模式与路径	王振民、王晨光、黎宏、申卫星、魏晶	清华大学
15	突出公安特色的“教学练战一体化”人才培养创新工程建设	秦立强、程琳、刘舒、田全华、路锋、王龙、谭胜、李冬梅、曹文明	中国人民公安大学
16	思想政治理论课集成式改革创新的理论研究与实践	郭凤志、张澍军、齐晓安、阎志才、王立仁	东北师范大学

续表

序号	成果名称	完成人	完成单位
17	基于实效性的《概论》课教学改革和建设整体推进探索	顾钰民、肖巍、张济琳、高国希、孙谦	复旦大学
18	法学实践教学体系的完善与创新	杜志淳、刘晓红、唐波、许爱东、王瑞山、张毅	华东政法大学
19	问题导向的思想政治理论课“项链模式”改革与创新	忻平、王天恩、李梁、顾晓英、魏宏、张丹华、林自强、谢宝婷、申小翠、奚建群	上海大学
20	社会学的国际化与本土化：为社会建设培养复合型创新性人才	周晓虹、彭华民、成伯清、风笑天、翟学伟	南京大学
21	全国工程硕士《自然辩证法》课程教材立体化建设	陈子辰、许为民、陈慰浙、章丽萍、李正风、陆俊、孟庆伟、孙毅霖、徐小钦、楼慧心	浙江大学、清华大学、北京科技大学、上海交通大学、重庆大学、哈尔滨工业大学
22	基于“3244”质量提升模式的厚宽高强法律人才培养探索与实践	程雁雷、李明发、陈结淼、徐淑萍、宋玉茹、高尚、张冰	安徽大学
23	社会主义核心价值体系引领高校思想政治理论课创新的研究与实践	黄志斌、檀江林、庆承松、张才国、钱斌、陈殿林、王峰、唐莉、魏荣、王前军、潘莉	合肥工业大学
24	基于LETS软件的法学实验教学体系	刘茂林、高利红、徐伟功、疏义红、鲍必功、刘腾红、王均平、屈振新	中南财经政法大学
25	构建“当事人”参与型教学模式，培养高素质应用型法律人才	胡肖华、欧爱民、倪洪涛、蔡高强、肖伟志、陈红梅	湘潭大学
26	面向国家需要的大学生思想政治教育工作测评体系构建与实践	邓卓明、李德全、黄蓉生、任一明、谢守成、韩喜平、蒋礼文、宋明江、何勇平、石瑛、王茂胜、皮锋	重庆师范大学、重庆文理学院、西南大学、吉林大学、华中师范大学
27	创新机制，集成资源，构建应用型复合型卓越财经法律人才培养模式	高晋康、喻敏、辜明安、杨春禧、吴越、冯亚东、鲁篱、江波、吴元元、雷芸	西南财经大学

续表

序号	成果名称	完成人	完成单位
28	整体推进马克思主义“四观”教育培养“靠得住”的高素质人才	房灵敏、周松青、尼玛次仁、褚小山、何勤勇、曾燕、舒敏勤、吴春宝、许鹏辉	西藏大学
29	免费师范生培养体系的构建与实践	钟秉林、赵欣如、郑国民、李艳玲、涂清云	北京师范大学
30	创建大学和中小学协同发展机制实现教师教育理论与实践双向激活	孟繁华、张景斌、宁虹、康丽颖、焦宝聪、王淑芹、李学文、胡卓玮	首都师范大学
31	依托协同创新平台，实施国际化战略，构筑体育院校创新型人才培养体系	高峰、杨桦、池建、谢敏豪、陈岭、张文毅、余学锋、王瑞元、胡斌、王正珍	北京体育大学
32	地方本科院校个性化教育模式的构建及其实践	计卫舸、王锡朝、宋景华、李晓华	河北科技大学
33	高师院校师范生实践能力培养体系的研究与实践	山西师范大学	山西师范大学
34	温润·激导·训践——提升地方高师院校非师范专业人才培养质量创新设计与实践	王国君、杨景海、张勇、吴振利、马春宏、张宝君、王鹏	吉林师范大学
35	45341 大学高效能教学模式	温恒福、姜君、杨丽、王威	哈尔滨师范大学
36	我国冬季奥林匹克特色专业研究生课程体系建设研究	朱志强、阚军常、刘石、徐金庆、李克良	哈尔滨体育学院
37	优秀运动员学生全面培养及转型发展的探索和实践	毛丽娟、孙麒麟、田新民、唐宁玉、刘庆广、刘瑾、王坤、董扬、蔡皿、刘冬华	上海交通大学
38	推进新时期教师教育高端化、实体化、一体化改革，打造教育家成长摇篮	宋永忠、潘百齐、张连红、郭宁生、李学农、杨作东、周晓静	南京师范大学
39	“三方协同”培养卓越教师的探索与实践	方忠、陈洪、欧阳文珍、黄德志、代建军、李昌集、魏本亚、王树良、张淑美	江苏师范大学
40	地方高校全面推进研究性教学模式的改革与实践	焦新安、胡效亚、贡福海、张清、俞洪亮、吴锋	扬州大学

续表

序号	成果名称	完成人	完成单位
41	对接与重构：地方师大师范生培养体系探索	吴锋民、李伟健、李长吉、张振新、林一钢、周跃良、杨天平、叶志雄、傅惠钧	浙江师范大学
42	项目引领、现场介入、合作共赢——杭州师范大学教师教育改革的“东城模式”	林正范、项红专、孙德芳、徐丽华、田学红	杭州师范大学
43	“四位一体”现代化书法教学新型平台的创建与实践	沈伟、傅建中、邱振中、刘小华、陈静、陈文龙	绍兴文理学院
44	文理交融寓教于研，211 地方综合性大学复合型创新人才培养机制创新与实践	杜先能、薛照明、张晶、傅勇、张洪、李晓辉、毕涛、芮必峰、李光龙、黄仿伦、陈俭、石新影、周伟斌、姚则会	安徽大学
45	信息化环境下新型研究生教育管理模式的探索与实践	张淑林、倪瑞、李兴权、胡忠辉、李芳平、万明、万洪英、路卫娜、袁胡骏、刘海清	中国科学技术大学
46	地方高师院校“六位一体”实践育人体系的理论创新与实践探索	时伟、刘学忠、吴海涛、王健、余宏亮、丁超、房厚信	阜阳师范学院
47	三学期制的十年探索	邬大光、谭绍滨、计国君、薛成龙、谢火木、吕子玄、施芝元、陈雪芬	厦门大学
48	体育教育（国家人才培养基地）本科专业人才培养模式的改革与创新	张涵劲、梅雪雄、陈海春、陈铁成、许红峰	福建师范大学
49	基于校—校、校—政合作的“三层五段七化”师范生教学实践能力培养模式探索	梅国平、项国雄、何小忠、李永红、张朝光、何齐宗、钟志贤、叶滢、刘咏梅、欧阳芬、周其国、潘莹璐、胡三华、刘小强、姜建文	江西师范大学
50	高师院校课程与教学论教材的研究与层级化建设	徐继存、吉标、孙宽宁、车丽娜、周海银	山东师范大学
51	民办高校应用型人才培养模式创新与实践——以黄河科技学院为例	杨雪梅、李高申、王军胜、焦燕灵、张崇杰、王道勋、刘艳	黄河科技学院
52	师范生免费教育背景下教师教育“一本三化”新模式的实践与探索	马敏、王坤庆、李克武、付义朝、洪早清、詹一虹、曾浩、胡中波	华中师范大学

续表

序号	成果名称	完成人	完成单位
53	民族院校国家认同教育教学改革的理论与实践	陈达云、吴开松、李红、李俊杰、许锋华、许宪隆、方付建、巴玉玺	中南民族大学
54	大学生创业教育新模式的构建	高文兵、徐建军、杨芳、韩雷、张宝、喻跃龙、李景升、蒋直平、阳太、陈立章、姜国俊	中南大学
55	协同理念引领下创建教育技术学国家级特色专业“五个三结合”培养人才模式	徐福荫、黄慕雄、胡小勇、赵建华、焦建利	华南师范大学
56	高师教师教育专业立体化、全程性实践教学体系的建构与实施	梁广、韩长日、杜明娥、关文信、廖元锡	海南师范大学
57	教师教育职前职后一体化培养体系创新与改革实践	黄蓉生、陈时见、刘义兵、邹绍清、张学斌、白显良、肖瑶、陈亮、李源田、沈成林、宋文君、张万琼	西南大学
58	全面提升大学生心理素质，构建国内领先心理健康教育创新示范体系	宁维卫、陈丽、陈华、何立群、肖放、董洁、徐建、杨兴鹏、蒋洪波、吴顺领	西南交通大学
59	基于问题的教育与心理测量教学新体系的创建与实践	赵守盈、穆陟晅、朱毅、李高祥、冉怀敏、陈维	贵州师范大学
60	纸上得来终觉浅，绝知此事要躬行——北大中文系实习实践系列课程五十年	漆永祥、李小凡、陈连山、李更、项梦冰	北京大学
61	汉语言文学专业研修式教学模式探索与实践	张健、王立军、张柠、康震、陶群英	北京师范大学
62	德语专业复合型、国际化人才培养模式的改革与实践	钱敏汝、贾文键、王建斌、姚晓舟、殷桐生	北京外国语大学
63	国际新闻传播人才培养模式研究与实践创新	高晓虹、王晓红、胡芳、孙振虎、赵希婧	中国传媒大学
64	国际化、创新型俄语人才培养模式理论研究与实践探索	孙玉华、刘宏、彭文钊、任雪梅、安利红	大连外国语大学
65	文史哲复合型中学教师培养模式研究及实践	王确、周巩固、胡海波、刘雨、张文东、高玉秋、王春雨	东北师范大学
66	黑龙江省俄语教育教学现状调查与对策研究	赵秋野、吴哲、杨家胜、张艳杰、穆馨、李雅君	哈尔滨师范大学

续表

序号	成果名称	完成人	完成单位
67	依托“部校共建”机制，培养媒介融合时代新闻传播人才	黄瑚、程士安、张涛甫、吕新雨、廖圣清、宋超、黄芝晓、赵凯、杨敏	复旦大学
68	开拓·创新·推广：大学语文建设三十年	谭帆、徐中玉、齐森华、程华平、彭国忠、归青、查正贤、杨焄、刘晓军、赵厚均	华东师范大学
69	国际化专业翻译人才培养模式建设	柴明颎、戴惠萍（美籍）、张爱玲、黄协安、张莹、吴刚、姚锦清（加拿大籍）	上海外国语大学
70	以研究性课程建设为抓手，构建研究型外语专业教学体系	朱刚、许钧、王守仁、孔德明、尹海燕、叶琳、王加兴、徐蕾	南京大学
71	大学英语探究式教学模式研究与实践	李霄翔、陈美华、朱善华、吴之昕、郭锋萍、刘蓉、杨茂霞、程俊瑜、石玲、朱宏清、侯岩、金晶、徐晓燕、郑玉琪、邹长征	东南大学
72	外语研究生国际化培养体系的创新与实践	张杰、辛斌、倪传斌、肖奚强、边霞、姚君伟、张伊娜、KlausPanther	南京师范大学
73	知行合一，文理交融：地方工科院校汉语言文学专业的建设与改革	肖瑞峰、孙力平、李剑亮、张欣、张晓玥	浙江工业大学
74	对外汉语本科专业教学实习的探索与实践	杨晓黎、沙宗元、彭家法、徐福坤、纪念	安徽大学
75	夯实四大基础，突出三种能力，全面提升中文人才培养质量	郑家建、林志强、赖瑞云、李小荣、余岱宗、葛桂录	福建师范大学
76	制度化推进实践教学与新闻传播人才培养创新	强月新、罗以澄、周茂君、刘建明、洪杰文、叶晓华	武汉大学
77	高校师生关系的重塑与文艺学教学改革的拓展	胡亚敏、韩军、徐敏、魏天无、孙文宪、王庆卫、黄念然、万娜	华中师范大学
78	依托国家教学团队，探索地方师范院校英语专业“二性三维四驱”人才培养模式	白解红、邓颖玲、陈敏哲、曾永红、罗坚	湖南师范大学

续表

序号	成果名称	完成人	完成单位
79	新世纪大学英语系列教材（教材6种）	秦秀白、杨惠中、刘海平、黄源深、束定芳、黄震华	华南理工大学、上海交通大学、南京大学、上海对外经贸大学、上海外国语大学、对外经济贸易大学
80	国际化外语师资建设、教学体系构筑和评估模式改革的研究与实践	张奕、唐虹、吕芳、王健、滕亿兵	西北工业大学
81	展现人类文明进程，服务国家战略需要：世界史通识教育课程体系建设	钱乘旦、彭小瑜、朱孝远、颜海英、董经胜	北京大学
82	文化遗产保护专门人才“三位一体”培养体系探索与实践	陈洪海、段清波、钱耀鹏、孙满利、刘军民	西北大学
83	跨校的生物学野外实习教学资源共享平台建设与实践	许崇任、张雁云、邵小明、饶广远、刘全儒、张志翔、谢莉萍、贺新强、张正旺	北京大学、北京师范大学、中国农业大学、清华大学、北京林业大学
84	建设多元化教学体系，培养创新型化学后备人才	裴坚、李维红、李子臣、朱涛、段连运	北京大学
85	构建从“要我学”到“我要学”的工科物理教学新模式	王玉凤、蔡天芳、吴柳、盛新志、范玲	北京交通大学
86	走理工融合之路培养应用化学专业高素质创新人才	杨屹、陈咏梅、白守礼、许家喜、李保山	北京化工大学
87	免费师范生化学教学体系建设与创新型化学教育人才培养	范楼珍、王磊、刘正平、欧阳津、方维海	北京师范大学
88	以厚基础与强能力培养为核心的生物学基础课程建设与实践	郑光美、葛剑平、王英典、向本琼、桑建利	北京师范大学
89	面向国家重大需求，构建和实践地质学多元化人才培养体系	王根厚、颜丹平、李胜荣、陈建强、薛春纪、于炳松、许虹、申俊峰、赵志丹	中国地质大学（北京）
90	创新知识体系的热物理理论课程改革实践与开放共享	梁希侠、班士良、宫箭、崔鑫、赵国军	内蒙古大学

续表

序号	成果名称	完成人	完成单位
91	无机化学学科框架下的立体化教材建设	孟长功、王慧龙、胡涛、于永鲜、牟文生、安永林、辛钢、周硼、赵艳秋、张建军	大连理工大学
92	巩固双基，锤炼精品，构建创新型化学人才培养平台	徐家宁、王英华、田少萍、杨桦、杜莉萍、周伟红、宋天佑	吉林大学
93	以物理学教育促进多学科学生科学素质培养的研究与实践	张汉壮、王文全、张铁强、崔田、邹广田	吉林大学物理学院
94	创建五位一体的大学物理数字教学平台实施以主动学习为导向的教学模式改革	顾牡、王祖源、吴天刚、倪忠强、刘海兰、宋志怀、武荷岚、赵敏	同济大学
95	创建高校野外联合实践教学共享体系，开辟地理学拔尖创新人才培养新途径	郑祥民、杨胜天、王乃昂、王腊春、曾从盛、邓辉、林爱文	华东师范大学、北京师范大学、兰州大学、南京大学、福建师范大学、北京大学、武汉大学
96	面向教师教育的教育心理学课程体系建设	吴庆麟、皮连生、庞维国、胡谊、沈烈敏、郝宁、周加仙、库逸轩、林立甲	华东师范大学
97	寓教于研的地理信息科学专业创新人才培养模式	李满春、陈振杰、李飞雪、柯长青、陈刚、杜培军、马劲松、王结臣、刘永学、程亮、黄秋昊、陈镜明、李岩、于涛、方强	南京大学
98	以问题求解为核心的计算机专业基础课程体系的重构与实践	陈道蓄、陶先平、袁春风、武港山、钱柱中、吴小兵、赵建华、程龚、吴海军	南京大学
99	“兴趣—基础—素质—能力”互促互进的大学数理力基础课程教学模式	杨孝平、章定国、李相银、许春根、谢玉树、赵培标、邓开明、徐志洪、陈萍	南京理工大学
100	突出学生自主性、研究性学习的地方工科院校大学物理教学改革与实践	施建青、徐志君、隋成华、林国成、魏高尧	浙江工业大学
101	多层次研究型物理实验教学在拔尖人才培养中的改革与实践	张增明、王中平、张宪锋、孙腊珍、霍剑青、张权	中国科学技术大学

续表

序号	成果名称	完成人	完成单位
102	遵循人才培养规律的生物学本科教学改革与实践	林圣彩、陈小麟、周大旺、宋思扬、丁凤、王洪睿、袁立、韩爱东、余娴文、王亚梅、张伟	厦门大学
103	多元化、高层次化学创新人才培养模式研究与实践	郭祥群、朱亚先、夏海平、黄培强、张洪奎、袁友珠、任斌	厦门大学
104	以科研反哺教学培育化学创新人才	罗运柏、黄驰、刘欲文、胡斌、侯安新、赵发琼、胡锴、程功臻	武汉大学
105	生物技术特色专业复合型创新人才培养体系的改革与实践	余龙江、鲁明波、杨英、吴元喜、刘曼西、李为、刘幸福、杨广笑	华中科技大学
106	地质学专业精品课程建设与创新人才培养	杨坤光、龚一鸣、桑隆康、曾佐勋、赵珊茸、张宏飞、袁晏明、喻建新、王家生、尹翠芬、王德珲	中国地质大学（武汉）
107	师范大学双型名师团队主导的数学专业人才培养模式的创新与实践	朱长江、邓引斌、刘敏思、樊恽、何穗、李工宝、彭双阶、刘宏伟、阮立志、胡典顺	华中师范大学
108	构筑多层平台，创新协同机制，推进地方高校计算科学人才培养综合改革	黄云清、舒适、肖爱国、高协平、文立平、陈艳萍	湘潭大学
109	依托国家基地与学科建设成就构建高水平化学人才培养新平台	王玉枝、旷亚非、赵敬哲、郭栋才、蔡炽	湖南大学
110	物理学创新型人才培养体系的构建与实践	陈敏、赵福利、杨东华、李志兵、陈弟虎、赖天树、蔡志岗、沈韩、刘贻珊、王彪	中山大学
111	构建两系列三水平实验教学体系，培养心理学创新型研究与应用人才	莫雷、郑希付、刘学兰、王瑞明、张卫、曾祥炎	华南师范大学
112	面向创新型人才培养需求，构建“认知、体验、探索”一体的数学实践教学体系	龚劬、刘琼荪、肖剑、何光辉、叶仲泉、穆春来、谢德政、荣腾中、张谋、孙荣恒	重庆大学
113	国家级生物科学实验教学示范中心实验教学模式创新的探索	林宏辉、李虹、邹方东、解丽芳、王海燕、赵琦、王茂林、唐琳、席德慧、郭亦然	四川大学

续表

序号	成果名称	完成人	完成单位
114	我国西南地区生态环境类复合型人才培养体系建设与实践	段昌群、肖蘅、苏文华、和树庄、王跃华、常学秀、王崇云、刘嫦娥、欧晓昆、王焕校	云南大学
115	边疆地区高师院校物理学专业改革与实践	张雄、侯德东、刘应开、杨卫平、石俊生、杜雷鸣、王静、张皓晶、郑永刚	云南师范大学
116	地方综合性大学化学创新人才培养新体系的构建与实践	申烨华、王尧宇、李剑利、张逢星、常江	西北大学
117	高等学校大学数学课程师资培训模式的创新与实践	徐宗本、李继成、彭济根、马知恩、王绵森	西安交通大学
118	打造一流团队和名牌课程为人才培养提供优质数学教育	刘三阳、马建荣、杨有龙、于力、杨国平、周水生	西安电子科技大学
119	基于课程群的物理化学课程新体系构建与实践	陈亚芍、房喻、王文亮、白云山、胡道道、刘守信、张颖、马红竹、陈世荣、张聪杰、宋永红、尹世伟、王渭娜、丁立平、许春丽	陕西师范大学
120	“技术+管理”型土木工程创新人才培养的改革与创新	石永久、冯鹏、郑思齐、刘洪玉、袁驷	清华大学
121	瞄准国家新需求，适应行业大变革，构建电气工程学科拔尖创新人才培养体系	康重庆、于歆杰、赵伟、于庆广、董嘉佳	清华大学
122	自动化专业创新型人才培养的本科实践教学体系与平台建设	周东华、张长水、赵明国、张涛、杨耕	清华大学
123	计算机系统核心课程群及其实验体系的研究与实践	马殿富、高小鹏、张莉、曹庆华、王雷	北京航空航天大学
124	具有国际竞争力人才培养模式的创新和国际通用工程师学历教育的研究与实践	熊璋、于黎明、徐平、伊夫·杜拉克（Yves Dulac）、马克·波利（Marc-Pauly）	北京航空航天大学
125	发扬特色与拓宽面向相结合的行业院校“热能与动力工程”专业建设	张欣欣、王立、夏德宏、温治、冯妍卉	北京科技大学
126	基于“大工程观”的生物类工程人才培养模式的改革与实践	苏海佳、谭天伟、秦培勇、张鹏、张丽叶	北京化工大学

续表

序号	成果名称	完成人	完成单位
127	以“3E”为核心的通信工程专业建设探索与实践	王文博、纪越峰、桑林、杨鸿文、尹长川、纪红、赵慧、张杰、孙咏梅、吴建伟	北京邮电大学
128	面向行业，构建“四位一体”的印刷出版创新人才培养模式	曲德森、程光耀、陈丹、严晨、许文才、王关义、李一凡、邓普君、魏先福、刘益、胡杰、王彦祥	北京印刷学院
129	“协同共赢、长效稳定”的产学合作育人机制研究与实践	郭文莉、刘红琳、孟波、吴波、戴波	北京石油化工学院
130	强化特色，服务首都，提升应用型人才的工程实践和创新能力	杜林、许晓革、王兴芬、黄民、杨曙辉、米洁、李学华、张健、彭书华	北京信息科技大学
131	煤炭采矿安全特色专业建设与实施	王家臣、傅贵、侯运炳、秦跃平、张勇	中国矿业大学（北京）
132	协同多元化教育资源培养能源动力类国际化高素质创新型人才的熔炼模式	谢辉、高文志、苏万华、舒歌群、汪健生、谭从民、毕凤荣、赵军、李献国、王迅、曹树谦、车建明	天津大学
133	面向“新一代国家空管系统”人才需求的综合实践教学平台研究与实践	杨新湦、钟涵、董健康、王岩韬、张健、赵巍飞、聂润兔、王建忠、王洁宁、李蕊、刘昕	中国民航大学
134	机电类专业本科生工程素养教育改革与实践	郑清春、张惊雷、魏克新、牛兴华、毕大森、王云亮、解宁、王收军、何宏、韩萌	天津理工大学
135	融合重点学科资源，建设土木水利类专业高水平实验教学示范中心	陈廷国、王宝民、宋向群、李昕、张哲、郭莹、王晶华、刘亚坤、陈静云、袁永博、任冰、张日向、殷福新、舒海文、姜韶华、张建涛	大连理工大学
136	研究型大学工程教育改革与卓越工程师培养的探索与实践	朱泓、姜文凤、王殿龙、宋向群、张述伟、林鸿飞、贾振元、银建中、全燮、罗钟铉、李廷举、胡平、宫文飞、高欣、王正	大连理工大学
137	创建工程训练竞赛新模式提升大学生创新实践能力	梁延德、李志义、刘志刚、傅水根、孙康宁、朱华炳、刘胜青、贾振元、张红哲、李喆、唐勇超、姚雁、马海波、王克欣、鲍永杰	大连理工大学、清华大学、哈尔滨工程大学、合肥工业大学、山东大学、四川大学

续表

序号	成果名称	完成人	完成单位
138	以质量为核心的人才培养模式创新研究与实践	刘建昌、薛定宇、徐林、李鸿儒、王建辉、关守平、潘峰、周玮、张伟宏、陈思远	东北大学
139	《采矿学》教材建设（教材）	王青、顾晓薇、任凤玉、郑贵平、陈庆凯、孙效玉、屠晓利、杨天鸿、丁航行、曹建立	东北大学
140	冶金与材料类研究型学院人才培养模式的探索与实践	朱苗勇、姜茂发、张廷安、陆钟武、翟玉春、蒋敏、沈峰满、谢鹏飞、王梅、丁桦	东北大学
141	轮机工程专业模拟实践训练体系的改革与创新	张均东、曹辉、甘辉兵、何治斌、曾鸿、姜瑞政、冯金红、鲁道毅、蒋丁宇、贾宝柱、林叶锦	大连海事大学
142	机械类本科实践教学模式的再创新与实施	赵继、杨兆军、周晓勤、赵宏伟、张富、呼咏、王丽慧	吉林大学
143	整合课程体系，强化创新实践，实现《计算机网络》系统化改革的探索与实践	胡亮、魏晓辉、郭东伟、赵阔、霍严梅、初剑峰、车喜龙	吉林大学
144	“面向工程、强化实践”的电气工程及其自动化专业人才培养模式的改革与实践	李国庆、蔡国伟、严干贵、李娟、李书权、初壮、李卫国	东北电力大学
145	面向国际化的建筑学专业卓越人才培养模式探索与实践	梅洪元、孙澄、周立军、邵郁、徐洪澎、李玲玲、邢凯、陆诗亮、史立刚	哈尔滨工业大学
146	强化工程创新能力培养的机械专业实践教学建设	宋宝玉、李旦、王娜君、张锋、王滨生、周亮、邓宗全、刘佳男	哈尔滨工业大学
147	自动化领域人才的工程素质培养探索与实践	赵琳、刘胜、兰海、于立君、吕淑平、田凯、孙蓉	哈尔滨工程大学
148	校企协同培养船舶动力国防特色专业拔尖创新人才培养体系研究与实践	张文平、王东旭、张新玉、彭敏俊、杨铁军、李玩幽、李晓波、施悦、李涛	哈尔滨工程大学
149	构建“四元一体”教学平台，培养食品科学与工程类专业人才的创新与实践	江连洲、程建军、郑冬梅、孔保华、杜鹏、李晓东、于国萍、张秀玲、张立钢、李良、张铁、王辉兰、高汉峰、崔立雪	东北农业大学

续表

序号	成果名称	完成人	完成单位
150	国际产学合作，建设设计与制造系列课程，培养学生综合工程能力	奚立峰、吴静怡、邵华、蒋丹、刘应征、林赫、郭为忠、杨培中、顾希垚、许敏、于随然、梁庆华、林艳萍、高雪官、张蕾	上海交通大学
151	建设创新课程，培养卓越软件工程师	骆斌、刘强、王浩然、丁二玉、赵志宏、邵栋、雍俊海、李宣东、葛季栋、冯桂焕、刘璘、刘钦、刘嘉、荣国平、丁贵广、张瑾玉、刘峰、黄蕾	南京大学、清华大学
152	现代道路交通类人才专业知识构建和核心能力提升的改革与实践	王炜、黄晓明、陈峻、程建川、陈怡、陈学武、胡伍生、陆建、黄侨、高英、张航	东南大学
153	面向航空先进制造技术的机械工程专业培养体系改革与实践	朱如鹏、朱荻、陈蔚芳、郭宇、陈富林、安鲁陵、朱永伟、赵东标、周燕飞、刘苏	南京航空航天大学
154	立足工程教育，致力学生“四大”能力培养——电工电子课群教学改革与实践	王建新、黄锦安、蒋立平、黄爱华、花汉兵、康明才、刘光祖、蔡小玲、李军、李伦波	南京理工大学
155	构建多元化教学与实践体系培养行业特色测绘创新型专业人才	高井祥、王坚、孙久运、张书毕、杜培军、卞正富、汪云甲、郑南山、顾和和、郭广礼	中国矿业大学
156	基于“课程链—人才链—产业链”三链对接的特色化工人才培养	刘晓勤、武文良、崔咪芬、管国锋、任晓乾、胡永红、居沈贵、冯新、金万勤、鞠永干、刘碧云、范益群	南京工业大学
157	面向行业需求，引领专业发展，培养一流水利水电人才的创新与实践	顾冲时、顾圣平、沈长松、蔡付林、陈菁、胡明、刘晓青、王玲玲、王润英、刘永强、周澄、张继勋	河海大学
158	以社会需求为导向，依托优势学科的环境类人才培养创新与实践	王超、陆光华、王沛芳、李轶、陈卫、王惠民、赵振兴、操家顺、朱亮、朱伟、徐向阳	河海大学
159	课内外融合的程序设计能力培养方法的研究与实践	陈越、何钦铭、陆汉权、王灿、翁恺、许端清、陈天洲、耿卫东、冯雁	浙江大学

续表

序号	成果名称	完成人	完成单位
160	面向国家急需，建设我国集成电路紧缺人才培养体系的十年探索与实践	严晓浪、王志华、张兴、郝跃、林殷茵、张波、时龙兴、毛志刚、邹雪城、杨冬晓、何乐年、陈虹、于敦山、庄奕琪、周嘉、程炼、李智群、雷鑑铭、付宇卓、张玉明	浙江大学、北京大学、清华大学、西安电子科技大学、复旦大学、电子科技大学、东南大学、上海交通大学、华中科技大学
161	五位一体电气工程创新人才培养方式的研究与实践	韦巍、姚缨英、马皓、杨敏虹、范承志、齐冬莲、姚维、杨莉、阮秉涛	浙江大学
162	强化节能减排意识，提升创新实践能力，创建与推进全国大学生节能减排竞赛	岑可法、骆仲泱、张欣欣、丰镇平、黄树红、谈和平、王如竹、邱利民、高翔、俞自涛、胡亚才、方惠英、陈炯、周昊、倪明江	浙江大学、北京科技大学、西安交通大学、华中科技大学、哈尔滨工业大学、上海交通大学
163	政产学研用五位一体复合型信息技术人才培养模式探索与实践	王万良、王卫红、范菁、戴光麟、朱艺华、何玲娜、郑河荣、杨旭华	浙江工业大学
164	地方高校开放式、规模化培养国际服务外包人才的探索与实践	詹国华、陈永强、祝建中、虞歌、仇琳、晏明、谢琪、袁贞明、郑天翔、张佳、王巍、孙海霞	杭州师范大学
165	行业院校办学特色拓展与深化的路径研究及实践	林建忠、宋明顺、李青、李东升、杨其华、金尚忠、易荣华、朱诚、潘岚、李海芬	中国计量学院
166	基于能力培养的大学计算机基础课程改革总体规划与体系建设	陈国良、李廉、冯博琴、周学海、何钦铭、张龙、马斌荣、苏中滨、龚沛曾、郝兴伟	中国科学技术大学、合肥工业大学、西安交通大学、浙江大学
167	大工程时代卓越工程人才工程意识、创新能力和工程素质培养的研究与实践	王章豹、张辉、洪天求、朱大勇、黄景荣、朱华炳、张宝、陈文恩、赵金华	合肥工业大学
168	“三步法”：一般本科院校应用型人才创新能力培养之路	李家新、冷护基、晏群、葛芦生、顾明言、曹大文、戴玉纯、雷金火、陈翔、窦贤琨、陈霞、杨琦、张卉	安徽工业大学
169	土木工程专业校企深度合作人才培养模式创新与实践	蔡雪峰、张建勋、周继忠、许利惟、毕贤顺、吴鹏程、聂小龙、郑莲琼、庄金平	福建工程学院

续表

序号	成果名称	完成人	完成单位
170	“亲产业”的车辆工程专业建设体系的构建与实践	黄红武、周水庭、刘显贵、易际明、洪汉池、唐友名、方遒、葛晓宏、刘金武、兰靛靛、袁志群、韩锋钢、向铁明、于国飞、易了、许建民、孙鹏飞、韩勇、欧阳联格	厦门理工学院
171	食品科学与工程专业创新人才培养体系的构建与实践	谢明勇、刘成梅、聂少平、胡晓波、邓泽元、陈奕、阮榕生、刘伟、张国文、龚晓斌	南昌大学
172	基于“三个紧密结合＋全面素质教育”的地方高校自动化专业人才培养模式	王祖麟、周立功、罗嗣海、樊相宇、杨玲、钟义红、刘飞飞、王忠民、吴阔华、刘军、周克良、梁礼明、杨国亮、刘晖、朱文虎、张振利	江西理工大学、西安邮电大学、成都信息工程学院、广州周立功单片机科技有限公司
173	具有国际化视野的自动化专业创新人才培养模式研究与实践	张承慧、陈阿莲、段彬、李振华、孙波、李现明、陈桂友、杨西侠、孙同景、吴皓	山东大学
174	高校工程实践教学改革的探究与实践	孙康宁、张景德、李爱菊、吕宇鹏、傅水根、陈言俊、朱瑞富、李爱民、栾贻国、姚明峰	山东大学、清华大学
175	具有水产品特色的食品科学与工程专业创新人才培养模式的构建与实践	汪东风、曾名湧、林洪、薛长湖、管华诗	中国海洋大学
176	能源战略视阈下的石油工程国家特色专业改革与建设	管志川、姚军、孙宝江、王瑞和、程远方、李明忠、陈德春、林英松、王业飞、孙仁远、倪玲英	中国石油大学（华东）
177	以专业课程建设为核心，构建资源勘查工程特色专业优质教学平台	蒋有录、查明、任拥军、张立强、操应长、邱隆伟、王冠民、陈世悦、戴俊生、国景星、董春梅、谭丽娟、吕洪波、张卫海、张世奇	中国石油大学（华东）
178	安全工程专业人才培养模式的创新与实践	高建良、牛国庆、杨明、袁东升、孙彦、邓奇根、王海娟	河南理工大学
179	特色专业建设与提升——粮油食品类专业工程能力培养模式改革与实践	陆启玉、郑学玲、金华丽、何保山、卫敏、韩小贤、赵文红	河南工业大学

续表

序号	成果名称	完成人	完成单位
180	土木工程专业复合型创新人才培养体系的构建与实践	徐礼华、杜新喜、傅旭东、彭华、邓勇、傅少君、邹勇、槐文信、安旭文、张玉峰	武汉大学
181	引导学生自由发展的机械专业工程教育改革与实践	李培根、吴昌林、吴波、何岭松、周莉萍、李斌、杨家军、张国军	华中科技大学
182	材料科学与工程拔尖创新人才培养模式探索与实践	刘韩星、黄学辉、顾少轩、雷丽文、吴兴文、谢峻林、陈文、徐庆、张枫、孙伟、冯小平、周琪	武汉理工大学
183	注重个性发展的材料类卓越人才培养多维办学模式的研究与实践探索	黄伯云、汪明朴、姜锋、余志明、李周、贾延琳	中南大学
184	林业工程类专业创新人才产学研协同培养模式研究与实践	吴义强、刘元、李湘洲、李新功、向仕龙、王忠伟、刘文金、李贤军、陈桂华、刘舸	中南林业科技大学
185	中国 CDIO 工程教育新模式的构建与推广	包能胜、陆小华、林鹏、陈少克、崔岩、李庚英、于津、顾佩华	汕头大学
186	建筑学科创新型人才培养教育体系的探索与实践	孙一民、肖毅强、冯江、庄少庞、苏平	华南理工大学
187	电子信息类专业创新工程人才培养的理论探索与改革实践	徐向民、韦岗、李正、殷瑞祥、晋建秀	华南理工大学
188	以产业发展为导向的农业工程类专业建设研究与实践	罗锡文、杨洲、洪添胜、贾瑞昌、杨丹彤、李长友、马旭	华南农业大学
189	契合社会发展需要的食品质量与安全专业人才培养体系构建与实践	孙远明、罗云波、雷红涛、王弘、柳春红、吴青、肖治理、程永强、徐振林、向红	华南农业大学、中国农业大学
190	生物医学工程学科卓越人才培养模式的创新与实践	陈武凡、周凌宏、冯前进、龚剑、蔡谱、张志德、余晓锷、朱祥林	南方医科大学
191	能力导向校企协同地方高校电子信息类工程应用型人才培养模式研究与实践	古天龙、郭庆、魏银霞、周娅、杨青山、景新幸、杨连发、钟艳如、欧阳宁、许川佩、海莺	桂林电子科技大学
192	重融合宽共享强实践的地方高校环境工程本科专业建设探索与实践	张学洪、郝吉明、曾鸿鹄、胡洪营、王敦球、解庆林、成官文、朱义年、朱宗强、林华	桂林理工大学、清华大学

续表

序号	成果名称	完成人	完成单位
193	构建渐进性阶梯式工程实践教学体系，造就实用型软件工程创新人才	文俊浩、陈蜀宇、熊庆宇、徐玲、柳玲、吴映波、傅鹂、王成良、高旻、韦迎春、蔡斌、张毅	重庆大学
194	适应行业，多维协同，加强学生专业实践能力培养的研究与实践	陈前斌、李方伟、王汝言、杜惠平、余翔、吕霞付、杨虹、夏英、吴渝、钱鹰、胡敏、王巍	重庆邮电大学
195	面向交通行业高校“招生—培养—就业”联动育人机制创新与实践	赵明阶、姜尔岚、吴成国、杨林、程昌华、曹建秋、吴国雄、王多银、许茂增、黄承锋、王辉、朱辉荣、徐园媛	重庆交通大学
196	突出创新能力培养，整合专业优势资源，构筑交通运输专业人才培养高地	彭其渊、罗霞、李宗平、马驷、闫海峰、帅斌、邓灼志、蒋阳升、霍娅敏、李娜	西南交通大学
197	规范先行，立体推进，培养轨道交通电气信息工程创新人才	高仕斌、赵舵、何正友、陈维荣、王英、李春茂、王晓茹、吴广宁、何晓琼、黄进	西南交通大学
198	面向国家重大需求，改革培养模式，有效提升研究生创新实践能力	冯晓云、张卫华、帅斌、丁荣军、何正友、胡伟、廖海黎、周丹、李柏林、杨平	西南交通大学
199	构建以机器人研创活动为核心的综合实践教学平台，培养大学生协同创新能力	黄洪钟、骆德渊、曹其新、秦东兴、丁雨葵、李满天、于乐、周莉萍、王鹏飞、杨平	电子科技大学、哈尔滨工业大学、华中科技大学、上海交通大学
200	基于“四个融合”的高质量通信人才培养模式的改革与实践	饶云江、李玉柏、李晓峰、毛玉明、张进、段景山、杨宁、周宁、林水生、武保剑	电子科技大学
201	夯实基础、强化实践，培养计算机工程创新人才——计算机工程教育改革与实践	秦志光、周世杰、李雪梅、叶欣、程红蓉、侯孟书、任立勇、王纲、韩宏、刘贵松	电子科技大学
202	石油天然气装备特色创新人才培养体系改革与实践	梁政、侯勇俊、艾志久、刘洪斌、邱亚玲、杨启明、韩传军、陶春达、张旭伟、张晓东	西南石油大学
203	西部地方院校工程教育改革的实践与探索	周定文、谢明元、何晋、王天宝、杨玲、魏维、舒红平、吴四九、杨明欣、彭静	成都信息工程学院

续表

序号	成果名称	完成人	完成单位
204	软件工程人才培养 CDIO 改革实践与创新	李彤、柳青、康雁、王炜、张璇、周华、郝林、林英	云南大学
205	依托学科优势构建冶金与材料专业人才多元化培养体系的探索与实践	彭金辉、干勇、华一新、赵昆渝、易健宏、李坚、雍岐龙、施哲、蒋业华、马文会、林艳、李俊	昆明理工大学、钢铁研究总院
206	资源型行业环境类专业人才培养模式的探索与实践	宁平、程赫明、柴立元、陈冠益、季民、彭兵、文书明、徐冰峰、杨溢、胡学伟、邹永松、瞿广飞、李如燕、张冬冬、刘树根、周越、张秋林、关清卿、张德华	昆明理工大学、中南大学、天津大学
207	综合性大学计算机人才培养模式的改革与实践	耿国华、房鼎益、高岭、陈莉、张蕾、周明全、华庆一、侯红、康宝生、冯筠、董卫军、李康	西北大学
208	面向智能制造需求的数控技术教学体系改革与实践	梅雪松、陈花玲、徐学武、许睦旬、张小栋、张东升、董霞、张庆、刘吉轩、姜歌东	西安交通大学
209	航空发动机“情景式”实验教学体系的创建与实践	吴丁毅、刘振侠、吕亚国、张丽芬、肖洪、高丽敏、王占学、郑龙席、蔡元虎、高颖、胡剑平、高文君、赵琳、韩流、吴迪	西北工业大学
210	国际化培养风电卓越工程师的探索与实践	廖明夫、王四季、王伾剀、杨伸记、刘前智、林辉、宋文萍、Robert Gasch、Jochen Twele、Martin Kuehn、Siegfried Heier、Robert Liebich、Klaus Knecht、Jan Liersch、Werner Uka	西北工业大学
211	融合专业教学，提升计算科学思维能力，推进计算机基础教学改革与实践	张艳宁、姜学锋、杜承烈、李玉忍、邓磊、党建武、张清江、於志文、刘君瑞、魏英、张钢、张森社、曹光前	西北工业大学、天津大学
212	以工程能力培养为核心的地方院校本科人才培养体系改革与实践	刘丁、刘军、李言、张晓晖、赵康、王德法、马宁、何望云、赵波、黄军勤、王学通、陈梅	西安理工大学
213	校企协同、教科融合、多元开放，深化现代电子信息实践教学改革的探索与实践	石光明、周佳社、闫卫利、孙肖子、周端、任爱锋、郭涛、傅丰林、陈南、王松林、李隐峰、王新怀	西安电子科技大学

续表

序号	成果名称	完成人	完成单位
214	面向转型期我国城乡建设需求的城乡规划专业人才培养体系改革与实践	刘克成、陈晓键、段德罡、周庆华、李昊、任云英、惠劼、白宁、王侠、李小龙	西安建筑科技大学
215	材料科学与工程专业人才培养模式改革与实践	徐德龙、肖国庆、薛群虎、许启明、程福安、李辉、何廷树、郭进平、杨源、张耀君、伍勇华、张颖	西安建筑科技大学
216	煤炭主体专业人才培养模式与教学改革的探索与实践	杨更社、苏三庆、王贵荣、李树刚、张涛伟、张恩强、张俭让、薛喜成、金美容	西安科技大学
217	面向交通行业，创新教学体系与资源配置模式，培养信息类卓越人才	汪贵平、赵祥模、韩玲、武奇生、雷旭、惠飞、巨永锋、孙朝云、闫茂德、郭兰英、王会峰、周熙炜	长安大学
218	依托“科技小院”培养农科应用型研究生的模式改革与实践	李晓林、张宏彦、苗宇新、米国华、张福锁	中国农业大学
219	都市型现代农业特色人才培养体系的构建与实践	张喜春、王慧敏、范双喜、潘金豹、秦岭	北京农学院
220	构建多维实践育人体系，培育树型生态环境人才	宋维明、骆有庆、于志明、张戎、孟祥刚、于斌、林娟	北京林业大学
221	地方农业院校本科专业实践能力培养路线图的研究与实践	王志刚、申书兴、李存东、翟玉建、赵慧峰	河北农业大学
222	林学专业多元化人才培养模式改革与实践	杨传平、李凤日、李明泽、邸雪颖、杨光、韩辉林、顾凤岐、倪志英、沈海龙、金森、孟琳、郑红、郭敏	东北林业大学
223	基于“链式理论”的园林专业系列教材建设（教材）	王浩、张青萍、赵兵、唐晓岚、王良桂、祝遵凌、严军、李静、邱冰	南京林业大学
224	“三结合”协同培养动物科技类人才实践创新能力的研究与实践	王恬、范红结、雷治海、杜文兴、刘红林、於朝梅、周振雷、黄克和、毛胜勇、王锋、刘秀红、贾晓庆、李静、曹猛	南京农业大学
225	农科拔尖人才培养的“五创新五提升”探索与实践	陈学新、喻景权、周雪平、赵建明、林良夫、肖建富、叶庆富、樊龙江、宋凤鸣、须海荣、汪俏梅、张颖、王涛、张国平、楼成礼	浙江大学

续表

序号	成果名称	完成人	完成单位
226	面向林学和GIS专业的“一核多翼”森林资源管理课程群协同建设	周国模、汤孟平、王懿祥、徐文兵、陈永刚、施拥军、葛宏立、张茂震、杜华强、丁丽霞、刘恩斌、周宇峰、韦新良	浙江农林大学
227	整合聚集资源，创新体制机制，协同推进涉农专业实践教学综合改革	宛晓春、朱世东、程备久、王敏、方明、操海群、祁克宗、朱绍友、蔡永萍、张正竹、鄢高翔、张承祥、张琴、江正君、张健、张秀宽、吴远之	安徽农业大学
228	“一村一名大学生”人才培养的研究与实践	王华君、阮爱民、史怀乐、李力、汪保根、朱立军、周旭、王安源、胡启涛、王伟、郭其智、栾敬东、姚大年、孙超、丁先丰、王永生、倪有宝、吴建婷、林岚、李红珍	安徽农业大学、中共六安市委组织部、泾县职业与成人教育中心
229	高等院校卓越农林人才培养的研究与实践	张全国、何松林、宋安东、孙治强、徐广印、赵全志、李明、赵翠萍	河南农业大学
230	林科类本科人才培养机制改革与路径创新	刘惠民、胥辉、姚孟春、杨斌、姜磊、费建国	西南林业大学
231	农科类拔尖创新人才培养的探索与实践	赵忠、陈遇春、王国栋、王军、曲云峰、李海华、廖允成、胡景江、苏蓉	西北农林科技大学
232	面向新疆新农村建设，把论文写在天山南北——新疆农业大学实践育人改革与探索	王长新、刘维忠、苏枋、张巨松、魏岩	新疆农业大学
233	西北边疆高校作物学教学团队的建设	曹连莆、张旺锋、李鲁华、孙杰、马富裕、魏亦农、李卫华、艾尼瓦尔江、韩旭红、张伟	石河子大学
234	整合临床学科，转变培养理念，实施医学创新人才培养的研究与实践	吕兆丰、王晓民、付丽、雷丽萍、吴萍、路学一、李爱军	首都医科大学
235	“院校教育与传统教育”相结合的中医人才培养新模式的研究与实践	高思华、谷晓红、翟双庆、刘雯华、李玮、梁军、王庆国、乔旺忠	北京中医药大学
236	本科助产紧缺人才培养模式建立的探索与实践	赵岳、王春梅、赵珊、王席伟、刘纯艳、曹永军、魏娜、王欣、陈叙、李增彦、范继青、张清梅	天津医科大学
237	中医药大学生发展能力培育体系的建设与实践	孟静岩、张伯礼、阚湘苓、王慧生、崔强、张艳军、王玉兴	天津中医药大学

续表

序号	成果名称	完成人	完成单位
238	系统性素质教育支撑下的临床胜任力培养模式研究与实践	王斌全、段志光、张岩波、郑建中、姜峰	山西医科大学
239	以卫生服务能力提升为导向的临床医学专业人才培养模式改革与实践	魏武、王庸晋、宋晓亮、王金胜、李红倬、申虎威	长治医学院
240	高起点多途径系统推进教师教学发展，切实提高医学教育质量的研究与实践	闻德亮、孙宝志、曲波、于晓松、赵阳、乔敏、田伟、刘莹、张云	中国医科大学
241	医学生知识、能力、素质协调发展的医学教育实践体系的构建与实践	周万春、宫福清、孔英、苏红、孔力、刘佳、刘媛、徐跃飞、孙艺平、牛卫东、左云飞、姚继红、吴泰华、王绍武、程现昆	大连医科大学
242	针灸推拿学技能型人才培养体系的构建与实践	王之虹、刘明军、王富春、张欣、卓越、尚坤、王储平	长春中医药大学
243	完善本科临床教学质量保障体系，创建五星级优秀示范临床教学基地	周晋、张东华、曹德品、谢宗豹、郭劲松、薄红、姜洪池、郭庆峰、崔莹、董靖竹、高岳	哈尔滨医科大学
244	创新教学模式，培养基础医学拔尖人才	张凤民、杨宝峰、傅松滨、钟照华、乔远东、赵光、曹博、张雅芳、金晓明、王玲	哈尔滨医科大学
245	中医药类专业实验教学改革与大学生创新能力培养的研究与实践	匡海学、肖洪彬、杨炳友、李永吉、程伟、王海燕、杨天仁、都晓伟、殷越、王晓源	黑龙江中医药大学
246	中国特色全科医学人才培养体系的探索与创新	祝墡珠、汪玲、杨秉辉、江孙芳、桂永浩、郑玉英、潘志刚、寿涓、王健、顾杰	复旦大学
247	模拟医学平台结合示范病区，构建全面提升学生临床能力的新教学模式	黄钢、张艳萍、富冀枫、陆斌杰、梅文瀚、邵洁、邵莉、张浩、李鸣燕、段宝华、张美娇、浦川海、王慧、马骏、李春红、沈理、杨云、李小波、夏蕙	上海交通大学
248	以提升执业能力为核心的医学影像学人才培养研究与实践	滕皋军、杨小庆、刘斌、邓钢、谢波、居胜红、杨明、靳激扬、王慧萍、张俊琴	东南大学

续表

序号	成果名称	完成人	完成单位
249	公共卫生与预防医学“三位一体”人才培养模式创新与实践	沈洪兵、陈峰、张正东、李磊、刘起展、倪春辉、张绮、周建伟、胡志斌、李忠、施爱民、陈璐、喻荣彬、季晓辉、王心如	南京医科大学
250	新世纪麻醉学人才培养模式的创新与实践	张励才、曾因明、郑葵阳、刘功俭、陆召军、刘金东、许铁、戴体俊、吴永平、曹君利	徐州医学院
251	传承与创新：彰显中医文化特质的院校教育模式的探索与实践	吴勉华、文庠、张宗明、陈仁寿、王明强、刘锬、顾一煌、殷忠勇、张宏如、吴彩霞	南京中医药大学
252	以行业需求和人才成长为导向，构建全方位、多层次药学终身教育体系	徐晓媛、花建华、章映欢、王欣然、常国芳、蒋宏民、陆涛、关德祺、樊陈琳	中国药科大学
253	药学综合实践教学新体系的构建与实施	尤启冬、林生、狄斌、刘晓东、李志裕、丁启龙	中国药科大学
254	院校—师承—地域医学教育相结合，培养新安医学特色的中医学人才研究与实践	王键、彭代银、储全根、周美启、王茎、董昌武、许钒、尚莉丽、阚峻岭、周涛、黄莉、陈雪功	安徽中医药大学
255	以“岗位胜任力”为导向的护理学本科人才培养模式研究与实践	姜小鹰、胡荣、张旋、肖惠敏、宋继红、胡蓉芳、吴炜炜、庄嘉元、林雁、刘敦	福建医科大学
256	以文化人，厚重基础——中医学核心课程体系建设与实践	欧阳兵、石作荣、滕佳林、李茂峰、朱姝、张文玉、郭栋、刘更生、刘桂荣、张庆祥、张思超、朱晓林	山东中医药大学
257	医学实验教学平台全面质量管理模式研究	朱艳琴、李伟、陈四清、王白燕、孙曙光、王蕾、李素香	河南中医学院
258	针对河南省卫生人才素质现状创新高等医学教育课程设置研究与实践	雒保军、张睿、王桂霞、孙翠勇、李轶、刘栋、姚峰	新乡医学院
259	“一强化两贯穿”临床医学教学模式的探索与实践	董卫国、朱俊勇、王燕霞、余保平、杨劲、舒胜强	武汉大学
260	以能力培养为导向的预防医学人才培养模式的创新与实践	邬堂春、杨克敌、刘烈刚、陈国元、姚平	华中科技大学

续表

序号	成果名称	完成人	完成单位
261	构建精神医学国家级教学平台，并充分发挥其示范、辐射和引领作用的实践	张亚林、曹玉萍、李凌江、郝伟、薛志敏	中南大学
262	提高医学生临床技能教学质量的研究与实践	肖海鹏、王淑珍、王庭槐、王劲松、周汉建、梁玲	中山大学
263	“重经典、强临床”高素质中医人才培养模式的构建与实践	许能贵、林培政、梁沛华、樊粤光、陈达灿、王宏、陈建南、曹敏	广州中医药大学
264	建立“互利共享，开放多元”的资源聚集机制，创新医学人才协同培养模式	陈敏生、曾志嵘、佟矿、刘理、杜华、顾萍、蔡谱	南方医科大学
265	网络题库与考试评价系统的研发与应用	文民刚、席卫文、张春辉、朱汉祎、耿景海、张立力、陈泽璇、王飞	南方医科大学、广东省教育研究院
266	以“胜任力为导向、整合为策略”的医学人才培养战略研究与实践	万学红、石应康、卿平、李立、卢铀、李幼平、汪晓东、陈进、徐泳、夏天	四川大学
267	以胜任力为导向，构建口腔医学本科精英人才培养新模式	于海洋、陈谦明、叶玲、张凌琳、赵志河、胡涛、李晓箐、袁泉、李伟、周学东	四川大学
268	创建中国特色法医学教学新体系，培养国家亟需法医专门人才	李生斌、魏曙光、张洪波、党永辉、李涛、韩卫、郑海波、阎春霞	西安交通大学
269	探索“循证医学”教学模式，培养拔尖创新人才	杨克虎、田金徽、马彬、陈耀龙、拜争刚、刘雅莉	兰州大学
270	以岗位胜任力为导向，地方院校五年制临床医学专业综合改革探索与实践	霍正浩、孙涛、杨银学、李燕、李昭宇、潘丽华、姜怡邓、訾秀娟、王荒野、杨怡	宁夏医科大学
271	以立体化教材建设支撑会计学专业教学改革（教材）	荆新、支晓强、宋建波、周华、叶康涛	中国人民大学
272	以行动学习为导向，打造知行合一的会计硕士专业学位研究生人才培养模式	孟焰、袁淳、刘俊勇、吴溪、朱继光	中央财经大学
273	本科层次卓越国际化会计及金融人才培养模式的创新与实践	王庆石、方红星、邢天才、史达、刘波、陈艳利、孙磊、吕宁、孟姝	东北财经大学

续表

序号	成果名称	完成人	完成单位
274	大工程实践驱动的工程管理精英人才“四元耦合”创新培养模式	乐云、李永奎、何清华、马国丰、陆云波、施骞	同济大学
275	优化知识体系、创建实践环节，深化“决策支持系统导论”课程的建设与实践	宋福根、张科静、王素芬、马彪、董平军、张晶	东华大学
276	会计学专业国际化人才培养的实践与创新	陈信元、朱红军、薛爽、赵子夜、徐金妹、黄莎、郜颂倩	上海财经大学
277	政产学研用“五位一体”培养国际邮轮紧缺人才的创新实践	汪泓、史健勇、吴明远、邱羚、叶欣梁、陈心德、吴忠、沈山州、郑炜航、刘淄楠、孙瑞红、闫国东、朱国建、李霞、金佳雯、胡田	上海工程技术大学
278	现代工程管理人才“一体两翼”型专业核心能力培养的研究与实践	李启明、成虎、沈杰、郭正兴、周佑勇、杜静、陆惠民、黄有亮、刘家彬、陆彦、吴刚	东南大学
279	“塔式”立体化中小企业创业人才培养模式研究与实践	梅强、毛翠云、郭龙建、李洪波、陈文娟、赵观兵、胡桂兰、张怀胜、冯军、谭成、杨道建、李晓波、周辉、徐占东	江苏大学
280	基于公共精神塑造的高校人才培养模式创新：公共管理强化班十年建设与拓展	郁建兴、王诗宗、金一平、唐晓武、高翔、陈丽君、徐林、吴金群、王卫星	浙江大学
281	全景体验式教学模式及其在MBA教育中应用	梁樑、赵定涛、张圣亮、古继宝、朱宁、林峰、刘红梅	中国科学技术大学
282	以创新型管理人才培养为目标的教学团队建设研究与实践	杨善林、刘业政、梁昌勇、赵惠芳、刘心报、何建民、余本功、吴慈生、胡笑旋、傅为忠、孙超平、尚广海	合肥工业大学
283	管理学全案例教学模式	沈艺峰、郭霖、林涛、吴文华、许志端	厦门大学
284	基于“五化一体”的开放型管理学科实验教学示范中心建设	戚桂杰、吉小青、张惠萍、杨海军、张向伟	山东大学
285	检索课从精品到共享的创新实践：普及与提高	葛敬民、刘文云、李长玲、吴红、王克平、冯晓娜、李子臣、夏晓慧、佟泽华、白如江	山东理工大学

续表

序号	成果名称	完成人	完成单位
286	面向行业的物流工程专业综合教学改革研究与实践	赵章焰、周强、邵新建、吴青、刘志平、张庆英、董熙晨、夏青云	武汉理工大学
287	工商管理类专业 π 型卓越人才柔性培养模式研究与实践	马超群、袁凌、雷辉、杨智、杨宏林、周昕、蒋艳辉、熊正德	湖南大学
288	面向建设工程全寿命期执业能力的工程管理专业教学体系	任宏、王雪青、杨宇、曹小琳、张仕廉、张水波、潘晓丽、徐波、陈圆、毛超、曾德珩	重庆大学、天津大学
289	整体构建，系统推进，全面提升大学生创新创业能力	陈光、蒋葛夫、韩旭东、董艳云、代宁、卫飞飞、刘凤、王永杰、沈火明、陈燕灵	西南交通大学
290	立足三大效用，创立“N334”模式，推进文科课程网格建设	祝小宁、王志强、汤志伟、杜学元、杨曦、刘裕、张会平、李冰、杨菁	电子科技大学
291	综合集成发展——西部地方高师院校人才培养机制创新与实践	杨林、武友德、侯德东、郑勤红、李伟、陈广云、余冰释、罗滨	云南师范大学
292	名师引领、名团队名课程名实验室支撑的工业工程人才培养模式改革与实践	苏秦、汪应洛、吴锋、孙林岩、贾涛、钱华、冯秋红、张正祥、童小梁、相里六续、陈宁	西安交通大学
293	民族地区会计学本科专业教学体系的改革与实践	姜锡明、朱宇、杨立芳、汤琦瑾、李宇立	新疆财经大学
294	基于思维与实践并行的综合造型设计基础课程群建设	柳冠中、邱松、蒋红斌、刘新、唐林涛	清华大学
295	服装创新教育——基于“艺工融合”的人才培养模式改革	赵平、刘元风、廖青、周永凯、姜蕾、谢平、顾远渊、吴琪、范秀娟	北京服装学院
296	传媒类艺术人才培养模式的探索与实践	张育华、贾秀清、张济荣、夏丹	中国传媒大学
297	音乐数字化教学的创新与实践	王次炤、袁静芳、苗建华、修子健	中央音乐学院
298	中西互补、多元并举——中央美术学院专业工作室教学	唐勇力、谭平、王敏、吕品晶、徐仲偶	中央美术学院

续表

序号	成果名称	完成人	完成单位
299	高端京剧表演人才培养机制的创新与实践	杜长胜、周龙、周育德、赵景勃、张关正	中国戏曲学院
300	《电影导演创作》课程体系建设与教学模式改革	田壮壮	北京电影学院
301	基于民族音乐“非遗”传承的音乐表演特色专业建设	李世相、苗金海、陈凤兰、李宝珠、李海柱、博特乐图、巴鲁	内蒙古大学
302	基于满足创意产业需求的服装设计与工程专业人才培养模式探索与实践	潘力、廖刚、钱晓农、王翮、于佐君、王勇、王军、穆芸、刘晓阳、陈晓玫、王伟珍、丁玮、刘海丽、肖剑	大连工业大学
303	聋聪合一、普特互渗——特教艺术设计本科人才培养的创新实践	吴飞飞、马慎毅、丁斌、王文霞、戴晓玲、邱蔚丽、解芳、许一兵、吴艺华、孙峰	上海应用技术学院
304	国际一流弦乐演奏人才的培养	俞丽拿、郑石生、李继武、沈西蒂、丁芷诺、蓝汉成、方蕾、何弦、黄滨、曹敏	上海音乐学院
305	艺术设计类课程 E-CO 数字化学习环境构建及其学习模式改革	徐定华、孙颖莹、彭慧、季晓芬、张祖耀、金子敏、徐加美、胡迅	浙江理工大学
306	数字艺术类人才培养模式的创新与实践	郭线庐、贺丹、武小川、史纲、谢爱军、鲁涛、邓强、苏晟、杨博、董钧、邓宇燕、于树耀、张舒野、张亚谦	西安美术学院
307	实验室科研探究课：转化科研优势，创新跨学科通识教学模式	卢达溶、李双寿、汤彬、段远源、闻星火	清华大学
308	推动国际化培养体系建设，促进高水平创新人才成长	袁驷、贺克斌、张毅、顾佩、郑力	清华大学
309	扬长补短，强化团队，寓教于研——地方高校提高研究生培养质量的研究与实践	蒋毅坚、彭永臻、吴斌、乔俊飞、李娟、王秀彦、王淑莹、孙治荣、曾薇、高景峰	北京工业大学
310	全面提升本科拔尖创新人才培养能力的十年改革探索与实践	郑志明、冯文全、陈强、赵婷婷、马齐爽、王敏	北京航空航天大学

续表

序号	成果名称	完成人	完成单位
311	基于创新能力型人才培养的实践教学体系构建	郝群、李和章、曹峰梅、唐胜景、李凤霞、罗庆生、明道福、朱光辉	北京理工大学
312	“分层教学、分流培养、分类成才”人才培养模式的研究与实践	王晓纯、罗学科、张常年、王侃、李冱岸	北方工业大学
313	创建“四位一体”创新实践教育机制，培养高质量人才	郭莉、温向明、周慧玲、房鸣、王菡、邝坚	北京邮电大学
314	非行政化运行模式的教师促进中心（OTA）建设与发展	吴冬梅、赵耀、沈敏荣、边文霞、朱超	首都经济贸易大学
315	数学文化类课程的创建及在全国的推广	顾沛、李尚志、朱传喜、邹庭荣、李艳馥、李军、赵红梅、白晓棠、王兆军、戴瑛、兰莹莹	南开大学、北京航空航天大学、南昌大学、华中农业大学、高等教育出版社
316	“市校联动”教学质量监督与保障机制的建立与实施	张凤宝、王世荣、张卫国、梁福成、郑清春、陈文贵、曹玉珍、穆树发、杨秋波、王海、宗英、赵伟	天津大学、天津师范大学、天津理工大学、天津音乐学院、天津市教育委员会
317	构建学生成长成才推进体系，培养未来卓越人才的探索与实践	余建星、李振宇、靳楠、孙克俐、单小麟、赵伟、杨光、李擎炜、纪颖、于倩、王越、王世斌、徐斌、于泓、柳丰林、杨漫路、时子庆、许晶	天津大学
318	部委划转地方高校“学校—行业（联合会）—企业”协同育人的创新与实践	赵宏、张宏伟、温淑鸿、武宝林、王晓红、李津、王建坤、王文涛、王俭平、王瑞、荆妙蕾、初彩霞、李毅、杜钰洲、王天凯、倪阳生	天津工业大学、中国纺织工业联合会
319	以培养创新型教师为抓手，托起创新型人才培养的理论与实践	张伟良、郝东恒、申彩芬、肖士恩、郑炳章	石家庄经济学院
320	河北师范大学教师培养模式改革——职前职后一体化	李建强、戴建兵、赵夫辰、郑振峰	河北师范大学
321	工学人才培养模式创新实验区——面向艰苦行业的创新人才培养体系探索与实践	杜彦良、王克丽、王甲成、高晓峰、宋恩强	石家庄铁道大学
322	大类招生条件下本科分层培养教育体系研究	程瑞芳、祃海霞、刘磊、程钢海、周增慧	河北经贸大学

续表

序号	成果名称	完成人	完成单位
323	多维度立体化教师教学能力培养体系的建设	刘志军、张晓军、王健、于迎昕、任立春、袁风、赵铭伟、王涌涛、高占先、夏远景、刘勃、王春鹏	大连理工大学
324	思想政治理论课开放式教学资源建设与教学模式改革	魏晓文、杨慧民、戴艳军、马莹华、葛丽君、陈晓晖	大连理工大学
325	校企协同全面提升学生的工程实践能力和创新能力	杨路、樊增广、张国栋、王凤辉、李继怀、李胜利、于晓光、刘丽	辽宁科技大学
326	校企协同培养应用创新型人才研究与实践	潘一山、沈玉志、王秀丽、张佐刚、王家海、李玲、付海波、叶玉清、翟翠霞、王少云、周志强、何满辉	辽宁工程技术大学
327	学科综合与研究环境下本科生实践能力培养机制的探索与实践	陈岗、付景川、胡亮、高淑贞、林君、滕利荣、付坤	吉林大学
328	地方综合性大学优质课程建设模式创新研究与实践	盖同祥、李娟、俞爱宗、向开明、崔玉花、李春玉、金永寿、费洪根	延边大学
329	地方高校培养农村基础教育全科型教师的研究与实践	郭飞君、刘春明、闫玉、赵慧君、杨以刚、刘钊、马永双	长春师范大学
330	创新高等特殊教育人才培养模式的研究与实践	张代治、庄树范、李志瑶、汪伟、郭晓娜、王丽荣、赵钢	长春大学
331	卓越工程创新人才培养模式的研究与实践	周玉、齐晶瑶、沈毅、赵希文、梁宏、杨华靖、王桂伟、吴春燕、杨海、温喜宝、张静、吴菊花	哈尔滨工业大学
332	以质量为核心，人性化培养、双自主激励、常态化评价的教学改革研究与实践	杨德森、夏虹、王秦辉、孙荣平、朱志伟、董宇艳、裴然、韩文伟、刘树生、赵金龙、赵涛、孙洪睿	哈尔滨工程大学
333	以培养探究能力为核心的本科生拔尖创新人才培养体系	陆昉、徐红、应质峰、郑方贤、云永旺、赵东元、储以微、卢大儒、张诚、葛天如、徐雷	复旦大学
334	全方位监控、多阶段跟踪、持续性改进、本研全覆盖的质量保证体系建设与实践	沈祖炎、胡展飞、雷星晖、陈以一、陈峥、何敏娟、邓慧萍、黄宏伟、黄道风、廖振良、李国强、毕家驹、邱伯驺、王佐民、郭大津	同济大学
335	创新机制和举措，提高博士生培养质量	黄震、杜朝辉、张国栋、苏剑波、樊琳、张勇、习俊通、刘俭、童善保、王敏	上海交通大学

续表

序号	成果名称	完成人	完成单位
336	远程教育工科专业在线实验教学模式的研究与实践	应卫勇、程华、钱自强、刘百祥、孙力、梅雨、沈翔、王永志、高建宝、姚俊（1973）、姚俊（1979）、汪淳	华东理工大学、江南大学、大连理工大学、山东大学、哈尔滨工业大学
337	构建基于大数据分析的常态化教育教学质量监控与保障体系	叶志明、宋少沪、辛明军、王光东、陈方泉、叶红、郭长刚、田蔚文、楚丹琪、于海阳	上海大学
338	基于全体学生参与的大学生自主研学体系的创建与实践	郑家茂、熊宏齐、方霞、徐悦、张继文、张胤、戴玉蓉、邱文教、潘晓卉	东南大学
339	构建多学科交叉平台，实施项目教学，提升大学生工程创新能力	徐建成、宗士增、黄晓华、李涛、居里锴、鞠晨鸣、申小平、王克鸿、郭健、姜斌、王辉、李鹏飞、刘东升、缪莹莹	南京理工大学
340	“学”为中心的地方高校教学质量保障体系研究与实践	杨震、杨立军、郑宝玉、徐小龙、李玉倩、唐加山、陈晓波、俞莹、陈鹤鸣、叶美兰	南京邮电大学
341	能力导向，多元培养地方本科院校工程教育模式的探索与实践	刘德仿、王保林、姚冠新、崔刚、倪自银、葛友华、吴其胜、周海、朱龙英、陈青、陆勇、倪骁骅、庞辉、于建业、袁健	盐城工学院
342	地方高校多元融通六位一体的社会适应性培养体系建设	郭荣、芮鸿岩、胡效亚、张清、余远富、薛小平、张信华、肖鹏、吴锋、徐蕾	扬州大学
343	“双十型”应用型本科人才培养体系的建设	陈小虎、聂影、冯年华、倪杰、吴钟鸣、周扩建、张秋平、宣卫红、史建梁、陆慧	金陵科技学院
344	“AGE”整体推进，提升研究生培养质量	严建华、叶恭银、吕森华、陈凯旋、赵张耀、何俊杰、葛盈辉、单珏慧、来茂德、杨卫	浙江大学
345	学科竞赛激活学生活力之浙江二十载探索实践	陆国栋、魏志渊、余水宝、陈临强、李磊、毛一平、魏遐、林家莲、应航、李凤	浙江大学、浙江省大学生科技竞赛委员会、杭州电子科技大学、浙江师范大学、浙江工商大学、浙江工业大学、湖州师范学院、浙江万里学院

续表

序号	成果名称	完成人	完成单位
346	行业特色地方高校多样化拔尖人才培养的探索与实践	裘松良、陈建勇、郑旭明、周赳、王伟祖、邹奉元、蒋彦、梁玲琳、楼盛华、徐定华	浙江理工大学
347	系统化学习任务驱动的研究性教学改革探索与实践	钱国英、应雄、马建荣、徐立清、李继芳、尹尚军、王声平、钱裕禄	浙江万里学院
348	基于中德合作本科应用型人才培养二十年探索与实践	杜卫、竺树声、赵东福、冯军、罗朝盛、徐理勤、叶晗、陶永建	浙江科技学院
349	基于学生自主选择的大类培养机制的改革实践	方志梅、史宏协、王存宽、李慧仙、韩雯琛、孙鑫君	宁波大学
350	大学英语口语评测系统的研发及其相关教育测量的应用研究与实践	吴敏、叶艳、庄智象、黄卫、李萌涛	中国科学技术大学、上海外国语大学
351	地方高水平大学拔尖创新人才培养改革与实践	朱友林、张华、余淑娴、程水金、陈志强、王立、叶林桢、叶庆华	南昌大学
352	地方高校面向基层一线多维互动人才培养的改革与实践	闵伸、张坚、汪立夏、郑晓芳、赵敏、朱嘉蔚、刘红、王卫霞、胡桃元、陈磊	华东交通大学
353	地方高校文化育人体系的构建与实践——以苏区精神和客家文化培养扎根基层人才	孙弘安、邱小云、张玉龙、罗勇、刘福来、周建新、魏美春、丁小明	赣南师范学院
354	本科学生全程化通识教育体系的创新构建与实施	陈炎、张树永、王宪华、徐延宝、梅强	山东大学
355	基于“求真”育人理念的实践教学综合改革与实践	山红红、冯其红、牛庆玮、刘臻、印兴耀、姚军、李晓东、李玉星、王振波、胡伟	中国石油大学（华东）
356	整体教育观指导下“三全六结合”大学生思想政治教育模式建构与实践	范跃进、蔡先金、马兆明、文洪朝、杨立志、董文芳、牛秋业、刘建成、王常柱	济南大学
357	高等院校师范生教师专业实践能力培养研究与实践	戚万学、唐汉卫、王夫艳、赵昌木、安利国	山东师范大学
358	青岛大学浮山书院博雅教育探索与实践	夏临华、马斗成、卢文丽、姜淮、苗莉、蓝迅、沈香韫、毛晓燕	青岛大学

续表

序号	成果名称	完成人	完成单位
359	建设有中原文化特色的国家大学生文化素质教育基地创新实验区的研究与实践	宋毛平、王晓全、厉励、吴艳利、裴红星、张民服、黄轶	郑州大学
360	地方综合性大学产学研结合教育模式改革的实践与创新	王键吉、周志立、宋书中、王红乾、庞有志、颉潭成、魏平、段会珍	河南科技大学
361	农林高校创新创业教育体系研究与实践	尹新明、彭文博、李冠峰、张留占、陈玲、邓振营、宛新生、苏丽娟	河南农业大学
362	地方综合性本科师范院校创新型“人才培养模式与课程体系”的构建与实践	陈广文、郭海明、李景原、任太增、原瑞琴、刘新同、余德峰	河南师范大学
363	高校院系本科教学状态评估的研究与实践	吴平、余祥庭、黄本笑、曾德军、漆玲玲、李黎、宋娟、马丹	武汉大学、湖北工业大学
364	全国高校教学基本状态数据库系统研究及其在新建院校中的应用	许晓东、季平、李延保、王战军、李昕、周爱军、李小梅、刘旭、张勇、王士贤、屈琼斐	华中科技大学、高等教育教学评估中心、中山大学
365	产学研合作提升人才培养质量的理论与实践研究	张昌民、张忠家、黄义武、张光明、吴淑娟、白宗新、徐金燕、刘昌明、王文凯、杜友福、邹火明、赵林、李凯、高耀勇、薛振伟	长江大学
366	“E＋”双专业一体化复合型人才培养模式研究与实践	王存文、韩高军、张媛媛、彭石玉、涂朝莲、王婉华、杜朝明、李琼	武汉工程大学
367	纺织行业大学应用型创新人才培养体系的综合改革与实践	黄运平、徐卫林、李德骏、张昌、李建强、姜明华、张尚勇、陶学文	武汉纺织大学
368	农科专业“三田三早”实践育人模式的改革与实践	李崇光、邓秀新、李寅甲、黄见良、成协设、郑学刚、蒋思文、鲁满新	华中农业大学
369	信息化教学创新与实践：华中师范大学的探索	杨宗凯、王继新、刘三女牙、刘建清、谢耀辉、崔鸿、杨九民、卢子洲、雷万鹏、周宗奎、郑旭东、王健、吴军其、熊才平、吴砥、黄涛、张昭理	华中师范大学
370	基于协同育人理念的地方大学创业教育系统构建与实践	邢锋、徐晨、姚凯、陈智民、孙忠梅、王晖	深圳大学

续表

序号	成果名称	完成人	完成单位
371	大众化教育背景下多样性本科人才培养机制的创新与实践	陈新、章云、何汉武、万频、肖小亭、杜志云、张成科、杨文斌、张育广、杨燕	广东工业大学
372	政府引导　竞赛搭台　西部少数民族地区大学生创新实践能力提升的研究与实践	郭庆、赵中华、王宇英、高原、唐俊、管芳、赵进创、罗晓曙、蔡启仲、文国富、刘电霆、黄永庆、蒋治宏、林勇坚、佟施	桂林电子科技大学、广西大学、广西师范大学、广西科技大学、广西民族大学、桂林理工大学、梧州学院、柳州职业技术学院、广西机电职业技术学院、广西交通职业技术学院
373	面向“因材施学”的大学生实践创新能力培养体系的探索与实践	杨丹、严薇、袁云松、曾佐伶、曾孝平、韩忠、黄佳木、卢峰	重庆大学
374	全面发展的精英教育：四川大学本科创新人才培养的探索与实践	谢和平、步宏、张红伟、李中锋、冉桂琼、兰利琼、陈薇、赵昱辉、张同修、张怡	四川大学
375	瞄准国家战略需求，改革人才培养模式，打造轨道交通行业工程人才培养高地	阎开印、韩旭东、杨韬、高波、高仕斌、潘炜、彭其渊、董大伟、邱延峻	西南交通大学
376	以学为本，以教为基，构建立体化教师教学发展体系	卓志、王远均、任迎伟、赵磊、李放放、曾双宝、刘晓晶、陈秋生、魏华	西南财经大学
377	军地联合创建国防生“卓越计划”培养模式的探索与实践	陈平、瞿勤、曾兴雯、郑军、赵韩强、赵国庆、王国华、赵东方、毛立强、李晖、刘洋	西安电子科技大学、空军某试训基地、空军驻西电选培办
378	大学生培养过程中目标教育的探索与实践	任慧英、范新会、赵琼、赛云秀、丁养斌、曲敏、田亮、刘缠牢、张艳霞、姚敏茹	西安工业大学
379	行业划转院校特色专业来华留学生培养模式的创新与实践	屈展、李琳、董皓、颜庭星、李琪、曹庆年、陈军斌、吴伟、袁森、张海涛	西安石油大学
380	青海大学实施夏季小学期的探索与实践	俞红贤、白永毅、牛海林、尹亮、赵常丽、张倩	青海大学
381	现代远程教育公共服务体系的构建与实践	赵敏、杨志坚、严冰、李国斌、陈慕菁	国家开放大学

续表

序号	成果名称	完成人	完成单位
382	“办好百姓身边大学”办学模式实践与创新	张燕农、刘承邠、张建国、王松、马金东、潘四发、周克强、车亚军、蒋苇、陈雷	北京市东城区职工业余大学、北京市西城经济科学大学、北京市石景山区业余大学、北京市朝阳区职工大学、北京市海淀区职工大学、北京市崇文区职工大学、北京宣武红旗业余大学、北京市丰台区职工大学
383	战略战役兵棋对抗演习模式创建与实践	王喜斌、王朝田、黄艺、胡晓峰、赵文华	解放军国防大学
384	创建高水平数理基础教学团队的探索与实践	秦石乔、冯良贵、陆彦文、吴孟达、李承祖	解放军国防科学技术大学
385	着眼建设信息化军队，培养现代军事人才计算思维能力的创新实践	王怀民、张春元、唐玉华、毛晓光、王挺	解放军国防科学技术大学
386	院校部队联教联训常态化运行研究与实践	王晓华、王子欣、吕孟庄、梁海民、石忠武	解放军石家庄陆军指挥学院
387	面向陆军作战指挥人才培养的信息化教学模式	李春立、孙夕华、陈贻来、高志年、赵本好	解放军南京陆军指挥学院
388	作战环境学学科的创立与实践	高俊、张卫强、游雄、王青山、万刚	解放军信息工程大学
389	合训学员军政基础训练模式创新的研究与实践	吴翔、杨溢、刘航、张申浩、吕杰	解放军陆军军官学院
390	扎实有效推进“两个三进入”充分发挥学习研究宣传党的创新理论的特色优势	蒋乾麟、李昆明、姜延军、孙力、张明	解放军南京政治学院
391	适应多样化军事任务的后勤指挥军官任职培训教学体系创建	王新力、李蒙、南争旗、朱元赛、王贵涛	解放军后勤学院
392	新军事变革条件下野战救护人才培养体系的构建与实践	徐志飞、王志农、顾申、沈宏亮、桂莉	解放军第二军医大学
393	现代卫勤教育训练模式及其基地建设的研究与实践	罗长坤、刘国祥、秦宇彤、郑然、周林	解放军第三军医大学

续表

序号	成果名称	完成人	完成单位
394	临床医学专业军医本科培养新体系的构建与实践	殷进功、张俊沧、刘涛、王显超、董晓建	解放军第四军医大学
395	面向陆军信息化建设的装备培训模式创立与实践	迟宝山、李胜利、王凯、彭文成、王维锋	解放军装甲兵工程学院
396	创新一体化指挥平台教学运用，推进指挥院校教学模式转变	龙信国、何常青、朱立新、陆勤夫、罗一鸣	解放军海军指挥学院
397	大力实施“三个加强，两个拓展”，全面提高海军初级指挥军官培养质量	高敬东、郭尚芬、陈虎、刘永葆、刘桂峰	解放军海军工程大学
398	军事硕士专业学位研究生教育与中级指挥任职培训“融合式”培养探索与实践	李洋、徐宏建、徐国荣、管伟、王辉	解放军空军指挥学院
399	空军综合大学专业建设的改革与实践	张凤鸣、于雷、魏成凯、赵罡、周瑜	解放军空军工程大学
400	基于“工程坊”的军校学员实践创新能力培养模式的研究与探索	毕经存、刘国庆、孙为民、王佑君、张国良	解放军第二炮兵工程大学

四、有影响的社会服务项目

（一）教育学原理专业

1. 教育部确定天津、广西等10个职业教育改革试验区[①]

2014年6月26日上午，国务院新闻办举行新闻发布会，请教育部副部长鲁昕及有关部委负责同志介绍职业教育改革与发展情况。鲁昕在回答记者提问时指出，教育部已经确定了天津、广西、黑龙江、沈阳、潍坊等10个试验区，还有全国各地承担的56个试点项目，将这些试验区和试点聚焦在现代职业教育体系建设上，提高对现代职业教育改革与发展的贡献率。

记者：职业教育对国民经济长期以来都有非常重要的作用，但是一直以来在老百姓的心目中职业教育总给人一种低人一等的感觉，这次《决定》中提出了提升教育的吸引力，但是我们仍然有些担心，这能否真正落实？请问如果要落实这个《决定》中的内容，我们应该做些什么？

还有一个问题，我们知道《决定》中提出来要引导企业成为重要的办学主体，在这个过程中如何避免企业为了追求经济效益而忽视教育质量的问题？谢谢。

鲁昕：这个问题很有意义。大家知道，党中央、国务院高度重视职业教育，但是在社会上也确实存在你说的现象，我们认为《决定》印发之后，怎么落实非常重要。在《决定》后面有一个责任分工表和时间表，大家上网搜一下就可以看到。《决定》一共28条，我们细化了32项具体任务，分别由20个部门来落实。从中央层面我们具体明确了20个部门作为落实《决定》的主体，包括今天参加新闻发布会的四个部门，还有科技部、工业和信息化部、国土资源部、国资委、中国人民银行、国家税务总局等部门。从地方层面来看，省级政府是落实《决定》的重要责任主体，应该说在会议没有召开之前，有的省已经先行先试，已经开始进行了发展现代职业教育的试点，比如说山东省已经出台了28个配套文件。接下来对于教育部来讲，我们要全面贯彻学习和深刻理解习近平总书记的重要批示、李克强总理在接见代表时的重要讲话和刘延东副总理、马凯副总理的重要讲话，具体做好四件事。

第一加强组织协调，在中央层面我们利用部际联席会议的载体，协调28条政策、32个要点，还有300多个政策点的落实，我们准备出台22个配套文件。

第二是落实保障条件，保障条件的责任是政府，我们要发挥政府保基本、促公平的作用，完善经费稳定投入制度，推动地方政府依据1996年通过的职业教育法，履行法律责任，省级政府制定生均经费标准。同时也要和有关部门密切配合，利用教育、财税、土地、金融等政策，更多地

---

① 《教育部确定天津广西等10个职业教育改革试验区》，http：//news. nen. com. cn/system/2014/06/26/012383660. shtml。

发挥市场机制的作用，引导社会力量办好职业教育。

第三是推行先行先试，我们已经确定了天津、广西、黑龙江、沈阳、潍坊等10个试验区，还有全国各地承担的56个试点项目，我们将这些试验区和试点聚焦在现代职业教育体系建设上，提高对现代职业教育改革与发展的贡献率。

第四是要营造良好的环境。一是大家关心的《职教法》修订。二是要制定校企合作促进办法。三是要有配套文件，同时要宣传典型案例，促进社会形成“崇尚一技之长、不唯学历凭能力”的社会氛围，以此来提高职业教育的影响力和吸引力。

2. 2014年上海成为国家中小学教育质量综合评价改革实验区

教育部网站2014年12月9日发布消息，为进一步完善体现素质教育要求、以学生发展为核心和科学多元的中小学教育质量评价体系，教育部办公厅印发《关于做好中小学教育质量综合评价改革实验工作的通知》，确定全国30个地区为国家中小学教育质量综合评价改革实验区。

据了解，这些地区包括上海市、浙江省、北京市东城区、北京市海淀区、石家庄市、沈阳市、大连市、常州市、安庆市、抚州市、青岛市、潍坊市、郑州市、新乡市、武汉市、孝感市、宜昌市、长沙市、株洲市、广州市、深圳市、玉林市、重庆市北碚区、成都市、泸州市、贵阳市、玉溪市、西安市、银川市、克拉玛依市。

通知强调，各实验区要高度重视，加强领导，周密组织，认真做好实验工作。要在申报方案的基础上，进一步研究制订实施工作方案，明确实验目标、主要任务、保障措施、实验周期、进度安排和工作机制等，突出系统性、操作性和实效性。

通知指出，各实验区要根据《教育部关于推进中小学教育质量综合评价改革的意见》要求，在认真调研、科学论证的基础上，研究制定小学、初中和高中学校教育质量综合评价指标体系，细化指标考查要点、评价标准和依据，开发评价工具，在区域内开展评价，进一步修改完善。

3. 教育部与上海共建“国家教育综合改革试验区”①

2014年11月22日下午，教育部和上海市人民政府在沪召开部市共建国家教育综合改革试验区工作总结暨深化上海教育综合改革工作推进会。会议决定共同推进上海教育综合改革，以进一步增强上海对接服务国家战略能力水平、完善省级政府教育统筹机制、推动各级各类教育争创一流、深化高校考试招生制度综合改革、强化教育改革发展支撑保障等，加快推动上海率先实现教育现代化。教育部党组书记、部长袁贵仁，上海市委副书记、市长杨雄出席并讲话。

袁贵仁指出，近年来，上海解放思想，先行先试，切实完善教育优先发展保障机制，扎实推进立德树人，协同深化改革开放，纵深拓展教育公平，稳步提升教育质量，为更进一步、更大范围、更深层次推进教育综合改革积累了宝贵经验。

袁贵仁表示，希望上海切实加快工作步伐，积极探索创新，着力在落实立德树人根本任务、培育和践行社会主义核心价值观，在深化考试招生制度改革、科学公平选拔人才，在推进创新创业教育、做好大学生就业，在调整教育结构、促进教育协调发展，在坚持依法治教、加快建设现代教育治理体系等方面创造

① 《教育部与上海共建“国家教育综合改革试验区”》，http：//www.shedunews.com/zixun/shanghai/liangwei/2014/11/22/1030668.html。

更多更好的经验，真正做到在加快实现教育现代化方面先行，在破解深层次体制机制障碍方面先试，为实施创新驱动战略、促进经济社会发展提供更多人才支撑，也为其他省份教育改革发展提供有益借鉴。

杨雄指出，部市共建国家教育综合改革试验区以来，在教育部的指导和大力支持下，上海教育改革在一些重点领域和关键环节不断取得新突破。深化上海教育综合改革，我们要更加注重服务国家教育改革全局，坚持先行先试，把制度创新作为核心任务，把可复制、可推广作为基本要求，为全国教育综合改革做出应有贡献；要更加注重需求导向、问题导向，紧紧围绕实施创新驱动发展战略、建设上海“四个中心”、创新社会治理等对教育提出的新需求，着力破解教育瓶颈问题；要更加注重解放思想、创新管理，坚持依法治教，切实用好教育部等国家部委下放的教育统筹权限，加大改革力度；要更加注重依靠群众、发动群众，开门搞改革。下一步，上海将继续全力做好部市合作服务和保障，把各项任务落到实处，使之结出更加丰硕的成果。

据了解，教育部与上海市政府于2010年3月签署部市共建国家教育综合改革试验区战略合作协议。5年来，在部市双方的共同努力特别是教育部的大力支持下，上海教育改革取得了一系列显著成果。今天新签署的部市战略合作协议围绕进一步推动和深化上海市教育综合改革，明确部市双方在今后七年的合作重点，并配套建立相关合作保障机制。

据悉，上海市委副书记应勇主持会议。教育部副部长杜玉波、上海市副市长翁铁慧分别代表双方签署部市深化上海教育综合改革战略合作协议。

（摘自网页）

（二）比较教育学专业

1. 顾明远先生等政策建议获李克强总理批示

近年来，虽然我国青少年性健康教育与艾滋病预防工作取得了一定的成绩，但艾滋病感染者不断增加、堕胎人数居高不下、性侵事件时有发生，严重威胁着我国人口质量和人民群众的生活质量。出现的这许多问题都与性健康教育的缺失有关。

2014年11月，北京师范大学国际与比较教育研究院资深教授顾明远先生和陶西平等先生一起，给李克强总理递交了信件《万间小屋，万方福田：请克强总理关注青春期性健康教育，支持青爱工程》，呼吁加强青春期性健康教育与艾滋病预防。信件分析了我国青春期性健康教育存在的问题和国际社会开展青春期性健康教育的做法和经验，呼吁全社会都来重视青少年性健康教育，正确认识性健康教育，加强对青少年的性健康教育，建立支持性健康教育的长效机制。

2014年12月5日，该信件得到李克强总理的批示，并做出“要注意有针对性开展青少年健康教育，并与防艾工作合理结合”的指示。12月6日，刘延东同志做出指示，要求教育部落实总理批示精神，把青少年性健康教育纳入日程，对高校学生要普遍开展教育，采取相关措施坚决遏制青年学生中艾情发展的问题。

（刘宝存）

2. 北京师范大学国际与比较教育研究院“扩大教育交流与合作”系列研究报告被教育部社科司采纳

2014年5月，北京师范大学国际与比较教育研究院在深入研究、协同攻关的基础上，向教育部社科司提交了下列关于中美、中英、中欧、中法人文交流机制的系列报告：

（1）刘宝存：《完善中美人文交流机制 进一步扩大中美教育交流与合作》；

（2）王璐、李文婧、张小露：《完善中英人文交流机制 进一步扩大中英教育交流与合作》；

（3）王晓辉：《完善中欧人文交流机制 进一步扩大中欧教育交流与合作》；

（4）刘敏：《完善中法人文交流机制 进一步扩大中法教育交流与合作》。

这些研究报告详细地分析了中美、中英、中欧、中法人文交流特别是教育领域的人文交流情况和合作案例，总结了在教育方面人文交流的经验和问题，并对进一步扩大中美、中英、中欧、中法教育交流与合作提出了政策建议。这些研究报告得到教育部社科司的采纳和高度肯定："这些研究报告，对于进一步推动中外人文交流具有积极的借鉴意义。"

（刘宝存）

3. 北京师范大学国际与比较教育研究院"中考改革国际比较研究"系列研究报告被教育部基础教育二司采纳

为贯彻、落实《国家中长期教育改革和发展规划纲要（2010—2020 年）》第十二章中关于"完善中等学校考试招生制度"的有关规定，进一步深化我国的中考制度改革，教育部基础教育二司委托教育部人文社会科学重点研究基地北京师范大学国际与比较教育研究院完成"中考改革国际比较研究"，为我国中考改革提供参考和政策建议。

为此，北京师范大学国际与比较教育研究院组织撰写了系列研究报告，并于 2014 年 1 月提交教育部基础教育二司。

（1）杨明全、王琳琳：《美国中学入学政策》；

（2）孙进：《德国初中升高中政策》；

（3）肖甦、曹蕾：《俄罗斯普通教育中考改革》；

（4）高益民：《日本中考改革》；

（5）王璐、王向旭：《英国普通中等教育证书（GCSE）考试现状与改革趋势》；

（6）王晓辉：《法国高中录取政策》；

（7）姜英敏：《韩国高中入学考试制度》；

（8）林杰：《中国台湾地区国民中学升学考试制度》；

（9）刘敏、董筱婷：《中国香港地区初中升学制度》；

（10）刘强、丁瑞常、位秀娟：《世界主要国家（地区）"中考"制度的特点及其对我国的启示》。

教育部基础教育二司对这些研究报告给予高度评价："这些研究报告详细地分析了世界主要国家和我国港台地区的高中入学政策和中考政策，总结了其主要模式、特征和启示，对于完善我国中考制度改革具有积极的借鉴意义。"

（刘宝存）

（三）教育技术学专业

1. "基础教育跨越式发展"创新实验研究项目

"基础教育跨越式发展"是中央电教馆、教育科学规划"十五""十一五"国家重点研究项目，也是北京师范大学"211 工程""985 工程"重点建设的项目，本项目运用创新的教育技术理论、模式与方法，通过面授、听课、评课、个别指导、网上授课、网上讨论、检查评估以及组织校际、跨区和全国性交流与研讨等多种方式，确保实验学校实现学科教学质量与学生综合素质的较大幅度提升。目前已覆盖全国390多所中小学。

（武法提）

2. 基于平板电脑的课堂教学系统研究与应用试点

教育技术学院李玉顺老师团队自2009年参与北京市中小学百所数字校园项目，该项目意在进一步提高中小学校的信息化建设水平，统筹推动全市教育信息化的发展，分三批投资建设了100所中小学数字校园实验校，旨在进一步提升全市中小学教育信息化整体水平，建成一批引领性与实效性并重的数字校园建设示范校；产生一批与教育教学有效融合的示范应用成果；培植一批推动基础教育信息化创新发展的生长点。在这一实践过程中，体悟到推进信息技术与教育教学核心业务融合是数字校园发展的核心诉求，因此，自2010年iPad问世以来，轻便、多应用的特点使其成为促进信息技术与教育融合的新工具，部分学校已经将其应用在课堂教学中，信息技术与课堂教学融合产生了新的实践诉求，在此背景下，李玉顺老师团队承担了国家课题“基于Pad的新型教学方法的实验研究”。课题组为北京中小学Pad教学应用提供了广阔的交流平台。该课题驱动了一批引领性学校的成长，北京丰台师范学校附属实验小学已经逐步形成了以iPad为智能学习终端的网状、交互、融合的教学模式，即通过教师与师生的交互学习过程，形成多种网络在学生头脑中融合的教与学的模式，该校已在全学科开展平板电脑教学常态化应用，率先在全国实现了信息技术服务主课堂、面向主课程的跨越。人大附中西山学校开展多种方式的1－to－1教学方法探究和实践，其利用信息技术支撑学生21世纪技能发展及跨学科综合课程探索等方面已走在全国前列。和平里九小在实践中推进移动设备在课堂中的应用，探索开发校本电子教材。

综上，自2012年底启动以来，为课题参与学校、参与区域提供了教研、交流观摩的平台，建构了交流培训、研讨的机制，已成为首都北京推动智能终端有效教育教学应用的高层次学术研讨与优秀实践案例传播平台，课题研究活动已经辐射到江苏、安徽、上海、成都、深圳、南昌、洛阳、新疆昌吉等省份和城市，并与北京市东城区、朝阳区、昌平区、大兴区及天津市和平区等区域建立了区域合作。总课题组深入课堂一线，开展融合平板电脑教学应用的听评课活动，指导一线教师开展融合平板电脑教学应用的教学设计、教学活动开展、教学活动反思等，开展平板电脑教学应用研究的探索和实践工作，在平板电脑教学应用模式、平板电脑教育教学应用学校推进方式、智能终端教育教学应用有效性评价等方面开展了深入的研究工作。

（李玉顺）

3. 教育部高等学校大学计算机课程教学改革项目“基于未来教师计算思维能力培养的大学计算机课程群建设”

高等师范院校承担着教师培养的重任，未来的教师不仅要在学科本体知识体系方面有坚实的基础，而且要在教育教学基本原理和基本教学技能方面具有良好的素质。师范类学生学习的知识不仅用于自身的提升，还要成为育人的基本技能。基于大学计算机课程的特殊性和实用性，在人才培养的综合素质和创新能力总体目标之下，厘清大学计算机课程的素质能力标准，并落实于课程体系的各个知识领域、知识单元和知识点是本立项的基本目标和研究思路。在此总体思路的基础上，开展4个方面的课题研究和实验：

（1）关于方法论理论探究层面的目标及其完成情况

项目通过对大学计算机课程体系教学的实证研究，实现对高等师范院校学生在计算机科学与技术范畴的实践能力与思维能力方面的统整、操作技巧与综合能力方面的统整、在知识体系继承性与批判性方面的统整。从方法论角度去理解大学计算机课程中的方法论灵魂——计算思维，从课程特点和知识体系中发现和发掘蕴含于计算机科学技术中将复杂内容和复杂问题形式化、程序化和机械化的计算思维特征。建立基于计算思维方法论的大学计算机课程能力标准，从狭隘工具论的束缚中解脱出来。

（2）知识体系探究和资源建设的目标完成情况

项目对大学计算机课程体系中的《大学计算机基础》《多媒体及网页开发技术》《因特网及其应用》和《数据库基础及应用》4 门课程的知识领域、知识单元和知识点做一定的延展、深化、诠释，开展包括：网上、媒体和教材等新的资源建设。从教师专业能力发展、未来教师所需的计算思维能力的视角，探索高等教育阶段大学计算机课程的内涵和外延，形成符合未来教师思维发展的知识体系和配套资源，形成全国发行教材。

（3）课程教学方法的探讨目标完成情况

本项目对大学计算机课程的教法做了一定的探究，力图改变以某些软件系统环境约束下的系统界面介绍、系统菜单概述、系统操作讲解，以及系统功能描述为主体的教学方式。变被动为主动，将课程中的核心知识、可复用知识和体系化知识变为现实问题进行探讨，以任务驱动和目标导向方法开展教学。

（4）效果评价方面的目标完成情况

项目将在此基础上，通过课程无纸化水平测试和测试题库建设实现知识学习与能力促进相结合的科学评价体系。与此同时，开展实验学校（参与本项目的 21 所师范院校）的实证性研究，总结归纳项目的教改意义和价值，取得第一手资料和研究结论，产生研究报告。量化的研究结果使本项目的意义更加具有可操作性和控制性。各个参与实验的学校将在本学期（2013—2014 学年第一学期）期末提交实验报告。

（袁克定）

（四）教育管理学专业

1. 中国学校文化建设整体推进项目

北师大教育学院学校于 2008 年成立发展研究所，开始走为中小学教育服务之路。2009 年建构了“学校文化驱动模型”，至今为止已经作用于 300 余所中小学，效果良好，深受基础教育者欢迎。2013 年，北京师范大学学校文化研究中心成立，在前期实践成果基础上出版了张东娇主编的《学校文化管理丛书》，其中，《学校文化管理》一书已翻译成英文在 2015 年出版。“学校文化驱动模型”有力引导和带动了中小学学校文化建设工作，产生了广泛的学术影响力、实践影响力和社会影响力：发表书评 8 篇，相关学术论文 10 余篇。《学校文化管理丛书》出版后，成为中小学校长进行文化建设的手边书和指导工具。项目校长正式发表学校文化方面的论文 30 余篇，校长学校文化专著出版数十本，如首都师范大学附属小学宋继东校长的《必须保卫童年：童心教育的理念与实践》《童心课程》，合肥市师范附小的张红校长的《启迪智慧明亮人生：启明教育的理念与实践》，合肥市 46 中学黄先银校长的《理念先赢：方正教育的理念与实践》，等等。召开项目校长办学实践研讨会多场，如刘可钦、张红、黄先银、宋继东等。学校利用学校文化建设项目获得省市教学成果优秀一等、二等奖的有首都师范大学附属小学的童心教育，中国农科院附小的生长教育等。利用学校文化申报省市重点课题的有：首师大附小的童心教育、东高地三小的时空探索教育等。对大学教育管理实践产生影响，带出了一批年轻教师，如高益民、余凯、余清晨、王晨、徐志勇、赵树贤等，参加项目的研究生一百余人。2014 年承担北京市中小学学校文化示范校 200 所学校评估项目。在前期工作基础上，制定了《北京市中小学学校文化建设与评估指标体系》，已由市教委颁布，为学校文化建设提供切实指导框架。《现代教育报》多次报道学校文化项目情况。

2. 优质学校培养行动计划

2014 年 2 月，南京师范大学教育领导与管理研究所与无锡市北塘区教育局，围绕区域优质学校群建设开展深度合作，精选北塘区六所学校进行为期三年的长段试验，采用组织变革发展中的“欣赏型探究”这一崭新视角和方式方法，通过对学校管理者团队、班主任团队和骨干教师团队的分期培养，以期推动区域教育特色与品牌建设，有力提升学校内涵发展的水平、能力与层次。项目遵循“以点带面、逐层推进、螺旋上升”的建设思路。项目实施范围采取“由少而多、逐年推广”的方式，先参与项目的学校带动后参与项目的学校，最终实现整个区域学校群的优质建设。项目主要采取专题报告、分组讨论、一对一指导、头脑风暴、读书沙龙、优势挖掘、作品展示、案例研究等活动形式展开培养工作。合作双方都期待该项目活动能使试验学校在精神风貌、管理与教学话语、领导方式方法、教学活动等方面出现新的变化，其教育教学质量持续改进，教师、学生和家长对学校的满意度有较大幅度的提高。

合作双方在项目活动中逐渐形成了五个基本认识：第一，当前优质学校建设的思路有待拓展，关键是要从以往对“优质学校”建设从单一个体层面的探讨，有意识地转换到对“优质学校”开展成群连片式的区域整体探究上来，形成区域“优质学校群”建设的独特理念与工作方法。第二，一个地方基础教育质量的提高和改善，不能依靠只办一所巨型学校来完成，而需要提高这个区域所有学校的整体水平和质量。只有当这个区域的所有学校都成群连片地发展起来了，形成了真正的“优质学校群”，这个区域的学校教育才可能具有促进学校高位优质均衡发展的持久动力。第三，优质学校群形成的一个重要标志是，这个地区的学校具有增进合作的相应制度、措施和能力。每个学校都不再把其他学校当作竞争对手，而是视为合作伙伴。从某种意义上讲，那些时时想着如何使其他学校良性发展的校长、教师，才是更有远见和教育情怀的校长和教师。第四，“学校改进”是创建优质学校的传统路径，本质上属于一种聚焦问题和解决问题的学校变革路径。它一方面推动了义务教育优质学校的建设，另一方面又阻碍了义务教育优质学校向纵深层次的发展，束缚了学校组织的能量释放与潜能开发。第五，“欣赏型探究”乃是建设优质学校的新路径。它为改变长期以来倡行的聚焦缺失、诊断问题和解决问题的学校建设习惯导入了新的思维和动力，为优质学校建设全面发现优势、展开梦想、精心设计和实现目标开辟了一条培育正能量的积极之路。

（张新平）

（五）课程与教学论专业

2013 年 12 月 30 日，中华人民共和国教育部发布了《教育部关于开展2014 年国家级教学成果奖评审工作的通知》（教师

〔2013〕14 号)，面向全国开展 2014 年国家级教学成果奖评审工作。依据国务院发布的《教学成果奖条例》规定，报经国务院批准，2014 年 9 月 4 日，教育部发布了《教育部关于批准 2014 年国家级教学成果奖获奖项目的决定》（教师〔2014〕8 号)，向全社会公布了 1320 项经国家级教学成果奖评审委员会最终评审确定的 2014 年国家级教学成果奖获奖项目。这些项目首次涵盖基础教育、职业教育、高等教育三大类。这也是新中国成立 65 年来，第一次以国家奖的名义在基础教育领域和职业教育领域颁发教学成果奖，是对广大一线教师改革成果的极大肯定和鼓舞，有利于激励广大教师长期投身教学一线，大胆改革，不断创新。

在全国开展教学成果奖励活动是党和国家实施科教兴国、人才强国战略的重要举措，是党和国家重视教育教学工作人才培养工作的重要体现。1989 年，教育部开始举办高等教育教学成果奖励活动，每 5 年举办一次，这项被誉为我国教育领域意义最重大、影响最深远的国家级奖项，继在高等教育领域成功举办 6 届后，2014 年首次在基础教育、职业教育领域开展。

首届基础教育国家级教学成果奖共评出获奖项目 417 项，包括特等奖 2 项、一等奖 48 项、二等奖 367 项，奖励范围包括基础教育各阶段、各领域取得的能反映我国基础教育教学改革与实践探索的重大教学成果，其内容包括课程、教学、评价、资源建设等方面，这些教学成果都是紧密围绕解决基础教育教学过程中的实际问题，创造性地提出科学的思路、方法和措施，经过实践检验，对于实现培养目标、提高教学水平和教育质量效果显著，产生了广泛而积极的影响，至今仍在教育教学中发挥示范引领作用。综合这些获奖项目，从其在教学改革理论与实践中获得的突破，在全国或者省（自治区、直辖市）域内产生的影响来看，下述教改试验项目具有一定的影响力。

1. 情境教育实践探索与理论研究①

从 1978 年至今，江苏省南通师范学校第二附属小学李吉林老师围绕“儿童、快乐高效学习，全面发展”这一主旋律，坚持研究 36 年，谱写了“为儿童学好母语——探索情境教学”“为儿童学好各科——拓展情境教育”“为更多儿童获益——构建情境课程”的情景教育三部曲。探索出“择美构境，以境生情，以情启智，情感与认知结合，引导儿童在境中学、思、行、冶，促其素质全面发展的教育教学模式。

情景教育吸纳古代文论“意境说”的理论滋养，提炼出“真、美、情、思”四大元素。其相互作用的逻辑关系，决定了儿童主动学、乐学的必然性。同时借鉴先进教育理论，使其既具有本土文化特色，又富有时代气息。

情景教育从解决课堂实际问题入手，由语文到各科，最终形成了既有共性又有个性的学科情境教学完整的操作体系，有效提高了教学质量，促进了儿童的发展。提出的核心理念、核心元素、基本模式、基本原理以及情境课程四大领域等，逐步构建了情境教育的框架，在教育理论建构上有新的突破。

情境教育已经从江苏走向全国。在“李吉林情境教育国际论坛”上，众多中外专家赞誉其为“回应世界教育改革的中国声音”，更是标志着情境教育走向世界。其理论及实践成果得到学术界普遍认同，被称为“我国实施素质教育的一面旗帜”。

① 王亦晴、丁玲、王玉娟:《情境教育的实践探索与理论研究》,《江苏教育研究》2015 年第 2 期，第 16—20 页。

2011 年 52 位专家撰写的《李吉林和情境教育学派研究》一书出版，意味着情境教育学派初见端倪。

2. 普通高中育人模式创新及学校转型的实践研究①②

在经济快速发展、个性发展的诉求日益彰显的社会转型背景下，北京市十一学校针对我国高中普遍存在的培养模式陈旧、课程缺乏选择、评价方式单一，学生自主发展、个性发展不足的教育现状，在教育理念、教学内容、教育途径等方面进行内源性、结构性、系统性的一系列转型。

自 2007 年以来，十一学校以构建选择性的课程体系为基础进行学校转型。通过将国家课程、地方课程校本化，构建了分层、分类、综合、特需课程体系，开设了 265 门学科课程、30 门综合实践课程、75 个职业考察课程，实现了全校 4174 名学生每人一张课表，最大限度地创造适合每一位学生的教育。

此外，十一学校还进行了制度上的重建为转型提供保障。学校取消了行政班和班主任，实施咨询师制和教育顾问制，构建全员育人、关注个体的新型的育人模式，最大限度地让学生发现自我、唤醒自我、成为自我。

在组织文化的变革中，关注每一位学生的终身发展是学校坚守的方向。60 类学生自主管理岗位和小学段，增加了学生社会体验的机会，提高了自主规划的能力；构建了强化社会责任感和社会实践能力的活动体系。学生自发组建的 272 个社团中，公益慈善类有 30 个，商业经营类有 13 个，其中 4 个以自己公司的盈利设立了面向同学的奖学金。在学生自述成长故事中，选择、快乐、同伴、责任等成为高频词。

该模式先后在克拉玛依一中、上海育才中学、北京太平路中学等十几所学校推广。学校成为上海“双名”工程、沈阳、青岛和黄冈综合教育改革培训基地。作为教育部确定的重大改革典型，2015 年 2 月 27 日，教育部首次召开专题新闻发布会，全面介绍了学校的育人模式创新实践，引起社会广泛关注。

3. “新基础教育”学校教学改革研究

“新基础教育”研究是华东师范大学基础教育改革与发展研究所首任所长叶澜教授于 20 世纪 90 年代初发起并主持的一项中国社会转型时期的学校转型性变革综合研究。它以“培育生命自觉”“成事成人”等为核心价值取向，以实现当代中国学校整体转型性变革为目标，以实施义务教育的中小学为对象，先后经历探索性（1994—1999 年）、发展性（1999—2004 年）、成型性（2004—2009 年）阶段、扎根性（2009—2012 年）阶段。目前正进入生态式推进阶段（2012—2015 年）③。主要涉及学校领导与管理改革研究、课堂教学改革与改革主体的发展研究和学生工作改革研究三领域的研究，其中学校领导与管理改革研究属第一个层面，课堂教学改革与改革主体的发展研究和学生工作改革研究属第二个层面，简称“两层面三领域”④。

探索性阶段的研究侧重于把握时代的

① 李希贵等：《学校转型：北京十一学校创新育人模式的探索》，教育科学出版社 2014 年版，第 1 页。

② http：//news. ifeng. com/a/20140910/41914823_0. shtml.

③ http：//www. xjcjy. ecnu. edu. cn/s/384/t/735/p/1/c/9927/list. htm.

④ 《“新基础教育”研究获基础教育国家级教学成果一等奖》，http：//www. xjcjy. ecnu. edu. cn/s/384/t/735/af/05/info110341. htm，2014 年 8 月 4 日。

主题，按照时代精神的要求更新教育观念、教育目标和培养模式，最后是把更新过的教育理念、教育目标和培训模式放到教育实践中去接受检验。发展性阶段把研究的重点从课堂教学与班级建设转到学校转型的层面，并且更注重理论与实践的结合发展。成型性阶段以巩固和发展前两个阶段的成果为总目标，实现新的课堂教学、班级建设以及学校转型的成功转变，为创建“生命·实践”教育学派的理论建设提供丰富的理论源泉和实践基地①。扎根性阶段的研究深扎学校，丰富和完善“生命·实践”教育学存在形态。

4. 小学语文主题教学实践研究

清华大学附属小学窦桂梅等人的“小学语文主题教学”聚焦儿童语文素养和核心价值的培养，挖掘有利于儿童生命成长的语文内容，在与主题交融中形成儿童成长的内核，为聪慧与高尚的人生奠基②。“主题教学”以“语文立人”为导向，以指向儿童“语言、精神、思维”成长的核心主题为依托，整合语文学科课程目标、重构课程内容、创新教学模式，从一定程度上解决了小学语文学科工具性与人文性割裂、教学内容支离破碎、教学目标不清、教学方式僵化等问题，有助于整体提升学生语文素养，切实减轻儿童过重的学习负担，为学生打下的学习和精神的底子，为儿童的聪慧与高尚的人生奠基。“主题教学”关注完整人的发展，契合核心价值观，既是一种思想也是一种方法，既在理念上引领，又提供可操作的实践体系，历经30年的实践探索，是小学语文界的重要流派。③

5. 马芯兰小学数学教学法

自20世纪70年代开始，马芯兰老师就开始积极进行小学数学教学改革实验，在实践中创造了以“开发学生智力，减轻学生负担，提高教学质量”为主要目标的独具特色的“马芯兰教学法”。该教学法突破传统教学的框框，以儿童的心理特点和思维发展规律为依据，将现行小学数学教材中的重点、难点、共同点和不同点按照知识的内在联系及规律进行组合，将540多个概念归纳成十几个一般基本概念及“和、差、倍、分”四个重点基本概念，将十一类应用题总结成四个基本类型，组合成教学的中心环节，从纵和横两个方面重新调整，并组合成新的知识结构。

自80年代起，“马芯兰教学法”便开始在国内外产生广泛的反响，得到中央领导和有关部门的重视和肯定，并在北京市教委的部署下，开展多轮推广。

6. 提高农村教师执教能力的团队研修实践——吴正宪小学数学教师工作站的五年探索

为了落实北京教科院“十一五”规划，为基层区县学校提供高质量教研服务，北京教育科学院基础教育教学研究中心于2008年设立了“吴正宪小学数学教师工作站”，旨在探索小学数学学科优秀教师的培养机制，提供丰富的基层数学教师专业发展与高质量教学的资源。

“吴正宪小学数学教师工作站”是由

① 李海蓉：《“新基础教育”的生命教育观之研究》，湖南师范大学硕士学位论文，2010年。

② 柳夕浪：《寻求更加有意义的教学——首届基础教育国家级教学成果奖评析之一》，《人民教育》2014年第19期，第46—50页。

③ 《清华附小“语文主题教学实践研究”获国家大奖》，http://learning.sohu.com/20140915/n404330002.shtml，2014年9月15日。

全国特级教师吴正宪亲自担任主持人，面向全市18个区县选拔72名小学数学优秀教师作为工作站的成员，分成中学高级教师研修班和青年教师研修班。工作站发挥名师团队的资源效应，以“1+5+N”的工作模式辐射到团队周边的学校、区县乃至北京市的边远地区①。

近些年来，工作站聚焦新课程背景下小学数学教学中的实际问题，深入一线采集成功教学案例针对基层数学教师，特别是远郊地区和薄弱学校的青年教师普遍面临的教学难点，设计组织各种形式的研修和培训活动，显著提高了农村教师的执教能力。

7. 运用教育创新理论大幅提升农村语文、英语教学质量②

“运用教育创新理论大幅提升农村语文、英语教学质量”课题研究是北京师范大学教育学部何克抗教授及其研究团队通过信息化教学创新理论、模式与方法的有效运用，在农村地区建立了一批核心示范校，并带领这批核心示范校在2—4年内实现学科教学质量与学生综合素质的较大幅度提升，探索出了一条大幅提升农村语文、英语教学质量的具体的道路，并提供一套可操作、可推广的有效经验。在具体实施中，研究运用自主创新的信息化教学创新理论、模式与方法，通过面授、听课、评课、个别指导、网上授课、网上讨论、检查评估以及组织校际、跨区和全国性交流与研讨等多种方式，促进了核心示范校实现学科教学质量与学生综合素质的较大幅度提升。

课题致力于在完全不增加课时、不增加学生课业负担的前提下，使农村中小学校的教学质量与学生综合素质达到或接近大城市中心区一类学校（即优秀学校）的水平。

语文学科，在两年的时间内，使上完小学二年级的农村儿童“能读会写”——能认读2500以上常用汉字，能阅读青少年通俗读物，并能用电脑打出300字以上（或用手写出150字以上）结构完整、通顺流畅的文章。对已完成某个年级学习的农村儿童来说，其识字量、阅读能力和写作能力达到了城区一类学校同年级学生的水平。

英语学科，通过小学阶段的英语教学，使农村学生在词汇量、听力和口语表达能力等方面得到较显著的提高；对已完成某个年级学习的农村儿童来说，其词汇量、听力和口语表达能力要达到城区一类学校同年级学生的水平。

8. 基于学生发展的多学科教师合作的校本研究模式的构建与实践

基于学生发展的多学科教师合作的校本研究模式是北京师范大学教育学部梁威教授主持的全国教育科学“十二五”规划教育部重点课题，北京市哲学社会科学规划重点项目的重要成果。该模式是以区县教科研部门为组织管理单位，中小学校长为第一责任人，教学副校长、德育副校长或主任为负责人，年级组长或教研组长、大队辅导员为召集人，班主任为主持人，由教授同一个班级的所有任课教师组成一个研究团队，各相关人员共同参与（包括学校领导、班干部、家长等），把班级/学生发展基础、存在问题、发展需求和潜能作为研究对

① 《“吴正宪小学数学教师工作站”工作总结会召开》，http://blog.sina.com.cn/s/blog_5fe57cd40100jdy6.html，2010年6月20日。

② 何克抗、余胜泉等：《运用信息化教学创新理论大幅提升农村中小学教学质量促进教育均衡发展》，http://www.etc.edu.cn/yunyong02.htm。

象，以有效促进每一个学生的发展为目的的，有组织、定期开展研究活动的校本研究模式。这一校本研究模式的建立使教师集体研究学生从组织形式、时间等多方面得到保证，改变了以往教育学生方面出现的班主任“单打独斗”的困境，为教同一个班的多学科教师共同协作研究学生提供了有效的研究平台。同时也丰富和完善了校本教研的理论和实践。另外，由于借鉴了中小学教师所熟悉的学科教研经验，因此广大教师对于这种活动并不感到陌生①。目前这一模式已推广到北京市16个区县400多所实验校，并被中国教育报（2009年8月28日）《以学生为基点的校本研究新视角》为题介绍到全国。

9. 薄弱学校的教学改进研究

2006年，北京市启动了第五轮薄弱学校建设工程（也称初中校工程）。北京师范大学教育学部胡定荣教授负责石景山中学的协助改进工作。在4年的学校改进过程中，胡教授和学校的领导、教师以及北京师范大学的学生们一起走过了通过诊断发现问题，通过理论构思形成“以教学改进为核心，教研结合的学校整体改进”方案，通过行动研究实施方案，通过课题总结评估效果、反思构建理论的学校改进历程。

通过四年的实践与研究，揭示了影响薄弱校教学效能的关键因素，构建了提高薄弱校教学效能的“两分析—三备—四步—两循环”教学模式，石景山中学在学校声誉、学生发展、教师发展等方面都取得了比较明显的改进效果。在全区中考评价中，和入学成绩相比，石景山中学的上升幅度被石景山区教委排在“A”档上，学校获得区教委颁发的教学质量管理金奖，并作为全区唯一一所在教育均衡化政策下发生显著变化的中学对外宣传；学校教师的教学设计能力、教学科研能力和教学效能得到提高，课题组多名教师的成果得到发表，获得北京市论文奖励。该项成果于2013年获北京市第六届教育科学优秀成果奖一等奖、第四届北京市基础教育教学成果奖一等，2014年获中国教育学会首届基础教育网络成果博览会一等奖、首届基础教育国家级教学成果奖二等奖②。

10. 洋思教学模式

洋思中学创办于1980年，原是一所偏远的农村中学，当时学校条件差，教学设备很落后，师资力量也不足。在这样的条件下，洋思人大胆转变教学观念，开展教学改革，最终成功创立了“先学后教、当堂训练”的教学模式。这种模式使得该校教学水平大幅度提升，连续数年毕业生合格率100%。③

该模式从限制教师单向讲授时间入手，探索出了“先学后教，当堂训练”教学模式的6个基本环节，解决了教学中深感麻烦的8个具体问题，实现了从教师注入式、“满堂灌”到以学生为主体、教师为主导的启发式教学转变，极大调动了学生主动学习的积极性，大幅

---

① 梁威、卢立涛、温水擎：《基于班级——校本研究的新路径》，北京教育出版社2013年版，第5页。

② 胡定荣：《薄弱学校的教学改进——大学与中小学的合作研究》，教育科学出版社2013年版，第3—4页。

③ 高洁：《浅谈洋思中学课堂教学模式——洋思模式如何实现“语文课堂高效”》，《西藏科技》2012年第5期，第42—43页。

度减少了无效的劳动。

在此基础上逐步建立完善了指导学生主动学习的有效措施，进而把课前学习、课堂学习和课后学习有机结合起来，使所有学生都能做到“堂堂清、天天清、周周清”，使教学质量大面积提高。

11. 中国基础教育体育与健康课程改革的实践探索和理论创新

国家义务教育和普通高中《体育与健康课程标准》研制组组长，季浏教授十年来针对我国“学生喜欢体育活动但不喜欢体育课”的突出问题，带领团队在全国建立了300多所教学实践研究基地，率先将体育的校本课程和地方课程开发、中国式SPARK体育教学模式探索、体育新课程学习评价等教学实践研究作为推进体育课堂教学改革的切入口，并以创新的理论体系指导实践探索，取得了大量的教学成果。这些成果既使基地学校显著受益，又辐射到全国所有省市，主要包括300多所基地学校的教学实践研究报告；指导基地教师撰写并发表了近百篇教学研究论文；率先引进和出版美国SPARK体育教学模式，并进行本土化适应与创新，初步形成中国式SPARK体育教学模式；率先带领基地学校设计多元体育学习评价体系，研发两套深受中小学和教育行政部门欢迎的评价系统，并获软件著作权；在实践探索基础上，进一步完善体育与健康课程新理论体系，如出版了30多部著作、教材、培训课程及200多篇论文①。

12. 尝试教学法的实验研究与推广应用

尝试教学法的创始人邱学华，自16岁为农村小学代课时就开始思考如何提升教学质量问题。经过反复试验，于20世纪80年代提出“尝试教学法”，并对此展开系统的理论与实践研究，总结出“尝试能学习、学习能成功，成功能创新”的尝试教学理论及基本模式、灵活模式与整合模式，产生了持久而广泛的影响②。

根据尝试教学理论的实质和“先试后导、先练后讲”的基本特征，在教学实践中邱学华逐步形成了一套基本操作模式，其教学程序分七步：

第一步：准备练习；

第二步：出示尝试题；

第三步：自学课本；

第四步：尝试练习；

第五步：学生讨论；

第六步：教师讲解；

第七步：再次尝试。

以上七步是一个有机整体，反映了学生完整的尝试过程，也是一个有序可控的教学系统。中间五步是主题，第一步是准备阶段，第七步是引申阶段。由于实际教学情况的复杂多变，生搬硬套一种模式是不科学的，邱学华在实践的基础上又提出可以从基本模式中派生出许多变式，称为灵活模式，如调换式，即把基本式中的某几步调换一下；增添式，即在基本式上再增添一步或几步，如在出示尝试题以后可以增添一步学生讨论；结合式，即当学生比较熟悉和适应尝试教学以后，基本式七步就不必分得过于清楚，而是可以有机结合地进行；超前式，即由于教学时间有限，教师可以将基本式的前几步提前到课前作为预习进行。

---

① http：//www. ecnu. edu. cn/_s64/9f/67/c1833a40807/page. psp.

② 柳夕浪：《撬动传统注入式教学的根基——首届基础教育国家级教学成果奖评析之三》，《人民教育》2014年第21期，第38—41页。

13. 后“茶馆式”教学——走向“轻负担、高质量”的实践研究 ①

上海市静安区教育学院附属学校校长张人利为主要领军人物。

1998 年，上海市静安区教育学院附属学校把握课程改革契机，提出“按学生‘最佳发展期’设课，创学生‘最近发展区’施教”，开始了提高教育有效性的研究，朝着“轻负担、高质量”方向努力，开始了后“茶馆式”教学的教学改革研究。2010 年《后“茶馆式”教学》荣获教育部全国基础教育课程改革教学成果一等奖。之后，这项研究又得到进一步完善，并在国内外产生更大影响。《后“茶馆式”教学——走向“轻负担、高质量”的实践研究》又获基教类 2014 年国家级教学成果奖获奖项目一等奖。②

后“茶馆式”教学是“遵循学生认知（或称学习）规律，由教师帮助，学生自己学习的教学”的一种新型教师方式，其主要理论支撑为“最近发展区”理论。该教学方式的一个核心是“议”，两个基本特征为：一是学生自己学得会的，或者部分学生自己学得会的，教师不讲；二是尽可能暴露学生的潜意识，关注“相异构想”的发现与解决。

在教学实际效果方面，后“茶馆式”教学的研究实践效果明显，提高了课堂教学效能，也促进了作业、辅导等环节的改进，学生学业质量提高，学业负担减轻。

上海市静安区教育学院附属学校进一步推进后“茶馆式”教学的同时，上海五四中学、爱国学校、静安实验小学三所学校的八年级物理、六年级数学和三年级语文也进行了后“茶馆式”教学的研究，采用的主要研究方法是“循环实证”。三所学校的情况有一定差别，但总体效果良好。目前，后“茶馆式”教学在上海已有一定影响，不仅对杨浦、青浦等七个区的校长、教师介绍，还曾对教育部中学校长培训中心学员和上海市教委教研室全体教研员作介绍。后“茶馆式”教学在全国也颇有影响，曾在杭州、成都、苏州等二十余个省市进行过介绍，反响都很好。

14. 义务教育阶段综合实践活动课程实施研究

1992 年以来，华中师范大学教育科学学院教授、教育部基础教育课程改革专家组核心成员、教育部综合实践活动课程项目组负责人郭元祥教授带领其研究团队（成员包括沈旎、姚林群、姜平、伍远岳、唐丽），经过 22 年的坚守，深入开展活动课程、综合实践活动的理论与实践研究，取得了丰富的理论成果和实践成效，出版综合实践活动课程的相关研究著作 13 部，发表学术论文 56 篇，建立实验区校 58 个，创办国内第一份专题学术刊物《综合实践活动课程研究》，建立综合实践活动专题网站，开展教师培训和网络研讨，对综合实践活动课程的推进发挥了积极的引领作用，深受广大中小学的普遍好评。其申报的《义务教育阶段综合实践活动课程的实施研究》教学成果，经过专家网评、会评、公示、异议审核等环节，被授

① 张人利：《后“茶馆式”教学（一）——“轻负担、高质量”的教学研究与实践》，《现代教学》2010 年第 9 期，第 41—44 页；张人利：《后“茶馆式”教学——走向“轻负担、高质量”的实践研究》，《中小学校长》2014 年第 4 期，第 7—12 页。

② 《教育部发布 2014 年基教类教学成果奖获奖项目名单［2］》，人民网，http：//edu. people. com. cn/n/2014/0910/c367001 - 25636144 - 2. html。

予“2014年国家级教学成果一等奖”[①]。

综合实践活动课程是教师引导下，学生自主进行的综合性学习活动，是基于学生的经验，密切联系学生自身生活和社会实际，体现对知识的综合应用的实践性课程。它包括研究性学习、社区服务与社会实践、劳动与技术教育等领域，并渗透信息技术教育[②]。其基本理念体现在四个方面：突出学生主体；面向学生生活；注重学生实践；强调活动综合[③]。

自2001年综合实践活动进入学校课程领域以来，综合实践活动课程的建设经历了从课程内容开发研究到有效实施策略探讨，以及对综合实践活动方法论教学研究等艰辛的历程。从起步阶段在国家级实验区的小范围试行到目前在全国学校的广泛实施，综合实践活动课程正在逐步走向常态与有效实施。[④]

15. 基于课程标准的教学研究与实践[⑤]

《基于课程标准的教学研究与实践》获得基础教育类2014年国家级教学成果奖二等奖，参与此项申报的为华东师范大学团队，成员包括崔允漷、周文叶、朱伟强、徐淀芳、周文胜、唐江澎，其中崔允漷为华东师范大学课程与教学研究所副所长、教授、博士生导师。

基于课程标准的教学，就是教师根据课程标准对学生规定的学习结果来确定教学目标、设计评价、组织教学内容、实施教学、评价学生学习、改进教学等一系列设计和实施教学的过程。其教学特征包括：教学目标源于课程标准；评估设计先于教学设计；指向学生学习结果的质量。

基于课程标准的教学需要一套专业的程序。具体地说，基于课程标准的教学由以下8个步骤组成：第一，明确内容标准，即“如何分解课程标准中的相关内容使之更加具体、清晰”；第二，选择评价任务，即“证明学生达到上述标准的最好途径是什么”；第三，制定评价标准或开发评分规则，即“用于判断学生表现的准则是什么”；第四，设计课程以支持所有的学生做出出色的表现，即“怎样选择和组织内容才能帮助学生在完成评价任务时表现突出”；第五，规划教学策略以帮助所有的学生完成课程的学习，即“什么方法和策略才能最好地促进学生的学习”；第六，实施规划好的教学，即“怎样实施上述选定的那些方法和策略”；第七，评估学生，即“利用学生表现证据确定上述标准实现程度”；第八，评价并修正整个过程，即“是否需要补充教学，补充什么”。

16. 中小学“有效教学和有效学习”理论与实践研究[⑥]

中小学“有效教学和有效学习”理论

---

① 《全国教育系统表彰 郭元祥获国家级教学成果一等奖》，http://edu.ifeng.com/a/20140910/40796136_0.shtml，2014年9月10日。

② 郭元祥：《综合实践活动课程实施过程中的若干问题及策略》，《全球教育展望》2004年第2期，第39—43页。

③ 同上。

④ 郭元祥、姜平：《当前综合实践活动课程的现状与问题》，《基础教育课程》2006年第8期，第4—7页。

⑤ 崔允漷：《课程实施的新取向：基于课程标准的教学》，《教育研究》2009年第1期，第74—79页、第110页。

⑥ 杨勇、杨今宁：《“有效教学，有效学习”基本内涵及其实施的必要性》，《教育实践与研究》(A) 2012年第1期，第4—6页；杨勇：《有效教学与有效学习的方法和路径》，《课程·教材·教法》2014年第3期，第20—25页。

与实践研究 缘起于2009年，获得基础教育类2014年国家级教学成果奖二等奖①。

该课题涉及“有效教学”的三层含义：一是有效果，既指教师课堂教学中完成的教学任务、所落实学科课程的三维教学目标，又指完成学校教育任务和目标；二是有效率，即在确保学生取得较好学业成绩的同时，减少对他们的“时空占领”；三是有效用，指对“有效”的价值判断，即符合素质教育的要求，为学生的长远发展打基础，为终身学习生活做准备。该课题的“有效学习”是指学生积极参与并高效率地获得新的知识、技能和增长能力的学习活动。它的核心是学生的学习效益和发展进步的程度，标志是学生学会学习，养成良好的学习方法、习惯和情感。“有效教学”和“有效学习”是教学的两个方面，既相互独立又密切联系。

“有效教学，有效学习”研究的内容主要有：第一，调查并分析基础教育阶段教师教学、学生学习、县域教学管理的现状，探究基础教育阶段“有效教学，有效学习”的制约因素；第二，研究诸如历史、品德等社会科学类学科，物理、化学等自然科学类学科，语文、数学、外语等工具性学科，以及综合实践类活动型课程等不同类型的领域、学科中“有效教学，有效学习”的不同表现，并总结出各自的规律和特点；第三，研究在小学低、中、高年级段，在初中、高中阶段不同学段，教师教学、学生学习过程中“有效教学，有效学习”不同的方法和策略；第四，研制中小学校实施“有效教学，有效学习”评价机制；第五，形成并构建出基础教育“有效教学，有效学习”理论。

推进“双有效”要树立以学生为中心的教育思想，坚持三大策略：以学定教，先学后教，教学相长；关注三个环节：自学，讨论，引导；提倡三个还给：把学习权还给学生，把时间还给学生，把主动权还给学生；实现三个转变：转变过去教学就是“教”的旧观念，转变把上课仅仅当成知识传递的旧观点，转变过去“学”就是学习知识和知识第一的旧理念。

17. “探究—建构”教学模式的研究与实践②

“探究—建构”教学，是通过引导学生积极探究，发展学生的探究性思维，实现心理结构自我建构的教学。它采用“问题—探究—问题”的具体模式，旨在从问题出发，紧紧抓住问题，把学生思维引向深处，引导学生进入探究式学习程序，创造性地有效地解决问题，并且引发出新的开放性、发散性问题，作为课堂教学的结果。

“探究—建构”教学模式的教学目标是：（1）形成合理的认知结构和完善的能力结构；（2）具有自觉的学习态度和自主学习的能力；（3）能在熟悉的问题情境中发现和提出问题，能在新的问题情景中寻求解决问题的方法；（4）掌握学科思想，为终生学习打下基础；（5）形成良好的个性品质，发展健全的人格。

“探究—建构”教学模式的教学流程分为五个阶段：第一阶段：寻疑。课前预习，发现问题。由环境刺激，引起探究。第二阶段：示疑。创设情境，提示问题。激发学生的好奇欲望、探索欲望、创造欲望、竞争欲望。第三阶段：探疑。（1）深入课堂，抓住问题，由疑难或不确定的情境到确定的情境。（2）发散思维，提出问

① http：//www. lailook. net/jctj/05/2014 - 09 - 12/40266. html.

② 王培德：《问题—探究—问题——“探究—建构”教学模式》，《江西教育》2002年第11期，第12页。

题。思维的定向或指导阶段。第四阶段：析疑。(1) 点拨迷津，启发问题。学生在探究过程中形成同化学习或顺应学习。(2) 疑惑解答，解决问题。学生形成初步的认知结构，从一种情境迁移到另一种情境。第五阶段：留疑。思考遗留问题。学生不断进行反思评价，自我认识，自我调节。

"探究—建构"教学模式旨在使学生通过探究式自主学习，实现认知与心理的自我发展，自我完善，养成健全人格，发展健全个性，为终生学习打下基础。该模式荣获基教类2014年国家级教学成果二等奖。

18. "导学互助探究展示总结"自主学习模式①

杜郎口中学地处山东省茌平县偏僻农村，与洋思初中一样，最初改革的原因也是教学效率低下，并且同样从课堂切入，经历"0+45"——即教师不讲，把时间还给学生；"10+35"——教师讲授辅导控制在10分钟以内；到2005年总结提炼出"三三六"自主学习模式，即三个特点：立体式、大容量、快节奏；三个板块：预习、展示、反馈；六个环节：预习交流、明确目标、分组合作、展示提升、穿插巩固、达标测评。后来，针对"三三六"自主学习模式中的一些问题加以改进，形成"导学、互助、探究、展示、总结"的自主学习模式。

导学，即在问题引领下的思考、学习。教师引导学生尽可能在紧密联系生活的前提下独立思考，找出疑难。互助，就是学生在自学的基础上，针对自己的困惑或感兴趣的问题，通过多元互助进行体验、讨论、交流、感悟。先是两人交流，尽量解决疑惑，实在解决不了，可以向其他小组成员或教师求教。这种多元互助，利于课堂智慧的碰撞，也利于资源共享。探究，是学生课堂学习的主要方式之一，学生心、脑、手、口并用，自己去发现、分析、研究、思考、解决问题，是一种深层次的学习。展示，即分享以互动、质疑为主的学生自主学习成果，以生生互动为主进行展示学习、智慧碰撞、思想交流。总结，即以应用、创新、学以致用为主的反馈过程。

这种自主学习模式的显著特点是：第一，不仅把课堂时间还给学生，而且强调赋予课堂学习以新的内涵，重在让学生学会学习、学会分析、学会思考，进行深层次的探究学习等。第二，凸显以学生互动、质疑为主要活动的课堂展示，不仅锻炼了学生的思考与表达能力，还培养了他们的自信，进一步激发出学生内在的学习动力。该模式荣获基教类2014年国家级教学成果二等奖。

19. "活动单导学"教学模式

"活动单导学"教学模式是以建构主义理论为引领，在新课程改革的浪潮中应运而生的一种新的教学模式。"活动单"是基于过去的教案而又高于它的一种新的产物，是本着以学生为中心的教育理念，为把更多的课堂时间交给学生，充分体现学生的主体地位和教师的主导作用的一种新式的教案。在学生进行课堂教学活动的过程中，活动单是线索、是章程，是老师与学生交流的平台和依据②。

"活动单导学"模式是一项系统工程，它的形成以建构主义学习理论、认知—结构学习理论、多元智能理论、合作学习理论、教学过程最优化学习理论为理论依据。具体包括课堂教学活动单的研制、班级学

① 柳夕浪：《撬动传统注入式教学的根基——首届基础教育国家级教学成果奖评析之三》，《人民教育》2014年第21期，第38—41页。

② 蔡建：《"活动单导学"教学模式刍议》，《都市家教》2009年第11期，第17页。

习活动小组的建立、活动模型的设计与执行、课堂教学效果的反馈与评价四个部分。

首先，“活动单”是“活动单导学模式”的技术关键，决定了学生活动的方向、方式。其基本结构包括：课题名称、学习目标、活动方案、课堂反馈四部分内容。其次，班级学习活动小组是“活动单导学”教学模式中学生学习活动的基本单位，在建立过程中须做好：科学分组、推选组长、起好组名、合理分工、制度建设等五项工作。再次，“活动单导学模式”中每一个活动方案都经过“创设情境—自主学习—合作探究—成功展示—点评提升”的活动模型。最后，在课堂教学效果的反馈与评价方面：以促进学生个性化培养与全面发展为目的；内容上体现新课程倡导的三维教学目标；以学生会学与学生学会为标准；以学校领导、教师、学生、家长、学习组长为评价主体，采用质性和量化相结合、形成性和终结性相结合的反馈与评价手段①。

“活动单导学”模式以“活动单”为学生的学习载体和引擎，以“合作学习小组”为基本学习单位，以“自主、合作、探究”为主要学习方式，以“课堂反馈与评价机制”为保障，充分体现了“教为主导、学为主体、学会与会学、个性发展与全面发展”相统一的教学理念。多年的实践充分证明，“活动单导学”教学模式对于提高学生学习兴趣，减轻师生过重负担，提高教学效果，全面实施素质教育，推动新一轮课程教学改革具有重要作用。该模式荣获基教类 2014 年国家级教学成果二等奖②。

（卢立涛）

（六）教师教育专业

1. 重庆江北区培育优质教师队伍 APEx 实验区（Advancing Professional Educators' Excellence）

为了贯彻落实《重庆市中长期城乡教育改革和发展规划纲要（2010—2020 年）》以及《江北区中长期教育改革和发展规划纲要（2010—2020 年）》，破解江北区“教师队伍还不能适应教育教学改革创新的需要，办学水平亟待提高”的难题，2014 年 4 月北京师范大学、重庆市教育委员会与江北区人民政府协同共建“重庆江北 APEx（Advancing Professional Educators' Excellence）实验区”，共同培育优质教师队伍。重庆江北 APEx 实验区作为三方合作项目，它主要由教育部普通高校人文社会科学重点研究基地北京师范大学教师教育研究中心、北京师范大学中国基础教育质量监测协同创新中心、江北区教育委员会等主要单位承担。

该合作项目主要包括五个部分：名师工作坊建设、以校为本的教师研修集群建设、卓越教师培养创新实践基地建设、北京师范大学教师教育研究中心重庆分中心建设、教师教育精品课程开发。其中，重庆市江北区特级及骨干教师加入名师工作坊，通过北师大项目组专家一对一指导，凝练其教学风格，并以行动研究深入到教学实践中，形成独特的教师教学思想。以校为本的教师研修集群建设，邀请国内外知名教育家及一线教师赴重庆江北讲学，如朱小蔓教授、佐藤学教授以及于树泉老

① 《“活动单导学”教学模式解读》，百度文库，http：//wenku. baidu. com/view/3740df0f4a7302768e99 39bc. html。

② 《2014 年国家级教学成果奖获奖项目名单》，百度文库，http：//wenku. baidu. com/link？url = P_eeJAY2Lvp41DKNdRrWqy6x0wzo4AgqcmXwmGA—xo5eihTLPRkjt8waMEV1wYJd0P6TTQJfzKjAOW4 – 8D4P0rBLr3OmNZDeoByxzkurjC。

师等，与当地教师分享其教育理论及教学经验，在重庆江北区产生积极反响。此外，卓越教师培养创新实践基地建设、北京师范大学教师教育研究中心重庆分中心建设、教师教育精品课程开发通过选派北师大师范生赴重庆十八中实习、宣传各项目组开展的活动，特别是《中国教育报》对重庆江北 APEx 的报道，共同推进项目的有效开展与深化。

该项目有以下创新点：

第一，模式创新——U-R 伙伴协作关。APEx 实验区项目建立大学与区域全方位合作模式，以“教师教育创新实验区”的形式凝聚北京师范大学、重庆市教委、江北区政府、江北区教委、江北教师进修学院、中小学的多元主体参与，涵盖大学专家、地方政策决策人员、实践专家、一线教师，构建平等的伙伴协作关系。

第二，机制建设——借助“实践”力量。打破大学在教师教育中的知识创新角色，而将教育创新的主动权交给实践一方，充分发挥实践力量——借助区域教育行政部门、教师教育机构，有效汇集高等院校、地方政府、研训机构、中小学校的创新要素和资源，构建四位一体的教师教育协同创新机制。

第三，理念引领——实现教师发展与区域教育改革的同步共进。打破传统教师教育模式中的只关注教师个体发展的单一维度，而将教师发展与区域教育改革整合起来。

第四，整体推进——着眼于教育均衡和师资力量整体提升。APEx 实验区项目横跨江北区教育高地和薄弱区域，既重视对优质学校教师的创新进行引领式发展，也重视对薄弱学校教师的基本素养进行支持式提升，从而透过师资的均衡发展来找到实现教育均衡的新突破；竖跨多层面教师队伍发展，涵盖职前教师、职后教师，关注新任教师、成熟教师、骨干教师三个发展阶段教师的不同需求和发展空间。

第五，价值共识——关注学生发展的核心追求。APEx 实验区项目一直把学生发展作为核心价值，贯穿整个项目，并推动各方在这一价值追求上形成共识。因此无论是集群项目的主题“以学生为中心”，还是名师项目关注变教为学，以及邀请朱小蔓教授讲授关注学生情感发展，都是将学生发展作为核心价值。一个项目必须要透过核心价值来引领，才能凝聚多方力量，实现对话和协作，并最终达成区域教育质量提升的共同目标。

2. 全球化时代的“道德人”——教师情感表达与师生关系构建项目

该项目由香港田家炳基金会资助，我国情感教育领域的开拓者、中国教育学界资深教授、北京师范大学教师教育研究中心教授朱小蔓先生主持，为期三年(2014—2017)。本教育实践项目旨在以情感教育为纽带，培养 21 世纪具有善的品性的年轻一代。该项目立足于关涉教师专业成长的关键因素——情感人文素养，通过促进基础教育阶段的教师，特别关注青少年（小学五年级到初中二年级）阶段的师生交往中教师情感素养的提升，培养具有深厚的人文素养和道德自觉的教育者，为全球化时代“道德人”培养奠定基础。

该项目自 2014 年末实施以来，以北京中学、江苏南通田家炳中学两所种子学校为依托，开展教师情感表达能力的诊断、认知和提升，具体活动包括以教师课堂教学中的情感表达及反思为主题的系列观课及课堂研讨活动，以情感涵育为核心的教师情感人文素养提升的读书会，以提升教师情感表达为诉求的艺术叙事工作坊以及来自一线教师对情感教育探索及实践分享的系列讲座。截至 2015 年 12 月底，该项目已在北京中学、江苏南通田家炳中学持续活动近一年，形成了种子校观课及课堂研讨、教师情感表达工作坊、读书会的教师团队，研制了教师情感表达与师生关系构建的观课及课堂教学研讨指南初稿。北京中学搭建了项目研究人员与其校沟通交流的平台——北京中学教师发展论坛，江苏南通田家炳中学以项目为基础，成功申报江苏省教育科学“十二五”规划2015年度课题，题为《普通中学校园情感场生态构建研究》。项目计划于2016年春季学期在北京中学举办关于项目实践及研究成果的研讨会。随后以在种子学校获得的成果进行传递和辐射，并使其具有推广性，经由遍布全国的田家炳中学，在全国范围内进行推广和普及。

另外，项目针对在种子校的实践经历以及当前教育实践中一线教师群体在教师情感表达方面存在的问题和困惑，进行了基于不同学段的教师情感表达工作手册的开发研制和编写，手册主要指向幼儿、儿童（小学低段）和青少年学龄段（小学高年级至初中阶段）的三个阶段的教师情感表达和师生交往实践。目前手册的编写工作仍在继续，截至2015年12月底，幼儿及儿童部分的手册初稿已经完成，青少年学龄段的手册仍在修缮之中。手册完成之后，将以实操性强的活动形式在相关种子学校开展研究，在三年时间内进行定期的研讨、成果发布、交流培训，把基于长期学校生活中的教师情感培育活动和更大范围内的教师情感表达能力的提升结合起来，通过持续系统的项目活动切实改善校园生态，发展充满人文关怀的校园文化，最终改善中国教育的品质，培养全球化时代的“道德人”。

（袁丽、张华军、马文静）

（七）学前教育学专业

1. 北京师范大学——临夏州基础教育质量提升协同创新计划金色种子联盟（中学、幼儿园）

为促进临夏回族自治州教育的发展，北京师范大学与临夏回族自治州州委州政府、教育局合作展开了“临夏州基础教育质量提升协同创新计划”，计划从2013年开始实施，2015年结束。计划实施期间，开展了众多的培训活动，如2014年5月21日，北京师范大学项目专家组参加了在临夏市举行的“金色种子”学校特色建设论坛。后续，根据《北京师范大学——临夏州基础教育质量提升协同创新计划建设方案》，结合临夏回族自治州具体工作实际，“金色种子”联盟（中学、幼儿园）首届主题论坛于2014年6月23—26日成功举办。

“教育质量提升协同创新计划”为贫困落后的少数民族地区教师的专业发展、能力提升提供了一个千载难逢的发展平台，参训教师虚心学习，在今后的工作中解放思想、转变观念、开拓创新、学以致用，努力提高教育教学质量。此外，“教育质量提升协同创新计划”受到北京师范大学和地方政府教育机构的高度重视，培训工作重点突出、措施得力，突出了教师专业成长、教育管理、学校安全、师德修养等方面的培训。参训人员多，学科种类较多，培训内容丰富，培训方式方法灵活多样，有较强的针对性和实效性。通过培训，参训教师获得了新理念、新方法、新技能，转变了观念，拓宽了视野，教育教学方法和教育管理的能力也有了显著提高，取得了良好的成果。

2. “北京师范大学—美吉姆早期教育研究基金”正式成立

“北京师范大学—美吉姆早期教育研究基金”于2014年9月17日在北京正式创建成立，该基金由北京师范大学和美吉姆国际儿童教育中心共同合作成立，是国内第一个早期教育研究基金，旨在推动中国早期教育研究的发展，充分体现了合作双方在这一领域的前瞻性，对整个早期教育行业都具有较强的指导意义和示范效应。

目前中国学前教育研究主要集中于3岁以上的幼儿园阶段，相较于美国等教育发达国家，0—3岁这一阶段的研究起步较晚，目前依然处于初级阶段。本阶段的研究不仅缺少相关国家政策的引导，专业理论研究也很匮乏，直接导致了整个社会对早期教育认知的模糊和茫然。“北京师范大学—美吉姆早期教育研究基金”在未来三年内将聚焦于中国0—3岁婴幼儿发展现状和家庭教育行为研究，以及基于全国范围内婴幼儿个体的观察及追踪研究，创建婴幼儿行为观察和调查体系，并对中国早期教育需求及相关政策进行研究，以帮助婴幼儿家长和教育者更好地了解婴幼儿的发育发展，从而给予更科学和专业的指导，并为国家政策的制定提供依据。

此次北京师范大学和美吉姆国际儿童教育中心可谓是强强联合，作为走在中国学前教育领域最前沿的教育机构和全球领先的儿童早期教育品牌，双方将着眼于早期教育基础理论和教育实践指导双层面的研究，以期为中国的家庭、教育者以及早期教育行业从业者都能提供切实的指导和帮助，进而促进中国早期教育行业的健康发展。

以该基金的成立为合作起点，在未来三年内双方还将展开更深入的合作，包括在美吉姆国际儿童教育中心建立北京师范大学早期教育研究实践基地，以及早期教育学科的实习基地等一系列举措。

（陈凯鑫、冯婉桢）

（八）民族教育专业

1. 国家教育部民族教育司与民族教育发展中心重要的教改实验项目

（1）深化学校民族团结教育改革

印发《学校民族团结教育实施意见》。修订完善民族团结教育教材，组织开展民族团结教育教师培训。进一步创新改革活动形式，扎实开展“一对一”“手拉手”“民族团结一家亲”等主题教育活动。

（2）全面深化内地民族班管理综合改革

以提高教育质量和建设和谐校园为中心任务，推进内地班思想政治教育和民族团结教育、文化课教学、混合编班、升学考试、教师队伍建设、学校常规管理的长效机制综合改革。研究制定关于全面加强内地少数民族学生教育管理服务维稳工作的意见，建立横向的部门协调联动工作机制。深化内地民族班招生考试、日常管理、教育教学、后勤服务改革，研究推行少数民族预科结业会考制度，探索改革内地西藏班高中、内地新疆高中班毕业生高考招生制度，科学、公平、合理地选拔优秀人才。

（3）科学稳妥推进双语教育综合改革

以民汉兼通为根本目标，以加强双语教师队伍建设为关键、以加强双语教材和教学资源建设为重点，在民族地区选取若干县、学校，根据实际情况，开展双语教学改革试验，不断探索总结经验。改革完善中国少数民族汉语水平等级考试（MHK）。探索建立政府主导、社会力量参与的机制，多渠道、多样化建设双语教学资源。

（4）开展民族地区中小学理科教学改革试点

继续开展民族地区中小学数学教学调查研究，形成民族地区理科教育调研报告。在民族地区选取若干个县，每个县选择2—3所学校，开展理科教学改革试点。加大理科双语教师的培训力度，充分利用国培计划、对口援藏援疆项目，加大民族地区理科教师的培训力度。

（5）开展“双语”“双师”型教师培养培训综合改革试点

以全面提升民族地区教师队伍思想道德素质和教学能力为重点，大力推进“双语”“双师型”教师培养培训综合改革。指导新疆、西藏和四省藏区建设好当地的省（区）、地（州）级双语师资培养培训基地，立足当地，抓好双语教师培养培训工作。在东中部地区选择若干所办学水平较高、办学特色突出的师范院校、职业技术师范院校，为民族地区特别是西藏、新疆、四省藏区培养培训双语教师、双语双师型教师。组织实施好对口省市向新疆、西藏和四省藏区选派支教教师工作。

（6）部署民族地区高校和民族院校学科专业结构调整改革试点工作

以西藏、新疆高校为试点，调整民族地区高校和民族院校学科专业结构，重点加强理工、农牧、管理类等薄弱学科建设，完善高校人才培养结构，切实加大民族地区高校和民族院校理工科特别是工程类专业人才培养力度。

（7）积极推进少数民族应用型人才培养模式综合改革试点工作

以增强民族地区职业教育、本专科毕业生就业能力为突破口，积极推进培养模式综合改革试点。选取南昌工学院为试点单位，针对该校学生实际，从多层次生源现状出发，因材施教，探索科学可行的培养模式，努力培养政治素养合格、理论素质到位、就业能力强的应用型本专科人才。选择5个专业，围绕专业师资、教学条件及资金投入优先保障开展试点。重点抓好5项工作：一是全员开展转型发展理念培训；二是对试点专业培养方案进行充分论证，制订和实施改革具体方案；三是组织“双师”型教师培训；四是制订和实施课程教学资源建设计划；五是启动校企合作机制建设。

研究调整民族地区教育结构。一是优化民族地区教师队伍结构。二是强化基础教育薄弱学科教学，重点提高数理化等学科教学质量。三是平衡高中阶段普职比结构，重点发展中等职业教育，着力培养一批服务地方经济社会发展、产业结构调整和转型升级需要的技术技能型人才。四是调整民族地区高校和民族院校学科专业结构。五是完善高校人才培养结构。六是优化内地民族班编班结构，稳步推进合校混班教学，加强交流交往交融。

2. 教育部民族教育司与民族教育发展中心重大社会服务与政策性成果

（1）筹备召开第六次全国民族教育工作会议

按照中央精神抓紧筹备第六次全国民族教育工作会议，进一步修改完善国务院《关于深化改革推进民族教育科学发展的决定》稿，提出全面深化民族教育改革的政策措施，制定相应的配套文件，推动第六次民教会精神的贯彻落实。

（2）深入开展中小学民族团结教育

制定《学校民族团结教育实施意见》，继续修订、编写民族团结教育教材和辅助材料，加强教师培养培训，多种形式开展民族团结主题教育活动，指导新疆、西藏和四省藏区以及内地民族班不断提高民族团结教育工作的针对性和有效性。

（3）科学稳妥推进双语教育工作

完善少数民族双语教材和资源建设规划。制定少数民族双语教学专项经费使用管理办法。启动《少数民族汉语水平等级考试（MHK）大纲》和《民族中小学汉语课程标准（高中）》修订工作。继续进行双语教学质量监测试点。加强少数民族语言文字教材编译、出版、审查和双语教育研究工作。

（4）建立内地民族班科学管理机制

研究制定《关于全面加强内地学校少数民族学生教育管理服务工作的意见》，明确政策措施，建立并完善各级各部门协调联动的工作机制，加强信息互通、形势研判，细化工作要求，落实各项任务。建立内地少数民族学生管理基础数据库。建设内地少数民族学生信息平台，编印内地办学工作年度报告和管理工作手册，研究制订内地西藏班新疆班综合素质评价方案。

（5）加大少数民族人才培养工作力度

研究制订了《内地培养少数民族人才规划》和《少数民族高端人才培养计划》。

（6）加强民族地区教师队伍建设

继续实施好“三区”人才支持计划教师专项计划。制定《进一步加强新疆双语教师队伍建设的实施意见（2014—2020年）》。协调做好对口省市向新疆、西藏和四省藏区选派支教教师工作。

（7）推进对口支援新疆、西藏和四省藏区教育工作

制定《关于调整教育结构 推进西藏和四省藏区科学发展的意见》和《关于加快西藏和四省藏区中等职业教育发展的指导意见》。修改完善《关于推进新疆教育服务就业和长治久安的指导意见》。

（吴明海、向瑞）

第四篇

国际交流与合作

一、重要国际会议参与

（一）教育学原理专业

1. 人类精神国际论坛①

应冰岛雷克雅未克市市长 Jón Gnarr 的邀请，北京师范大学教育学部毛亚庆教授于2014年3月9—13日在冰岛首都雷克雅未克参加了“人类精神国际论坛”。来自国际组织、政府官员、商业、企业、大学的世界40个国家的近240名与会代表就人类的核心价值以及在组织治理中如何体现关爱和相互理解进行了分享，并在总统官邸受到了冰岛总统的接见。毛亚庆教授作为来自中国大陆的唯一代表，也作为大会教育界唯一的发言代表，与与会代表分享了在学校组织中如何体现以“关爱”为基础的学校管理改进的中国经验，受到与会代表的高度评价。

2. AERA 年会②

2014年4月3—7日，北京师范大学教育学部多位教师赴美国费城参加了美国教育研究协会（American Educational Research Association，简称“AERA”）2014年年会。

AERA 会议是全球规模和影响力最大的教育学术会议，该届年会的主题为“教育研究在实践和政策革新中的力量（The Power of Educational Research for Innovation in Practice and Policy）”。经国际匿名评审，北京师范大学教育学部共有19篇论文被AERA 接受，研究主题涵盖了教育基本理论、教师教育、教育政策及领导、国际及比较教育、高等教育、教育测量与评价等多个领域。

会议期间，教育学部举行招待会，答谢长期以来关心和支持北京师范大学教育学科发展的海外校友和国际合作伙伴。来自英国牛津大学、伦敦大学教育学院、美国威斯康星—麦迪逊大学教育学院、澳大利亚悉尼大学教育与社会工作学院、美国伊利诺伊大学、哥伦比亚大学师范学院、香港中文大学、香港大学等的260多位中外知名学者出席活动。教育学部向来宾介绍了2013年在人才培养、科学研究、社会服务、政策咨询、国际交流与合作等领域取得的新进展，进一步扩大了北京师范大学教育学科的国际影响力。

3. “加拿大—中国互惠学习”合作项目首届年度公开研讨会③

2014年4月7—14日，华东师范大学叶澜教授率队赴加拿大，就“新基础教育”合作研究和教育学建设等问题与加拿

---

① 人类精神国际论坛（http：//fe. bnu. edu. cn/html/002/1/201405/12059. shtml）。

② AERA 年会（http：//www. bnu. edu. cn/bsdkx/53278. html）。

③ “加拿大—中国互惠学习”合作项目首届年度公开研讨会（http：//www. dedu. ecnu. edu. cn/s/313/t/481/8f/14/info102164. htm）。

大、美国和中国等国学者进行了广泛的学术交流。

4 月 8 日，叶澜教授在 SSHRC 合作基金项目 Canada-China Reciprocal Learning Partnership First Annual Public Conference（“加拿大—中国互惠学习”合作项目首届年度公开研讨会）全体大会上，作了题为“在学校转型性变革合作研究中促进教师发展——来自中国 20 年‘新基础教育’研究的经验”的主题发言，以中国原创的“深度介入”式合作研究方式为主线，对 20 年“新基础教育”研究所作的转型性更新，从合作目标、合作关系及其成效等方面进行了系统阐述。叶澜教授的发言，尤其是“成人 · 成事”“共生经验”等中国原创的思想与表达，引发了包括加拿大多伦多大学许美德（Ruth Hayhoe）教授和加拿大多伦多大学康纳利（Michael Connelly）教授等知名学者的深度赞同与热烈讨论。

4 月 12 日，叶澜教授一行会晤了加拿大著名的现象学教育学者马克斯 · 范梅南（Max von Manen）教授，双方围绕“教育学”（pedagogy）的学术传统、当代现状及其内涵建设等问题进行了深度交流。叶澜教授和范梅南先生还围绕“智慧”与“机智”“理论与实践的关系”等中西差异，就中西方交流中的文化差异及其翻译问题等进行了深入而有趣的探讨。

4. 第二届中日协定校学术交流会议①

为了进一步加强与国外一流大学的学术交往，以提升华东师范大学国际化办学水平，2014 年 4 月 14—19 日华东师范大学教科院院长范国睿教授等一行 6 人应日本名古屋大学和东京大学的邀请，参加了在名古屋大学主办的第二届中日协定校学术交流会议，实地考察了东京大学教育学部的学科建设和人才培养的具体实施计划。在名古屋大学举办的以“大学国际化人材培养”为主题的研讨会上，华东师范大学范国睿教授、杜成宪教授和金忠明教授分别作了题为“大数据时代与教育变革——中国的实践”“中国高师教育体制发展中的‘钟摆’”现象，以及“中国普通高中国际化人才培养的历史、现状及趋势”的主题演讲。在对东京大学教育学部进行访问之际，范国睿院长与东京大学教育学部的南风原学部长首先举行了合作协议的续签仪式；随后范院长应邀在东大教育学部为东大师生作了一小时的精彩演讲。

5. 欧盟—中国博士教育合作项目大会②

伊拉斯莫世界项目（Erasmus Mundus）是由欧盟发起的在高等教育领域的一个合作性的学生交流项目。此次“欧盟—中国博士教育合作项目大会”是隶属于该项目的会议，于 2014 年 5 月 8—9 日在比利时布鲁塞尔自由大学举行。参会人员有欧盟伊拉斯莫斯世界项目官员，来自芬兰、瑞典、比利时等国家的大学教师及负责人，北京师范大学、上海交通大学、北京大学、北京航空航天大学、西南大学、复旦大学等国内大学教师及负责人。北京师范大学教育学部由副部长李家永教授、特殊教育系邓猛教授、教育技术学院李艳燕教授作为代表参会。

6. 韩国德育学会年会③

2014 年 5 月 21 日，应韩国德育学会

① 第二届中日协定校学术交流会议（http：//www. dedu. ecnu. edu. cn/s/313/t/481/8f/8a/info102282. htm）。

② 欧盟—中国博士教育合作项目大会（http：//fe. bnu. edu. cn/html/002/1/201405/12220. shtml）。

③ 韩国德育学会年会（http：//www. ccme. org. cn/readnews. aspx？ nid =384）。

(韩国道德伦理教育科教育学会)邀请,北京师范大学教育学部檀传宝教授在韩国德育学会2014年年会上发表了题为“德育的形态分析及其重要意义”的主题演讲,获得了与会者的好评。韩国德育学会2014年年会在公州教育大学召开,此次会议邀请了中国、日本各1位德育学者发表主题演讲。

7. 中英高等教育多样化发展政策研讨会①

2014年9月17—26日,华东师范大学教育学系吴遵民教授应英国大使馆教育文化处的邀请,随教育部代表团参加中英高等教育多样化发展政策研讨会,并实地考察英国高等教育机构。访英期间,吴遵民教授与英国同行就大学理念的追求与发展多样化的问题开展了多次有益的讨论,并在英国教育文化协会组织的双边研讨会上就中国大学未来的发展方向与问题发表了30分钟的演讲。

8. 亚太地区道德教育网络组织年会②

2014年10月24日上午,北京师范大学教育学部檀传宝教授应邀在亚太地区道德教育网络组织(APNME, The Asia-Pacific Network for Moral Education)年会上发表题为“为幸福而教——中国教育的伦理思考”(Moral Education for Real Happiness: Ethical Thinking on Education in China Today)的主题演讲。

此次亚太地区道德教育网络组织年会由上海复旦大学主办,来自亚太地区的80余位学者与会,研讨主题是“让德育发挥作用——亚太地区的德育传统与创新”(Making Moral Education Work: Tradition and Innovation in the Asia-Pacific)。檀传宝教授是此次年会2位主题演讲嘉宾(keynote speaker)之一。

9. 亚太高等教育研究者协会第二次会议③

2014年10月25日,亚太高等教育研究者协会第二次会议在韩国首尔国立大学隆重召开。来自美国、中国、韩国、澳大利亚、日本、马来西亚、菲律宾、中国香港、中国台湾等国家和地区的40余名专家学者参加了此次大会。北京大学教育学院施晓光教授作为嘉宾出席大会并作主题发言,博士研究生张优良也参加了此次学术研讨,并分享了研究成果。

大会的主题为Governance and Academic Culture in Asia —Pacific Higher Education(亚洲太平洋地区高等教育的管理及学术文化)。大会历时3天,包括亚太高等教育研究者协会专家学者论坛和未来学者论坛两部分。与会专家学者针对亚洲太平洋地区高等教育发展的新形势、新问题及新挑战等展开了深度交流与探讨。

10. 高等教育国际研讨会④

2013年11月26—27日北京大学教育学院施晓光教授赴南非斯坦林布什大学参加由南非教育部(DHET)举办、斯坦布林什大学中国研究中心(Stellenbosch University, CCS)和孔子学院承办的“中南高等教育基础设施建设与能力发展研讨会”(Conference on Building Infrastructure and

① 中英高等教育多样化发展政策研讨会(http://www.dedu.ecnu.edu.cn/s/313/t/481/bf/a6/info114598.htm)。

② 亚太地区道德教育网络组织年会(http://www.ccme.org.cn/ReadNews.aspx?nid=398)。

③ 亚太高等教育研究者协会第二次会议(http://www.gse.pku.edu.cn/xwgg/xyxw/11734.htm)。

④ 高等教育国际研讨会(http://www.gse.pku.edu.cn/xwgg/xyxw/11813.htm)。

Capacity in Higher Education：Lesson from China and South Africa）。

来自中国和南非的政府官员、大学校长、管理者和教授学者近百人参加了会议。北京大学、复旦大学、厦门大学、华东师范大学、浙江师范大学、中国教育科学院的8位专家学者应邀专程赴会。另外，在南非孔子学院工作的部分中方院长、教师和科研人员也应邀参加了此次会议。施晓光教授作为特邀代表之一参加了此次会议。

在为期两天的会议中，与会代表围绕“高等教育基础设施建设”“中国高等教育在非洲的发展：孔子学院的角色”“农村地区高等教育发展经验与策略”“中非教育交流与合作的现状与问题”等分议题展开了深入而广泛的研讨和经验交流。施晓光教授在会上作题为“中国欠发达地区大学能力建设的策略”（China's Strategies for University Capacity Building in the Underdevelopment Area）的主题报告。他的发言引发了与会代表尤其是南非学者的浓厚兴趣和积极回应。

（摘自网页）

（二）教育政策与教育法学专业

1. 香港比较教育学会2014年年会

2014年2月28日，包括世界比较教育联合会副会长、中国比较教育协会会长王英杰，香港大学教育学院教育政策与社会科学系主任、香港大学华正中国教育中心主任白杰瑞（Gerard A. Postiglione），台湾比较教育协会会长、台湾师范大学教授王如哲，日本早稻田大学教授黑田一雄（KURODA Kazuo），世界比较教育联合会前主席、香港大学讲座教授马克·贝磊（Mark Bary），香港比较教育学会前会长、香港大学教授杨锐在内的200多名比较教育学专家、学者出席了在香港大学举办的香港比较教育学会2014年学术年会。会议围绕“全球化背景下政策与教育发展”这一主题展开讨论，涉及学前教育、基础教育、高等教育、职业教育、特殊教育等多个方面的议题，与会人员就亚洲各主要国家（中国、日本、印度、澳大利亚）的教育变革和区域比较（如亚洲四小龙的教育改革）进行了交流。会议由香港比较教育学会会长李军教授主持，王英杰、王如哲、白杰瑞等教授发表了主题演讲，马克·贝磊、杨锐等教授对新修订的《比较教育研究：路径与方法》进行了介绍。主要论题包括：全球化背景下的教育区域化政策、全球化背景下的高等教育变革、全球化背景下的职业教育政策及发展、影子教育专题研讨等。在此次会议上，学者们围绕着“全球化背景下的政策与教育发展”这一主题，对政策与教育发展的关系进行了多维度探讨，对当前的教育热点问题和难点问题进行了深入交流，为未来的教育发展勾画出了更为清晰的蓝图，并达成了初步的共识，取得了预期的效果。

（刘水云）

2. 第10届教育改革国际研讨会［10th ISER（International Symposium on Education Reform）Conference 2014］

第10届教育改革国际研讨会2014年6月在南非举行。这一会议组织者为国际大学教育法律、领导与政策联盟［Inter-University Centre for Education Law, Leadership and Policy（CELP）］，这一组织以研究教育政策与法律的相关问题为宗旨，每年组织召开学术研讨会。此次会议的承办方为比勒陀利亚大学。此次会议的主题为：教育变革与教育质量。会议分两个阶段，第一阶段为2014年6月4—6日，在南非约翰内斯堡桑顿区（Sandton，Johannesburg）举行，第二阶段为2014年6月9—10日，在南非西开普省斯泰伦博斯镇（Stellenbosch，Western Cape）举行。

此次会议的目的是探讨世界教育改革的策略是如何影响教育质量的。会议的参与者包括各国教育政策的制定者、教育管理者、校长、相关地区的教育官员、学者和部分学生。会议认为，人们必须理解和实施适当的教育改革策略，才能确保所有人都得到有效的教育。围绕这一主题，与会者就学校改进、教育改革、学校领导、教育质量、校长角色等议题进行了广泛的讨论与交流。来自世界各地的教育从业者和学者讨论和分享了他们的专业知识与经验。

东北师范大学教育学部教育管理学院杨颖秀教授、王智超副教授等受邀参加了会议，并在会议上作了题为“中南公立学校小学校长在学校文化建构中的角色异同”的大会发言。介绍了依托中国—南非高校20+20项目进行的“中国—南非学校改进合作研究与实践”的具体研究成果，展现了中国、南非两国小学校长在学校文化建构过程中的角色异同。

此外，会议还举行了专题研讨会。主题包括：如何理解实施全球教育改革最终需要跨学科的努力？教育综合改革的策略如何在教育语境下得以实现？教育改革背景下学习者对教育、平等、人类尊严、语言和文化的正确性如何掌握？政策制定者如何正视学校环境中实施的教育改革的策略？教育改革如何提升从业人员素养以确保高质量的教育？教育改革促进还是制约了优质教育？这些问题在会议期间都得到了深入的探讨，收到了较好的效果。

（王智超）

（三）农村教育专业

1. UNESCO-APEID 国际学术会议

2014年10月29—31日，联合国教科文组织在泰国曼谷召开了以“教育强国：我们期望的未来教师”（The Powerhouses of Education：Teachers for the Future We Want）为主题的第17届联合国教科文组织亚太地区服务发展教育革新计划（The Asia-Pacific Programme of Educational Innovation for Development，UNESCO）国际会议。

教育部教师工作司的殷长春副司长、东北师范大学农村教育研究所邬志辉所长受大会邀请全程参加了会议，并根据大会安排在“全纳教育的国家作为：亚洲的经验”（National Efforts towards Inclusion：The Asian Experience）分组会议上联合发表了“中国流动儿童的全纳教育”（Inclusive Education for Migrant Children in China），详细介绍了我国在解决城镇化进程中进城务工人员随迁子女在流入地接受教育的经验做法、面临挑战及下一步考虑。

（李伯玲）

（四）比较教育学专业

1. 2014年北京师范大学参加国际会议

2014年2月19—20日，北京师范大学国际与比较教育研究院刘宝存教授、刘强副教授受教育部国际司邀请，参加在浙江宁波举办的第30届亚太经济与合作组织（APEC）人力资源开发工作小组教育网络会议。来自APEC 21个经济体的代表参加了此次会议。会上，刘宝存院长代表中国向大会作了题为“关于成立‘APEC高等教育研究中心’的倡议”的报告，得到了美国、俄罗斯、韩国、印度尼西亚、巴布亚新几内亚等经济体的积极支持。

2014 年 2 月 28 日—3 月 1 日，北京师范大学国际与比较教育研究院王英杰教授应香港比较教育学会邀请，参加了该会在香港召开的 2014 年度学术年会，并在会上作了题为“Basic Structure of the University: Traditions and Reform”（大学基础结构：传统与改革）的主旨报告。该次年会的主题是 Policy and Educational Development in a Global Context（全球背景下的政策与教育发展）。

2014 年 3 月 8 日，北京师范大学国际与比较教育研究院姜英敏副教授赴日本筑波大学参加了筑波大学教育学会第 12 届年会，并在该年会的国际研讨会上作了主题发言。筑波大学教育学会成立于 2002 年，是一个全国性的教育学研究组织，主要从事教育各领域相关研究。此次国际研讨会的主题是“加强与亚洲诸国的合作，创建教育学研究新模式”，探讨在全球化背景下怎样与亚洲诸国的教育界加强联系，携手互助，共同解决各国面临的问题。该研讨会有 3 位主题发言人，分别来自中国、韩国、日本。姜英敏作为中方发言人，以“与‘异己’之共生——中日国际理解教育课程开发”为题进行了发言。在发言中，姜英敏老师以自己多年的中日合作课程开发研究过程为例，呼吁中日两国的教育学领域相关学者进行精诚合作，求同存异，探索教育研究新模式。

2014 年 3 月 10—15 日，北京师范大学国际与比较教育研究院刘宝存教授和滕珺副教授赴加拿大多伦多参加了由北美比较教育学会主办加拿大多伦多大学 OISE 承办的“北美比较教育学会 CIES 2014 届年会”，在大会上分别作了题为“从受赠国到捐赠国：中国在国际教育援助中的角色转变”与“2015 后教育的出路何在：基于联合国教科文组织教育治理理念的反思”的发言，介绍中国比较教育学者最新的研究成果，引起了参会人员的热烈讨论。

2014 年 3 月 29 日，应台湾铭传大学教育研究所所长张国保教授邀请，北京师范大学国际与比较教育研究院林杰教授赴台，参加铭传大学国际教育学术研讨会。铭传大学是台湾著名私立大学，与大陆的教育文化交流非常活跃，目前接收的大陆学生居全台之冠。国际教育学术研讨会是该校每年一度的国际学术月的活动之一。此次教育学术研讨会的主题是“少子女化与十二年国教对高等教育的冲击与因应”。林杰教授受邀做了大会主题演讲“大陆 12 年义务教育的践行及师资培养”，向与会的同行介绍了大陆义务教育的状况和实施 12 年义务教育的争议，以及西藏地区的个案。大会演讲后，在教育论坛环节，林杰教授与参会的台湾教育界和学术界同行进行了分专题研讨，并回答了与会师生的问题。

2014 年 4 月 3—7 日，北京师范大学国际与比较教育研究院刘宝存教授、杨明全副教授、滕珺副教授、刘强副教授、刘敏博士、Lauren Misiaszek 博士共 6 位教师赴费城参加了美国教育研究协会（American Educational Research Association，简称“AERA”）2014 年年会。此次年会的主题为“教育研究在实践和政策创新中的作用（The Power of Educational Research for Innovation in Practice and Policy）”。

2014 年 5 月 16—17 日，第十二届亚洲比较教育学会年会在杭州师范大学举行，来自亚洲和世界各地的比较教育学者 250 余人参加了会议。亚洲教育学会创立于 1996 年，每两年举办一次学术年会，此次年会的主题是“教育、公平与社会和谐：比较视野下的亚洲经验”（Education, Equality and Social Harmony: Asian Experiences in Comparative Perspective），下设教师职业化、教育提供的技术和新手段、课程发展、妇女和教育平等、教育和国际化、终身教育、学前教育等众多议题。北京师范大学国际与比较教育研究院资深教授顾明远先生应邀出席了大会并致辞，北京师范大学国际与比较教育研究院王英杰教授作了题为“教育国际化、公平与比较教育”（Internationalization of Education, Equity and Comparative Education）的主题发言。北京师范大学国际与比较教育研究院刘宝存教授、王璐教授、David Turner 教授、滕珺副教授、刘敏副教授、Lauren Ila Misiaszek 副教授等参加了会议并作了专题发言，《比较教育研究》编辑部张瑞芳老师以及博士生、硕士生 10 余人也参加了会议。

2014 年 6 月 9—13 日，中国教育学会比较教育分会理事长王英杰教授、副理事长刘宝存教授参加了在德国弗莱堡教育大学举行的世界比较教育学会联合会执委会会议，并汇报了 2016 年在北京师范大学举行的第 16 届世界比较教育大会的筹备情况。王英杰教授、刘宝存教授还同世界比较教育学会联合会秘书长、财务长、研究委员会主席等举行了专门会议，就世界比较教育学会联合会和中国教育学会比较教育分会的办会协议、第 16 届世界比较教育大会的准备日程表和会议议题等问题进行了协商，并就有关准备工作向第 15 届世界比较教育大会召集人征求了意见和建议。

2014 年 6 月 12—14 日，北京师范大学国际与比较教育研究院王晓辉教授应邀参加了由法国国际教育研究中心（CIEP）在巴黎主办的国际研讨会“2014 年的亚洲教育：何种世界挑战?”，并作了题为“在传统与现代化之间的中国教育”（L´éducation en Chine: entre la tradition et la modernisation）的演讲。

2014 年 6 月 18 日，北京师范大学国际与比较教育研究院刘宝存教授应邀参加了在北京师范大学举行的“聚焦发展中国家大学研讨会暨 QS 金砖五国大学排行榜发布会”。来自中国、俄罗斯、印度、巴西、南非等国的教育部官员、大学校长和学者以及 QS 排行榜工作人员等 100 余人参加了会议。

2014 年 7 月 1 日，受教育部国际司委托，刘宝存教授参加了在德国柏林举行的“Perception and Impact of the EHEA: Different Views, One Perspective?”国际研讨会。研讨会由德国学术交流中心（DAAD）主办，来自博洛尼亚进程成员国和非成员国的 40 余位代表参加了会议。

2014 年 7 月 8—10 日，北京师范大学国际与比较教育研究院刘宝存教授应邀参加了在香港浸会大学举行的澳大拉西亚高等教育研究与发展学会（Higher Education Research and Development Society of Australasia）2014 年年会，年会的主题是“Higher Education in A Globalized World”（全球化世界中的高等教育）。来自澳大利亚、新西兰、南非及中国内地与中国香港等国家和地区的高等教育专家学者 200 余人参加了会议。刘宝存教授作了题为“Social Participation in the New Higher Education Governance System of China: An International and Comparative Perspective”（中国新高等教育治理体系中的社会参与：国际比较视角）的演讲。

2014 年 9 月 6 日下午，受教育部国际合作与交流司邀请，北京师范大学国际与比较教育研究院刘宝存教授、刘强副教授、刘敏副教授参加了中欧高级别人文交流对话机制第二次会议。会议在钓鱼台国宾馆千人大厅举行，中国国务院副总理刘延东与欧盟教育、文化、多语言和青年事务委员瓦西利乌在北京共同主持了此次会议。

2014 年 9 月 4—6 日，北京师范大学国际与比较教育研究院肖甦教授和孙进副教授参加了在芬兰赫尔辛基大学举行的“中芬学习园教育方案论坛——21 世纪学习技能”（Forum on Education Solutions for

Sino-Finnish Learning Garden "21st Learning Skills")。孙进副教授代表国际与比较教育研究院作了"芬兰教育研究中心与中芬合作"（FERC and Cooperation between China and Finland）的报告，向与会者介绍了国际与比较教育研究院芬兰教育研究中心的工作任务和使命及其对于中芬合作的意义和作用。

2014年9月16—19日，北京师范大学国际与比较教育研究院王璐教授参加了在尼泊尔举行的"5th International ERT Symposium"（第五届以教育促进农村发展国际研讨会），此届研讨会的主题是Re-engineering Education for Flexible Learning and Social Justice（重塑教育：灵活性的学校和社会公正）。王璐教授在大会上作了题为"义务教育均衡发展视野下的农村教师问题"的主旨发言。

2014年9月25—27日，北京师范大学国际与比较教育研究院刘强副教授受邀参加在俄罗斯符拉迪沃斯托克举办的亚太经合组织第三届高等教育合作会议。该会议由俄罗斯教育部、俄罗斯联邦科学院以及远东联邦大学联合举办。约60名来自中国、俄罗斯、美国、澳大利亚、韩国、日本、秘鲁、菲律宾、文莱、泰国、越南等亚太国家和地区的教育部门、高校及研究中心代表参加了此次为期两天的研讨会。会上，刘强副教授作了题为"中国和其他亚太经合组织成员之间的学生流动：现状、策略及展望"（Student Mobility Between Mainland China and Other APEC Members: Situations, Strategies and Prospects）的主旨演讲。

北京师范大学国际与比较教育研究院高益民教授于2014年10月15日赴日本东京参加了由东亚共同体主办的"中日青年交流的现在与未来"国际研讨会，并就中日青年交流的现状与课题发表了主题演讲。

2014年10月17日，北京师范大学国际与比较教育研究院资深教授顾明远先生受邀参加国际教师教育协会第三届双年会暨"多元文化社会中的教师教育：机遇与挑战"国际学术研讨会。研讨会由国际教师教育协会主办，中央民族大学承办。会议主题为"多元文化社会中的教师教育：机遇与挑战"。

2014年10月22—23日，北京师范大学国际与比较教育研究院王晓辉教授参加了在北京师范大学举行的教育监测与评估国际研讨会，并作了题为"对中国教育评估的期待"的发言。

2014年10月24日，第三届中法高等教育论坛在北京国家会议中心举行。北京师范大学国际与比较教育研究院刘敏副教授应邀参加了会议，并与参会的国内外来宾进行了交流。

2014年10月28日，学校教育督导评估国际研讨会在福州举行，联合国儿童基金会驻华办、法国国民教育总督导办、教育部督导办及福州、株洲、柳州、上海浦东新区、重庆綦江区五个项目试点单位的教育督导部门相关人员参加了研讨会。国际与比较教育研究院青年教师刘敏副教授应邀参加了会议，并参加了中外督学和专家在外国语学校的现场督导研讨工作。

2014年11月19—21日，美国佛罗里达教育研究会（FERA）第59届年会在风光旖旎的佛州东部海岸可可海滩（Cocoa Beach）希尔顿酒店举行。北京师范大学国际与比较教育研究院副教授杨明全博士参加了本届年会。在会议期间，他作了分会场的主题演讲，题目是"文化传统与课程发展：基于东西方文化的比较"（Cultural Tradition and Curriculum Development: A Comparison between the East and West）。此外，杨明全博士还作为年会的志愿者积极参与了会议的组织和服务工作，赢得了举办方的赞誉。

2014年11月22—23日，“高等教育国际化进程中青年学者的使命”中俄青年学者国际学术论坛在北京师范大学珠海校区举行。肖甦教授作为俄罗斯教育研究专家代表北京师范大学国际与比较教育研究院参加了此次论坛。

北京师范大学国际与比较教育研究院师生参加第一届“两岸四地”比较教育论坛。2014年12月20—21日，第一届“两岸四地”比较教育论坛在华南师范大学举行，论坛的主题是“两岸四地的教育交流和合作”，分主题包括“两岸四地”教育的发展与改革、“两岸四地”教育交流与合作的经验与前瞻、“两岸四地”比较教育的交流与合作。该论坛与中国教育学会比较教育分会第十七届年会在华南师范大学同期举行，来自中国大陆、台湾、香港、澳门等地的300余位比较教育学者和研究生参加了该论坛与年会。北京师范大学国际与比较教育研究院48名师生参加了会议。北京师范大学国际与比较教育研究院顾明远先生致开幕词，北京师范大学国际与比较教育研究院王英杰教授致闭幕词，北京师范大学国际与比较教育研究院刘宝存教授作了题为“中国高等教育治理体系中的社会参与：国际比较的视角”的大会发言。在会议期间，北京师范大学国际与比较教育研究院师生与与会同行进行了交流，相互分享研究成果。

（北京师范大学国际与比较教育研究院 苏洋）

2. 2014年北京大学参加国际会议情况

2014年1月23—27日，北京大学阎凤桥教授赴日本参加“变化中的亚洲学术职业：形成、工作、学术生产力和国际化”国际学术会议。

2014年3月3—6日，博士生康乐等赴马来西亚参加2014年第二届教育全球峰会，并作了题为“Effect of attending different tiers of universities on first job wages in China”（在中国就读不同层次的大学对第一份工作薪酬的影响）报告。

2014年3月3—7日，汪琼教授赴美国英特尔公司参加首届教师网络社区圆桌会议。

2014年3月9—17日，蒋凯老师和硕士生许心赴加拿大参加多伦多大学举行的比较与国际教育学会2014年年会，作学术报告，并主持其中一个会议。

2014年3月9—16日，马莉萍讲师赴加拿大参加第58届比较和国际教育组织国际会议，并作了题为“The later, the better, The effect of specialization timing on college students’ commitment to majors”（越晚越好：专业化时间对大学生专业学习投入度的影响）的分论坛发言。

2014年3月11日，陈向明教授赴德国洪堡大学参加德国教育协会大会，并作了题为“Chinese teachers’ practical knowledge and its implications for the world education”（中国教师的实践知识对世界教育的影响）的大会发言。

2014年3月16日博士生游鑫赴芬兰参加坦佩雷大学的FIN-CHINA研究项目。

2014年3月18日，汪琼教授赴韩国参加国际教育亚太组织会展。

2014年3月21日，鲍威副教授赴日本东京大学参加日本学术振兴会课题组会议。

2014年4月3—7日，杨钋副教授赴美国参加美国教育研究年会，并作了题为“Reward for jumping the dragon gate: the earning effect of attending selective colleges in China”（“跳龙门”的回报：在中国上大学对收入的影响）的分论坛发言。

2014年5月8—10日，汪琼教授赴比利时参加欧盟—中国博士生教育会议，讨论欧盟—中国联合培养博士生的相关事宜。

2014年5月10—25日，蔡磊砢老师赴台湾暨南国际大学和淡江大学讲学，演讲题目为“中国文化与教育”和“中国研究生教育现状及未来发展趋势”。

2014年5月23日—6月1日，刘云杉教授赴台湾参加京台创新人才培养深度交流高端研讨会。

2014年6月4—8日，汪琼教授赴荷兰参加EDX国际论坛。

2014年6月8—14日，杨钋副教授赴俄罗斯圣彼得堡参加高等教育研究暑期学校。

2014年6月9—15日，郭文革副教授赴加拿大参加教育技术国际研讨会议。

2014年6月14—21日，岳昌军、丁小浩教授赴保加利亚参加“教育在培养全球化优秀人才中的作用”国际会议。

2014年9月7—11日，阎凤桥教授赴意大利参加第27届“高等教育研究人员联盟”年会。

2014年9月21日—10月2日，郭建如教授赴德国参加“经济危机中职业教育”国际会议，讨论青年人的技能与培养问题。

2014年10月15—19日，杨钋副教授赴俄罗斯参加“俄罗斯高等教育学会”年会，并发表论文两篇。

2014年10月15—19日，范皑皑老师赴俄罗斯参加第五届俄罗斯高等教育研究国际研讨会，会议内容探讨俄国高等教育在改革中的机遇与挑战，以及中俄在高等教育研究领域的合作研究。

2014年10月25日，亚太高等教育研究者协会第二次会议在韩国首尔国立大学隆重召开。来自美国、中国、韩国、澳大利亚、日本、马来西亚、菲律宾、中国香港、中国台湾等国家和地区的40余名专家学者参加了此次大会。北京大学教育学院施晓光教授作为嘉宾出席大会并作主题发言，博士研究生张优良也参加了此次学术研讨，并分享了研究成果。

2014年11月4—10日，汪琼教授赴美国参加第39届国际教师专业发展会议。

2014年11月19—25日及12月13—19日，陈晓宇教授赴台湾参加“海峡两岸高等教育研讨会”。

2014年11月26—27日，施晓光教授赴南非参加“中南高等教育基础设施建设与能力发展研讨会”。会议由南非教育部（DHET）主办、斯坦布林什大学中国研究中心（Stellenbosch University，CCS）和孔子学院承办。此次会议是继2013年南非教育部举行的“中非高等教育论坛”之后第二次专门针对中南高等教育合作与发展问题而举办的专题学术研讨会。

（北京大学教育学院　须珺）

3. 2014年上海师范大学参加国际会议情况

2014年3月20—22日，由北美亚洲协会发起、上海师范大学国际与比较教育研究院承办的“拓展21世纪有效教学”全球城市教育网络（GCEN）研讨会在上海师范大学举行。此次研讨会的独特之处在于在以全球化、信息化为特征的21世纪的背景下，从国际大都市的视角洞察和了解各大都市在教师专业发展领域所存在的问题和面临的挑战。最近4次会议及工作坊分别在中国香港、美国西雅图、新加坡和中国上海召开。

2014年5月10—11日，上海学生职业生涯发展和教育国际论坛在上海师范大学举行。国际与比较教育研究院院长张民选教授、特聘专家刘晓敏教授出席论坛。论坛由研究院特聘专家高耀明教授主持。此次论坛的主题是“职业生涯发展教育与中、高等教育的质量保障”，来自美国、澳大利亚、中国香港和中国内地20所高校以及江浙沪地区6所中学的72位相关领域的专家、学者和职业发展教育实践工作者出席了此次论坛。

美国当地时间2014年5月12日，国际与比较教育研究院院长张民选教授获得国际组织北美亚洲协会（Asia Society）颁发的“全球教育领导者”荣誉，来自旧金山湾区商业、公共事业、外交、文化及媒体各界名流共计400余人参加了此次盛会，会议主题为“全球化时代背景下的教育：中美间的联系”。主办方对张民选教授的颁奖致词是“他重新塑造了上海教育的格局，让城市中的孩子获得高质量的教育”。

2014年5月16—18日，国际与比较教育研究院成员夏惠贤教授、胡国勇教授、孔令帅副教授、闫温乐博士参加了在杭州师范大学召开的第九届亚洲比较教育学会年会。会议的主题是：“教育、平等和社会和谐：比较视野下的亚洲经验”。研究院成员闫温乐博士在分会场上作了题为“Improving the Quality of Doctoral Education: Implication from the YPP of The World Bank”（提升博士教育质量：来自世界银行青年专家项目的启示）的英文发言。

2014年7月5—7日，国际与比较教育研究院院长张民选教授应芬兰教育部邀请，参加“芬兰教育政策闭门分析咨询会”。此次会议由芬兰教育部部长亲自邀请经合组织、中国、美国、爱沙尼亚和波兰专家，针对芬兰基础教育在PISA测试成绩下降的问题，提供专业咨询和建议。会议深入探讨了提升基础教育“公平而卓越”的四大关键问题：“机会均等与教育质量”“教师终身专业发展”“学生学习动机提升与维持”和“信息技术在基础教育中的运用”。会议组织者芬兰教育部还举办了一场“芬兰公众论坛”。“芬兰公众论坛”在芬兰海滨城市波里的市民公园举行。张民选教授与芬兰前总统、现任教育部部长、爱沙尼亚教育部副部长同台论道。中国和上海的教育发展经验引发了芬兰媒体和公众的极大兴趣和关注。

2014年9月27—28日，国际与比较教育研究院院长张民选教授带领研究院成员孔令帅副教授、闫温乐博士参加了于北京师范大学举办的第五届世界比较教育论坛。此次论坛主题为“全球教育改革：国际化·区域化·本土化”。张民选教授作了大会主题发言《自信、自省与自觉：PISA与上海基础教育改革发展》，主持了分论坛“国际组织与全球教育治理”，并代表中方参会者作大会闭幕发言。

2014年10月17日上午，张民选教授出席国际组织北美亚洲协会（Asia Society）在纽约联合国总部举行的首届“创变者（Game Changer）”颁奖典礼，并荣获该奖。13名为促进亚洲地区发展做出杰出创新和贡献的个人或团队获此殊荣。联合国秘书长潘基文出席典礼并致辞。主办方为张教授的颁奖词是“通过提高教育质量为中国百万儿童创造公平竞争基础”。张民选教授获奖后表示，他是代表上海教育界来联合国领这个奖项的，荣誉也属于为上海教育作出贡献的所有教育工作者。

2014年10月31日—11月2日，国际与比较教育研究院院长张民选教授率队参加了在武汉召开的“2014年中国高等教育学会学术年会暨高等教育国际论坛”。来自美国、英国、日本和中国的600余位高校和科研机构的领导、专家、学者和博士生参加了此次论坛。论坛期间，张民选教授参加了中国高等教育学会六届三次常务理事会议，并与部分科研机构商讨学术研究合作事宜。此次论坛由中国高等教育学会主办，以“政府·大学·社会：高等教育现代化”为主题，主要关注建设中国特色现代大学制度、推进高等教育治理体系和治理能力现代化等问题。

2014年11月3—6日，教育学院院长夏惠贤教授、孔令帅副教授参加了于韩国清州市韩国教员大学举行的“第九届东亚教师教育国际论坛”。论坛的主题是“数字化时代的智能教育和教师教育”，来自中国、日本、韩国、新加坡、马来西亚、蒙古等国师范院校的200余位学者参加了该论坛。夏惠贤院长、孔令帅副教授在“教师教育”分会场用英文做了“让教师成为教育知识的发现者和构建者——来自上海的实践”（Let Teachers Become Discoverer and Constructor of Educational Knowledge—Evidences from Shanghai）的报告。

2014年12月19—21日，国际与比较教育研究院院长张民选教授、教育学院院长夏惠贤教授率团参加了于广州市华南师范大学举行的“中国教育学会比较教育分会第十七届年会”以及并行举办的“第一届两岸四地比较教育论坛”。该届论坛的主题是“全球视野下的教育治理”，来自中国大陆、中国台湾、中国香港、中国澳门、阿联酋、俄罗斯、土耳其、蒙古等院校的300余位比较教育学者和研究生参加了该年会与论坛。张民选教授在“第一届两岸四地比较教育论坛”大会开幕式上作了“全球治理与比较教育研究者新使命”的主题发言。夏惠贤教授主持了分会场“美国高等教育治理研究”，孔令帅副教授、吕杰昕博士、博士生李国栋、硕士生刘哲都分别在各自的分会场作了精彩发言。

（上海师范大学国际与比较教育研究院　闫温乐）

4. 2014年四川师范大学参加国际会议情况

2014年9月27—28日，傅林教授、王娟涓老师参加了由北京师范大学国际与比较教育研究院举办的第五届世界比较教育论坛。此次论坛围绕“全球教育改革：国际化·区域化·本土化”，为中外学术同行搭建了一个交流思想、解决问题、分享经验的平台。与会代表分别来自中国、美国、英国、加拿大、法国、俄罗斯、瑞典、匈牙利、芬兰、澳大利亚、新加坡、韩国、日本、巴基斯坦、泰国、利比里亚等20多个国家和地区以及联合国教科文组织、世界银行等国际组织。四川师范大学傅林教授、王娟涓老师在“教育国际化与基础教育改革”分会场分别作了题为“教育国际化：本土实践与挑战”和“美国农村中小学合并程序评析”的发言。

2014年12月3—4日，由英国救助会主办、中国人民大学法学院承办的2014年中美残障人法国际研讨会在中国人民大学法学院举行，来自全国残联、国务院法制办、各省市教育主管部门和法制办、部分特殊教育学校校长、高校特殊教育专业教师代表，以及哈佛大学、耶鲁大学、英国救助会的代表参加了此次会议。会议就国内外残障人法律的相关问题展开了热烈讨论，增进了国际合作和国内外同行之间的学术交流。四川师范大学教育科学学院特殊教育专业吴春艳老师参加了此次研讨会。

2014年12月5—7日，由浙江大学教育学院、南洋理工大学新加坡华文教研中心、香港理工大学中文及双语系、中国高等教育学会语文教育专业委员会联合举办，浙江大学教育学院承办的“全球化语境下语言文学教育国际研讨会”在浙江大学召开。此次研讨会设有“语言学转向与语文教育问题”“重述语文与文学经典教学的建构”“文本诠释、建构与创建”“语言和文学教学测试与评鉴”“国际语言和文学师资培育与发展”等议题。来自美国、丹麦、新加坡及中国内地与中国香港的近200名学者齐聚一堂，就以上议题进行了充分的交流、对话，寻求理解与共识。靳彤教授主持了“新媒介与语言文学教育/国际语言和文学师资培育与发展”专题的报告会，并做了“语文课程的知识生产问题”的专题发言。

（四川师范大学教育科学学院　傅林）

5. 2014 年北京理工大学参加国际会议情况

2014 年 10 月 16—18 日，美国圣约翰学院举办庆祝建校五十周年活动，并召开了关于“为什么要开展博雅教育”的主题学术大会。来自全球各地的代表 200 余人参会。北京理工大学教育研究院书记、中国高等教育学会素质教育研究会秘书长庞海芍教授参加了此次会议，并作了题为“由通识教育所引发的中国高等教育改革”的英文演讲，引起了与会学者的高度关注。

2014 年 6 月 2—14 日，美国核心课程与文本协会举办的“传统与创新：通识教育中的核心文本”研讨班分别在哥伦比亚大学和耶鲁大学举行。北京理工大学教育研究院书记庞海芍教授及其团队应邀出席。此次研讨班主要分为三个模块：经典文本阅读课堂模拟、教学法讨论和经典文本课程实施计划陈述。经过两周的学习，庞海芍教授在论坛总结中详细、系统地介绍了中国高校的通识教育情况，并以北京理工大学为案例设计了今后的课程改进计划。通过这次研讨班，北理工代表与国外许多知名高校就经典阅读和通识教育做了深入地沟通与交流，成果丰硕。

应台湾通识教育学会的邀请，北京理工大学教育研究院庞海芍书记，周玲，教学促进与教师发展中心办公室主任张波一行 3 人，于 2014 年 4 月 19—25 日参加了台湾地区通识教育学会二十周年庆祝大会暨 32 届通识教育教师研习会，庞海芍教授作了题为“通识教育课程——挑战与对策”的主题报告，向与会代表介绍了大陆高校通识教育课程的开展情况，并就如何有效开展通识教育课程提出了建议。会议之后，调研了台湾大学、台湾清华大学、政治大学、中原大学等院校的通识教育中心及教学发展中心。

2014 年 6 月 15—19 日，国际教育发展联盟（简称 ICED）年会在瑞典首都斯德哥尔摩举行。此次会议主题是“变化世界中的教育发展”。来自全世界的 672 位代表参加了此次会议。北京理工大学教育研究院书记、教学促进与教师发展中心主任庞海芍教授及其研究生余静参加了此次会议。在中国教师发展专题工作坊上，庞海芍教授就北京理工大学教师发展情况作了详细和全面的介绍，同时分析了目前遇到的问题与挑战。

2014 年 11 月 5—9 日，美国高等教育教师专业与组织发展协会（POD）2014 年年会在美国达拉斯举行，来自美国、日本、巴西、中国海峡两岸与中国香港等多个国家和地区的 700 余名代表参加了此次主题会议。北京理工大学教育研究院书记庞海芍教授、刘进博士，教学促进与教师发展中心杜娟老师参加了此次会议，向与会同行宣传了北京理工大学教学促进与教师发展中心近年来在教师培养方面做出的巨大努力，并就自己的研究成果同与会同行专家进行了深入交流。在此过程中与来自美国哈佛大学、密歇根大学、加拿大英属哥伦比亚大学等高校研究者和教师中心负责人建立了紧密联系。

2014 年 7 月 9—13 日，北京理工大学王颖副教授参加在英国布莱顿召开的 2014 欧洲教育会议（“ECE2014”）。此次会议以跨地域、跨文化、跨学科为背景，通过理论发展、实证研究以及多样化概念见解等互补研究方式，探讨了教育、教学和学习等方面的相关内容。来自 40 多个国家和地区的超过 250 名的研究者和教育者参加会议。王颖在会上作了“中国大学留学生在加拿大的留学经历、身份认同及职业期望的探析”的报告，并与参会代表进行了学术交流。由于主题与研究方法的新颖、切合性，她被邀请到英国贝尔法斯特大学教育学院进行相关主题报告，并进行学术交流。

北京理工大学杨世荣博士于2014年7月参加了认知科学学会第36届年会（36th annual meeting of the Cognitive Science Society），11月参加了决策制定与判断协会第35届年会（35th Annual Conference of the Society for Judgment and Decision Making），并做了论文海报展示。

（北京理工大学教育研究院　庞海芍）

6. 2014年东北师范大学参加国际会议情况

2014年5月，东北师范大学张德伟教授参加亚洲比较教育年会，并作了题为“日本特色比较教育学方法论‘区域教育研究’的创生——基于日本比较教育学会纪要所刊登论文的考察”的报告。

2014年9月，东北师范大学张德伟教授参加第五届世界比较教育论坛，并作了题为“日本‘区域教育研究’创生的方法论意义”的报告。

（东北师范大学国际与比较教育研究所　饶从满）

7. 2014年哈尔滨师范大学参加国际会议情况

2014年4月25—26日，刘璐参加在美国南加利福尼亚州克莱蒙市举办的“第8届生态文明与教育国际学术大会”，并在分会场作题目为“全人教育与生态文明——中国新教育体系改革动态”的报告。由美国中美后现代发展研究院、中国生态文明研究与促进会、中国自然辩证法研究会、中央编译局等单位共同举办，新华社洛杉矶分社协办的第8届“生态文明国际论坛”在美国著名生态城克莱蒙召开。来自中国生态文明研究与促进会、环境保护部、中国社会科学院、中央编译局及中美高校的200余人参加了论坛。

2014年7月7—8日，姜君、刘璐参加了在黑龙江省牡丹江市举办的“建设性后现代主义教育转型升级国际会议”。此次会议由哈尔滨师范大学、牡丹江师范学院、哈尔滨工业大学建设性后现代研究中心、中国自然辩证法研究会未来哲学与发展战略专业委员会（筹）和美国过程研究中心主办，中美后现代发展研究院和中国过程学会协办。参会学者包括美国著名过程哲学家、全美优秀教师、美国格瑞斯兰德大学哲学教授罗伯特·迈斯里（Robert Mesle），芭芭拉（Barbara）教授，凯文·克拉（Kevin. Clark）博士，知名过程哲学专家、美国过程研究中心王治河教授、樊美筠教授，北京第二外国语学院杨富斌教授和哈尔滨师范大学温恒福教授。会议意在使中国中青年学者能较系统地了解当代西方的过程哲学和建设性后现代主义的基本理论，特别是其对建设生态文明和教育改革的理论意义和现实意义。

（哈尔滨师范大学教育科学学院　姜君）

8. 2014年华中师范大学参加国际会议情况

2014年5月25—27日，王建梁教授参加了在中国广西桂林举行的由华东师范大学基础教育改革与发展研究所和广西师范大学教育科学学院联合主办的“社会变迁中的教育革新与经验分享”国际研讨会，并提交论文“21世纪加拿大不列颠哥伦比亚省学校布局调整探析”作学术分享。此次国际学术会议参会人员有来自美国、英国、澳大利亚、挪威等国家的专家、学者，收集近50篇学术论文。此次国际学术会议为期两天，包括主题报告和分论坛汇报两个部分。

2014年12月20—21日，王建梁参加了华南师范大学举办的比较教育年会和

“两岸四地”会议。

2014年4月26—27日，熊淳副教授参加台湾暨南国际大学“国际合作与教育援助国际研讨会”，并发表论文《人文贫困视野下国际教育援助的规划策略研究》（*Study on the Planning Strategy of international education aid in a visual field of humanistic poverty*）。

2014年9月27—28日，由北京师范大学教育学部国际与比较教育研究院承办的主题为“国际化·区域化·本土化”的第五届世界比较教育论坛在北京举行。自2002年创办以来，该论坛已成功举办五届，是国际比较教育界三年一次的盛会，也是提升我国比较教育学科国际化水平、展示我国教育研究成果的一个重要窗口。戴伟芬副教授受邀参加会议，主持“教育国际化与教师发展”分论坛，并以“职前教师教育理论与实践融合的第三空间构建与比较分析”为题作中英文报告，从理论创新层面深入探讨了如何解决职前教师培养中理论与实践相脱离的问题。

2014年10月17—20日，由北京师范大学教育学部教师教育研究中心承办的主题为“教师教育质量与学习”的第二届全球教师教育峰会在北京举行。自2011年首届教师教育国际研讨会召开以来，该研讨会已成功举办两届，致力于为来自世界各地的（教师）教育研究者、教师教育者和教育者就教师质量、教师学习与学生学习的相关实践、创新和政策搭建平台进行跨国和跨文化的对话。戴伟芬副教授受邀参加会议，并在“大学与学校伙伴协作”分论坛中，以“职前教师理论与实践相融合的第三空间研究”为题作英文报告，首次将第三空间理论运用到教师教育领域，试图解决其理论与实践相脱节问题。该论文已发表在2014年第7期的《教育研究》上，并被2014年第12期的人大复印资料全文转载。

（华南师范大学教育学院 王建梁）

9. 2014年辽宁师范大学参加国际会议情况

辽宁师范大学教育学院刘磊副教授于2014年11月21—22日在英国伦敦大学参加了由北京师范大学教育学部和英国伦敦大学教育学院合作举办的主题为“变革中的学习”的国际学术会议。会议包括7大主题：学习与包容；终身化学习；学习和教师；学习与儿童发展；学习与创新；改变学习方式；学习和政策。刘磊提交的参会论文《透视中国社会转型期，教育中奖励的困境》（*On the Difficult Position in Giving Awards in Education during Chinese Social Transformation Period*）被收入会议论文摘要册中。刘磊在分会场作了30分钟的英文主题发言。

（辽宁师范大学教育科学学院 杨民）

10. 2014年陕西师范大学参加国际会议情况

2014年5月16—18日，第九届亚洲比较教育学会（CESA）年会在浙江杭州隆重举行。此次会议由杭州师范大学承办，主题为“教育、平等和社会和谐——比较视野下的亚洲经验”。会议吸引了16个国家和中国香港、中国台湾地区的250余位代表。陕西师范大学教师袁利平博士应邀参加了此次年会，并在17日下午的分会场作了题为“The Globalization of Higher Education & Academic Capitalism——From the Perspective of Time”（“高等教育全球化与学术资本主义：时间的视角”）的学术报告。同时，袁博士主持了18日下午“Higher Education in an Era of Expansion”（扩招时代的高等教育）分会场的学术讨论会。

2014年6月13—15日，中美对话提高学前教育研究质量高峰论坛在山东济南隆重举行。此次会议由《学前教育研究》杂志社、山东英才学院学前教育研究院主办，华东师范大学出版社等单位协办，华东师范大学学前与特殊教育学院等单位予以支持。陕西师范大学教育学院学前教育专业程秀兰老师及2名博士生、5名研究生参加了此次会议。

2014年7月5—8日，由全球华人探究学习学会、河南省电化教育馆、郑州市教育局主办，首都师范大学现代教育技术重点实验室、香港中文大学信息科技教育促进中心、台南大学、台湾政治大学通识教育中心协办的第五届全球华人探究学习创新应用大会在郑州外国语学校举行。陕西师范大学张宝辉教授应邀作大会报告"模型和可视化技术支持的探究性科学学习"（Modeling and Visualization Technology Facilitated Inquiry-based Science Learning）。

2014年8月21—23日，第十六届两岸三地课程理论研讨会在东北师范大学举行。大会围绕"课程改革持续的动力"进行了广泛而深入的研讨。陕西师范大学南纪稳副教授参加了会议，并在分论坛"课程变革后的课堂教学革新"上作了题为"优秀教学设计文本的特征分析"的发言，受到好评。

2014年9月17—18日，韩国的数字化学习年会在首尔召开。会议的主题是："为了设计我的生活的数字化学习"（e-Learning for Designing my Life）。会议由韩国教育部，商业、工业与能源部及首尔都市教育办公室主办，多家单位承办，另外还有多家教育技术公司作为赞助单位。来自韩国、美国、英国、法国、德国、俄国、加拿大、墨西哥、新加坡、马来西亚、菲律宾、捷克、澳大利亚、塞浦路斯及中国大陆与中国台湾等不同国家和地区的专家、学者通过现场或远程视频作了报告。陕西师范大学教育学院院长张宝辉教授应邀作远程视频报告。报告的题目是"中国翻转课堂本土化案例"（A Case on the Localization of Flipped Classroom in China）。

2014年11月4—5日，第九届东亚教师教育国际研讨会（the 9th East Asia International Symposium on Teacher Education）在韩国教育大学召开，会议的主题是：数字化时代的智能教育和教师教育（SMART Education and Teacher Education in Digital Era），主要涉及智能教育、信息技术和教育的结合、未来学校、教育模式以及其他相关议题。来自韩国、日本、马来西亚及中国大陆与中国台湾等国家和地区大学的近200人参加了会议。陕西师范大学张宝辉院长与栗洪武教授、学报编辑部何菊玲教授、历史文化学院张光伟老师以及教育学院的3名研究生参加了此次会议。

2014年11月，应英国布里斯托大学"系统性学习和领导力中心"（Systems Learning and Leadership Centre）的邀请，陕西师范大学教师任凯博士在布里斯托大学教育研究生院作了题为"Learning to learn from a Confucian perspective: Insight from China"（"孔子视角下的'学会学习'：来自中国的启示"）的专题研讨会，受到与会者的热烈欢迎，取得良好反响。

2014年7月7—10日，由田家炳基金会赞助，HERDSA香港分会及香港浸会大学共同举办的澳大拉西亚高等教育研究与发展协会（HERDSA）2014年会议在香港浸会大学举行。大会的主题为"全球化下的高等教育——机遇、挑战、发展"。陕西师范大学袁利平博士应邀参加了此次会议，并作了题为"高等教育全球化的时间之维"的主题报告。

（陕西师范大学教育科学学院　李延平）

11. 2014年天津师范大学参加国际会议情况

2014年3月10—15日，天津师范大学青年教师王东芳赴加拿大多伦多，参加北美比较与国际教育学会第58届年会（58th Annual

Conference of the CIES），主题是 Revisioning Education for All（修订全民教育）。汇报论文 *Knowledge Matters: The Service Mission of Chinese Higher Education Institutions in a Global Era*（《知识问题：全球化时代中国高等教育机构的服务使命》）。此次 CIES 大会是在多伦多 shereton center hotel 举行，历时 6 天。会议内容涉及面非常之广，包括从小学教育到研究生教育，从欧美国家、亚洲国家到非洲等国，而且在会议中无论是报告环节还是讨论环节，关于中国的声音越来越多。这体现在两个方面：首先，越来越多的外国学者对中国感兴趣，且有一部分已经开始从事中国教育的比较研究，关注中国教育的发展；其次，此次会议的参会者包括国内以及在国外的华人学者共有 60 位左右，他们在会议中的发言和声音也越来越重要。这不仅仅是国际学术会议，应该说中国学者的参与，使更多外国学者有机会认识和了解中国教育，更重要的是能帮助我们定位自己的研究以及更好地思考中国教育的发展及其在世界体系中的位置。

2014 年 8 月，天津师范大学教科院院长李素敏教授、青年教师王东芳博士，赴加拿大圣约翰斯 Memorial University（纽芬兰纪念大学）参加第 11 届高等教育改革国际研讨会，会议主题：Higher Education and its Principal Mission: Preparing Students for Life, Work, and Civic Engagement（高等教育的主要使命：为学生做好生活、学习和公民参与的准备）。汇报论文：*Preparing the Stewards of Discipline? The Disciplinary Differentiation of Training goal in Doctoral Education*（《为学科管理做准备吗？博士生教育培养目标的学科分化》）。高等教育改革国际研讨会，英文为 International Workshop on Higher Education Reform，简称 HER 国际会议。该国际会议自 2003 年开始至今已举办 11 届，发起者为北美地区高等教育领域的资深研究者。到目前为止，往届会议在北美地区举办过 5 次（加拿大 3 次、美国 1 次、墨西哥 1 次），在欧洲国家举办过 4 次（奥地利、爱尔兰、德国、斯洛文尼亚各 1 次），在亚洲国家举办过 2 次（日本和中国各 1 次）。

（天津师范大学教育科学学院 王东芳）

12. 2014 年西南大学参加国际会议情况

陈时见教授于 2014 年 4 月 7—9 日出席了“加拿大—中国教师教育和学校教育互惠学习研讨会”。研讨会在加拿大温莎大学举行，来自加拿大、美国、中国、英国、日本等国家的专家、学者 60 余人参加了研讨会。会议主要围绕教师教育和学校教育互惠学习展开讨论，包括专家主题报告、大会发言、分会场讨论等。

2014 年 9 月 26—28 日，由北京师范大学教育学部国际与比较教育研究所承办的“第五届世界比较教育论坛”在北京师范大学举行。杨梅副教授受邀于 9 月 27 日在论坛第 11 分会场用全英文作了题为“美国高等教育中的中国留学生难题”的主题发言，并就发言内容和与会学者们进行了热烈而有益的讨论与交流。

（西南大学教育学院 周琴）

13. 2014 年浙江大学参加国际会议情况

2014 年 3 月 24—25 日，徐小洲教授在韩国首尔出席首届大学社会责任国际论坛（1st international forum on university social responsibility），并在“亚太地区高等教育中社会责任的内涵及挑战”分论坛作主题发言。论坛期间，徐小洲院长访问了 SNU 教育学院，学院院长 Jun Tae Won、副院长 Chan Jong Kim，教育系主任 Woo Yong

Je 以及 SSCI 期刊 *Asia Pacific Education Review* 执行主编 *Dong Wook Jeong* 等热情接待徐院长到访，并就两院师生交流与学术合作展开了深入会谈。双方在两院交换生联合培养、学生交流、教师互访等方面达成了合作意向，并约定于 2015 年 1 月中旬共同举办中韩教育交流国际会议。

2014 年 4 月 1—2 日，徐小洲教授在泰国曼谷出席联合国教科文组织（UNESCO）亚太教育科研协作网（ERI-Net）指导小组会议，并在发言中阐述了学生综合能力评价的目的、技能、维度与方法。

2014 年 4 月 9—11 日，应环太平洋大学联盟（APRU）的邀请，阚阅副教授赴智利大学（The University of Chile）参加 2014 APRU 高等教育入学公平专家论坛（APRU Experts' Workshop on Equity and Access in Higher Education 2014）。此次会议以“高等教育入学公平”为主题。针对中国高等教育发展现状，阚阅副教授作了“中国处境不利群体高等教育入学与公平”的专题发言。

2014 年 9 月 26—28 日，比较教育学科师生在北京参加了第五届世界比较教育论坛。其中，祝怀新教授作了题为“南部非洲区域性环境教育探析”的会议报告；围绕“跨境教育与学生流动”这一主题，宋吉缮副教授和梅伟惠副教授分别作了题为“对在意大利留学的中国学生的学业和社会融合情况调查”“大学创业主义视角下的英国跨境高等教育探析”的报告；学院博士生孟莹和倪好则在“高等教育与教育国际化”主题分会场作了题为“世界大学排名指标体系的比较”和“加强技术应用，重塑本科教育——美国红气球项目探析”的报告。

2014 年 11 月，徐小洲教授在杭州出席“课程意识、课程建构与课程能力建设”国际研讨会，并在大会开幕式上作报告。

2014 年 11 月 24—27 日，翟俊卿博士应邀赴新加坡参加第三届国际科学教育研究会议（International Science Education Conference，ISEC），并作了题为“小学科学课堂中教师的角色：新加坡案例研究”（Inquiring into the Roles of Teachers in Elementary Science Classrooms：A Case Study in Singapore）的专题报告及题为“中国中学生科学职业理想调查”（Young Adolescents' Aspirations in Science：A Survey on Chinese Secondary Students）的报告。

2014 年 12 月 19—21 日，比较教育学科吴雪萍教授、刘淑华副教授、宋吉缮副教授，博士生倪好、硕士生王蓉与王旭燕应邀赴广州参加中国教育学会比较教育分会第十七届年会。在职业教育研究分会场，吴雪萍教授作了题为“构建职业教育质量保障体系的国际经验及其启示”的报告，她分析了世界主要发达国家构建职业教育质量保障体系的基本经验，并对我国的职业教育质量保障提出了诸多可行性对策和建议。刘淑华副教授在大会闭幕式上作了题为“俄罗斯高等教育外部治理变革”的发言，勾画了苏联解体二十余年来高等教育外部治理变革的总趋势，分析了当前俄罗斯高等教育外部治理“政府体制内部垂直分权、市场深度调节、社会参与扩大和高校重获自主权”的四个主要特征。在美国教育研究分会场，博士生倪好作了题为“美国高校与区域协同发展的路径探析”的报告，以亚利桑那州南部若干高校为例，探讨了美国高校区域能力建构、创新体系建设和文化品质提升等高校与区域协同发展的路径。

（浙江大学教育学院　吴雪萍）

14. 2014 年浙江师范大学参加国际会议情况

2014 年 4 月 25—27 日浙江师范大学楼世洲副校长在美国加利福尼亚州南部的克莱尔蒙特市参加第八届“生态文明国际

论坛”，在大会作了“Research on Progress of Regional Education for Sustainable Development in China—Based on the Analysis of China Educational Statistics during 2000s”（中国区域可持续发展教育发展进展研究——基于21世纪前十年中国教育统计数据的分析）主旨报告。

2014年5月16—18日，浙江师大朱剑博士、张玉婷博士参加了在杭州师范大学举办的第九届亚洲比较教育学会年会。前者作了题为“Access to Higher Education：Students' Choice”的专题报告。后者作了题为“A comparative analysis of gender equality in higher education around the world”的专题报告。

2014年6月2—4日，浙江师范大学张燕军和刘爱生两位博士参加了在非洲博茨瓦纳大学召开的主题为“中国与非洲——通过多学科研究增进相互理解”的国际学术会议。此次会议参会嘉宾和代表有博茨瓦纳大学的代理副校长Totolo，博茨瓦纳政府外事与国际合作部的常务秘书Lekoa，中国驻博茨瓦纳大使郑竹强，博茨瓦纳大学、浙江师范大学、上海师范大学、南非斯坦林布什大学、赞比亚大学等院校的师生。大会主要围绕如何进一步深化中非之间在政治、经济、文化与教育领域的理解与合作而展开。张燕军简要介绍了浙江师大的非洲教育研究，还作了题为“加强撒哈拉以南非洲科学、技术、工程和数学教育所面临的挑战、机遇及其途径”的专题发言。刘爱生作了“中非关系中的软实力建设”的专题发言。

2014年6月14—18日，浙江师范大学万秀兰教授应瑞士日内瓦高级国际关系与发展研究学院（IHEID）邀请，出席在该院举行的“全球教育治理和信息政治学”国际研讨会。她在大会上作了题为“全球教育治理与中国国际责任”的发言，指出，制定全球教育治理议程必须首先了解、尊重和融入不同国家层面和区域层面的个性特征；中国在全球教育治理中存在政府强势和NGOs弱势的特点；中国教育在参与全球治理中有待改进的领域是大学的自治、社会的参与、学生个性和创新能力的培养；但中国在全球教育治理中也有可供世界借鉴的一些优势。出席该研讨会的代表共22人，主要来自西方发达国家的大学和国际劳工组织、福特基金会等国际组织；还有来自阿曼和南非的2位发展中国家的学者。

2014年7月11—13日，浙江师范大学田小红博士参加了由世界大学联盟资助、香港中文大学教育学院教育行政与政策系主办的国际研讨会，研讨会的主题是“世界一流大学，出版与研究评价：反思全球化时代高等教育的使命”（World-class Universities，Publication and Research Assessment：Rethinking the Mission of Higher Education in the Global Age）。她与香港中文大学的李军教授合作作了题为“中国大陆与香港的SSCI综合征的比较研究”（Comparative Studies on the SSCI Syndrome in China and Hong Kong）的会议发言。

2014年9月3—5日，奥地利维也纳技术大学召开了“第八届欧洲高等教育性别公平会议”（the 8th European Conference on Gender Equality in Higher Education）。朱剑博士的论文*The Boys' Club：Exploring Women's Status as Presidents and Party Secretaries in China's Elite Universities*摘要被录用。

2014年10月23—24日，在由浙江师范大学国际与比较教育研究院和非洲研究院联合举办的“中非教育发展与能力建设研讨会暨非洲教育丛书和NNC发布会”上，楼世洲、万秀兰、徐今雅、陈明昆、牛长松、郑崧、刘爱生、李育球等都作了大会发言；张燕军、张玉婷负责了大会同声传译工作；於荣、李旭出席了会议。

2014年11月26—28日，牛长松博士参加了在南非斯坦林布什大学举办的“高等教育基础设施与能力建设：来自中国和南非的经验”国际研讨会。该研讨会由南非高等教育与培训部为配合“中国南非年”而举办，目的在于加强中国与南非在教育能力建设方面的经验共享，增进两国高校间的合作伙伴关系。会议分3个主题，即“硬件设施”校园规划、建设与维护；“软件建设”与课程开发相关的人力投资；高等教育的可持续发展。牛长松博士在会上作了“中非高等教育合作”专题发言。她认为，要总结和提炼中非高等教育合作中的有效实践案例，中非高校要合作开展非洲本土教育问题的研究，同时，中国高校要加强自身能力建设，提高中非教育合作的有效性。

2014年11月30日—12月8日，楼世洲教授参加了由俄罗斯乌拉尔大学主办的于叶卡捷琳堡的金砖国家大学学术峰会，在会上作了题为“Constitution of the League of BRICs Universities”的主旨报告。

2014年12月28—29日，李旭副教授参加了由上海师范大学外国语学院主办的第四届跨文化交际国际研讨会，研讨会的主题是“Conflict Management and Intercultural Harmony”(冲突管理与跨文化和谐)。在会上作了题为“Cross-Cultural Conflict and Management Strategies in Aid-Education Training in China”（教育援外培训中的跨文化冲突与管理对策）的发言。

（浙江师范大学国际与比较教育研究院 万秀兰）

15. 2014年中山大学参加国际会议情况

中山大学冯增俊教授2014年共参加三次同比较教育有关的会议。

一是2014年6月26—27日参加在香港特区政府总部会议室举办的港府与广东省港澳台办及国务院港澳办联合举办的“2014年粤港高等教育合作研讨会”，除中央政府、教育部领导外，以粤港代表为主（还有部分为澳门及境外人员）的代表人数达50多人。

二是于10月11日参加在华南师范大学国际文化学院举办的“第11届广东比较教育研究会学术年会：全球视野下广东教育治理”，参会代表近70人。

三是于11月12—13日参加在佛山举办的“第十四届国际合作综合英语教学实验国际学术年会”，参会代表210人，外方代表21人。

（中山大学教育学院 冯增俊）

16. 2014年中国教育科学研究院参加国际会议情况

2014年11月6—7日，教育科学研究院姜晓燕参加在俄罗斯彼尔姆市举办的“教育组织创新发展：新教育标准语境中的教育质量保障”国际研讨会，并作题为“中国基础教育领域的创新探索”（Инновационнаядеятельностьвсферео бщегообразованияКНР）的报告。

（中国教育学科研究院国际比较教育研究中心 王素）

（五）教育技术学专业

1. 第三届科学、技术、工程、数学教育应用国际会议（STEM 2014）①

2014年7月12—15日，由加拿大不列颠哥伦比亚大学（UBC）、北京师范大

① 第三届科学、技术、工程、数学教育应用国际会议（STEM 2014）（http：//fe. bnu. edu. cn/html/19/201409/12852. shtml）。

学（BNU）、澳大利亚昆士兰科技大学（QUT）主办，UBC 承办的第三届科学、技术、工程、数学教育应用国际会议（STEM 2014）在加拿大温哥华 UBC 隆重召开，来自世界五大洲、30 多个国家的 200 余位国际学者参加了此次会议。

此次大会包含了主题演讲、研讨会、成果展示等多个环节。12 日大会正式开幕，UBC 教育学部资深副部长 Tom Sork 致欢迎辞，然后 University of Melbourne 的 David Clarke 教授作了“Disciplinary inclusivity in Educational Research Design: Permeability and Affordances in STEM Education”的主题演讲，另外几场主题演讲也在随后的三天内进行，分别是来自 National Hsinchu University of Education 的 Ding Ming Wang 教授作的“Interdisciplinary Art and STEM Education-Sharing the Experience”，加拿大不列颠哥伦比亚大学（University of British Columbia）的 John Robinson 教授作的“Next Generation Sustainability at UBC”，University of Tsukuba 的 YOSHIKAZU OGAWA 教授作的“Communication Between the Public and Museums: Development of Lifelong Learning System to Foster Science Literacy”，University of Victoria 的 Wolff-Michael Roth，Lansdowne 教授作的“STEM Curriculum Through the Eyes of the Learner: The Unseen and Therefore Unforeseen”，Simon Fraser University 的 Rina Zazkis 教授作的“Imagining Teaching via Scripting Tasks”，University of British Columbia 的 Elizabeth Croft 教授作的“The Next Generation of Women in STEM: Making Transformative Change”。主题演讲之后的各分会场进行了热烈、有条不紊的汇报展示与交流。

STEM 是科学（Science）、技术（Technology）、工程（Engineering）、数学（Mathematics）的简称，此次大会主题为“全球化下的 STEM 教育：跨文化脉络中的连结（STEM Education and Our Planet: Making Connections Across Contexts）”，旨在促进来自世界不同国家高校、中小学、企业等机构中的教育工作者和研究人员交流 STEM 教育相关的教学实践与研究计划，为全世界从事 STEM 教育研究工作的专家学者提供一个良好的学术交流和合作平台，使参与会员分享该领域内的最新研究成果、创新思想以及系统开发经验。众多有影响力的学者的加入，使得此次会议不仅规模宏大，内容也非常丰富。会后 UBC、BNU、QUT 协商筹备成立亚太地区 STEM 教育协会，以进一步推动 STEM 教育应用。

北京师范大学教育学部余胜泉副部长带队共 13 名师生在大会上展示了北师大教育学部教育技术学院的研究成果，其中周志、段金菊的文章获得优秀论文奖。南京工业大学机械与动力工程学院付昌义老师应邀参加了此次会议，并在大会上宣读了一篇名为 *STEM and Science Fiction Courses* 的论文，参与了全球华人科幻协会会长、北京师范大学吴岩教授和美国威斯康星大学 Janice 教授组织的“Science Fiction and Science Teaching”专题讨论，并与来自加拿大不列颠哥伦比亚大学、北京师范大学、美国威斯康星大学欧克莱尔分校、澳大利亚昆士兰科技大学等学校的专家、学者进行了有意义的深入交流。

2. 第一届智慧学习环境国际会议（ICSLE 2014）

2014 年 7 月 24—25 日，第一届智慧学习环境国际会议（The International Conference on Smart Learning Environments，ICSLE 2014）在中国香港召开。

智慧学习环境国际会议由智慧学习环境国际协会（International Association on Smart Learning Environments）主办，旨在为致力于优化学习环境以促进学习的相关研究者、实践者、政策制定者提供一个互动交流的平台。此次会议关注智慧学习环境进展中技术、教学法的相互作用以及它们的深度整合。

ICSLE 2014 共收到来自 13 个国家和地区的 81 篇论文，最终有 36 篇长论文、16 篇短论文和海报被接受。

北京师范大学黄荣怀教授、武法提教授、陈桄老师、张定文研究员、胡永斌博士、程微博士、牟智佳博士等参与了此次会议并作了论文报告。武法提教授和牟智佳博士所作论文报告题目为“基于教育云服务平台的电子书包系统的设计与开发”，指出，电子书包系统能够实时地记录与分析学习者的特征与行为，从而能够为学习者个性化地推荐资源与策略，体现其智慧性的特征；杨俊峰博士作了题为“技术丰富的教室环境的评价方法研究”的论文报告，从物理和心理两个方面给出了智慧教室环境的设计与评价框架；衷克定教授发表了题为《协作学习意识及其对学业成就的影响相关性研究》的论文，认为协作学习意识分为四类：社会性意识、任务意识、概念意识和工作空间意识，这四种类型中，任务意识和学业成就直接相关，其他三种意识通过任务意识与学业成就间接相关，这一结果对协作学习评价具有一定的指导意义；郑兰琴发表了题为“自动分析调节框架”的论文报告，提出了一个能够自动地分析在线自我调节学习过程和能力的框架，给出了一个分析仪表盘鼓励学生发起自我调节的活动，并指导他们反思自己的能力；李葆萍发表了题为“智慧教室量表发展研究”的论文报告，讨论了智慧教室量表的发展及其有效性，并将智慧教室、学习数据和学习经验的灵活运用维度加入到量表中，最终通过验证给出了智慧教室量表的十个维度：空间设计、智慧教室的灵活性运用、技术运用、学习数据、差异化、调查、合作、学习者凝聚力、公平性和学习经验。

3. 第三届技术促进教育变革国际会议（EITT 2014）①

2014 年 10 月 27—29 日，第三届技术促进教育变革国际会议（The 3rd International Conference of Educational Innovation through Technology，EITT 2014）在澳大利亚布里斯班召开。会议由格里菲斯大学（Griffith University）和清华大学共同主办，格里菲斯大学 Greer Cavallaro Johnson 教授、清华大学教育研究院程建钢教授、台湾“中央”大学杨镇华教授担任大会主席。格里菲斯大学王玉萍副教授、清华大学韩锡斌副教授、台湾科技大学黄国桢教授担任程序委员会主席。

格里菲斯大学 Linda O'Brien 副校长参加大会并致欢迎词。格里菲斯大学 Glenn Finger 教授、台湾科技大学蔡今中教授分别作了题为“Leadership, Learning and Technologies-What works and why? Understanding successful technology enabled learning within institutional contexts”和“The conceptualization of learning in technology-enhanced environments: Does technology make a difference?”的主旨报告。会议还邀请了昆士兰大学（University of Queensland）的 Mathew Hillier 博士和 Mike Levy 教授分别以“Transforming Exams: Results from the 2014 BYOD e-Exam Trails at University of Queensland”和“Technology Integration and

---

① http://eitt.ioe.tsinghua.edu.cn/evaluate/index.do?groupId=14.

http://www.tsinghua.edu.cn/publish/ioe/5332/2014/20141104151928545944890/20141104151928545944890_.html.

http://ieeexplore.ieee.org/xpl/mostRecentIssue.jsp?punumber=6975721.

the Curriculum: Discipline-specific Factors and Beyond”为题进行了大会报告。

技术促进教育变革国际会议（EITT）由国际华人教育技术学会主办，该学会现任主席为清华大学教育研究院程建钢教授。此届会议有来自中国海峡两岸与香港及美国、澳大利亚等国家和地区的70余位专家学者参加，分为3个主题“学习与教学的新兴技术”“学习及其环境中教学技术的创新”“教育信息化的政策与文化”进行学术报告和交流。中国大陆参会的学者主要来自清华大学、北京大学、北京师范大学、北京交通大学、华南师范大学、华东师范大学、华中师范大学、首都师范大学、天津师范大学等。华南师范大学李克东教授在会议总结致辞中高度评价EITT为全球教育技术同行提供了一个非常好的国际学术交流平台，为中国教育技术的国际化做出了贡献。

4. 第五届 BNU-IOE 国际教育研讨会①

2014年11月20—24日，北京师范大学教育学部石中英教授、黄荣怀教授、刘美凤教授、李玉顺副教授等师生赴英国伦敦，参加了由北京师范大学教育学部与英国伦敦大学教育学院联合主办、伦敦大学教育学院承办的第五届BNU-IOE国际教育研讨会。此次大会的主题为“变化世界中的学习”，下设学习与全纳、终身学习、学习与教师、学习与学生发展、学习与创新、学习模式的转变、政策与学习7项分议题。来自亚洲、欧洲、北美、非洲等30个国家和地区近120位学者作了精彩的学术报告，共计260多名学者与会并就上述主题进行了广泛的研讨。

在主题发言环节中，石中英部长代表主办方作了题为“变革世界中的学习：21世纪教育和公共政策的焦点”的发言，阐明了此次会议主题的选择依据“一、学习是教育的核心话题，探索各种各样的学习问题是教育研究者永远的任务和使命；二、学习不单单是个体获得新的态度、知识、技能和价值的过程，而是一种深受社会经济及文化因素及其发展状况影响的过程”。伦敦大学教育学院斯蒂芬·鲍尔（Stephen Ball）教授、教育学部黄荣怀教授、牛津大学圣约翰学院马基·斯露琳（Maggie Snowling）教授和东北师范大学教育科学学院马云鹏教授分别作了主题发言。斯蒂芬·鲍尔教授指出，当前各国的教育决策已开始超出国家框架，决策主体不断增多，教育公司、教育技术公司、慈善机构、社会企业等新生教育决策者正对世界各国的教、学、评估和课程的形成与重塑产生越来越显著的影响。通过分析印度、非洲以及美国的一些教育政策走向，安德鲁·布朗证实了全球教育网络的政策流效应，并因此认为教育政策研究范式也应随之做出相应的转变。黄荣怀教授介绍了其研究团队在K－12学校和大学做的一项电子教材试验，认为下一代电子教材将是基于云技术，支持便捷、参与式高效学习的学习工具包，且具有最优学习体验、个性化学习等特征。马基·斯露琳则基于其一项实证研究重点探讨了教育教学中的语言与交流问题，认为学生的口语能力和交流技能将对教育的方方面面产生重要影响，而不仅限于学生读写能力的发展。马云鹏教授介绍了他做的一项关于小学生计算概念错误问题的实证研究，该研究对4个班的学生进行了观察，并访谈了4位教师和20位学生。基于研究结果，马云鹏教授从课程与教学的角度为改进学生数学学习提出了若干建议。

① 第五届BNU-IOE国际教育研讨会（http://fe.bnu.edu.cn/html/002/1/201412/13357.shtml）。

会议期间，北京师范大学师生不仅作了10余场精彩的报告，圆满回答了听众的提问，还积极参与了各分会场的研讨并发表了诸多颇有见地的意见与评论，得到了众多参会代表的高度评价，树立了良好的国际形象。

5. 第22届计算机教育应用国际会议（ICCE 2014）①

2014年11月28日至12月4日，第22届国际计算机教育应用大会（The 22nd International Conference on Computers in Education，ICCE 2014）国际学术会议在日本奈良召开。此次会议有来自全球的200多位教育技术等领域学者参加。中国大陆有12位学者参加此次会议，其中来自北京大学、北京师范大学、华中师范大学和西北师范大学等高校的5位学者作了大会发言。

会议邀请了来自加拿大、英国、美国等国家的学者就基于教育创新原则的设计、新技术是否真的改善学习、教育游戏促进学习参与、电子教材设计与开发标准等内容作了大会报告。同时会议设有多个分会场，与会人员就自己感兴趣的内容与其他学者进行了沟通交流。

ICCE会议由亚太计算机教育协会APSCE（the Asia-Pacific Society for Computers in Education）组织，是亚太地区教育技术领域最重要的学术年会之一，也是全球颇有影响的传播和交流计算机在教育领域应用研究成果的国际学术会议，每年在不同国家举办。此次会议的主题是“构建未来教育技术发展的基础”（Constructing New Fundamentals of Computers in Education for the Future），就技术能够对学习者产生怎样的影响，以及如何设计学习环境促进学习这两个中心议题进行了相关研究成果的探讨，意在构建计算机教育应用领域的新理论，为未来基于技术的学习和教学提供设计框架和理论指导。其具体议题包括：人工智能在教育中的应用、计算机支持的协作学习、开放课程、泛在学习与移动技术、数字游戏与教育、技术支持的语言学习、教师专业发展和教育信息化政策等主题。

在此次会议关于“技术对学习者影响”的相关研究中，主要从学习者的认知、情感、行为表现等三个方面展开，认知层面包括如下内容：基于具身认知促进概念知识的学习，通过动态可视化促进过程性知识的学习，借助障碍诊断促进问题解决，具身式、沉浸式、交互式的言语信息学习，技术促进动作技能的掌握。在“学习环境构建”的相应研究中，包括了学习资源的呈现与组织方式、专业化的学习工具和技术支持的高阶认知学习方式等三个方面，讨论如何根据所学知识特点、学习者的认知特点来设计资源的呈现方式；如何设计支持发散思维、问题自动生成等的学习工具；以及如何应用技术支持批判性思维等高阶认知等问题。

（武法提、李彤彤）

（六）远程教育专业

1. 2014学习分析与知识国际会议②

2014年3月24—28日，第四届学习分析与知识国际会议在美国印第安纳州波

① 《ICCE 2014国际学术会议在日本奈良召开》，《电化教育研究》2015年第1期；马玉慧、高鹏：《构建未来教育技术发展的基础——第22届国际计算机教育应用大会述评》，《电化教育研究》2015年第5期。

② 2014年学习分析与知识国际会议（https://lak14indy.wordpress.com/）。

利斯市成功举行，来自世界各地教育技术、学习科学、数据挖掘、计算机科学等领域的顶尖研究人员出席了此次会议。会议以探讨学习分析研究、理论和实践的交叉点为主题，涵盖了学习分析技术在教育学、教育心理、教育管理、工程学中的运用，以及教育数据挖掘、计算机算法和数据可视化等方面的发展。来自孟菲斯大学的格莱赛（Art Graesser）教授、香港大学的罗陆慧英（Nacy Law）教授和加州大学圣地亚哥分校的克莱默（Scott Klemmer）教授三位专家分别作了主题报告。

会议共接收了来自26个国家的13篇长论文，25篇短论文，设3个小组会议。会议分5个主题进行：（1）学习分析方法、工具；（2）促进学习的理论和理论概念；　（3）学习、改变和成功的测量；（4）学习活动、应用和发明；（5）学习分析的相关事宜比如道德、文化转换、能力建设。北京师范大学、华东师范大学等多位教师和学生参加了此次会议，并在会议上作了论文宣讲。北京师范大学远程教育学科点博士研究生沈欣忆投稿的文章“Small to Big Before Massive：Scaling up Participatory Learning Analytics”被会议论文集 *Learning Analytics and Knowledge 2014 conference*（EI检索）收录。

2. 2014智慧学习环境国际会议（ICSLE 2014）

2014年7月24—25日由智慧学习环境国际协会（International Association on Smart Learning Environments，IASLE）主办，香港教育学院承办的首届智慧学习环境国际会议（International Conference on Smart Learning Environments，ICSLE）在香港教育学院举行。在信息技术持续变革的大背景下，在数字学习环境向智慧学习环境转变的过程中，此次会议旨在为全世界相关研究者、实践工作者和企业员工提供一个交流和协作平台。来自北京师范大学的黄荣怀教授，加拿大 Athabasca 大学的 Kinshuk 教授和香港教育学院的江绍祥教授担任了此次大会的主席，来自北京师范大学的陈桄博士和加拿大 Athabasca 大学的 Vive Kumar 副教授担任了会议的程序主席。会议收到来自日本、韩国、新加坡、印度、中国海峡两岸与香港等13个国家和地区的80余篇论文，共有70多名学者到场参会。英国伦敦大学教育学院 Diana Laurillard 教授、美国新媒体联盟主席 Larry Johnson 博士，美国北德克萨斯大学 Cathleen Norris 教授、美国密西根大学 Elliot Soloway 教授作为特邀嘉宾出席大会并作了精彩的主题演讲。北京师范大学远程教育学科点李爽投稿的论文 *Learning analysis on learners' wiki-based collaborative knowledge building behaviors* 被该会议在 Springer 出版的会议论文集收录。

3. 第三届技术促进教育变革国际会议（EITT 2014）

2014年10月27—30日第三届技术促进教育变革国际会议（The 3rd International Conference of Educational Innovation through Technology，EITT 2014）在澳大利亚布里斯班（Brisbane，Australia）举行。该会议是由国际华人教育技术学会（the Society of International Chinese in Educational Technology，SICET）主办，格里菲斯大学（Griffith University）和清华大学共同承办。格里菲斯大学 Greer Cavallaro Johnson 教授、清华大学教育研究院程建钢教授、台湾“中央”大学杨镇华教授担任大会主席。格里菲斯大学王玉萍副教授、清华大学韩锡斌副教授、台湾科技大学黄国桢教授担任程序委员会主席。

来自北京师范大学、首都师范大学、华东师范大学、华中师范大学、陕西师范大学等国内多所高校30余名教师和学生受邀参加会议，并围绕会议的3个主题（学习与教学的新兴技术、学习及其环境中教学技术的创新、教育信息化的政策与文化）进行了充分地讨论和交流。北京师范大学远程教育学科点的武法提老师、赵宏老师和博士研究生李彤彤参加了大会，并作了论文宣讲，有关论文被会议论文集收录。同时与会人员还参观了悉尼大学计算机支持的学习和认知中心［Centre for Computer-supported Learning and Cognition（CoCo）at Sydney University］，研究中心的Michael 教授详细介绍了他们的研究项目，并与大家进行了热烈的交流和讨论。

4. 第 28 届亚洲开放大学协会年会（AAOU 2014）①

2014 年 10 月 28—30 日，第 28 届亚洲开放大学协会（AAOU）年会在香港召开。该届年会由香港公开大学承办，大会主题为“推进开放和远程学习：研究与实践”，来自 17 个国家和地区的 200 余名代表参加了该届年会。国家开放大学党委副书记张少刚率代表团一行 8 人出席了本届年会。

大会邀请英联邦学习共同体主席及首席执行官 Asha Kanwar 教授、日本开放大学校长冈部洋一教授、欧洲远程与电子学习网络协会主席 António Teixeira 教授、新加坡新跃大学校长 Cheong Hee Kiat 教授作主题发言，4 位远程教育专家分别从促进远程教育的研究与实践拓展、日本开放在线教育促进委员会（JMOOC）的创办与发展状况、葡萄牙开放大学的战略导向型彻底变革进程和新加坡新跃大学根据毕业生的就业技能和长期职业发展需求提供优质高等教育途径与机会的探索等方面提供案例分析与研究成果分享。会议共设立 5 个分会场，与会代表分别从远程教育模式、教学资源开发、学习支持、质量和评估、混合式学习、信息技术应用、OCW、MOOCs 等方面进行论文宣讲和讨论。

5. 2014 年国际远程教育理事会校长常设会议（ICDE SCOP）②

2014 年 11 月 19—21 日，上海开放大学校长蒋红、人力资源部部长朱晓青及外语系教师宋颉一行 3 人，应邀出席了在印度尼西亚举行的 2014 年国际远程教育理事会校长常设会议（ICDE SCOP）。会议由国际开放远程教育理事会主办，印度尼西亚开放大学承办，主题为“领导力的挑战——开放教育模式的成功之道”。代表团全程参加了大会各项议程，蒋红在校长闭门会议中就各国开放大学共同关注的议题提出了重要意见和建议，展现了上海开放大学在开放教育模式改革与创新过程中的探索与思考。

在全体会议上，非洲远程教育理事会（ACDE）主席托里·穆博维特（Tolly Mbwette）向蒋红颁发了“卓越支持机构奖”，以表彰上海开放大学对非教育合作所作出的突出贡献。会议期间，蒋红还与荷兰开放大学校长安雅·奥斯坎普（Anja Oskamp）就两校在能力建设、教育资源、师生交流、学分互认、科研等诸多领域的合作议题进行了积极而富有成效的探讨，并共同签署了战略合作备忘录。此外，上海开放大学代表团还与 ICDE 主席、印尼开放大学校长田·比拉瓦提（Tian Belawati），ICDE 秘书长嘉德·泰斯托泰（Gard Titlestad），南非大学校长曼德拉·马可翰亚（Mandla Makhanya），英国开放大学副校长贝琳达·泰南（Belinda Tynan）以及美国伊克塞尔希尔学院助理校长丽莎·丹尼尔斯（Lisa Daniels）

---

① 国家开放大学新闻网。

② 2014 年国际远程教育理事会校长常设会议（ICDE SCOP），http：//www.shou.org.cn/web/newsshow.aspx？id = FaVDfGvXI5E%3d。

等进行了接洽与交流。

（赵宏）

（七）教师教育专业

1. “国际教育学院联盟”会议

“国际教育学院联盟”（International Network of Education Institutes）（简称 INEI）会议于2014年11月5—7日在巴西圣保罗大学召开，此次会议的主题是“教师教育处于危机中? 21世纪教学专业的发展”（Teacher Education in Crisis? Developing the Teaching Profession in the Twenty-First Century）。

参加会议的代表来自 University of Wisconsin-Madison（USA），Ontario Institute for Studies in Education（OISE），Institute of Education at University of London（IOE），University of Melbourne（Australia），University of Cape Town（South Africa），National Institute of Education（Singapore），Beijing Normal University（China），School of Education at University of Sao Paulo（Brazil）等八所教育学院的院长或副院长到会。中国代表由北京师范大学教育学部副部长朱旭东教授带队出席会议，并在大会上就中国的教师教育进行了国际分享。

（桑国元）

（八）教育经济学专业

1. 国际高等教育会议

为进一步推动金砖四国高等教育比较的研究，2014年10月16—18日，北京大学中国教育财政科学研究所王蓉教授出席了由俄罗斯 HSE 主办的国际高等教育会议。北京大学中国教育财政科学研究所自2008年起与俄罗斯国立高等经济研究大学 Isak Froumin 教授的团队开展合作，在斯坦福大学 Martin Carnoy 教授的推动下，共同参与和完成了金砖四国高等教育比较的研究（第一阶段成果已经由斯坦福大学出版社出版）。2014年10月，这一项目开始了第二个阶段的合作。

2. 亚太高等教育研究者协会第二次会议

2014年10月，亚太高等教育研究者协会第二次会议在韩国首尔国立大学隆重召开。北京大学教育学院施晓光教授作为嘉宾出席此次会议并作主题发言，博士研究生张优良也参加了此次学术研讨，并分享了研究成果。来自美国、韩国、澳大利亚、日本、马来西亚、菲律宾及中国海峡两岸与中国香港等国家和地区的40余名专家、学者参加了此次大会。该届大会的主题为 Governance and Academic Culture in Asia —Pacific Higher Education（亚洲太平洋地区高等教育的管理及学术文化）。大会历时3天，包括亚太高等教育研究者协会专家、学者论坛和未来学者论坛两部分。与会专家、学者针对亚洲太平洋地区高等教育发展的新形势、新问题及新挑战等展开了深度交流与探讨。

3. “大型学术系统中的高等教育大众化”研讨会

2014年11月10—11日，北京大学中国教育财政科学研究所所长王蓉教授应印度国立教育规划与管理大学高等教育政策研究中心与英国文化委员会的邀请，在新德里参加了“大型学术系统中的高等教育大众化”研讨会，并作了题为“中国高等教育大众化历程”的主题发言。

4. “发展中国家的教育财政、管理与公共政策”讨论会

应日本神户大学邀请，2014年12月

8—9 日，北京大学中国教育财政科学研究所王蓉教授参加了由日本神户大学国际合作研究生院主办的“发展中国家的教育财政、管理与公共政策”讨论会，并作了题为“中国教育财政：过去、现在与未来”的主题发言。

（杜育红、杜屏）

（九）学前教育学专业

1. 三种文化中的学前教育改革与发展

2014 年 5 月 10 日，“大学、政府与学校的伙伴合作与文化融合——三种文化中的学前教育改革与发展”国际研讨会在北京师范大学成功举行。来自中国、美国、日本的专家学者就如何加强大学、政府与学校的合作，如何促进多元文化中学前教育的改革与发展等议题进行了深入探讨。

2. 儿童戏剧教育国际大会 2014

2014 年 6 月 8—10 日，南京师范大学举办了“儿童戏剧教育国际大会 2014”。来自美国、英国、澳大利亚以及中国海峡两岸与中国香港、中国澳门的 280 余名代表就当前儿童戏剧教育发展中共同关心的问题展开交流与讨论。

此次会议内容丰富、形式多样，活动包括：举办 6 个主题演讲，邀请了美国纽约大学 Philip Taylor 教授、英国华威大学 Joe Winston 教授以及澳大利亚格里菲斯大学 Julie Dunn 教授等分别畅谈应有戏剧在儿童教育中的拓展、戏剧对于早期儿童教育的价值以及早期儿童戏剧教育课程的基本问题；在南京两所幼儿园开展幼儿园戏剧教育活动现场观摩与研讨，展示与交流中国大陆幼儿园戏剧活动；举办 7 个专家工作坊，除以上 3 位美、英、澳专家外，还有来自中国台湾的林玫君教授和陈仁富教授、中国香港的王添强学术总监等多位专家，他们以互动式戏剧游戏的方式让参会代表体验了儿童戏剧教学的内涵、特点以及方法、策略；与会代表还进行了专题论文的讨论交流。

3. 世界学前教育组织第 66 届工作会议和学术年会

世界学前教育组织（OMEP）第 66 届工作会议和学术年会于 2014 年 7 月 1—5 日在爱尔兰科克大学（University College Cork）召开。会议由 OMEP 爱尔兰委员会承办，该届学术年会的主题为“儿童的文化世界”，分会场主题包括“游戏与创造性”“友谊、关系和身份”“数字儿童”“早期学习的影响因素”“可持续发展教育”和“文化经验和传承”。来自世界各地的 400 余位代表，包括来自中国的北京师范大学、华东师范大学、南京师范大学、东北师范大学、西北师范大学、广西师范大学等高校的多位学者和教师参加了学术年会的交流活动。

4. 国际音乐教育学会第 31 届世界大会

国际音乐教育学会第 31 届世界大会于 2014 年 7 月 20—25 日在巴西阿雷格里市举行，来自世界各国的研究者分别结合本土实践和研究经验，介绍了音乐教育评价的意义、内容、方法和策略等最新研究成果，认为“音乐课堂教学和评价”“教师身份认同”“音乐师资培养”等问题值得各国音乐教育研究者高度关注。来自中国大陆的多位学者参加了会议的学术交流活动。

5. 2014 学前教育国际研讨会暨中国早教论坛五周年庆

2014 年 7 月 26 日上午，由中国关心下一代工作委员会儿童发展研究中心、中国早教论坛组织委员会举办了“2014 学前教育国际研讨会暨中国早教论坛五周年庆”在杭州乐园大剧院盛大召开。国家总督学顾问、中国民办教育协会名誉会长、亚太地区联合国教科文组织协会联合会主席陶西平，中国关心下一代工作委员会副秘书长、专家委员主任委员、中国关心下一代工作委员会儿童发展研究中心主任张侃，教育部关心下一代工作委员会常务副主任、中国家庭教育学会副会长傅国亮，美国国家教育部高级政策官员 Steven R. Hicks，国际著名学者荷兰国立格罗宁根大学教授、联合国教科文组织专家 Jan Pieter L. M. van Oudenhoven，新西兰公开理工学院博士 Liz Everiss，新西兰奥克兰大学教育学院博士、课改专家 Diti Hill 等来自国内外的学前教育专家、学者、名师2000余人出席了大会，数十家主流媒体参与了活动相关报道。此次大会是在国际国内多重声音和视野下，围绕地方如何更加有效地编制和实施第二期学前教育三年行动计划，进一步加大一线幼教工作者对《3—6 岁儿童学习与发展指南》的贯彻落实力度，强化家园共育和家庭教育等系列问题展开深入交流与探讨。

6. 第 6 届亚太地区学前儿童发展国际会议

2014 年 12 月 3—5 日，第 6 届亚太地区学前儿童发展国际会议于菲律宾首都马尼拉举办，会议由亚太地区早期儿童区域网络（ARNEC）与国际学前儿童保育与发展委员会承办，来自菲律宾、亚太地区和其他地区的 300 多位专家、学者参加了会议。会议的议题为“全球视野下的学前儿童发展：建立可持续发展与和谐的伙伴关系”。

（王兴华）

（十）特殊教育学专业

1. 美国特殊儿童委员会 2014 年年会

2014 年 5 月，北京师范大学特殊教育系王雁教授、华中师范大学特殊教育系教师朱楠博士应邀赴美参加美国特殊儿童委员会 2014 年年会（Council for Exceptional Children 2014 Convention & Expo）。美国特殊儿童委员会成立于 1922 年，是目前唯一一个致力于提高所有特殊儿童教育质量和特殊教育师资队伍素质的专业机构，除在美国的 900 多个分会之外，CEC 还在包括加拿大在内的 50 多个国家设有分部，其研究和实践均具有较强的国际性并影响到美国之外的国家和地区。由 CEC 于 1995 年颁布，并在 2009 年、2012 年进行修订的《每个特殊教育教师必须知道什么——有关特殊教育教师培养和资格证书的国际标准》具有较大的国际影响力并成为世界各国特殊教育教师培养和考评的重要参照标准。因此，CEC 年会被认为是全球领先的特殊教育会议，每年吸引超过 6000 个包括特殊教育领域研究者、管理者、特殊教育教师、相关专业人员等在内的人员参会。北京师范大学此次参会加强了中外特殊教育研究者的相互了解，为推动并提升特殊教育学科的国际影响力做出了较大的尝试和贡献。

（北京师范大学供稿）

2. 欧盟—中国博士教育合作项目大会

2014 年 5 月 8—9 日，应“欧盟—中国博士教育合作项目大会”（EU-China DOC）暨欧盟—中国博士教育对话与合作研讨邀请，北京师范大学特殊教育系邓猛教授与北京师范大学教育学部李家永教授、李艳燕教授赴比利时布鲁塞尔自由大学开展学术与项目合作交流。欧盟—中国博士教育合作项目的总体目标是提高中国高等教育决策者对欧洲高等教育的认识和了解，并加强中欧双方在博士教育领域的对话与合作。具体目标包括：增进双方在博士生教育框架方面的相互了解，促进欧洲和中国展开在此领域的对话和博士生教育的具体合作，加强对博士生教育的交流，如目标、框架、管理、指导和就业方面的探讨和交流；增进中国—欧盟在博士生教育方面的学生和学者的流动与合作，加强博士生导师之间的合作，并推动政策对话，促进在此领域的协调发展和双赢。

（北京师范大学供稿）

（十一）成人教育学、职业技术教育学专业

1. 第二届比较职业教育学术大会

2014 年 9 月 22—24 日，设在科隆大学的德国比较职业教育研究中心（German Research Center for Comparative Vocational Education and Training）举办第二届国际比较职业教育学术大会，来自德、美、英、澳、瑞士、印度和中国等国重要研究机构的学者以及欧盟和联合国教科文组织相关机构的领导 150 人与会，包括北京师范大学、华东师范大学、同济大学、天津大学、伦敦大学教育学院、剑桥大学、苏黎世大学、不来梅大学、康斯坦茨大学、俄亥俄州立大学等在内活跃在职业教育研究领域的重要机构均有教授出席会议。北京师范大学、华东师范大学和同济大学的教师和博士生提交了多篇论文。会议主要议题是“过渡中的年轻人：经济危机中的职业教育与培训”。会议交流了各国为应对经济危机在职业教育方面采取的政策和措施，以及相关创新研究和试验，特别是职业教育对减少青年失业率做出的积极贡献。会议还组织参观了位于波恩的世界最大的职业教育研究机构：德国联邦职业教育研究所（BIBB）。

2. 世界职教院校联盟（WFCP）2014 年世界大会

由中国教育国际交流协会承办的“世界职教院校联盟（WFCP）2014 年世界大会”于 2014 年 10 月 24 日在国家会议中心拉开帷幕。此次大会主题是“全球合作：共建美好未来”，聚焦世界职教改革发展的最新趋势和动向，由职教论坛、国际职教展、职教院校合作洽谈会以及青年领袖营等交流活动组成。大会旨在帮助广大职教院校与国际合作伙伴建立联系，相互学习，相互借鉴，加强校际合作，进一步激发职教院校办学活力，促进我国职业教育的国际化发展。

教育部副部长鲁昕出席大会并讲话。她介绍了中国职业教育改革发展情况以及中国发展职业教育的理念，肯定了中国职业教育为经济发展、促进就业和改善民生作出的不可替代的贡献。她表示，中国政府支持职教院校扩大对外交流与合作，鼓励中国职业院校与各国分享职业教育经验和成果。同时扩大对外开放，坚持政府合作与民间合作相结合，调动各方面积极性，全方位、多角度、深层次开展合作，还要坚持教育合作与产业合作相结合，深化产教融合、校企合作，注重发展与中国企业和产品“走出去”相配套的职业教育模式。

3. 第十三届中国国际远程教育大会

第十三届中国国际远程教育大会于 2014 年 11 月 27—28 日在北京举行。本届大会以“科技引领未来学习——教育变革时代的战略选择”为主题，聚焦科技发展新趋势、新进展以及科技在教育和学习领域应用的新实践、新成果，讨论远程教育

和企业学习的新战略、新模式，以及未来学习与智慧教育的新前景、新方向。会议在国家开放大学、全国高校现代远程教育协作组指导下，由《中国远程教育》杂志社主办。

国家开放大学校长杨志坚，全国高校现代远程教育协作组秘书长严继昌分别致辞，教育部职成教司副司长刘建同以“把握新常态，服务新发展”为题，教育部科技发展中心主任李志民以“科技发展与教育变革”为题，清华大学副校长袁驷以“MOOC：清华的实践与探索”为题，教育部职成司刘英以“教育的开放与开放的教育——对高校继续教育改革发展的若干思考”为题作主题报告。此次会议对正在或计划开展远程教育、MOOC、互联网教育、在线学习、移动学习、企业学习、企业大学、E-Learning、智慧教育的工作的单位提供了交流和研讨机会。

（赵志群、周慧梅）

（十二）高等教育学专业

1. 欧盟—中国博士教育合作项目大会

2014 年 5 月 8—9 日，我国部分高校选派教师参加比利时布鲁塞尔自由大学举行的“中国—欧盟博士教育合作项目大会”。外国代表包括欧盟伊拉斯莫斯世界项目官员以及来自芬兰、瑞典、比利时等国家的大学教师及负责人，中国代表包括北京师范大学、上海交通大学、北京大学、北京航空航天大学、西南大学、复旦大学等我国大学教师及负责人。伊拉斯莫斯世界项目（Erasmus Mundus）是由欧盟发起的在高等教育领域的一个合作性的学生交流项目。此次“欧盟—中国博士教育合作项目大会”是隶属于该项目的分论坛。

2. 国际教育联盟（International Network of Education Institutes，INEI）会议

11 月 5—7 日在巴西召开了“国际教育联盟（International Network of Education Institutes，INEI）会议，出席此次会议的有巴西圣保罗大学、北京师范大学、美国威斯康星大学麦迪逊分校、澳大利亚墨尔本大学、英国伦敦大学、南非开普敦大学、新加坡国立教育研究院、加拿大 Ontario 教育研究院等高等学校的教育学院 7 位院长和副院长。北师大教育学部朱旭东副部长代表学部出席院长会议。

（刘慧珍）

（十三）民族教育专业

中央民族大学教育学院吴明海教授在国家 985 项目资助下，于 2014 年 11 月 20—22 日参加伦敦大学教育学院举办的伦敦大学与北京师范大学教育学高端国际论坛，在会上宣读了论文《一核多元、中和位育——中国特色多元文化主义及其教育道路初探》。

（何林志）

二、举办或联合举办国际学术会议等

（一）教育学原理专业

1. 2014 行动学习国际会议①

2014 年 1 月 10 日，2014 行动学习国际会议在中山大学岭南（大学）学院成功举行。此次会议是由中山大学岭南（大学）学院与麻省理工斯隆管理学院联合举办，近 30 家国内外商学院管理者和学者、20 余家企业代表，共 130 余名嘉宾参加了本次会议。在会上他们通过不同形式的分享和讨论，一起就行动学习在商学院教育和商业实践中的发展进行了深入探讨。

中山大学岭南（大学）学院徐信忠院长对各位与会嘉宾和观众表示欢迎，为会议拉开序幕。随后，嘉宾们精彩的发言和新颖的观点，以及和观众们的积极互动，令会议的气氛非常热烈。

麻省理工斯隆管理学院副院长黄亚生教授通过远程即时视频，进行了主题发言，他分享了行动教学对社会有积极作用和贡献，以及麻省理工斯隆管理学院与中山大学岭南学院等院校合作的中国实验室项目。

圆桌论坛嘉宾包括来自麻省理工斯隆管理学院、明尼苏达大学卡尔森商学院、清华经管学院、香港大学、复旦大学管理学院、云南大学工商管理与旅游管理学院及中山大学岭南（大学）学院等高校的知名商学院教育专家，以及正大集团和云南禾韵科技等公司的企业代表。他们分享了行动学习在不同院校的实践，及其对学生的价值和收获；从商学院和企业的角度分享了行动学习的意义，探讨了在校企合作项目上遇到的挑战和解决方法。

（摘自网页）

2. “燕京大学与现代中国的博雅教育传统”国际学术研讨会②

2014 年 4 月 26 日，北京大学高等人文研究院与燕京大学北京校友会联合举办了“燕京大学与现代中国的博雅教育传统”国际学术研讨会（International Conference：Yenching University and Liberal Education in Modern China）。此次研讨会邀请来自美国、德国、新加坡和中国香港、上海、北京等地的 20 多名学者，在总结、交流、促进有关燕京大学研究的既有成果之同时，致力于推进不同代际、不同专业、不同知识背景研究者之间的互动。会议强调深厚历史情怀与严肃学术品位的结合，期待能以燕京大学研究为中心，形成一个关注现代中国博雅教育传统的学术共同体。

---

① 2014 行动学习国际会议（http：//edu. qq. com/a/20140212/017055. htm）。

② “燕京大学与现代中国的博雅教育传统”国际学术研讨会（http：//iahs. pku. edu. cn/News_View. aspx？ id =445）。

与会学者分别围绕着“燕京大学与博雅教育”“燕京大学与国学研究”“燕京大学与中国社会”“燕京大学与现代文学”四个论域，发表了15篇专题学术论文。

此次研讨会由北京大学高等人文研究院下属的“燕京中心”承办，高研院助理研究员陆胤博士负责召集。自2009年成立以来，北大高研院充分重视汲取、研究、反思现代中国的学术传统，在创院伊始即设立“燕京中心”，从事史料整理和学术联络。中心期待能以燕京大学所寄寓的文明对话精神为基点，成为高研院开展近现代中国学术文化研究与相关国际交流的平台。

（摘自网页）

3.“设计教育再设计”系列国际会议①

2014年5月24日上午，2014中国（无锡）国际设计博览会“设计教育再设计”系列国际会议在江南大学北区大学生活动中心隆重开幕。江南大学副校长徐岩、无锡市科技局副局长徐重远、中国工程院院士徐志磊、美国辛辛那提大学教授、前美国工业设计协会主席Craig Vogel教授等出席开幕式并致辞，数十位国内外设计领域高端专家和两百余位参会代表出席会议开幕式。

2014中国（无锡）国际设计博览会“设计教育再设计”系列国际会议是江南大学设计学院“设计教育再设计”系列国际会议的延续，此次会议在前两次会议反思和问题展开的基础上，尝试寻找各种复杂现象背后的普遍属性、共性技术和核心原则，同来自世界各地从事设计、管理和经济学研究的学术领袖和产业先行者以及国内同仁一起分享大设计的前沿研究成果、最新实践案例，共同探讨大设计和设计思维的哲学基础。

（陈祥洁、黄壮霞）

4.“社会变迁中的教育革新与经验分享”国际学术研讨会②

2014年5月25—27日，以“社会变迁中的教育革新与经验分享”为主题的国际学术研讨会在广西师范大学举行。此次会议由华东师范大学基础教育改革与发展研究所和广西师范大学教育科学学院主办，广西民族教育研究中心承办，广西壮族自治区“民族地区教育发展研究”八桂学者专项经费资助。此次国际学术研讨会汇集了美国、英国、澳大利亚、挪威等国家的专家学者，以及国内来自华东师范大学、西南大学、南京师范大学、华中师范大学、安徽师范大学、广西大学、广西民族大学、广西师范学院等的30多位高校研究者和广西地市教育局、教科所、名师名校长代表及广西师范大学的师生共400余人。

此次国际学术研讨会共收到46篇学术论文，围绕“社会变迁中的教育革新与经验分享”的主题，讨论了“社会变迁中的教育变革”“城市化背景下的人口流动与移民教育”“教育改革批判性反思”“教育改革的国际经验”“教育公平与教育政策”等议题；与会代表从不同角度阐述了在社会变迁的背景下，教育革新和经验分享的重要意义及探讨教

---

① “设计教育再设计”系列国际会议（http://edu.ifeng.com/gaoxiao/detail_2014_05/26/36509491_0.shtml）。

② 《“社会变迁中的教育革新与经验分享”国际学术研讨会综述》，《广西教育学院学报》2014年第6期。

育革新的新举措。

（高燕林、江莹莹）

5. 儿童戏剧教育国际大会 2014 ①

2014 年 6 月 8—10 日，由南京师范大学教科院学前教育学学科主办的“儿童戏剧教育国际大会 2014”在南京师范大学随园校区举行。南京师范大学党委常委、副校长缪建东出席开幕式并致辞。来自美国、英国、澳大利亚以及中国海峡两岸与中国香港、中国澳门等国家和地区的 280 余名代表就当前儿童戏剧教育发展中共同关心的问题展开交流与讨论。

此次会议内容丰富、形式多样，活动包括：举办 6 个主题演讲，邀请了美国纽约大学 Philip Taylor 教授、英国华威大学 Joe Winston 教授以及澳大利亚格里菲斯大学 Julie Dunn 教授分别畅谈戏剧在儿童教育中的拓展、戏剧对于早期儿童教育的价值以及早期儿童戏剧教育课程的基本问题；在南京两所幼儿园开展幼儿园戏剧教育活动现场观摩与研讨，展示与交流中国大陆幼儿园戏剧活动；举办 7 个专家工作坊，除以上 3 位美、英、澳专家外，还有来自中国台湾的林玫君教授和陈仁富教授、中国香港的王添强学术总监等多位专家，他们以互动式戏剧游戏的方式让参会代表体验了儿童戏剧教学的内涵、特点以及方法、策略；与会代表还进行了专题论文讨论交流。

（张金梅）

6. “多元文化与教育”国际研讨会②

2014 年 6 月 21—22 日，“多元文化与教育”国际研讨会在新疆师范大学召开。此次会议旨在促进多元文化与教育领域海内外专家学者的交流与合作，推动教育事业的发展。会议围绕多元文化背景下的语言学习、跨文化交际、双语教育、心理发展与教育、科学与技术教育、教师教育、职业教育、特殊教育、农村教育以及公民教育等多个主题展开学术研讨。来自英国、美国、澳大利亚、德国、韩国、新加坡等 9 个国家和地区的 120 余名专家、学者参加了此次大会。

新疆师范大学副校长周作宇教授发表了欢迎词，全面介绍了新疆师范大学的发展历史和开展多元文化研究的状况，阐明新疆师范大学开展多元文化与教育研究的愿景是实现“各美其美，美人之美，美美与共，天下大同”。此次会议由教育科学学院牵头，汇集七个学院的力量鼎力举办，是教育科学学院教育学博士点立项招生以来一次重要的学科建设活动，展示了新疆师范大学国际化战略发展的良好成效。

此次研讨会在新疆师范大学的召开，促进了新疆师范大学各领域教师与全球同行专家的联系，扩大了新疆师范大学教师的专业影响力，对新疆师范大学的学科建设和博士点建设及各专业发展具有重要意义；这次大会也构建了新疆教育学者与该领域海内外专家学者交流与合作的平台，让新疆走向世界，让世界走进新疆。

7. 全国数学教育研究会 2014 年国际学术年会③

全国数学教育研究会 2014 年国际学术会议于 2014 年 6 月 27 日至 7 月 1 日在兰州西北师范大学举行。共有 430 多位中国

① 儿童戏剧教育国际大会 2014（http://sun.njnu.edu.cn/news/2014-6/095205_118456.html）。

② “多元文化与教育”国际研讨会（http://ces.xjnu.edu.cn/s/42/t/57/1d/17/info72983.htm）。

③ 全国数学教育研究会 2014 年国际学术年会（http://www.camedu.org.cn/html/09/n-109.html）。

大陆代表以及30多位来自美国、澳大利亚、英国、匈牙利及中国香港、中国台湾等国家和地区学者出席了会议。在西北师范大学大力支持下，会议组织工作有条不紊，井然有序，取得圆满成功。

此次年会共收到学术论文210余篇，这些论文在研究方法、研究设计、研究的质量等方面都有明显提高。这一现象绝非偶然，是多年来数学教育共同体各位同仁齐心努力的结果。组委会学术委员会根据好中选优的原则进行审核，推荐分组报告论文152篇（其中英文报告12篇）。大会程序委员根据12个主题分成26个小组进行了小组论文报告。12个主题分别是：1. 数学教育理论研究的回顾与反思；2. 数学课程改革与数学教师发展；3. 数学课程改革与数学教师专业发展；4. 中小学数学课程与教材研究；5. 现代信息技术与数学教育改革；6. 大学数学课程建设与教学改革；7. 数学课堂教学的理论与实践；8. 数学学习心理研究；9. 数学史、数学文化与数学教育；10. 少数民族数学教育；11. 数学教师职前培养模式与课程建设；12. 数学教师职后培训研究。论文的作者既有国内外著名专家学者，也有在读的硕士、博士研究生。论文报告人精心准备，让与会者受益匪浅。分组报告讨论、交流的场面热烈。

（曹一鸣）

8. 生态文明教育全球视野论坛①

2014年7月11—12日，“生态文明教育的全球视野”论坛在贵阳举行。来自不同国家的12所大学，共同发起成立“生态文明国际大学联盟”，希望联盟在构建生态文明建设的国际平台、拓展生态文明教育的全球视野方面，做出自己应有的贡献。

依托“生态文明国际大学联盟”的成立，10多所国内外高校主要负责人齐聚生态文明贵阳国际论坛的生态教育论坛，围绕“生态文明国际大学联盟与全球绿色教育平台的构建”“大学：全球未来可持续发展领导力的培养者”“全球视野中的贵州省生态文明建设：现状与愿景”等议题展开深入探讨和交流。

随着生态文明时代的来临，人类意识到要与自然和谐共生，不再是对峙关系而是伙伴关系。只有在价值观上解决这一问题，人类才能真正实现文明的转向。而大学的使命，正在于这一价值观的传播和深化。大学应该是一种文明的策源地，重在文化灵魂的塑造以及传播和教育。同时，大学还要对生态文明的有关技术进行研发，目前，大学可以集中精力研究可持续的技术，提高资源的利用率，这是大学新的使命。

（摘自网页）

9. “大学课程建设与本科教学改革”国际会议②

2014年7月13—14日，由中国高等教育学会院校研究分会主办，西华师范大学、四川省教育发展研究中心、四川省院校研究会承办的“大学课程建设与本科教学改革”国际会议暨2014年中国高等教育学会院校研究分会年会在成都召开。

围绕“大学课程建设与本科教学改革”主题，先后举行了7场大会报告和10场专题研讨。关于“大学课程建设”的发

---

① 生态文明教育全球视野论坛（http://www.gywb.cn/content/2014－07/13/content_1065725.htm）。

② “大学课程建设与本科教学改革”国际会议（http://www.gx211.com/news/2014722/n9184205603.html）。

言涉及大学课程建设的价值导向、地位和作用、内容与任务、主体、方法论及技术支持6个方面；“本科教学改革”涉及教学改革的价值导向、教学观念、学生创新能力培养、教师教学能力提升、教学评价5个方面。

大学课程与本科教学是落实人才培养目标的重要环节，而实现以学生为中心的本科教育变革，核心是加强课程建设。此次会议就大学课程建设和本科教学改革进行的理论探讨和经验交流引领着中国院校研究的方向、影响中国高等教育的发展。同时，通过院校研究会这一平台，加强了西华师范大学与国内外高校的交流与学习，促进西华师范大学课程建设和本科教学水平的提升。

（刘青秀、冯文全）

10. 第13届亚太地区超常儿童发展与教育国际学术研讨会①

2014年8月3—6日，第13届亚太地区超常儿童发展与教育国际学术研讨会（The 13th APFG Conference on Giftedness）在京召开。来自美国、德国、英国、澳大利亚、新加坡、荷兰、泰国、韩国等15个国家以及来自国内高校、科研院所的学者及中小学教育专家参加了这一学术盛宴。

此次会议主题是“培养才能和创造力，铺就积极人生路（Nurturing giftedness and creativity for the positive future）”。中心议题包括超常儿童的评估与鉴别、加速、充实和其他超常教育，创造力和创造力培养，超常儿童的自我调节和情绪发展，超常儿童的社会化和亲社会行为，超常儿童的家庭与社会环境，多种形式的超常教育项目，超常教育中的教师和教师培训，超常教育项目的评估，低学业成绩与低社会经济地位的超常儿童，超常儿童的认知和神经机制，超常儿童的大脑可塑性和早期教育，超常教育课程研发等。

（摘自网页）

11. 2014传媒高等教育国际论坛②

2014年9月25日，2014传媒高等教育国际论坛在中国传媒大学顺利召开。来自五大洲17个国家和地区42所盟校的100余位校长、院长，以及传媒高等教育的业界领袖出席论坛。这是传媒高等教育国际联盟2009年成立以来参加学校最多、规格最高的一次，也是联盟秘书处成立五年来各盟校深入落实国际资源互动、联合办学和推动国际化教育改革的成果。

此次论坛由传媒高等教育国际联盟秘书处组织，作为联盟深化“实效合作”的重要步骤，探讨了新媒体环境下传媒高等教育面临的机遇和挑战，讨论审议了联盟章程执行条例，明确未来进一步建立常态化、创新化的互动合作机制。论坛围绕“新媒介时代与高等教育国际化：全球战略与中国”的主题，分别举行国际峰会和教育合作论坛，由联盟秘书处秘书长、国际传媒教育学院常务副院长罗青，北京外国语大学副校长孙有中和格罗宁根大学校长主持。

来自美国西北大学、南加州大学、伯克利音乐学院、密苏里新闻学院、东北大学、瑞典乌普萨拉大学、法国司汤达大学、英国威斯敏斯特大学、诺丁汉特伦特大学、新加坡南洋理工大学、意大利威尼斯大学、

① 第13届亚太地区超常儿童发展与教育国际学术研讨会（http：//news. xinhuanet. com/edu/2014-08/04/c_126830386_2. htm）。

② 2014传媒高等教育国际论坛（http：//www. sinoss. net/2014/0928/51635. html）。

芬兰坦佩雷大学、加拿大瑞尔森大学、丹麦新闻学院、香港浸会大学、台湾世新大学等高校，以及国内清华大学、复旦大学、中国人民大学、华中科技大学等高校和SAGE国际出版集团等机构的领导、嘉宾共同参加议事和研讨。

（摘自网页）

12. 第5届世界比较教育论坛①

2014年9月27—28日，以“全球教育改革：国际化·区域化·本土化”为主题的第五届世界比较教育论坛在京召开。北京师范大学校长董奇在论坛致辞中表示，“未来的人才应该既了解本国国情，又理解他国文化，这样的人才需要接受国际化、区域化、本土化的教育。面对未来教育的挑战，加强国际比较教育的研究显得尤为必要”。

随着经济全球化的不断深入，信息技术的快速发展，教育国际化和区域化已成为当前全球教育改革和发展的重要趋势。世界各国教育政策和实践的相互借鉴、区域教育一体化、学生和教师的全球互动、国际学校的兴起、国际课程的流行、国际测试的风靡等构成了当前全球教育的新景象。同时，如何处理好国际化、区域化与本土化的关系也成为当前全球教育改革和发展的热点话题。此届论坛有来自20多个国家和地区的教育家、学者及师生共260余人参会。

13. “中国近代高等教育暨登州文会馆150周年”国际学术研讨会②

2014年10月11—15日，“全球化视野下的中国近代高等教育暨登州文会馆150周年”在济南召开，此次会议由山东大学、哈佛燕京学社联合举办，来自哈佛大学、美国威利斯学院、美国雪城大学、日本明治学院、日本北陆学院、日本福冈女学院、台湾“中央”大学、台湾中原大学、华东师范大学、复旦大学、南开大学、中国社会科学院、上海市社会科学院、南京大学、浙江大学、山东大学、山东师范大学等院校的50位专家莅临济南，参与会议讨论。

1989年，在华中师范大学著名史学家章开沅教授的推动下，华中师范大学举办了首届中国教会大学史会议，此后又在成都、南京、济南、香港、台湾以及美国等地多次举办相关的学术会议，对教会大学与中西文化交流、教育现代化、中国现代化、社会变迁及文化转型等进行了深入探讨，出版了大量学术成果。

通过本次大会，与会学者认为，中国教会大学实际上是“高等教育全球化的一个实验”，并在全球化的视野下继续探讨我国教会大学及近代高等教育在跨国家、跨文化的教育实践中，究竟有哪些成功抑或失败的历史经验，并比较同时代亚洲其他国家教会大学及近代高等教育的发展历程，以寻求可作为今天我国高等教育国际化的借鉴因子。

（摘自网页）

14. AP中国教育峰会③

2014年10月17日下午，由美国大学理事会主办、北京王府学校承办的2014年AP中国教育峰会在北京王府学校盛大开

① 第5届世界比较教育论坛（http://www.cssn.cn/zx/bwyc/201410/t20141008_1352584.shtml）。

② 中国近代高等教育国际学术研讨会（http://sd.sina.com.cn/edu/news/2014-10-12/20367396.html）。

③ AP中国教育峰会（http://edu.china.com.cn/2014-10/20/content_33809759.htm）。

幕，美国大学理事会国际事务与高等教育副主席 Jim Montoya 先生，美国大学理事会及中国项目副主席王湘波博士，北京法政集团董事长兼北京王府校区总校长王广发先生，范德比尔特大学副教务长、招生院长 Doug Christiansen 博士，威斯康星大学麦迪逊分校招生处处长 Adele Brumfield 女士，加利福尼亚大学本科招生副院长 Stephen J. Handel 博士，韦尔斯利学院招生及奖学金办公室主任 Jennifer Desjarlais 女士，北京王府学校 AP 名师与 300 多名来自全国各地的参会老师共聚一堂，共同见证了一年一度的中国 AP 教育领域最重要的国际性学术盛会。

围绕“深化 AP 中国教育界与美国高等教育界的理解与交流”的主题，此次 AP 峰会为期两天，主要分为两个部分。在峰会的第一天，北京王府学校 AP 各学科名师为来自全国各地的老师们展示了精彩的观摩课，参会老师们纷纷对王府教师优秀的专业素养和创新的授课形式表示佩服和赞赏，在答疑环节积极进行互动讨论，并希望今后能有更多的机会进行交流学习。

（摘自网页）

15. 第 2 届全球教师教育峰会（GTES 2014）①

于 2014 年 10 月 17—20 日在北京师范大学（中国北京）召开，该届峰会以“教师教育质量与学习”为主题，继续致力于为来自世界各地的教师教育研究者、教师教育者和教育者就教师质量、教师学习与学生学习的相关实践、创新和政策进行跨国和跨文化的对话。期待通过吸纳国际教师教育研究领域杰出学者与国内优秀青年学者的力量，为教师素质和教师教育质量的提升提供更为宏观和广阔的专业视野，以最终成就促进学生学习的高质量教师队伍。会议议题包括：教师教育体系与质量、教师和教师教育的质量属性、教师教育与教师学习、教师教育与学生学习、教师教育与教师发展的创新理念与实践。

（摘自网页）

16. “德国近十年高等教育改革与成就”国际研讨会②

2014 年 10 月 18—19 日，“德国近十年高等教育改革与成就”国际研讨会在上海外国语大学举行。上海外国语大学党委书记姜锋出席研讨会并与专家一起进行了学术研讨。

来自德国政界、教育界、新闻界和中国国家教育部的多位知名部长、大学校长、学者专家与会，围绕德国高教改革近十年来的得失与值得中国借鉴的经验展开热烈讨论。

会议议题涉及大学教育与职业教育发展，国家对高等教育改革的指导作用，大学教学、科研与人才培养之间的关系，博洛尼亚进程、精英大学倡议决策过程以及给德国高等教育带来的得失，中央、地方两级高校管理体制与地方经济建设关系等多方面。

德国前文教部长联席会议秘书长蒂斯教授在发言中强调，当代高等教育的重心已从过去的纯粹知识探索转向强调知识对

① 第 2 届全球教师教育峰会（GTES 2014）（http://www.teacherclub.com.cn/tresearch/channel/company/hot/21083.html）。

② “德国近十年高等教育改革与成就”国际研讨会（http://www.ceus.shisu.edu.cn/c7/2a/c4076a50986/page.htm）。

于社会的意义，大学的核心任务在于育人——培养具有自主学习、分析、研究能力的优秀人才。

与会嘉宾还前往上外松江校区，共同为“德国教育科学政策信息研究中心”揭幕，并与德语系全体学生就高等教育本质、如何看待学以致知和学以致用等问题进行互动问答。会场气氛活跃，学者们妙语连珠，睿智的回答给予莘莘学子莫大的思想启迪。

（摘自网页）

17. 2014 北京音乐教育国际论坛

为庆祝首都师范大学建校 60 周年暨音乐学院建院 50 周年，2014 年 10 月 23—24 日，由首都师范大学音乐学院主办的“2014 北京音乐教育国际论坛”在首都师范大学国际文化大厦举行。此次论坛的主题是研究当代中小学音乐教育发展的现状与问题，交流音乐教育与文化传承的经验与成果，探索音乐教育改革的走向与趋势。此次会议邀请到美国、德国以及中国 40 多所高校从事音乐教育研究的百余位专家学者，大家聚集一堂，对中外音乐教育的相关议题进行了热烈讨论。此次论坛分为中国、美国、德国三个主题发言单元，并设立了特邀专家与参会代表进行互动环节，为专家学者和与会代表的交流提供了平台。

在三个单元的讨论环节，特邀专家们与参会代表就中外中小学音乐教育发展现状与相关问题、学校音乐教育与民族音乐传承以及音乐教育师资培养等相关议题进行了自由问答和热烈交流。会后，各位专家和参会代表还参观了北京音乐教育基地——北京爱乐小学。此次学术论坛，由“北京市特聘教授”陈晓勇倡议，并经过首都师范大学音乐学院历时一年多的筹备，为国内外关注基础音乐教育发展的专家学者搭建了思想交流和碰撞的平台，引发与会者对我国基础音乐教育的深度思考。

（摘自网页）

18. “社会情感学习与基础教育质量提升”国际学术研讨会①

2014 年 12 月 3—4 日，由教育部教师工作司和联合国儿童基金会主办、教育部小学校长培训中心和北京师范大学教育学部承办的“社会情感学习与基础教育质量提升”国际学术研讨会在北京师范大学英东学术会堂演讲厅举行。教育部教师工作司黄贵珍处长、教育部国际合作与交流司杨灿灿女士、北京师范大学陈光巨副校长、联合国儿童基金会驻华副代表 Tim Sutton、教育处处长 Margo O'Sullivan 女士及教育处专家郭晓平博士出席了开幕式。参与会议的国内外专家、学者及一线教育工作者共计 170 余人。

此次会议期间，与会代表们从不同角度以多样的方式对社会情感学习这一话题进行了深刻探讨和互动，大家分享了不同国家和地区背景下获得的经验，深化了对社会情感学习的作用、理念框架、影响因素和学校实施途径的理解。教育部黄贵珍处长在闭幕式上充分肯定了会议成果，并对与会专家、代表的积极参与和辛勤付出表示由衷的赞赏和诚挚的谢意。同时，她希望大家再接再厉，坚定方向，继续为项目的实施、为中国的基础教育质量提升群策群力。社会情感学习项目在中国进一步的发展定将对基础教育质量提升起到积极

① “社会情感学习与基础教育质量提升”国际学术研讨会（http：//www. bnu. edu. cn/xzdt/77160. html）。

而重要的作用。

（摘自网页）

19. 2014 国际护理教育现状及前景展望论坛①

2014 年 12 月 6 日，以“更新教育理念，迎接时代挑战”为主题的2014 国际护理教育现状及前景展望论坛在广州佳润云凯酒店隆重举行。论坛云集来自美国、中国内地 11 省及港澳台地区 138 名国际护理学界、教育界知名专家学者，护理教育教师、研究者、管理者，护理行业临床护士等精英人士，就国际护理教育研究热点、高等护理人才培养、护理教改和实践创新、健康护理理念变革等问题进行深入而热烈的研讨，共同探讨护理教育未来发展方向，为国际护理教育改革带来新一轮的思想热潮。

此次论坛由广州国际护理教育论坛组织委员会主办，中山大学新华学院承办，中山大学新华学院医学系协办。精英云集论坛现场，共享护理教育智慧盛宴，护理学界、医学教育界专家学者从不同研究范畴、理论视角对当今国际护理教育改革发展的研究热点和健康体系变革趋势展开论述，或高屋建瓴，或紧接地气，加强了国内外护理学术交流，推动护理学科发展，提高护理教育的整体水平。

为期一天半的 2014 国际护理教育现状及前景展望论坛顺利闭幕，中山大学新华学院也将以此为契机，迎接国际教育时代挑战，全面总结 9 年办学经验成果，深入研究规划学科建设改革发展，综合提升教育教学品质，致力于打造出国际护理教育品牌特色，为社会培养出一批批应用复合型高等本科护理人才。

（摘自网页）

（二）比较教育学专业

1. 北美华人教育研究及策划协会中国年会：西安国际会议分会

2014 年 6 月 28 日，由陕西师范大学教育学院承办的北美华人教育研究及策划协会中国年会（Annual Conference of Chinese American Educational Research and Development Association in China）西安国际会议分会在陕西师范大学雁塔校区崇鋈楼的学思堂举行。此次会议的主题是“全球视角下的中美教育”（American and Chinese Education in a Global Context），来自美国、新西兰、中国香港、新疆师范大学、陕西师范大学、西安交通大学、北美华人教育研究及策划协会等机构的 20 余位嘉宾到会，陕西师范大学教育学院的领导和师生共 50 多人出席了会议，会议取得圆满成功。

此次会议的召开对进一步促进陕西师范大学的教育交流具有积极意义。会议首先由陕西师范大学教育学院院长张宝辉教授致欢迎辞，由张宝辉院长与来自美国莱莫恩学院（Le Moyne College）的马文教授共同主持会议。会议分为两个阶段，共有 10 位中外学者进行了主题发言和现场互动，大家就感兴趣的议题进行了广泛而深入的研讨和交流。

（李延平）

2. “文化·认知·教育”国际专题研讨会

云南师范大学2014 年“文化·认知·

① 2014 国际护理教育现状及前景展望论坛（http：//xh. sysu. edu. cn/2013/news/xinhuaxinwen/10184. html）。

教育”国际专题研讨会于2014年7月2—4日在云南师范大学呈贡校区成功召开。此次会议由云南师范大学主办，云南师范大学“文化·认知·教育”研究中心和教育科学与管理学院承办。在三天的会议日程里，来自国际、国内及云南师范大学的知名学者及青年学者围绕“文化·认知·教育”这一主题，作了15场学术报告，并与云南师范大学及兄弟院校的参会师生展开了积极的交流与讨论。

此次专题研讨会共邀请到了15位特邀报告人，会议期间，来自国际、国内的特邀报告人还就今后在“文化·认知·教育”领域与云南师范大学学者的合作方向及方式进行了交流和讨论。

除15位特邀报告人之外，云南师范大学及来自昆明理工大学、云南财经大学等院校的师生也前来参加了会议并积极参与学术讨论，会议参与者累计达200余人。此外，Ype H. Poortinga教授专门为云南师范大学100多名心理学和教育学专业的本科学生和研究生作了题为“A Brief History of the Study of Behavior and Culture in Psychology”的专题讲座。

此次会议以邀请文化、心理和教育相关领域的国际国内知名学者到云南师范大学深入交流为契机，向国内外同行介绍近年来云南师范大学在民族心理学、民族教育学和民族文化学领域的代表性研究成果，探讨在“文化·认知·教育”这一主题下进一步开展研究的思路和途径，并寻求与受邀前来的国际国内学者建立长期的合作关系并开展具体的合作项目。

（王艳玲）

3. “和而不同：中俄青年国家形象与国家认同问题”暨第四届北师大俄罗斯学研究生国际学术论坛

2014年9月20日，由北京师范大学研究生院、北京师范大学国际与比较教育研究院、北京师范大学俄罗斯研究中心联合举办的“和而不同：中俄青年国家形象与国家认同问题”暨第四届北师大俄罗斯学研究生国际学术论坛顺利召开。来自俄罗斯、白俄罗斯、乌克兰、美国、英国、意大利、德国、土耳其等20多个国家的青年学者，以及来自北京师范大学、北京外国语大学、黑龙江大学、哈尔滨工业大学、新疆大学等国内高校的研究生，共计百余人济济一堂，就各自所研究的领域展开了深入的学术交流与探讨。

此次会议由北京师范大学俄罗斯研究中心主任刘娟教授主持，北京师范大学副书记刘利教授、教育学部部长石中英教授和北京师范大学外文学院林洪书记出席会议并在大会上致辞。参加此次会议的还有来自北京师范大学国际与比较教育研究院、北京师范大学俄罗斯研究中心的专家和研究生。来自白俄罗斯的E. 拉季沃尼克和M. 达尼洛维奇、俄罗斯的M. 芭利娅辛、中国的成志杰等青年学者在大会上宣读了论文，深入探讨了教育、政治、经济、历史、语言、文学、文化等各种问题。国际与比较教育研究院和俄罗斯研究中心的专家们就各分会场所宣读的论文进行了现场点评。

此次研讨会反映了当前俄罗斯学学科主要研究领域的重大进展和主攻方向，促进了中俄青年学子在俄罗斯学领域深层次的交流。青年学者思想活跃，不拘泥于固有的研究形式，敢于提出自己的观点，充分体现了海内外学子不拘一格的学术品位以及宽阔的国际学术视野。

（刘宝存）

4. 四川师范大学教育学院与澳大利亚迪肯大学教育学院科研合作会议

继2013年10月四川师范大学教育学

院与澳大利亚迪肯大学教育学院成功联办学术会议之后，双方在科研合作领域逐步深化。2014 年 9 月 23—24 日，迪肯大学教育学院教育学首席教授 Christian Halse 率领她的科研团队一行四人来访，与四川师范大学教育学院进行了为期两天的科研合作会议。

9 月 23 日下午澳方团队和四川师范大学教育科学学院巴登尼玛院长、郑富兴副院长以及研究人员们讨论了双方合作的可能与形式。巴登尼玛院长随后肯定了双方合作的价值，认为合作对中心科研人员科研素质提升，以及中心建设面向国际的科研队伍、取得国际性的科研成果，都具有开创性意义。9 月 24 日，双方科研人员在轻松、开放的氛围中就“中澳教育国际化”等议题进行了广泛的交流。9 月 25 日上午，Halse 教授带领团队成员为四川师范大学教育学院师生举办了一场学术工作坊，以研究实例讲解如何在英文期刊发表文章、理论和数据的调查研究、研究方法设计等研究者们普遍关心的问题，受到四川师范大学教育学院师生一致好评。四川师范大学教育学院近年来加强了科研国际合作与交流，与澳大利亚、加拿大、丹麦等国家的科研人员均建立了广泛的交流关系。这次澳方科研团队与四川师范大学教育科学学院的学术合作必将推进学院科研国际化迈上深度、实质性合作的新台阶。

（傅林）

5. 第 3 届拉美研究与中拉合作协同创新国际论坛

2014 年 10 月 18 日，由北京师范大学国际与比较教育研究院与浙江外国语学院拉丁美洲研究所、浙江外国语学院教育科学学院与美洲协会联合举办的第 3 届拉美研究与中拉合作协同创新国际论坛“面向未来：拉丁美洲教育的改革与创新”研讨会在杭州召开。来自北京师范大学、浙江外国语学院、西南科技大学、四川外国语大学、墨西哥科利马大学、厄瓜多尔驻华大使馆、美洲协会等机构的专家学者 80 余人参加了会议。

论坛分为 3 个单元进行研讨。第一单元“鸟瞰：拉美教育发展的历程与现状”由美国美洲协会副总裁 Lynne Walker 女士主持。第二单元“洞悉：拉美各国教育的改革与创新”由北京师范大学国际与比较教育学院刘宝存教授主持。第三单元“聚焦：墨西哥教育的改革与创新”由浙江外国语学院拉美研究所副所长唐俊主持。

拉美教育研究是中国近年来比较教育研究的一个新兴研究领域，也是一个亟待加强的研究领域。这次“面向未来：拉丁美洲教育的改革与创新”研讨会，是浙江外国语学院继 2013 年 10 月“全球化背景下拉丁美洲教育发展研究国际研讨会”之后所成功举办的又一次拉美教育国际研讨会。

（刘宝存、唐俊）

6. 苏霍姆林斯基教育思想与中国学校实践国际交流论坛

2014 年 11 月 1—2 日，苏霍姆林斯基教育思想与中国学校实践国际交流论坛在合肥市成功举办。参加国际论坛的外方嘉宾均由北京师范大学国际与比较教育研究院邀请，有乌克兰驻中国大使馆科教一等秘书杰尼修克先生，苏霍姆林斯基的女儿、乌克兰苏霍姆林斯基协会副会长、乌克兰教育科学院院士 O. B. 苏霍姆林斯卡娅教授，苏霍姆林斯基一手创建的世界知名的乡村学校帕夫雷什中学现任校长杰尔卡奇女士，乌克兰布拉瓦雷市苏霍姆林斯基实验学校校长梅里克女士，澳大利亚昆士兰州布里斯班市国立中学图书馆馆长、英纳什大学合作研究员阿兰·莱斯利·科克尔先生等。

苏霍姆林斯基教育思想与中国学校实践国际交流论坛随着论坛主要嘉宾为合肥28中学新建的校园和谐广场及苏霍姆林斯基雕像华丽揭幕而宣布开始，中外嘉宾在论坛上奉献了精彩的讲演。苏霍姆林斯卡娅的讲演“历史前瞻性下的苏霍姆林斯基儿童健康理念”、北京师范大学国际与比较教育研究院顾明远教授的报告“再谈苏霍姆林斯基教育思想的现实意义”、肖甦教授的报告“让苏霍姆林斯基教育思想成为教育工作者的百宝箱”、四川武侯中学校长李镇西的报告“让我的学生们成为有幸福感的普通人”等不断赢得听众们的热烈掌声。

大会闭幕式上，全国苏霍姆林斯基研究会会长肖甦教授主持了合肥28中与帕夫雷什中学结为友好学校的仪式。苏霍姆林斯基教育思想与中国学校实践国际交流论坛在28中校长张世平与帕夫雷什中学校长杰尔卡奇成功签订并互换协议书的热烈气氛中成功落幕。

（肖甦）

7. “乌克兰危机及其国际影响”高端论坛

2014年11月6日，由北京师范大学国际教育研究中心、北京师范大学俄罗斯研究中心、浙江师范大学乌克兰研究中心共同组织的“乌克兰危机及其国际影响”高端论坛在北师大京师学堂成功举办。论坛由北京师范大学俄罗斯研究中心主任刘娟教授主持，北京师范大学国际与比较教育研究院院长刘宝存教授致欢迎辞。来自北京师范大学、浙江师范大学、中国战略研究会、外交学院、中联部当代世界研究中心、中国现代国际关系研究院、中国人民大学、俄罗斯外交学院、国际关系学院、南开大学的专家学者和研究生40余人参加了会议。

此次高端论坛特点鲜明。1. 务实性。各位专家学者畅所欲言，自由表达自己最真实的观点，哪怕针锋相对。2. 问题意识。此次会议各位学者的发言有突出的问题意识，例如：俄罗斯会吞并整个乌克兰吗？乌克兰危机会发展到什么程度？美国会因此放弃重返亚太吗？等等。3. 思想深度。专家学者们以翔实事实为依据，以深厚学养为基础，所作报告体现出独具特色的思想深度，不仅深入到乌克兰危机所发生的深度历史，更深入到这场危机所产生的教育思想、宗教根源，客观、全面地展开了深度分析。

（刘宝存）

8. 无障碍技术支持的学习研究国际论坛

2014年11月21—22日，由陕西师范大学教育学院和新加坡南洋理工大学联合主办的“无障碍技术支持的学习研究国际论坛”（International Forum on Assistive Technology for Learning）在陕西师范大学雁塔校区学术活动中心二层报告厅和教师能力发展中心举行。

此次论坛的主题是“信息化背景下特殊需要人群的学习支持”（Technology support on the learning of people with special needs）。来自中国陕西师范大学、北京大学、南京大学、西北师范大学、中国重庆师范大学、北京联合大学特殊教育学院、浙江师范大学、新加坡南洋理工大学、荷兰温德斯海姆大学、乌特列支大学、台湾“国立”东华大学、苏州工业园区仁爱学校、南京盲校、西安第二聋校、西安盲哑学校等国内外近20所高校，大约31位学者、注册代表以及陕西师范大学教育学院师生共150余人参加了此次论坛。

此次会议促进了中国无障碍技术支持的学习研究，开阔了教育学院师生的视野，提供了国际化的体验，为特殊教育信息化，改善特殊需要人群的学习能力做出贡献。同时，此次会议也加强了特殊教育学与教育技术学等相关专业之间的融合，提升教育技术支持的特殊需要人群的学习能力，推进了我国特殊教育和教育技术的理论研究与实践发展，共同促进无障碍学习的健康发展，为我国特殊教育事业的发展和特殊儿童的长足进步提供有力保障。

（李延平）

9. 联合国教科文组织中国创业教育联盟成立大会暨首届年会

2014年11月26—27日，联合国教科文组织中国创业教育联盟成立大会暨首届年会（Inauguration of the UNESCO EE-Net National Chapter in China and the First Annual Meeting）在杭州召开。来自浙江大学、北京大学、复旦大学、西安交通大学、东南大学、吉林大学、重庆大学、华中科技大学、北京航空航天大学、北京师范大学、同济大学等60余所高校和多家企业的近300位代表出席了会议。与会代表围绕会议主题“中国创业教育的挑战与出路”，就“我国创业人才培养的战略地位与路径选择”“中国创业教育联盟的组织构架与战略构思”“中国高校创业教育理论与实践”等议题展开了深入的讨论。

（徐小洲、倪好）

10. 两岸四地比较教育论坛

2014年12月20—21日，第一届“两岸四地比较教育论坛”在华南师范大学成功举行。“两岸四地比较教育论坛”由北京师范大学王英杰教授和北京师范大学国际与比较教育研究院院长刘宝存教授等内地比较教育界的代表与中国台湾和香港比较教育界的代表通过协商而联合发起。此届论坛由华南师范大学教育科学学院主办，共有来自台湾、香港、澳门和内地的50多位学者和30多名比较教育学专业的博士生和硕士生参加了论坛的学术交流活动。

围绕着“两岸四地的教育交流与合作”的总主题，与会者分别从“两岸四地教育改革与发展的趋向”“两岸四地教育发展与教育国际化和全球化”“两岸四地教师专业化发展”“比较教育发展与两岸四地教育交流合作”等方面进行了报告、问答和讨论。

在经历两天20多个大会专题报告和频密的交流之后，论坛举行了闭幕式。闭幕式由华南师范大学马早明教授主持。华南师范大学副校长吴坚教授致辞，对“两岸四地”比较教育学者们的光临和支持表示感谢。北京师范大学王英杰教授作了闭幕式演讲，他从时代发展的高度阐述了比较教育面临的挑战和发展的契机，以及转型和创新的方向，并对比较教育学界的重大学术交流活动、新的合作形式和交流平台对比较教育发展的意义和作用作了前瞻性分析。该届论坛取得的最后一项成果是，经过与会代表的讨论，决定2015年在台湾举办第二届“两岸四地比较教育论坛”。

（柯森、马早明）

（三）教育技术学专业

1. 学习科学国际大会[①]

2014 年 3 月 1—6 日，由经济合作与发展组织、美国国家科学基金会、联合国教科文组织、华东师范大学、上海师范大学、香港大学联合举办的“学习科学国际大会”在华东师范大学举行。此次大会包括 3 个部分：“学习科学新进展研讨会”“关于学习科学的对话”和“学习科学与教育创新国际论坛”。来自世界各地的研究者和相关领域专家就学习科学研究的发展进行了广泛交流和深入对话，旨在推动学习科学的研究成果走出实验室，使之成为教育政策制定和实践变革的依据和动力。

在“学习科学新进展研讨会”上，来自“教育、科学与技术中的学习研究中心”“匹兹堡学习科学中心”“正式与非正式环境中的学习研究中心”等美国国家科学基金会下设的六大学习科学中心以及哈佛大学、牛津大学、香港大学、华东师范大学、里约热内卢联邦大学的学习科学家们汇报和交流了他们近年来的研究成果。研讨围绕着影响学习的社会因素和学习科学，语言、双语和跨文化学习，神经可塑性与学习，学习技术四个主题展开。

（李彤彤）

2. 全球华人计算机教育应用大会（GCCCE 2014）[②]

全球华人计算机教育应用大会（简称 GCCCE）是全球华人计算机教育应用学会主办的国际学术会议。目前，GCCCE 已经发展成为全球的华人计算机教育应用工作者的学术盛会。2014 年 5 月 26—30 日，第 18 届全球华人计算机教育应用大会（Global Chinese Conference on Computers in Education, GCCCE 2014）在华东师范大学召开。此次大会的主题是“智能技术，智慧学习：教育技术的新景观”。此次大会得到了全球华人学者的广泛关注与支持，来自新加坡、美国、英国，以及中国大陆、中国台湾和中国香港地区的上百所高等院校、中小学以及科研机构的专家与学者参加了会议，参会人数近 300 人。多家国内学术权威期刊的代表作为大会的支持媒体也参加了会议。

GCCCE 2014 的主会议围绕计算机教育应用领域前沿研究热点，由 8 个子主题组成：（1）学习科学、计算机支持协作学习、人工智能教育应用；（2）数字化教室、

---

① 《学习科学国际大会在华东师范大学召开》，《电化教育研究》2014 年第 4 期；郑太年、赵健、王美、裴新宁、任友群：《学习科学与教育变革——2014 年学习科学国际大会评析与展望》，《教育研究》2014 年第 9 期；徐光涛、张怀浩、任友群：《学习技术典型案例：从社交机器人到大脑刺激——学习科学国际大会“学习技术”专题综述》，《现代远程教育研究》2014 年第 3 期；徐光涛：《学习科学国际大会在沪召开深度对话连接基础研究与教育实践》，《教育信息技术》2014 年第 2 期。

② 《第 18 届 GCCCE 2014 大会将于 2014 年 5 月 26—30 日在华东师范大学举行》，《电化教育研究》2014 年第 2 期；华师：《智能技术，智慧学习：教育技术的新景观 全球华人计算机教育应用大会（GCCCE 2014）在华东师范大学顺利召开》，《远程教育杂志》2014 年第 4 期；《全球华人计算机教育应用大会会议及征文通知》，《现代教育技术》2014 年第 2 期；《智能技术，智慧学习：教育技术的新景观——第十八届全球华人计算机教育应用大会在沪顺利召开》，《现代远程教育研究》2014 年第 4 期；《智能技术，智慧学习：教育技术的新景观——第 18 届 GCCCE 大会在华东师范大学顺利召开》，《现代教育技术》2014 年第 6 期。

移动与泛在学习；（3）游戏化学习与社会；（4）科技与高等教育、成人学习与人力绩效；（5）科技增强语言学习；（6）教师专业发展、政策和学习评量；（7）数字科技，创新与教育；（8）中小学教师论坛。

（李彤彤）

3. 泛在学习国际会议[①]

2014 年 5 月 30—31 日，由中国联合国教科文组织全国委员会、上海开放大学联合举办的“2014 上海泛在学习国际会议暨联合国教科文组织开放远程与开放学习姊妹大学网络系列研修班”在国顺路校区顺利举行。来自 20 个国家近 200 名代表参加了会议。上海开放大学党委书记、上海开放大学校务委员会副主任杜慧芳主持开幕式，中国联合国教科文组织全委会秘书长杜越、上海市教育委员会副主任袁雯在开幕式上致辞。

会议以“泛在学习：机遇、挑战与对策”为主题，围绕大规模开放网络课程（MOOCs）、大数据、云计算、微课与移动学习，以及开放远程教育工程技术等泛在学习领域的热点问题和最新趋势进行了深入探讨和广泛交流。

哈佛大学教育研究生院克里斯多夫·迪德（Christopher Dede）教授、荷兰开放大学教育科学技术研究中心马科斯·施佩希特（Marcus Specht）教授、中国国家开放大学校长杨志坚教授、上海开放大学校长蒋红教授、清华大学教育研究院程建钢教授等应邀作主旨演讲。五个主题报告引发了与会人员的极大反响。

此次会议共收到国内外论文 98 篇，经过组织专家匿名评审，有 37 篇论文在四个平行分主题论坛上交流发表。

（牟智佳）

4. 第 5 届全球华人探究学习创新应用大会（GCCIL 2014）[②]

全球华人探究学习创新应用大会（The Global Chinese Conference On Inquiry Learning Innovations And Applications）创立于 2010 年，其宗旨是提供华人在探究学习（Inquiry-based Learning）领域发展与应用的交流及分享平台，推动以学生为中心的教育教学新理念、新方法、新模式的探索与研究、交流与合作，促进教育改革与创新。大会至今已在海峡两岸与香港、澳门成功举办 4 届，吸引上千人参加会议，在业内深获好评。

在历时 4 天的大会中，各地区的华人教育工作者共聚一堂，围绕主题“教育云、网络学习空间与探究学习”，分别采用了主题报告、特邀报告、公开论坛和分组论坛等多种形式进行主题探讨，共同探讨网络探究学习的新模式、新方法。同时港澳台地区以及内地的专家学者及

---

① 《2014 上海泛在学习国际会议》，《开放教育研究》2014 年第 1 期；《2014 上海泛在学习国际会议暨联合国教科文组织远程教育教席系列国际研修班》，《开放教育研究》2014 年第 2 期；《2014 上海泛在学习国际会议暨联合国教科文组织远程与开放学习姊妹大学网络系列国际研修班举行》，《开放教育研究》2014 年第 4 期；《2014 上海泛在学习国际会议暨联合国教科文组织远程教育教席系列国际研修班》，《远程教育杂志》2014 年第 2 期；《2014 上海泛在学习国际会议暨联合国教科文组织远程教育教席系列国际研修班将于 5 月在上海开放大学召开》，《现代远程教育研究》2014 年第 2 期；《2014 上海泛在学习国际会议暨联合国教科文组织远程教育教席系列国际研修班》，《中国远程教育》2014 年第 4 期。

② 郑电：《2014 全球华人探究学习创新应用大会（GCCIL）7 月在河南郑州召开》，《远程教育杂志》2014 年第 3 期。

一线教师共同交流分享信息化教育的先进理念及在探究学习领域的创新应用经验，使与会者理念得到提升、观念得到转变、视野得到扩展。会议期间，与会人员共分享了3场专家、学者带来的精彩的主题演讲、7场特邀演讲以及参赛论文和学者论坛。

（黄洛颖）

5. 第7届混合学习国际会议

会议网址：http：//ihlsociety.org/ichl2014

第7届混合学习国际会议（The Seventh International Conference on Hybrid Learning）于2014年8月8—10日在上海华东师范大学召开，会议由混合式学习国际组织、华东师范大学、香港公开大学联合举办。

当前，在教育领域，单纯虚拟的或是单纯现实的资源都不能够提供最好的教与学的环境，术语“混合式学习”无疑是教育领域的一个新的前沿。混合式学习为那些致力于帮助学习者学习的教育者提供了一种思路，教育者最终要创建一种学习体验，以弥补传统的面对面教学的不足。

此届会议的主题是“混合式学习：新技术应用的灵活性、有效性及其影响”。具体来说，涉及适应性学习、混合式学习评价策略、计算机支持的协作学习、混合式学习的内容管理、数字图书馆、有效的内容开发、混合式学习中的体验、学习过程的灵活性优化、交互式混合学习系统、开放教育资源等。会上，华东师范大学任友群教授作了“现在和未来：我们距离混合式学习有多远”的大会报告；斯坦福大学Bebo White教授作了题为“‘MOOC热’结束了吗？”的大会报告；香港城市大学Horace Ip教授作了题为“智慧环境中体验式学习的情感关联模型”的大会报告。

（李彤彤）

（四）远程教育专业

1. 2014北京师范大学与阿萨巴斯卡大学远程教育学术研讨会

2014年北京师范大学远程教育研究中心与加拿大阿萨巴斯卡大学远程教育中心的合作开启了实质性的第一步。2014年6月，陈丽教授率队，带领远程教育学科的部分教师和博士生赴阿萨巴斯卡大学参加了第一届联合研讨会，并签署了两个中心的合作协议MOA（Memory of Agreement）。陈丽教授在会上作了主题发言，北师大远程教育学科的6位教师和2位博士生也在会议上作了论文宣讲，并与阿萨巴斯卡大学的师生进行了深入交流。

阿萨巴斯卡大学是加拿大的国家开放大学，拥有国际上首个“远程教育”专业博士点，无论教学还是科研都在国际远程教育领域处于领先位置。北京师范大学远程教育学科与阿萨巴斯卡大学远程教育学科签署了合作协议，双方每年将联合召开研讨会，推动双方教师和学生的深入交流和合作研究。2015年的研讨会将在北师大举办。

（赵宏 李爽）

2. 2014亚洲学生研讨圆桌会议①

亚洲学生研讨圆桌会议（Asian Students Seminar-Round Table，ASSERT）

① 2014亚洲学生研讨圆桌会议（http：//site.scnu.edu.cn/assert2014/a/huiyizhengwen/20140520/35.html）。

是由中、日、韩三国高校共同组成的远程教育和教育技术相关领域研究生专业研讨活动，其目的是促进中、日、韩三国研究生之间的学术交流，每年举行一次，由加盟学校轮流主办。目前北京师范大学、华南师范大学、中山大学、广州大学、日本关西大学、韩国汉阳大学都是ASSERT的加盟院校。

2014年7月19—21日，第3届ASSERT会议在广州举行，由华南师范大学主办。会议分8个主题：（1）信息技术在教育中的应用；（2）技术支持的个性化学习与合作学习；（3）教学设计实践；（4）信息素养教育与创新教育；（5）学习科学的理论与实践；（6）教师发展与教育；（7）泛在学习与终身学习；（8）中、日、韩三国比较研究。来自三个国家6所大学的硕士、博士研究生汇报了自己的研究构想和成果，中、日、韩三国教授对每个学生的研究进行了点评，并给出了有价值的意见和建议。2015年该会议将由北京师范大学远程教育研究中心主办。

（赵宏　李爽）

3. 2014开放学习国际论坛

2014年10月26日，由中国教育国际交流协会主办、北京开放大学承办的“2014开放学习国际论坛”在国家会议中心成功举办。论坛以“开放学习：重塑教育的机会、质量和成本”为主题，并分开放学习的趋势、理念和实践，开放学习的课程开发、技术应用和教学服务以及开放学习的成本效益和可持续发展等专题。世界银行、美国新媒体联盟以及中国、美国、澳大利亚等国家的教育领域的嘉宾出席论坛并分享精彩观点与实践案例。

交流中，北京开放大学胡晓松校长以“塑造大学的新形态——北京开放大学的探索”为题作了主旨发言。新媒体联盟总裁Larry以“探寻不凡的智慧”，北京师范大学校长助理陈丽以“互联网时代开放学习机会、质量和成本的新型关系”，美国佐治亚理工学院计算机学院院长Zvi Galil以“佐治亚理工学院基于慕课的硕士学位课程”，世界银行eLearning主管Sheila以“重构学习生态系统：新方法、新文化、新工具和新标准”，教育部科技发展中心主任李志民以“信息技术发展与教育变革”，澳大利亚斯威本科技大学副校长Janet Gregory以“超越炒作的澳大利亚在线教育”为题分别作了精彩的演讲。最后，Quantcast公司的建模工程师黄天晓分享了自己亲身学习慕课的经历和感悟，北京交通大学远程与继续教育学院研发部主任徐琤以学习英国开放大学在线课程的体验为主题，交流了在线学习者对在线学习的认识。此次论坛对开放学习领域共享成果、建立互信、推动实践将产生积极的影响。

论坛期间，还发布了美国新媒体联盟授权北京开放大学翻译出版的《2014地平线报告》（包括高等教育版、基础教育版、博物馆版），受到与会人员的一致好评。

（殷丙山、赵宏）

4. 2014中国国际远程教育大会

2014年11月27—28日，2014（第13届）中国国际远程教育大会在北京召开，以“科技引领未来学习——教育变革时代的战略选择”为主题，聚焦科技发展新趋势、新进展以及科技在教育和学习领域应用的新实践、新成果；重点研讨远程教育和企业学习的新战略、新模式；开启未来学习与智慧教育的新前景、新方向，围绕聚焦互联网、移动互联网、MOOC、云计算、游戏化、可穿戴设备、大数据、智能技术以及3D打印、虚拟助手等科技在教育和学习领域的应用，及其对传统教育领域产生的巨大冲击、为教育变革开辟的新空间，开展了多种形式的互动交流。参会者包括国内高校主管MOOC建设、网络教育的负责人，高校网院负责人、职业与继续教育院校负责人，开放大学与各级电大负责人，国内外企业大学校长，大型企业培训部门领导，国内外教育培训机构、远程教育公司负责人，海内外投资、金融机构，知名新闻媒体、网站记者等。共计2000余人参加大会，参观人数超过5000人次。

（赵宏）

（五）教育管理学专业

2014年首届“教育政策与管理论坛”

2015年1月17日，由北京师范大学与香港大学双方合作的首届“教育政策与管理论坛”在香港大学顺利举行。北京师范大学教育学部教育管理学院鲍传友、余凯、张新平、姚计海、王熙、沈力、朱志勇等7位学者与香港大学教育学院8位学者在BNU-HKU双方合作的首届“教育政策与管理论坛”上就本年度的话题“Integrating Perspectives on Educational Leadership and Policy for Tomorrow”进行了研究论文的陈述与讨论。

双方学者就学校治理、父母参与学校教育、团队合作教学领导力、教育领导者培训、课程领导力、免费教育政策、教育领导力的训诂释义、欣赏性领导、学校领导力对教师学习的影响、中层领导的心理授权与职业倦怠等问题展开了深入的研讨。所有陈述者以及其他参与者都认为这样的主题聚焦式的论坛非常有成效。香港大学教育学院院长Stephen Andrews教授为论坛致欢迎辞，负责科研的副院长Gerard A. Postiglione教授就HKU-BNU合作历史以及这个合作论坛的来龙去脉作了简短的陈述。鲍传友院长代表北京师范大学教育学部教育管理学院发表了热情洋溢的闭幕词。双方还就校长领导力研究和校长培训项目的合作、教育博士国际项目的合作及其他人才培养的合作等事项进行了讨论，就论坛论文的发表和出版达成了一致的意见。

（张新平）

（六）教师教育专业

第3届国际教师教育大会[①]

10月17日，来自全国各地的近百名专家、学者参加了第3届国际教师教育大会研讨会。

此次研讨会以“多元文化社会中的教师教育”为主题，邀请世界各国教师教育研究领域的知名专家、学者及中国政府部门高级官员参会，共同探讨多元文化社会中的教师教育的理论、政策与实践等问题。此次会议由国际教师教育协会主办，中央民族大学教育学院承办，得到了教育部、国家民委和中央民族大学各部门的大力支持。

（桑国元）

（七）教育经济学专业

北大—斯坦福论坛

2014年10月20日上午，北大—斯坦福论坛在北京大学斯坦福中心隆重拉开帷幕。此次论坛以“大学与知识创新和经济发展”为主题，探讨大学在推动中国经济从投资驱动转向创新驱动增长方式中的作用。论坛由北京大学、斯坦福大学共同主

① 第3届国际教师教育大会（http：//scitech. people. com. cn/n/2014/1021/c1057－25872645. html）。

办，会期两天。此次论坛得到了北京大学教育学院、北京大学教育经济研究所、联合国教科文组织亚太高等教育教席(UNESCO Chair in Higher Education for the Asia Pacific)、中国教育发展战略学会、斯坦福大学孔子学院、北京大学斯坦福中心和北京论坛的大力支持。论坛开幕式由北京大学教育学院名誉院长、中国教育发展战略学会执行会长闵维方教授主持。闵维方教授代表论坛组委会对来宾表示热烈欢迎，对北大—斯坦福论坛的理念进行了介绍，并邀请北京大学校长王恩哥院士和斯坦福大学教务长约翰·艾切曼第（John Etchemendy）教授在开幕式上致辞。

艾切曼第教务长代表斯坦福大学感谢北京大学对建立斯坦福中心的支持，并欢迎各位专家学者的到来。他指出，此次论坛的主题良好契合了当前世界高等教育发展的需求，世界各国政府都需要意识到高等教育与经济发展的密切关联，人力资本是经济发展的基础，他希望各国高等教育系统不断改善，培养出更多引领世界发展的创新型人才，为世界的知识创新和社会经济发展做出卓越的贡献。

来自美国、俄罗斯、瑞典、芬兰、日本、澳大利亚、新加坡以及中国内地和中国香港、中国澳门等多个国家和地区以及联合国教科文组织的近百位专家、学者汇集一堂。在会议期间，与会专家学者围绕“大学对创新的作用及大学创新的影响因素”“高等教育国际化”“大学排名与创新性教学与研究产出的测量”和“培养创新型人才的课程设置”四个主题展开深入的讨论。

（杜育红、杜屏）

（八）特殊教育学专业

1.“多元文化与教育”国际研讨会

2014年6月21—22日，“多元文化与教育”国际研讨会在新疆师范大学胜利召开。会议围绕多元文化背景下的教师教育、职业教育、特殊教育等多个主题展开学术研讨。来自9个国家和地区的120余名专家、学者参加了此次大会。北京师范大学邓猛教授、伦敦大学教育研究院Richard Andrews教授等12名学者分别作了大会主题发言。6月22日，特殊教育分论坛围绕着“融合教育”的主题进行了学术交流，9名国内外专家、学者作了专题报告，来自国内外高校和特殊教育学校的近40位代表参加了研讨。来自英国北安普顿大学的Richard教授分析了造成融合教育困境的因素，并介绍了英国应对融合教育所做的教师教育改革；邓猛教授提出，同班就读是我国对国际全纳教育理论趋势的中国式回应，是西方理论与中国国情之间的嫁接、冲撞与融会，是基于文化嫁接之上的再生成；雷江华教授提出，应明确教育质量体系的“一个核心、两个要素、三个环节、四个层次”，其中一个核心是要关注所有学生的发展，两个要素是既要重视“数量标准”又要重视“素质标准”。各位代表与在场听众进行了互动交流。此次研讨既加深了大家对于融合教育问题的认识，又增进了兄弟院校之间的了解与友谊，为将来的进一步合作、共同提高融合教育的研究水平铺平了道路。

（新疆师范大学供稿）

2. 第七届世界手语大会

2014年9月15日，由中州大学特殊教育学院、英国中央兰开夏大学、山东爱聋手语研究中心主办的第七届世界手语大会在中州大学开幕。来自15个国家和中国海峡两岸与香港地区的共230余名特殊教育领域的专家、学者参会。会议主题为“提高手语翻译质量，促进社会无障碍建设”，分3个会场就手语语言学研究、跨手语研究、手语翻译职业发展、手语在聋教育中的应用等问题进行了36场深入的研讨，展现了国际手语语言学的研究水平、研究方法，以及各国手语的不同特点，取得了丰硕的成果。世界手语大会既是聋人的大会，也是为聋人服务的大会，第七届世界手语大会本着以聋人为本的原则，尊重聋人。中州大学为会议提供了由26名手语翻译组成的翻译服务团队，包括国际手语、美国手语、韩国手语、自然手语、手势汉语、英语翻译等。大会的成功举办，得到组委会的肯定：证明了中国政府对聋人群体的重视以及高校手语翻译培养的水平，说明中国政府对聋人事业的支持，中州大学对特殊教育学院的支持。大会成功举办给世界聋人留下了美好的印象，相关报道在国内外聋人中引起了强烈的反响。大会学术委员会主席Sibaji Panda表示，争取申请合作项目与中州大学特殊教育学院进行手语语言学研究的深入合作。

（中州大学供稿）

3. 海峡两岸儿童自闭症及其他发育障碍疗育国际研讨会

2014年10月24日，由西南大学教育学部和重庆市第九人民医院、台湾儿童青少年精神医学会等共同主办的“海峡两岸儿童自闭症及其他发育障碍疗育国际研讨会”在重庆开幕。来自16所高校、30所特殊教育学校、15所医院儿童保健科的代表参会。主讲专家有来自美国北卡中央大学的终身教授Grace Hao、中国台湾“自闭症之父”的宋维村教授、美国言语病理学家Shari Rosen教授、西安交通大学教授杨玉凤、中国台湾心理治疗学会理事长王浩威、中国台湾“国立”政治大学心理学系姜忠信教授、重庆市儿童孤独症康复治疗中心主任邵智教授、西南大学特殊教育系主任赵斌博士和浙江师范大学林云强博士。研讨会的主题包括：自闭症儿童的评估与诊断、自闭症儿童社会功能促进：“心灵解读技能”的临床干预模式、自闭症谱系障碍儿童挑战性行为的功能评估与干预策略、自闭症幼儿共享式注意力的发展及介入、言语语言治疗师在自闭症儿童训练中的作用等七大主题。会议发挥了西南大学科研优势以及重庆第九人民医院的临床医学实践优势，深入探析了“医教结合”模式下自闭症及其他发育障碍儿童的疗育理论与康复操作技能，旨在将特殊教育研究与一线自闭症康复事业相结合，打造多学科交叉协同创新平台。

（西南大学教育学部供稿）

（九）高等教育学专业

1. “中加教育合作的转型：辉煌的过去与未来的挑战”研讨会

2014年5月9—10日，由清华大学教育研究院、加拿大亚太基金会、多伦多大学安大略教育研究院和约克大学联合举办的大型研讨会“中加教育合作的转型：辉煌的过去与未来的挑战”在清华大学顺利召开。清华大学副校长谢维和、教育部国际司副司长方军、加拿大驻华使馆公使唐兰、加拿大亚太基金会副主席伊娃布莎博士、著名中国高等教育研究专家许美德教授等出席会议。

2. 国际期刊主编做客博士生学术沙龙

2014年9月24日，华中科技大学举办“国际期刊主编做客博士生学术沙龙”，德国法兰克福大学心理系教授Karl Schweizer应邀为该校师生作了精彩讲座，题目为“Scientific Writing for Academic”。

3. 中外音乐艺术院校校长论坛

2014年10月18日，中外音乐艺术院

校校长论坛在西安音乐学院举行，会议邀请到了包括日本东京音乐大学校长野本正平在内的国外音乐学院院长等10多位代表。中外嘉宾就音乐人才培养的挑战及对策进行了深入的研讨。

4. 中外大学校长论坛

2014年10月25日，天津外国语大学召开了“中外大学校长论坛”，数十名大学领导参加了本次研讨会，对以语言学为主打学科的高校的战略发展提出了建设性思路。

5. 东亚研究型大学协会（AEARU）第四届科技园研讨会暨南京大学—鼓楼高校国家大学科技园发展研讨会

11月1日，东亚研究型大学协会（AEARU）第四届科技园研讨会暨南京大学—鼓楼高校国家大学科技园发展研讨会在南京大学举行。此次大会的主题是大学科技园与大学生创新创业、大学科技园与科技成果转化、大学科技园间的国际合作。有来自国家教育部、AEARU成员学校、江苏省教育厅、南京市鼓楼区、南京大学—鼓楼高校国家大学科技园理事会成员等代表出席了会议。

6. 中欧博士教育合作与对话国际研讨会

2014年11月14—16日，中欧博士教育合作与对话国际研讨会在上海交通大学举行。“中欧博士教育合作与对话”（EU-China DOC）项目由比利时布鲁塞尔自由大学中欧高等教育研究中心发起，得到欧盟伊拉斯谟斯世界计划支持。合作高校和机构包括布鲁塞尔自由大学、坦佩雷大学、维也纳大学、斯德哥尔摩大学、比中经贸委员会、欧洲首都大学协会、中国教育国际交流协会、北京大学、北京师范大学、上海交通大学、西南大学。项目旨在加强中欧高等教育的交流与合作，特别是在博士教育领域方面建立合作关系。第一届国际研讨会于2013年11月在北京大学举行，第二届研讨会于2014年5月在比利时布鲁塞尔自由大学举行，此次举办的是第三届会议。

7. 2014年“两岸四地”大学教学文化与教师发展

11月16日，“2014年两岸四地大学教学文化与教师发展”学术研讨会在厦门大学举行。

（乔锦忠）

（十）教育统计与测量专业

1. IMPS 2015（the International Meeting of the Psychometric Society）

心理测量学会（Psychometric Society）成立于1935年，总部设在美国。自成立以来，这一非营利性的国际学术组织，致力于不断改进心理、教育和社会科学领域的量化测量。学会还定期出版发行期刊《心理测量学》，该杂志关注心理现象定量模型以及心理和教育评价中统计和数学方法的研究发展，2012年该期刊的影响因子为2.205。

心理测量学会每年定期举办的国际研讨会（the international meeting of thePsychometric Society）至今已成功举办79次，2015年举办第80次IMPS年会，年会的主题是当代心理与教育测量前沿热点。从历届的参会者情况来看，参会者都是心理与教育测量行业的精英，数量在300—400人左右。

2. 第3届教育监测与评估国际研讨会

2014年10月22—23日，第三届教育监测与评估国际研讨会在北京师范大学顺利召开。该研讨会每两年一届，在中国和法国轮流举办。此次研讨会由中国基础教育质量监测协同创新中心、教育部基础教育质量监测中心、北京师范大学与法国学校教育系统评估委员会联合举办。来自法国、美国、英国、加拿大、荷兰、丹麦、比利时、瑞士、巴西等国家和国际组织的40多名国际专家和代表，以及来自国内各省市高校、科研机构、教育考试与评估中心、教育管理与行政部门的150余名专家和代表参加了会议。

考虑到监测和评价要为教育教学改进和政策调整提供研究支持和实证依据，此次会议主题为“学生学业成就的影响因素分析——从课堂实践到教育政策”，相关研讨围绕多层次分析影响青少年成就的教育因素、课堂教学实践的有效性、教师培训与教育质量、教育公平政策等议题展开。围绕以上议题，国内外专家分别介绍了本国和国际组织在以上领域开展监测与评估最新方法、技术和工作、研究进展情况，并展示了各国教育质量监测与评估结果对于提高课堂效率、促进学生个性化发展、提升教师素质、缩小区域差距等方面所发挥的作用。

（王烨晖）

第五篇

教育学基本数据

一、教育学院名录

序号	学校名称	学校级别	教育学院名称
1	北京大学	985	北京大学教育学院
2	清华大学	985	清华大学教育研究院
3	复旦大学	985	复旦大学高等教育研究所
4	南京大学	985	南京大学教育研究院
5	西安交通大学	985	西安交通大学继续教育学院
6	浙江大学	985	浙江大学教育学院
7	北京理工大学	985	北京理工大学教育研究院
8	天津大学	985	天津大学教育学院
9	中山大学	985	中山大学教育学院
10	厦门大学	985	厦门大学教育研究院
11	武汉大学	985	武汉大学教育科学研究院
12	中国海洋大学	985	中国海洋大学教育系
13	湖南大学	985	湖南大学教育科学研究院
14	兰州大学	985	兰州大学教育学院
15	北京师范大学	985	北京师范大学教育学部
16	中国人民大学	985	中国人民大学教育学院
17	中央民族大学	985	中央民族大学教育学院
18	华东师范大学	985	华东师范大学教育科学学院
19	华中科技大学	985	华中科技大学教育科学研究院
20	北京体育大学	211	北京体育大学教育学院
21	东北师范大学	211	东北师范大学教育学部
22	延边大学	211	延边大学师范学院
23	南京师范大学	211	南京师范大学教育科学学院
24	苏州大学	211	苏州大学教育学院
25	郑州大学	211	郑州大学教育系
26	华中师范大学	211	华中师范大学教育学院
27	湖南师范大学	211	湖南师范大学教育科学学院

续表

序号	学校名称	学校级别	教育学院名称
28	华南师范大学	211	华南师范大学教育科学学院
29	广西大学	211	广西大学教育学院
30	西南大学	211	西南大学教育学部
31	西藏大学	211	西藏大学师范学院
32	陕西师范大学	211	陕西师范大学教育学院
33	宁夏大学	211	宁夏大学教育学院
34	石河子大学	211	石河子大学教育学院
35	暨南大学	211	暨南大学教育学院
36	南京理工大学	211	南京理工大学教育实验学院
37	首都师范大学	省属	首都师范大学教育学院
38	上海师范大学	省属	上海师范大学教育学院
39	重庆师范大学	省属	重庆师范大学教育科学学院
40	天津师范大学	省属	天津师范大学教育科学学院
41	哈尔滨师范大学	省属	哈尔滨师范大学教育科学学院
42	北华大学	省属	北华大学教育科学学院
43	吉林师范大学	省属	吉林师范大学教育科学学院
44	沈阳师范大学	省属	沈阳师范大学教育科学学院
45	河北师范大学	省属	河北师范大学教育学院
46	河北大学	省属	河北大学教育学院
47	内蒙古师范大学	省属	内蒙古师范大学教育科学学院
48	山西大学	省属	山西大学教育科学学院
49	扬州大学	省属	扬州大学教育科学学院
50	南通大学	省属	南通大学教育科学学院
51	江苏师范大学	省属	江苏师范大学教育科学学院
52	南京邮电大学	省属	南京邮电大学教育科学与技术学院
53	青岛大学	省属	青岛大学师范学院
54	济南大学	省属	济南大学教育与心理科学学院
55	曲阜师范大学	省属	曲阜师范大学教育科学学院
56	深圳大学	省属	深圳大学师范学院
57	广州大学	省属	广州大学教育学院
58	宁波大学	省属	宁波大学教师教育学院
59	浙江师范大学	省属	浙江师范大学教师教育学院
60	福建师范大学	省属	福建师范大学教育学院

续表

序号	学校名称	学校级别	教育学院名称
61	安徽师范大学	省属	安徽师范大学教育科学学院
62	江西师范大学	省属	江西师范大学教育学院
63	湖北大学	省属	湖北大学教育学院
64	三峡大学	省属	三峡大学文学与传媒学院教育学与心理学教研室
65	长江大学	省属	长江大学教育学院
66	河南大学	省属	河南大学教育科学学院
67	河南师范大学	省属	河南师范大学教育与教师发展学院
68	湖南农业大学	省属	湖南农业大学教育学院
69	湖南科技大学	省属	湖南科技大学教育学院
70	西华师范大学	省属	西华师范大学教育学院
71	四川师范大学	省属	四川师范大学教育科学学院
72	广西师范大学	省属	广西师范大学教育科学学院
73	广西民族大学	省属	广西民族大学教育科学学院
74	贵州师范大学	省属	贵州师范大学教育科学学院
75	贵州财经大学	省属	贵州财经大学教育管理学院
76	云南师范大学	省属	云南师范大学教育科学与管理学院
77	云南民族大学	省属	云南民族大学教育学院
78	西北师范大学	省属	西北师范大学教育学院
79	海南师范大学	省属	海南师范大学教育科学学院

二、学术期刊

2014—2015 年 CSSCI 来源期刊（教育学）

序号	CSSCI 来源期刊（教育学）	主编单位
1	北京大学教育评论	北京大学
2	比较教育研究	北京师范大学
3	大学教育科学	湖南大学等
4	电化教育研究	西北师范大学等
5	复旦教育论坛	复旦大学
6	高等工程教育研究	华中科技大学等
7	高等教育研究	华中科技大学等
8	高教探索	广东省高等教育学会
9	国家教育行政学院学报	国家教育行政学院
10	湖南师范大学教育科学学报	湖南师范大学
11	华东师范大学学报（教育科学版）	华东师范大学
12	江苏高教	江苏教育报刊总社
13	教师教育研究	教育部高校师资培训交流北京中心等
14	教育发展研究	上海市教育科学研究院等
15	教育科学	辽宁师范大学
16	教育学报	北京师范大学
17	教育研究	中央教育科学研究所
18	教育研究与实验	华中师范大学
19	教育与经济	华中师范大学、中国教育经济学研究会
20	开放教育研究	上海远程教育集团、上海电视大学
21	课程·教材·教法	人民教育出版社课程教材研究所
22	清华大学教育研究	清华大学
23	全球教育展望	华东师范大学
24	外国教育研究	东北师范大学

续表

序号	CSSCI 来源期刊（教育学）	主编单位
25	现代大学教育	湖南省高等教育学会等
26	现代教育技术	清华大学
27	现代远程教育研究	四川广播电视大学
28	现代远距离教育	黑龙江广播电视大学等
29	学前教育研究	中国学前教育研究会、长沙师范学校
30	学位与研究生教育	国务院学位委员会
31	远程教育杂志	浙江广播电视大学
32	中国电化教育	中央电化教育馆
33	中国高等教育	中国教育报刊社
34	中国高教研究	中国高等教育学会
35	中国教育学刊	中国教育学会
36	中国特殊教育	中央教育科学研究所